{ KOMPENDIUM } **3ds max® 6**

Das Kompendium

Die Reihe für umfassendes Computerwissen

Seit mehr als 20 Jahren begleiten die KOMPENDIEN aus dem Markt+Technik Verlag die Entwicklung des PCs. Mit ihren bis heute über 500 erschienenen Titeln deckt die Reihe jeden Aspekt der täglichen Arbeit am Computer ab. Die Kompetenz der Autoren sowie die Praxisnähe und die Qualität der Fachinformationen machen die Reihe zu einem verlässlichen Partner für alle, ob Einsteiger, Fortgeschrittene oder erfahrene Anwender.

Das KOMPENDIUM ist praktisches Nachschlagewerk, Lehr- und Handbuch zugleich. Auf bis zu 1.000 Seiten wird jedes Thema erschöpfend behandelt. Ein detailliertes Inhaltsverzeichnis und ein umfangreicher Index erschließen das Material. Durch den gezielten Zugriff auf die gesuchte Information hilft das KOMPENDIUM auch in scheinbar aussichtslosen Fällen unkompliziert und schnell weiter.

Praxisnahe Beispiele und eine klare Sprache sorgen dafür, dass bei allem technischen Anspruch und aller Präzision die Verständlichkeit nicht auf der Strecke bleibt.

Mehr als 5 Millionen Leser profitierten bisher von der Kompetenz der KOMPENDIEN.

Unser Online-Tipp
für noch mehr Wissen ...

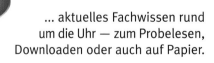

... aktuelles Fachwissen rund
um die Uhr — zum Probelesen,
Downloaden oder auch auf Papier.

www.InformIT.de

3ds max® 6

Visualisierung und Animation

CHRISTIAN IMMLER

Markt+Technik

KOMPENDIUM

Einführung | Arbeitsbuch | Nachschlagewerk

Bibliografische Information Der Deutschen Bibliothek

Die Deutsche Bibliothek verzeichnet diese Publikation in der Deutschen Nationalbibliografie; detaillierte bibliografische Daten sind im Internet über <http://dnb.ddb.de> abrufbar.

Umwelthinweis:
Dieses Buch wurde auf chlorfrei gebleichtem Papier gedruckt.
Die Einschrumpffolie – zum Schutz vor Verschmutzung – ist aus umweltverträglichem und recyclingfähigem PE-Material.

10 9 8 7 6 5 4 3 2 1

06 05 04

ISBN 3-8272-6683-1

© 2004 by Markt+Technik Verlag,
ein Imprint der Pearson Education Deutschland GmbH,
Martin-Kollar-Straße 10–12, D-81829 München/Germany
Alle Rechte vorbehalten
Coverkonzept: independent Medien-Design,
                    Widenmayerstraße 16, 80538 München
Titelfoto: IFA-Bilderteam
Motiv: Victoria Falls, Simbabwe
Lektorat: Cornelia Karl, ckarl@pearson.de
Fachliche Beratung: Robert Seidel
Herstellung: Elisabeth Prümm, epruemm@pearson.de
Satz: reemers publishing services gmbh, Krefeld (www.reemers.de)
Druck und Verarbeitung: Kösel, Kempten (www.KoeselBuch.de)
Printed in Germany

Im Überblick

Inhaltsverzeichnis

(KOMPENDIUM) 3ds max 6

(KOMPENDIUM) 3ds max 6

(KOMPENDIUM) 3ds max 6

(KOMPENDIUM) 3ds max 6

(KOMPENDIUM) 3ds max 6

(KOMPENDIUM) 3ds max 6

Vorwort

3ds max ist das weltweit am meisten verbreitete Programm für 3D-Modelling, 3D-Visualisierung, Animation und Characteranimation. Die hohe Verbreitung garantiert nicht nur eine konstante Weiterentwicklung, sondern auch die höchste Dichte an Schulen und Sekundärliteratur. Dies alles hilft den Einstieg zu erleichtern.

3ds max wird nicht nur bei großen Filmprojekten wie LAST SAMURAI, MINORITY REPORT, REIGN OF FIRE, EQUILIBRIUM, PANIC ROOM, BLACK HAWK DOWN, XMEN 2 eingesetzt, sondern auch in jedem anderen Bereich, der 3D-Visualisierung erfordert. Dadurch bietet 3ds max jeweils spezielle Funktionen für Werbegrafik, Web 3D-Gamedesign, Architektur und Designstudien.

Während viele ältere 3D-Anwendungen von der Unix Plattform stammen wurde 3ds max ganz gezielt von Anfang an für die Intel Architektur optimiert.

Die im Vergleich besonders kontinuierliche Weiterentwicklung hat dazu geführt, dass 3ds max für ein 3D-Programm mit besonders umfangreichen und sehr vollständigem Funktionsumfang ausgeliefert wird.

Zusätzlich gibt es für praktisch jeden Anwendungsbereich Erweiterungen von Drittanbietern auf Basis der Plug-In-Technologie. Die große Verbreitung und die unerreichte Open Source Politik (ca. 60% des Sourcecodes sind über den mitgelieferten SDK Developmentkit offen gelegt) haben dies möglich gemacht. Diese Vielfalt der Plug-Ins ermöglicht es nun auch kleineren Studios, komplexe Projekte mit Spezialeffekten in höchster Qualität bis hin zum 3D-Film zu realisieren. Dies ohne das teure Programmierteam, dass bei großen Hollywoodproduktionen üblich ist, denn die Plug-Ins decken fast alle Spezialanforderungen ab.

3ds max 6 bietet wieder umfangreiche Neuheiten; unter anderem spezielle Funktionen für Designer und Architekten wie zum Beispiel prozedurale Türen, Fenster, dwg-Import und Architektur-Materialien. Außerdem bietet 3ds max 6 die Möglichkeit aus dem Autodesk Architectural Desktop Szenen mit Materialien, Kameraposition und Beleuchtung zu übernehmen. Als erstes 3D-Programm hat 3ds max vier verschiedene Renderkonzepte integriert. Der Core Render ist weiterhin der beste Kompromiss zwischen Geschwindigkeit und Qualität. Für Fotorealismus speziell in Innenräume gibt es echte Radiosity die fotometrisch korrekt die Helligkeitsverteilung im echten 3D-Raum berechnet. Und für komplexere Außenszenen gibt es eine universelle Global-Illumination-Lösung. Neu dazu kommt der klassische Produktionsrenderer mental ray.

3ds max bietet jedem 3D-Artist viele Vorteile, die die Produktivität deutlich erhöhen und so mehr Zeit für das kreative Gestalten bieten.

Wir wünschen Ihnen viel Erfolg mit diesem Buch und mit dem neuen 3ds max 6.

Dr. Johannes Friebe

discreet a division of Autodesk

Territory Manager

Discreet Central East

Einleitung

Gestern Abend ferngesehen? Dann kennen Sie ja schon, was man mit 3ds max macht.

Kaum eine TV-Produktion oder ein Werbespot kommen heute ohne animierte 3D-Grafik aus. Immer wenn sich irgendwelche Gegenstände bewegen oder verformen, wie sie es in der Realität nie tun würden, ist ein 3D-Programm im Spiel – seien es Flüssigkeiten, die unter kräftigem Geblubber Wäsche, Zähne oder was auch immer reinigen, Süßigkeiten, die von Trickfiguren durch den Raum geworfen werden oder Autos, die aus Gedankenblasen entstehen und durch Geschossdecken fallen. Keine Science-Fiction-Produktionsfirma wird das Budget für einen echten Raumflug aufbringen, schon gar nicht, um das Schiff für eine 2-Minuten-Szene im All explodieren zu lassen, und sei diese Szene noch so handlungsentscheidend.

Die Ergebnisse von 3D-Software umgeben uns im Alltag überall. In diesem Buch zeigen wir, wie Sie selbst mit dem Programm 3ds max 6 von discreet derartige Effekte erstellen können.

Das Buch gliedert sich in drei wichtige Themenbereiche: Material und Beleuchtung, Szenen und Objekte und schließlich Animation. Im Gegensatz zu vielen anderen 3D-Design-Büchern beginnen wir nicht mit den geometrischen Grundlagen zum Erstellen neuer Objekte, sondern fangen da an, wo auch die meisten Anwender zum ersten Mal mit einem 3D-Programm in Berührung kommen: vorhandene Objekte auszuleuchten, mit Oberflächen zu versehen und zu rendern. Auf diese Weise sehen Sie sehr schnell erste Erfolge und haben die Grundlagen, um die im zweiten Teil entworfenen Objekte auch sofort ins rechte Licht zu setzen.

In jedem Fall sollten Sie als Einsteiger oder Umsteiger aus einem anderen Programm den Schnellkurs im ersten Kapitel durchspielen. Hier lernen Sie grundlegende Arbeitstechniken kennen, die Sie später immer wieder brauchen.

Im zweiten Teil stellen wir die ausgefeilten Modellierungs- und Bearbeitungsfunktionen in 3ds max 6 vor, vom einfachen geometrischen Verschieben bis zur Freiformmodellierung mit den vielfältigen Modifikatoren des Programms.

Im dritten Teil dreht sich, im wahrsten Sinne des Wortes, wirklich alles. Hier kommt Bewegung ins Spiel und aus der statischen Szene wird ein Film. Dabei zeigen wir auch Partikelsysteme und Rendering-Effekte, die noch mehr Realität in das Szenario bringen.

Jeder Buchteil stellt auf seiner Titelseite ein professionelles 3D-Projekt vor. Diese drei Projekte sind die Gewinner eines im letzten Herbst ausgeschriebenen Wettbewerbs. Alle drei Preisträger studio architec, Filmemoker Gbr und SoulPix zeigen weitere Bilder und Videos auf der DVD im Buch. Diese enthält auch die Szenen und Materialien, um die Beispiele aus dem Buch mit der ebenfalls mitgelieferten 3ds max 6 Demoversion nachzuvollziehen.

Viel Spaß beim Lesen und Stöbern, viel Erfolg beim Animieren und Beleuchten wünscht Ihnen

Ihr Christian Immler

Dank

Ein besonderer Dank geht an Robert Seidel (www.2minds.de), der das Buchprojekt mit kompetenten Anregungen und konstruktiver Kritik aus der Sicht eines Profis begleitete.

Weiterhin sollen alle die erwähnt werden, die Modelle, Daten, Bilder oder Kommentare geliefert haben, um Buch und DVD zu dem zu machen, das Sie jetzt in der Hand halten:

Alexander Gawron, Arne Andresen, Christian Stötzer, Christoph Lindemann, Claudia Immler, Cornelia Karl, David Gill, David Marks, Dirk Repetzky, Enno Hübers, Frank Sennholz, Hannah Immler, Haydée Denis, Irfan Skiljan, Johannes Friebe, Markus Hoffmann, Markus Spiering, Martin Hermann, Matt Anderson, Michael Kuhn, Randall Stevens, Skyler Swanson, Stewart McSherry

Feedback

Das Kompendium ist das zweite zu 3ds max und befindet sich, wie das Programm selbst, in ständiger Weiterentwicklung. Zur ersten Auflage haben Sie uns verschiedene Anregungen gegeben, die gerne berücksichtigt wurden. Für die sehr positive Aufnahme des Kompendiums bedanken wir uns. Autor und Verlag freuen sich auch weiterhin auf Ihr Feedback unter christian.immler@mut.de, wir antworten garantiert.

Der Autor

Christian Immler ist seit über zehn Jahren erfolgreicher Autor von Fachbüchern und Artikeln in Zeitschriften zu verschiedenen Computerthemen mit Schwerpunkt CAD und Visualisierung auf Basis der bekannten Autodesk-/discreet-Produkte. Er arbeitet mit 3ds max seit der ersten Version und ist Mitglied im discreet Beta-Test-Team.

Bereits im Architekturstudium und im Arbeitskreis für angewandte Informatik in der Architekturausbildung, einem Fachgremium der Architektur-Hochschulen in Deutschland, war der Autor Vorreiter bei der Einführung dreidimensionaler Konstruktions- und Visualisierungstechniken in der Lehre.

Daneben erstellt er Präsentationen für große Architektur- und Designbüros, für TV-Produktionen und Werbeagenturen sowie Originalhandbücher und interaktive Tutorials für verschiedene Software-Produkte.

Aus seiner langjährigen Tätigkeit als Dozent für 3D-Visualisierung im Fachbereich Architektur an der Fachhochschule Hannover und an der University of Brighton weiß er, welches Wissen in der Praxis wirklich gebraucht wird und wie er es verständlich erklärt.

Teil 1
Material und
Beleuchtung

Visualisierung: studio architec
Entwurf: Dipl.-Ing. Alexander Gawron
www.studioarchitec.de

1 Aller Anfang ist (gar nicht so) schwer – in 55 Schritten zum Erfolg

Bevor Sie sich ausführlich mit 3ds max 6 befassen und die verschiedensten Funktionen gründlich kennen lernen, machen Sie den folgenden Crashkurs mit, in dem Sie in 55 Schritten Ihre erste Animation erstellen. Dabei bekommen Sie einen Einblick in die Arbeitsweise von 3ds max 6, wobei aber nicht weiter auf das Warum und Weshalb der einzelnen Arbeitsschritte eingegangen wird. Nähere Details finden Sie in anderen Teilen dieses Buchs.

Wie echte Profis mit 3D-Programmen umgehen, können Sie sich auf den Titelseiten der drei Teile dieses Buches ansehen. Im Sommer 2003 schrieb Markt+Technik einen 3D-Wettbewerb für Präsentationen deutscher 3D-Künstler in drei Kategorien aus:

- ➤ *Standbilder – Material, Beleuchtung, fotorealistische Präsentation*
- ➤ *Objekte – 3D-Modellierung*
- ➤ *Animation – Character-Animation, Video*

Die drei Gewinner stellen ihre Arbeiten im Anhang und auf der DVD im Verzeichnis \DVDROM\Highlights *vor.*

Abbildung 1.1: Bild aus der fertigen Szene

Stellen Sie sich folgende Szene vor: Ein Raumschiff landet auf einem Planeten, bleibt dort kurze Zeit stehen, fliegt dann wieder weiter und verschwindet in den Tiefen des Alls. Dabei wird das Raumschiff als vorhandenes Modell importiert, wie es in der Praxis üblich ist. Die Szene und die Animation müssen Sie selbst erstellen.

Auf der DVD zum Buch finden Sie im Verzeichnis \max6demo *eine zeitlich begrenzte Demoversion von 3ds max 6, mit der Sie die Workshops in diesem Buch nachvollziehen können. Die Demoversion ist nur in englischer Sprache verfügbar. Deshalb steht im Buch bei jeder 3ds max 6 Funktion die entsprechende englische Bezeichnung am Seitenrand. Außerdem finden Sie auf der DVD ein Verzeichnis* \DVDROM\buch\max *in dem alle Beispieldateien dieses Buchs enthalten sind.*

Nähere Informationen zum Inhalt der DVD und zur Installation der Demoversion finden Sie auf den gelben Seiten am Ende des Buches. Dort gibt es auch, für die Anwender der englischen Demoversion, eine Übersetzungstabelle der wichtigsten Begriffe in 3ds max 6 sowie ausführliche Informationen zur Benutzeroberfläche von 3ds max 6 und zu den Neuerungen der aktuellen Version. Eine vollständige Tabelle aller Begriffe und ihrer Übersetzungen finden Sie als PDF-Datei auf der DVD unter \DVDROM\buch\tabelle.

Die folgende Schritt-für-Schritt-Anleitung beschreibt in 55 Schritten den kompletten Ablauf vom Start des Programms bis zum Abspielen der fertigen Animation. Beachten Sie die Anweisungen genau. Es wird nur das Nötigste erklärt, um einen schnellen Erfolg zu gewährleisten.

1. Starten Sie 3ds max 6. Es erscheint ein Bildschirm mit vier Ansichtsfenstern.

Damit die Abbildungen besser erkennbar sind, verwenden wir in diesem Buch einen weißen Hintergrund. Standardmäßig startet 3ds max 6 mit grauen Ansichtsfenstern.

2. Aktivieren Sie durch einfaches Anklicken das Fenster mit dem Titel OBEN. Es erscheint ein gelber Rand darum. Dieses Fenster stellt eine Ansicht von oben dar.

3. Aktivieren Sie rechts die Palette ERSTELLEN, falls diese nicht bereits standardmäßig aktiv ist.

4. Aktivieren Sie den Button GEOMETRIE, falls dieser nicht bereits standardmäßig aktiv ist.

Ebene = Plane

Ebene

5. Klicken Sie im Rollout OBJEKTTYP auf den Button EBENE.

6. Klicken Sie links oben in das Ansichtsfenster OBEN und ziehen Sie die Maus bei gedrückter Maustaste nach rechts unten, so dass ein Rechteck entsteht.

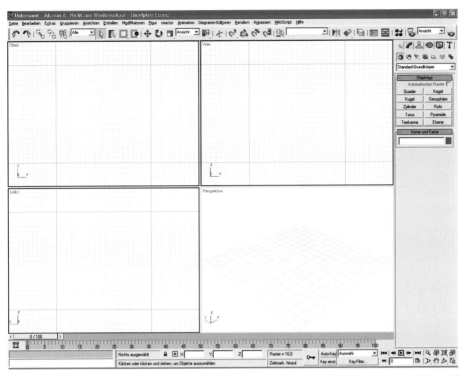

Abbildung 1.2: Die Arbeitsoberfläche von 3ds max 6

7. Tragen Sie in die Felder LÄNGE und BREITE im Parameter ROLLOUT die Maße des neuen Objektes wie abgebildet ein. Damit haben Sie Ihr erstes 3ds max-Objekt erstellt. Dieses ist jetzt so groß, dass im aktuellen Zoom-Maßstab nur ein paar Linien zu sehen sind. 3ds max verwendet zur Eingabe von Zahlen spezielle Eingabefelder, die bereits mit sinnvollen Werten vorbelegt sind. Den eingestellten Wert können Sie außer durch Tastatureingabe auch durch Antippen der kleinen Pfeiltasten rechts neben dem Feld und anschliessender Mausbewegung verändern.

Länge/Breite = Length/Width

8. Klicken Sie unten rechts auf den Button ZOOM GRENZEN ALLE. Die Ebene ist jetzt in allen vier Ansichtsfenstern vollständig zu sehen.

9. Sichern Sie Ihre Szene mit der Tastenkombination ⌈Strg⌉+⌈S⌉. Beim ersten Speichern müssen Sie den Dateinamen festlegen. Drücken Sie die gleiche Tastenkombination später wieder, wird die Datei unter demselben Namen gespeichert.

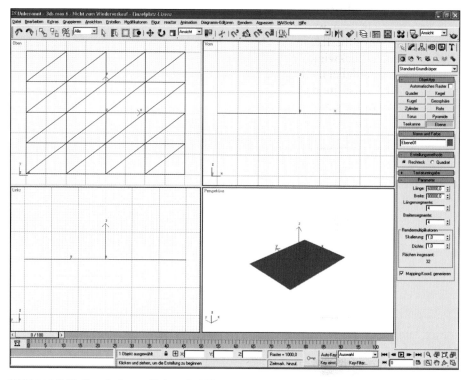

Abbildung 1.3: Die Ebene in vier verschiedenen Ansichten

Datei/Einfügen = File/Merge

10. Zum Einfügen des fertigen Raumschiffs in die Szene wählen Sie im Menü DATEI/EINFÜGEN. Wählen Sie im folgenden Dialog die Datei *ALPHA01.MAX* aus dem Verzeichnis der Beispieldateien von der DVD im Buch.

11. Im EINFÜGEN-Dialogfeld werden alle Einzelobjekte des Raumschiffs angezeigt. Diese Szene enthält nur ein einziges Objekt mit Namen ALPHA. Markieren Sie dieses Objekt in der Liste und klicken danach auf OK. Das Raumschiff erscheint in der Szene.

Abbildung 1.4: Objekte aus einer anderen Datei einfügen

12. Im nächsten Schritt stellen Sie das Blickfeld auf die Szene ein. Anstelle der Schrägansicht von weit oben soll eine spektakulärere Perspektive aus der Sicht von der Oberfläche des Planeten eingestellt werden. Dieser Button verändert den Blickwinkel im aktuellen Fenster. Die tatsächliche Lage der Objekte wird dabei nicht verändert. Während Sie durch Ziehen mit gedrückter linker Maustaste den Blickwinkel verändern, können Sie gleichzeitig mit dem Mausrad zoomen und durch Drücken auf das Mausrad den Bildausschnitt pannen.

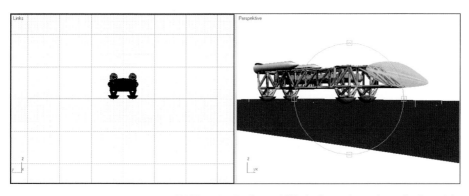

Abbildung 1.5: Das Raumschiff in der Szene mit neu eingestellter Perspektive

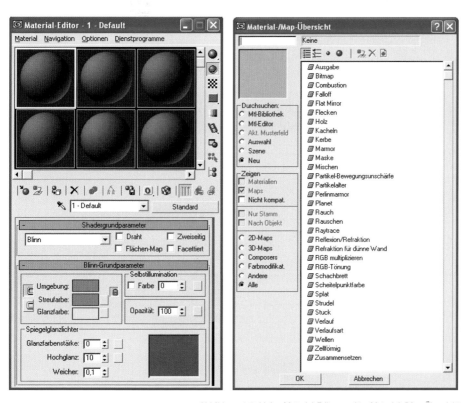

Abbildung 1.6: Links: Material-Editor, rechts: Material-/Map-Übersicht

13. Damit die Planetenoberfläche wie ein Planet und nicht wie eine Kunststoff-platte aussieht, geben Sie ihm ein passendes Material. Öffnen Sie dazu mit diesem Button oder der Taste ⌷M⌷ den Material-Editor.

Streufarbe = Diffuse

14. Klicken Sie hier im Rollout BLINN-GRUNDPARAMETER auf den quadratischen Button neben dem Farbfeld STREUFARBE. Es erscheint die *Material-/Map-Übersicht.*

Durchsuchen/Neu = Browse From/New

15. Klicken Sie doppelt auf BITMAP. Achten Sie dabei darauf, dass unter DURCH-SUCHEN die Option NEU eingeschaltet ist. Ein Dateiauswahl-Dialog erscheint.

16. Wählen Sie hier die Datei *MOON.JPG* aus dem Verzeichnis \3dsmax6\maps\ Space und klicken Sie auf ÖFFNEN. Auf der ersten Kugel im Material-Editor wird das neue Material angezeigt.

17. Klicken Sie auf diesen Button und geben Sie dem Material im Namensfeld darunter einen sinnvollen Namen, zum Beispiel *Mond.*

18. Klicken Sie auf diesen Button und ziehen Sie dann mit gedrückter Maustaste das Material von der Kugel im Material-Editor auf die Ebene im PERSPEK-TIVE-Fenster. Der Planet erscheint mit dem neuen Material.

19. Im Vordergrund sieht man an der Ebene vorbei ins Leere. Da dies im geren-derten Bild sehr unrealistisch aussehen würde, verschieben Sie die Ebene ein Stück nach vorne. Klicken Sie dazu mit der rechten Maustaste in die Ansicht von oben, um das Fenster zu aktivieren. Schalten Sie dann den Button AUS-WÄHLEN UND VERSCHIEBEN ein, so dass dieser in gelb erscheint.

20. Klicken Sie auf die Ebene. Es erscheint ein Koordinatensymbol mit drei far-bigen Achsen. Fahren Sie mit der Maus über den grünen Pfeil der y-Achse. Diese erscheint in gelb.

21. Schieben Sie jetzt die Ebene mit gedrückter Maustaste in negative y-Rich-tung, in der Ansicht von oben nach unten und in der Perspektive nach vorne.

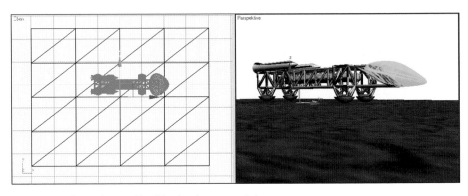

Abbildung 1.7: Ebene mit neuem Material und nach vorne verschoben

22. Als Nächstes braucht die Szene noch eine Beleuchtung. Aktivieren Sie dazu auf der ERSTELLEN-Palette die Option LICHTQUELLEN.

23. Wählen Sie hier den Lichtquellentyp FREIES RICHTUNGSLICHT, um das gerichtete Licht einer entfernten Sonne darzustellen.

24. Klicken Sie in der Ansicht von oben etwa in das Cockpit des Raumschiffes. Es erscheint ein quadratisches Lichtquellensymbol, das in der Ansicht von vorn als Pfeil nach unten zu erkennen ist. Dieser Pfeil gibt die Leuchtrichtung der Lichtquelle an.

25. Verschieben Sie diese Lichtquelle in der Ansicht von vorn etwas über das Raumschiff.

26. Schalten Sie im Rollout RICHTUNGSPARAMETER den Schalter KEGEL ZEIGEN ein und setzen Sie die Parameter HOTSPOT/STRAHL und FALLOFF/FELD auf die Werte aus der Abbildung. Um die Lichtquelle herum erscheinen zwei Kreise, die den Lichtkegel und den Halbschatten angeben.

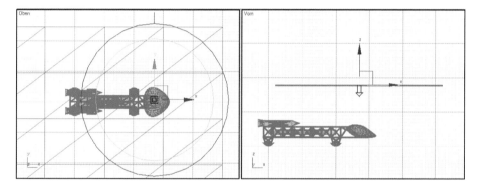

Abbildung 1.8: Die neue Lichtquelle

27. Lichtquellen wirken realistischer, wenn das Licht von leicht schräg einfällt, damit es deutliche Schlagschatten gibt. Aktivieren Sie zum Drehen der Licht-quelle den Modus AUSWÄHLEN UND DREHEN. Um die Lichtquelle herum erscheinen verschiedenfarbige Kreise. Fahren Sie mit der Maus über einen dieser Kreise, können Sie das selektierte Objekt in der entsprechenden Rich-tung drehen.

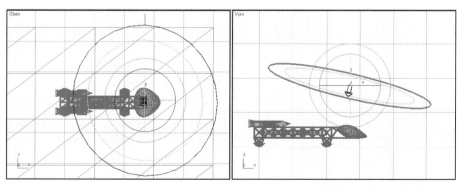

Abbildung 1.9: Verdrehte Lichtquelle

28. Das Raumschiff soll einen Schatten auf die Planetenoberfläche werfen. Schatten sind in 3ds max 6 Eigenschaften der Lichtquellen. Schalten Sie also, solange die Lichtquelle noch selektiert ist, im Rollout ALLGEMEINE PARAMETER die beiden Schalter EIN und GLOBALE EINSTELLUNGEN VERWENDEN im Bereich SCHATTEN ein.

29. Jetzt wird es Zeit, das erste Probebild zu rendern. Klicken Sie mit der rechten Maustaste in das PERSPEKTIVE-Fenster, um es zu aktivieren, ohne die aktuelle Auswahl zu verändern.

30. Klicken Sie auf diesen Button. In wenigen Sekunden wird in einem neuen Fenster ein Bild des aktuellen Ansichtsfensters gerendert.

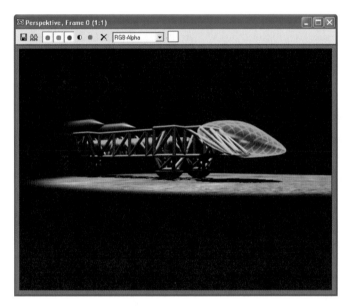

Abbildung 1.10: Das erste gerenderte Bild

Rendern/Umgebung
= Rendering/
Environment

31. Für eine echte Weltraumszene fehlt noch ein Sternenhimmel im Hintergrund. Hier bietet es sich an, ein fertiges Bild einzufügen. Wählen Sie dazu den Menüpunkt RENDERN/UMGEBUNG oder drücken die Taste ⑧.

Keine = None

32. Klicken Sie in der Dialogbox UMGEBUNG UND EFFEKTE auf den großen Button, auf dem am Anfang noch KEINE steht. Es öffnet sich die MATERIAL-/MAP-ÜBERSICHT. Klicken Sie hier doppelt auf Bitmap und wählen im Dateiauswahldialog die Datei *STARFLD1.TGA* aus dem Verzeichnis \3dsmax6\ maps\Space.

Map verwenden
= Use Map

33. Der Name der Bilddatei erscheint auf dem großen Button. Achten Sie darauf, dass auch der Schalter MAP VERWENDEN eingeschaltet ist. Danach können Sie die Dialogbox UMGEBUNG UND EFFEKTE wieder schließen.

34. Rendern Sie jetzt noch einmal das PERSPEKTIVE-Fenster. Im Hintergrund der Szene hinter allen Objekten erscheint der Sternenhimmel.

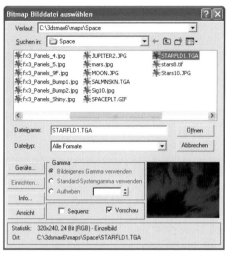

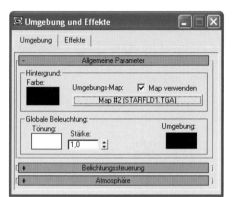

Abbildung 1.11: Auswahl eines Hintergrundbildes

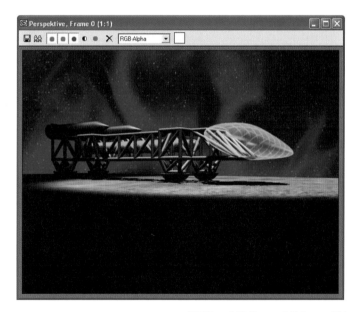

Abbildung 1.12: Szene mit Hintergrundbild

35. Nachdem alle Vorbereitungen in der Szene getroffen sind, sollten Sie den aktuellen Stand mit Strg+S noch einmal speichern und können dann mit der Animation beginnen.

36. Als Erstes sollten Sie sich über die Länge der Animation im Klaren sein. Unsere Beispielanimation soll sechs Sekunden dauern. Drei Sekunden fliegt das Raumschiff den Planeten an und landet, steht dann eine Sekunde und fliegt zwei Sekunden lang weg. Klicken Sie auf den Button ZEITKONFIGURA-TION unten rechts und stellen dort als Erstes unter FRAME-RATE das in

Europa übliche PAL-Format ein, um Flackern und Unregelmäßigkeiten in der Animation zu vermeiden. Dies gilt nur beim Abspielen auf Fernsehern. Monitore haben immer eine deutlich höhere Bildwiederholfrequenz, so dass es hier zu keinen Unregelmäßigkeiten kommt.

Frame-Anzahl
= Frame-Count

37. Stellen Sie im Feld FRAME-ANZAHL 150 Frames ein. Bei 25 Frames pro Sekunde entspricht das sechs Sekunden Animationsdauer. Jetzt können Sie diesen Dialog mit OK verlassen. Die Zeitleiste unterhalb der Ansichtsfenster zeigt jetzt 150 Frames, von 0 bis 149 durchnummeriert.

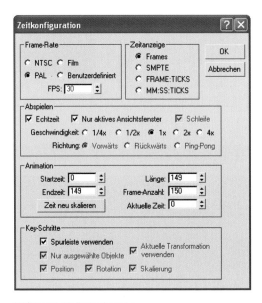

Abbildung 1.13: Zeitkonfiguration

Abbildung 1.14: Die Zeitleiste

38. Springen Sie in das Frame 75. An dieser Zeitmarke, drei Sekunden nach Anfang der Animation, soll das Raumschiff seine Landeposition erreicht haben, die Position, an der es zurzeit noch zu sehen ist. Um in ein bestimmtes Frame zu springen, schieben Sie entweder den Zeitschieber an diese Stelle oder geben im Zahlenfeld unten rechts die Frame-Nummer ein.

39. Schalten Sie jetzt mit dem Button AUTO-KEY den Animationsmodus ein. Zur Verdeutlichung des Animationsmodus erscheinen die Zeitleiste und die Umrandung des aktuellen Ansichtsfensters in Rot.

Abbildung 1.15: Zeitleiste im Animationsmodus

40. Selektieren Sie das Raumschiff, falls es nicht mehr selektiert ist.

41. Aktivieren Sie die ANZEIGE-Palette und schalten Sie dort im Rollout ANZEISTGE EIGENSCHAFTEN den Schalter BEWEGUNGSBAHNEN ein. Damit sehen Sie die Bewegung des Raumschiffs genauer.

42. Klicken Sie auf diesen Button, um einen Animationskey für das selektierte Objekt zu setzen. Dieser Key bezeichnet die Position im aktuellen Frame und wird als weißes Rechteck auf der Zeitleiste im Frame 75 angezeigt.

43. Das Raumschiff soll bis zum Frame 100 an dieser Stelle stehen bleiben. Kopieren Sie also den Key in der Zeitleiste in Frame 100 indem Sie ihn mit gedrückter ⬆-Taste von Frame 75 nach Frame 100 ziehen.

44. Schieben Sie den Zeitschieber in das letzte Frame.

45. Verschieben Sie jetzt das Raumschiff auf die im nächsten Bild gezeigte Position außerhalb des rechten Bildrandes. Der Schalter AUTO-KEY muss weiterhin eingeschaltet sein. Im Frame 149 wird automatisch ein Key gesetzt. Eine rote Linie zeigt die Bewegungsbahn an.

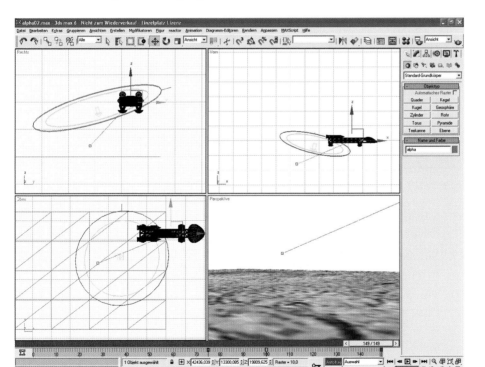

Abbildung 1.16: Das Raumschiff an seiner neuen Position in Frame 149

46. Schieben Sie den Zeitschieber in das erste Frame.

47. Schieben Sie das Raumschiff an eine Position außerhalb des linken Bildrandes und nach oben. Auch hier wird automatisch ein Key gesetzt. Dadurch, dass das bewegte Objekt am Anfang der Animation erst ins Bild fliegt und dieses am Ende auch wieder verlässt, kann die Animation später in einer Endlosschleife abgespielt werden, ohne dass Objekte plötzlich verschwinden oder auf einmal aus dem Nichts auftauchen.

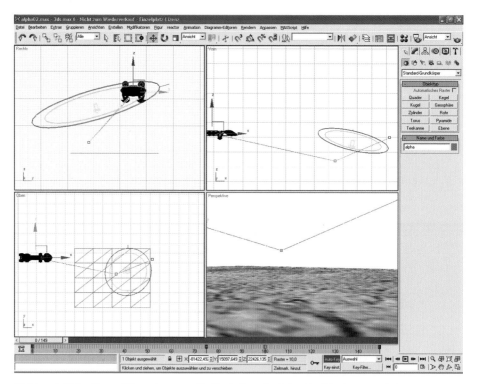

Abbildung 1.17: Das Raumschiff an seiner neuen Position in Frame 0 mit eingeblendeten Bewegungsbahnen

48. Schalten Sie danach den Button AUTO-KEY wieder aus und aktivieren Sie das PERSPEKTIVE-Fenster.

49. Mit diesem Button können Sie die Animation als Vorschau abspielen. Durch Bewegen des Zeitschiebers lässt sich jedes beliebige Frame anzeigen.

50. Vor einem längeren Rendervorgang sollten Sie den aktuellen Stand mit Strg+S immer einmal speichern. Schalten Sie auch alle Hintergrundprozesse ab, die Rechenleistung kosten, wie im Hintergrund laufende Programme, Messenger oder Bildschirmschoner, die ständig auf irgendetwas warten.

51. Klicken Sie, solange das PERSPEKTIVE-Fenster aktiv ist, auf den Button SZENE RENDERN.

Aktives Zeitsegment
= Active Time
Segment

52. Wählen Sie in der folgenden Dialogbox oben im Bereich ZEITAUSGABE die Option AKTIVES ZEITSEGMENT.

53. Klicken Sie im Bereich RENDERAUSGABE auf den Button DATEIEN und geben Sie einen Dateinamen für die neu zu rendernde AVI-Datei an. Die Dialogbox VIDEOKOMPRIMIERUNG bestätigen Sie einfach mit OK.

Renderausgabe/ Dateien = Render Output/Files

Abbildung 1.18: Links: Dialogbox Szene Rendern, rechts: Einstellung der Videokomprimierung

54. Klicken Sie jetzt unten rechts auf RENDERN. Damit wird der eigentliche Rendervorgang gestartet, der je nach Rechnergeschwindigkeit einige Minuten dauern kann.

55. Die fertige Animation können Sie sich mit dem Windows Media Player ansehen. Dieser kann auch direkt aus 3ds max 6 mit dem Menüpunkt DATEI/ BILDDATEI ANSEHEN gestartet werden.

Datei/Bilddatei ansehen = File/View Image File

Dieser Schnellkurs erhebt natürlich keinen Anspruch auf Vollständigkeit. Die erste Animation hat auch keinen höheren künstlerischen Wert, verdeutlicht aber zumindest die grundlegende Arbeitsweise von 3ds max 6.

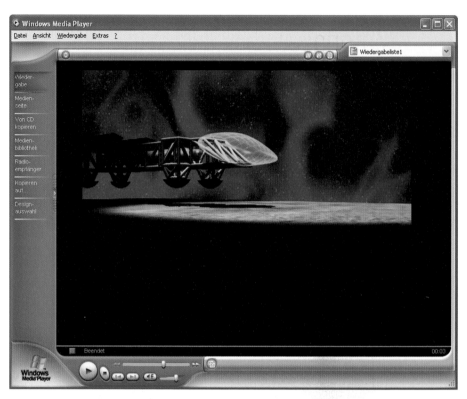

Abbildung 1.19: Die fertige Animation im Windows Media Player

In den folgenden Kapiteln dieses Buchs finden Sie einen umfassenden Überblick über die wichtigsten Funktionen von 3ds max 6, von Materialien über Beleuchtung und Kameraführung bis zum Erstellen, Verformen und Bewegen eigener Objekte in der Szene.

2 Materialien, Oberflächen und Farben

Viele Bücher und Tutorials zu 3ds max beginnen damit, Objekte zu erstellen und zu bearbeiten. In vielen Fällen hat man aber vorhandene Szenen vorgegeben, die zum Beispiel von Architekten oder Produktdesignern als 3D-Modelle geliefert werden. Hier muss man nur noch Materialeigenschaften definieren und danach die Szene beleuchten und rendern. Auch für eigene Szenen kann in vielen Fällen auf fertige 3D-Modelle aus diversen Bibliotheken zugegriffen werden.

In diesem Buch erläutern wir gleich zu Beginn die Techniken zur Bearbeitung von Material- und Oberflächeneigenschaften, so dass Sie direkt aus vorgefertigten Szenen Ihre ersten Bilder rendern können.

Abbildung 2.1: Verschiedene Materialwirkungen in einer Architekturvisualisierung (Glasmuseum – Entwurf: Claudia Immler)

Das Aussehen eines realen Gegenstands hängt nicht nur von dessen Form und Farbe ab, sondern auch von verschiedenen Eigenschaften des Materials, aus dem er besteht. Die Rauheit der Oberfläche, Muster, Strukturen, Glanzpunkte und Spiegelungen oder eine eventuelle Transparenz können zwei gleichfarbige Körper völlig unterschiedlich aussehen lassen. Natürlich spielen auch die Lichtverhältnisse für die Wirkung eines Materials eine entscheidende Rolle.

Metall, Plastik, Glas, organische Materialien und Flüssigkeiten unterscheiden sich auch bei gleicher Grundfarbe auf den ersten Blick. In 3ds max 6 sind viele Materialeigenschaften nur im gerenderten Bild oder im ActiveShade-Fenster zu sehen, da der interaktive Renderer, der die schattierten Anzeigefenster darstellt, nur auf Geschwindigkeit und nicht auf Bildqualität ausgelegt ist.

!! STOP

ActiveShade-Fenster brauchen bei komplexen Materialien deutlich länger zum Bildaufbau als bei einfachen Materialien.

Abbildung 2.2: Die gleiche Szene in einem schattierten Ansichtsfenster (links) und in einem ActiveShade-Fenster (rechts)

Alle Eigenschaften einer Oberfläche werden in 3ds max 6 zu so genannten *Materialien* zusammengefasst, die Objekten zugewiesen werden können. Diese Materialien werden im Material-Editor, einer speziellen Programmkomponente, erstellt und bearbeitet.

 Der Material-Editor wird mit der Taste M oder diesem Button aus der Standard-Buttonleiste gestartet. Das Material-Editor-Fenster kann ständig geöffnet bleiben und bei einer Zweischirmkonfiguration auf den zweiten Bildschirm verschoben werden, um die Ansichtsfenster nicht zu verdecken.

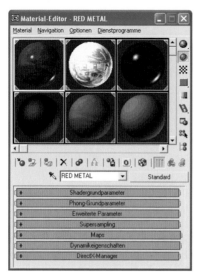

Abbildung 2.3: Der Material-Editor

Der Material-Editor zeigt sechs Beispielkugeln mit Materialien. Eine davon ist immer ausgewählt und mit einem weißen Rand markiert. Das Material dieser Kugel kann in den verschiedenen Rollouts im unteren Bereich des Material-Editor-Fensters definiert werden.

Zur Darstellung des Materials auf diesen Kugeln verwendet 3ds max 6 üblicherweise den Scanline-Renderer, der auch zum endgültigen Rendern der Bilder verwendet wird. Hier sehen die Materialien also schon fast genauso aus wie im endgültigen Bild, mit dem Unterschied, dass hier im Material-Editor immer eine einstellbare Standardbeleuchtung eingesetzt wird, die nichts mit der wirklichen Szenenbeleuchtung zu tun hat.

Tatsächlich können im Material-Editor deutlich mehr als sechs Materialien gleichzeitig dargestellt werden. Weitere Materialkugeln erreichen Sie durch Verschieben der Rollbalken neben und unter den dargestellten Kugeln.

Mit der Taste ⌨X können Sie die Anzeige der Kugeln im Material-Editor zwischen 6, 15 und 24 hin- und herschalten. Der Material-Editor ist auf maximal 24 Materialien beschränkt. Die Szene kann zwar auch mehr Materialien enthalten, diese können aber nicht alle gleichzeitig im Material-Editor bearbeitet werden.

Ein Rechtsklick auf eine Materialkugel blendet ein Kontextmenü ein, in dem ebenfalls die Anzahl der angezeigten Kugeln verändert werden kann. Der Menüpunkt VERGRÖSSERN in diesem Kontextmenü stellt eine Materialkugel vergrößert in einem eigenen Fenster dar, dessen Größe beliebig verändert werden kann. Das Gleiche bewirkt ein Doppelklick auf die aktuelle Materialkugel.

Vergrößern
= Magnify

Ist in diesem Fenster der Schalter AUTOMATISCH aktiviert, wird die Darstellung bei jeder Veränderung der Materialeigenschaften automatisch aktualisiert. Andernfalls müssen Sie zur Aktualisierung auf den Button UPDATE klicken.

Abbildung 2.4: Vergrößerte Darstellung einer Materialkugel

2.1   Materialdarstellung im Material-Editor

Die Darstellung im Material-Editor lässt sich detailliert einstellen. Allerdings ist in den meisten Fällen die Standardanzeige auch die empfehlenswerteste.

Der Button oben rechts hat drei verschiedene Flyouts, mit denen man im aktuellen Materialfeld anstelle der Kugel einen Zylinder oder einen Würfel darstellen kann, auf dem das aktuelle Material zu sehen ist.

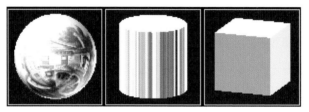

Abbildung 2.5: Kugel, Zylinder und Würfel im Material-Editor

 Der Button HINTERGRUNDLICHT schaltet die zweite Lichtquelle unten rechts im aktuellen Materialfenster ein und aus. Dieser Effekt ist besonders bei transparenten Materialien interessant.

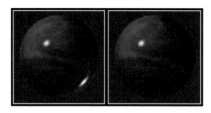

Abbildung 2.6: Links: eingeschaltetes Hintergrundlicht, rechts: ausgeschaltet

Diese Option lässt sich auch mit der Taste ⌊L⌋ umschalten.

 Mit dem Button HINTERGRUND kann man ein buntes Karomuster statt des einfarbigen Hintergrunds verwenden, um zum Beispiel die Transparenz von Materialien besser beurteilen zu können.

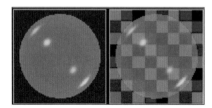

Abbildung 2.7: Transparentes Material mit schwarzem Hintergrund und mit Hintergrundmuster

Diese Option lässt sich auch mit der Taste ⌊B⌋ umschalten.

 Dieses Flyout verändert die Aufteilung von Texturen auf den Materialkugeln bei Materialien mit Mapping.

 Mit diesem Button können Sie in einem Materialfenster die Farben auf Videotauglichkeit überprüfen. Sehr grelle Farben führen auf Videos zu Farbstörungen. Farben, die zu solchen Fehlern führen können, werden bei aktiver Farbüberprüfung schwarz dargestellt.

Diese Prüfung ist nur als Richtwert zu betrachten, da die tatsächliche Darstellung im gerenderten Bild nicht nur vom Material, sondern auch wesentlich von der Beleuchtung der Szene abhängt.

Materialien können auch animiert werden, so dass sie ihre Farbe, Textur, Transparenz oder andere Eigenschaften verändern. Mit diesem Button kann eine Vorschau eines animierten Materials auf der Materialkugel erstellt werden. Weitere Flyouts zeigen diese Vorschau an oder speichern sie als AVI-Datei.

Dieser Button oder der Menüpunkt OPTIONEN im Kontextmenü blenden eine wichtige Dialogbox ein, in der weitere Darstellungs- und Beleuchtungsoptionen eingestellt werden können. Alle diese Einstellungen gelten nur für die Darstellung der Materialien im Material-Editor und betreffen nicht die wirkliche Szene.

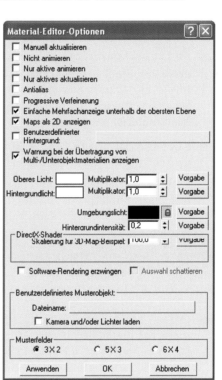

Abbildung 2.8: Die Dialogbox Material-Editor-Optionen

➤ MANUELL AKTUALISIEREN – (Standard: aus) verhindert das automatische Aktualisieren der Materialkugeln bei komplexen Materialien, um Bildaufbauzeiten zu sparen. Die Kugeln werden erst aktualisiert, wenn man sie anklickt.

Manuell aktualisieren = Manual Update

➤ NICHT ANIMIEREN – (Standard: aus) animiert die Materialien auf den Kugeln nicht beim Abspielen einer Animation. Dies betrifft nur die Beispielkugeln und nur Materialien, die sich während der Animation verändern. In der gerenderten Animation verhalten sich die Materialien trotzdem ganz normal.

Nicht animieren = Don't Animate

Nur aktive animieren = Animate Active Only

⇒ NUR AKTIVE ANIMIEREN – (Standard: aus) animiert nur das Material auf der ausgewählten Kugel. Die anderen bleiben stehen. Auch diese Einstellung gilt nur für die Darstellung im Material-Editor.

Nur aktives aktualisieren = Update Active Only

⇒ NUR AKTIVES AKTUALISIEREN – (Standard: aus) aktualisiert nur das Material, das gerade aktiviert ist. Damit lässt sich Rechenzeit sparen, da man sowieso nur das aktive Material gerade bearbeitet.

⇒ ANTIALIAS – (Standard: aus) schaltet Antialias für die Beispielkugeln ein. Das Berechnen dauert dann etwas länger, dafür werden die Kanten geglättet.

Progressive Verfeinerung = Progressive refinement

⇒ PROGRESSIVE VERFEINERUNG – (Standard: aus) berechnet die Beispielkugeln zuerst grob und dann in einem zweiten Durchgang noch einmal feiner. Diese Berechnungsmethode gibt besonders bei komplizierten Materialien deutlich schneller einen optischen Eindruck als das normale Rendern von oben nach unten. Deshalb sollte dieser Schalter normalerweise immer eingeschaltet sein.

Einfache Mehrfachanzeige unterhalb der obersten Ebene = Simple Multi Display Below Top Level

⇒ EINFACHE MEHRFACHANZEIGE UNTERHALB DER OBERSTEN EBENE – (Standard: ein) stellt bei mehrfach geschachtelten Multimaterialien auf unterster Ebene die Materialien einzeln komplett auf je einer Kugel dar. Ist dieser Schalter ausgeschaltet, wird auch auf den Unterebenen immer das komplette Multimaterial dargestellt.

Maps als 2D anzeigen = Display Maps as 2D

⇒ MAPS ALS 2D ANZEIGEN – (Standard: ein) stellt einzelne Maps flächendeckend als Ebene im Fenster dar und nicht nur auf eine Kugel projiziert.

Benutzerdefinierter Hintergrund = Vustom Background

⇒ BENUTZERDEFINIERTER HINTERGRUND – (Standard: aus) verwendet ein beliebiges Hintergrundbild für die Materialkugeln statt des bunten Karomusters. Die Bilddatei kann mit dem breiten Button daneben ausgewählt werden.

NEU

WARNUNG BEI DER ÜBERTRAGUNG VON MULTI-/UNTEROBJEKTMATERIALIEN ANZEIGEN – *(Standard: ein) blendet eine Meldung ein, wenn Multi-/Unterobjektmaterialien auf Instanzen übertragen werden.*

Oberes Licht/Hintergrundlicht = Top Light/Back Light

⇒ OBERES LICHT/HINTERGRUNDLICHT – geben die Lichtfarbe und Multiplikatoren für die beiden in den Materialfenstern verwendeten Lichtquellen an. Dabei befindet sich die erste Lichtquelle links oben, die zweite rechts unten. Die VORGABE-Buttons setzen die entsprechende Einstellung auf den Standardwert zurück.

Umgebungslicht = Ambient Light

⇒ UMGEBUNGSLICHT – gibt die Farbe des Umgebungslichts in den Materialfenstern an.

Hintergrundintensität = Background intensity

⇒ HINTERGRUNDINTENSITÄT – gibt die Helligkeit des Hintergrunds in den Materialfenstern an. Hier können Werte zwischen 0.0 (schwarz) und 1.0 (weiß) verwendet werden.

Skalierung für 3D-Map-Beispiel = 3D Map Sample Scale

⇒ SKALIERUNG FÜR 3D-MAP-BEISPIEL – gibt an, wie groß die Kugeln in den Materialfenstern in Wirklichkeit in Koordinateneinheiten gemessen wären. Sie werden immer gleich groß dargestellt, der Abbildungsmaßstab kann aber verändert werden. Das ist besonders wichtig, um die Größe prozeduraler Maps richtig sehen zu können.

SOFTWARE-RENDERING ERZWINGEN – *rendert im Material-Editor immer mit dem Software-Renderer und verwendet keine DirectX Hardware-Renderer.*

➤ BENUTZERDEFINIERTES MUSTEROBJEKT – lädt ein Objekt aus einer MAX-Datei, das für die Materialfenster als Beispielobjekt verwendet werden soll. Legen Sie sich hierfür eine MAX-Datei an, die nur ein Objekt enthält. Dieses sollte in der Größe einen Würfel mit 100 Einheiten Seitenlänge möglichst ausfüllen und Mapping-Koordinaten haben. Ist hier ein Objekt definiert, erscheint auf dem Button ganz oben rechts im Material-Editor ein viertes Flyout, mit dem dieses Objekt ausgewählt werden kann.

Benutzerdefiniertes Musterobjekt = Custom Sample Object

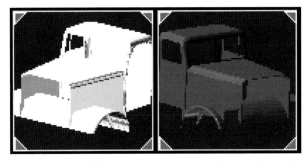

Abbildung 2.9: Benutzerdefinierte Objekte im Materialeditor

➤ KAMERA UND/ODER LICHTER LADEN – Ist dieser Schalter eingeschaltet, werden Lichtquellen und eine Kamera aus der MAX-Datei mit dem Beispielobjekt verwendet statt der Vorgabeeinstellungen in den Materialfenstern.

Kamera und/oder Lichter laden Load Camera and/or Lights

➤ MUSTERFELDER – gibt an, wie viele Kugeln gleichzeitig im Material-Editor angezeigt werden sollen. Die Optionen entsprechen denen der Umschaltung mit der Taste [X].

Musterfelder = Slots

2.2 Materialien und Materialbibliotheken handhaben

Jede Materialkugel kann ein anderes Material enthalten. Jedes Material braucht zur Unterscheidung einen eindeutigen Namen, der im Feld unterhalb der Buttonleiste eingetragen wird. Standardmäßig haben die Materialien nur Nummern. Sinnvollerweise sollten Sie den veränderten Materialien aussagekräftige Namen geben.

Alle Materialien im Material-Editor werden beim Speichern in der MAX-Datei gespeichert, unabhängig davon, ob sie Objekten in der Szene zugewiesen sind oder nicht. Szenen können natürlich weit mehr als die angezeigten Materialien enthalten, aber nur 24 davon können im Material-Editor gleichzeitig bearbeitet werden.

Mit diesem Button können Sie ein Material von einem Objekt aus der Szene auf die aktuelle Materialkugel im Material-Editor übertragen. Der Button erscheint in Gelb. In den Anzeigefenstern erscheint der Cursor als Pipettensymbol. Klicken Sie damit auf ein Objekt, wird dessen Material auf die aktuelle Materialkugel übernommen.

Nicht alle Objekte haben ein Material. Erstellt man in 3ds max 6 ein neues Objekt, ist diesem standardmäßig noch kein Material zugewiesen.

Jedes Material im Material-Editor, das einem Material in der Szene entspricht, ist durch weiße Ecken im Materialfenster gekennzeichnet. Verändert man die Parameter eines solchen Materials, wird das Material in der Szene automatisch mit geändert.

Im Material-Editor können Sie verschiedene Alternativen für ein Material ausprobieren. Geben Sie diesen Materialien gleiche Namen. Immer nur eines davon wird in der Szene verwendet und hat die weißen Eckmarkierungen. Um das Material auszutauschen, wählen Sie eine der Varianten mit gleichen Namen und klicken auf diesen Button. Das aktuell gewählte Material wird in die Szene übernommen und ersetzt dort das Material, das vorher unter diesem Namen in der Szene vorhanden war.

Wenn Sie über einen schnellen Rechner verfügen, schalten Sie eines der Ansichtsfenster in den ActiveShade-Modus. Dann können Sie jede Materialänderung unmittelbar mitverfolgen. Auf langsameren Rechnern sollten Sie darauf verzichten und bei entscheidenden Änderungen die Szene neu rendern, da Sie sonst schon bei einfachen Farbeinstellungen jedes Mal sehr lange warten müssen.

Um ein Material einem Objekt in der Szene zuzuweisen, brauchen Sie dieses Material nur aus dem Material-Editor auf das gewünschte Objekt zu ziehen.

In großen Szenen, die aus vielen Objekten bestehen, ist es einfacher, diese vorher in der Szene zu selektieren. Das gilt besonders, wenn ein Material mehreren Objekten zugewiesen werden soll. Klicken Sie anschließend im Material-Editor auf diesen Button, wird das aktuelle Material allen selektierten Objekten zugewiesen.

Auswahl nach Material

Möchten Sie wissen, welche Objekte in der Szene welches Material verwenden, um Zuweisungsfehler zu korrigieren oder Materialien auszutauschen, klicken Sie auf diesen Button. Es erscheint eine Liste aller Objekte in der Szene, wobei alle diejenigen, die das aktuelle Material verwenden, selektiert sind.

Wenn Sie diese Dialogbox mit dem Button AUSWÄHLEN bestätigen, werden die Objekte in der Szene selektiert, so dass ihnen sehr einfach ein anderes Material zugewiesen werden kann.

Die Material-/Map-Übersicht

Der wichtigste Button zur Materialverwaltung ist der Button MATERIAL HOLEN. Stattdessen können Sie auch die Taste G verwenden. Diese Aktion blendet die *Material-/Map-Übersicht* ein, einen umfangreichen Dialog zum Auswählen und Betrachten von Materialien.

Abbildung 2.10: Die Material-/Map-Übersicht

Die Material-/Map-Übersicht kann ständig geöffnet sein. Bei einer Zweischirmlösung empfiehlt es sich, dieses Fenster auf den zweiten Bildschirm zu verschieben.

In der Material-/Map-Übersicht kann man Materialien und Texturen aus verschiedenen Quellen durchsuchen. Diese Quellen werden im Feld DURCHSUCHEN ausgewählt.

- ➡ MTL-BIBLIOTHEK – Eine Materialbibliothek, in der fertige Materialien gespeichert werden können. 3ds max 6 liefert eine solche Materialbibliothek bereits standardmäßig mit.

  Mtl-Bibliothek = Mtl Library

- ➡ MTL-EDITOR – Die Materialkugeln des Material-Editors

  Mtl-Editor = Mtl Editor

- ➡ AKTIVES MUSTERFELD – Das Material der aktuellen Materialkugel in hierarchischer Darstellung

  Aktives Musterfeld = Active Slot

- ➡ AUSGEWÄHLT – Materialien und Texturen der in der Szene selektierten Objekte

  Ausgewählt = Selected

- ➡ SZENE – Materialien und Texturen aller Objekte in der Szene. Hier werden bei jedem Material auch die Namen der Objekte angezeigt, die dieses Material verwenden.

  Szene = Scene

- ➡ NEU – Sämtliche verfügbaren Arten von Materialien und Texturen, um neue Materialien zu erzeugen

  Neu = New

Die Buttons am oberen Fensterrand schalten die Darstellungsweise der Materialien in der Material-/Map-Übersicht um.

Standardmäßig werden Materialien und Maps nur als Text angezeigt, wobei bei Maps zusätzlich der Dateiname erscheint.

In dieser Darstellung ist die Struktur eines Materials aus Untermaterialien und Maps am besten zu erkennen.

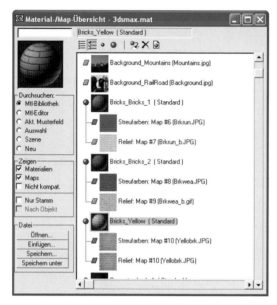

Abbildung 2.11: Material-/Map-Übersicht in Liste + Symbol-Darstellung

Hier werden die Materialien auf kleinen Kugeln dargestellt, so dass man sich einen Überblick über ihr Aussehen verschaffen kann. Allerdings kann man die Namen der Materialien nur einzeln sehen, wenn man mit der Maus über eines der Bilder fährt. Beim Anklicken wird das kleine Bild links oben in der Material-/Map-Übersicht vergrößert dargestellt und dazu der Name angezeigt.

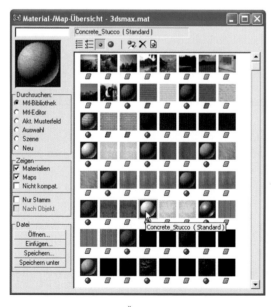

Abbildung 2.12: Material-/Map-Übersicht mit kleinen Symbolen

Die Schachtelungsebenen kombinierter Materialien sind in dieser Darstellung nicht erkennbar.

Dieser Button stellt die Materialien als große Kugeln dar. Hier sind zwar nicht so viele Materialien gleichzeitig sichtbar, jedoch sind sie besser zu erkennen, und die Namen stehen bei jeder Kugel dabei.

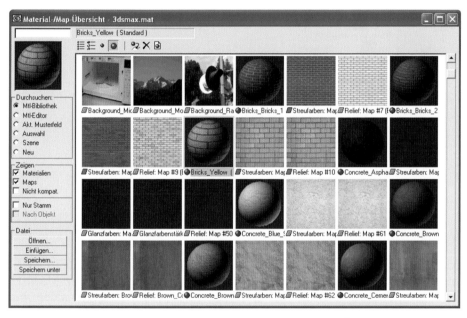

Abbildung 2.13: Material-/Map-Übersicht mit großen Symbolen

Wichtig sind die Schalter links. Hier können Sie die Anzeige auf Materialien oder Maps einschränken. Maps sind Bilddateien, Materialien nur Materialdefinitionen. Diese können Maps enthalten. Um die Struktur eines Materials komplett zu sehen, muss der Schalter NUR STAMM ausgeschaltet sein.

Wenn in der Material-/Map-Übersicht die Materialien der aktuellen Szene angezeigt werden, kann man mit dem Schalter NACH OBJEKT auch die Materialzuweisungen zu den einzelnen Objekten anzeigen lassen.

:-)
TIPP

*Nur Stamm
= Root only*

*Nach Objekt
= By Object*

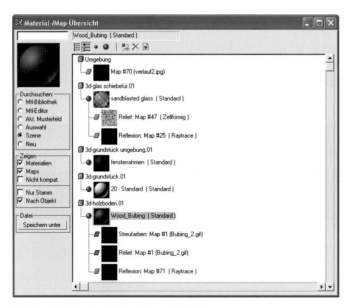

Abbildung 2.14: Anzeige der Materialien nach Objekten

Materialbibliotheken

Materialbibliotheken sind Dateien mit der Endung *.mat*, in denen mehrere Materialdefinitionen für verschiedene Materialien gespeichert werden. Die Materialbibliotheken enthalten keine prozeduralen oder Bitmap-Texturen, sondern nur die Abhängigkeiten der einzelnen Materialbestandteile.

In einer Materialbibliothek darf jeder Materialname nur einmal vorkommen, da die Materialien über ihre Namen ausgewählt werden.

3ds max 6 verwendet als Vorgabe die Materialbibliothek *3dsmax.mat*. Mit dem Button ÖFFNEN kann man eine andere Materialbibliothek einlesen oder mit EIN-FÜGEN die Materialien einer anderen Materialbibliothek zu den Materialien in der Material-/Map-Übersicht dazuladen.

Im Unterverzeichnis `matlibs` der 3ds max 6-Installation werden mehrere Materialbibliotheken für spezielle Zwecke mitgeliefert.

Sie können auch Materialien einlesen, die in anderen Szenen enthalten sind. Wählen Sie dazu beim Öffnen oder Einfügen eine MAX-Datei statt einer Materialbibliothek (MAT-Datei).

Im Verzeichnis \buch\max *der DVD finden Sie eine Materialbibliothek* BUCH.MAT *mit einigen Materialien aus Beispielen im Buch. Kopieren Sie diese Datei in das* matlibs-*Verzeichnis Ihrer 3ds max 6-Installation.*

Gerade bei größeren Projekten bietet es sich an, projektbezogene Materialbibliotheken selbst anzulegen.

Dieser Button speichert ein Material aus dem Material-Editor in der aktuellen Materialbibliothek. Diese Materialbibliothek kann dann aus der Material-/Map-Übersicht als MAT-Datei gespeichert werden.

Beim Speichern in eine Materialbibliothek gelten immer die Einstellungen der aktuellen Materialkugel, unabhängig davon, ob ein gleichnamiges Material mit anderen Eigenschaften in der Szene vorhanden ist oder nicht.

Mit dem Button MAP/MTL AUF VORGABEN ZURÜCKSETZEN im Material-Editor lassen sich alle Einstellungen der aktuellen Materialkugel zurücksetzen. Der gleich aussehende Schalter in der Material-/Map-Übersicht löscht ein Material aus der Materialbibliothek.

Bevor Sie 3ds max 6 verlassen oder eine andere Materialbibliothek laden, muss die aktuelle Materialbibliothek in der Material-/Map-Übersicht noch gespeichert werden. Der Button IN BIBLIOTHEK ABLEGEN ändert nur die Bibliothek im Speicher, nicht aber die Datei auf der Festplatte.

Zum Rendern von Probebildern können Sie in der Szene einfache Materialien verwenden und diese später durch die echten komplexen Materialien für das endgültige Bild austauschen.

Legen Sie sich dazu eine Materialbibliothek mit den endgültigen Materialien an und eine zweite mit gleichnamigen einfachen Materialien. Weisen Sie diese einfachen Materialien den Objekten zu und nehmen Sie damit alle Einstellungen der Szene, Lichtquellen und Kameras vor. Probebilder können so schnell gerechnet werden. Wenn alles stimmt, öffnen Sie in der Material-/Map-Übersicht die Materialbibliothek mit den komplexen Materialien für das endgültige Bild.

Klicken Sie dort auf diesen Button. Es erscheint eine Liste aller Materialien der Szene, zu denen gleichnamige Materialien in der aktuellen Materialbibliothek vorhanden sind. Hier können Sie bestimmte Materialien oder auch alle markieren. Diese werden in der Szene dann durch die Materialien der Materialbibliothek ersetzt.

Abbildung 2.15: Aktualisieren der Materialien in der Szene mit Materialien aus einer Materialbibliothek

Mit der gleichen Methode können Sie für Varianten auch mehrere Materialbibliotheken mit gleichnamigen Materialien definieren und die Materialien der Szene automatisch ersetzen lassen.

2.3   Grundmaterialien mit gleichmäßiger Oberfläche

Die einfachsten Materialien haben keine Oberflächenstruktur. Sie verwenden keine Maps, sondern nur Farben. Schon damit lassen sich sehr viele interessante Materialeffekte abdecken. Materialien, die der Mensch als einfarbig bezeichnet, bestehen in Wirklichkeit aus vielen verschiedenen Farbabstufungen, die sich durch den Lichteinfall, die Farbe und Helligkeit der beleuchtenden Lichtquelle ergeben. Ein wirklich einfarbiges Objekt würde völlig flach ohne jede Tiefenwirkung, Glanz oder Spiegelung erscheinen.

Abbildung 2.16: Alle Materialien in dieser Abbildung sind Grundmaterialien ohne Texturen. [TRUCK02.MAX]

Die verschiedenen Farbabstufungen auf Grundmaterialien werden in 3ds max 6 durch drei Farbkomponenten im Material-Editor erzeugt, die drei verschiedenartig beleuchtete Bereiche einfärben. Die drei verschiedenen Bereiche sind in der Regel besser zu erkennen, wenn im Material-Editor das Hintergrundlicht ausgeschaltet ist.

Umgebung = Ambient

➡ **Umgebung** – der untere rechte Teil, der im Schatten liegt, also nur von der allgemeinen Hintergrundhelligkeit beleuchtet wird. Hier ist meistens ein dunklerer Ton der normalen Materialfarbe zu sehen.

Streufarbe = Diffuse

➡ **Streufarbe** – der mittlere Teil, der vom Licht einer Lampe getroffen wird und deshalb schon etwas heller erscheint. Hier ist die Farbe zu sehen, die das Objekt charakterisiert.

Glanzfarbe = Specular

➡ **Glanzfarbe** – der helle Fleck, auch Hotspot genannt, an der Stelle, an der das Licht direkt zur Kamera reflektiert wird.

Der helle Fleck erscheint bei Kunststoffen typischerweise weiß, bei Metallen in einer hellen, weniger gesättigten Abstufung der Streufarbe und bei den meisten sonstigen Materialien in einer Mischung aus der Streufarbe und der Farbe des Lichts, das auf das Objekt fällt.

Farben einstellen

Unterhalb der Materialkugeln finden Sie im Material-Editor mehrere Rollouts mit Parametern. Im Rollout SHADERGRUNDPARAMETER legen Sie die Rendermethoden fest. Je nach gewählter Methode erscheint darunter ein weiteres Rollout mit diversen Einstellmöglichkeiten für Farben, Glanz und Transparenz. Mit diesen Rendermethoden lassen sich grundsätzliche Materialeigenschaften festlegen. Standardmäßig verwendet 3ds max 6 für jedes neue Material die Rendermethode BLINN.

Shadergrundparameter = Shader Basic Parameters

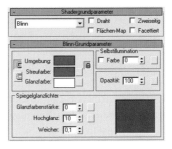

Abbildung 2.17: Die Rollouts Shadergrundparameter und Blinn-Grundparameter

Im Rollout BLINN-GRUNDPARAMETER können Sie die drei Farbkomponenten getrennt einstellen, indem Sie in eines der Farbfelder klicken. Die Farbkomponenten UMGEBUNG und STREUFARBE sind standardmäßig verbunden, so dass sie synchron verändert werden.

Umgebung/Streufarbe = Ambient/Diffuse

Es erscheint die Farbauswahlbox von 3ds max 6. Stellen Sie hier die gewünschte Farbe ein. Die rechte Hälfte des Farbfeldes färbt sich mit der Einstellung der Schieberegler. In der linken Hälfte bleibt die ursprüngliche Farbe bestehen, die mit dem Button ZURÜCKSETZEN jederzeit wiederhergestellt werden kann.

Dabei spielt es keine Rolle, ob Sie die RGB- oder HSV-Regler verschieben oder die Werte direkt als Zahlen eingeben. RGB- und HSV-System sind in allen Farbauswahl-Dialogen direkt miteinander gekoppelt. Die gerenderte Materialkugel wird automatisch mitverändert.

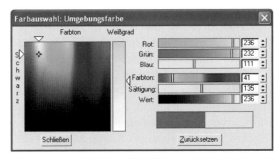

Abbildung 2.18: Farbauswahl-Dialog in 3ds max 6

In 3ds max 6 kann jede Farbe über drei verschiedene Farbsysteme eingestellt werden.

RGB-System

Das RGB-System basiert auf der Tatsache, dass sich theoretisch durch Mischung von rotem, grünem und blauem Licht jede Farbe darstellen lässt. Das ist das Prinzip jedes Farbmonitors, in dem drei Elektronenstrahlen rote, grüne und blaue Punkte auf der Mattscheibe zum Leuchten bringen.

Mit den Schiebereglern ROT, GRÜN und BLAU lassen sich die Anteile der einzelnen Grundfarben einstellen. Alle drei Faktoren können Werte von 0 bis 255 annehmen. Dabei entspricht 255 einem Anteil von 100%. Durch Mischung der drei Farbanteile lassen sich theoretisch 16.777.216 verschiedene Farben erzeugen. Jede moderne Grafikkarte beziehungsweise jeder Monitor kann heute diese Farbenpracht auch anzeigen.

Im RGB-System kann man die drei Farbanteile über Zahlenwerte oder Schieberegler einstellen. Verändert man einen der Schieberegler, verändert sich die Hintergrundfarbe der anderen Schieberegler. Dadurch kann man immer sehen, wie sich eine Veränderung der einzelnen Farbphasen auf die endgültige Farbe auswirken würde.

Stellen Sie als Beispiel reines Rot (255/0/0) ein. Alle drei Schieberegler zeigen an der aktuellen Position diese Farbe. Der rote Regler zeigt einen Farbverlauf bis hin zu Schwarz (0/0/0), der grüne nach Gelb (255/255/0) und der blaue nach Magenta (255/0/255).

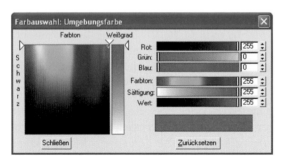

Abbildung 2.19: Reines Rot (255/0/0)

Jetzt verändern Sie die Farbe in Richtung Blau. Schieben Sie dazu den blauen Regler nach rechts auf den Wert 255. Die aktuelle Farbe ist jetzt Magenta (255/0/255). Die Hintergrundfarben der einzelnen Regler haben sich verändert. Der rote Regler zeigt einen Farbverlauf bis hin zu Blau (0/0/255), der grüne nach Weiß (255/255/255) und der blaue nach Rot (255/0/0). Jetzt verändern Sie die Farbe in Richtung Blau (0/0/255), indem Sie den roten Regler auf 0 ziehen. Die Hintergrundfarben der einzelnen Regler haben sich wieder verändert. Der rote Regler zeigt einen Farbverlauf bis hin zu Magenta (255/0/255), der grüne nach Cyan (0/255/255) und der blaue nach Schwarz (0/0/0).

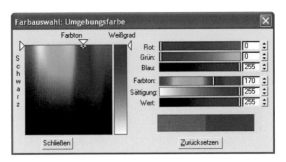

Abbildung 2.20: Reines Blau (0/0/255)

HSV-System

Dieses System basiert auf der Farbkugeltheorie. Aus dem bekannten Farbkreis, auf dem die Spektralfarben von Rot über Orange, Gelb, Grün, Blau, Lila bis wieder zu Rot angeordnet sind, wurde eine Farbkugel entwickelt. Der Farbkreis bildet den Äquator dieser Kugel. An den Polen befinden sich die Farben Weiß und Schwarz, die ja streng genommen keine Farben sind. Der Mittelpunkt der Kugel ist grau, ein gleichmäßiges Gemisch aller Farben.

Das HSV-System (oftmals auch als HLS-System bezeichnet) arbeitet mit Polarkoordinaten in dieser Farbkugel. Der Wert *Hue* für FARBTON gibt den Winkel in der Horizontalen an, der der Farbe entspricht. Allerdings rechnet 3ds max 6 hier leider nicht in Winkelgrad, sondern auch mit Werten von 0 bis 255. Dabei entspricht 255 100%, also 360 Grad. Die Skala beginnt bei 0 mit Rot (RGB 255/0/0), geht dann über Orange, Gelb, Grün zur Komplementärfarbe Cyan (RGB 0/255/255). Diese befindet sich genau gegenüber bei 128, also 180 Grad. Auf der anderen Hälfte läuft die Farbskala über Blau und Lila wieder zurück zu Rot bei 255. Dieser Schieberegler verändert, da er nur Grundfarben enthält, seine Hintergrundfarbe nicht, wenn mit den anderen Reglern irgendwelche Einstellungen vorgenommen werden.

Der zweite Wert, *Saturation* für SÄTTIGUNG, gibt die Entfernung der Farbe vom Mittelpunkt der Farbkugel an. Hier entspricht 255 einer voll gesättigten Farbe, 0 dagegen einem Einheitsgrau ohne jeden Farbton.

Der dritte Wert, *Value* für WERT, gibt den Lichtanteil in der Farbe an. Ein Wert von 255 entspricht einer reinen Farbe. Je mehr dieser Wert gegen 0 geht, desto mehr Licht wird aus der Farbe herausgenommen, sie geht gegen Schwarz. Nachts sind alle Katzen grau – man kann keine Farben mehr unterscheiden. Dies können Sie leicht ausprobieren: Stellen Sie mit den RGB-Reglern die Grundfarbe Rot (RGB 255/0/0) ein. Diese entspricht HSV 255/255/255. Verschieben Sie jetzt den WERT-Regler nach links, wird die Farbe immer dunkler, bis sie bei 0 schließlich reines Schwarz ergibt. Hier ist es so dunkel, dass die Einstellung der FARBTON- und SÄTTIGUNG-Regler keinen Einfluss auf die Farbe mehr hat. Schieben Sie den WERT-Regler wieder zurück nach rechts und dafür den SÄTTIGUNG-Regler langsam nach links, geht die Farbe über Rosa nach Weiß (RGB 255/255/255). An dieser Stelle ist die Farbe völlig ungesättigt, nur noch weiß, eine Bewegung des FARBTON-Reglers hat keine Wirkung mehr.

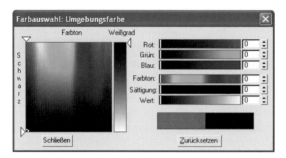

Abbildung 2.21: Bei Sättingung = 0 hat die Einstellung des Farbtons keine Wirkung mehr.

HBW-System

Das HBW-System (*Hue, Whiteness, Blackness*) funktioniert ähnlich wie konventionelles Mischen von Malfarben. Nachdem man einen Farbton ausgewählt hat, kann man ihn durch Zugabe von Schwarz verdunkeln oder durch Zugabe von Weiß aufhellen. Kippt man nun genug Weiß und Schwarz in den Farbtopf, erscheint nur noch Grau. Von dem eigentlichen Farbton ist nichts mehr zu sehen.

In der hier verwendeten Standard-Windows-Farbauswahlbox ist dieses Farbsystem leider nicht besonders übersichtlich realisiert worden. Es gibt keine drei Schieberegler, die ihre Hintergrundfarben verändern, sondern nur noch einen für den Weißanteil. Farbton und Schwarzanteil sind in einer großen feststehenden Farbpalette dargestellt. Außerdem fehlen zahlenmäßige Einstellmöglichkeiten, so dass es schwer ist, eine eindeutige Farbe wiederholbar festzulegen. Hierfür muss man sich der anderen Farbsysteme bedienen.

Stellen Sie als Beispiel wieder die Grundfarbe Rot (RGB 255/0/0) ein. Der Marker in der Farbpalette steht ganz rechts oben, der WEIßGRAD-Regler am oberen Ende. Die horizontale Achse der Palette entspricht dem FARBTON-Regler im HSV-System. Schieben Sie jetzt den Parameter SCHWÄRZE etwa auf die Hälfte nach unten, die Farbe wird dunkler. Versucht man jetzt, dies durch Zugabe von Weiß auszugleichen, ergibt sich das gleiche Problem wie beim Mischen von Malerfarben. Die Farbe wird zwar heller, aber auch blasser. Schieben Sie danach den WEIßGRAD ebenfalls etwa auf die Hälfte nach unten, erhalten Sie statt eines kräftigen Rots ein trübes Altrosa.

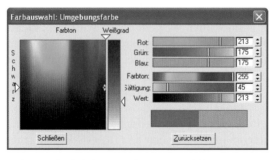

Abbildung 2.22: Veränderung von Schwarz- und Weißgrad

In der Standardeinstellung eines neuen Materials sind die STREUFARBE und die UMGEBUNG-Farbe immer gleich. Wenn Sie den UMGEBUNG-Anteil verstellen, ändert sich die STREUFARBE mit. Die Farben bleiben so lange miteinander gekoppelt, bis das Schloss-Symbol links zwischen STREUFARBE und UMGEBUNG durch einen Klick ausgeschaltet wird. Wenn ein Schloss eingeschaltet wird, wird immer die Farbe, deren Schalter eingeschaltet ist, für beide Farbanteile verwendet. Farben mit zwei gleichen Farbanteilen wirken immer leicht unrealistisch. Benutzen Sie diese Möglichkeit also nur zum Einstellen und machen Sie den Umgebungsanteil nach dem Lösen des Schlosses etwas dunkler.

Farbanteile können auch einfach kopiert werden. Ziehen Sie dazu eines der Farbfelder mit gedrückter Maustaste über ein anderes. Es erscheint eine Dialogbox. Beim AUSTAUSCHEN werden die Farbanteile vertauscht. Beim KOPIEREN wird die Farbe kopiert, ohne dass eine ständige Koppelung besteht. Beide Farbanteile können weiterhin unabhängig voneinander geändert werden.

*Austauschen/
Kopieren/Abbrechen
= Swap/Copy/Cancel*

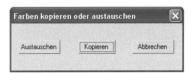

Abbildung 2.23: Kopieren oder Austauschen von Farben im Material-Editor

Glanz

Ein Material ist aber durch seine Farben noch nicht eindeutig festgelegt. Auch wenn man berücksichtigt, dass drei verschiedene Farbanteile für unterschiedliche Lichtverhältnisse eingestellt werden können, entscheidet der Glanz oder die Rauheit der Oberfläche doch entscheidend über das Aussehen eines Materials.

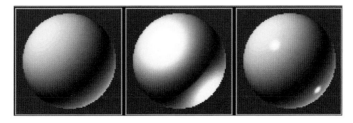

Abbildung 2.24: Unterschiedlicher Glanz bei gleicher Materialfarbe

Die drei abgebildeten Materialien finden Sie in der Materialbibliothek BUCH.MAT *unter den Namen gelb1, gelb2 und gelb3.*

Alle drei Materialien haben die gleichen Farben. Der einzige Unterschied besteht in der Ausprägung des hellen Flecks, in dem die Lichtquelle reflektiert wird. Dieser lässt sich im Feld HOCHGLANZ einstellen.

*Hochglanz
= Glossiness*

Vergleichen Sie die Werte für HOCHGLANZ bei den drei Materialien. Bei *gelb1* und bei *gelb2* steht der Schieberegler auf 10, bei *gelb3* auf 64. Dieser Wert gibt die Größe des hellen Flecks an. Dabei bedeutet 100 ein kleiner heller Punkt. Dieser wird mit sinkenden Werten immer größer. Bei 0 ist der helle Fleck schließlich so groß, dass er kaum mehr als solcher zu erkennen ist. Das Material wird also mit sinkenden Werten matter. Beste Glanzeffekte erhält man im mittleren Bereich um die 50 bis 70 mit einer möglichst weißen Glanzfarbe. Eigentlich regelt HOCHGLANZ, wie stark die Helligkeit einer Fläche abnimmt, wenn das Licht in einem flacheren Winkel auf sie fällt, dies drückt sich optisch in der Größe des hellen Flecks aus.

Abbildung 2.25: Kurven zur Darstellung der Spiegelglanzlichter der drei Materialien

Spiegelglanzlichter = Specular Highlights

Die Größe dieses Flecks wird in der Kurve im Feld SPIEGELGLANZLICHTER grafisch dargestellt. Hier entspricht die horizontale Achse der Grafik der Größe, die vertikale Achse der Intensität des hellen Flecks.

Glanzfarbenstärke = Specular Level

Diese lässt sich im Feld GLANZFARBENSTÄRKE einstellen. Das ist derselbe Effekt, den man auch erreicht, wenn man die Lichtquelle näher an das Objekt bewegt. Zudem erscheint der helle Fleck natürlich umso heller, je heller die Glanzfarbe und die Lichtfarbe sind. Auch in diesem Wert unterscheiden sich die drei Materialien.

Weicher = Soften

Mit dem Wert WEICHER können Sie den Kontrast an der Kante des hellen Flecks beeinflussen. Je höher dieser Wert, desto stärker verschwimmt der helle Fleck, bis er sich schließlich bei 1,0 nicht mehr von der übrigen Materialoberfläche abhebt.

Draht- und Facetteneffekte

Normalerweise werden runde Körper im gerenderten Bild auch rund dargestellt, obwohl sie geometrisch aus zahlreichen Dreiecksflächen bestehen.

Ist der Schalter FACETTIERT im Rollout SHADERGRUNDPARAMETER eingeschaltet, werden an den Kanten von Flächen, die nicht in einer Ebene liegen, auch wirklich Kanten gerechnet. Das ergibt den gleichen Effekt, als würde man im 3D-Modell keine Glättungsgruppen zuweisen. Im Gegensatz zur Flat-Schattierung von manchen einfachen Render-Programmen kann man hier auch Glanzeffekte verwenden. Die typischen hellen Flecken sind zu sehen. Es wird nicht jede Fläche nur in einer Farbe dargestellt, wie das zum Beispiel im Modus FACETTIERT + GLANZPUNKT in den Ansichtsfenstern der Fall ist. Die Farben und Glanzpunkte werden entsprechend dem Schattierungsmodus aus verschiedenen Farbanteilen zusammengesetzt.

(KOMPENDIUM) **3ds max 6**

Abbildung 2.26: Kugeln mit facettiertem Material und mit Drahtmaterial [KUGELN01.MAX]

Für besondere Effekte lassen sich bestimmte Körper im gerenderten Bild auch als Drahtmodell ohne ausgefüllte Flächen darstellen.

Diese Drahtmodelldarstellung kann entweder in der Render-Dialogbox auf der Registerkarte RENDERER für den MAX-VORGABE SCANLINE A-PUFFER-Renderer bei DRAHTGITTERMODELL ERZWINGEN für alle Objekte eingestellt werden oder sie wird als Materialeigenschaft im Material-Editor definiert. Diese Methode hat den Vorteil, dass sich die Parameter für jedes Material unterschiedlich einstellen lassen.

Drahtgittermodell erzwingen = Force Wireframe

Der Schalter DRAHT im Rollout SHADERGRUNDPARAMETER im Material-Editor bewirkt, dass nur die Objektkanten im gerenderten Bild dargestellt werden.

Als Kanten gelten alle die Kanten, die auch in den Ansichtsfenstern sichtbar sind, wenn in der ANZEIGE-Palette der Schalter NUR KANTEN eingeschaltet ist. Die Sichtbarkeit der einzelnen Kanten lässt sich bei bearbeitbaren Netzen beliebig umschalten.

Im Rollout ERWEITERTE PARAMETER stellen Sie die Dicke der einzelnen Stäbe ein. Dabei gibt es zwei Methoden:

→ Im Modus PIXEL werden alle Stäbe gleich dick dargestellt. Dadurch wirken weiter hinten liegende Stäbe dicker, was aber nur auf einer optischen Täuschung beruht. Besonders auffällig ist dieser Effekt beim Schatten. Damit diese Schatten richtig berechnet werden, muss man den RAY-TRACE-Modus verwenden.

→ Realistischer sieht der Modus EINHEITEN aus. Hier wird die Dicke der Stäbe in Koordinateneinheiten angegeben, so dass weiter hinten liegende Stäbe auch dünner erscheinen.

Die rechte Kuppel im nächsten Bild wirkt unecht, da scheinbar ein Teil fehlt. Normalerweise berechnet 3ds max 6 beim Rendern, um Zeit zu sparen, nur die Flächen, deren Vorderseiten sichtbar sind. Bei Drahtmodellen gibt es aber eigentlich keine Flächen. Damit solche Drahtmodelle echt aussehen, muss im Rollout SHADERGRUNDPARAMETER im Material-Editor der Schalter ZWEISEITIG eingeschaltet werden. Dann werden auch die Kanten der Flächen auf der Rückseite dargestellt.

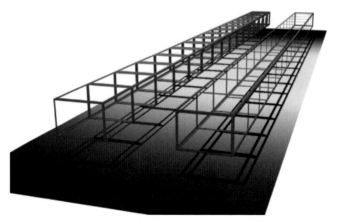

Abbildung 2.27: Links: Drahtbreite in Pixel, rechts: Drahtbreite in Einheiten [QUADER01.MAX]

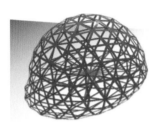 

Abbildung 2.28: Links: Kuppel aus zweiseitigem Drahtmaterial, rechts: Kuppel aus einseitigem Drahtmaterial [KUPPEL01.MAX]

Da nur Flächen oder Kanten, die gerendert werden, Schatten werfen können, ist der Unterschied zu zweiseitigen Materialien nicht nur am Objekt selbst, sondern auch am Schatten zu sehen.

!!
STOP

Theoretisch könnten Sie auch im RENDER-*Dialog eine zweiseitige Berechnung der ganzen Szene erzwingen. Dies erhöht allerdings die Rechenzeit je nach Szene bis auf das Doppelte. Der zweiseitige Effekt ist aber bei sauber konstruierten Objekten nur an Draht- und transparenten Materialien zu sehen, so dass es in jedem Fall sinnvoller ist, die Zweiseitigkeit im Material zu definieren.*

2.4   Transparenz

Transparenz ist eine der wichtigsten Materialeigenschaften. Nur damit lassen sich Glas oder Flüssigkeiten darstellen. Transparenz ist eigentlich eine Eigenschaft eines Materials und nicht nur einer Oberfläche. In 3ds max 6 haben wir es aber nur mit Flächenmodellen zu tun, die Körper sind an sich also alle hohl. Sie bestehen nur aus ihrer Oberfläche. Daher kann man hier die Transparenz als Eigenschaft der Oberfläche definieren. Ist die Oberfläche durchsichtig, sieht man in den Körper hinein und auf der anderen Seite wieder hinaus.

Aus dieser Definition wird auch deutlich, dass die Doppelseitigkeit von Materialien einen entscheidenden Einfluss auf die Transparenz hat.

Abbildung 2.29: Transparente Materialien an einem Gebäude (Glasmuseum – Entwurf: Claudia Immler)

Die Transparenz eines Materials stellt man im Feld OPAZITÄT im Material-Editor ein. Opazität bedeutet Undurchsichtigkeit. Je höher dieser Wert ist, desto undurchsichtiger wird das Objekt. Bei 0 ist es also vollkommen durchsichtig.

Opazität = Opacity

Zur Einstellung der Transparenz schalten Sie den Hintergrund der Materialkugeln auf das Karomuster. Spielen Sie bei einem Standardmaterial ein wenig mit dem Wert OPAZITÄT, Sie werden sehen, schon bei 10 ist die Kugel kaum noch zu erkennen. Man sieht nur noch einen hellen Fleck dort, wo das Licht darauf fällt. Schiebt man den OPAZITÄT-Wert nach oben, wird das Objekt immer undurchsichtiger. Bei 97 ist das wirklich auffällige Hintergrundmuster nur noch zu erahnen, bei 100 ist die Kugel vollkommen undurchsichtig.

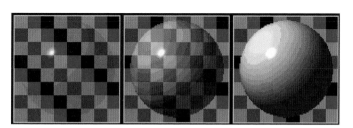

Abbildung 2.30: Unterschiedlich transparente gleichfarbige Materialien

Auch bei transparenten Materialien ist die Farbe entscheidend. Je nach Beleuchtung und gewünschtem Effekt sollte man diese Farbe noch anpassen.

Abbildung 2.31: Geringere Transparenz bei gleicher Farbe (Glasmuseum – Entwurf: Claudia Immler)

In diesem Bild wurde die Opazität der Glasflächen erhöht, wobei die Farbe gleich geblieben ist. Bei Beleuchtung im Innenraum ergibt sich ein kühler eisartiger Effekt. Für eine Tageslichtszene empfiehlt es sich, die Materialfarbe des Glases deutlich abzudunkeln. Glasflächen an Gebäuden erscheinen bei Tageslicht immer dunkel und nur wenig transparent.

DVD

Die verwendeten Glasmaterialien finden Sie in der Materialbibliothek BUCH.MAT *auf der DVD.*

Abbildung 2.32: Dunklere Glasflächen für eine Tageslichtszene

(KOMPENDIUM) 3ds max 6

Wie sehr eine Glasfläche, auch wenn sie relativ stark transparent ist, das Aussehen eines Gebäudes beeinflusst, können Sie am einfachsten sehen, wenn Sie die gläsernen Objekte ganz ausblenden.

Abbildung 2.33: Hier fehlen die Glasflächen, die Fensterrahmen sind also leer.

Transparenz wird in schattierten Ansichtsfenstern angedeutet dargestellt. Im Kontextmenü des Ansichtsfenstertitels können Sie zwischen zwei verschiedenen Darstellungsqualitäten, EINFACH und AM BESTEN, unterscheiden. Sollten transparente Objekte nicht zu erkennen sein, können Sie hier die Transparenz auch ausschalten, ohne dass das gerenderte Bild davon beeinflusst wird.

:-)
TIPP

*Transparenz/Einfach
– Am Besten
= Transparency/
Simple – Best*

Abbildung 2.34: Links: Transparenz ausgeschaltet, rechts: Transparenz eingeschaltet [RAY02.MAX]

Zweiseitige Materialien

Nicht immer lässt sich ein transparentes Objekt nur mit den Opazitätseinstellungen realistisch darstellen. Besonders bei Glaskugeln sind noch einige Dinge zu beachten.

Ein gekrümmter hohler Glaskörper sieht nur dann echt aus, wenn er doppelseitig gerendert wird. Beim doppelseitigen Rendern entsteht gegenüber dem hellen Fleck auf der glänzenden Oberfläche ein zweiter heller Fleck auf der Rückseite, wo das Licht durch das Objekt hindurch auf die gegenüberliegende Wandung fällt.

Abbildung 2.35: Links: einseitiges Glasmaterial, rechts: zweiseitiges Glasmaterial [LAMPE03.MAX]

Durch transparente Objekte sieht man auch das Hintergrundbild. Allerdings sind Glaskörper aus zweiseitigen Materialien weniger transparent, da auch die Rückseite noch vor den Hintergrund geblendet wird.

Erweiterte Transparenzeffekte

Bei Objekten, die nicht vollkommen durchsichtig sind, aber dennoch eine gewisse Transparenz haben, gibt es mehrere Möglichkeiten, wie sie das Licht durchlassen können. So erscheinen zum Beispiel ein Glasstab und ein Lichtstrahl beide durchscheinend, sehen aber doch sehr unterschiedlich aus. Den Hauptunterschied macht dabei der Hintergrund, den man durch die Objekte hindurch sieht. Hinter einem Glas erscheint alles etwas dunkler, hinter einem Lichtstrahl etwas heller.

Diese Effekte bezeichnet man als subtraktive Transparenz und als additive Transparenz, da die Farbwerte eines transparenten Materials entweder zu den Hintergrundfarben addiert oder von ihnen subtrahiert werden.

*Bei **subtraktiver Farbmischung** der Objektfarbe und der Hintergrundfarbe erscheint der Hintergrund hinter dem transparenten Objekt dunkler. Das Objekt sieht wie ein Glaskörper aus.*

Subtraktive Transparenz lässt sich auch gut zur Darstellung von Fensterflächen verwenden, da bei Tageslicht nur sehr auffällige Objekte im Inneren eines Gebäudes durch ein Fenster zu sehen sind.

Abbildung 2.36: Glaskugeln mit subtraktiver Transparenz

Bei **additiver Farbmischung** der Objektfarbe und der Hintergrundfarbe erscheint
der Hintergrund hinter dem transparenten Objekt heller. Das Objekt scheint zu
leuchten. Additive Transparenz lässt sich zur Darstellung von Lichtstrahlen und
Leuchtkörpern verwenden.

Beachten Sie, dass sich der Effekt verstärkt, wenn mehrere Objekte mit additiver
Transparenz hintereinander stehen.

INFO

Abbildung 2.37: Glaskugeln mit additiver Transparenz

:-)
TIPP

Für eine realistische Wirkung muss der OPAZITÄT-Wert eines additiv transparenten Materials deutlich höher sein als der eines subtraktiv transparenten Materials. Umgekehrt sollte bei der Verwendung von additiver Transparenz die Umgebungshelligkeit herabgesetzt werden.

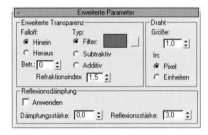

Abbildung 2.38: Erweiterte Transparenz im Material-Editor

Erweiterte Parameter/Erweiterte Transparenz = Extended Parameters/Advanced Transparency

Welche Transparenzform ein Material verwendet, wird unter ERWEITERTE TRANSPARENZ im Rollout ERWEITERTE PARAMETER im Material-Editor eingestellt.

Filter

Eine dritte Transparenzmethode verwendet eine spezielle Farbe, mit der das Licht, das durch den Körper scheint, gefiltert wird. Dieser Effekt kommt der Realität am nächsten. Dabei kann auch die Farbwirkung leuchtender oder direkt beleuchteter Gläser nachgebildet werden.

Zur Einstellung der Filterfarbe erscheint im Material-Editor-Rollout ERWEITERTE PARAMETER neben der Option FILTER ein Farbfeld, in dem diese Farbe festgelegt werden kann.

Abbildung 2.39: Transparenz mit Filterfarbe

〔 KOMPENDIUM 〕 3ds max 6

Die Farbe eines massiven Glaskörpers wird erst sichtbar, wenn Licht direkt durch den Körper scheint. Dieses Phänomen kann man mit der Filterfarbe simulieren, indem man das Material sehr dunkel einstellt. Die Filterfarbe muss so eingestellt werden, wie das Material im Licht erscheinen soll. Die Glanzfarbe sollte weiß oder eine sehr helle Abstufung der Filterfarbe sein.

Transparenz-Falloff

Durch Trinkgläser, Flaschen und hohle Glaskugeln kann man in der Mitte wesentlich besser hindurchsehen als an den Rändern. Sie sind also scheinbar nicht überall gleich durchsichtig. Der Transparenzwert ändert sich mit dem Winkel, in dem die jeweiligen Flächen zum Betrachter stehen. Flächen, auf die man senkrecht sieht, erscheinen transparenter als solche, die in einem flachen Winkel betrachtet werden.

Abbildung 2.40: Glaskugeln mit Transparenz-Falloff

Diesen Transparenz-Falloff stellen Sie mit der Option FALLOFF im Rollout ERWEITERTE PARAMETER ein. Die Optionen HINEIN und HERAUS legen fest, ob das Material nach innen oder nach außen hin transparenter wird. Mit dem BETRAG stellt man dann die Transparenz auf dieser Seite ein, für die andere Seite gilt der normale OPAZITÄT-Wert.

Hinein – Heraus – Betrag = In – Out – Amt

➡ HINEIN – Das Objekt wirkt innen durchsichtiger. Die Transparenz nimmt zu, wenn der Winkel zwischen der Flächennormalen und der Blickrichtung abnimmt. Flächen, die genau senkrecht betrachtet werden, erscheinen am transparentesten. Mit diesem Effekt stellt man hohle Objekte wie zum Beispiel Trinkgläser oder Flaschen dar.

➡ HERAUS – Das Objekt wirkt außen durchsichtiger. Die Transparenz nimmt zu, wenn der Winkel zwischen der Flächennormalen und der Blickrichtung zunimmt. Flächen, die genau senkrecht betrachtet werden, erscheinen am undurchsichtigsten. Mit diesem Effekt stellt man zum Beispiel Gaswolken dar.

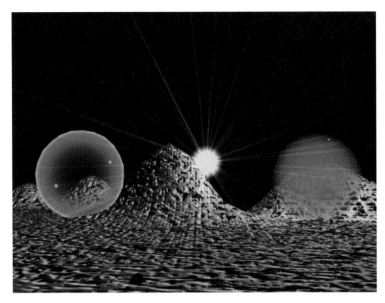

Abbildung 2.41: Links: Glaskugel, rechts: Gasball auf einem fremden Mond. Die Materialien unterscheiden sich nur durch den Transparenz-Falloff. [MOND02.MAX]

Eigenleuchten

Eine Lichtquelle ist in 3ds max 6 nur dann auf dem gerenderten Bild zu sehen, wenn atmosphärische Effekte verwendet werden. Andernfalls sieht man das Licht nur, wenn es auf Flächen fällt und diese beleuchtet. Zusätzlich kann man anhand der Schlagschatten die Richtung der Lichtquelle erkennen.

Um nun wirklich leuchtende Gegenstände darzustellen, verwendet man so genannte selbstleuchtende Materialien. Diese sehen aus wie leuchtende Gegenstände, strahlen aber kein Licht ab, können also keine anderen Flächen beleuchten. Sie sehen, je nach Stärke des Effekts, immer gleich hell aus, egal, ob sie von einer Lichtquelle beleuchtet werden oder nicht. Es macht auch keinen Unterschied, ob ein Schlagschatten auf ein solches Material fällt (siehe Abbildung 2.42).

:-)
TIPP

Schatten werfen = Cast Shadows

Selbstleuchtende Objekte werfen genauso Schatten wie andere Objekte auch. Da dies nicht unbedingt der Realität entspricht, sollte in vielen Fällen die Option SCHATTEN WERFEN in den Objekteigenschaften eines selbstleuchtenden Objekts ausgeschaltet werden. Die Dialogbox OBJEKTEIGENSCHAFTEN erreichen Sie über das QUAD-Menü beim Rechtsklick auf ein Objekt.

Umgebung – Streufarbe = Ambient – Diffuse

Bei selbstleuchtenden Materialien werden die Farbanteile UMGEBUNG und STREUFARBE addiert und auf das ganze Objekt unabhängig von der Beleuchtungsrichtung angewendet. Die Stärke dieses Leuchteffekts lässt sich mit dem Wert SELBSTILLUMINATION einstellen. Je höher dieser Wert ist, umso mehr wirkt die Streufarbe auf unbeleuchtete Teile des Objekts. Dadurch wirkt es heller selbstleuchtend.

Abbildung 2.42: Selbstleuchtende Materialien in einer Nachtszene [TRUCK03.MAX]

Besonders gute Leuchteffekte erhält man, wenn das selbstleuchtende Material nach außen hin transparent wird. Stellen Sie hier für im Rollout ERWEITERTE PARAMETER *den Parameter* FALLOFF *auf* HERAUS, BETRAG *auf* 100 *und* TYP *auf* ADDITIV.

:-)
TIPP

Schwach selbstleuchtende Materialien können auch in einer anderen Farbe als der eigentlichen Materialfarbe leuchten. Aktivieren Sie dazu den Schalter FARBE im Bereich SELBSTILLUMINATION. Das Zahlenfeld wird zu einem Farbfeld, in dem Sie die Selbstilluminationsfarbe definieren können. Diese Farbe wirkt dann auf unbeleuchtete Teile des Objekts (siehe Abbildung 2.43).

Um ein wirklich leuchtendes Objekt darzustellen, das auch andere Objekte beleuchtet und Schatten wirft, setzen Sie an oder in das selbstleuchtende Objekt eine Lichtquelle. Besonders interessant wirkt dieser Effekt bei Objekten aus transparenten Materialien.

In der Beispielszene befindet sich in jeder der fünf Kugeln der Lampe eine Lichtquelle. Bei allen Lichtquellen sind die Kugeln selbst vom Schattenwurf ausgenommen, so dass das Licht ungehindert nach außen fallen kann. Das Glas-Material hat eine OPAZITÄT von 15 und einen SELBSTILLUMINATION-Wert von 85, ist also stark selbstleuchtend und dabei relativ transparent. Um den Effekt zu verstärken, wird eine additive Transparenz verwendet.

Abbildung 2.43: Transparente selbstleuchtende Glaskugeln [LAMPE01.MAX]

2.5   Schattierungsmethoden

3ds max 6 kann zur Berechnung von Materialeigenschaften verschiedene Schattierungsmethoden verwenden. Diese lassen sich für jedes Material getrennt in der Liste im Rollout SHADERGRUNDPARAMETER einstellen.

Abbildung 2.44: Auswahl verschiedener Schattierungsmethoden

Phong

Der klassische Schattierungsmodus, der von den meisten Rendering-Programmen verwendet wird. Hier werden die Farben und Glanzpunkte aus den drei Farbanteilen zusammengesetzt.

Blinn

Ein dem PHONG-Shading ähnliches Verfahren, mit dem Unterschied, dass die Glanzpunkte runder erscheinen. Bei Lichteinfall aus einem sehr flachen Winkel erscheinen hier immer noch Glanzpunkte, die bei der PHONG-Schattierung nicht mehr dargestellt werden können. Die Einstellungen im GRUNDPARAMETER-Rollout sind für beide Methoden gleich.

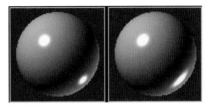

Abbildung 2.45: Links: Blinn, rechts Phong an einem glänzenden Material

Oren-Nayar-Blinn

Eine Sonderform des BLINN-Shadings, die sich besonders für matte Oberflächen wie Stoff oder Terrakotta eignet. Hier können Sie im Rollout OREN-NAYAR-BLINN-GRUNDPARAMETER zusätzlich die Streufarbenstärke und die Rauheit einstellen. Diese gibt an, wie schnell die Streufarbe in die Umgebungsfarbe übergeht.

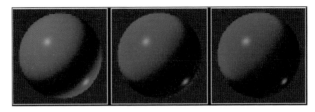

Abbildung 2.46: Unterschiedliche Rauheit (0 … 50 … 100) bei gleicher Streufarbenstärke

Abbildung 2.47: Unterschiedliche Streufarbenstärke (0 … 50 … 100) bei gleicher Rauheit

Anisotropisch

Ähnlich wie beim Oren-Nayar-Blinn-Shading lässt sich die Streufarbenstärke einstellen. Allerdings werden hier die Glanzpunkte nicht rund, sondern anisotropisch elliptisch berechnet. Im Rollout GRUNDPARAMETER FÜR ANISOTROPISCH kann diese Asymmetrie und die Winkelorientierung der Glanzpunkte eingestellt werden.

Abbildung 2.48: Einstellung für anisotropische Spiegelglanzlichter

Je höher der Wert für ANISOTROPIE, desto schmaler und länger werden die Glanzpunkte.

Anisotropie
= Anisotropy

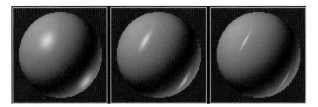

Abbildung 2.49: Verschiedene Anisotropiewerte (25 … 75 … 95) bei sonst gleichen Materialeinstellungen

Multi-Layer

Eine Erweiterung des Verfahrens ANISOTROPISCH – hier werden zwei Glanz-punkte in unterschiedlichen Farben überlagert. Beide können elliptisch oder strei-fenförmig sein und in verschiedenen Winkeln stehen. Es wird keine einheitliche Glanzfarbe eingestellt, auch hier können sich in den beiden Layern zwei Farben überlagern. Dieses Material ist besonders für die Simulation von Autolacken geeignet.

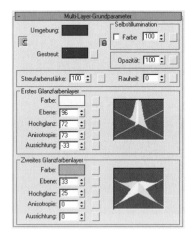

Abbildung 2.50: Multi-Layer-Grundparameter

Die Einstellungen werden in zwei unabhängigen Kurven im Rollout MULTI-LAYER-GRUNDPARAMETER eingestellt.

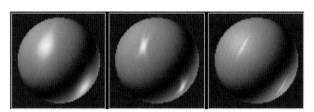

Abbildung 2.51: Verschiedene Multi-Layer-Effekte bei gleichen Farbwerten

Metall

Schattierungsmodus zur Darstellung metallischer Oberflächen. Glanzpunkte erscheinen hier wesentlich heller und größer. Hier wird die Glanzfarbe nicht verwendet, dafür beeinflusst der HOCHGLANZ-Wert die Größe und Intensität des Glanzpunkts.

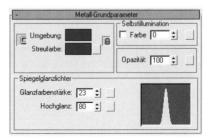

Abbildung 2.52: Metall-Grundparameter

Die Werte GLANZFARBENSTÄRKE und HOCHGLANZ werden bei diesem Verfahren anders umgesetzt, so dass sich bei gleichen Werten deutlich andere Effekte als bei BLINN oder PHONG ergeben. Das Material erscheint bei METALL-Shading im Ganzen dunkler. Der Glanzpunkt ist nicht mehr weiß, sondern in der Materialfarbe, dafür aber deutlich größer.

Glanzfarbenstärke –
Hochglanz
= Specular Level –
Glossiness

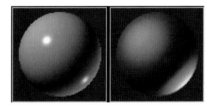

Abbildung 2.53: Links: Blinn, rechts: Metall-Shading bei sonst gleichen Materialeinstellungen

Strauss

Weiteres Verfahren zur Darstellung metallischer Oberflächen – hier wird nur eine Farbe verwendet. Der Wert METALLARTIGKEIT verändert den metallischen Glanz gleichzeitig mit der Helligkeit der beleuchteten Flächen.

Abbildung 2.54: Strauss-Grundparameter

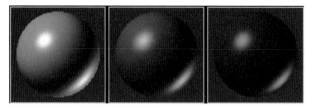

Abbildung 2.55: Verschiedene Metallartigkeit-Werte (10 … 50 … 75) bei gleichen Farbwerten

Hochglanz –
Metallartigkeit
= Glossiness –
Metalness

Damit dieser Effekt zur Wirkung kommt, sollte der Parameter HOCHGLANZ mit zunehmender METALLARTIGKEIT ebenfalls hochgesetzt werden.

Transluzenz-Shader

Transluzente Materialien sind durchscheinend. Licht wie auch Hintergrund sind durch das Material zu sehen, erscheinen aber farblich verändert. Je nach Lichteinfall hat das Material auch unterschiedliche Eigenfarben.

Abbildung 2.56: Kugeln mit transluzentem Material

Die neue Variante des Blinn-Shadings, TRANSLUZENZ-SHADER, bietet zusätzlich Farbeinstellungen für Transluzenz, wenn Licht durch das Material scheint. Damit die Transluzenz gut aussieht, muss das entsprechende Material zweiseitig gerendert werden.

Glanzfarbe auf Rück-
seite = Backside
specular

Möchten Sie auf der Rückseite keine Glanzpunkte, schalten Sie den Schalter GLANZFARBE AUF RÜCKSEITE im Rollout TRANSPARENZ-GRUNDPARAMETER aus, statt das ganze Material nur einseitig zu berechnen.

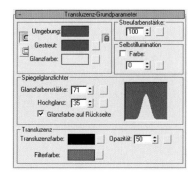

Abbildung 2.57: Grundparameter für transluzente Materialien

Der Transluzenz-Effekt wird durch zwei Farben bestimmt:

➤ TRANSPARENZFARBE – Die Farbe des Lichts innerhalb des Materials.

➤ FILTERFARBE – Die Farbe des Lichts, das durch das Material scheint. Diese
wird mit der TRANSPARENZFARBE multipliziert.

Transparenzfarbe
= Translucent Color
Filterfarbe
= Filter Color

Abbildung 2.58: Verschiedene Einstellungen für Transparenzfarbe und Filterfarbe bei sonst gleichen Materialparametern

Besonders gut sehen transluzente Materialien bei Dunkelheit aus, wenn sie von
hinten beleuchtet werden. Damit lassen sich zum Beispiel hell beleuchtete Fenster
darstellen.

Abbildung 2.59: Fenster mit transluzentem Material [SBAHN02.MAX]

Transluzente Materialien können auch dazu verwendet werden, Bilder auf Matt-scheiben zu projizieren, so dass sie auch auf der Rückseite des Objekts zu sehen sind. Wie so etwas funktioniert, finden Sie in Kapitel 4 beschrieben.

Abbildung 2.60: Transluzente Leinwand

3 Oberflächen strukturieren

Viele Materialien lassen sich nicht allein durch Farben und Transparenz darstellen, da sie in Wirklichkeit unregelmäßige Strukturen haben. Für solche Materialien können in 3ds max 6 Bilddateien verwendet werden, die auf die entsprechenden Oberflächen gelegt werden. Dieses Verfahren bezeichnet man als *Mapping*.

3.1 Texturen und Mapping

So verwendet man zum Beispiel gescannte oder digitale Fotos von Stein- und Holzoberflächen, um den Objekten ein naturgetreues Aussehen zu geben. 3ds max 6 liefert zahlreiche Texturen standardmäßig mit. Außerdem gibt es jede Menge Texturbibliotheken im Internet und auf kommerziellen CDs. Zusätzlich hat jeder Anwender die Möglichkeit, eigene Bilddateien in allen gängigen Formaten in 3ds max 6 einzubinden.

Nicht nur Farbeffekte, sondern auch realistische Transparenz und Oberflächenunebenheiten sowie zahlreiche andere Parameter lassen sich anstelle von Farben durch Maps nachahmen.

3ds max 6 verwendet für Materialien zwölf verschiedene Grund-Maps, die im Rollout MAPS im Material-Editor zugewiesen werden. Diese Liste kann durch Plug-Ins noch erweitert werden.

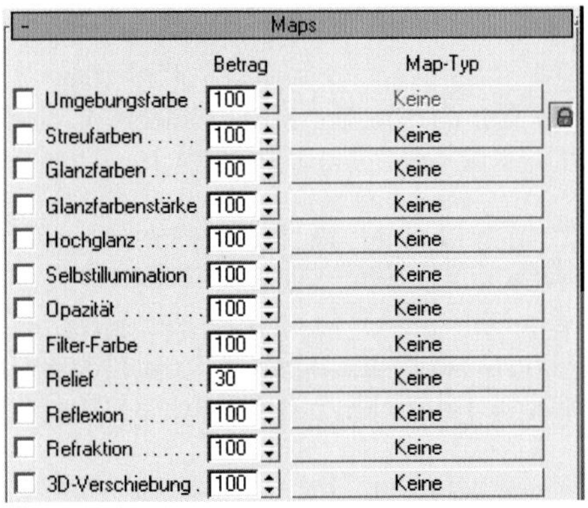

Abbildung 3.1: Die Standard-Map-Typen in 3ds max 6

Mit den Buttons, auf denen am Anfang noch KEINE steht, kann man unterschiedliche Texturen oder auch Kombinationen von Texturen für die verschiedenen Mapping-Arten zuweisen. Die Schalter in der ersten Spalte links geben an, ob das eingestellte Mapping verwendet werden soll. In der mittleren Spalte kann man noch einen Prozentsatz einstellen, wie stark ausgeprägt das Mapping sein soll.

Bei 100% ist nur die Map auf dem Objekt zu sehen. Je geringer dieser Wert, umso stärker scheint die eigentliche Materialfarbe durch die Map hindurch.

Zusätzlich enthält 3ds max 6 an vielen Stellen, an denen eine Farbe definiert werden kann, neben dem Farbauswahlfeld noch einen kleinen grauen Button. Hiermit kann statt der Farbe auch eine Map eingestellt werden.

Texturiertes Material erstellen

Möchten Sie einem Objekt eine Textur geben, definieren Sie zunächst ein einfaches Material im Material-Editor und weisen dieses dem Objekt zu.

Für die folgenden Beispiele verwenden wir die Szene mapping.max *und die Textur* 3dsmax6.tif *von der DVD.*

Abbildung 3.2: Die Textur 3dsmax6.tif zeigt das Logo von 3ds max 6.

Das Logo wurde bewusst asymmetrisch auf der Textur platziert, um Orientierung und Kachelung auf Objekten in den Beispielen besser zu sehen.

Streufarben = Diffuse Color

Die Standardtextur eines Materials finden Sie im MAPS-Rollout unter STREUFARBEN. Klicken Sie auf den Button KEINE, öffnet sich die Material-/Map-Übersicht.

Durchsuchen = Browse From

Wählen Sie hier im Bereich DURCHSUCHEN die Option NEU und klicken Sie doppelt auf BITMAP, um eine neue Bitmap für die Textur anzulegen. Diese Bitmaps bestehen immer aus einer Bilddatei, die das Muster vorgibt, und diversen Parametern, wie zum Beispiel Koordinaten für Versatz und Aufteilung, die festlegen, wie die Bilddatei in der späteren Textur erscheint (siehe Abbildung 3.3).

Ansicht = View

Es erscheint ein DATEIAUSWAHL-Dialog, in dem eine Bilddatei ausgewählt werden kann. Zu jeder Bilddatei wird ein Vorschaubild sowie Größe und Farbtiefe angezeigt. Der Button ANSICHT zeigt die Bilddatei in voller Größe. Nach einem Klick auf ÖFFNEN erscheint die Textur auf der Materialkugel im Material-Editor (siehe Abbildung 3.4).

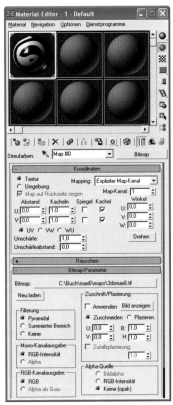

Abbildung 3.3: Maps in der Material-/Map-Übersicht und im Material-Editor

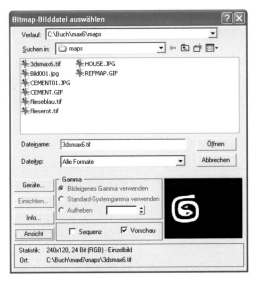

Abbildung 3.4: 3ds max 6 Standard-Dialogbox zur Auswahl einer Bilddatei

Map Kopien und Instanzen

Nur Stamm
= Root Only

Schaltet man die Material-/Map-Übersicht in den Modus SZENE, werden alle Maps und Materialien angezeigt, die von Objekten in der Szene verwendet werden. Der Schalter NUR STAMM muss dazu ausgeschaltet sein.

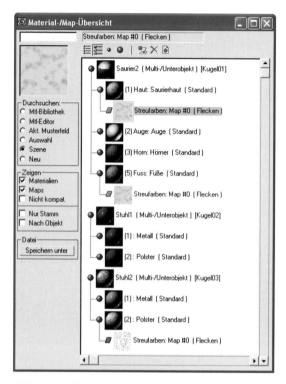

Abbildung 3.5: Alle Materialien der Szene

Von hier aus können Sie die Maps direkt per Drag&Drop auf Map-Buttons im Material-Editor ziehen. Dabei erscheint eine Abfrage, ob die Map als Instanz oder Kopie übertragen werden soll.

➡ INSTANZ – Verändert man eine der Instanzen, werden alle anderen Instanzen automatisch mit verändert.

➡ KOPIE – Die Kopie bleibt unabhängig und ändert sich bei Veränderungen der Original-Map nicht mit.

Ein neues Dienstprogramm in 3ds max 6 wandelt doppelte Maps nachträglich in Instanzen um, damit sie besser bearbeitet werden können.

Sie finden das Programm auf der DIENSTPROGRAMME-Palette. Standardmäßig wird es hier nicht als Button angezeigt. Klicken Sie also auf WEITERE und wählen DOPPELTE MAPS IN INSTANZEN UMWANDELN aus der Liste.

Ein Klick auf den Button ALLES DURCHSUCHEN blendet eine Liste aller mehrfach auftretenden Maps ein, die Objekten in der Szene zugewiesen sind. Maps, die nur im Material-Editor zu sehen sind, aber von keinem Objekt verwendet werden, werden nicht aufgelistet.

Abbildung 3.6: Liste mehrfach vorhandener Maps

Hier können Maps ausgewählt oder alle mit einem Klick in Instanzen umgewandelt werden.

Medien-Browser

Eine weitere Methode, Texturen auszuwählen und zuzuweisen, bietet der *Medien-Browser*. Dieses Tool starten Sie über den gleichnamigen Button in der DIENSTPROGRAMME-Palette. In einem Explorer-ähnlichen Fenster sehen Sie alle Bilddateien und auch MAX-Dateien eines Verzeichnisses.

Medien-Browser = Asset-Browser

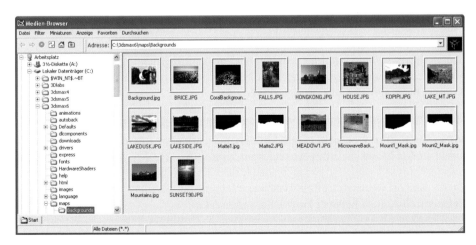

Abbildung 3.7: Der Medien-Browser

Von hier aus können Sie eine Bilddatei direkt auf den entsprechenden MAP-Button im Material-Editor ziehen. Die Map wird mit den Standardparametern und dieser Bilddatei automatisch generiert.

TIPP

Da Texturen auf Kugeln immer verzerrt erscheinen, empfiehlt es sich, das Beispielobjekt im Material-Editor auf einen Würfel umzuschalten. Wählen Sie im Kontextmenü dieses Materialwürfels die Option ZIEHEN/DREHEN, können Sie den Würfel interaktiv bewegen und so die Textur in den beleuchteten Bereich drehen.

Ziehen/Drehen
= Drag/Rotate

Im Material-Editor erscheinen neue Rollouts. Statt des Materialnamens wird nur MAP# N, symbolisch für eine noch nicht definierte Textur, angezeigt. Das Wort BITMAP auf dem Button rechts daneben zeigt, dass Sie sich jetzt nicht mehr auf Material-Level befinden. Materialien können ähnlich wie Objekte hierarchisch aufgebaut werden.

 Der Aufbau eines Materials lässt sich mit der Material-/Map-Anzeigesteuerung anzeigen.

Abbildung 3.8: Einfaches Material mit Map in der Material-/Map-Anzeigesteuerung

INFO

Maps werden in der Material-/Map-Anzeigesteuerung immer auf ein Quadrat projiziert und erscheinen deshalb verzerrt, wenn sie nicht selbst quadratisch sind.

Dieser Map sollten Sie hier auch einen aussagekräftigen Namen geben. Der Name der Textur ist unabhängig vom Namen der Map. Der Texturname wird im Rollout BITMAP-PARAMETER angezeigt.

 Um das Material einem Objekt zuzuweisen, müssen Sie auf die oberste Ebene der Materialstruktur wechseln. Dies können Sie entweder mit diesem Button oder direkt in der Material-/Map-Anzeigesteuerung tun.

 Dieser Button wechselt auf ein weiteres Element der gleichen Ebene in der Materialhierarchie, zum Beispiel zu einer zweiten Map.

 Solange dieser Button eingeschaltet ist, wird bei komplizierteren Maps immer das fertige Material angezeigt.

Im ausgeschalteten Zustand kann man die aktuelle Map einzeln flächenfüllend im Materialfenster sehen.

Ist das Material bereits vor der Auswahl der Textur dem Objekt zugewiesen gewesen, brauchen Sie nichts weiter zu tun. Die Materialzuweisung wird automatisch aktualisiert.

Klicken Sie jetzt auf diesen Button MAP IN ANSICHTSFENSTER ZEIGEN, wird die Textur in den Ansichtsfenstern angezeigt, wenn dort der Modus GLATT + GLANZPUNKTE eingestellt ist.

Abbildung 3.9: Objekte mit texturiertem Material im schattierten Ansichtsfenster und im ActiveShade-Modus

Das Mapping kann statt im MAPS-Rollout auch im Rollout BLINN-GRUNDPARA-METER zugewiesen werden. Klicken Sie dazu auf den kleinen grauen Button neben dem Farbfeld STREUFARBE.

TIPP

Ist ein Mapping zugewiesen, erscheint dort ein M. Allerdings ist es hier nicht möglich, einen Betrag festzulegen oder eine Map zu deaktivieren. Wechseln Sie dazu wie gewohnt in das MAPS-Rollout.

Achten Sie dabei darauf, dass im Rollout BLINN-GRUNDPARAMETER das Schloss rechts neben UMGEBUNG und STREUFARBE eingeschaltet ist. Andernfalls erscheint die Textur in den verschatteten Bereichen nicht. Hier müsste eine eigene Textur definiert werden. Das gleiche Schloss finden Sie auch rechts neben den Maps im MAPS-Rollout.

STOP

Mapping-Koordinaten

Bei jedem Mapping ist es wichtig zu wissen, in welcher Richtung und Größe eine Textur auf das Objekt aufgebracht werden soll. Das Aussehen des Materials wird im Material-Editor festgelegt, die Art der Projektion muss aber direkt in der Geometrie eingestellt werden.

Dafür verwendet jeder Max-Grundkörper eigene Mapping-Koordinaten, die mit dem Objekt fest verbunden sind, sich also bei einer Objektbewegung ebenfalls entsprechend bewegen.

Fehlen bei einem Objekt beim Rendern die Mapping-Koordinaten, werden sie so weit wie möglich automatisch nachträglich generiert, damit texturierte Materialien richtig dargestellt werden können.

Automatisch generierte Mapping-Koordinaten

Beim Erstellen eines Standardobjekts können Mapping-Koordinaten automatisch generiert werden. Dank der Objekt-History von 3ds max 6 kann man das auch jederzeit nachholen.

Mapping-Koord.
generieren
= Generate Mapping
Coords.

Selektieren Sie dazu die betreffenden Objekte einzeln nacheinander und schalten Sie für jedes in der ÄNDERN-Palette den Schalter MAPPING-KOORD. GENERIEREN ein. Jedes Objekt bekommt beim Erzeugen eine typische Form der Mapping-Koordinaten.

Die Textur ist hier auf alle Seiten des Quaders projiziert und um den Zylinder gewickelt.

Diese Art von Mapping-Koordinaten ist fest mit dem jeweiligen Objekt verbunden. Das bedeutet, wenn das Objekt nachträglich über Modifikatoren verformt wird, gehen die Mapping-Koordinaten mit.

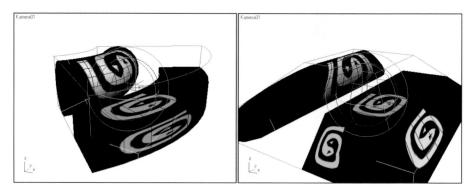

Abbildung 3.10: Die Mapping-Koordinaten verformen sich mit den Objekten.

Koordinaten der Textur

Diese automatisch generierten Mapping-Koordinaten sind so angelegt, dass das Material immer formatfüllend auf das Objekt passt. Die Textur kann aber innerhalb eines Materials verschoben und auch unterschiedlich skaliert werden.

Koordinaten
= Coordinates

Diese Parameter werden im Rollout KOORDINATEN im Material-Editor auf Map-Ebene eingestellt (siehe Abbildung 3.11).

Innerhalb eines Materials wird ein spezielles Koordinatensystem verwendet, dessen Achsen mit U, V und W bezeichnet sind. Dabei entsprechen die Achsen U und V der waagerechten und senkrechten Richtung in der Oberfläche des Objekts, die W-Achse steht senkrecht auf der Oberfläche.

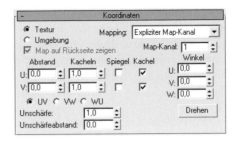

Abbildung 3.11: Einstellungen im Koordinaten-Rollout

Innerhalb des Materials kann die Textur mit den Parametern U-ABSTAND und V-ABSTAND beliebig verschoben werden. Dabei entspricht eine Koordinateneinheit immer genau der Größe der Mapping-Koordinaten. Eine Verschiebung um 0,5 verschiebt die Textur also genau um die Hälfte.

Abstand = Offset

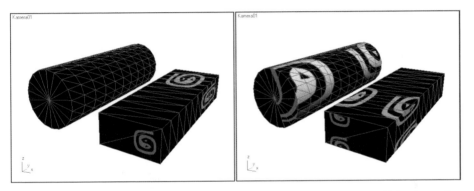

Abbildung 3.12: Links: Verschiebung der Textur in U-Richtung (Auf dem Zylinder verschwindet das sichtbare Logo entlang des Umfangs nach unten.), rechts: in V-Richtung

Die Faktoren bei KACHELN wiederholen die Textur innerhalb einer Mapping-Koordinateneinheit. Bei der Skalierung wird von der Mitte der Mapping-Koordinaten ausgegangen. Der Faktor 2 schreibt genau zwei Texturen auf den Platz von einer. Dabei wird das Seitenverhältnis der Textur entsprechend verändert.

Kacheln = Tiling

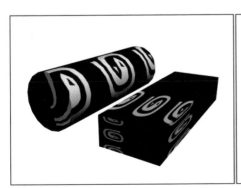

Abbildung 3.13: Links: V-Kacheln, rechts: U-Kacheln und V-Kacheln

Die Schalter UV, VW und WU legen fest, in welcher Ebene die Textur projiziert wird. UV ist die Ebene der Fläche. Die beiden anderen stehen auf der Fläche senkrecht, so dass dann von der Textur nur noch Streifen zu sehen sind, die einem Schnitt durch die Textur entsprechen. Diese Projektionsebenen sind nur für prozedurale, sprich mathematisch berechnete Texturen, sinnvoll. Näheres dazu finden Sie im Abschnitt 3.3 über parametrische Maps.

Winkel = Angle

In den Feldern unter WINKEL kann man einen Winkel angeben, um den die Textur innerhalb des Materials um die verschiedenen Achsen gedreht werden soll. Eine Drehung um die W-Achse verdreht die Textur in der Bildebene. Drehungen um andere Achsen drehen die Textur in das Material hinein und verzerren sie so.

Diese Drehung bezieht sich aber genauso wie ABSTAND und KACHELN auf das Material und nicht auf einzelne Objekte.

Abbildung 3.14: Drehung um 45° um die W-Achse, rechts: U-Kacheln: 2.0

Die KACHELN-Einstellungen beziehen sich immer auf die Textur selbst, drehen sich also bei einer Drehung entsprechend mit.

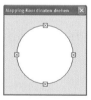

TIPP

Spiegeln = Mirror

Verwenden Sie gescannte Naturmaterialien wie Stein oder Holz für große Flächen, ergeben sich durch den Kacheleffekt unschöne Kanten. Solche Texturen lassen sich im Gegensatz zu konstruierten Logos durch ihr Muster bedingt nicht kantenfrei aneinander reihen. Hier gibt es die Möglichkeit, jede zweite Wiederholung der Textur zu spiegeln. Dann treffen immer gleiche Ränder zusammen. Diese Spiegelung können Sie mit den Schaltern U-SPIEGELN und V-SPIEGELN für beide Richtungen unabhängig einschalten.

Mit dem DREHEN-Button im KOORDINATEN-Rollout können Sie die Textur interaktiv drehen. Hierzu erscheint ein Fenster mit einem Kugelkompass, ähnlich dem zur Einstellung einer axonometrischen Ansicht. Die Wirkung der Drehung können Sie im Material-Editor und in schattierten Ansichtsfenstern mitverfolgen.

Drehen = Rotate

Falls Sie die Textur völlig verdreht haben, stellt ein Rechtsklick, während die linke Maustaste noch gedrückt ist, den ursprünglichen Zustand wieder her.

Darstellung im Material-Editor

Für die Materialkugeln bzw. -würfel oder -zylinder gibt es eine eigene Möglichkeit, die Aufteilung der Textur zu betrachten, ohne das Material wirklich zu verändern. Dies kann sinnvoll sein, um zum Beispiel die Wirkung von Fliesen zu sehen. Fliesentexturen bestehen meistens nur aus einer Fliese und den zugehörigen Fugen an zwei Seiten.

Wählen Sie aus dem Flyout BEISPIEL UV-KACHELN eine passende Aufteilungsart. Diese betrifft nur die Darstellung im aktuellen Material-Editor-Fenster. Sie hat keinen Einfluss auf das wirkliche Material. Es sind folgende Aufteilungen möglich: einzeln, 2x2, 3x3 und 4x4. In den meisten Fällen wird man ohne Aufteilung das meiste sehen.

Abbildung 3.15: Verschiedene Darstellungen des gleichen Materials im Material-Editor

Um das Aussehen einer Map besser beurteilen zu können, können Sie die aktuelle Map mit allen ihren Eigenschaften in einem Fenster berechnen lassen. Dies ist besonders bei komplexeren kombinierten oder animierten Maps interessant. Klicken Sie dazu auf Map-Ebene einmal mit der rechten Maustaste auf die aktuelle Materialkugel. Im Kontextmenü finden Sie eine Option MAP RENDERN.

Map rendern = Render Map

Stellen Sie hier die gewünschte Ausgabegröße sowie bei animierten Maps den zu berechnenden Zeitraum ein. Die Map erscheint in einem eigenen Bildfenster und kann hier in Farbkanäle getrennt und auch als Bilddatei gespeichert werden.

Abbildung 3.16: Map rendern und fertig gerenderte Map

:-)
TIPP

Ausgabe = Output

Um eine Map wie in der Abbildung negativ darzustellen, schalten Sie den Schalter INVERTIEREN im Rollout AUSGABE ein.

Flächen-Maps

Bei einfachen Körpern oder Partikelsystemen können Sie auch auf spezielle Mapping-Koordinaten ganz verzichten und die Textur einfach automatisch jeder einzelnen Fläche zuweisen lassen.

Flächen-Map
= Face Map

Schalten Sie dazu im Material-Editor den Schalter FLÄCHEN-MAP im Rollout SCHATTIERUNGS-GRUNDPARAMETER ein. Dieser Schalter arbeitet auf Material-Ebene, nicht auf Map-Ebene. Er kann also nicht für verschiedene Maps innerhalb eines Materials getrennt geschaltet werden.

Dabei werden die Texturen auch auf jeder Fläche flächenfüllend skaliert. In segmentierten Objekten werden dabei alle Segmente als einzelne Flächen angesehen.

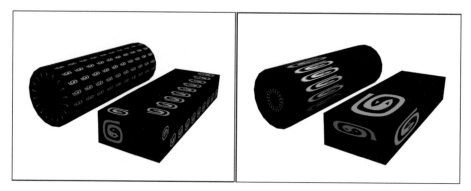

Abbildung 3.17: Objekte mit Flächen-Map

Wie im Bild zu sehen, sieht die Textur bei Verwendung eines Bilds nur gut aus, wenn das Objekt aus sehr wenigen Flächen besteht. Die Objekte im linken Bild haben je zehn Höhensegmente, die im rechten Bild nur je eines.

!!
STOP

Bei Objekten, die durch automatische Aufteilung von Flächen erzeugt wurden, kann es passieren, dass einzelne Flächen anders orientiert sind, wodurch sich die Texturierung umkehrt, wie im linken Bild zu sehen.

Texturen für Sand, Fliesen oder kleinteilige geometrische Muster können auch auf vielflächigen Objekten interessante Wirkungen hervorrufen.

Bei FLÄCHEN-MAPs sollte man im Material-Editor die Beispielmaterialien immer auf einen Würfel rendern, da die normale Materialkugel aus sehr vielen Flächen besteht und die Texturen der einzelnen Flächen deshalb kaum noch zu erkennen sind.

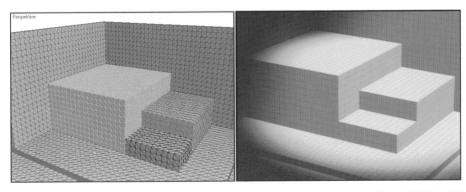

Abbildung 3.18: Gefliester Raum mit Flächen-Map. Die Map besteht aus genau einer Fliese. [KUBEN01.MAX]

Abbildung 3.19: Material mit Flächen-Map im Material-Editor

Maps ohne Wiederholung

Texturen können auch zur Darstellung von Aufdrucken, Prägungen oder Aufklebern auf Objekten verwendet werden. In diesem Fall sollen sie nicht über das ganze Objekt wiederholt werden, sondern nur an einer einzigen Stelle erscheinen.

Abbildung 3.20: Einzelne Textur

Für diesen Effekt deaktivieren Sie die Schalter KACHEL. Solange U-KACHELN und V-KACHELN auf 1,0 stehen, ist im Bild noch kein Unterschied zu sehen, da die Texturen die Flächen immer noch ganz ausfüllen.

Kachel = Tile

Erhöhen Sie jetzt U-KACHELN und V-KACHELN auf 2,0, ist die Textur nur noch halb so groß, wird aber trotzdem nur einmal auf jeder Fläche dargestellt und nicht mehr wiederholt. Noch größere Werte von U-KACHELN und V-KACHELN verkleinern die Textur weiter. Dabei entspricht das Seitenverhältnis immer dem der Mapping-Koordinaten, bei Standard-Mapping-Koordinaten also dem Seitenverhältnis des Objekts.

Außerhalb des durch die Textur belegten Bereichs erscheint das Objekt in seiner Materialfarbe, die im Rollout BLINN-GRUNDPARAMETER des Materials eingestellt ist. Die Glanzeigenschaften gelten auch für texturierte Materialien.

Mit den Werten U-ABSTAND und V-ABSTAND kann man die Lage der Textur innerhalb der Mapping-Koordinaten verschieben. WINKEL verdreht auch eine einzelne Textur.

Abbildung 3.21: Links: verschobene Textur, rechts: gedrehte Textur

Spiegeln = Mirror Man kann die Textur auch nur in einer Richtung wiederholen, um damit Bänder oder Fahrspuren zu erzeugen. Schalten Sie dazu nur einen KACHEL-Schalter ein, den anderen nicht. In der wiederholten Richtung ist dann mit dem Schalter SPIEGELN auch eine Spiegelung jeder zweiten Textur möglich.

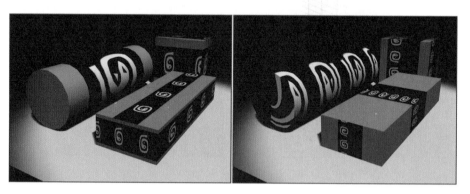

Abbildung 3.22: Links: Kacheln in U-Richtung, rechts: in V-Richtung

!! STOP

In einigen Fällen kann es erforderlich sein, manuelle Mapping-Koordinaten zu generieren, um ein Band gezielt in die richtige Richtung laufen zu lassen. Für die Deckelflächen von Zylindern sind automatisch generierte Mapping-Koordinaten ebenfalls ungeeignet.

(KOMPENDIUM) 3ds max 6

Rauschen

Möchten Sie eine Textur nicht exakt abbilden, sondern bewusst verzerren, um künstlich Komplexität vorzutäuschen, verwenden Sie das Rollout RAUSCHEN auf Map-Ebene im Material-Editor.

Rauschen = Noise

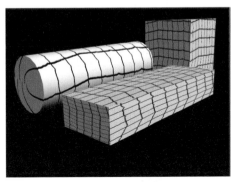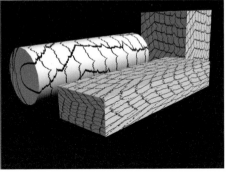

Abbildung 3.23: Unterschiedlich stark verrauschte Textur

Der Effekt ist am besten bei Texturen zu sehen, die Symmetrien oder gerade Linien enthalten. Das Rauschen kann animiert werden und auch so weit gehen, dass von der Originaltextur nichts mehr zu erkennen ist.

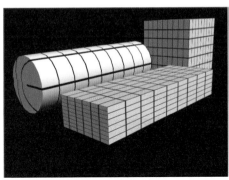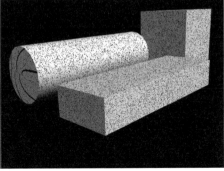

Abbildung 3.24: Links: Originaltextur, rechts: extrem verrauschte Textur

Durch das Rauschen werden die Mapping-Koordinaten für eine Bilddatei mit einer fraktalen Funktion aus der Form gebracht. Diese Funktion kann für alle Arten von Mappings verwendet werden. Man kann sie innerhalb eines Materials auch für jede verwendete Textur unabhängig einstellen.

Abbildung 3.25: Rauschen-Rollout einer Map im Material-Editor

Mit dem Schalter EIN kann das Rauschen ein- und ausgeschaltet werden, ohne dass man die Parameter zurücksetzen muss.

Betrag = Amount

➡ BETRAG – bezeichnet die Stärke der Wirkung. Je höher dieser Wert, desto weiter werden die einzelnen Pixel der Map aus ihrer ursprünglichen Lage gebracht. Hier können Werte von 0,001 bis 100,0 verwendet werden.

Ebenen = Levels

➡ EBENEN – gibt an, wie oft die fraktale Funktion angewendet werden soll. Je höher der BETRAG-Wert, desto stärker macht sich eine Änderung des EBENEN-Werts bemerkbar.

Größe = Size

➡ GRÖSSE – gibt einen Größenfaktor der Wellen im Verhältnis zur Geometrie an. Kleine Werte bewirken sehr schmale kleinteilige Verwirbelungen, große Werte eher lang gestreckte Wellen. Es können Werte zwischen 0,001 und 100,0 verwendet werden.

‼ STOP

Der RAUSCHEN-Effekt ist in schattierten Ansichtsfenstern nicht zu sehen. Nur im ActiveShade-Modus und im gerenderten Bild erscheinen Maps verrauscht, in schattierten Ansichtsfenstern sieht man immer die Original-Map.

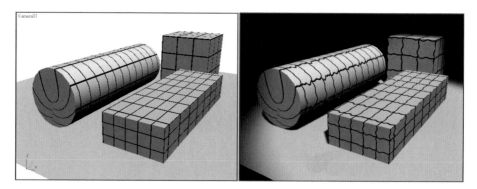

Abbildung 3.26: Verrauschte Map im Ansichtsfenster und im ActiveShade-Fenster

UVW-Map-Modifikator

Nicht immer bewirken die standardmäßig erstellten Mapping-Koordinaten das gewünschte Ergebnis. Der UVW-MAP-Modifikator bietet die Möglichkeit, Mapping-Koordinaten beliebig auf ein Objekt einzustellen. Dabei kann man auch Mapping-Typen verwenden, die nicht dem durch die Objektgeometrie vorgegebenen Mapping-Typ entsprechen. Objekten, die gar keine Mapping-Koordinaten haben, kann man hiermit überhaupt erst Mapping-Koordinaten zuweisen.

3ds max 6 verwendet Modifikatoren für vielfältige Verfahren zur Veränderung der Objektgeometrie. Diese Modifikatoren können in unterschiedlicher Reihenfolge nacheinander auf ein Objekt angewendet werden.

Genauere Beschreibungen der einzelnen Modifikatoren und allgemeine Hinweise zur Anwendung finden Sie in Kapitel 8.

Zum besseren Erkennen der Maps verwenden wir in den folgenden Beispielen eine einfache Textur, die aus einem simplen Schachbrettmuster und einem darüber gelegten Kreis besteht.

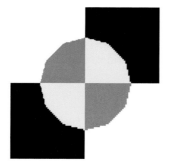

Abbildung 3.27: Die Textur für die Beispiele, rechts im Material-Editor dargestellt

Diese Textur finden Sie als SW2.TIF *auch bei den Texturen auf der DVD.*

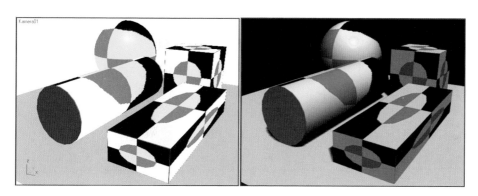

Abbildung 3.28: Objekte mit Standard-Mapping-Koordinaten

Die Szene enthält vier geometrische Grundkörper mit Standard-Mapping-Koordinaten. Wird hier diese Map angewendet, füllt sie jeweils eine Seitenfläche des Quaders und des Würfels. Um Zylinder und Kugel erscheint die Map herumgewickelt. Die quadratische Textur wird durch das Standard-Mapping so verzogen, dass sie in beiden Richtungen den Körper voll ausfüllt.

Wendet man den UVW-MAP-Modifikator an, ersetzt dieser die Standard-Mapping-Koordinaten.

Die generelle Vorgehensweise beim Anwenden eines Modifikators ist folgende:

1. Objekt selektieren

2. Modifikator auf der ÄNDERN-Palette auswählen

3. Parameter einstellen

Objektraummodifika-
toren = Object-Space
Modifiers

Sie finden den UVW-MAP-Modifikator in der Liste auf der ÄNDERN-Palette unter OBJEKTRAUMMODIFIKATOREN.

In den Ansichtsfenstern erscheint ein orangefarbenes Mapping-Symbol. Die Projektion von Texturen geht vom Mapping-Symbol gleichmäßig durch den ganzen Raum. Alle Elemente eines Objekts oder einer Gruppe können getroffen werden, es gibt keine gegenseitige Verdeckung oder Verschattung. Auch spielt das Material der Objekte keine Rolle für die Zuordnung von Mapping-Koordinaten.

Entscheidend für die Wirkung dieses Modifikators ist, ob die Objekte einzeln oder alle auf einmal ausgewählt wurden. Im letzten Bild wurde jedem Objekt einzeln der UVW-MAP-Modifikator zugewiesen.

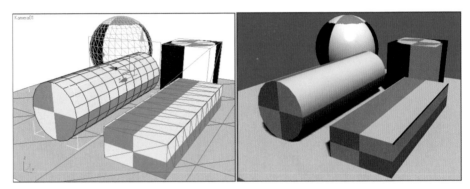

Abbildung 3.29: Objekte mit zugewiesenem UVW-Map-Modifikator

Selektiert man alle Objekte auf einmal, wird ein großes Mapping auf alle Objekte gelegt.

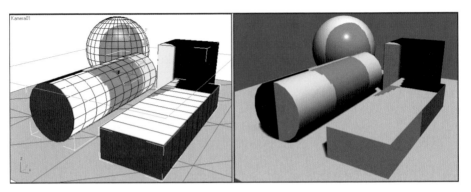

Abbildung 3.30: Ein einziges Mapping auf alle Objekte

Die Wirkung dieses Mappings sieht man am besten aus einer Blickrichtung senkrecht auf das Mapping-Symbol.

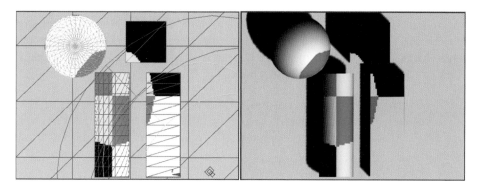

Abbildung 3.31: Blick von oben

In der ÄNDERN-Palette erscheint der UVW-MAP-Modifikator oben auf dem
Modifikatorstapel des Objekts, dem er zugewiesen ist.

*Mit diesem Button unterhalb des Modifikatorstapels können Sie einen Modifika-
tor wieder von einem Objekt entfernen. Die Wirkung dieses Modifikators auf das
Objekt fällt dann weg.*

Im UVW-MAP-Modifikator unterscheidet man sieben verschiedene Möglichkeiten, wie Maps auf Objekte projiziert werden können. Die verschiedenen Projektionsarten können im PARAMETER-Rollout eingestellt werden:

➤ PLANAR – von einer Ebene aus, ähnlich wie mit einem Diaprojektor, auf die
Objekte projiziert.

➤ ZYLINDRISCH – um die Objekte gewickelt.

➤ KUGELFÖRMIG – wie bei einem Globus. Die obere und untere Kante der Textur laufen in den Polen zusammen.

➤ SCHRUMPFWICKLUNG – auch kugelförmig, hier laufen aber alle Kanten in
einem Punkt zusammen.

➤ QUADER – ebene Projektion aus den sechs im Raum aufeinander senkrecht
stehenden Richtungen.

➤ FLÄCHE – auf jede Fläche einzeln bezogen.

➤ XYZ IN UVW – Diese Einstellung gilt nur für prozedurale Maps. Hier werden die 3D-Koordinaten dieser Map auf die Oberfläche eines Objekts projiziert, so dass die Textur bei einer Veränderung des Objekts scheinbar auf der
Oberfläche kleben bleibt.

Planar

Beim planaren Mapping wird das Map parallel von einer ebenen Bildfläche aus in den Raum auf alle Objekte projiziert. Standardmäßig steht das Mapping-Symbol hier in der Konstruktionsebene der einzelnen Objekte. Für die Abbildung wurden die Objekte gedreht, so dass man die Textur von der linken Seite aus sehen kann. Der Abstand zwischen Objekt und Mapping-Symbol spielt keine Rolle. Auch wird das Bild auf beiden Seiten des Mapping-Symbols projiziert.

Auf den Flächen, die senkrecht zur Projektionsrichtung stehen, erscheint die Textur unverzerrt. Auf Flächen parallel zur Projektionsrichtung sieht man nur verlängerte Projektionslinien von den Kanten der Flächen, auf denen die Textur zu sehen ist.

Abbildung 3.32: Objekte mit planarem Mapping [MAPPING04.MAX]

Das orangefarbene Rechteck ist der Gizmo des UVW-MAP-Modifikators. Dieser Gizmo ist ein geometrisches Objekt und gibt bei jedem Modifikator die geometrische Lage im Raum an, während die Parameter auf der ÄNDERN-Palette eingestellt werden.

Der Gizmo stellt hier die Größe, Form und Orientierung der projizierten Textur dar. Die kurze Linie an einer Seite bezeichnet den oberen Rand der Textur, was bei diesem einfachen Schachbrettmuster nicht relevant ist, sehr wohl aber bei Bildtexturen.

Mapping ausrichten

Ausrichtung = Alignment   Im Feld AUSRICHTUNG auf der ÄNDERN-Palette des UVW-MAP-Modifikators können Sie den Gizmo in den drei Koordinatenachsen ausrichten. Größe und Form bleiben dabei unverändert.

Standardmäßig wird planares Mapping immer senkrecht zur Z-Achse eines Objektes generiert. Daher kommt die unterschiedliche Ausrichtung der Mapping-Koordinaten auf den Beispielobjekten.

(KOMPENDIUM) 3ds max 6

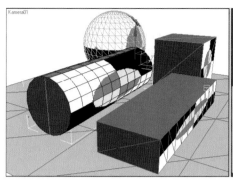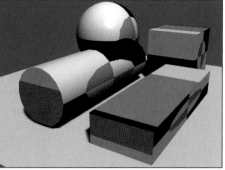

Abbildung 3.33: Gizmos in X-Ausrichtung

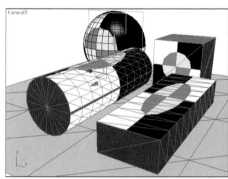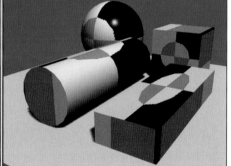

Abbildung 3.34: Gizmos in Y-Ausrichtung

An Zylinder und Kugel sind die Verzerrungen durch die planare Projektion gut zu erkennen.

Mapping-Größe

Im UVW-MAP-Modifikator kann die Größe des Mappings in den Feldern LÄNGE und BREITE beliebig eingestellt werden. Der Wert HÖHE hat bei planarem Mapping keine Bedeutung.

Länge – Breite – Höhe = Length – Width – Height

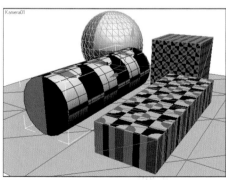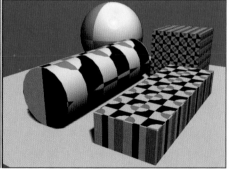

Abbildung 3.35: Planares Mapping in verschiedenen Größen

Wd = Flip

Die Schalter U KCHL., V KCHL. und W KCHL. ermöglichen es, die Textur innerhalb des Mapping-Symbols zu wiederholen. Diese Wiederholung gilt im Gegensatz zu der im Material-Editor eingestellten Wiederholung nur für das aktuelle Objekt, dem diese Mapping-Koordinaten zugewiesen sind. Die Schalter WD. spiegeln die Textur in der jeweiligen Richtung.

Um ein Mapping unverzerrt abzubilden, muss das Seitenverhältnis des Mapping-Symbols dem Seitenverhältnis der Bilddatei entsprechen. Der UVW-MAP-Modifikator bietet hier eine einfache Methode, das Seitenverhältnis einer Bilddatei direkt zu übernehmen.

Bitmap-Passung
= Bitmap Fit

Klicken Sie im Feld AUSRICHTUNG *auf* BITMAP-PASSUNG*. Wählen Sie dort eine Bilddatei aus, deren Seitenverhältnis für die Mapping-Koordinaten übernommen werden soll.*

Bereichspassung
= Region Fit

Der Button BEREICHPASSUNG bietet die Möglichkeit, die Mapping-Koordinaten an ein beliebiges Rechteck anzupassen. Ziehen Sie, solange dieser Schalter eingeschaltet ist, ein Rechteck auf, das die neue Größe der Mapping-Koordinaten darstellt.

Mapping verschieben

Innerhalb des Objekts kann der Gizmo des UVW-MAP-Modifikators verschoben werden. Damit verschiebt sich das Mapping auf dem Objekt.

Mit der Tastenkombination ⌨Strg+B schalten Sie die Selektionsebene auf den Gizmo um. Jedes Verschieben, Drehen und Skalieren bewegt jetzt nicht mehr das Objekt, sondern nur noch den Gizmo des aktuellen Modifikators. Die gleiche Tastenkombination schaltet auch wieder zurück.

Statt der Tastenkombination können Sie im Modifikatorstapel oben in der ÄNDERN-Palette auf das Plussymbol + in der Zeile UVW-MAPPING klicken und anschließend die Zeile GIZMO markieren. Diese erscheint in Gelb und der Gizmo kann bearbeitet werden.

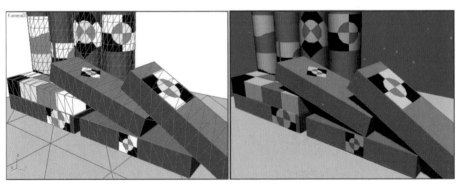

Abbildung 3.36: Alle Objekte verwenden das gleiche Material, nur das Mapping-Symbol ist verschoben, gedreht und skaliert. [MAPPING05.MAX]

Auf diese Weise können Sie das Mapping für ein Objekt verschieben oder verändern, ohne das Material ändern zu müssen. Bei Materialien ohne Wiederholung macht sich dies besonders bemerkbar, wenn zum Beispiel Aufkleber auf mehreren Objekten an verschiedenen Stellen dargestellt werden sollen.

Der Button ZENTRIEREN zentriert das Mapping-Symbol in der räumlichen Mitte des Objekts, ohne dabei die Größe oder Richtung zu verändern. *Zentrieren = Center*

Der Button EINPASSEN zentriert das Mapping-Symbol ebenfalls in der räumlichen Mitte des Objekts. Allerdings wird es hier auf die Größe des Objekts, projiziert auf die Ebene des Mapping-Symbols, skaliert. Dabei kann sich das Seitenverhältnis ändern und so die Textur verzerrt werden. *Einpassen = Fit*

Der Button ZURÜCKSETZEN setzt das Mapping-Symbol auf die vorgegebene Größe in die Mitte des Objekts parallel zum lokalen Koordinatensystem. Dabei werden also Größe, Richtung und Lage verändert. *Zurücksetzen = Reset*

Mapping übernehmen

Haben Sie für ein Objekt ein Mapping eingestellt, können Sie dieses für ein anderes Objekt übernehmen. Verwenden Sie dazu den Button HOLEN und klicken auf das Objekt, von dem das Mapping übernommen werden soll. Danach erscheint eine Abfrage mit zwei Wahlmöglichkeiten: *Holen = Acquire*

➤ RELATIV HOLEN – bewegt das Mapping-Symbol des anderen Objekts in das lokale Koordinatensystem des aktuellen Objekts und weist die Mapping-Koordinaten dann zu.

➤ ABSOLUT HOLEN – weist die Mapping-Koordinaten direkt zu und behält dabei die Lage des Mapping-Symbols bei.

Der Unterschied ist in der nächsten Abbildung zu sehen.

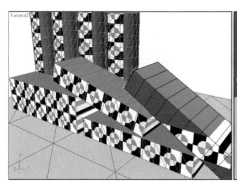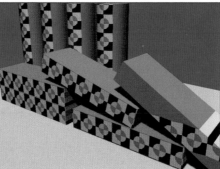

Abbildung 3.37: Für die schräg liegenden Körper wurde das Mapping einmal relativ und einmal absolut übernommen.

Für die beiden schräg gestellten Quader wurde das Mapping des oben horizontal liegenden Quaders übernommen. Dabei wurde beim linken schrägen Quader die Methode *Relativ* verwendet. Hier ist das lang gestreckte Mapping des Ursprungsobjekts in die Längsachse des neuen Objekts transferiert. Der rechte schräge

Quader hat das Mapping absolut übernommen. Hier liegt das Band mit dem Muster horizontal auf der Höhe des Ursprungsobjekts unabhängig von Lage und Ausrichtung des neuen Objekts.

Das Mapping bleibt mit den Objekten verbunden, auch wenn man diese nachträglich bewegt.

TIPP

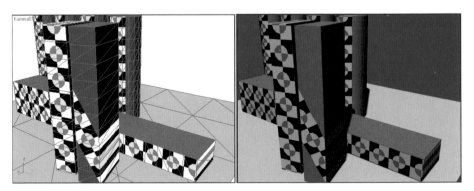

Abbildung 3.38: Die Quader aus der letzten Abbildung senkrecht aufgestellt [MAPPING06.MAX]

Mapping-Gizmo über Manipulatoren bearbeiten

Eine weitere Methode, den Gizmo des UVW-Map-Modifikators zu bearbeiten, bieten die Manipulatoren. Schalten Sie diesen Button in der Hauptsymbolleiste ein, erscheint der Gizmo in Grün und zusätzlich an zwei Stellen ein runder Manipulator.

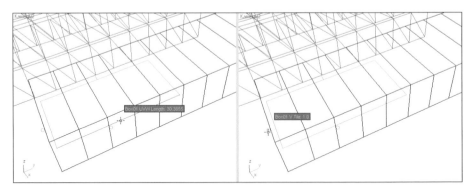

Abbildung 3.39: Links: Veränderung der Länge des Mapping-Symbols, rechts: Veränderung des Kachel-Faktors

Je nachdem, an welcher Stelle Sie auf den Gizmo klicken, können die beiden Dimensionen verändert werden. Die runden Manipulatoren ermöglichen eine interaktive Veränderung des *Kachel*-Faktors. Ein blauer Tooltip zeigt den jeweils veränderten Parameter.

〔 KOMPENDIUM 〕 3ds max 6

Zylindrisch

Beim zylindrischen Mapping wird die Textur von der Achse eines gedachten Zylinders rundherum im Winkel von 360° vergleichbar mit einem Rundum-Kino oder einer Panoramaaufnahme projiziert. Der linke Rand des Bilds fällt mit dem rechten Rand zusammen. Diese Form des Mappings bietet sich für zylindrische Objekte an, kann aber auch für jedes beliebige andere Objekt verwendet werden.

Zylindrisch = Cylindrical

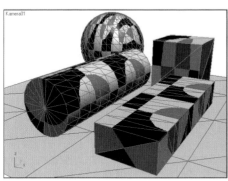 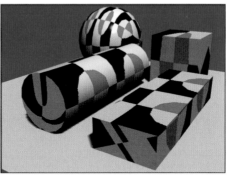

Abbildung 3.40: Zylindrisches Mapping auf verschiedenen Objekten

Das Mapping-Symbol ist hier ein Zylinder, dessen Höhe die Höhe des projizierten Bilds bestimmt. Der Durchmesser dieses Zylinders spielt für das Mapping auf der Mantelfläche keine Rolle, da das Bild beliebig weit in den Raum projiziert wird. Für den Durchmesser können Sie zwei Werte angeben, so dass sich der Zylinder ellipsenartig verformen lässt. Damit verzerrt sich auch das Mapping.

Die Orientierung des Zylinders entscheidet darüber, wo die Nahtstelle zwischen linkem und rechtem Bildrand liegt. Das Bild ist in der Waagerechten genau einmal um den Zylinder gewickelt.

 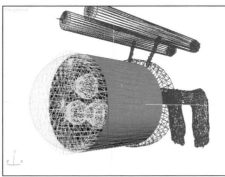

Abbildung 3.41: Zylindrische Mappingkoordinaten am Raumschiff-Rumpf und den Raketen (Bild: www.apparatspott.de)

Für die Deckelflächen ist der Durchmesser des Zylinders interessant. Um die Verzerrungen dort zu vermeiden, kann man auf die Deckelflächen mit dem Schalter VERSCHLUSS ein automatisches planares Mapping anwenden. Auf den Deckelflächen wird die Map wie bei planarem Mapping projiziert. Der Durchmesser des Zylinders bestimmt die Größe des Mappings auf den Deckelflächen.

Verschluss = Cap

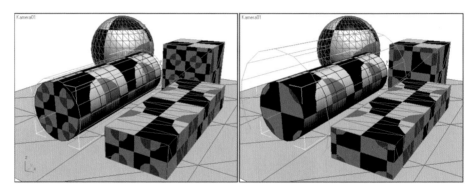

Abbildung 3.42: Zylindrische Mappings mit unterschiedlichen Durchmessern

Durch entsprechende Größenanpassung des Zylinders lässt sich das Mapping so einstellen, dass die Textur sauber über die Kanten läuft.

Die verschiedenen Methoden zur Ausrichtung und Bewegung des Mapping-Symbols, wie unter *Planar* weiter vorne in diesem Kapitel beschrieben, funktionieren mit allen Mapping-Arten.

Mapping-Gizmo über Manipulatoren bearbeiten

Auch bei diesem Verfahren kann der Gizmo über Manipulatoren bearbeitet werden. Ein grünes Rechteck symbolisiert die Länge und Breite, ein senkrecht darüber stehender kleiner Würfel die Höhe des Mappings. Zwei kleine Kreise stellen die *Kachel*-Faktoren ein.

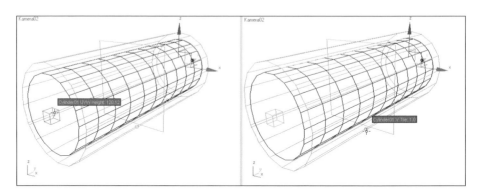

Abbildung 3.43: Einstellen des Mapping-Symbols bei zylindrischem Mapping über Manipulatoren

Kugelförmig

Kugelförmig
= Spherical

Versuchen Sie einmal, eine Kugel in Papier einzuwickeln, ohne dass es Falten gibt. Das ist rein mathematisch nicht möglich. 3ds max 6 verwendet einen eigenen Mapping-Typ für kugelförmige Objekte. Hier wird die Textur von einem Punkt aus in alle Richtungen des Raums projiziert. Diese Projektionsart wird zum Beispiel in einem Planetarium verwendet.

Das entsprechende Mapping-Symbol ist eine Kugel. Deren Durchmesser spielt für die Abbildung der Textur keine Rolle, wohl aber ihre Lage zu den Objekten, auf die projiziert werden soll. Sphärisches Mapping bildet eine Textur nur dann unverzerrt ab, wenn diese vom Mittelpunkt einer Kugel auf deren Oberfläche projiziert wird. Auf allen anderen Flächen ergeben sich sphärische Verzerrungen.

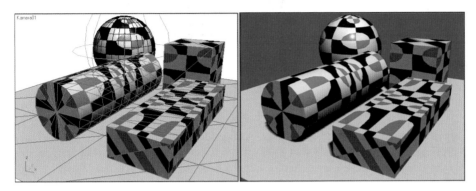

Abbildung 3.44: Kugelförmiges Mapping auf unterschiedlich geformten Objekten

Entlang der grünen Linie auf dem Mapping-Symbol sieht man, wenn der Gizmo ausgewählt ist, eine Nahtstelle, an der die linke und die rechte Kante der Map zusammentreffen, falls diese nicht exakt gleich sind. Besonders an den Polen der Kugel ergeben sich extreme Verzerrungen. Um diese zu vermeiden, sollte man, auch bei Kugeln, das Mapping-Symbol auf Unterobjekt-Level so drehen, dass man die Pole und auch die Randlinie möglichst wenig sieht. Allerdings dreht sich die Textur dabei mit.

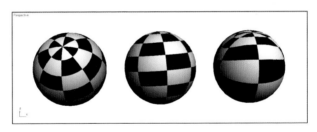

Abbildung 3.45: Links und Mitte: unterschiedlich gedrehte Kugeln, rechts: ungleichmäßig skaliertes Mapping-Symbol

Mit unterschiedlichen Werten für LÄNGE, BREITE und HÖHE kann der Kugelgizmo zusammengedrückt werden, was zu einer ungleichmäßigen Aufteilung der Textur auf dem Objekt führt.

Kugelförmiges Mapping eignet sich eher zur Darstellung bemalter oder bedruckter Oberflächen auf runden Objekten, weniger zur Darstellung massiver Materialien aus Holz oder Stein. Eine natürliche Holzstruktur ist gerade aufgebaut, die runde Form der Kugel ist daraus herausgeschnitten. Die Struktur wird in Wirklichkeit nicht um die gekrümmte Fläche herumgelegt. Damit solche Materialien realistischer aussehen, empfiehlt sich hier ein planares Mapping.

:-)
TIPP

Abbildung 3.46: Links: planares Mapping, rechts: kugelförmiges Mapping einer Holztextur auf einer Kugel

Mapping-Gizmo über Manipulatoren bearbeiten

Kugelförmiges Mapping wird über Manipulatoren ähnlich wie zylindrisches Mapping eingestellt. Auch hier gibt es ein Quadrat, das zwei Richtungen des Mappings steuert, die dritte Achse wird mit dem kleinen grünen Würfel eingestellt, die Einstellung der *Kachel*-Faktoren erfolgt über zwei kleine Kreise.

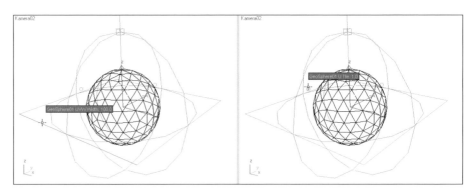

Abbildung 3.47: Einstellen des Mapping-Symbols bei kugelförmigem Mapping über Manipulatoren

Schrumpfwicklung

*Schrumpfwicklung
= Shrink Wrap*

Schrumpfwicklung ist eine weitere Methode, eine Map kugelförmig um ein Objekt zu wickeln. Hier treffen sich alle vier Kanten der Map in einem Punkt. Bei Verwendung des *Schrumpfwicklung*-Mappings sollte man also immer auf eine richtige Ausrichtung des Mapping-Symbols achten. Dieses lässt sich hier, wie bei den anderen Mapping-Verfahren auch, auf Unterobjekt-Level beliebig drehen und verschieben.

Abbildung 3.48: Kugel mit Schrumpfwicklung-Map aus verschiedenen Richtungen gesehen

Bei Schrumpfwicklung beziehen sich die Mapping-Koordinaten in vertikaler Richtung im Gegensatz zum kugelförmigen Mapping auf den ganzen Kugelumfang. Damit das Aussehen des Materials unverändert bleibt, sollte man beim Wechsel von kugelförmigem Mapping auf Schrumpfwicklung den Wert V K<small>CHL</small> verdoppeln.

Abbildung 3.49: Links: kugelförmiges Mapping, Mitte: Schrumpfwicklung mit gleichen Kachel-Faktoren, rechts: Schrumpfwicklung mit doppeltem Wert V Kchl

Mapping-Gizmo über Manipulatoren bearbeiten

Im Mapping-Verfahren *Schrumpfwicklung* stellt nur ein Manipulator den *Kachel*-Faktor ein. Die Größe des Mapping-Symbols spielt hier keine Rolle, das Seitenverhältnis kann nicht interaktiv verändert werden.

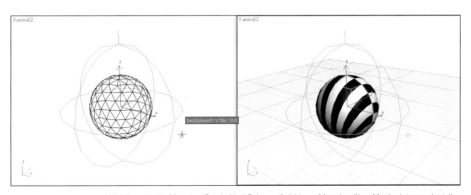

Abbildung 3.50: Mapping-Symbol bei Schrumpfwicklung-Mapping über Manipulatoren einstellen

Quader

Quader-Mapping ist vergleichbar mit planarem Mapping in allen drei Achsen. Hier wird das Material von sechs Seiten auf das Objekt projiziert. Das Mapping-Symbol ist ein Quader, der das Objekt genau umschließt.

Diese Art von Mapping bietet sich für rechtwinklige und alle anderen Objekte an, die mehr oder weniger eindeutig sechs Seiten haben. Auf frei geformten Objekten ergeben sich starke Verzerrungen.

Die drei Achsen des Quader-Mappings lassen sich unabhängig voneinander verändern. Außerdem kann das ganze Mapping-Symbol wie bei den anderen Verfahren auch im Objekt verschoben und verdreht werden. Damit lassen sich sehr gut Texturen, die nicht wiederholt werden, anbringen.

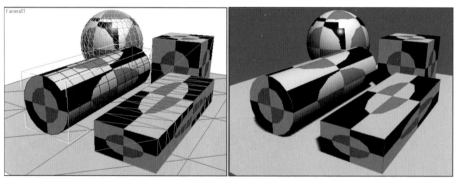

Abbildung 3.51: Quader-Mapping auf unterschiedlich geformten Objekten

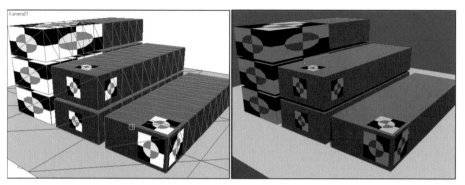

Abbildung 3.52: Verschiedene Quader-Mappings mit dem gleichen Material [MAPPING09.MAX]

Mapping-Gizmo über Manipulatoren bearbeiten

Quader-Mapping wird über Manipulatoren ähnlich wie zylindrisches Mapping eingestellt. Auch hier gibt es ein Quadrat, das zwei Richtungen des Mappings steuert, die dritte Achse wird mit dem kleinen grünen Würfel eingestellt, die Einstellung der *Kachel*-Faktoren erfolgt über zwei kleine Kreise.

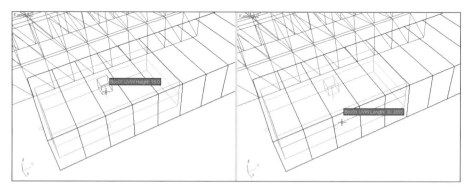

Abbildung 3.53: Quader-Mapping über Manipulatoren einstellen

{ KOMPENDIUM } **3ds max 6**

Fläche

Der Modus FLÄCHE im UVW-MAP-Modifikator bewirkt das Gleiche wie der FLÄCHEN-MAP-Schalter im Material-Editor, mit dem Unterschied, dass der Modifikator nur für ausgewählte Objekte gilt, die Einstellung im Material-Editor für das Material im Allgemeinen.

Fläche = Face

Mapping-Gizmo über Manipulatoren bearbeiten

In diesem Modus kann über Manipulatoren nur der *Kachel*-Faktor eingestellt werden.

XYZ in UVW

Diese letzte Option des UVW-MAP-Modifikators gilt nur für prozedurale 3D-Maps. Das sind Maps, die nicht durch eine Bilddatei definiert sind, sondern mit einem mathematischen Algorithmus berechnet werden. Solche Maps werden abhängig von der Form des Objekts bezogen auf das Volumen berechnet. Im Gegensatz zu klassischen Maps, die auf ein Objekt projiziert oder wie ein Aufkleber geklebt werden, stellen 3D-Maps eine räumliche Struktur dar, aus der das Objekt herausgeschnitzt wird.

3.2   Maps zusammensetzen

Für Objekte in Spielen werden kompakte Texturen benötigt, die auf einfache Weise zugewiesen werden, damit die Spiele-Renderer sie in Echtzeit darstellen können.

Besonders gut eignet sich dieses Verfahren für Objekte, die bewusst polygonsparend modelliert wurden. Die Texturen können Fotos oder eigens angefertigte Grafiken sein. Alle für ein Objekt verwendeten Texturen sollten dazu auf einer einzigen quadratischen Bilddatei angeordnet sein. Die Seitenlänge dieses Quadrates in Pixeln muss eine Zweierpotenz sein. Einige Spiele-Engines geben eine Map-Größe von 256x256 Pixeln vor, 3ds max 6 könnte aber auch größere Maps verwenden.

Für das folgende Beispiel verwenden wir die Textur AUTOTEX.JPG *von der DVD, mit Fotos eines Spielzeugautos.*

DVD

Die Textur enthält für dieses einfache Beispiel nur eine Seitenansicht und eine Draufsicht.

Als Modell wird die Szene AUT005.MAX *verwendet. Diese enthält ein sehr einfaches Modell eines Low-Polygon-Autos, das in Kapitel 9 erstellt wird.*

DVD

Abbildung 3.54: Die Textur AUTOTEX.JPG

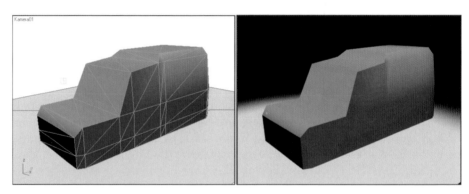

Abbildung 3.55: Das Auto-Modell

Als Erstes weisen Sie dem Auto ein Material zu, das die Textur als Map verwendet. Da keine Mapping-Koordinaten vorhanden sind, wird das Material zwar dem Auto zugewiesen, die Textur aber zunächst nicht dargestellt. Es erscheint eine Meldung, das Modell erscheint in grau.

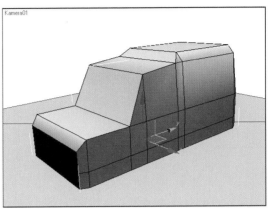

Abbildung 3.56: Objekt ohne Mapping

Um jetzt bestimmten Flächen Teilbereiche der Textur zuzuweisen, wendet man den Modifikator UVW ZUWEISEN auf das Objekt an.

UVW zuweisen
= Unwrap UVW

Beim Zuweisen des Modifikators wird das Mapping zuerst einfach planar von oben auf das Objekt projiziert.

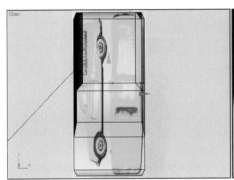
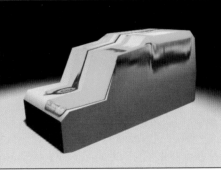

Abbildung 3.57: Einfaches planares Mapping

Dieser Modifikator hat einen Unterobjekt-Level FLÄCHE AUSWÄHLEN. Aktivieren Sie diesen Unterobjekt-Level und selektieren Sie mit gedrückter [Strg]-Taste nacheinander alle Flächen der einen Seitenansicht des Modells.

Fläche auswählen
= Select Face

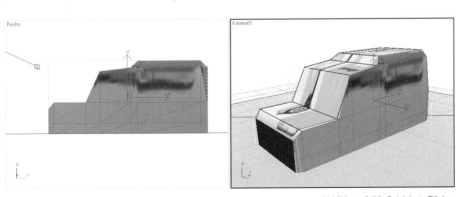

Abbildung 3.58: Selektierte Flächen

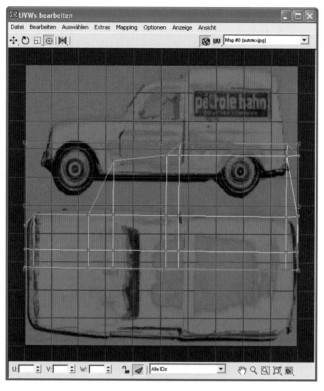

Abbildung 3.59: Das Arbeitsfenster des UVW zuweisen-Modifikators

!!
STOP

Erscheinen die selektierten Flächen nicht wie in der Abbildung in Rot, können Sie diese Darstellung der Übersichtlichkeit halber mit der Taste F2 *einschalten.*

Im PARAMETER-Rollout des Modifikators kann die Richtung des Mappings auf die selektierten Flächen eingestellt werden. Neben den drei Hauptachsen gibt es für schräg ausgerichtete Objekte noch die Möglichkeit, eine aus den einzelnen Flächennormalen gemittelte Richtung zu verwenden.

Klicken Sie dann noch auf den Button PLANAR-MAP, damit die selektierten Gitterpunkte in einer Ebene im Arbeitsfenster des UVW ZUWEISEN-Modifikators dargestellt werden.

Bearbeiten = Edit　Der Button BEARBEITEN blendet das eigentliche Arbeitsfenster des UVW ZUWEI-SEN-Modifikators ein. Hier sehen Sie ein Gittermodell der selektierten Flächen vor einem Bild der Textur.

Ist die Textur nicht zu sehen, öffnen Sie mit dem Button OPTIONEN ZEIGEN *die erweiterte Optionenanzeige. Verändern Sie hier den Wert* HELLIGKEIT *so lange, bis die Textur erkennbar wird.*

*Ständig aktualisieren
= Constant Update*

Abbildung 3.60: Die erweiterten Optionen unterhalb des UVW zuweisen-Arbeitsfensters

Achten Sie außerdem darauf, dass dieser Button eingeschaltet ist.

In den erweiterten Optionen können Sie mit dem Schalter STÄNDIG AKTUALISIE-REN *die Anzeige des veränderten Mappings automatisch am Objekt aktualisieren lassen.*

Rund um die selektierten Flächen erscheint ein gelbes Rechteck, der Transformations-Gizmo, der auch in den Ansichtsfenstern zu sehen ist. Dieser bietet drei Möglichkeiten der Bewegung über die Textur:

➤ Klick mitten in das Rechteck verschiebt den Gizmo.

➤ Klick auf eine der Ecken skaliert den Gizmo.

➤ Klick auf einen Griff in den Kantenmitten dreht den Gizmo um den Punkt, der mit dem gelben Kreuz angegeben ist. Dieses Kreuz kann beliebig verschoben werden.

Dieser Modus wird durch den gelben Button in der Symbolleiste des UVW ZUWEISEN-Arbeitsfensters markiert.

Schieben Sie den Gizmo möglichst genau auf die Seitenansicht des Autos in der Textur.

Mit diesem Button oder der Tastenkombination ⌨Alt+⌨F *können Sie die Darstellung im* UVW ZUWEISEN-*Arbeitsfenster auf die selektierten Flächen begrenzen, was bei komplexeren Objekten die Übersichtlichkeit erhöht.*

Falls der Gizmo durch die Selektion der Flächen genau seitenverkehrt ausgerichtet ist, kann er mit diesem Button gespiegelt werden.

Für die exakte Anpassung gibt es noch weitere Editiermethoden. Dabei wird der gelbe Gizmo deaktiviert und Punkte können einzeln oder mit einem Fenster selektiert und bewegt werden.

Verschieben ausgewählter Punkte. Mit den Flyouts kann die Verschiebung auf die horizontale oder vertikale Richtung begrenzt werden.

⟳ Einen Satz ausgewählter Punkte drehen. Der Drehpunkt ist der geometrische
Mittelpunkt der aktuellen Auswahl.

⬚ Einen Satz ausgewählter Punkte skalieren. Mit den Flyouts kann auch hier die
Bewegung auf die horizontale oder vertikale Richtung begrenzt werden.

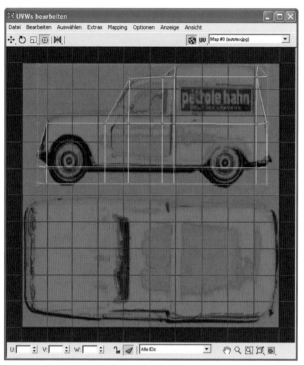

Abbildung 3.61: Das verschobene Raster im UVWs bearbeiten-Fenster

Schieben Sie auf diese Weise das Punkteraster der selektierten Flächen so über die
Textur, dass es dieser möglichst gut entspricht. Die Textur wird im Ansichtsfenster ebenfalls angepasst.

Abbildung 3.62: Die Textur auf die Seitenansicht des Autos projiziert

Auf die gleiche Weise selektieren Sie die oberen Flächen des Autos und passen diese der Ansicht von oben in der Textur an.

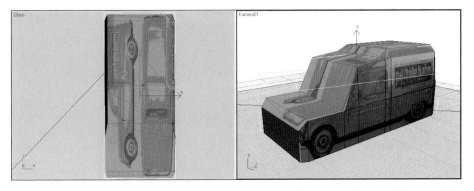

Abbildung 3.63: Die oberen Flächen auswählen

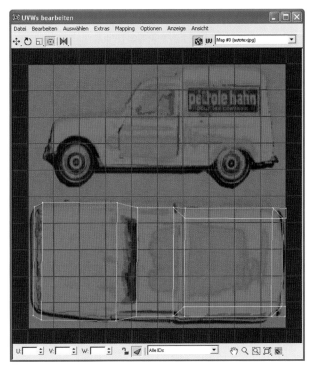

Abbildung 3.64: Die oberen Flächen im UVWs bearbeiten-Fenster

Die andere Seitenansicht kann mithilfe einer Spiegelung die gleiche Textur wie die erste Seite bekommen.

Statt im UVW ZUWEISEN-Arbeitsfenster einzelne Punkte zu selektieren, können Sie im Feld AUSWAHLMODI auch auf Kanten- oder Flächenselektion umschalten.

Auswahlmodi
= Selection Modes

Ist der Schalter ELEMENT AUSWÄHLEN aktiv, werden automatisch alle zusammenhängenden Kanten und Flächen selektiert.

Element auswählen
= Select Element

Mit Ansichtsfenster synchronisieren = Sync to Viewport

Der Schalter MIT ANSICHTSFENSTER SYNCHRONISIEREN gleicht die Auswahl mit den Ansichtsfenstern ab. Selektierte Teile aus dem UVW ZUWEISEN-Arbeitsfenster werden automatisch im Ansichtsfenster selektiert und umgekehrt.

Abbildung 3.65: Gerendertes Auto mit der neuen Textur

Auf diese Weise lassen sich zwar keine sehr exakten Modelle erstellen, UVW ZUWEISEN bietet aber eine einfache Methode zur Texturierung einfacher Modelle aus wenigen Polygonen.

Oberflächen abwickeln

Möchten Sie für ein Objekt eine Textur erstellen, bietet der UVW ZUWEISEN-Modifikator auch den umgekehrten Weg an. Die Oberfläche eines Objekts kann so abgewickelt werden, dass man eine passende Textur darauf zeichnen kann.

Der UVW ZUWEISEN-Modifikator generiert aus einem 3D-Objekt ein ebenes Flächennetz.

➥ Das 3D-Objekt sollte nach den Kriterien des Low Polygon Modellings erstellt worden sein, also aus einer überschaubaren Zahl von Polygonen bestehen.

➥ Je konvexer das Objekt ist, desto einfacher wird das Flächennetz. Konkave Ecken und Kanten erzeugen kompliziertere Abwicklungen.

Für die nächsten Beispiele verwenden wir das Modell KIRCHE01.MAX *von der DVD im Buch.*

(KOMPENDIUM) 3ds max 6

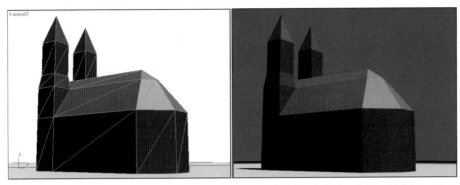

Abbildung 3.66: Low-Polygon-Modell einer Kirche

Die Vorgehensweise beim Erstellen einer Abwicklung ist ähnlich wie beim Texturieren eines Objekts. Weisen Sie dem Objekt den UVW ZUWEISEN-Modifikator zu und klicken Sie auf den BEARBEITEN-Button, allerdings ohne vorher auf dem Unterobjekt-Level Flächen zu selektieren.

Im UVW ZUWEISEN-Arbeitsfenster erscheint eine Draufsicht des Objekts als Drahtmodell. Die Optionen zum Erstellen von Abwicklungen finden Sie im Menü MAPPING.

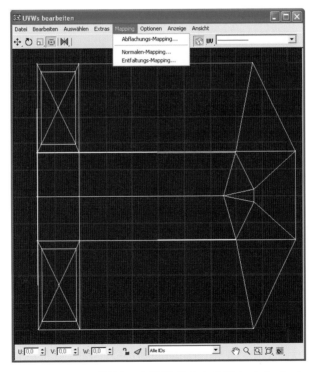

Abbildung 3.67: Die Kirche im UVWs bearbeiten-Fenster

Abflachungs-Mapping

Abflachungs-
Mapping
= Flatten Mapping

Diese Methode ist in den meisten Fällen die beste. Hier werden Flächen, deren Kantenwinkel innerhalb eines bestimmten Bereichs liegt, nebeneinander angeordnet, so dass Texturen später durchgehend über mehrere Flächen gezeichnet werden können.

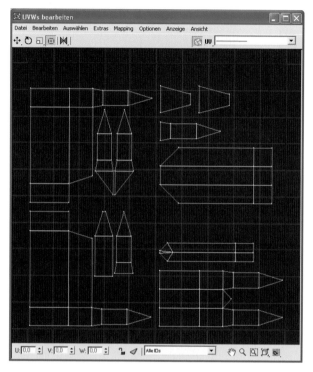

Abbildung 3.68: Abflachungs-Mapping des Modells

Bevor Sie die Abwicklung erstellen, können noch verschiedene Parameter festgelegt werden:

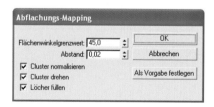

Abbildung 3.69: Einstellungen für Abflachungs-Mapping

Flächenwinkel
Grenzwert = Face
Angle Threshold

➡ FLÄCHENWINKELGRENZWERT – legt den Winkel fest, den nebeneinander liegende Flächen maximal gegeneinander haben dürfen, um in der Abwicklung aneinander angrenzend dargestellt zu werden. Größere Winkel bewirken kompaktere Abwicklungen. Allerdings kann es hier zu Problemen kommen, dass einzelne Flächen nicht oder verzerrt dargestellt werden.

➡ ABSTAND – legt den Abstand zwischen den einzelnen Gruppen aneinander liegender Flächen in der Abwicklung fest. Bei der Vorgabe 0 werden die Flächengruppen direkt aneinander gesetzt.

Abstand = Spacing

➡ CLUSTER NORMALISIEREN – skaliert die Abwicklung so, dass sie in den Bereich der UVW-Koordinaten 0,0 bis 1,0 passt.

Cluster normalisieren = Normalize Clusters

➡ CLUSTER DREHEN – dreht die Flächen so, dass die vorgegebene Fläche optimal ausgenutzt werden kann.

Cluster drehen = Rotate Clusters

➡ LÖCHER FÜLLEN – ordnet kleinere Flächengruppen in Löchern an, die bei der Abwicklung entstehen.

Löcher füllen = Fill Holes

Möchten Sie wissen, wie die Abwicklung an offenen Kanten zum Modell zusammengesetzt wird?

:-)
TIPP

Schalten Sie den Selektionsmodus auf KANTENSELEKTION *und klicken Sie eine offene Kante an. Diese erscheint in Rot, die zugehörige Kante, die im Modell angrenzt, wird in Violett markiert.*

Im SCHEITELPUNKT-*Selektionsmodus blendet der Menüpunkt* ANZEIGE/SCHEITELPUNKTVERBINDUNGEN ZEIGEN *beim Anklicken eines Eckpunkts Zahlen ein, die zusammenfallende Punkte zeigen.*

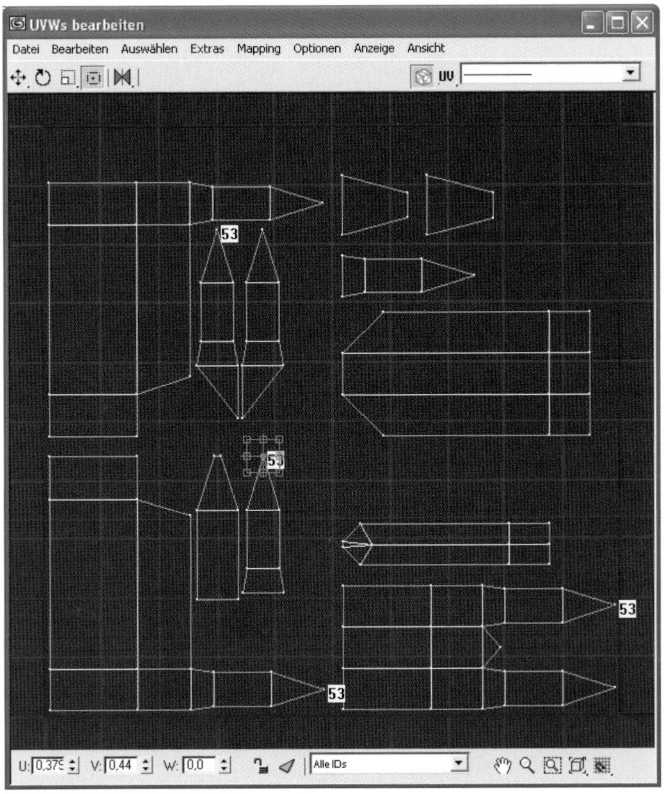

Anzeige/Scheitelpunktverbindungen zeigen = Display/ Show Vertex Connections

Abbildung 3.70: Anzeige der Scheitelpunktverbindungen

Dieses Verfahren bearbeitet konkave Objekte korrekt. Es kommt allerdings zu Problemen bei sehr flachen Winkeln, wie an der Abwicklung einer Geosphäre gut zu sehen ist.

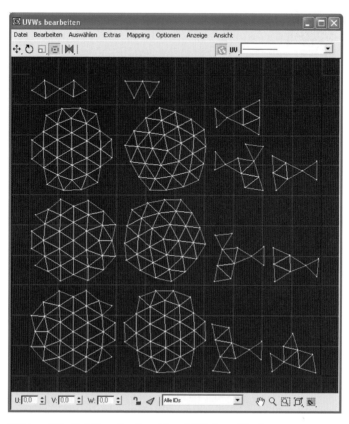

Abbildung 3.71: Abwicklung einer Geosphäre mit Abflachungs-Mapping

Normalen-Mapping

NORMALEN-MAPPING generiert Flächennetze von verschiedenen Hauptrichtungen aus gesehen. Die beste Methode für annähernd rechtwinklige Objekte ist das QUADER-MAPPING. Dabei werden die Flächen so weit wie möglich entzerrt. Flächen, die schräg zu den Blickrichtungen stehen, werden in jedem Fall immer nur einmal dargestellt (siehe Abbildung 3.72).

Im Abfragedialog vor dem Erstellen der Abwicklung können Sie auswählen, aus welchen der orthogonalen Richtungen die Abwicklungen erstellt werden sollen (siehe Abbildung 3.73).

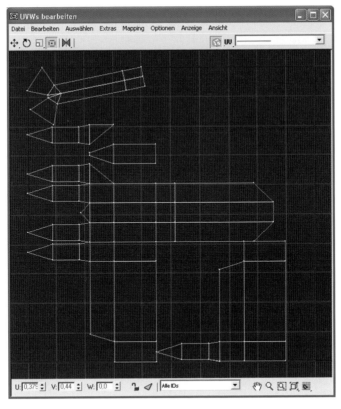

Abbildung 3.72: Quader-Mapping

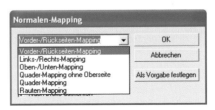

Abbildung 3.73: Projektionsrichtungen für Normalen-Mapping

Die Option RAUTEN-MAPPING erstellt eine Abwicklung von acht oktaederförmig angeordneten Richtungen aus. Diese Methode sollte aber nur für Objekte verwendet werden, die sehr unregelmäßig geformt sind und keinerlei axiale Ausrichtung haben. Andernfalls wird die Abwicklung sehr verzerrt.

Rauten-Mapping = Diamond Mapping

Entfaltungs-Mapping

Diese Methode wickelt das Objekt wirklich Fläche für Fläche ab, so dass es kaum zu Verzerrungen kommt. Bei konkaven Kanten oder spitzen Winkeln entstehen allerdings sehr leicht Überlappungen von Flächen in der Abwicklung, so dass diese unbrauchbar wird (siehe Abbildung 3.74).

Entfaltungs-Mapping = Unfold Mapping

Die Methode eignet sich allerdings sehr gut für rund geformte Objekte, an deren Kanten nur sehr geringe Winkel sind, wie zum Beispiel Kugeln und Geosphären (siehe Abbildung 3.75).

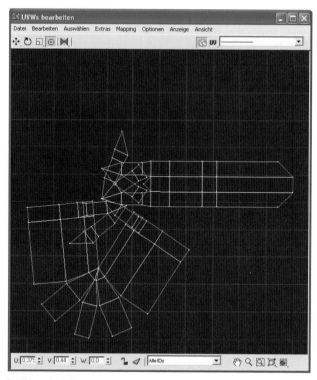

Abbildung 3.74: Das Kirchenmodell mit Entfaltungs-Mapping

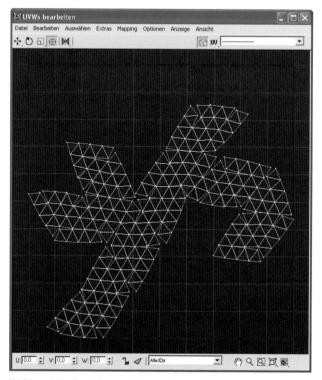

Abbildung 3.75: Geosphäre mit Entfaltungs-Mapping

(KOMPENDIUM) 3ds max 6

Spezielle Texturen erstellen

Die Abwicklung der UVW-Koordinaten wird meistens dazu benutzt, spezielle Texturen für einzelne Objekte anzulegen. Während eine normale Textur rechteckig ist und auf jede Art von Objekt projiziert werden kann, werden diese Spezialtexturen gezielt für ein Objekt oder genauer dessen Abwicklung erstellt.

Im folgenden Beispiel wird die einfarbige Straßenbahn aus der Szene sbahn03.max *mit einer Textur versehen, um die zukünftige Lackierung der Straßenbahn zu simulieren.*

:-)
TIPP

Abbildung 3.76: Die Straßenbahn mit einfarbigem Material

Die Straßenbahn ist nur zu einem Viertel modelliert und wird durch zwei SYMMETRIE-Modifikatoren zum ganzen Modell zusammengesetzt.

Weitere Informationen zum SYMMETRIE-*Modifikator finden Sie im Kapitel 9.*

→•
REF

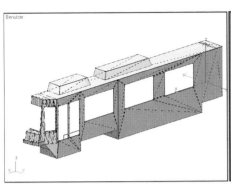
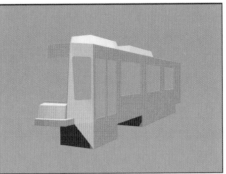

Abbildung 3.77: Ein Einzelteil der Straßenbahn

Die Textur soll auf eines der Viertel gezeichnet und dann wie das Modell selbst über die SYMMETRIE-Modifikatoren vervielfältigt werden. Dazu ist es entscheidend wichtig, dass der neue Modifikator an der richtigen Position im Modifikator-Stapel eingefügt wird. Markieren Sie dazu im Modifikatorstapel des Objektes *sbahn* die Zeile BEARBEITBARES NETZ. Fügen Sie hier den SYMMETRIE-Modifikator ein. Ein eingefügter Modifikator erscheint immer oberhalb der markierten Zeile im Modifikatorstapel.

Quader-Mapping ohne Oberseite = Box No Top Mapping

Klicken Sie im PARAMETER Rollout auf BEARBEITEN und wählen im Fenster UVWS BEARBEITEN aus dem Menü MAPPING/NORMALEN MAPPING. Die Methode QUADER-MAPPING OHNE OBERSEITE bringt hier die besten Ergebnisse.

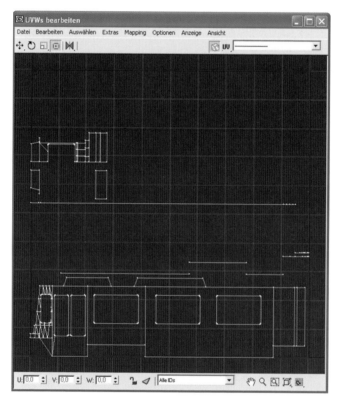

Abbildung 3.78: UVW-Abwicklung für ein Viertel der Straßenbahn

Um für ein solches Flächennetz eine Textur zu erstellen, benötigen Sie ein beliebiges Malprogramm. Am besten verwenden Sie eines, das mehrere Ebenen in einem Bild zulässt, wie zum Beispiel Photoshop oder Paintshop Pro.

:-)
TIPP

Wen die blauen Gitternetzlinien stören, der kann diese über den Menüpunkt OPTIONEN/ERWEITERTE OPTIONEN *mit dem Schalter* RASTER ZEIGEN *ausschalten.*

(KOMPENDIUM) 3ds max 6

Machen Sie mit Ihrem Malprogramm einen Screenshot des UVW BEARBEITEN-Fensters und schneiden den dunkelblau umrandeten quadratischen Bereich der Map aus. Skalieren Sie diesen auf eine Größe von 256x256 Pixel.

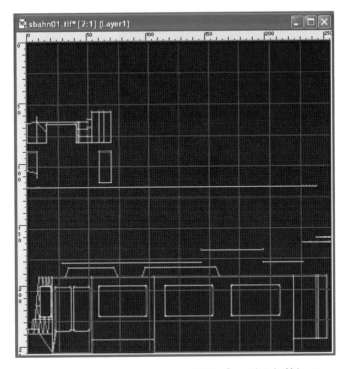

Abbildung 3.79: Der Ausschnitt des Screenshots im Malprogramm

Legen Sie jetzt im Malprogramm eine zweite Ebene an und malen die Flächen aus. Dabei können Sie bedenkenlos über die Begrenzungslinien malen. Bereiche der Map außerhalb der Linien werden nicht benutzt. Bedingt durch die geringe Auflösung der Map sollte man nicht versuchen, solche Maps zu detailliert zu zeichnen.

Die Größe derartiger Maps lässt sich in den erweiterten Optionen des UVWs BEARBEITEN-*Fensters unter* BENUTZERDEFINIERTE BITMAP-GRÖßE *erhöhen. Allerdings verlängern größere Maps die Renderzeit deutlich.*

:-)
TIPP

Durch die zweite Ebene können Sie bei entsprechender Transparenzeinstellung die darunter liegenden Linien sehen, ohne sie in der Textur zu speichern.

Weisen Sie jetzt im Material-Editor diese Bitmap dem Material, das der Straßenbahn zugeordnet ist, als STREUFARBEN-Map zu.

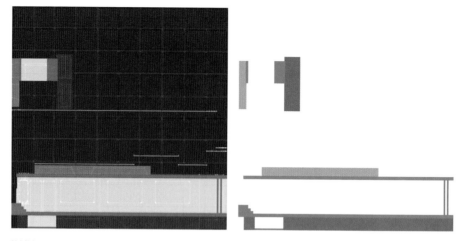

Abbildung 3.80: Links: alle Ebenen, rechts: nur die als Textur gespeicherte Ebene

 Schalten Sie im Material-Editor diesen Button ein, damit die neue Map in den schattierten Ansichtsfenstern gezeigt wird.

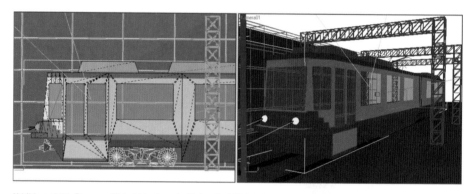

Abbildung 3.81: Das neue Material in den schattierten Ansichtsfenstern

Zur exakten Einstellung können Sie die Textur auch im UVWs BEARBEITEN-Fenster einblenden. Wählen Sie dazu im Listenfeld oben rechts die Option TEXTUR AUSWÄHLEN. In der *Material-/Map-Übersicht* finden Sie die Textur am einfachsten unter DURCHSUCHEN/MTL-EDITOR, da sie im Material-Editor bereits vorliegt (siehe Abbildung 3.82).

Bitmap kacheln Die Textur wird genau positioniert angezeigt. Um die störende Kachelung zu ver-
= Tile Bitmap hindern, schalten Sie den Schalter BITMAP KACHELN in den erweiterten Optionen aus (siehe Abbildung 3.83).

Stellen Sie fest, dass die Textur noch nicht genau passt, können Sie entweder die Geometriepunkte der Abwicklung auf die passenden Positionen der Textur ziehen oder die Textur im Malprogramm bearbeiten. Nach dem Speichern aktualisieren Sie die Darstellung im UVWs BEARBEITEN-Fenster mit der Tastenkombination Strg + U (siehe Abbildung 3.84).

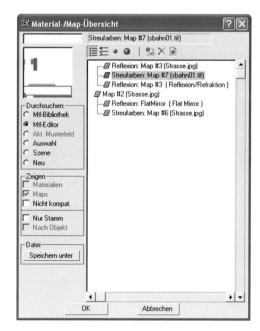

Abbildung 3.82: Die Textur in der Material-/Map-Übersicht

Abbildung 3.83: Das Modell mit der neuen Map [SBAHN04.MAX]

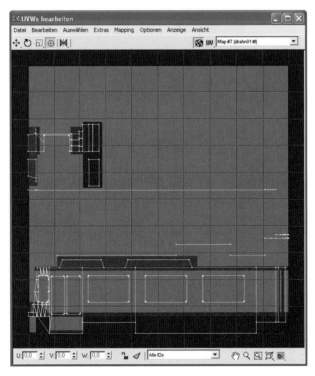

Abbildung 3.84: Die Textur im UVWs bearbeiten-Fenster

3.3   Maps für Spezialeffekte

3ds max 6 kennt neben den klassischen Textur-Maps, die die Farbe eines Objekts gemäß einer Bilddatei verändern, noch verschiedene andere Mapping-Typen. Auch hier werden Bilddateien eingesetzt, um bestimmte Eigenschaften zu verändern. In den meisten Fällen verwendet man Graustufenbilder, wobei die Helligkeit jedes Punkts den betreffenden Wert an dieser Stelle ändert.

Graustufenbilder sind prinzipiell nichts anderes als große Tabellen, die jedem Pixel eines Bildes einen Zahlenwert zwischen 0 und 256 zuweisen. Diese Zahlenwerte lassen sich für verschiedenste Einstellungen und Effekte verwenden.

Das Zuweisen solcher Maps für Spezialeffekte funktioniert im Material-Editor mit den gleichen Verfahren und Mapping-Koordinaten wie bei Textur-Maps.

Glanz-Maps

Drei unterschiedliche Maps beeinflussen den Glanzeffekt auf abgerundeten Oberflächen.

➤ *Glanzfarben-Maps* – verändern die Farbe der Glanzpunkte auf glänzenden Oberflächen. Damit können zum Beispiel Plasma-Effekte oder Glühen dargestellt werden.

Glanzfarben
= Specular Color

➤ *Glanzfarbenstärke-Maps* – beeinflussen die Helligkeit des Glanzpunkts.

Glanzfarbenstärke
= Specular Level

➤ *Hochglanz-Maps* – verändern den Glanz, so dass matte und glänzende Stellen auf einer Oberfläche unterschieden werden können.

Hochglanz
= Glossiness

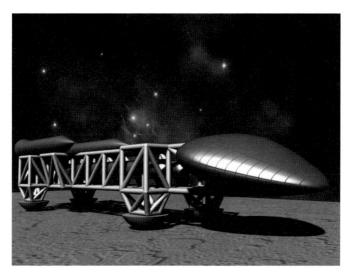

Abbildung 3.85: Wirkung von Glanzfarben-Maps [BETA01.MAX]

Das Material der Kommandobrücke dieses Raumschiffs verwendet ein einfaches Linienraster als Glanzfarben-Map. Die Rasterlinien sind in diesem Fall nur im Bereich des hellen Fleckes zu sehen. Der übrige Teil der Kommandobrücke erscheint einfarbig.

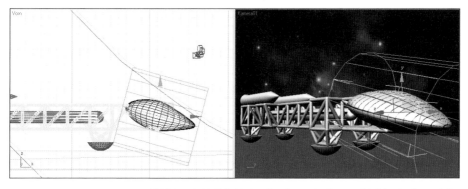

Abbildung 3.86: Zylindrisches Mapping an der Kommandobrücke des Raumschiffes

Für das linsenförmige Objekt wurde ein zylindrisches Mapping verwendet. Kugelförmiges Mapping würde deutlich mehr Verzerrungen bringen. Die Glanzfarben-Map wird in den schattierten Ansichtsfenstern wie eine Textur dargestellt.

TIPP

In vielen Fällen bietet es sich an, Maps zu duplizieren, also für verschiedene Mapping-Typen die gleiche Map zu verwenden. Hier können Sie im Material-Editor-Rollout MAPS *einfach einen* MAP-*Button auf einen* MAP-*Button in einer anderen Zeile ziehen. Es erscheint eine Abfrage mit drei Optionen:*

Abbildung 3.87: Dialog beim Kopieren von Maps

Instanz = Instance

➡ INSTANZ – *legt in der anderen Zeile eine Instanz der Map an, die sich immer genau gleich wie das Original verhält. Ändert man in einer der Maps auf* BITMAP-LEVEL-*Parameter wie zum Beispiel Koordinaten für Abstand oder Kacheln oder das verwendete Bild, werden diese Eigenschaften in der anderen Map mitverändert.*

Kopieren = Copy

➡ KOPIEREN – *kopiert die Map in die andere Zeile. Beide Maps lassen sich danach unabhängig voneinander einstellen.*

Austauschen = Swap

➡ AUSTAUSCHEN – *vertauscht die beiden Maps.*

Relief-Maps

Relief = Bump

*Relief-*Maps, auch als *Bump-*Maps bezeichnet, lassen eine Oberfläche scheinbar uneben aussehen. An den hellen Stellen der projizierten Bilddatei tritt die Oberfläche etwas hervor. Somit lassen sich sehr einfach Strukturen oder Gravuren, Steinfugen oder Landschaftsstrukturen erzeugen. Hier haben die Farben und Graustufen der Bilddatei keinen Einfluss auf die Objektfarbe, sondern nur auf die Oberflächenstruktur. Diese *Relief-*Maps sind eine gute Methode, Objekte nicht nur bemalt, sondern wirklich realistisch darzustellen, ohne die Flächenanzahl um das Vielfache zu erhöhen. Allerdings kann auch die Verwendung von *Relief-*Maps die Rechenzeit verlängern, wobei sie immer noch schneller sind als Transparenz oder Reflexion.

:-)
TIPP

Da Relief-Maps keine wirklichen Erhebungen auf der Oberfläche anlegen, erscheinen Kanten von Flächen weiterhin gerade, was sehr unnatürlich wirkt. Verwenden Sie Relief-Maps also nur für abgerundete Körper oder Flächen, deren Kanten nicht zu sehen sind.

Besonders interessante Effekte erreicht man, wie in der Abbildung, wenn man Relief-Map und Streufarbe-Map gleichzeitig einschaltet und auch die gleiche Bilddatei für beide Mapping-Arten verwendet. Sinnvollerweise legen Sie hier eine Referenz der Map an, damit jede Verschiebung auf beide Maps angewendet wird.

Abbildung 3.88: Links: Textur und Relief-Map, rechts: nur Textur

Relief-Maps sind nur im direkten Licht einer Lichtquelle zu erkennen, das Umgebungslicht allein stellt sie nicht dar. Enthält eine Szene keine Lichtquellen, verwendet 3ds max 6 zwei eigene automatisch angelegte Lichtquellen, so dass Relief-Maps auch dann zu sehen sind. Eine Szene ist nur dann wirklich dunkel, wenn diese Lichtquellen deaktiviert sind oder sich nur ausgeschaltete Lichtquellen in der Szene befinden.

Außerdem kann man die Wirkung einer Relief-Map nur im gerenderten Bild sehen und nicht in schattierten Ansichtsfenstern.

In manchen Fällen wirken Reliefs je nach verwendeter Textur im Negativ besser. Helle Stellen der Map liegen dann unten und umgekehrt. Im Material-Editor-Rollout AUSGABE *können Sie jede Map mit dem Schalter* INVERTIEREN *ins Negativ umkehren.*

:-)
TIPP

Opazitäts-Maps

Opazitäts-Maps steuern die Transparenz von Flächen. An den dunklen Stellen der Map wird das Objekt durchsichtig, an den hellen Stellen der Bilddatei bleibt das Objekt undurchsichtig (= opak, daher der Name Opazitäts-Map). In diesen undurchsichtigen Bereichen behalten die Flächen ihre ursprünglichen Farben. Eventuelle Farben oder Graustufen in der Bilddatei beeinflussen nur den Grad der Transparenz, sie haben keinen Einfluss auf die Farbe des Objekts.

Opazität = Opacity

Abbildung 3.89: Glaskugeln mit Opazitäts-Map

Verwendet ein Material eine Opazitäts-Map, hat der Parameter OPAZITÄT im Rollout GRUNDPARAMETER keine Bedeutung mehr. Die Transparenz der hellen Flächen der Map lässt sich mit dem BETRAG der Opazitäts-Map im MAPS-Rollout einstellen. Die dunklen Flächen der Map sind immer völlig durchsichtig.

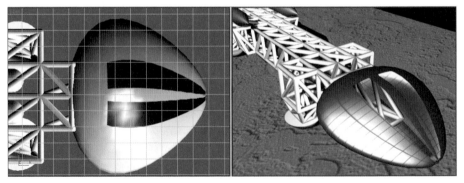

Abbildung 3.90: Mit Opazitäts-Maps mit klaren Schwarz/Weiß-Kontrasten lassen sich Fenster simulieren, ohne die Geometrie zu verändern. [BETA02.MAX]

Transparenz-Falloff, subtraktive und additive Transparenz sowie Filter sind auch bei Opazitäts-Maps weiterhin möglich.

:-)
TIPP

Schalten Sie bei der Verwendung von Opazitäts-Maps auf massiven Körpern immer den Schalter ZWEISEITIG im GRUNDPARAMETER-Rollout ein.

Die rechte Kugel mit dem zweiseitigen Material wirkt deutlich echter, besonders an den Stellen, wo die Kugeln im Hintergrund zu sehen sind. Auf den ersten Blick verwirrend erscheint, dass die von links oben leuchtende Lichtquelle auch auf der Innenseite der teilweise durchsichtigen Kugel einen hellen Fleck produziert, was aber wegen der Transparenz des Materials durchaus richtig ist (siehe Abbildung 3.92).

Abbildung 3.91: Halb transparente Materialien und Opazitäts-Maps in der Architekturvisualisierung (Projekt: Landessportbund Niedersachsen; Visualisierung: studio architec; Entwurf: Architekturbüro Schumann + Reichert)

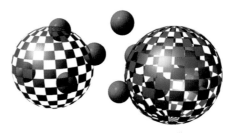

Abbildung 3.92: Links: einseitiges Material, rechts: zweiseitiges Material

Selbstillumination-Maps

Selbstillumination-Maps beeinflussen das Selbstleuchten eines Materials. Dieser Effekt entsteht dadurch, dass der Streufarbe-Farbanteil zunehmend auch für die nur vom Umgebungslicht beleuchteten Flächen verwendet wird. Vollständig selbstleuchtende Flächen haben keine schattierten Bereiche mehr.

Selbstillumination = Self-Illumination

Helle Pixel in der Selbstillumination-Map bewirken einen starken Selbstleuchteffekt, dunkle Pixel einen entsprechend schwachen. Enthält die Selbstillumination-Map farbige Pixel, wird davon nur die Helligkeit berücksichtigt. Die Farbe der Map beeinflusst die Materialfarbe nicht.

Im Rollout BITMAP-PARAMETER kann man im Bereich MONO-KANALAUSGABE noch einstellen, ob die RGB-INTENSITÄT der Farben oder der Alpha-Kanal der Bilddatei die Selbstillumination beeinflussen soll, da es sich hier nur um einen Wert handelt, bei dem keine Farbkomponenten vorkommen. Diese Einstellung ist bei allen Mapping-Arten, die nur einen Zahlenwert und nicht die drei RGB-Werte beeinflussen, möglich.

Die Maps für Reflektion und Refraktion werden in Kapitel 5 zusammen mit dem Raytracing beschrieben, die Map für 3D-Verschiebung im Kapitel 8.

3.4   Parametrische Maps

Bis jetzt war eine Map immer weit gehend gleichbedeutend mit einer Bilddatei. 3ds max 6 bietet aber auch noch andere Arten von Maps, die die Muster nicht aus Bilddateien übernehmen, sondern mit mathematischen Algorithmen selbst berechnen. Dabei wird in der Material-/Map-Übersicht zwischen fünf verschiedenen Gruppen unterschieden:

➤ *2D-Maps* – 2D-Maps sind prozedural berechnete zweidimensionale Maps, die wie Bitmap-Texturen nach Mapping-Koordinaten auf Objekte projiziert werden. Dazu gehören außer Bilddateien (Bitmaps) unter anderem auch Maps, die verspiegelte Oberflächen darstellen oder automatisch generierte geometrische Muster wie Schachbrett (Schachbrettmuster) oder Farbverlauf. Alle 2D-Maps sind flächenhaft, haben keine räumliche Tiefe und werden gemäß den Mapping-Koordinaten auf ein Objekt projiziert.

➤ *3D-Maps* – Räumliche Muster, die innerhalb eines Körpers gerechnet werden und so an allen Seiten zu sehen sind, auch wenn der Körper verformt oder abgeschnitten wird. Hier sind keine Mapping-Koordinaten erforderlich. Hier wirken auch unregelmäßig geformte Objekte wie aus einem Material gearbeitet, was mit herkömmlichen Mapping-Koordinaten oft sehr schwierig ist. Es ergeben sich keine Verzerrungen und Kanten. Die Textur ist gleichmäßig über das ganze Objekt verteilt.

Composers
= Compositors

➤ *Composers* – Bildmischfunktionen, die zwei Maps miteinander mischen.

Farbmodifikatoren
= Color Mods

➤ *Farbmodifikatoren* – verändern die Farben einer Map.

➤ *Reflexions- und Refraktions-Maps* – für Spiegelungen und Lichtbrechung.

Die Maps für Spiegelungen und Lichtbrechung werden in Kapitel 5 zusammen mit dem Raytracing beschrieben.

Schachbrett

Schachbrett
= Checker

Bei dieser einfachsten kombinierten Map werden zwei Farben oder zwei weitere Maps schachbrettartig miteinander kombiniert.

Im Rollout SCHACHBRETTPARAMETER können Sie zwei verschiedene Farben festlegen, die in einem Karomuster abwechselnd angewendet werden. Der Wert WEICHER legt fest, wie weit die Farben miteinander verschwimmen. 0 steht für scharfe Kanten, 1 für völliges Verschwimmen beider Farben zu einer. Zwischenwerte bewirken fließende Übergänge an den Kanten. Der Button AUSTAUSCHEN vertauscht die beiden Farben.

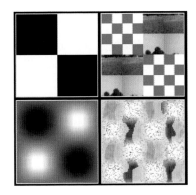
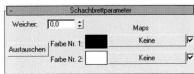

Abbildung 3.93: Verschiedene Schachbrett-Maps und Rollout Schachbrettparameter im Material-Editor

Statt einfacher Farben kann man mit den MAPS-Buttons auch Maps für die beiden Komponenten des Schachbretts verwenden. Das können Texturen oder auch kombinierte Maps wie zum Beispiel weitere Schachbrett-Maps sein. Bei einer Schachtelung verschiedener Schachbrett-Texturen müssen diejenigen, die im Hierarchiebaum weiter unten stehen, höhere KACHELN-Werte haben, da sich diese immer auf die Mapping-Koordinaten im Ganzen beziehen und sonst das Schachbrettmuster nicht mehr zu erkennen wäre.

Mit diesem Button blenden Sie das Fenster MATERIAL-/MAP-ANZEIGESTEUERUNG *ein, in dem die Struktur hierarchisch aufgebauter Maps zu sehen ist. Hier kann man auch leicht auf eine bestimmte Hierarchieebene innerhalb der Map springen.*

:-)
TIPP

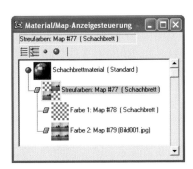

Abbildung 3.94: Kombinierte Schachbrett-Map in der Material-/Map-Anzeigesteuerung

Verlauf

Bei einer *Verlauf*-Map wird ein Farbverlauf aus drei Farben oder weiteren Maps angelegt, der entweder linear oder radial verlaufen kann.

Verlauf = Gradient

Alle prozeduralen Maps können nicht nur für Texturen, sondern auch für andere Mapping-Effekte eingesetzt werden.

Die Parameter werden in einem eigenen Rollout VERLAUFSPARAMETER festgelegt. In den drei Zeilen FARBE NR. 1 bis FARBE NR. 3 stellt man die drei Farben ein.

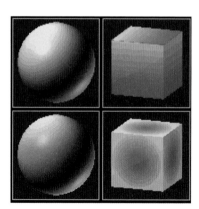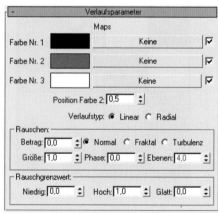

Abbildung 3.95: Verschiedene Verlauf-Maps und Rollout Verlaufsparameter im Material-Editor

Mit den Buttons daneben kann man auch Maps verwenden. Auch hier ist wieder die Verwendung kombinierter Maps möglich.

Der Wert POSITION FARBE 2 gibt an, an welcher Stelle sich die Mittellinie der mittleren Farbe befindet. Bei linearen Verläufen bedeutet 0,0 ganz unten und 1,0 ganz oben, bei radialen Verläufen ist 0,0 ganz innen und 1,0 ganz außen.

Verlauf-Maps eignen sich auch gut als *Opazität*-Maps, um fließende Transparenzübergänge zu schaffen.

Der Verlauf muss nicht immer gleichmäßig sein. Er kann mit einer speziellen RAUSCHEN-Funktion durcheinander gebracht werden. Dabei hat die *Verlauf*-Map im Rollout VERLAUFSPARAMETER drei eigene Rauschen-Funktionen (NORMAL, FRAKTAL und TURBULENZ), die zusätzlich zu der für alle Maps verfügbaren Funktion im RAUSCHEN-Rollout wirken können. Diese verrauschen nur den Übergang zwischen zwei Farben oder Maps, wogegen die Parameter aus dem RAUSCHEN-Rollout die Map im Ganzen verrauschen.

Abbildung 3.96: Verschiedene Einstellungen für das Rauschen (Normal, Fraktal und Turbulenz)

Verlaufsart

*Verlaufsart
= Gradient Ramp*

Verlaufsart ist eine komplexere Variante der *Verlauf*-Map. Hier sind noch wesentlich mehr Effekte möglich. Der Verlauf kann verschiedene Formen haben und über beliebig viele Farben oder Maps verlaufen. Besonders interessant sind die Animationsfähigkeiten dieser Art von Map. So können sich zum Beispiel die Lage der mittleren Farbe im Spektrum oder auch die einzelnen Farbwerte während einer Animation verändern.

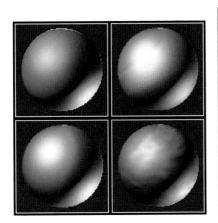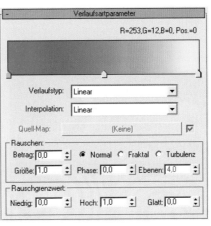

Abbildung 3.97: Verschiedene Verlaufsart-Maps und Rollout Verlaufsartparameter im Material-Editor

Im Rollout VERLAUFSARTPARAMETER können Sie auf einem Farbbalken mit so genannten Flags den Farbverlauf beliebig einstellen.

Verschieben Sie diese Flags, ändert sich der Verlauf. Klicken Sie auf die untere Kante, können Sie auch neue Flags erstellen. Diese können weiter bearbeitet werden, um Farben, Texturen und Verlauf einzustellen. Klicken Sie mit der rechten Maustaste auf einen Flag, erscheint ein Kontextmenü, in dem die Eigenschaften eingestellt werden können.

Statt Farben können hier an jedem Flag auch beliebige Texturen eingetragen werden.

Im Listenfeld VERLAUFSTYP können Sie verschiedene Formen einstellen, wie der Verlauf auf dem Objekt erfolgen soll.

Im Listenfeld INTERPOLATION stellen Sie ein, wie die Übergänge von einem Flag zum nächsten verlaufen sollen. Wenn Sie hier die Option BENUTZERDEFINIERT wählen, wird in den Flag-Eigenschaften jedes Flags das Listenfeld INTERPOLATION aktiviert, so dass Sie hier für jeden Flag einen eigenen Interpolationstyp einstellen können. Die anderen Modi gelten immer für alle Flags gleichermaßen.

Die grünen Pfeile ermöglichen das Setzen von Animationskeys, um die Verlaufsart-Map zu animieren. Derartige Buttons kommen noch an vielen anderen Stellen der 3ds max 6-Benutzeroberfläche vor. Solange sie ausgeschaltet sind, verändert sich der jeweilige Parameter in der Animation nicht.

INFO

Strudel

Strudel = Swirl

Strudel ist eine zweidimensionale Map, die einen Effekt von zwei miteinander verrührten zähflüssigen Flüssigkeiten erzeugt. Die beiden Farben mischen sich nicht richtig, sondern werden je nach Einstellungen unterschiedlich stark verrührt.

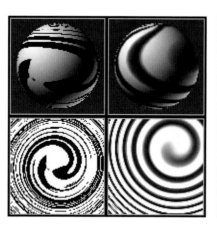 

Abbildung 3.98: Verschiedene Strudel-Maps und Rollout Strudelparameter im Material-Editor

Zur Einstellung der Parameter gibt es im Material-Editor ein eigenes Rollout STRUDELPARAMETER.

Im Feld STRUDELFARBE EINRICHTEN stellen Sie die beiden Farben ein, die miteinander verwirbelt werden sollen. Hier können Sie auch beliebige Maps statt reiner Farben wählen.

Farbkontrast = Color Contrast

➡ FARBKONTRAST – stellt ein, wie stark die Farben voneinander abgesetzt bleiben. Bei niedrigen Werten ergibt sich eine Vermischung, so dass die Kanten zwischen beiden Farben verschwimmen.

Strudelintensität = Swirl Intensity

➡ STRUDELINTENSITÄT – legt fest, wie stark die zweite Farbe in den Wirbeln erscheint. Ist dieser Wert sehr gering, erscheint fast nur die erste Farbe, bei höheren Werten ist im verwirbelten Bereich nur die zweite Farbe zu sehen. Es bleiben aber trotzdem Flächen der ersten Farbe bestehen.

Strudelbetrag = Swirl Amount

➡ STRUDELBETRAG – gibt die Menge der zweiten Farbe an, die in den Wirbel eingebracht wird.

Strudelerscheinung = Swirl Appearance

Im Feld STRUDELERSCHEINUNG können Sie das Aussehen der Wirbel näher beeinflussen.

Verdrehung = Twist

➡ VERDREHUNG – gibt an, wie stark die Farben miteinander verrührt werden. Je höher dieser Wert, desto mehr Spiralen im Wirbel.

Konstantendetail = Constant Detail

➡ KONSTANTENDETAIL – gibt an, wie detailliert die Kanten zwischen den beiden Farben ausgeprägt werden. Bei kleinen Werten verschwimmen kleine Details und die Kante wird sehr gleichförmig. Größere Werte bringen kleine Zacken und Punkte zum Vorschein, die sonst nicht zu sehen wären.

Im Bereich STRUDELPOSITION können Sie den Mittelpunkt des Strudels auf dem Objekt verschieben.

Strudelposition = Swirl Location

Die ZUFÄLLIGE AUSGANGSZAHL wird hier wie bei vielen parametrischen Maps zur Steuerung des Zufallsgenerators verwendet. Zwei Maps mit der gleichen zufälligen Ausgangszahl sehen auch genau gleich aus.

Zufällige Ausgangszahl = Random Seed

Kacheln

Die *Kacheln*-Map generiert variable Ziegel- und Fliesenmuster. Dabei können Farben und Texturen für Ziegel und Fugen ausgewählt werden. Verschiedene Mauerwerksverbände lassen sich automatisch erzeugen.

Kacheln = Bricks

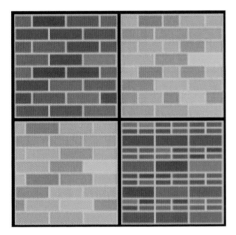

Abbildung 3.99: Verschiedene Mauerwerksverbände aus Kacheln-Maps und Mustervarianten im Rollout Standardsteuerelemente

Im Rollout STANDARDSTEUERELEMENTE können Sie neben dem klassischen Mauerwerksverband auch noch verschiedene andere Muster auswählen.

Diese Map hieß in 3ds max 5 noch ZIEGEL. *Verwechseln Sie die neue Bezeichnung nicht mit dem Begriff für das Kacheln einer Map innerhalb der Mapping-Koordinaten. Die deutsche 3ds max 6-Version verwendet für die englischen Begriffe* BRICKS *und* TILE *jetzt das gleiche Wort.*

Im Rollout ERWEITERTE STEUERELEMENTE können für die Ziegel und die Fugen entsprechende Farben oder Maps ausgewählt werden. Im Bereich KACHELN EINRICHTEN werden die Ziegel eingestellt:

➡ Das Farbfeld legt eine Grundfarbe der Ziegel fest, die innerhalb des Musters variiert werden kann.

➡ Über den MAP-Button können Sie eine Map für einen einzelnen Ziegel definieren. Die Farbe wird dann nicht berücksichtigt.

Anzahl Horiz.
= Horiz. Count

➡ ANZAHL HORIZ. – bestimmt die Anzahl der horizontal nebeneinander liegenden Ziegel innerhalb der Map.

Anzahl Vert.
= Vert. Count

➡ ANZAHL VERT. – bestimmt die Anzahl der vertikal übereinander liegenden Ziegelschichten innerhalb der Map.

Farbvariation
= Color Variance

➡ FARBVARIATION – Je höher dieser Wert, desto stärker werden die Farben der einzelnen Ziegel variiert.

Verwitterungsvaria-
tion = Fade Variance

➡ VERWITTERUNGSVARIATION – steuert die Helligkeitsunterschiede zwischen den Ziegeln, die in Wirklichkeit durch Materialunterschiede oder Verwitterung entstehen.

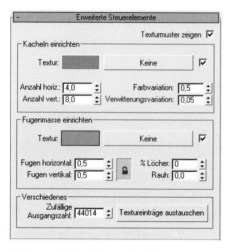

Abbildung 3.100: Einstellungen für die Ziegel

Im Bereich FUGENMASSE EINRICHTEN werden die Fugen eingestellt:

➡ Das Farbfeld legt eine Grundfarbe der Fugen fest, die innerhalb des Musters variiert werden kann.

➡ Über den MAP-Button können Sie eine Map für die Fugen definieren. Die Farbe wird dann nicht berücksichtigt.

Fugen horizontal
= Horizontal Gap

➡ FUGEN HORIZONTAL – legt die Breite der vertikalen Fugen zwischen Ziegeln einer Schicht fest.

Fugen vertikal
= Vertical Gap

➡ FUGEN VERTIKAL – legt die Höhe der horizontalen Fugen zwischen den Schichten fest. Standardmäßig sind diese beiden Werte immer gleich und durch das Schloss-Symbol miteinander verbunden. Löst man dieses Schloss, lassen sich die Werte getrennt einstellen.

% Löcher = % Holes

➡ % LÖCHER – erstellt Lücken im Ziegelverbund, wo anstelle eines Ziegels das Fugenmaterial zu sehen ist.

Rauh = Rough

➡ RAUH – erzeugt rauere Kanten an den Ziegeln. Die Trennlinie zwischen Ziegel und Fuge wird mit höheren Werten immer weniger exakt.

Im Rollout STANDARDSTEUERELEMENTE gibt es neben den vordefinierten Ziegel-
verbänden noch die Option BENUTZERDEFINIERTE KACHELN. Ist diese ausgewählt,
werden die Parameter in den Feldern STAPELUNG und REIHEN- UND SPALTENBEAR-
BEITUNG aktiv. Hier kann der Ziegelverband noch variabler gestaltet werden.

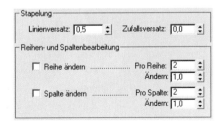

Abbildung 3.101: Einstellungen für benutzerdefinierte Kacheln

> LINIENVERSATZ – verschiebt jede zweite Ziegelschicht um einen bestimmten
> Betrag.

Linienversatz = Line Shift

> ZUFALLSVERSATZ – verschiebt alle Ziegelschichten zufällig. Je höher dieser
> Wert, desto weiter die zufällige Verschiebung.

Zufallsversatz = Random Shift

> REIHE ÄNDERN – ermöglicht eine Veränderung der Steingröße in bestimmten
> Schichten. Der Wert PRO REIHE legt fest, in der wievielten Schicht die Größe
> und damit die Anzahl der Steine verändert werden soll. ÄNDERN gibt die
> neue Anzahl Steine in diesen Schichten an.

Reihe ändern = Row Modify

> SPALTE ÄNDERN – ermöglicht eine Veränderung der Steindicke in bestimm-
> ten vertikalen Reihen. Der Wert PRO SPALTE legt fest, in der wievielten Reihe
> die Größe und damit die Anzahl der Steine verändert werden soll. ÄNDERN
> gibt die neue Anzahl Steine in diesen Reihen an.

Spalte ändern = Column Modify

3.5   Dreidimensionale Maps

Marmor und die folgenden Maps sind dreidimensionale Maps, die nicht auf ein
Objekt projiziert werden, sondern durch das ganze Objekt laufen. Wird das
Objekt aufgeschnitten, hat es im Inneren die gleiche Struktur. Für diese Maps
sind auch keine Mapping-Koordinaten nötig.

Da es keine Mapping-Koordinaten gibt, sehen die Rollouts im Material-Editor
auf Map-Ebene etwas anders aus. Verschiebung, Kacheln und Drehen der Maps
ist in allen drei räumlichen Achsen möglich. Dabei können sich diese Achsen auf
das lokale Koordinatensystem des Objekts oder auf das globale Weltkoordinatensystem beziehen.

Abbildung 3.102: Zerbrochene Marmorkugel mit 3D-Map

Abbildung 3.103: Koordinaten-Rollout für 3D-Maps

Bei Verformungen bleibt ein prozedurales 3D-Material normalerweise scheinbar im Raum stehen. Das Objekt wandert also bei einer Verformung durch das Material. Die Oberfläche des verformten Objektes entspricht also nicht mehr dem Originalobjekt.

Mit der Option XYZ IN UVW im UVW-MAP-Modifikator können Sie alle 3D-Maps aber auf der Oberfläche eines Objekts fixieren, so dass sich bei einer Formänderung die Oberfläche mit ändert. Im KOORDINATEN-Rollout im Material-Editor muss für solche Materialien die Option EXPLIZITER MAP-KANAL verwendet werden. Der angegebene Map-Kanal muss der gleiche sein, wie im UVW-MAP-Modifikator angegeben.

Bei Verwendung eines expliziten Map-Kanals muss immer ein UVW-MAP Modifikator verwendet werden.

Abbildung 3.104: Links: Originalfigur, Mitte: UVW-Mapping nach dem Biegen, rechts: UVW-Mapping vor dem Biegen
[SKULPTUR01.MAX]

Marmor

Marmor vermischt zwei Farben oder weitere Maps zu einem Marmoreffekt.

Marmor = Marble

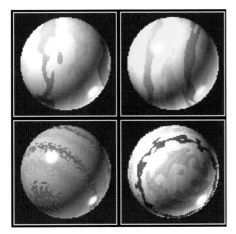

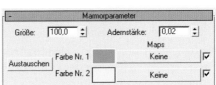

Abbildung 3.105: Verschiedene Marmor-Maps und Rollout Marmorparameter im Material-Editor

Im Rollout MARMORPARAMETER stellt man mit den Werten GRÖSSE und ADERN-STÄRKE das Aussehen der Textur ein.

Größe – Adernstärke = Size – Vein width

Die Zeilen FARBE NR. 1 und FARBE NR. 2 legen die beiden zu marmorierenden Farben oder Maps fest. Auch hier ist wieder die Verwendung kombinierter Maps möglich. Der Button AUSTAUSCHEN tauscht die Einträge dieser beiden Zeilen gegeneinander aus.

Austauschen = Swap

Perlinmarmor

Perlinmarmor = Perlin Marble

Perlinmarmor ist eine erweiterte Form der *Marmor*-Map. Hier wird mit dem so genannten »Perlin-Turbulenz«-Algorithmus ein Material aus vier Farben oder Maps gemischt.

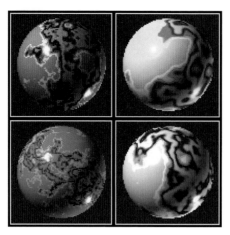 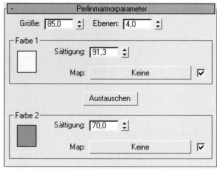

Abbildung 3.106: Verschiedene Perlinmarmor-Maps und Rollout Perlinmarmorparameter im Material-Editor

Zwei der vier Farben der Map können direkt über Farbfelder im Rollout PERLIN-MARMORPARAMETER eingestellt werden. Die beiden anderen entstehen durch Aufhellen oder Abdunkeln der beiden Grundfarben.

Sättigung = Saturation

➤ Je höher die Werte bei SÄTTIGUNG, desto heller wird die Farbe neben der eingestellten Grundfarbe. Kleinere Werte dunkeln die Grundfarbe ab.

Größe = Size

➤ Der Wert GRÖSSE gibt die Größe des Musters an.

Ebenen = Levels

➤ EBENEN bezeichnet die Berechnungstiefe. Je größer dieser Wert, desto feinteiliger wird die Struktur.

Kerbe

Kerbe = dent

Kerbe erstellt sandartige, scheinbar raue Oberflächen unterschiedlicher Körnung. Diese eignen sich besonders gut für Relief-Maps, können aber auch für andere Mapping-Typen verwendet werden.

Im Rollout KERBENPARAMETER lassen sich die beiden zu verwendenden Farben oder Maps sowie die Stärke des Effekts einstellen. Bei Verwendung als Relief-Map lässt man diese Farben am besten auf Weiß und Schwarz.

Größe = Size

➤ Bei zunehmender GRÖSSE nimmt die Anzahl der einzelnen Spitzen ab, wenn die anderen Parameter gleich bleiben.

Stärke = Strength

➤ STÄRKE ist ein Maß für die scheinbare räumliche Tiefe des Musters.

Wiederholungen = Iterations

➤ Hohe Werte bei WIEDERHOLUNGEN bewirken sehr fein verästelte Muster, niedrige Werte erzeugen eher einfache Muster. Jede Erhöhung dieses Werts erhöht aber auch die Rechenzeit.

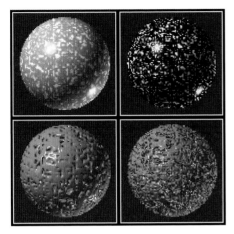

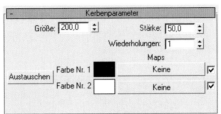

Abbildung 3.107: Verschiedene Kerbe-Maps, oben: Glanzfarben-Map, unten: Relief-Map und Rollout Kerbenparameter im Material-Editor

Holz

Holz-Maps erzeugen eine dreidimensionale Holzstruktur auf der Basis von zwei Farben oder weiteren Maps.

Holz = Wood

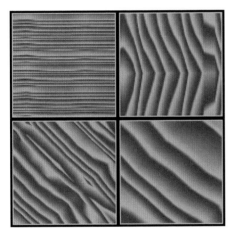

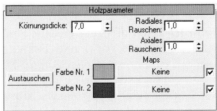

Abbildung 3.108: Verschiedene Holz-Maps und Rollout Holzparameter im Material-Editor

Die Farben und weiteren Parameter werden im Rollout HOLZPARAMETER eingestellt.

➤ KÖRNUNGSDICKE – gibt die relative Größe des Musters an.

Körnungsdicke = Grain Thickness

➤ RADIALES RAUSCHEN – gibt einen Wert für die Unregelmäßigkeit der Jahresringe an. Bei 0 sind es genau konzentrische Kreise. Je größer dieser Wert, desto unregelmäßiger werden die Jahresringe.

Radiales Rauschen = Radial Noise

*Axiales Rauschen
= Axial Noise*

➡ AXIALES RAUSCHEN – gibt einen Wert für die Unregelmäßigkeit der Holzmaserung in Längsrichtung an. Nach diesem Wert wird der Mittelpunkt der Jahresringe zufällig verschoben. Das wirkt sich auf die Seitenansicht der Maserung aus. Bei 0 erscheinen hier lauter parallele Linien.

Rauschen

Rauschen = Noise

Bei *Rauschen*-Maps werden zwei Farben airbrushartig übereinander gespritzt, so dass unterschiedlich feine Wolken entstehen. Damit können Sie beispielsweise auch Granit simulieren.

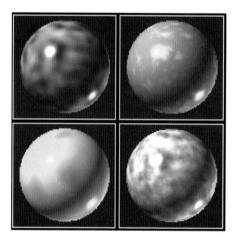
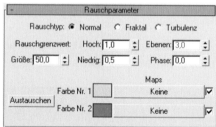

Abbildung 3.109: Verschiedene Rauschen-Maps und Rollout Rauschparameter im Material-Editor

Im Rollout RAUSCHPARAMETER stellt man die Größe und die Farben der Map ein. Statt Farben kann man auch wieder weitere Maps verwenden.

Rauschen kennt drei verschiedene Funktionstypen, die das Muster erzeugen können: NORMAL, FRAKTAL und TURBULENZ. Diese wirken ähnlich wie die gleichnamigen Funktionen in den *Verlauf*-Maps.

Größe = Size

➡ GRÖSSE – gibt die Größe des Musters an.

*Rauschgrenzwert
= Noise Threshold*

➡ RAUSCHGRENZWERT – gibt eine obere und eine untere Grenze für den Rauschen-Effekt an. Damit lässt sich das Muster mehr in die Richtung der einen oder der anderen Farbe verschieben.

Ebenen = Levels

➡ EBENEN – gibt die Berechnungstiefe für die fraktalen Methoden FRAKTAL und TURBULENZ an. Je höher dieser Wert, desto kleinteiliger die Map, desto länger dauert aber auch die Berechnung.

➡ PHASE – kann zur Animation der Map verwendet werden. Verändert man diesen Parameter im Laufe der Animation, bewegt sich die Map.

Zellförmig

Die *Zellförmig*-Map simuliert organische Zell- oder Molekülstrukturen, die aus einzelnen Kugeln bestehen, die kettenartig miteinander verbunden sind.

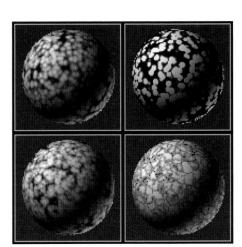
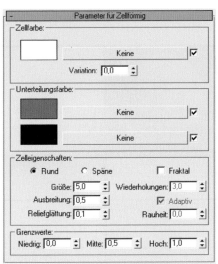

Abbildung 3.110: Verschiedene Zellförmig-Maps und Rollout Parameter für Zellförmig im Material-Editor

Die einzelnen Kugeln haben die im Rollout PARAMETER FÜR ZELLFÖRMIG bei ZELLFARBE angegebene Farbe. Mit dem Wert VARIATION lässt sich diese Farbe zufällig variieren. Die Randbereiche verwenden die erste UNTERTEILUNGSFARBE, die Bereiche zwischen den Kugeln die zweite. Alle drei Farben können auch durch Maps ersetzt werden, was allerdings den Rechenaufwand erhöht.

➡ Im Feld ZELLEIGENSCHAFTEN stellen Sie die Form und Größe der einzelnen Teile ein.

Zelleigenschaften = Cell Characteristics

➡ GRÖSSE – gibt die Größe des Musters an.

Größe = Size

➡ Mit dem Parameter AUSBREITUNG kann man die Teile mehr oder weniger miteinander verschwimmen lassen.

Ausbreitung = Spread

➡ Ist der Schalter FRAKTAL eingeschaltet, wird das Muster fraktal berechnet. Es sieht dann wesentlich feinteiliger und weniger rund aus. Der Wert WIEDERHOLUNGEN gibt die fraktale Berechnungstiefe an.

Wiederholungen = Iterations

➡ Die Werte im Feld GRENZWERTE geben an, in welchem Bereich welche der drei Farben verwendet werden soll. Alle Werte müssen zwischen 0,0 und 1,0 sein und von NIEDRIG bis HOCH aufsteigen.

Grenzwerte = Thresholds

Falloff

Falloff-Maps werden üblicherweise als Maske für die Mischung andere Maps oder als *Opazität*-Map verwendet. Man kann sie aber auch verwenden, um bestimmte Formen zu analysieren. Eine *Falloff*-Map besteht aus einer Farbschattierung, die vom Winkel der Flächennormalen eines Objekts zum Betrachter oder zu einer bestimmten Koordinatenachse abhängig ist. *Falloff*-Maps verwenden daher auch kein KOORDINATEN Rollout.

!!
STOP

Falloff-Maps werden in schattierten Ansichtsfenstern nicht richtig dargestellt.

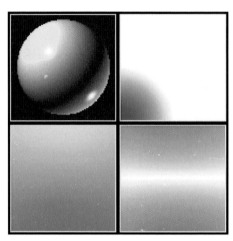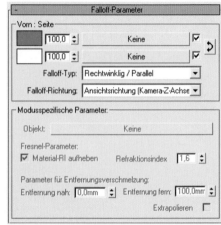

Abbildung 3.111: Verschiedene Typen von Falloff-Maps und Rollout Falloff-Parameter im Material-Editor

Im Rollout FALLOFF-PARAMETER stellen Sie die beiden Farben oder Maps ein, die ineinander übergehen sollen. Außerdem wird hier der Typ des Verlaufs und dessen Richtung festgelegt. Es stehen fünf verschiedene Typen zur Verfügung, wie der Falloff, bezogen auf das Objekt, angewendet wird:

Rechtwinklig/Parallel
= Perpendicular/
Parallel

➡ RECHTWINKLIG/PARALLEL – Der Falloff bezieht sich auf den Winkel der Flächennormalen und umfasst den Bereich von Normalen, die senkrecht zur Falloff-Richtung verlaufen bis zu Normalen, die parallel zur Falloff-Richtung verlaufen.

Hin/Weg = Towards/
Away

➡ HIN/WEG – Der Falloff bezieht sich auf den 180° Winkelbereich zwischen den Normalen, die zur Falloff-Richtung hin zeigen und denen, die von der Falloff-Richtung weg zeigen.

➡ FRESNEL – Der Falloff bezieht sich auf den Refraktionsindex und kann Glanzlichter auf geneigten Flächen auch ohne Raytracing generieren.

Schatten/Licht
= Shadow/Light

➡ SCHATTEN/LICHT – Der Falloff wird aus der Lichtmenge generiert, die auf eine Fläche fällt.

Entfernungsüber-
blendung
= Distance Blend

➡ ENTFERNUNGSÜBERBLENDUNG – Der Falloff bezieht sich auf die Werte ENTFERNUNG NAH und ENTFERNUNG FERN, die bei Kameras verwendet werden.

Falloff-Richtung
= Falloff Direction

Die Richtung des Falloff im Raum wird abhängig vom Typ im Listenfeld FALLOFF-RICHTUNG eingestellt. Beim Typ SCHATTEN/LIST ist der Falloff nur von der Beleuchtung abhängig, so dass es hier keine Richtungseinstellung gibt.

➤ ANSICHTSRICHTUNG (KAMERA-Z-ACHSE) legt die Falloff-Richtung relativ zur Blickrichtung fest. Mit dieser Methode kann Tiefenschatten simuliert werden. Bei Kamerabewegungen ändert sich der Falloff auf dem Objekt entsprechend.

Ansichtsrichtung (Kamera-Z-Achse) = Viewing Direction (Camera Z-Axis)

➤ KAMERA X/Y-ACHSE legt die Falloff-Richtung relativ zur Senkrechten und Waagerechten des Kamerabildes fest.

Kamera X/Y-Achse = Camera X/Y Axis

➤ OBJEKT legt die Falloff-Richtung relativ zur Ausrichtung eines beliebigen Objektes fest. Mit dem Button OBJEKT im unteren Bereich des Rollouts FALLOFF-PARAMETER wählen Sie dieses Objekt aus.

Objekt = Object

➤ LOKALE X/Y/Z-ACHSE legt die Falloff-Richtung relativ zur Ausrichtung des Objektes fest, für das die Map verwendet wird. Bei einer Bewegung des Objektes wird die Falloff-Richtung entsprechend mitbewegt.

Lokale X/Y/Z-Achse = Local X/Y/Z Axis

➤ WELT X/Y/Z-ACHSE legt die Falloff-Richtung relativ zum Weltkoordinatensystem fest. Bei einer Bewegung des Objektes wird die Falloff-Richtung nicht mitbewegt.

Welt X/Y/Z-Achse = World X/Y/Z Axis

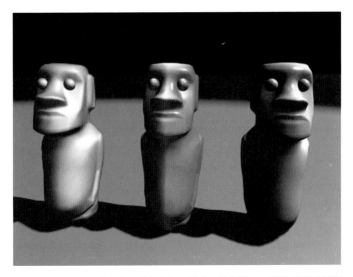

Abbildung 3.112: Verschiedene Falloff-Maps [SKULPTUR02.MAX]

Die Abbildung zeigt drei verschiedene Falloff-Maps:

➤ Links: RECHTWINKLIG/PARALLEL zur ANSICHTSRICHTUNG. Flächen, auf die die Kamera senkrecht blickt, erscheinen in Weiß. Je stärker eine Fläche gegenüber der Blickrichtung geneigt ist, desto dunkler erscheint sie.

➤ Mitte: RECHTWINKLIG/PARALLEL zur LOKALEN X-ACHSE. Je weiter eine Fläche in horizontaler Richtung, bezogen auf das lokale Koordinatensystem des Objektes, von der Mitte entfernt ist, desto dunkler erscheint die Falloff-Map.

➤ Rechts: SCHATTEN/LICHT. Auf diesem Objekt folgt die Falloff-Map dem Helligkeitsverlauf durch die Szenenbeleuchtung.

INFO

Das Rollout MISCHKURVE *ermöglicht die differenzierte Einstellung des Verlaufs. Diese Art von Kurven kommen an vielen Stellen in der 3ds max 6-Benutzeroberfläche vor.*

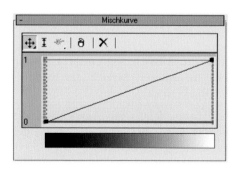

Abbildung 3.113: Mischkurve für Falloff-Maps

Standardmäßig ist der Kurvenverlauf und damit auch der Falloff linear. Durch Einfügen zusätzlicher Punkte auf der Kurve kann diese beliebig geändert werden.

Verschiebt einen oder mehrere selektierte Punkte auf der Kurve oder den Griff eines Bézier-Punkts. Über ein Flyout kann die Verschiebung auf die Horizontale oder Vertikale begrenzt werden.

Verschiebt selektierte Kurvenpunkte in horizontaler Richtung.

Verschiebt selektierte Kurvenpunkte in vertikaler Richtung.

Skaliert eine Auswahl von Punkten in der Vertikalen.

Fügt einen Punkt auf der Kurve ein.

Fügt einen Bézier-Punkt auf der Kurve ein. Dieser Button ist ein Flyout des Buttons zum Einfügen eines normalen Punkts.

Bézier-Punkte bieten im Gegensatz zu einfachen Punkten die Möglichkeit, über Tangentenvektoren den Kurvenverlauf im jeweiligen Punkt einzustellen.

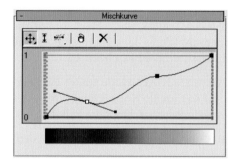

Abbildung 3.114: Nicht lineare Mischkurve

Löscht markierte Punkte.

Setzt die Kurve auf einen linearen Verlauf zurück.

Planet

Planet-Maps werden zur Darstellung erdähnlicher Planeten mit Kontinenten und Ozeanen verwendet.

Abbildung 3.115: Planeten mit Planet-Maps

Diese Planetenoberflächen werden aus drei verschiedenen Farben für die Wasserflächen und fünf Farben für die Landflächen zusammengesetzt. Die Farben stellen wie auf Landkarten verschiedene Geländehöhen oder Wassertiefen dar.

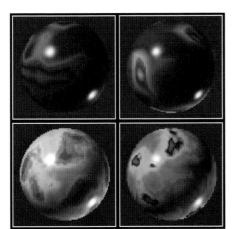

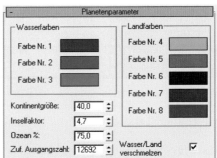

Abbildung 3.116: Verschiedene Planet-Maps und Einstellung der Planetenparameter

*Wasser/Land
verschmelzen
= Blend Water/Land*
➡ Ist der Schalter WASSER/LAND VERSCHMELZEN aktiviert, wird die Küstenlinie zwischen Wasser und Land nicht scharf begrenzt, sondern verschwimmt.

*Kontinentgröße
= Continent Size*
➡ Die KONTINENTGRÖßE gibt an, wie feinteilig die Landflächen verteilt sind. Größere Werte ergeben größere geschlossene Landmassen. Das Verhältnis von Land zu Wasser im Ganzen bleibt davon unberührt.

*Inselfaktor = I
sland Factor*
➡ INSELFAKTOR gibt die Strukturierung der Inseln und Berge an. Je kleiner dieser Wert, desto gleichförmiger ist die Landschaft. Größere Werte ergeben eine differenziertere Struktur zwischen den farbigen Flächen.

Ozean % = Ocean %
➡ OZEAN % gibt an, wie viel Prozent der gesamten Fläche Wasser ist. Dabei spielt es keine Rolle, ob die Wasserflächen zusammenhängend oder differenziert verteilt sind.

*Zufällige Ausgangs-
zahl = Random Seed*
➡ Die AUSGANGSZAHL beeinflusst den Zufallsgenerator. Zwei Maps mit identischen Parametern und gleicher Ausgangszahl sehen auch exakt identisch aus. Verschiedene Ausgangszahlen ergeben bei gleichen Parametern zwar gleichförmige, aber doch unterschiedliche Maps.

**!!
STOP**

Diese Art von Map ist nur für STREUFARBEN-Maps geeignet. Bei den anderen Mapping-Typen entstehen keine brauchbaren Ergebnisse.

Rauch

Rauch = Smoke
Rauch-Maps ergeben ein rauchartiges Schlierenmuster, das sich besonders zur Verwendung als *Opazität*-Map eignet. *Rauch*-Maps können aber auch für andere Mapping-Typen eingesetzt werden.

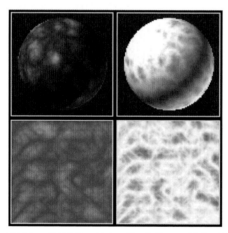

Abbildung 3.117: Verschiedene Rauch-Maps und Rollout Rauchparameter im Material-Editor

Im Rollout RAUCHPARAMETER können Sie das Aussehen dieser Map beeinflussen.

Größe = Size
➡ GRÖßE – gibt die Größe der einzelnen Rauchwolken an. Die möglichen Größenwerte sind unbegrenzt. Hier wird nur die Umgrenzungsgröße einer Rauchwolke angegeben, dieser Wert hat keinen Einfluss auf die Intensität.

➤ PHASE – verschiebt die Rauchwolken in der Map. Animiert man diesen Parameter, ergibt sich eine Bewegung der Rauchwolken, ohne dass sich die Größe ändert.

➤ WIEDERHOLUNGEN – ist die Berechnungstiefe der fraktalen Funktion. Je höher dieser Wert, desto detaillierter sehen die Rauchwolken aus, desto länger dauert aber auch die Berechnung.

Wiederholungen = # Iterations

➤ EXPONENT – Je kleiner dieser Wert, desto intensiver sind die Rauchwolken. Bei größeren Werten wird der Rauch dünner. Die Größe der Wolken ändert sich nicht.

Die beiden Farben im unteren Bereich des Rollouts geben die Farbe der Rauchwolken an. Bei Verwendung als *Opazität*-Map sollte man hier einen möglichst guten Schwarz-Weiß-Kontrast einstellen, um die verschiedenen Intensitäten einer Rauchwolke differenziert darstellen zu können. Anstelle von Farben können auch zwei Maps verwendet werden.

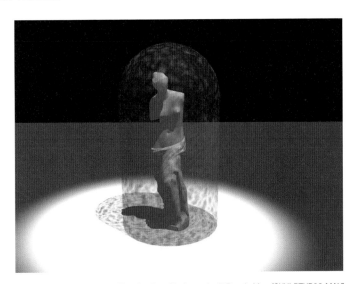

Abbildung 3.118: Figur in einer Glaskuppel mit Rauch-Map [SKULPTUR03.MAX]

Zur Darstellung von Schatten eines teilweise transparenten Materials, wie in der Abbildung, ist die Einstellung RAYTRACE-SCHATTEN *in den Parametern der Lichtquelle notwendig.*

:-)
TIPP

Flecken

Flecken-Maps enthalten unregelmäßig geformte Flecken einer Farbe oder Map auf dem Hintergrund einer anderen Farbe oder Map. Die Ränder der Flecken sind unregelmäßig und verschwommen. Die durchschnittliche Größe dieser Flecken ist im Rollout FLECKENPARAMETER einstellbar.

Flecken = Speckle

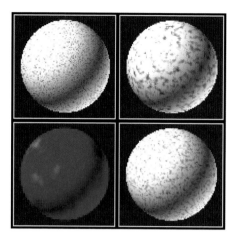
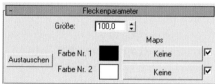

Abbildung 3.119: Verschiedene Flecken-Maps und Rollout Fleckenparameter im Material-Editor

Splat

Splat-Maps sehen ähnlich wie Flecken-Maps aus. Allerdings sind die einzelnen Flecken scharf begrenzt und wesentlich runder. Es entsteht eher der Eindruck von Farbspritzern.

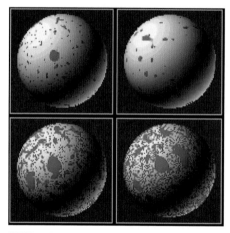
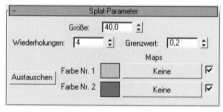

Abbildung 3.120: Verschiedene Splat-Maps

Im Rollout SPLAT-PARAMETER nehmen Sie verschiedene Einstellungen vor:

Größe = Size

➡ GRÖSSE – gibt die durchschnittliche Größe der Flecken an.

Wiederholungen = # Iterations

➡ WIEDERHOLUNGEN – gibt die fraktale Berechnungstiefe an. Je höher dieser Wert, desto feinteiliger sind die Umgrenzungskanten der Flecken. Es entstehen dann auch zusätzliche sehr kleine Flecken.

Grenzwert = Threshold

➡ GRENZWERT – gibt das Verhältnis der beiden Farben im Gesamtbild der Map an. Je größer dieser Wert, desto stärker kommt die zweite Farbe zum Tragen.

Stuck

Stuck-Maps sehen sehr ähnlich wie *Splat*-Maps aus, eignen sich aber besser als *Relief*-Maps. Die Parameter ähneln denen aus *Splat*-Maps. Der zusätzliche Parameter DICKE lässt die Kante zwischen den beiden Farben mehr oder weniger verschwimmen.

Stuck = Stucco

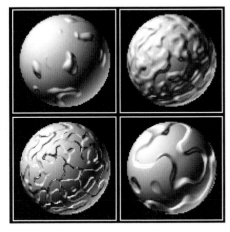

Abbildung 3.121: Verschiedene Stuck-Maps und Rollout Stuckparameter im Material-Editor

Wellen

Wellen-Maps dienen zur Darstellung von Wassertexturen mit konzentrischen Wellen, wie sie zum Beispiel entstehen, wenn ein Stein oder ein Tropfen auf eine Wasseroberfläche fällt.

Wellen = Water

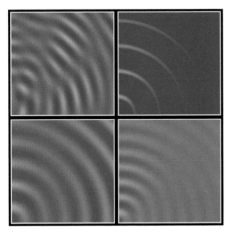
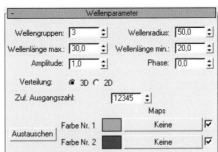

Abbildung 3.122: Verschiedene Wellen-Maps und Rollout Wellenparameter im Material-Editor

Diese Map wird aus zwei Farben generiert, die auch durch weitere Maps ersetzt werden können, was hier aber selten zu guten Ergebnissen führt.

Wellengruppen
= Num Wave Sets

➡ WELLENGRUPPEN – gibt die Anzahl der Punkte an, die konzentrische Wellen abgeben, also die Aufschlagpunkte von Tropfen. Gibt es mehrere solcher Punkte an einem Wellenzentrum, wird das Wasser wesentlich unruhiger.

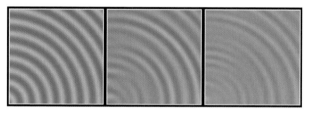

Abbildung 3.123: Unterschiedlich viele Wellengruppen

Wellenradius
= Wave Radius

➡ WELLENRADIUS – gibt den Radius einer imaginären Kugel oder eines Kreises an, von dem die Wellen aus gehen. Kleinere Werte ergeben zusammenhängendere Wellen als größere Werte.

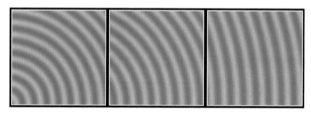

Abbildung 3.124: Unterschiedliche Wellenradien

Wellenlänge
= Wave Len

➡ Die tatsächliche Wellenlänge wird für jeden Ausgangspunkt zufällig zwischen den beiden Werten WELLENLÄNGE MAX. und WELLENLÄNGE MIN. berechnet. Je weiter die beiden Werte auseinander liegen, desto verschwommener werden die Wellen.

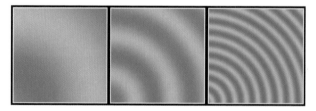

Abbildung 3.125: Unterschiedliche Wellenlängen

➡ AMPLITUDE – bezeichnet die Höhe der Wellen.

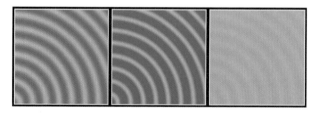

Abbildung 3.126: Unterschiedliche Amplituden

➤ PHASE – verschiebt den Anfang der Welle nach außen. Damit lassen sich Wellenbewegungen in der Map animieren.

➤ 3D/2D – schaltet die Wellenausbreitung von kugelförmig auf eben um. Kugelförmige 3D-Darstellung wirkt bei massiven Körpern besser, ebene 2D-Darstellung bei glatten Wasserflächen.

➤ ZUF. AUSGANGSZAHL – ist eine Startzahl für den Zufallsgenerator. Gleiche Ausgangszahlen erzeugen bei sonst auch exakt gleichen Parametern identische Texturen.

Zufällige Ausgangs-zahl = Random Seed

3.6   Composer Maps

Bei *Composer*-Maps werden zwei oder mehr Maps nach verschiedenen Verfahren übereinander gelegt.

Maske

Eine *Maske* deckt einen Teil einer Map ab und lässt an dieser Stelle die ursprüngliche Objektfarbe oder bei einer Schachtelung von Maps eine andere Map durchscheinen. Für Masken werden üblicherweise Graustufenbilder verwendet. Die dunklen Stellen dieser Maske lassen die eigentliche Objektfarbe durch. Die hellen Stellen zeigen die auf dem MAP-Button eingetragene Map. Der Schalter MASKE INVERTIEREN kehrt die Wirkung der Maske um. Jetzt lassen die hellen Stellen die Objektfarbe durch.

Maske = Mask

Die beiden Maps werden im Rollout MASKENPARAMETER eingetragen.

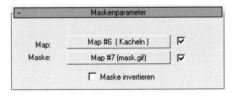

Abbildung 3.127: Map und Maske

In der Material-/Map-Anzeigesteuerung sehen Sie die Struktur des Materials mit den verwendeten Maps.

Abbildung 3.128: Material mit Maske-Map

:-)
TIPP

Um im Beispielmaterial durch das Fenster in der Mauer nicht ein einfaches Blau, sondern einen texturierten Himmel zu sehen, können Sie die Zusammensetzung- oder Mischen-Maps verwenden. Dabei ist durch die Maske hindurch eine andere Map zu sehen.

Mischen

Mischen = Mix

Mischen-Maps überblenden zwei Maps mit einem animierbaren Verhältnis, so dass fließende Übergänge möglich sind oder mit einer Maske, die an den hellen Stellen die eine Map, an den dunklen Stellen die andere Map zeigt.

Auf diese Weise lassen sich zum Beispiel Bilder auf Wände kleben oder, solange keine Tiefenwirkung zu sehen ist, auch einfache Fenster darstellen.

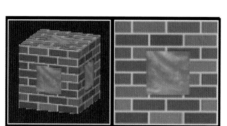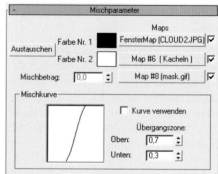

Abbildung 3.129: Mischen-Map mit Maske und Rollout Mischparameter im Material-Editor

Im Rollout MISCHPARAMETER werden die Maps und der Mischeffekt eingestellt.

In den Zeilen FARBE NR. 1 und FARBE NR. 2 werden die beiden Farben eingestellt. Mit den Buttons daneben kann man Maps verwenden. Auch hier ist wieder die Verwendung kombinierter Maps möglich.

Mischbetrag = Mix Amount

Für ein Überblenden zweier Maps können Sie im MISCHBETRAG angeben, wie weit die *Farbe Nr. 2* eingeblendet werden soll. 0 bedeutet: nur *Farbe Nr. 1*, 50: beide Maps im gleichen Verhältnis und 100: nur *Farbe Nr. 2*.

Kurve verwenden = Use Curve

Ist der Schalter rechts neben der Map in der Zeile MISCHBETRAG aktiviert, wird anstelle der einfachen Überblendung eine Map verwendet. An den dunklen Stellen dieser Map ist die *Farbe Nr. 2* zu sehen, an den hellen Stellen die *Farbe Nr. 1*. Mit dem Schalter KURVE VERWENDEN aktivieren Sie die Mischkurve. Sie haben dann die Möglichkeit, über die Werte OBEN und UNTEN einzustellen, wie stark sich die verschiedenen Helligkeiten der Maske auf die Verteilung zwischen den beiden Maps auswirken. Die Kontraste werden stärker, je steiler die Kurve ist.

In der Material-/Map-Anzeigesteuerung sehen Sie die Struktur des Materials mit den verwendeten Maps.

Abbildung 3.130: Material mit Mischen-Map

Zusammensetzen

Zusammensetzen ist eine Kombination mehrerer Maps auf Basis ihrer Alpha-Kanäle. Die Maps werden in der angezeigten Reihenfolge übereinander gelegt. Maps mit höheren Nummern brauchen also transparente Bereiche, damit die Maps mit den niedrigeren Nummern durch sie hindurch zu sehen sind.

Zusammensetzen = Composite

Zusammengesetzte Maps werden in schattierten Ansichtsfenstern vom Software-Z-Buffer-Treiber nicht dargestellt. Mit den OpenGL- und Direct3D-Treibern funktioniert es.

Abbildung 3.131: Zusammensetzen einer Map aus drei Teilbildern, rechts unten das Ergebnis

Anzahl einstellen
= Set Number

Die einzelnen Bilder werden im Rollout ZUSAMMENSETZUNGS-PARAMETER einge-tragen. Mit dem Button ANZAHL EINSTELLEN können Sie festlegen, wie viele Maps die *Zusammensetzen*-Map enthalten soll.

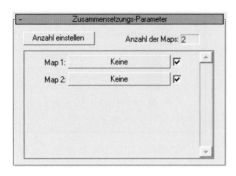

Abbildung 3.132: Zusammensetzungs-Parameter

Tragen Sie untereinander die einzelnen Maps ein. Zur Übersicht hilft es, den But-ton ENDERGEBNIS ZEIGEN auszuschalten, um die Maps nicht auf eine Materialku-gel zu projizieren, sondern direkt im Fenster angezeigt zu bekommen.

!!
STOP

Nur Bilddateien mit eigenem Alpha-Kanal können für zusammengesetzte Maps verwendet werden.

Vormultipliziertes
Alpha = Premultiplied
Alpha

Funktioniert die Transparenz einer der untergeordneten Maps nicht, sieht man also nicht durch diese Map hindurch, schalten Sie im Rollout BITMAP-PARAME-TER *dieser Map den Schalter* VORMULTIPLIZIERTES ALPHA *aus.*

RGB multiplizieren

RGB multiplizieren
= RGB Multiply

RGB MULTIPLIZIEREN mischt zwei Maps anhand ihrer RGB-Werte. Dabei werden die Werte der drei Farbkomponenten einzeln miteinander multipliziert, so dass helle Stellen betont werden.

Abbildung 3.133: Zwei Maps, die anhand ihrer RGB-Werte multipliziert wurden

Im RGB-Multiplikationsparameter-Rollout können Sie die beiden Maps auswählen. Dabei können Sie statt einer Map auch eine Farbe verwenden. Damit erreicht man einen Effekt, als würde farbiges Licht auf ein Bild fallen. Im unteren Bereich lässt sich einstellen, welcher Alpha-Kanal für die neu berechnete Map verwendet werden soll.

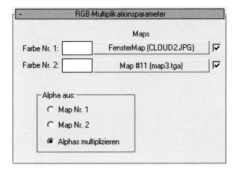

Abbildung 3.134: RGB-Multiplikationsparameter

3.7 Farbmodifikatoren

Die Maps der Gruppe *Farbmodifikatoren* dienen dazu, die Farben einer fertig berechneten Map nachträglich zu verändern.

RGB-Tönung

RGB-Tönung ist ein Farbfilter, der nachträglich über eine Map gelegt wird. Dazu sind keine eigenen Mapping-Koordinaten oder sonstigen geometrischen Angaben erforderlich.

RGB-Tönung = RGB Tint

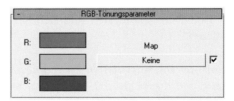

Abbildung 3.135: RGB-Tönungsparameter

Im Rollout RGB-Tönungsparameter wählt man eine Map aus, auf die die *RGB-Tönung* wirken soll. Die drei Farbfelder stellen den Rot-, Grün- und Blauanteil der Map dar. Die Farbe jedes einzelnen Anteils kann hier jetzt verändert werden. So können einerseits Farbabschwächungen und -betonungen, andererseits aber auch komplette Farbverfälschungen erreicht werden.

Ausgabe

Ausgabe = Output

Die *Ausgabe*-Map stellt das AUSGABE-Rollout für alle Arten von Maps zur Verfügung. Hier können Farbtonanpassungen vorgenommen und die ganze Map auch invertiert werden.

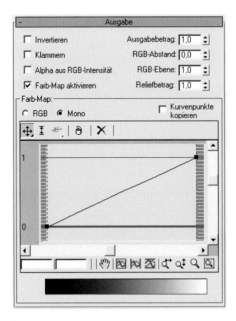

Abbildung 3.136: Einstellungen einer Ausgabe-Map

Scheitelpunktfarbe

Scheitelpunktfarbe = Vertex Color

Die *Scheitelpunktfarbe*-Map ermöglicht es, Masken oder Realtime-Texturen, die mit VertexPaint oder externen Programmen auf die 3D-Geometrie gemalt wurden, im gerenderten Bild sichtbar zu machen und für normale Texturen zu nutzen.

Eine der interessantesten Neuerungen in 3ds max 6 ist ein komfortables Werkzeug, um direkt auf 3D-Objekte zu malen. In früheren Versionen waren hierfür externe Plug-Ins notwendig. Allerdings malt man hier keine wirkliche Map, sondern verändert die Farbe auf Basis der Scheitelpunkte der Geometrie. Bei veränderter Netzauflösung ändert sich also das Ergebnis, was bei einer echten Map nicht der Fall wäre, da diese nur von Mapping-Koordinaten abhängig ist.

Scheitelpunkt übertragen = VertextPaint

Bevor man auf ein Objekt malen kann, muss auf dieses Objekt der Modifikator SCHEITELPUNKT ÜBERTRAGEN angewendet werden, eine etwas unglückliche Übersetzung des englischen *VertexPaint*.

Der Modifikator öffnet ein spezielles Fenster mit den Malwerkzeugen. Sollte dieses Fenster nicht erscheinen oder versehentlich geschlossen werden, können Sie es mit dem Button BEARBEITEN im PARAMETER-Rollout des Modifikators wieder öffnen.

Bevor Sie mit dem Malen beginnen, wählen Sie durch Anklicken des großen Farbfeldes eine Farbe aus. Stellen Sie anschließend im Feld GRÖSSE noch den Durchmesser des Malpinsels ein.

Die aktuelle Größe sehen Sie, wenn Sie mit der Maus über das zu bemalende Objekt fahren. Ein Kreis zeigt die aktuelle Pinselgröße. Vom Mittelpunkt dieses Kreises geht eine Linie weg, die die Normalenrichtung der Fläche anzeigt, auf der der Pinsel gerade steht. Auf diese Weise sieht man an unregelmäßig geformten Objekten genau, welche Fläche wirklich bemalt wird.

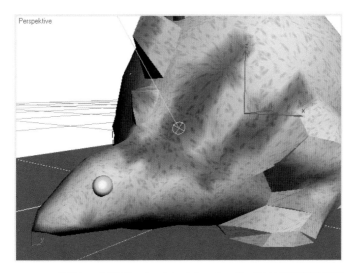

Abbildung 3.137: Pinselsymbol auf einem bemalten Objekt [SAURUS01.MAX]

Malen kann man in jedem Fenster, unabhängig von der verwendeten Perspektive. Allerdings sind die Punkte umso genauer zu treffen, je senkrechter man auf die betreffende Fläche blickt.

Zum Malen stehen verschiedene Werkzeuge zur Verfügung:

Der Pinsel ist das wichtigste Malwerkzeug. Bei gedrückter Maustaste wird die Farbe auf die Stelle auf dem Objekt gemalt, die das Kreissymbol markiert.

Der Radierer funktioniert wie der Malpinsel mit dem Unterschied, dass keine neue Farbe aufgetragen, sondern die vorhandene Farbe entfernt wird.

Mit dem Farbeimer können das ganze Objekt oder die aktuelle Auswahl mit der gewählten Farbe gefüllt werden.

Das Bemalen funktioniert auch mit ausgewählten Teilbereichen von Objekts. In diesem Fall werden nicht ausgewählte Teilbereiche vom Farbpinsel und auch vom Farbeimer nicht betroffen. Im Kapitel 9 finden Sie ausführliche Informationen, wie sich Objekte in Teilen auswählen lassen.

Der umgekehrte Farbeimer entfernt die komplette Bemalung mit einem Klick vom Objekt.

Falls Sie diesen Button versehentlich geklickt haben, ist noch nicht alles verloren. Diese Aktion lässt sich, wie die meisten Aktionen in 3ds max 6 mit der Tastenkombination Strg + Z *zurücknehmen.*

Mit der Pipette kann die Farbe eines Punktes als aktuelle Malfarbe übernommen werden. Dabei werden nur Farben übernommen, die mit dem Modifikator SCHEITELPUNKT ÜBERTRAGEN aufgemalt wurden, nicht die Farben der Originaltextur des Objektes.

Pinseloptionen

Der Malpinsel muss nicht immer gleich sein, sondern lässt sich vielfältig einstellen. Ein Klick auf diesen Button öffnet das Dialogfeld PAINTER-OPTIONEN.

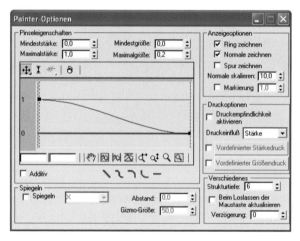

Abbildung 3.138: Den Malpinsel einstellen

Verwenden Sie zum Malen ein Grafiktablett mit drucksensitivem Stift, können Sie hier die DRUCKEMPFINDLICHKEIT AKTIVIEREN. Dabei ist einstellbar, ob ein Aufdrücken des Stiftes die Stärke oder die Größe des virtuellen Pinsels beeinflusst. Auch beides gleichzeitig ist möglich.

In den Pinseleigenschaften oben links lassen sich MINDEST- und MAXIMALSTÄRKE sowie MINDEST- und MAXIMALGRÖßE des Pinsels festlegen, die bei unterschiedlich starkem Andrücken verwendet werden sollen. Benutzt man eine Maus oder ein anderes nicht drucksensitives Eingabegerät, werden immer die angegebenen Maximalwerte verwendet.

Das Kurvenfeld in der Mitte gibt an, wie die Intensität der Linie von der Mittel-linie nach außen verläuft. Besonders gut lässt sich damit die Intensität in den Randbereichen der gemalten Linien steuern, also wie weit die Bemalung gegen den Untergrund verschwimmt.

Bei symmetrischen oder auch nur annähernd symmetrischen Objekten, wie zum Beispiel Köpfen oder Körpern von Lebewesen spart man sich einiges an Arbeit, wenn man den Schalter SPIEGELN einschaltet. Dann braucht nur noch eine Seite des Objektes bemalt zu werden, die andere wird automatisch gleich bemalt. In den Ansichtsfenstern erscheinen dabei auch zwei Pinselsymbole, unabhängig davon, in welcher Perspektive das Objekt betrachtet wird.

Spiegeln = Mirror

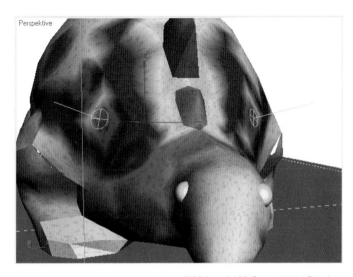

Abbildung 3.139: Symmetrische Bemalung

Die Spiegelachse und deren Abstand von der Mitte des Objektes können ebenfalls eingestellt werden.

Anzeigeoptionen

Bei texturierten Materialien, die zusätzlich bemalt werden, sind Einzelheiten nicht immer einfach zu erkennen. Die Werkzeugpalette SCHEITELPUNKT ÜBER-TRAGEN bietet deshalb im oberen Bereich vier Buttons, mit denen die Anzeige der Textur und der Bemalung verändert werden können.

Scheitelpunkt-Farbanzeige-unschattiert stellt die Bemalung auf einem scheinbar flachen Objekt ohne jegliche Schattierung dar.

Scheitelpunkt-Farbanzeige-schattiert zeigt die Bemalung auf dem schattierten Objekt, der Normalfall.

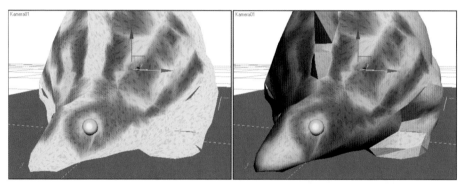

Abbildung 3.140: Links: Scheitelpunkt-Farbanzeige-unschattiert, rechts: Scheitelpunkt-Farbanzeige-schattiert

 Scheitelpunkt-Farbanzeige-deaktivieren schaltet die Bemalung aus, um die ursprüngliche Textur des Objektes zu sehen.

 Texturanzeige aktivieren/deaktivieren schaltet die Darstellung der Map auf dem Objekt ein oder aus, um die Bemalung alleine zu sehen. Dieser Modus lässt sich mit der Schattierung der Scheitelpunkt-Farbanzeige kombinieren.

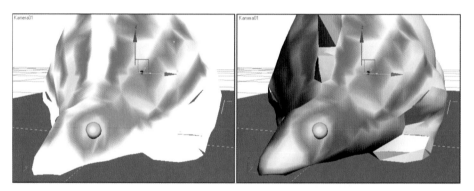

Abbildung 3.141: Ausgeschaltete Texturanzeige, links: Scheitelpunkt-Farbanzeige-unschattiert, rechts: Scheitelpunkt-Farbanzeige-schattiert

Weitere Optionen zur Anpassung der Scheitelpunktfarbe

 Der Button FARBE ANPASSEN blendet ein Dialogfeld ein, in dem man die Farbwerte der gesamten Bemalung auf einmal verändern kann.

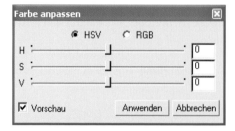

Abbildung 3.142: Farben anpassen

Diese Anpassung kann entweder über die RGB-Werte oder im HSV-System nach Farbe, Sättigung und Helligkeit erfolgen.

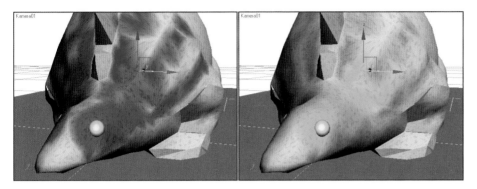

Abbildung 3.143: Links: Farben in Richtung Blau verschoben (negativer H-Wert), rechts: Farben in Richtung Grün verschoben (positiver H-Wert)

Der Button UNSCHÄRFE lässt die gesamte Bemalung unscharf verschwimmen. Der Grad der Unschärfe wird im Zahlenfeld daneben angegeben. Klickt man mehrfach hintereinander auf UNSCHÄRFE, wird die Bemalung jedes Mal unschärfer.

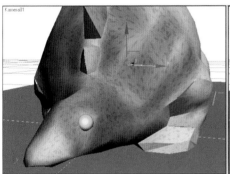 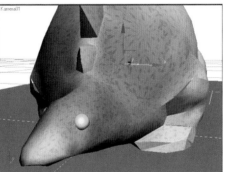

Abbildung 3.144: Unterschiedliche Unschärfebeträge

Layer

Für besondere Textureffekte können mehrere SCHEITELPUNKT ÜBERTRAGEN-Modifikatoren überlagert werden. Mit den Buttons im unteren Bereich des Dialogfeldes SCHEITELPUNKTÜBERTR können wie in einem Bildbearbeitungsprogramm mehrere Layer übereinander gelegt werden. Der Effekt ist der Gleiche, wie wenn man mehrere Modifikatoren im Modifikatorstapel übereinander legt.

Die Layer können in unterschiedlichen Verfahren einander überblenden. Die verschiedenen Effekte lassen sich im Listenfeld MODUS auswählen.

Combustion-Map

Eine weitere Möglichkeit, Maps interaktiv zu malen bietet der Map Typ *Combustion*. Diese Map ermöglicht in 3ds max 6 die interaktive Zusammenarbeit mit dem Programm *Combustion* von discreet. Damit können Sie interaktiv eine Map zeichnen. Diese wird sofort in 3ds max 6 übernommen und im Material-Editor und auf den Objekten dargestellt.

 Aktivieren Sie bei dieser Map immer den Button MAP IM ANSICHTSFENSTER ZEIGEN, da Sie sonst die Map während der Bearbeitung nicht sehen können.

 Bei der Arbeit mit Combustion empfiehlt sich eine Mehrschirmlösung, um Combustion und 3ds max 6 gleichzeitig sehen zu können.

TIPP

3.8   Kombinierte Materialien

In den vorangegangenen Beispielen wurden öfters kombinierte Maps verwendet, die aus mehreren einzelnen Maps zusammengesetzt waren. 3ds max 6 bietet aber auch die Möglichkeit, komplette Materialien zu kombinieren, so dass ein Objekt an verschiedenen Stellen unterschiedliche Materialeigenschaften haben kann.

Neue Materialien im Material-Editor sind normalerweise vom Typ Standard. Klicken Sie auf den Button STANDARD rechts vom Materialnamen, können Sie in der Material-/Map-Übersicht einen anderen Materialtyp auswählen.

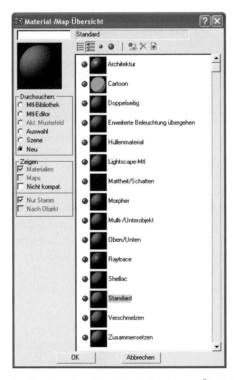

Abbildung 3.145: Materialtyp in der Material-/Map-Übersicht auswählen

(KOMPENDIUM) 3ds max 6

Kombinierte Materialien haben eine hierarchische Struktur, ähnlich wie kombinierte Maps.

Diese Struktur lässt sich in der Material-/Map-Anzeigesteuerung darstellen. Hier können Sie auch direkt eine bestimmte Map oder ein untergeordnetes Material anklicken und der Material-Editor springt automatisch dorthin.

Abbildung 3.146: Doppelseitiges Material in der Material-/Map-Anzeigesteuerung

Doppelseitiges Material

Das einfachste kombinierte Material ist das doppelseitige Material. Hier werden zwei Materialien kombiniert, die auf ein und demselben Objekt angewendet werden. Das eine Material ist auf den Flächenvorderseiten zu sehen, das andere auf den Rückseiten. Diese Materialien werden auch immer automatisch zweiseitig gerendert.

*Doppelseitig
= Double Sided*

Besonders bei texturierten Materialien sieht die Rückseite in der Realität meistens anders aus, als die Vorderseite.

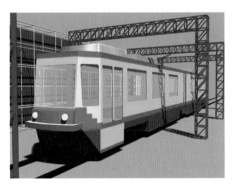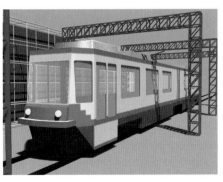

Abbildung 3.147: Links: normales Material, rechts: doppelseitiges Material [SBAHN05.MAX]

In der linken Abbildung ist durch das Türfenster der Straßenbahn deutlich der rote Streifen der Textur auch auf der Innenseite zu sehen. Die rechte Abbildung verwendet ein doppelseitiges Material mit einer einheitlich grauen Innenseite.

Bei doppelseitigen Materialien erscheint im Material-Editor ein einziges Rollout, in dem die Materialien für die beiden Seiten ausgewählt werden. Diese können bereits als einzelne Materialien vorhanden sein oder hier angelegt werden.

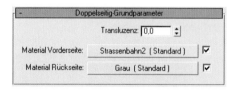

Abbildung 3.148: Einstellungen für doppelseitige Materialien

Transluzenz
= Translucency

Der Wert TRANSLUZENZ gibt an, wie weit ein Material auf die andere Seite der Fläche durchscheint.

Beim Erstellen eines doppelseitigen Materials auf einer Materialkugel, die bereits ein Material enthält, kann dieses auch als eine Komponente für das neue doppelseitige Material übernommen werden. Dies gilt auch für alle anderen kombinierten Materialien.

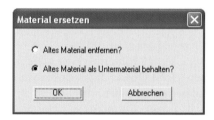

Abbildung 3.149: Abfrage beim Anlegen eines neuen Materials

Verschmelzen-Material

Verschmelzen
= Blend

Das *Verschmelzen*-Material überblendet zwei Materialien mit einer Mischkurve oder einer Maske. Das Verfahren ähnelt der *Mischen*-Map, mit dem Unterschied, dass zwei Materialien einschließlich aller ihrer Eigenschaften wie Transparenz und verschiedenes Mapping überblendet werden und nicht nur zwei Maps (siehe Abbildung 3.150).

Die Kuppel besteht aus einem einzigen Material, das durch Verschmelzen zweier Materialien mit einer Maske gebildet wird. In den dunklen Bereichen der Maske, den Fenstern, erscheint ein transparentes Material mit leichtem Selbstleuchteffekt und einer Kacheln-Map zu einem geringen Betrag überlagert, die das Raster der Fenstersprossen darstellt. An den hellen Bereichen der Maske ist ein glänzendes Material mit einer dezenten Strudel-Map zu sehen (siehe Abbildung 3.151).

Das Rollout VERSCHMELZUNGS-GRUNDPARAMETER auf Material-Level im Material-Editor ähnelt dem Rollout MISCHPARAMETER auf Map-Level bei einer *Mischen*-Map (siehe Abbildung 3.152).

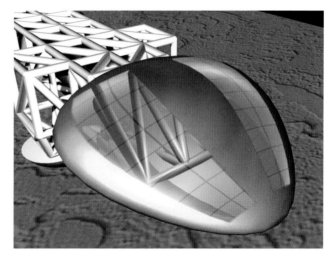

Abbildung 3.150: Kuppel eines Alien-Raumschiffes mit Verschmelzen-Material und Maske

Abbildung 3.151: Das Verschmelzen-Material aus der Abbildung

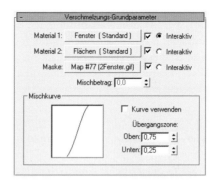

Abbildung 3.152: Einstellungen für Verschmelzen-Materialien

Oben/Unten-Material

Oben/Unten
= Top/Bottom

Oben/Unten-Materialien sind aus zwei Materialien kombiniert. Das eine der beiden Materialien wird für die Flächen verwendet, die nach oben zeigen, das andere für die, die nach unten zeigen. Die Begriffe *Oben* und *Unten* beziehen sich dabei auf die Z-Achse des Weltkoordinatensystems oder auf das lokale Koordinatensystem des Objekts.

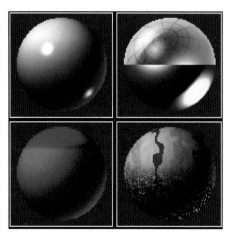
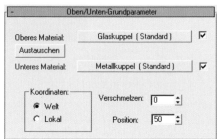

Abbildung 3.153: Verschiedene Oben/Unten-Materialien und Rollout Oben/Unten-Grundparameter im Material-Editor

Oben/Unten-Materialien erscheinen im Material-Editor als zweigeteilte Kugeln, ähnlich wie sie auf einer wirklichen Kugel erscheinen.

Hier definieren Sie die beiden Materialien und weitere Parameter:

Verschmelzen
= Weld

Mit dem Wert VERSCHMELZEN kann man die Trennlinie verwischen, so dass diese keine scharfe Abgrenzung zwischen den Materialien mehr bildet. Der Wert wird in Prozent angegeben. 0 bedeutet exakte Abgrenzung, 100 völliges Verschwimmen zu einem Material.

Der Wert POSITION gibt die Lage der Trennlinie an. Auch dieser Wert gilt prozentual. Bei 50 liegt die Trennlinie genau so, dass nach oben gerichtete Flächen das eine Material haben, nach unten gerichtete das andere. Je höher der POSITION-Wert, desto weiter reicht das untere Material auch auf die nach oben gerichteten Flächen.

!!
STOP

Ist eines der Teilmaterialien transparent sieht man durch den Körper hindurch, auch wenn beide Teilmaterialien doppelseitig gerendert werden. Dies scheint ein genereller Fehler in diesem Materialtyp zu sein. Er tritt auch auf, wenn man anstelle des Standard max-Renderers den mental ray-Renderer verwendet.

In der Ansicht von oben (siehe Abbildung 3.154, rechts) sieht man deutlich auch in der unteren Objekthälfte das hellblau transparente Material mit dem Gitterraster.

 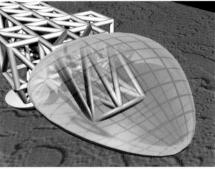

Abbildung 3.154: Die Kuppel des Raumschiffes verwendet ein Oben/Unten-Material. [BETA04.MAX]

Shellac

Das Material *Shellac* addiert die Farben eines Materials über ein anderes Material. Dabei kann der Parameter, der die Stärke der Farbüberblendung steuert, beliebig eingestellt und auch animiert werden.

Durch die Addition der Farben des zweiten Materials erscheint das neue Material an den hellen Stellen des *Shellac*-Materials besonders hell. An den dunklen Stellen sieht man das Grundmaterial immer noch durch.

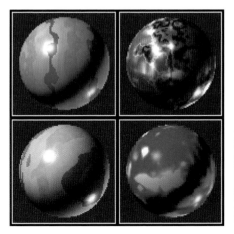 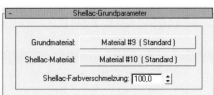

Abbildung 3.155: Verschiedene Shellac-Materialien und Rollout Shellac-Grundparameter im Material-Editor

Der Parameter SHELLAC-FARBVERSCHMELZUNG im Rollout SHELLAC-GRUNDPA-RAMETER legt die Stärke der Farbaddition fest. Bei 0 werden gar keine Farben überblendet, nach oben hin ist die Skala offen. Sehr hohe Werte bewirken ein starkes Überstrahlen der hellen Farben des *Shellac*-Materials. Bei den dunklen Farben bleibt aber das Grundmaterial immer zu sehen.

Shellac-Farbver-schmelzung = Shellac Color Blend

3.9   Material-IDs und Multi-/Unterobjekt-Material

*Multi/Unterobjekt
= Multi/Sub-Object*

Bei den bisher beschriebenen kombinierten Materialien wurden die einzelnen Teilmaterialien nach bestimmten Automatismen zugewiesen. Über Material-IDs und Multi-/Unterobjekt-Materialien können Sie Teilbereichen eines Objekts Untermaterialien zuweisen, so dass für das ganze Objekt nur noch ein Hauptmaterial notwendig ist.

Abbildung 3.156: Dieses Objekt besteht aus einem einzigen Material. (hoffmann.architektur – Möbelkonzept)

Multi-/Unterobjekt-Materialien können aus bis zu 1000 einzelnen Teilmaterialien bestehen. Diese werden nicht gemischt, sondern einzeln unverändert Teilbereichen des Objekts zugewiesen.

Im Material-Editor werden solche Materialien als geteilte Kugeln angezeigt, deren einzelne Flächen die Untermaterialien darstellen.

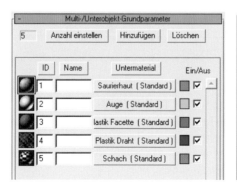

Abbildung 3.157: Multi-/Unterobjekt-Material im Material-Editor

Beim Anlegen eines neuen *Multi-/Unterobjekt*-Materials erscheint ein Rollout, das standardmäßig zehn Untermaterialien enthält. Die Anzahl der Untermaterialien kann über den Button ANZAHL EINSTELLEN festgelegt werden.

Anzahl einstellen = Set Number

Jedes dieser Untermaterialien kann entweder nur eine einfache Farbe oder ein komplettes Material sein. Klicken Sie auf das farbige Feld in einer Materialzeile im Material-Editor, können Sie mit der üblichen Farbauswahlbox eine Farbe zuweisen. Durch Anklicken der Material-Buttons springen Sie im Material-Editor eine Hierarchieebene nach unten und können dort die einzelnen Materialien einstellen.

Statt die Teilmaterialien einzeln einzustellen, können Sie auch aus der Material-/ Map-Übersicht Materialien, die in der Szene, im Material-Editor oder in einer Materialbibliothek vorhanden sind, per Drag&Drop auf die Material-Buttons des Multi-/Unterobjekt-Materials ziehen.

Jedes der Teil-Materialien muss eine eindeutige Material-ID enthalten und kann auch noch zusätzlich einen optionalen Namen bekommen. Mit den Buttons ID, NAME und UNTERMATERIAL im Rollout MULTI-/UNTEROBJEKT-GRUNDPARAMETER können Sie die Liste nach diesen drei Kriterien sortieren.

Untermaterial = Sub-Material

Zur schnellen Navigation zwischen den einzelnen Untermaterialien können diese Buttons verwendet werden. Außerdem lassen sich alle Teilmaterialien und verwendeten Texturen in der Material-/Map-Anzeigesteuerung direkt ansteuern.

Abbildung 3.158: Multi-/Unterobjekt-Material in der Material-/Map-Anzeigesteuerung

Material-IDs zuweisen

Um einzelnen Teilen eines Objekts die verschiedenen Untermaterialien zuweisen zu können, müssen verschiedene Material-IDs für Teilbereiche des Objekts definiert werden. Dabei gibt es verschiedene Möglichkeiten:

Einige Objekttypen erhalten beim Erstellen automatisch mehrere Material-IDs.

➡ *Quader* haben sechs verschiedene Material-IDs, von 1 bis 6, für jede Seiten-fläche eine.

➡ *Zylinder* haben drei verschiedene Material-IDs, ID 1 und 2 für die beiden Deckelflächen, ID 3 für die Mantelfläche. Das Gleiche gilt für Kegel und Kegelstümpfe.

➡ *Polyhedra* haben drei verschiedene Material-IDs, für die drei Achsen. Dabei haben gleichartige Flächen auch gleiche Material-IDs.

➡ *Partikelsysteme* verwenden bis zu 64 Material-IDs, die den einzelnen Partikeln der Reihe nach zugewiesen werden. Nach dem 64. Partikel wird wieder mit 1 begonnen.

➡ *Architektur-Objekte* verwenden spezielle Zuweisungen von Material-IDs für die einzelnen Bestandteile, wie zum Beispiel Fensterrahmen, Fensterscheibe, …

Bei bearbeitbaren Netzobjekten können in der ÄNDERN-Palette auf Unterobjekt-Level einzelne Flächen oder Elemente selektiert werden. Diesen kann anschlie-ßend im Rollout OBERFLÄCHENEIGENSCHAFTEN eine eigene Material-ID zugewie-sen werden.

TIPP

In 3ds max 6 kann man den einzelnen Untermaterialien außer Nummern auch noch aussagekräftige Namen zuweisen. Unter diesen Namen kann man anschlie-ßend auch Teilobjekte in den OBERFLÄCHENEIGENSCHAFTEN *auf der* ÄNDERN-*Palette auswählen. Diese Liste ist nur verfügbar, wenn das selektierte Objekt ein Multi-/Unterobjekt Material enthält*

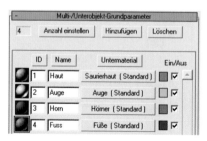

Abbildung 3.159: Namen für Untermaterialien im Material-Editor

In bearbeitbares Netz umwandeln = Convert to editable Mesh

Alle anderen Standardobjekte haben immer die Material-ID 1. Mit dem Modifi-kator NETZ BEARBEITEN oder der Funktion IN BEARBEITBARES NETZ UMWAN-DELN aus dem Quad-Menü lassen sich beliebige Objekte in Netze umwandeln, so dass einzelnen Teilen nachträglich Material-IDs zugewiesen werden können.

Wird einem Objekt ein Multi-/Unterobjekt-Material zugewiesen, bekommt jede Fläche entsprechend ihrer Material-ID das entsprechende Teilmaterial. Verwen-den diese Teilmaterialien Maps, sind auf den entsprechenden Flächen des Objekts Mapping-Koordinaten erforderlich.

Multi/Unterobjekt-Material zuweisen

Multi-/Unterobjekt-Materialien erleichtern besonders die Materialzuweisung, wenn mehrere unterschiedliche Objekte mit gleichen Materialien versehen werden sollen.

Abbildung 3.160: Stühle mit Multi-/Unterobjekt-Materialien [BESUCHERSTÜHLE.MAX] (Stühle: Grahl Büroergonomie)

Die Szene BESUCHERSTÜHLE.MAX *auf der DVD zeigt vier verschiedene Stühle, die alle zwei Material-IDs verwenden, ID 1 für die konstruktiven Teile, Beine, Armlehnen, Sitzträger, ID 2 für die Polster.*

Material-IDs sollten immer nach dem gleichen Schema zugewiesen werden, damit ein Material für verschiedene Objekte verwendet werden kann.

Ein Multi-/Unterobjekt-Material kann wie jedes andere Material direkt von einer Materialkugel im Material-Editor auf das Objekt in der Szene gezogen werden. Dabei werden die einzelnen Untermaterialien automatisch den Teilobjekten mit der entsprechenden Material-ID zugewiesen.

Zieht man ein anderes Multi-/Unterobjekt-Material auf ein Objekt, werden alle Untermaterialien automatisch ausgetauscht.

Abbildung 3.161: Die gleiche Szene mit einem anderen Material

Multimaterial bereinigen

Ein neues Dienstprogramm in 3ds max 6 ermöglicht das automatische Bereinigen unbenutzter Untermaterialien in Multi-/Unterobjekt-Materialien.

Multimaterial bereinigen = Clean Multi-Material

Multi-/Unterobjekt-Materialien mit vielen Untermaterialien machen eine Szene unübersichtlich. Das Dienstprogramm MULTIMATERIAL BEREINIGEN reduziert alle Multi-/Unterobjekt-Materialien auf die Untermaterialien, die wirklich in der Szene verwendet werden.

Sie finden das Programm auf der DIENSTPROGRAMME-Palette. Standardmäßig wird es hier nicht als Button angezeigt. Klicken Sie also auf WEITERE und wählen MULTIMATERIAL BEREINIGEN aus der Liste.

Ein Klick auf den Button ALLES DURCHSUCHEN blendet eine Liste aller Multi-Unterobjekt-Materialien ein, die Objekten in der Szene zugewiesen sind. Materialien, die nur im Material-Editor zu sehen sind, aber von keinem Objekt verwendet werden, werden nicht aufgelistet.

Abbildung 3.162: Auswahl der zu bereinigenden Multi-/Unterobjekt-Materialien

Wählen Sie hier alle Materialien, die bereinigt werden sollen. Das Programm entfernt automatisch alle nicht verwendeten Untermaterialien. Die Material-IDs werden davon nicht beeinflusst.

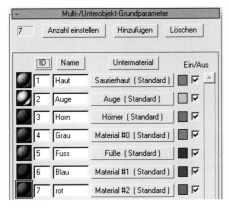 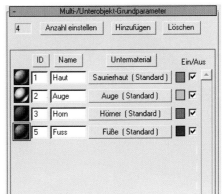

Abbildung 3.163: Links: Original-Material, rechts: bereinigtes Material

3.10 Materialien mit Sondereigenschaften

Für besondere Effekte liefert 3ds max 6 spezielle Materialien, die nach eigenen Verfahren berechnet werden.

Dazu gehören unter anderem auch die Raytrace- und Erweiterte Beleuchtung-Materialien, die in den Kapiteln 4 und 5 beschrieben werden.

Architektur-Material

*Das Architektur-Material ist ein neuer Material-Typ in 3ds max 6, mit dem sich realistische Materialien sehr einfach erstellen lassen. Das gleiche Material wird auch in **VIZ Render** und **Architectural Desktop 2004** verwendet. Beim Import von DRF-Dateien wird es automatisch den Objekten zugewiesen.*

Mit dem Architektur-Material kann man unter einer einfachen Benutzeroberfläche vielfältige Materialien erstellen, die wirkliche Baumaterialien, wie Stein, Glas oder textile Werkstoffe, simulieren. Dieser Material-Typ eignet sich besonders bei Verwendung erweiterter Beleuchtung mit Radiosity oder mental ray.

Architektur-Materialien können Spiegelungs-, Transparenz- und Lichtbrechungseffekte enthalten (siehe Abbildung 3.164).

Der Grundtyp eines Architektur-Materials wird aus einer Vorlage übernommen. Danach lassen sich weitere Parameter detailliert einstellen (siehe Abbildung 3.165).

Anhand der ausgewählten Material-Vorlage in der Liste VORLAGEN werden die Materialparameter entsprechend eingestellt. Alle Parameter können anschließend über Zahlenwerte verändert werden. Außerdem lassen sich wie bei Standard-Materialien, den verschiedenen Eigenschaften auch Maps zuweisen (siehe Abbildung 3.166).

Abbildung 3.164: Szene mit Architektur-Materialien (Shopkonzept hoffmann.architektur)

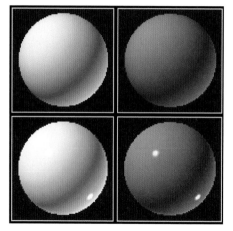

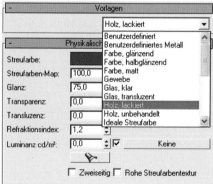

Abbildung 3.165: Architektur-Materialien im Material-Editor

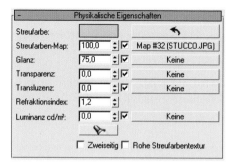

Abbildung 3.166: Physikalische Eigenschaften eines Architektur-Materials

(KOMPENDIUM) 3ds max 6

Verwendet ein Material eine *Streufarben*-Map, kann man mit diesem Button automatisch eine Farbe generieren, die dem Mittelwert dieser Map entspricht. Dies ist besonders dann interessant, wenn die *Streufarben*-Map nur zu einem geringen Prozentsatz angewendet wird und die Eigenfarbe des Materials nicht vollkommen überdeckt.

Bei selbstleuchtenden Materialien kann ein *Luminanz*-Wert angegeben werden. Die Materialien strahlen tatsächlich Licht ab und können im Gegensatz zu selbstleuchtenden *Standard*-Materialien auch andere Objekte beleuchten.

Abbildung 3.167: Das Licht im Inneren des Gitters stammt nur von einem selbstleuchtenden Architektur-Material. [KELLER01.MAX]

Der Schalter ROHE STREUFARBENTEXTUR nimmt ein Objekt vom Einfluss der Beleuchtung und der Schatten aus und stellt die Textur unabhängig von der Belichtung in ihrem originalen Aussehen dar.

Rohe Streufarben-textur = Raw Diffuse Texture

Wenn in der Szene photometrische Lichtquellen vorhanden sind, kann man mit diesem Button den Luminanz-Wert einer solchen Lichtquelle übernehmen. Auf diese Weise lassen sich sehr schnell leuchtende Objekte erstellen, deren Leuchtkraft einer vorhandenen Lichtquelle entspricht.

Im Rollout SPEZIALEFFEKTE lassen sich auch den Architektur-Materialien noch weitere Maps für RELIEF, 3D-VERSCHIEBUNG und INTENSITÄT zuweisen.

Relief/3D-Verschie-bung/Intensität = Bump/Displacement/ Intensity

Spezialeffekte			
Relief:	100,0	✓	Keine
3D-Verschiebung:	100,0	✓	Keine
Intensität:	100,0	✓	Keine
Ausschnitt:	100,0	✓	Map #8 (Lochblech.tif)

Abbildung 3.168: Rollout Spezialeffekte für Architektur-Materialien

Der Map-Typ *Ausschnitt* ähnelt der *Opazität*-Map bei Standard Materialien, mit dem Unterschied, dass das Material an den dunklen Stellen der Map wirklich ausgeschnitten und nicht auf transparent geschaltet wird. Innerhalb der ausgeschnittenen Bereiche erscheinen also keine Lichtflecke, Spiegelungen oder Refraktionen, wie dies bei *Opazität*-Maps der Fall ist.

Ausschnitt = Cutout

Abbildung 3.169: Links: Standard-Material mit Opazität-Map, rechts: Architektur-Material mit Ausschnitt-Map [KUGELN03.MAX]

:-)
TIPP

Verwenden Sie für Ausschnitt-Maps sinnvollerweise Maps mit klarem Schwarz-Weiß-Kontrast, keine Graustufen und keine Farben.

Cartoon Material

Cartoon ist ein spezielles Material in 3ds max 6 zur Darstellung comicartiger Flächen und Liniengrafiken im zweidimensionalen Design.

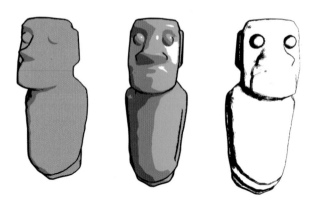

Abbildung 3.170: Comicfiguren mit Cartoon-Materialien [SKULPTUR06.MAX]

*Cartoon
= Ink 'n Paint*

Dieses Material, auch als *Toon Shader* bezeichnet, generiert nur Flächen und Linien, kann aber problemlos mit anderen Materialien zusammen in der gleichen Szene verwendet werden.

Die Flächen lassen sich je nach Lichteinfall in mehreren Stufen schattieren. An den Begrenzungskanten der Objekte können kräftige Linien stehen.

!!
STOP

Cartoon-Materialien werden in schattierten Ansichtsfenstern nur angedeutet. Das wirkliche Material sieht man erst im gerenderten Bild.

Farbfüllung

Zur Steuerung der Farbflächen wird das Rollout FARBFÜLLUNGSSTEUERUNG verwendet.

Farbfüllungssteuerung = Paint Controls

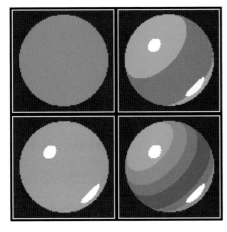

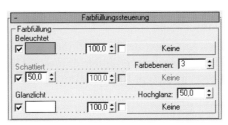

Abbildung 3.171: Verschiedene Farbfüllungen und Einstellung der farbig gefüllten Flächen

➡ BELEUCHTET – ist die Grundfarbe des Materials.

Beleuchtet = Lighted

➡ GLANZLICHT – ist die Farbe des hellen Punkts. Dieser hebt sich bei *Cartoon*-Materialien deutlich vom Material ab.

Glanzlicht = Highlight

➡ SCHATTIERT – ist die Farbe der dunkelsten Schatten. Hier wird üblicherweise ein prozentualer Anteil der BELEUCHTET-Farbe angegeben. Durch Ausschalten des Schalters ganz links kann man auch eine eigene Farbe für die Schatten einstellen.

Schattiert = Shaded

➡ FARBEBENEN – gibt an, wie viele Abstufungen der Schattierung auf einem Objekt zu sehen sind.

Farbebenen = Paint Levels

➡ HOCHGLANZ – stellt die Größe des hellen Flecks ein.

Hochglanz = Glossiness

Die Farben für BELEUCHTET, SCHATTIERT und GLANZLICHT können auch durch Maps ersetzt werden.

Abbildung 3.172: Verschiedene Cartoon-Materialien mit Farbfüllung

Die Abbildung zeigt verschiedene Cartoon-Materialien:

➤ Links: Drei Farbebenen, Glanzlicht, eigene Farbe für Schatten.

➤ Mitte: Drei Farbebenen, kein Glanzlicht, Schattierung 50%. Für die leichten Farbverläufe wurde in der Zeile BELEUCHTET eine *Strudel*-Map angewendet.

➤ Rechts: Fünf Farbebenen, Glanzlicht, Schattierung 50%, keine Konturlinien.

:-)
TIPP

Soll ein Material nur aus Linien bestehen und keine Flächenfüllung haben, deaktivieren Sie die Schalter links von den Farbfeldern BELEUCHTET *und* GLANZLICHT.

Konturlinien

Kontursteuerung/
Konturzeichnung
= Ink Controls/Ink

Das Aussehen der Konturlinien wird im Rollout KONTURSTEUERUNG eingestellt. Damit überhaupt Linien dargestellt werden, muss der Schalter KONTURZEICHNUNG in diesem Rollout aktiviert sein.

!!
STOP

Die Konturlinien werden auf den Materialkugeln und in den schattierten Ansichtsfenstern nicht dargestellt.

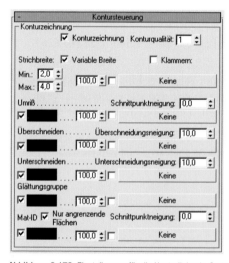

Abbildung 3.173: Einstellungen für die Konturlinien in Cartoon-Materialien

Konturqualität
= Ink Quality

➤ KONTURQUALITÄT verbessert bei höheren Werten die Kantenerkennung, verlängert die Rechenzeit dann aber deutlich.

Variable Breite
= Variable Width

➤ VARIABLE BREITE ermöglicht unterschiedliche Linienbreiten. Diese werden mit den Zahlenwerten bei STRICHBREITE angegeben. Breitere Linien werden für schattierte Bereiche verwendet, schmalere für beleuchtete.

Klammern = Clamp

➤ Der Schalter KLAMMERN verhindert, dass an sehr hellen Stellen die Linienbreite den angegebenen Minimalwert unterschreitet.

Strichbreite
= Ink Width

➤ Der MAP-Button im Bereich STRICHBREITE ermöglicht es, die Linienstärke über eine Map variabel zu machen. So kann zum Beispiel eine Papier- oder Holztextur imitiert werden.

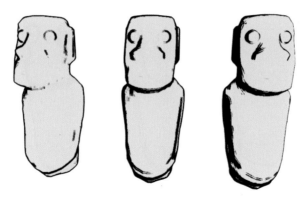

Abbildung 3.174: Verschiedene Einstellungen der Strichbreiten, links: ohne variable Breite

Im unteren Bereich des Rollouts können die Linienfarben für Umriss, interne Überlappungen zwischen Objekten, Kanten von Glättungsgruppen und Material-IDs getrennt eingestellt werden. Bei Bedarf lassen sich auch einzelne dieser Typen ganz deaktivieren.

Für alle Linientypen können Farben und bei Bedarf auch Maps ausgewählt werden.

➡ UMRISS stellt die Umrisslinie des Objektes dar.

Umriss = Outline

➡ ÜBERSCHNEIDEN zeichnet eine Kontur, wenn sich das Objekt selbst überschneidet. Mit dem Parameter ÜBERSCHNEIDUNGSNEIGUNG lässt sich einstellen, wie weit eine Fläche vor einer anderen liegen muss, damit eine Kontur gezeichnet wird. Geringere Werte ergeben mehr Konturen.

Überschneiden = Overlap

➡ UNTERSCHNEIDEN zeichnet wie ÜBERSCHNEIDEN eine Kontur, wenn sich das Objekt selbst überschneidet. Im Unterschied dazu wird hier die Kontur auf die hinten liegende Fläche und nicht auf die vorne liegende gezeichnet. Mit dem Parameter ÜBERSCHNEIDUNGSNEIGUNG lässt sich einstellen, wie weit eine Fläche vor einer anderen liegen muss, damit eine Kontur gezeichnet wird. Geringere Werte ergeben mehr Konturen.

Unterschneiden = Underlap

➡ SCHNITTPUNKTNEIGUNG legt bei einer Überschneidung von zwei Objekten fest, wie weit eine Fläche vor einer anderen liegen muss, damit eine Kontur gezeichnet wird. Geringere Werte ergeben mehr Konturen.

Schnittpunktneigung = Intersection Bias

➡ GLÄTTUNGSGRUPPE zeichnet eine Kontur entlang der Grenzen von Glättungsgruppen, also an Kanten, die bei normal schattierten Materialien auch als Kanten sichtbar wären. Damit lassen sich Kanten an bestimmten Stellen erzwingen, indem man entsprechende Glättungsgruppen definiert.

Glättungsgruppen = SmGroup

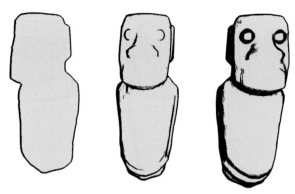

Abbildung 3.175: Links: nur Umriss, Mitte: Überschneidung, rechts: kleinerer Wert für Überschneidungsneigung

Detaillierte Informationen zu Kantenglättung und Glättungsgruppen finden Sie im Kapitel 9.

➤ MAT-ID zeichnet eine Kontur an der Grenze zwischen zwei Material-IDs.

Nur angrenzende Flächen = Only Adjacent Faces

➤ NUR ANGRENZENDE FLÄCHEN Ist dieser Schalter eingeschaltet, wird eine Kontur am Rand einer Material-ID nur an angrenzenden Flächen eines Objektes, nicht zwischen zwei Objekten gezeichnet.

4 Die richtige Beleuchtung

»Nachts sind alle Katzen grau.« Erst durch die richtige Beleuchtung erscheint eine Szene realistisch. Tiefenwirkung und Materialeigenschaften sind durch Beleuchtung überhaupt erst zu erkennen.

Abbildung 4.1: Lichteffekte in einer Architekturvisualisierung (Glasmuseum – Entwurf: Claudia Immler)

Objekte, vor allem Gebäude, sehen bei Tag und bei Nacht völlig unterschiedlich aus. Im Tageslicht spielen Wetter, Tages- und Jahreszeit weitere wichtige Rollen. Bei Nacht und Kunstlichtbeleuchtung lassen sich nahezu beliebige Beleuchtungsvarianten erstellen.

3ds max 6 erspart Gebäudeplanern teure Lichtsimulationen und ermöglicht für Film- und Bildpräsentationen auch Beleuchtungen, die in Wirklichkeit völlig unmöglich sind.

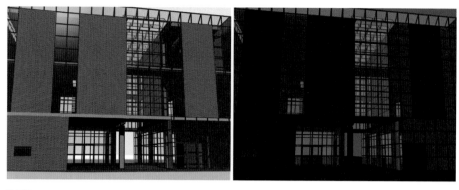

Abbildung 4.2: Verschiedene Tageslichtvarianten

4.1   Typen von Lichtquellen

Licht geht immer von einer Lichtquelle aus – in der Natur wie auch in 3ds max 6. Diese Lichtquellen sind besondere Objekte, die selbst nicht sichtbar sind. Sie werfen das Licht einer bestimmten Farbe in eine bestimmte Richtung. Die Wirkung dieses Lichts ist nur dann im gerenderten Bild zu sehen, wenn es auf ein Objekt trifft.

Die Lichtquellen selbst sind in den Ansichtsfenstern als gelbe Objekte zu sehen und können auch wie Objekte bewegt und kopiert werden. Im gerenderten Bild erscheinen sie nicht.

3ds max 6 unterscheidet neben dem Standard-Hintergrundlicht und dem photometrischen Himmelslicht oder Tageslicht, das von keiner bestimmten Lichtquelle ausgeht, zwischen drei verschiedenen Typen von Lichtquellen.

Omnilicht = Omni   ➡ *Omnilicht* bezeichnet ein Licht, das von einem Punkt aus in alle Richtungen gleichmäßig leuchtet. Dieser Typ von Lichtquelle wurde in früheren Programmversionen als Punktlicht bezeichnet.

Spotlicht = Spot   ➡ *Spotlicht* bezeichnet eine gerichtete Lichtquelle, die von einem Punkt aus einen Lichtkegel wirft.

Richtungslicht = Direct   ➡ *Richtungslicht* ist ein gleichmäßiges paralleles Licht aus einer bestimmten Richtung. Es wird hauptsächlich zur Darstellung von Sonnenlicht verwendet. Der Abstand der Sonne ist im Verhältnis zur Größe der dargestellten Objekte auf der Erde so groß, dass man hier von parallelen Lichtstrahlen aus einer Richtung ausgehen kann.

Bei Spotlichtern und Richtungslichtern wird noch zwischen freien und Ziellichtern unterschieden. Dabei ist die Lichtwirkung gleich, die Objekte verhalten sich jedoch etwas anders und sind anders zu justieren.

Abbildung 4.3: Wirkung verschiedener Lichtquellen – links: Omni, Mitte: Spot, rechts: Richtungslicht
(mit Volumenlicht-Effekt)

In 3ds max 6 gibt es noch weitere Lichtquellen, speziell für den Renderer mental ray, mr-Flächenomni und mr-Flächenspot. Diese werden im Kapitel 5 im Zusammenhang mit mental ray beschrieben.

Dazu gibt es weitere neue Lichtquellen auf photometrischer Basis, die exakt reale Lampen nachbilden. Diese werden unter dem Begriff *Erweiterte Beleuchtung* zusammengefasst und am Ende dieses Kapitels beschrieben.

Vorgabebeleuchtung

Die in den folgenden Beispielen verwendete Szene finden Sie als SBAHN06. MAX...SBAHN0n.MAX in verschiedenen Stadien auf der DVD.

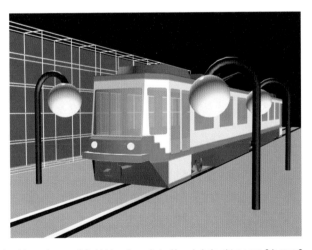

Abbildung 4.4: Szene mit Standardbeleuchtung ohne spezielle Lichtquellen mit der Vorgabebeleuchtung von 3ds max 6
[SBAHN06.MAX]

Szenen ohne Lichtquellen wirken meist sehr künstlich, obwohl 3ds max 6 in solchen Fällen Standardlichtquellen vorgibt. Diese Vorgabebeleuchtung ist so lange aktiv, wie noch keine Lichtquelle in der Szene vorhanden ist. Sie besteht aus einem so genannten Schlüssellicht links oben, das für helle Punkte auf gekrümmten Objekten sorgt und einem Fülllicht rechts unten, das die Szene allgemein diffus ausleuchtet. Die Wirkung beider Lichtquellen ist in der letzten Abbildung auf den Lampenkugeln, die selbst nicht leuchten, zu sehen. Diese Lichtquellen verschwinden, sowie die erste Lichtquelle in die Szene gesetzt wird.

Anstatt der zwei Standard-Vorgabelichtquellen kann auch eine einzige helle Lichtquelle rechts oben verwendet werden.

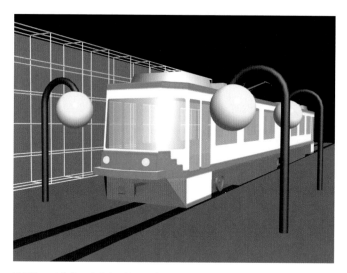

Abbildung 4.5: Vorgabebeleuchtung mit nur einer Lichtquelle

Anpassen/Ansichtsfenster konfigurieren/Rendermethode/1 Lichtquelle = Customize/Viewport Configuration/Rendering Method/ 1 Light

Schalten Sie dazu in der Dialogbox ANPASSEN/ANSICHTSFENSTER KONFIGURIEREN auf der Registerkarte RENDERMETHODE die Option 1 LICHTQUELLE ein.

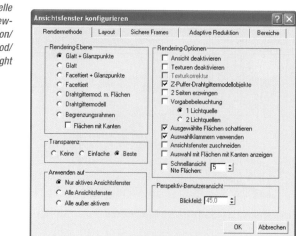

Abbildung 4.6: Auswahl der Vorgabebeleuchtung

Schaltet man zusätzlich den Schalter VORGABEBELEUCHTUNG *in dieser Dialogbox ein, sollte die Vorgabebeleuchtung auch verwendet werden, wenn Lichtquellen in der Szene sind. In der Praxis funktioniert dies jedoch seit 3ds max 5 nicht.*

Vorgabebeleuchtung = Default Lighting

Möchten Sie die Vorgabebeleuchtung in Szenen verwenden, ändern oder animieren, können Sie aus den beiden Lichtquellen mit dem Menüpunkt ANSICHTEN/ DER SZZENE VORGABELICHTER HINZUFÜGEN normale Lichtquellenobjekte generieren.

Ansichten/Der Szene Vorgabelichter hinzufügen = Views/ Add default lights to scene

Abbildung 4.7: Vorgabelichter in die Szene einfügen

Dabei können die Lichtquellen einzeln ausgewählt werden. Der Parameter ENTFERNUNGSSKALIERUNG verändert den Abstand der neuen Lichtquellen zum Szenenmittelpunkt.

Omnilicht

Omnilichter sind Lichtquellen, die von einem Punkt aus in alle Richtungen gleichmäßig Licht abgeben. Sie sind also vergleichbar mit einer einfachen Glühbirne. Ein Omnilicht erscheint in der Szene als gelber Oktaeder.

Lichtquellen werden wie alle Objekte in 3ds max 6 mit Werkzeugen auf der ERSTELLEN-Palette angelegt.

Wählen Sie zum Erstellen einer neuen Lichtquelle den Button LICHTQUELLEN auf der ERSTELLEN-Palette. Klicken Sie dann im Rollout OBJEKTTYP auf den Button OMNILICHT. Es erscheinen diverse neue Rollouts und ein spezieller kreuzförmiger Cursor.

Klicken Sie dann in einem der Ansichtsfenster an die Stelle, an der die Lichtquelle erscheinen soll.

Da die Position einer Lichtquelle entscheidend zur Raumwirkung einer Szene beiträgt, müssen Sie die Lichtquelle in den anderen Ansichtsfenstern noch entsprechend in die richtige Lage verschieben.

Eine Lichtquelle erhält, wie jedes andere Objekt auch, beim Erstellen einen eindeutigen Namen. Diesen können Sie jederzeit ganz oben auf der ÄNDERN-Palette verändern.

Um die Wirkung einer Lichtquelle wirklich zu sehen, schalten Sie ein Ansichtsfenster auf die gewünschte Perspektive und in den schattierten Modus. Auf schnellen Rechnern sollten Sie gleich den ActiveShade-Modus verwenden, da hier die Lichtwirkung realistisch zu sehen ist. Im schattierten Modus wird sie nur angedeutet, ohne Schatten und echte Glanzpunkte und auch nur mit einer begrenzten Zahl von Lichtern.

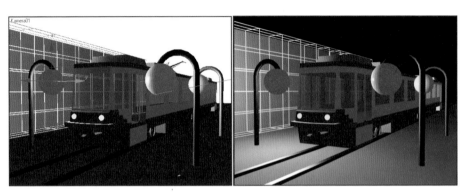

Abbildung 4.8: Wirkung einer Lichtquelle im schattierten Ansichtsfenster links und im ActiveShade-Modus rechts

Im letzten Bild wurde ein neues Omnilicht innerhalb der Kugel in der linken Straßenlaterne angebracht. Gegenüber der Standardbeleuchtung ohne Lichtquellen erscheinen die direkt beleuchteten Bereiche auf dem Boden und an der Gebäudefassade deutlich heller, die nicht beleuchteten Bereiche auf der dem Licht abgewandten Seite der Straßenbahn dunkler.

Beachten Sie, dass die Lampe selbst völlig im Dunkeln verschwindet, da die äußeren sichtbaren Flächen der Kugel nicht von der Lichtquelle bestrahlt werden. Sie können dieses Problem sehr einfach lösen, indem Sie der Lampenkugel im Material-Editor ein selbstleuchtendes Material geben.

Abbildung 4.9: Lampe mit selbstleuchtendem Material

Die Straßenbahn steht in diesem Bild etwas weiter hinten, so dass die Lampe einen Lichtfleck auf die Vorderfront wirft.

Eine Verschiebung der Lichtquelle im Raum ist deutlich an der veränderten Lichtwirkung zu sehen.

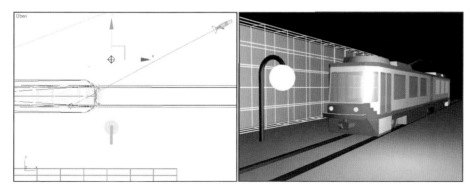

Abbildung 4.10: Verschobene Lichtquelle [SBAHN07.MAX]

Im letzten Bild wurde die Lichtquelle etwa vor die Ecke der Straßenbahn geschoben, im rechten Bild weit vor die dem Betrachter zugewandte Seite. Hier sieht die Lichtwirkung sehr unrealistisch aus, da man sofort erkennt, dass das Licht, das den Boden und die Straßenbahn beleuchtet, nicht von der Lampe kommt.

Das selbstleuchtende Material erscheint zwar hell, wirft aber kein Licht auf andere Objekte.

:-)
TIPP

An der Lage der helleren und dunkleren Stellen auf beleuchteten Flächen erkennt ein Betrachter unbewusst die Position der Lichtquellen im Raum. Stimmen diese nicht mit den tatsächlich sichtbaren Lichtquellen überein, wirkt das Bild falsch.

Solche Effekte lassen sich durch den Einsatz mehrerer Lichtquellen vermeiden. Lichtquellen können wie andere Objekte auch kopiert, gespiegelt und verschoben werden. Das nächste Bild zeigt die Szene mit zwei weiteren Lampen, die auch weitere Lichtquellen enthalten.

Mehrere Lichtquellen erhöhen wie in der Wirklichkeit die Helligkeit von Flächen, die von mehr als einer Lichtquelle beleuchtet werden. Aus diesem Grund wurde die Helligkeit der drei Lichtquellen in der letzten Abbildung herabgesetzt.

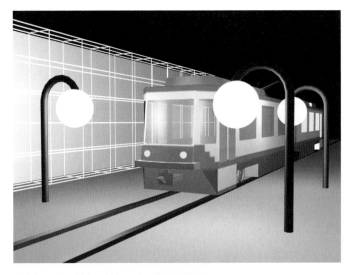

Abbildung 4.11: Weitere Lichtquellen [SBAHN08.TIF]

Beachten Sie, dass jede Lichtquelle die Rechenzeit verlängert. Dies macht sich besonders bei Spiegelungen und komplizierten Schatten bemerkbar.

Lichtquellen, die für ein bestimmtes Bild nicht gebraucht werden, müssen in der Szene nicht gelöscht werden. Sie können eine Lichtquelle, auch wenn sie selektiert ist, im Rollout ALLGEMEINE PARAMETER auf der ÄNDERN-Palette mit dem Schalter EIN aktivieren und deaktivieren.

Extras/Lichtliste = Tools/Light Lister

Eine gute Übersicht über alle Lichtquellen in der Szene liefert das Dialogfenster EXTRAS/LICHTLISTE. Dieses Fenster können Sie auf einem zweiten Bildschirm ständig geöffnet halten, um von hier aus Lichtquellen zu selektieren, ein- und auszuschalten sowie diverse andere Parameter zu verändern.

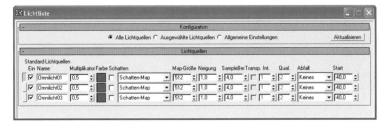

Abbildung 4.12: Die Lichtliste

Lichtfarbe

Intensität/Farbe/ Lichtabnahme = Intensity/Color/ Attenuation

Eine Lichtquelle kann in einer beliebigen Farbe leuchten. Klicken Sie zum Ändern der Lichtfarbe auf das farbige Feld im Rollout INTENSITÄT/FARBE/LICHTABNAHME auf der ÄNDERN-Palette der Lichtquelle.

⟨ KOMPENDIUM ⟩ **3ds max 6**

Abbildung 4.13: Grüne und rote Lichtquelle [SBAHN09.MAX]

Damit farbige Lichtquellen realistischer wirken, sollten Sie wie in der Abbildung die selbstleuchtenden Materialien der Lampen entsprechend den Lichtfarben farblich anpassen.

Lichtmultiplikatoren

Die Helligkeit einer Lichtquelle lässt sich zusätzlich über den MULTIPLIKATOR im Rollout INTENSITÄT/FARBE/LICHTABNAHME oder in der Lichtliste einstellen. Je höher dieser Wert, desto heller die Lichtquelle.

Multiplikator = Multiplier

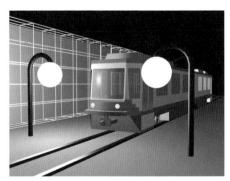 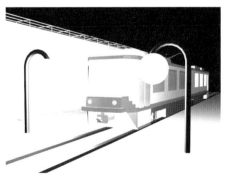

Abbildung 4.14: Links: unterschiedliche Multiplikatoren, rechts: zu hohe Multiplikatorwerte

Verwendet man sehr hohe Multiplikatorwerte, gehen die Helligkeitsabstufungen immer weiter verloren. Im Extremfall gibt es nur noch beleuchtete oder nicht beleuchtete Flächen. Dabei ergeben sich Farben und Weißtöne, deren Intensität so hoch ist, dass die Bilder nicht mehr zu gebrauchen sind, ähnlich wie bei überbelichteten Fotos.

:-)
TIPP

Verwendet man beim MULTIPLIKATOR *negative Werte, werden vom Licht getroffene Objekte dunkler statt heller. Hier werden wirklich Lichtanteile anderer Lichtquellen herausgenommen. Allerdings kann auf diese Weise nur bis zur Hintergrundhelligkeit verdunkelt werden. Solche Effekte gibt es in der Wirklichkeit nicht, sie können aber zur Betonung dunklerer Regionen oder zum Abschwächen allzu heller Lichtflecken nützlich sein.*

Richtungslicht

Richtungslichter sind Lichtstrahlen, die parallel auf der Szene auftreffen. Sie kommen aus einer bestimmten Richtung als zylinder- oder quaderförmiger Strahl. Richtungslichter eignen sich gut dazu, um Sonnen- oder Mondlicht darzustellen. Hier ist in der Natur die Lichtquelle so weit entfernt, dass man von parallelen Strahlen ausgehen kann.

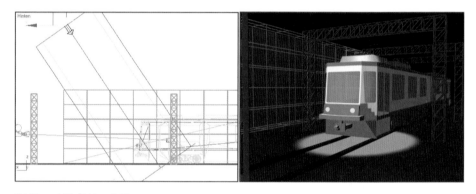

Abbildung 4.15: Richtungslicht

3ds max 6 unterscheidet bei Richtungslichtern zwischen freien Richtungslichtern und Zielrichtungslichtern.

➡ Die Richtung eines *freien Richtungslichts* wird durch Drehen der Lichtquelle festgelegt.

➡ Die Richtung eines *Zielrichtungslichts* wird durch den Zielpunkt bestimmt. Verschiebt man diesen, dreht sich die Lichtquelle automatisch, so dass sie immer auf den Zielpunkt ausgerichtet bleibt.

 Richtungslichter werden wie Punktlichter auf der ERSTELLEN-Palette unter LICHTQUELLEN erstellt. Wählen Sie dann den gewünschten Typ:

Freies Richtungslicht
= Free Direct

➡ FREIE RICHTUNGSLICHTER – erstellt man sinnvollerweise in der Ansicht von oben. Sie leuchten dann automatisch nach unten und müssen nur noch in einer Seitenansicht auf die richtige Position verschoben werden.

Zielrichtungslicht
= Target Direct

➡ ZIELRICHTUNGSLICHTER – erstellt man am einfachsten in einer Seitenansicht, da nach dem Zeigen der Position noch der Zielpunkt gezeigt werden muss.

Der Zielpunkt eines Zielrichtungslichts ist ein Objekt und kann beliebig verschoben werden.

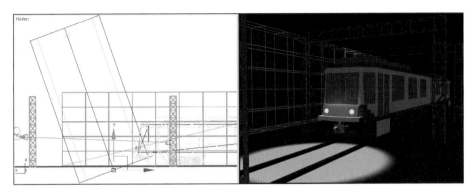

Abbildung 4.16: Verschobener Zielpunkt eines Zielrichtungslicht

Mit dem Schalter ZIELGERICHTET im Rollout ALLGEMEINE PARAMETER können freie Richtungslichter jederzeit in Zielrichtungslichter und umgekehrt umgewandelt werden. Zur Festlegung des Zielpunkts wird bei freien Richtungslichtern der Zahlenwert bei ZIELGERICHTET verwendet.

Richtungslichter müssen nicht unbedingt einen runden Lichtstrahl werfen. Zur Darstellung von Filmprojektoren oder dem Lichtschein aus einem Fenster heraus können Sie den Lichtstrahl im Rollout RICHTUNGSPARAMETER auf RECHTECKIG umschalten. Dabei kann ein beliebiges Seitenverhältnis eingestellt werden.

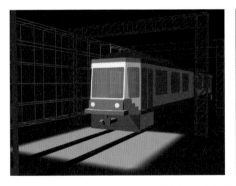 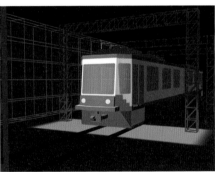

Abbildung 4.17: Verschiedene Seitenverhältnisse rechteckiger Richtungslichter

Halbschatten

Jeder Lichtkegel einer gerichteten Lichtquelle hat in der Realität einen hellen Lichtkern (= Hotspot) und darum herum einen Halbschatten (= Falloff), der zwar noch erleuchtet, aber zum Rand hin langsam abnimmt. Bei besonders genau justierten Punktstrahlern fällt dieser Halbschatten fast weg. Am Rand des Lichtkerns ergibt sich eine scharfe Kante zur Dunkelheit. Bei einfachen Lampen ist der Lichtkern normalerweise ziemlich klein, der größte Teil des Lichtkegels ist Halbschatten. Dieses Phänomen lässt sich mit 3ds max ebenfalls realisieren.

Verändern Sie dazu im Rollout RICHTUNGSPARAMETER den Wert für HOTSPOT/ STRAHL.

Damit wird der Durchmesser des hellen inneren Lichtstrahls eingestellt. Der Halbschattenbereich wird im Parameter FALLOFF festgelegt. Je größer der Unterschied zwischen diesen beiden Werten, desto stärker verschwimmt die Begrenzungslinie des Lichtstrahls. Natürlich kann der HOTSPOT nie größer als der FALLOFF sein.

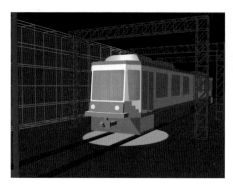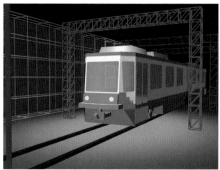

Abbildung 4.18: Unterschiedliche Halbschatten – der Hotspot ist in beiden Bildern gleich groß.

Die beiden Bereiche HOTSPOT und FALLOFF lassen sich auch direkt in den Ansichtsfenstern sehen. Ist die Lichtquelle selektiert, erscheinen ein hellblauer Zylinder, der den Hotspot darstellt, und außen herum ein dunkelblauer Zylinder für den Falloff.

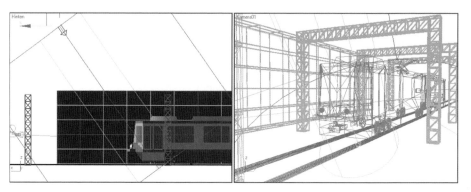

Abbildung 4.19: Darstellung von Hotspot und Falloff in den Ansichtsfenstern

:-)
TIPP

Mit dem Schalter KEGEL ZEIGEN *im Rollout* RICHTUNGSPARAMETER *kann die Anzeige von Hotspot und Falloff dauerhaft aktiviert werden, auch wenn die Lichtquelle nicht selektiert ist.*

Kegel zeigen
= Show Cone

Der Schalter OVERSHOOT *bewirkt, dass auch außerhalb des Falloffs noch Licht scheint und es in diesem Bereich nicht völlig dunkel ist.*

Blick aus der Richtung einer Lichtquelle

Der von einer Lichtquelle beleuchtete Bereich lässt sich gut einstellen, wenn man direkt aus der Richtung der Lichtquelle auf die Szene blickt.

Beim Rechtsklick auf den Namen eines Ansichtsfensters finden Sie im Kontextmenü unter ANSICHTEN unter anderem alle Richtungslichter. Wählen Sie hier eines, richtet sich das Ansichtsfenster so aus, dass man genau in der Richtung des Lichtstrahls sieht.

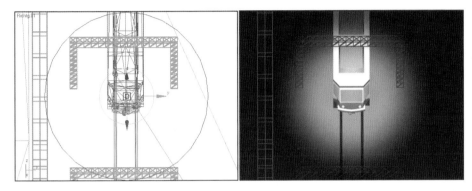

Abbildung 4.20: Ansichtsfenster in Richtung eines Richtungslichts

In diesem Modus stehen unten rechts veränderte Buttons zur Ansichtsfenstersteuerung zur Verfügung.

Der Button HOTSPOT verändert beim Ziehen der Maus mit gedrückter Maustaste den Hotspot der Lichtquelle. Dabei ändert sich im Licht-Fenster der Durchmesser des hellblauen Kreises.

Der Button FALLOFF verändert beim Ziehen der Maus mit gedrückter Maustaste den Falloff (Halbschatten) der Lichtquelle. Dabei ändert sich im Licht-Fenster der Bildausschnitt. Da hier immer der Falloff formatfüllend dargestellt wird, erscheint bei größerem Falloff ein größerer Teil der Szene.

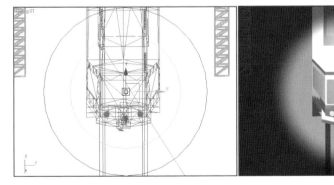

Abbildung 4.21: Veränderter Falloff

Wenn Sie während der Bewegung die Taste [Strg] *gedrückt halten, werden Hotspot und Falloff gleichzeitig bewegt, so dass die Differenz dazwischen gleich bleibt.*

Beachten Sie, dass der TRUCK-*Button hier nicht nur die Ansicht verändert, sondern auch wirklich die Lichtquelle bewegt.*

Freie Richtungslichter können durch Drehung in den Ansichtsfenstern bewegt werden, Zielrichtungslichter durch Verschiebung des Zielpunkts. Zusätzlich gibt es bei den Navigationsbuttons in Licht-Fenstern verschiedene Möglichkeiten, die Lichtquelle zu drehen.

Der Button ORBIT dreht die Lichtquelle um ihren Zielpunkt. Dabei führt die Lichtquelle eine Bewegung auf einem Kreisbogen aus. Die Szene im Licht-Fenster wird scheinbar gedreht.

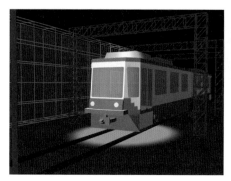 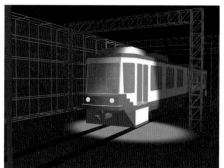

Abbildung 4.22: Mit Orbit verdrehte Lichtquelle

Bei freien Spotlichtern wird als Zielpunkt ein Punkt auf der optischen Achse angenommen. Dieser ist von der Lichtquelle so weit entfernt, wie im Feld ZIELGERICHTET im Rollout ALLGEMEINE PARAMETER der Lichtquelle angegeben ist.

Das zweite Flyout auf diesem Button, PAN, dreht die Lichtquelle um sich selbst. Dabei scheint sie vom gleichen Punkt aus in eine andere Richtung. Der Bildausschnitt im Licht-Fenster ändert sich entsprechend.

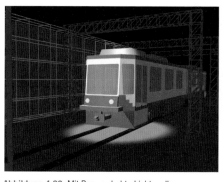 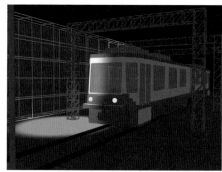

Abbildung 4.23: Mit Pan verdrehte Lichtquelle

Bei einer Drehung mit Pan wird ein Richtungslicht immer um den Punkt gedreht, an dem sich die Lichtquelle in den Ansichtsfenstern befindet. Für die Lichtwirkung spielt die Position der Lichtquelle auf dem Strahl keine Rolle, solange keine Lichtabschwächung eingesetzt wird. Eine weiter entfernte Lichtquelle leuchtet ohne Lichtabnahme genauso hell.

Lichtabnahme

Bei künstlicher Beleuchtung erscheinen Objekte, die weit von einer Lichtquelle entfernt sind, dunkler als solche, dic nahe bei der Lichtquelle sind. Bei Tageslicht tritt dieser Effekt nicht auf. Ohne *Lichtabnahme* kann es sogar passieren, dass Objekte, die von einer Lichtquelle weiter entfernt sind, heller erscheinen als gleiche Objekte in der Nähe der Lichtquelle. Dies kommt daher, dass sich der Winkel so verändert, dass bei dem entfernten Objekt mehr Flächennormalen direkt zur Lichtquelle zeigen.

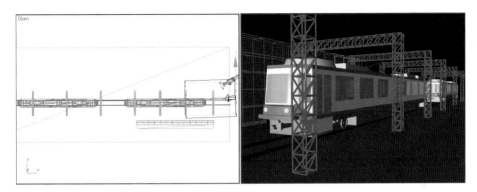

Abbildung 4.24: Szene ohne Lichtabnahme [SBAHN11.MAX]

In der Abbildung erscheinen die beleuchteten Flächen der zweiten Straßenbahn wie auch die hinteren Gitterträger viel zu hell und unrealistisch.

Die Lichtabnahme kann für jede Lichtquelle einzeln im Rollout INTENSITÄT/ FARBE/LICHTABNAHME festgelegt werden. In den Feldern LICHTABNAHME NAH und LICHTABNAHME FERN gibt man zwei Bereiche für die Wirkung der Lichtabnahme an. Innerhalb des näher an der Lichtquelle liegenden Nahbereichs wird das Licht von dunkel bis zu seiner vollen Intensität erhellt. Damit kann man erreichen, dass Objekte in unmittelbarer Nähe der Lichtquelle nicht zu stark überstrahlt werden, was besonders bei Lichtquellen, die nur Effekten dienen und keine in der Szene vorhandenen Lampen darstellen, wichtig ist.

Lichtabnahme Nah Fern = Near/Far Attenuation

Zwischen den Bereichen leuchtet das Licht in voller Intensität. Im äußeren Fernbereich wird es nach außen hin stetig abgeschwächt, bis es an der Grenze des Fernbereichs überhaupt nicht mehr wirkt. Hier werden die Objekte von dieser Lichtquelle nicht mehr beleuchtet.

Diese Abbildung sieht durch die verwendete Lichtabnahme deutlich realistischer aus. Im linken Fenster sind die Lichtabnahmebereiche zu sehen.

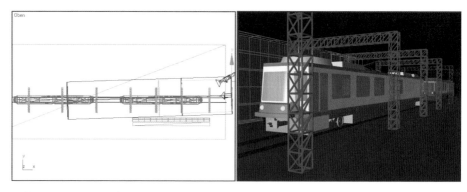

Abbildung 4.25: Die gleiche Szene mit Lichtabnahme

Verwenden = Use Ist der Schalter VERWENDEN nicht angekreuzt, wird der jeweilige Bereich nicht beachtet. Die Lichtquelle strahlt überall mit gleicher Intensität.

Zeigen = Show Die Lichtabnahmebereiche werden in den Ansichtsfenstern auf dem Zylinder, der den Lichtstrahl des Richtungslichts zeigt, dargestellt. Die ZEIGEN-Schalter zeigen die Bereiche in den Ansichtsfenstern auch an, wenn sie nicht verwendet werden.

Abfall = Decay Im Listenfeld ABFALL können Sie festlegen, ob das Licht noch vor dem Beginn des Nahbereichs gleichmäßig linear, quadratisch oder gar nicht abgeschwächt werden soll. Diese Einstellung gilt auch, wenn die Lichtabnahmebereiche nicht verwendet werden.

Nach den Gesetzen der Optik nimmt die Lichtintensität im Quadrat zur Entfernung ab. Eine Fläche, die von einer Lichtquelle doppelt so weit entfernt ist wie eine andere Fläche, hat nur noch ein Viertel der Helligkeit. Allerdings wirkt dieses Verfahren auf gerenderten Bildern meistens zu dunkel. Das Verfahren INVERS, *bei dem eine doppelt so weit entfernte Fläche noch halb so hell ist, wirkt auf Bildern meistens besser als das Verfahren* INVERSES QUADRAT, *obwohl es optisch nicht korrekt ist.*

Spotlicht

Spotlichter werfen wie Scheinwerfer von einem bestimmten Punkt im Raum einen gerichteten Lichtkegel, dessen Öffnungswinkel frei einstellbar ist. Ähnlich wie bei Richtungslichtern unterscheidet man zwischen zwei verschiedenen Typen von Spotlichtern:

➡ Die Richtung eines *freien Spotlichts* wird durch Drehen der Lichtquelle festgelegt.

➡ Die Richtung eines *Zielspotlichts* wird durch den Zielpunkt bestimmt. Verschiebt man diesen, dreht sich die Lichtquelle automatisch, so dass sie immer auf den Zielpunkt ausgerichtet bleibt.

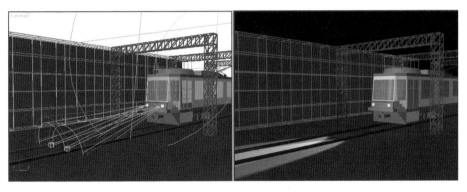

Abbildung 4.26: Zwei Spotlichter als Scheinwerfer [SBAHN12.MAX]

Spotlichter werden in den Ansichtsfenstern als Kegel dargestellt.

Da auch Spotlichter selbst im gerenderten Bild nicht zu sehen sind, wurde für die beiden Scheinwerfer in der Abbildung ein selbstleuchtendes Material verwendet.

Spotlichter werden wie Richtungslichter auf der ERSTELLEN-Palette unter LICHT-QUELLEN erstellt. Wählen Sie dann den gewünschten Typ. Klicken Sie in ein Ansichtsfenster an die Position, an der die Lichtquelle erstellt werden soll. Danach müssen Sie sie noch entsprechend ausrichten.

Dazu verschieben Sie den Zielpunkt bei Zielspotlichtern oder drehen die Lichtquelle bei freien Spotlichtern.

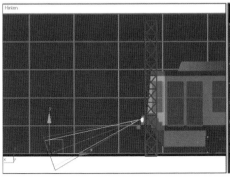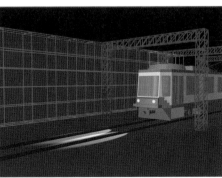

Abbildung 4.27: Verschobene Zielpunkte der Spotlichter

Wie Richtungslichter können Spotlichter auch einen runden oder einen rechteckigen Lichtkegel werfen.

Mit dem Schalter ZIELGERICHTET im Rollout ALLGEMEINE PARAMETER können freie Spotlichter jederzeit in Zielspotlichter und umgekehrt umgewandelt werden. Zur Festlegung des Zielpunkts wird bei freien Spotlichtern der Zahlenwert bei ZIELGERICHTET verwendet.

Zielgerichtet
= Targ. Dist.

Im Listenfeld können Sie ein Spotlicht auch in ein Richtungslicht und umgekehrt konvertieren. Dabei bleiben die übrigen Parameter erhalten.

Die Einstellungen für HOTSPOT und FALLOFF sowie LICHTABNAHME funktionieren genauso wie bei Richtungslichtern.

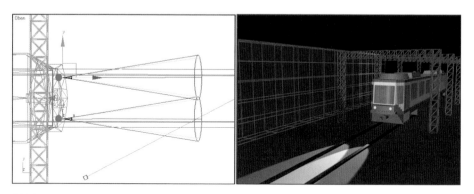

Abbildung 4.28: Scharf begrenzte Lichtkegel

Die Abbildungen zeigen die Wirkung unterschiedlicher HOTSPOT- und FALLOFF-Einstellungen.

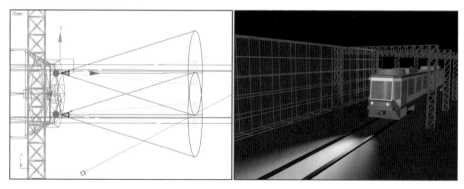

Abbildung 4.29: Unschärfere Lichtkegel

Spotlicht-Fenster

Ähnlich wie bei Richtungslichtern können Sie sich auch den Blick in der Richtung eines Spotlichts in einem Ansichtsfenster darstellen lassen. Die Taste $ macht das aktuelle Ansichtsfenster zu einem Spotlicht-Fenster mit dem selektierten Spotlicht. Ist kein Spotlicht ausgewählt, erscheint eine Liste aller Spot- und Richtungslichter, in der die gewünschte Lichtquelle gewählt werden kann.

Außerdem können Sie über das Kontextmenü unter dem Ansichtsfenstertitel ein Spotlicht auswählen.

*Beachten Sie, dass jede Bewegung in einem Spotlicht-Fenster die Lichtquelle ver-
ändert.*

Das Einstellen von HOTSPOT und FALLOFF funktioniert bei Spotlichtern genauso
wie bei Richtungslichtern. Das Gleiche gilt für die verschiedenen Arten von Drehung und Verschiebung.

Bei Spotlicht-Fenstern kommt es häufig vor, dass sie um 90° oder 180° verdreht
sind. Um eine richtig orientierte Ansicht mit waagerechtem Horizont im Fenster
zu bekommen, können Sie mit diesem Button die Lichtquelle um ihre optische
Achse drehen. Damit dreht sich auch das Ansichtsfenster.

Bei runden Lichtkegeln ist kein Unterschied in der Beleuchtung durch die Drehung zu bemerken. Rechteckige Lichtkegel drehen sich sichtbar mit.

Bewegt die Lichtquelle entlang ihrer optischen Achse auf den Zielpunkt zu oder
davon weg. Im Spotlicht-Fenster füllt der Lichtkegel immer das ganze Fenster
aus, so dass eine Bewegung zum Objekt hin das Objekt im Fenster scheinbar vergrößert. Die beleuchtete Fläche wird dabei kleiner. Eine Bewegung der Lichtquelle vom Objekt weg wirkt entsprechend umgekehrt. Der Öffnungswinkel des
Lichtkegels bleibt bei dieser Art von Bewegung unverändert.

Hintergrundlicht

Als *Hintergrundhelligkeit* oder globale Beleuchtung bezeichnet man ein Licht,
das von keiner bestimmten Lichtquelle ausgeht. Dieses Umgebungslicht ist etwa
vergleichbar mit dem Licht an bewölkten Tagen oder vor Sonnenaufgang. Dabei
werden hier auch dem Licht abgewandte Seiten von Körpern gleich stark
beleuchtet. Es gibt also keine Eigenschatten.

Das Umgebungslicht ermöglicht es, Objekte, die nicht direkt von einer Lichtquelle beleuchtet werden, nicht im völligen Dunkel verschwinden zu lassen.

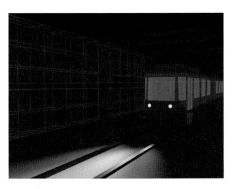 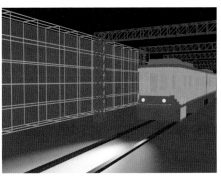

Abbildung 4.30: Unterschiedliche Hintergrundhelligkeit bei sonst gleicher Beleuchtung

Um kontrastreiche akzentuierte Beleuchtungseffekte zu erzielen, sollte man auf das Umgebungslicht möglichst verzichten, da sonst die anderen Lichtquellen zu wenig zum Tragen kommen. Bei starkem Umgebungslicht erscheinen Objekte sehr wenig plastisch.

Rendern/Umgebung = Rendering/ Environment

Das Umgebungslicht wird in der Dialogbox RENDERN/UMGEBUNG als Farbe im Feld UMGEBUNG eingestellt. Diese Dialogbox erreichen Sie auch einfach mit der Taste 8.

Abbildung 4.31: Einstellung des Umgebungslichts in der Dialogbox Rendern/Umgebung

Tönung = Tint

Im Feld TÖNUNG können Sie mit einer weiteren Lichtfarbe die ganze Szene etwas abtönen. Diese Farbe betrifft nur die von Lichtquellen beleuchteten Teile der Szene, wogegen sich ein farbiges Umgebungslicht auch in den schattierten Bereichen auswirkt. Das direkte Licht von Lichtquellen überstrahlt die Farbe des Umgebungslichts.

Stärke = Level

Der Wert STÄRKE ist ein Multiplikator, der gleichmäßig alle Lichtquellen in der Szene aufhellt oder abdunkelt. Auch dadurch lässt sich eine Szene gleichmäßig aufhellen. Allerdings bleiben unbeleuchtete Bereiche weiterhin dunkel.

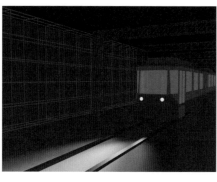 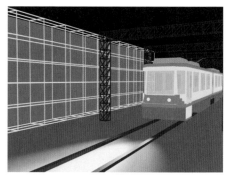

Abbildung 4.32: Links: farbige Tönung, rechts: farbiges Umgebungslicht

Mit farbigem Umgebungslicht können Effekte erreicht werden, wie sie auch in Filmstudios verwendet werden. So erzeugt man zum Beispiel Mondlicht mit schwachem, blauem Hintergrundlicht.

(KOMPENDIUM) 3ds max 6

Solange im OPTIONEN-*Dialog im Material-Editor das Schloss bei* UMGEBUNGS-
LICHT *eingeschaltet ist, werden die Materialkugeln immer mit dem aktuell eingestellten Umgebungslicht beleuchtet.*

:-)
TIPP

Sonnenlicht

3ds max 6 bietet eine Methode, das Sonnenlicht an einem bestimmten Ort auf
der Welt zu einer vorgegebenen Tages- und Jahreszeit zu simulieren.

Die Sonne wird über ein System definiert, das aus einem Richtungslicht und
einem Kompass-Objekt besteht. Dieser Kompass gibt die Himmelsrichtung in der
Szene an, nach der die Sonne astronomisch ausgerichtet wird.

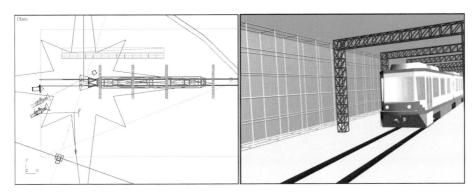

Abbildung 4.33: Szene mit Sonnenlicht [SBAHN13.MAX]

Das Sonnenlicht wird auf der ERSTELLEN-Palette unter *Systeme* angelegt. Dieses
System generiert automatisch die Kompassrose und die Lichtquelle.

Klicken Sie in der Ansicht von oben an die Stelle, an der die Kompassrose erscheinen soll. Die Lage spielt für die Lichtwirkung keine Rolle. Ziehen Sie die Kompassrose auf eine Größe auf, so dass sie gut erkennbar ist, und stellen Sie
anschließend noch den Abstand der Lichtquelle von der Szene ein. Auch dieser
hat keinen Einfluss auf die Beleuchtung und sollte deshalb so eingestellt werden,
dass die Szene übersichtlich bleibt.

Geben Sie im Rollout STEUERPARAMETER das gewünschte Datum und die Uhrzeit
der Sonnenstandssimulation an. Standardmäßig wird die aktuelle Systemzeit
übernommen. Zusätzlich ist nicht nur die lokal gültige Zeitzone wichtig, sondern
auch, ob Sommerzeit gilt oder nicht.

Damit das Licht auf der Szene exakt ausgerichtet wird, muss noch die Nordrichtung im gleichnamigen Feld eingestellt werden. Geben Sie hier einen Winkel in
Grad ein, der der Nordrichtung auf der Szene entspricht. Diese Richtung wird
wie auf einer Landkarte und nicht im mathematischen Sinn angegeben, 0,0° ist
also oben auf dem Bild. Zunehmende Winkel drehen die Kompassrose hier auch
im und nicht entgegen dem Uhrzeigersinn, wie es sonst üblich ist.

Ort auswählen
= Get Location

Zur Berechnung des Sonnenstands ist zusätzlich die geografische Position erforderlich. Diese kann entweder über Längen- und Breitengrade eingetragen oder mit dem Button ORT AUSWÄHLEN auf einer Landkarte ausgewählt werden.

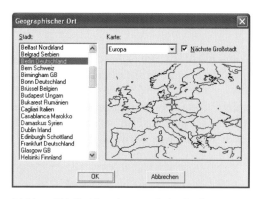

Abbildung 4.34: Einstellung der geografischen Position

Beachten Sie bei der Koordinateneingabe, dass östliche Längengrade, wie sie im größten Teil Europas gelten, als negative Zahlen angegeben werden. Das Gleiche gilt für südliche Breitengrade in Afrika, Australien und Südamerika.

INFO

Die Zeitzonen auf der Erde beginnen in London Greenwich bei 0 und steigen in östlicher Richtung bis in den Pazifik. Nach Westen werden negative Nummern verwendet, die mitteleuropäische Zeit ist demnach die Zeitzone 1.

Aus der geografischen Lage, der Zeitzone und dem angegebenen Datum und Uhrzeit wird der Azimut und Höhenwinkel der Sonne ermittelt und die Lichtquelle automatisch positioniert. Die berechneten Werte werden oben im Rollout STEUERPARAMETER angezeigt.

Erweiterte Effekte

Erweiterte Effekte
= Advanced Effects

Bei Lichtquellen sind noch einige erweiterte Effekte möglich, die eigentlich zu den Materialeigenschaften gehören. Durch die Veränderung von Lichtquellen kann aber das Gesamtbild einer Szene beeinflusst werden, ohne dass jedes Material einzeln verändert werden muss.

Die veränderbaren Parameter finden Sie im Rollout ERWEITERTE EFFEKTE einer Lichtquelle. In den allermeisten Situationen sollten diese Parameter auf den Vorgabewerten belassen werden. Diese entsprechen der normalen Lichtausbreitung. In einigen Fällen lassen sich schlechte Materialdefinitionen durch entsprechende Beleuchtungseffekte ausgleichen.

Kontrast = Contrast

➡ KONTRAST stellt den Kontrast zwischen den Bereichen *Umgebung* und *Streufarbe* auf einer Materialoberfläche ein.

Streufarbgrenze
weicher
= Soften Diff. Edge

➡ STREUFARBGRENZE WEICHER macht die Kante zwischen *Umgebung* und *Streufarbe* auf einer Materialoberfläche weicher.

➡ Die Schalter STREUFARBE und GLANZFARBE geben an, welche Bereiche eines Materials von der Lichtquelle beleuchtet werden sollen. Normalerweise sind beide Schalter eingeschaltet, weil jede Lichtquelle jedes Material im Ganzen beleuchtet.

Streufarbe/ Glanzfarbe = Diffuse/Specular

➡ NUR UMGEBUNG bewirkt, dass nur die Komponente Umgebungslicht auf die Materialien wirkt. Damit lässt sich das Umgebungslicht zusätzlich steuern, wenn mehrere Lichtquellen in einer Szene vorhanden sind. Ist die Lichtquelle mit NUR UMGEBUNG die einzige Einstellung, wirken alle Objekte sehr flach und wenig plastisch, da die Schattierungen fehlen, die sich durch eine unterschiedliche Neigung von Flächen gegenüber einer Lichtquelle ergeben.

Nur Umgebung = Ambient Only

Abbildung 4.35: Lichtquelle mit der Option Nur Umgebung

4.2 Schatten

»Wo viel Licht ist, ist auch Schatten.« Dieses berühmte Zitat gilt auch für das Rendern von 3D-Modellen. Erst die Schatten machen eine Szene realistisch. Alle Lichtquellen außer dem Hintergrundlicht können zusätzlich zu den Eigenschatten auch Schlagschatten erzeugen. Ein Schlagschatten fällt auf ein Objekt, wenn ein anderes Objekt zwischen diesem und der Lichtquelle steht.

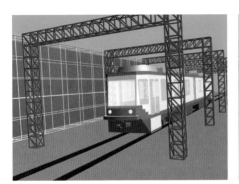 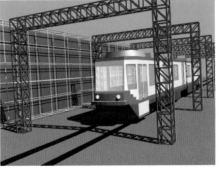

Abbildung 4.36: Die gleiche Szene links ohne, rechts mit Schlagschatten

Das Rendern solcher Schlagschatten kostet deutlich mehr Rechenzeit. Deshalb lassen sich die Schatten für jede Lichtquelle einzeln ein- und ausschalten. Den Schalter dazu finden Sie im Rollout ALLGEMEINE PARAMETER der Lichtquelle und auch in der LICHTLISTE.

!! STOP

Schatten werden in schattierten Ansichtsfenstern nicht dargestellt.

Beachten Sie, dass Schatten nur im wirklich beleuchteten Bereich dargestellt werden. Bereiche der Szene, die nur durch den Overshoot einer Lichtquelle beleuchtet werden, haben keine Schatten.

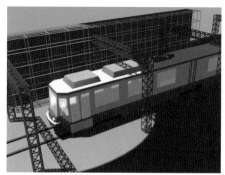
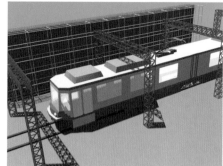

Abbildung 4.37: Der hintere Teil der Straßenbahn ist nur noch vom Overshoot beleuchtet und wirft im rechten Bild keine Schatten mehr. [SBAHN14.MAX]

Objekte ausschließen

In einigen Situationen stören bestimmte Schatten die Bildkomposition. Hier bietet 3ds max 6 einen Trick an, der in der Wirklichkeit unmöglich ist. Einzelne Objekte können vom Schatten ausgeschlossen werden, so dass sie keine Schatten mehr werfen oder auch gar nicht beleuchtet werden.

Diese Einschränkungen lassen sich entweder nach Objekten oder aber auch nach Lichtquellen einstellen.

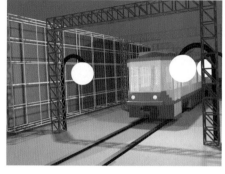

Abbildung 4.38: Links: störende Schatten, rechts: die Szene ohne diese Schatten [SBAHN15.MAX]

Im linken Bild sind Schatten, die extrem unrealistisch aussehen. Diese Schatten stammen von den Kugeln der Lampen. Jedes Objekt, das von einer Lichtquelle beleuchtet wird, wirft einen Schatten. Die Kugeln der Lampen sind Objekte, die mit einem selbstleuchtenden Material versehen wurden, um wie Lampen zu wirken. Die eigentlichen Lichtquellen sind im gerenderten Bild nicht zu sehen.

Solche Lampen würden in Wirklichkeit nie einen auffälligen Schatten werfen, da sie die theoretisch beschattete Fläche selbst sehr hell beleuchten.

In solchen Fällen können Sie im Rollout ALLGEMEINE PARAMETER der Lichtquelle mit dem Button AUSSCHLIEßEN einzelne Objekte vom Schatten ausnehmen.

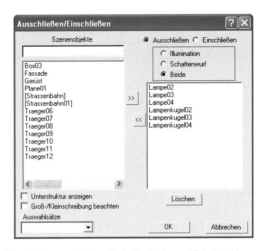

Abbildung 4.39: Dialogbox zum Ausschließen/Einschließen von Objekten für die Illumination und Schattenwirkung

Die Dialogbox zeigt eine Liste aller Objekte in der Szene. Hier können Sie Objekte in die Liste auf der rechten Seite übertragen, deren Schatteneigenschaften verändert werden sollen.

Im Feld oben rechts geben Sie an, ob diese Objekte nicht beleuchtet werden sollen, keine Schatten werfen oder beides.

In den meisten Fällen ist es sinnvoll, alle Objekte auszuschließen, die die Geometrie von Lichtquellen darstellen, da in der Realität Lampen, wenn sie von anderen Lampen beleuchtet werden, auch keine Schatten werfen.

Auf selbstleuchtende Materialien fallen grundsätzlich keine Schatten.

In Szenen mit sehr vielen Objekten können Sie durch Eingabe der ersten Buchstaben im Feld links oben alle Objekte mit gleich beginnenden Namen auf einmal selektieren.

Der Schalter UNTERSTRUKTUR ANZEIGEN *hilft bei der Auswahl gruppierter Objekte.*

:-)
TIPP

Unterstruktur anzeigen = Display Subtree

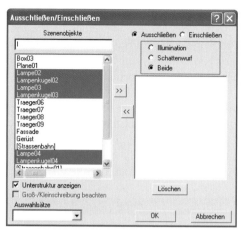

Abbildung 4.40: Mit gleichem Anfangsbuchstaben selektierte Objekte

Einstellung auf Objektebene

Eigenschaften = Properties

Für bestimmte Objekte können die Schatteneigenschaften auch so eingestellt werden, dass sie für alle Lichtquellen gelten. Klicken Sie dazu mit der rechten Maustaste auf ein Objekt und wählen Sie im Quad-Menü die Option EIGENSCHAFTEN.

Es erscheint eine Dialogbox mit ausführlichen Objekteigenschaften.

Schatten erhalten = Receive Shadows

➡ SCHATTEN ERHALTEN bestimmt, ob Schatten anderer Objekte auf das Objekt fallen dürfen.

Schatten werfen = Cast Shadows

➡ SCHATTEN WERFEN bestimmt, ob das Objekt auf andere Objekte Schatten werfen soll.

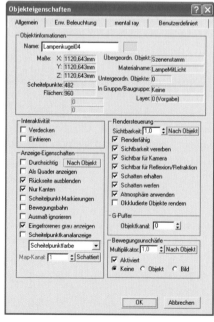

Abbildung 4.41: Die Dialogbox Objekteigenschaften

➡ Ist der Schalter RENDERFÄHIG ausgeschaltet, ist das Objekt zwar in den Ansichtsfenstern sichtbar, wird aber im gerenderten Bild nicht dargestellt. Die Schatteneinstellungen sind für solche nicht sichtbaren Objekte bedeutungslos.

Renderfähig = Renderable

Schattenarten

Die Größe des Lichtkegels trägt zur klaren Abgrenzung der Schatten bei. Je größer der Hotspot eines Lichtkegels, desto unschärfer werden die Begrenzungslinien der Schatten.

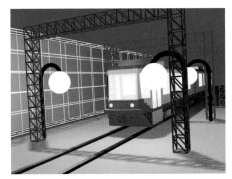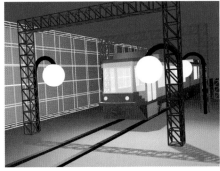

Abbildung 4.42: Links ein großer, rechts ein kleiner Hotspot der Lichtquelle – Unterschiede im Schatten vorne rechts [SBAHN16.MAX]

3ds max 6 kennt standardmäßig fünf verschiedene Typen von Schatten. Für jede Lichtquelle kann in der Liste im Rollout ALLGEMEINE PARAMETER oder auch in der LICHTLISTE ein anderer Schattentyp ausgewählt werden.

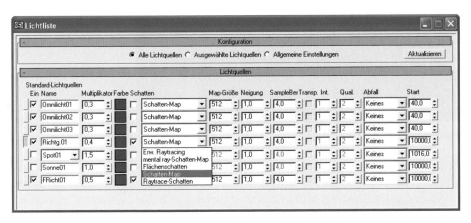

Abbildung 4.43: Einen Schattentyp in der Lichtliste auswählen

➡ *Schatten-Maps* – Schatten haben weiche Ränder, sie werden als projiziertes Bild erzeugt, das der Renderer vor dem eigentlichen Rendervorgang berechnet. Große Schatten-Maps sind sehr speicherintensiv.

Schatten-Map = Shadow Map

Raytrace-Schatten
= Ray Traced
Shadows

➤ *Raytrace-Schatten* – Diese Schatten sind wesentlich klarer, haben scharfe Begrenzungslinien und sehen bei transparenten Objekten auch deutlich realistischer aus. Diese Schatten werden durch Lichtstrahlverfolgung berechnet, was erheblich länger dauert als die Berechnung von Schatten-Maps.

Erweitertes
Raytracing
= Adv. Ray Traced

➤ *Erweitertes Raytracing* – Eine Erweiterung der Raytrace-Schatten mit detaillierteren Einstellmöglichkeiten und erweiterter Unterstützung für die *Erweiterte Beleuchtung*.

Flächenschatten
= Area Shadows

➤ *Flächenschatten* – Simulation von Schatten, die bei der Beleuchtung durch flächige Lichtquellen entstehen. Die Kanten sind wesentlich weicher als bei den anderen Schattenarten.

mental ray-Schatten-Map – Erweiterte Schatten-Map mit speziellen Eigenschaften für den mental ray-Renderer.

Schatten-Maps

Bei Schatten-Maps müssen noch einige weitere Parameter berücksichtigt werden, damit die Schatten gut aussehen. Besonders fein detaillierte Objekte werfen in den Standardeinstellungen keine besonders schönen Schatten.

Abbildung 4.44: Standard-Schatten-Maps

Im Bild fällt auf, dass die Schatten der Gitterträger grob pixelig sind und die Träger selbst scheinbar über der Bodenplatte schweben, auf der die Schatten liegen. Sie sind mit den Schatten nicht direkt verbunden. Auf den Fenstern der Straßenbahn liegt ein unbegründeter Schatten, dessen Ursprung sich nicht genau identifizieren lasst.

Schatten-Map-
Parameter
= Shadow Map
Params

Die Parameter, um die Schatten realistischer wirken zu lassen, werden im Rollout SCHATTEN-MAP-PARAMETER jeder Lichtquelle oder in der Lichtliste eingestellt.

Änderungen in den Schatteneinstellungen machen sich nur bemerkbar, wenn für die betreffende Lichtquelle der Schalter GLOBALE EINSTELLUNGEN VERWENDEN *im Rollout* ALLGEMEINE PARAMETER *ausgeschaltet ist. Andernfalls werden globale Schatteneinstellungen verwendet, die für mehrere Lichtquellen gelten.*

Der Wert GRÖSSE bestimmt die Größe der Bitmap, die für den Schatten dieser Lichtquelle verwendet wird. Der hier angegebene Wert zum Quadrat mal 4 gibt die Größe in Bytes an, die diese Bitmap im Speicher belegt. Je größer die Bitmap, desto genauer kann ein Schatten berechnet werden. Allerdings dauert die Berechnung deutlich länger, wenn die Map so groß wird, dass sie in die Auslagerungsdatei verlegt werden muss.

Globale Einstellungen verwenden = Use Global Settings

Größe = Size

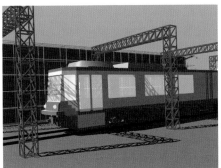

Abbildung 4.45: Bitmap-Größe links: 512, rechts: 2048

Die Ränder des Schattens können mit dem Wert SAMPLE-BEREICH mehr oder weniger verschwommen dargestellt werden. Größere Werte bewirken weichere Schatten, erzeugen aber auch leichter Moiré-Effekte im Schatten. Es können Werte zwischen 0.01 und 50.0 eingestellt werden. Größere Werte erhöhen die Rechenzeit deutlich.

Sample-Bereich = Sample Range

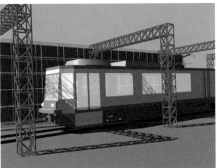

Abbildung 4.46: Links: Sample-Bereich = 1, rechts: 10

Verschwommene Schattenbegrenzungen lassen sich auch mit einem großen Unterschied zwischen FALLOFF und HOTSPOT einer Lichtquelle erreichen.

Diese Schatten wirken bei kleinen Werten exakt, aber sehr schnell auch pixelig. In diesem Fall muss die Größe der Schatten-Map erhöht werden, was aber wiederum die Rechenzeit verlängert.

Neigung = Bias

Der Wert NEIGUNG gibt an, wie weit ein Schatten vom schattenwerfenden Objekt verschoben wird. In der Natur trifft der Schatten mit dem schattenwerfenden Objekt auf dem Boden genau zusammen. Beim Rendern kann es hier allerdings Streifen oder Moiré-Muster im Schatten geben. In diesem Fall muss der NEIGUNG-Wert erhöht werden. Berührt der Schatten das Objekt nicht mehr, wenn dieses auf einer Fläche steht, muss der Wert verringert werden. Auch dieser Parameter kann für jede Lichtquelle getrennt eingestellt werden, ist aber nicht in der Lichtliste verfügbar.

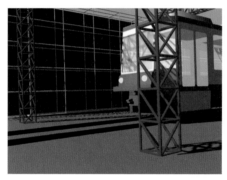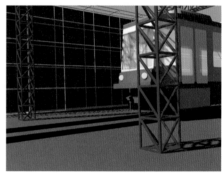

Abbildung 4.47: Neigung links: 1,0 rechts: 0,2

Absolute Map-Neigung = Absolute Map Bias

Ist der Schalter ABSOLUTE MAP-NEIGUNG aktiviert, werden für die Neigung Weltkoordinateneinheiten verwendet. Ist er deaktiviert, wird der NEIGUNG-Wert auf die Größe der Szene im berechneten Bild bezogen, was bei Standbildern meistens die besseren Ergebnisse liefert. Hier kann es bei Animationen allerdings passieren, dass sich der Schatten von Frame zu Frame verschiebt. In Animationen ist es also sinnvoll, diesen Schalter einzuschalten.

Zweiseitige Schatten = 2 Sided Shadows

Der Schalter ZWEISEITIGE SCHATTEN bewirkt, dass die Rückseiten von Flächen auch Schatten werfen. Diese Einstellung sollte immer aktiviert werden, wenn in Szenen Flächenrückseiten zu sehen sind. Bei massiven Objekten, die nur von ihren Vorderseiten sichtbar sind, sollte ZWEISEITIGE SCHATTEN ausgeschaltet bleiben, um die Rechenzeit zu verkürzen.

Raytrace-Schatten

Bestimmte Effekte sind nur mit Raytrace-Schatten möglich, zum Beispiel Schatten gläserner Objekte oder Schatten, die durch transluzente Materialien fallen.

Die Raytrace-Schatten können für jede Lichtquelle einzeln im Rollout ALLGE-MEINE PARAMETER oder in der Lichtliste eingestellt werden.

Raytrace-Schatten dauern in der Berechnung deutlich länger, sind aber auch exakter.

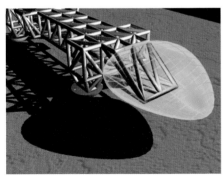 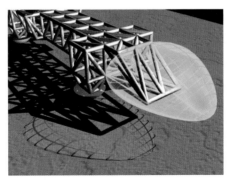

Abbildung 4.48: Unterschiedliche Schattenwirkung transparenter Objekte, links: Schatten-Map, rechts: Raytrace-Schatten
[BETA05.MAX]

Im Rollout RAYTRACE-SCHATTENPARAMETER können Sie ähnliche Werte wie bei den Schatten-Maps einstellen. Diese Einstellungen gelten nur für die Schatten, die von der ausgewählten Lichtquelle ausgehen und nicht allgemein für alle Schatten, die durch Raytracing entstehen.

STRAHLENNEIGUNG gibt auch hier an, wie weit der Schatten vom schattenwerfenden Objekt verschoben werden soll.

Strahlenneigung = Ray Bias

Der Schalter ZWEISEITIGE SCHATTEN bewirkt, dass die Rückseiten von Flächen auch Schatten werfen.

Zweiseitige Schatten = 2 Sided Shadows

MAX. QUADTREE-TIEFE gibt die Berechnungstiefe des Raytracers an. Diese sollte nur dann erhöht werden, wenn bestimmte Objekte, vor allem transparente, nicht richtig berechnet werden. Die Rechenzeit steigt mit einer Erhöhung dieses Werts deutlich.

Max. Quadtree-Tiefe = Max. Quadtree Depth

Flächenschatten

Flächenschatten simuliert den Schatten, der von einer flächigen Lichtquelle oder von Tageslicht geworfen wird. Solche Schatten sind nahe am Objekt relativ klar, verschwimmen aber zunehmend mit größerer Entfernung.

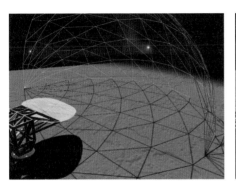 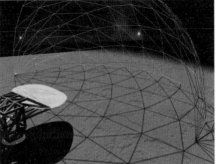

Abbildung 4.49: Am Schatten des Gitters ist der Flächenschatten-Effekt gut zu erkennen, links im Vergleich die Szene mit Schatten-Maps. [BETA06.MAX]

Die Schatten können zusammen mit normalen Lichtquellen verwendet werden. Es ist also keine erweiterte Beleuchtung notwendig.

*Flächenschatten
= Area Shadows*

Die Schatten werden im Rollout FLÄCHENSCHATTEN der selektierten Lichtquelle eingestellt.

*Grundoptionen
= Basic Options*

Im Listenfeld GRUNDOPTIONEN kann eine Form der Lichtquelle ausgewählt werden, die simuliert werden soll. Dabei spielt es keine Rolle, wie die Lichtquelle tatsächlich aussieht. Ist ein Beleuchtungskörper in der Szene zu sehen, sollte die hier gewählte Form diesem angepasst werden.

Flächenlichtabmessungen = Area Light Dimensions

Die Größe der simulierten Lichtquelle stellen Sie im Feld FLÄCHENLICHTABMESSUNGEN ein. Wird eine Lichtquelle aus der erweiterten Beleuchtung verwendet, die eine tatsächliche Größe hat, wird diese hier automatisch übernommen.

*Antialisa-Optionen
= Antialiasing Options*

Flächenschatten werden intern als Überlagerung der Schatten mehrerer dicht nebeneinander liegender Lichtquellen berechnet. Hierfür gibt es im Bereich ANTI-ALIAS-OPTIONEN noch einige Parameter, die das Aussehen der Schattenbegrenzungskanten beeinflussen:

*Schattenintegrität
= Shadow Integrity*

➡ SCHATTENINTEGRITÄT – gibt die Anzahl der Lichtquellen an, die für die Berechnung der Schatten verwendet werden. Bei sehr wenigen Lichtquellen erscheinen deutlich sichtbare Einzelschatten, die bei höheren Werten miteinander verschwimmen.

*Schattenqualität
= Shadow Quality*

➡ SCHATTENQUALITÄT – gibt an, wie oft die Überlagerung gerechnet werden soll. Höhere Werte ergeben weichere Schattenkanten. Die Berechnung dauert dann aber auch länger.

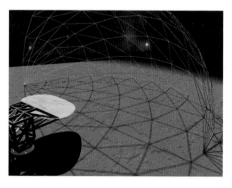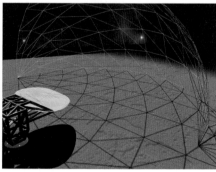

Abbildung 4.50: Links: Schattenintegrität: 1, Schattenqualität: 1, rechts: Schattenintegrität: 3, Schattenqualität: 8.

*Sampleausbreitung
= Sample Spread*

➡ SAMPLEAUSBREITUNG – macht die Kanten der Schatten zusätzlich mit zunehmenden Werten unschärfer.

*Schattenneigung
= Shadow Bias*

➡ SCHATTENNEIGUNG – gibt auch hier die Neigung des Schattens an. Dieser Wert bestimmt, wie weit ein Schatten vom schattenwerfenden Objekt entfernt ist.

➡️ ZUFALLSBETRAG – verrauscht die Schatten der einzelnen für die Berechnung verwendeten Lichtquellen, so dass sie zu einem gemeinsamen Schatten verschmelzen.

Zufallsbetrag = Jitter Amount

Der Schattentyp ERWEITERTES RAYTRACING *wird nur für die Erweiterte Beleuchtung verwendet und wird weiter hinten in diesem Kapitel, beim Thema Erweiterte Beleuchtung beschrieben.*

4.3   Projizierte Bilder

Lichtquellen können in 3ds max 6 auch dazu genutzt werden, Bilder auf eine Fläche zu projizieren. In der Realität funktioniert jeder Diaprojektor wie eine stark gerichtete Lichtquelle, die nur kein einfarbiges Licht abgibt, sondern ein leuchtendes Bild auf eine Fläche projiziert.

Abbildung 4.51: Open-Air-Kino mit zusätzlichem Volumenlicht-Effekt

Die abgebildete Szene finden Sie als kino01.max ...kino0n.max *in verschiedenen Stadien auf der DVD.*

Die Szene enthält eine schwache Lichtquelle, die das Mobiliar und den Boden beleuchtet, damit diese nicht völlig im Dunkel verschwinden, und dazu ein kräftiges Spotlicht, das vom Projektor auf die Leinwand gerichtet ist.

Für die Projektion eines Bildes können Spotlichter und Richtungslichter verwendet werden. In den meisten Fällen ist es sinnvoll, rechteckige Lichtkegel zu benutzen. Dies stellen Sie im Rollout SPOTLICHTPARAMETER ein.

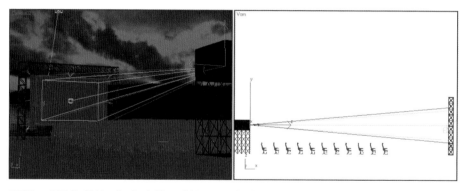

Abbildung 4.52: Die Lichtquelle, die als Kinoprojektor verwendet wird

Seitenverhältnis = Aspect

Mit dem Parameter SEITENVERHÄLTNIS stellen Sie den rechteckigen Lichtkegel so ein, dass er das gewünschte Leinwandformat ausfüllt. Dabei verändert diese Einstellung nur das Seitenverhältnis. Die absolute Größe des Lichtkegels wird auch hier mit den Parametern HOTSPOT/STRAHL und FALLOFF/FELD festgelegt.

TIPP

Dia- und Kinoprojektoren haben üblicherweise einen sehr scharf begrenzten Lichtkegel. Stellen Sie also die Differenz zwischen HOTSPOT *und* FALLOFF *sehr klein ein.*

Um ein Licht als Projektor zu verwenden, aktivieren Sie den PROJEKTOR-MAP-Schalter im Rollout ERWEITERTE EFFEKTE der Lichtquelle.

Mit dem großen Button daneben wählen Sie die Map aus. Dabei können nicht nur Bild- und Videodateien, sondern auch beliebige Maps aus dem Material-Editor verwendet werden.

TIPP

Man kann auch einfach eine vorhandene Map aus dem Material-Editor, dem Medien-Browser oder der Material-/Map-Übersicht auf den MAP-*Button im Rollout* ERWEITERTE EFFEKTE *ziehen.*

Der Lichtkegel einer Lichtquelle hat auf einer Seite einen kurzen Strich. Diese Seite ist die obere Seite des Bilds. Die Markierung ist wichtig, wenn die Bildprojektion um die optische Achse gedreht werden soll, weil das Bild in einer falschen Richtung projiziert wird.

Bitmap-Passung = Bitmap Fit

Um Verzerrungen zu vermeiden, können Sie mit dem Button BITMAP-PASSUNG im Rollout SPOTLICHTPARAMETER das Seitenverhältnis des Lichtkegels an das Seitenverhältnis der projizierten Bilddatei anpassen.

Auch bei diesen Projektionen können die Map-Einstellungen für KACHELN und ABSTAND im Material-Editor verwendet werden, um das Bild zu vervielfältigen oder innerhalb der projizierten Fläche zu verschieben.

Transluzenz

Projektionswände werden oft auch von der Rückseite angestrahlt. Dies hat bei öffentlichen Projektionen den Vorteil, dass niemand zwischen Projektor und Leinwand laufen und so Schatten werfen kann.

Mit den transluzenten Materialien in 3ds max 6 lässt sich auch dieser Effekt simulieren. Das Bild erscheint auf der Rückseite seitenverkehrt und etwas dunkler. Außerdem scheinen beleuchtete Objekte und starke Hell/Dunkel-Kontraste durch das transluzente Material hindurch.

Abbildung 4.53: Die Open-Air-Kinoszene von der Rückseite der Leinwand gesehen

Transluzente Materialien müssen, damit sie von der Rückseite sichtbar sind, in jedem Fall zweiseitig gerendert werden. Schalten Sie dazu den Schalter ZWEISEITIG *im Material-Editor-Rollout* SHADERGRUNDPARAMETER *für dieses Material ein.*

Der Parameter OPAZITÄT in einem TRANSLUZENZ-SHADER-Material steuert, wie weit das Material für andere Objekte und das Hintergrundbild durchscheinend ist. Das projizierte Bild ist in jedem Fall zu sehen.

Opazität = Opacity

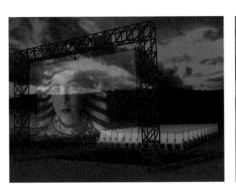

Abbildung 4.54: Links: Opazität 50, rechts: Opazität 95

Transluzenzfarbe
= Translucent Clr.

Die TRANSLUZENZFARBE tönt das Bild auf der Rückseite und dunkelt es ab.

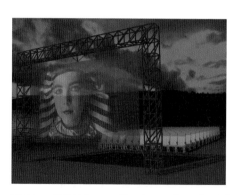

Abbildung 4.55: Links: graue Transluzenzfarbe, rechts: helles Gelb

4.4   Volumenlicht

In staubiger oder feuchter Luft sieht man Lichtkegel, die von hellen Lampen ausgehen. Besonders auffällig ist dieser Effekt bei Scheinwerfern, die vor Diskotheken in den Himmel gerichtet sind, auf Open-Air-Konzerten oder bei Straßenbeleuchtung und schlechtem Wetter.

Volumenlicht zeigt im gerenderten Bild den Lichtkegel. Dieser Effekt wird gern verwendet, um die Lichtquelle selbst deutlich hervorzuheben, da diese im Normalfall nicht zu sehen ist.

Abbildung 4.56: Dezent eingesetzte Volumenlicht-Effekte (Bild: www.soulpix.de)

In 3ds max 6 ist das Volumenlicht einer von mehreren möglichen atmosphärischen Effekten, die einer Lichtquelle zugewiesen werden können.

Volumenlicht ist nur im gerenderten Bild zu sehen, nicht in schattierten Ansichts-fenstern und auch nicht in ActiveShade-Fenstern. Darüber hinaus kann dieser Effekt nur in Perspektive- und Kamera-Fenstern verwendet werden, nicht in Axonometrien und orthogonalen Ansichten.

:-)
TIPP

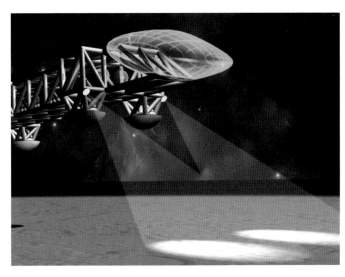

Abbildung 4.57: Scheinwerfer mit Volumenlicht

Volumenlicht ist am besten zu sehen, wenn die Szene sonst relativ dunkel ist. Außerdem sollte der Lichtkegel nicht direkt in die Kamera fallen, sondern auf den Boden oder nach hinten gerichtet sein, da es andernfalls zu einem Überstrahlen des ganzen Bildes kommt.

Das Volumenlicht wird als Effekt einzelnen Lichtquellen zugeordnet. Klicken Sie dazu im Rollout ATMOSPHÄREN & EFFEKTE einer selektierten Lichtquelle auf den Button HINZUFÜGEN. Wählen Sie dann in der Liste der atmosphärischen Effekte den Effekt VOLUMENLICHT.

Abbildung 4.58: Einen atmosphärischen Effekt hinzufügen; rechts die Szene zum Vergleich ohne Volumenlicht

Einrichten = Setup   Mit dem Button EINRICHTEN können Sie den Volumenlicht-Effekt genauer einstellen. Mit den Standardwerten wirkt der Lichtkegel hell und unnatürlich.

In der Dialogbox UMGEBUNG UND EFFEKTE sind im Rollout ATMOSPHÄRE alle atmosphärischen Effekte aufgelistet. Mit den Buttons NACH OBEN und NACH UNTEN kann die Reihenfolge der Effekte verändert werden. Der Schalter AKTIV aktiviert oder deaktiviert einzelne Effekte, LÖSCHEN löscht einen Effekt aus der Liste. Mit dem Button MISCHEN können Sie atmosphärische Effekte aus einer anderen Szene übernehmen. Sie müssen sie also nicht jedes Mal neu generieren.

Abbildung 4.59: Rollout Atmosphäre in der Dialogbox Rendern/Umgebung

Volumenlicht wird nicht einfach wie in Bildbearbeitungsprogrammen über das Bild gelegt, sondern der Effekt befindet sich wirklich an einer klar definierten Stelle im Raum. Im nächsten Bild verdeckt die Gitterkonstruktion einen Teil des Lichtkegels.

Abbildung 4.60: Objekte können Lichtkegel verdecken

Die genauen Einstellungen eines Effekts, wie hier des Volumenlichts, werden im Rollout VOLUMENLICHTPARAMETER in der Dialogbox RENDERN/UMGEBUNG vorgenommen. Zur Einstellung muss im Rollout ATMOSPHÄRE der entsprechende Effekt ausgewählt sein.

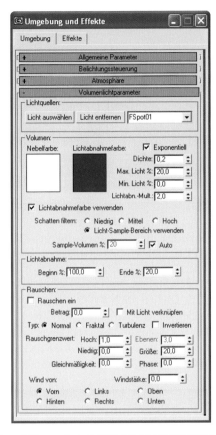

Abbildung 4.61: Rollout Volumenlichtparameter in der Dialogbox Rendern/Umgebung

Das Volumenlicht wird für jede Lichtquelle speziell zugewiesen. Das gilt auch für Lichter, die als Instanz kopiert wurden und sich in den anderen Einstellungen gleich verhalten.

Um, wie im Beispiel der beiden Scheinwerfer, einen Volumenlicht-Effekt für mehrere Lichtquellen zu verwenden, können Sie im Rollout VOLUMENLICHT-PARAMETER mit dem Button LICHT AUSWÄHLEN einen Effekt, der im Rollout ATMOSPHÄRE selektiert ist, auch weiteren Lichtquellen zuweisen.

Diese Lichtquellen können direkt in der Szene selektiert werden und erscheinen dann im rechten Listenfeld.

Nicht immer sind die Lichtquellen in der Szene einfach zu selektieren. Die Taste H blendet eine Liste ein, in der Sie einzelne oder mehrere Lichtquellen über ihre Namen auswählen können. Diese werden dann automatisch in die Liste im Rollout VOLUMENLICHTPARAMETER übernommen.

:-)
TIPP

Umgekehrt wird mit dem Button LICHT ENTFERNEN der Lichtquelle, die im rechten Listenfeld angezeigt wird, wieder der Volumenlicht-Effekt entzogen.

Ein wichtiger Schalter für das Aussehen des Volumenlichts ist die DICHTE. Die Dichte wirkt sich besonders in den Randbereichen der Lichtkegel sichtbar aus.

 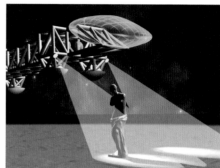

Abbildung 4.62: Links: Dichte 0,5, rechts: Dichte 99

Hohe Dichten kommen nur bei Lichtstrahlen in Rauchwolken oder in besonderen Effekten wie Laserschwertern oder Ähnlichem vor.

An den Stellen, an denen der Lichtkegel besonders breit ist, erscheint er bei geringerer Dichte noch heller als an den dünneren Stellen. Besonders auffällig ist das an den Stellen, an denen sich zwei Lichtkegel überlagern. Das kommt daher, weil die Transparenz des Lichtkegels mit zunehmender Dicke linear abnimmt. Aktivieren Sie den Schalter EXPONENTIELL, werden auch die dicken Bereiche transparenter, da die Transparenz dann exponentiell abnimmt.

Abbildung 4.63: Hellere Bereiche bei überlagerten Lichtkegeln

Die Begrenzung der Kanten des Lichtkegels wird nicht in den Volumenlichtparametern, sondern in den Einstellungen der Lichtquelle selbst vorgenommen. Hier ist die Differenz zwischen HOTSPOT und FALLOFF ausschlaggebend.

Die Werte MAX. LICHT % und MIN. LICHT % in den Volumenlichtparametern beeinflussen die Helligkeit des Lichtkegels in der Luft. Die Wirkung des Lichts beim Auftreffen auf eine Fläche wird dabei nicht verändert. MAX. LICHT % gibt dabei prozentual die Helligkeit der hellsten Punkte im Lichtkegel an. MIN. LICHT % gibt einen Mindestwert für die atmosphärische Helligkeit an. Dieser Wert wird auch für die Bereiche außerhalb des Lichtkegels verwendet. Er hat eine ähnliche Wirkung wie das Umgebungslicht. Bei größeren Werten wird auch der Hintergrund aufgehellt, was eine leicht vernebelte Atmosphäre ergibt.

Die Farbe dieses Nebels kann im Feld NEBELFARBE festgelegt werden. In den meisten Fällen kann man den Nebel weiß lassen und farbige Effekte durch entsprechende Lichtfarben erzeugen.

Nebelfarbe
= Fog Color

Die Option SCHATTEN FILTERN berechnet die Begrenzungen der Schatten im Volumenlicht genauer. Meistens reicht hier die Einstellung NIEDRIG aus. Diese Einstellung kann man bei SAMPLE-VOLUMEN % noch genauer differenzieren.

Schatten filtern
= Filter Shadows

Ist der Schalter AUTO deaktiviert, kann man Werte zwischen 0 und 100 einstellen. NIEDRIG entspricht hier 8, MITTEL 25 und HOCH 50. Die vierte Option LICHT-SAMPLE-BEREICH VERWENDEN übernimmt die Einstellungen der Lichtquelle.

Licht-Sample-
Bereich verwenden
= Use Light Smp
Range

Lichtabnahme bei Volumenlicht

Die Bereiche für die Lichtabnahme einer Lichtquelle bei zunehmendem Abstand können sich auch auf den Volumenlicht-Effekt auswirken. Ein Volumenlicht-Effekt kann mit zunehmendem Abstand von der Lichtquelle verblassen oder auch eine andere Farbe annehmen.

Abbildung 4.64: Links: ohne Lichtabnahme, rechts: mit Lichtabnahme [SKULPTUR07.MAX]

Lichtabnahmebereiche werden für das Volumenlicht nur berücksichtigt, wenn sie auch für die jeweilige Lichtquelle aktiviert sind.

!!
STOP

Die Lichtabnahme des Volumenlichts wird prozentual zu den Lichtabnahmebereichen der Lichtquelle gemessen.

BEGINN % gibt an, bei welchem Abstand von der Lichtquelle, bezogen auf den Nahbereich, die Abschwächung des Lichtkegels beginnen soll. 100% bedeutet hier, dass im Nahbereich der Volumenlicht-Effekt noch seine volle Wirkung hat.

ENDE % gibt an, bei welchem Abstand, bezogen auf den Fernbereich, von der Lichtquelle die Abschwächung des Lichtkegels beendet sein soll, der Lichtkegel also nicht mehr zu sehen ist. Über diesen Wert lässt sich die Länge des Lichtkegels einstellen. 100% bedeutet hier, der Lichtkegel ist genauso lang wie der Fernbereich, bei 0% ist der Lichtkegel bereits am Anfang des Fernbereichs zu Ende.

:-)
TIPP

Besonders wichtig ist diese Lichtabschwächung bei Omnilichtern, die in alle Richtungen leuchten, da hier ohne Abschwächung die ganze Szene erleuchtet und vernebelt wird. Stellen Sie in diesem Fall die Lichtabnahme so ein, dass nur ein relativ kleiner Bereich rund um die Lichtquelle vom Volumenlicht erfüllt ist.

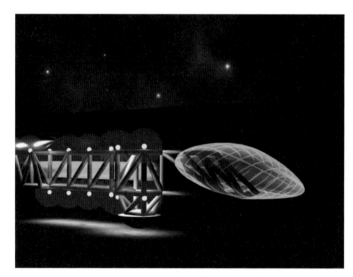

Abbildung 4.65: Omnilichter mit kleinen Lichtabnahmebereichen [BETA09.MAX]

Lichtabnahmefarbe verwenden/Lichtabnahme-Multiplikator = Use Attenuation Color/Lichtabnahme-Multiplikator

Sollen die Volumenlichter mit zunehmender Entfernung von der Lichtquelle nicht schwächer werden, sondern ihre Farbe ändern, muss der Schalter LICHTABNAHMEFARBE VERWENDEN aktiviert sein. Die Lichtabnahmefarbe wird im zweiten Farbfeld im Rollout VOLUMENLICHTPARAMETER festgelegt. Der LICHTABNAHMEMULTIPLIKATOR verstärkt den Effekt noch.

Rauschen im Volumenlicht

Rauschen = Noise On

Der Lichtkegel eines Volumenlichts muss nicht unbedingt völlig gleichmäßig hell sein. In Wirklichkeit sind solche Lichtkegel meistens durch Rauchwolken und Staubpartikel unterschiedlich dicht. Um solche Effekte zu simulieren, aktivieren Sie im Rollout VOLUMENLICHTPARAMETER den Schalter RAUSCHEN.

(KOMPENDIUM) **3ds max 6**

Abbildung 4.66: Rauschen im Volumenlicht [BETA10.MAX]

Das Rauschen in einem Volumenlicht verlängert die Renderzeiten eines Bildes um ein Vielfaches!

!!
STOP

Der Wert im Feld BETRAG gibt an, wie stark ausgeprägt die einzelnen Wolken sind. 0.0 steht für einen gleichmäßigen Lichtkegel, 1.0 für viele einzelne, voneinander getrennte Wolken.

Betrag = Amount

Abbildung 4.67: Links: Rauschen-Betrag 0,6, rechts: Rauschen-Betrag 1,0

Zum Rauschen gibt es drei Berechnungsverfahren: NORMAL, FRAKTAL und TUR-BULENZ. Dabei ergeben die Methoden FRAKTAL und TURBULENZ kleinere Einzelwolken als das Verfahren NORMAL.

Normal/Fraktal/Turbulenz = Normal/Fractal/Turbulence

Die Berechnungstiefe kann bei den Methoden FRAKTAL und TURBULENZ mit dem Wert EBENEN erhöht werden, was den Detailgrad der Wolken verbessert, allerdings auch die Rechenzeit erhöht.

Abbildung 4.68: Links: Normal, rechts: Turbulenz-Rauschen

Abbildung 4.69: Fraktal-Rauschen, links: 1 Ebene, rechts: 3 Ebenen

Invertieren = Invert   Mit dem Schalter INVERTIEREN kann der Effekt der Wolken umgekehrt werden. Transparente Teile werden undurchsichtig und die Wolken dafür transparent.

Die Parameter RAUSCHGRENZWERT HOCH und NIEDRIG begrenzen das Rauschen, GLEICHMÄSSIGKEIT lässt die transparenten und diffusen Bereiche des Lichtkegels zusammenlaufen.

Der Wert GRÖSSE steuert die Größe der einzelnen Wolken. Wird dieser Wert zu groß, kann es passieren, dass der Lichtkegel nur noch aus einer einzigen Wolke besteht. Die verwendete Größe ist abhängig von der Skalierung der Szene, so dass man hier keine festen Richtwerte geben kann.

Abbildung 4.70: Links: Größe 4000, rechts: Größe 500

Rauschen in Animationen

Das Rauschen in einem Volumenlicht kann animiert werden. Dazu muss während der Animation der Parameter PHASE verändert werden.

Im unteren Bereich des Rollouts VOLUMENLICHTPARAMETER können noch Windrichtung und Windstärke eingestellt werden. Dieser Wind treibt die Rauchwolken während der Animation in eine bestimmte Richtung.

Ist der Schalter MIT LICHT VERKNÜPFEN aktiviert, bewegen sich die Wolken mit, wenn die Lichtquelle bewegt wird. Dieser Effekt ist allerdings in den meisten Fällen unerwünscht, da Wolken fest in der Luft stehen oder sich durch Wind, aber unabhängig von den Bewegungen der Lichtquelle, bewegen.

Mit Licht verknüpfen = Link to Light

Volumenlicht bei Projektionen

Volumenlicht kann sehr effektvoll bei Projektionen von Maps verwendet werden. Erst durch den Volumeneffekt ist ein, von einem Projektor projizierter Lichtkegel deutlich als solcher zu erkennen und von einer einfachen Textur zu unterscheiden.

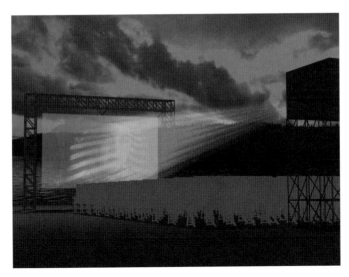

Abbildung 4.71: Volumenlicht bei Projektion eines Bildes

Im Lichtkegel ergeben sich Streifen, die auf das projizierte Bild zurückzuführen sind.

Stellen Sie bei Projektionen die Nebelfarbe im Rollout VOLUMENLICHTPARAME-TER *auf eine helle Farbe ein, die dem Farbton des Bilds entspricht.*

:-)
TIPP

Volumenlicht-Effekte können keine Flächen durchdringen. Sie werden auch an transluzenten Materialien automatisch beendet, so dass sie sehr gut eingesetzt werden können, um eine rückwärtige Projektion auch als solche kenntlich zu machen. Durch die transluzente Fläche scheint das Volumenlicht von der anderen Seite aber leicht durch.

Abbildung 4.72: Rückwärtige Projektion durch ein transluzentes Material mit Volumenlicht

4.5   Lens-Flare-Effekte

Lens-Flare-Effekte entstehen bei wirklichen Fotos durch Lichtbrechung, wenn eine Kamera direkt auf eine Lichtquelle gerichtet ist. Solche Effekte werden gern in Weltraumszenen eingesetzt und können beim Rendern in 3ds max 6 simuliert werden.

Abbildung 4.73: Lens-Effekt an Lichtquellen (Bild: www.soulpix.de)

Ein Lens-Flare-Effekt ist eine Sondereigenschaft einer Lichtquelle, die auch dazu genutzt werden kann, die Lichtquelle in der Szene sichtbar zu machen. Diese Effekte werden nach dem eigentlichen Rendern in einem zweiten Durchgang über das Bild gelegt.

Lens Effects werden ähnlich wie das Volumenlicht über das Rollout ATMOSPHÄREN & EFFEKTE einer selektierten Lichtquelle zugewiesen. Mit dem Button EINRICHTEN blenden Sie anschließend die Dialogbox UMGEBUNG UND EFFEKTE ein. Diese Dialogbox können Sie auch später jederzeit über den Menüpunkt RENDERN/EFFEKTE erreichen.

Einrichten = Setup

Seit 3ds max 6 sind Rendereffekte und Atmosphäreneffekte auf zwei Registerkarten der gleichen Dialogbox untergebracht. Zum Einstellen dieser beiden Effekttypen muss man folglich nicht jedes Mal über das Menü eine eigene Dialogbox aufrufen, sondern kann einfach zwischen den Registerkarten hin und her schalten.

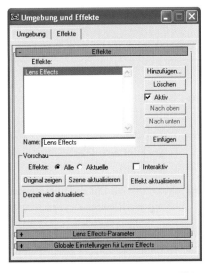

Abbildung 4.74: Die neue Dialogbox für Umgebung und Effekte

Beim Verändern von Einstellungen zu einem Effekt braucht das Bild nicht neu gerendert zu werden. Ein Klick auf den Button EFFEKT AKTUALISIEREN im Rollout EFFEKTE genügt, um den Effekt allein neu zu berechnen und wieder über das Bild zu legen.

Effekt aktualisieren = Update Effect

Im Rollout LENS EFFECTS-PARAMETER können Sie auswählen, welcher Effekt verwendet werden soll. Hier können Sie auch mehrere Effekte überlagern.

Abbildung 4.75: Auswahl verschiedener Effekte

Zusätzlich erscheint ein Rollout GLOBALE EINSTELLUNGEN FÜR LENS EFFECTS. Hier wird automatisch die selektierte Lichtquelle eingetragen. Sie können hier noch weitere Lichtquellen auswählen, für die die gleichen Effekte gelten sollen.

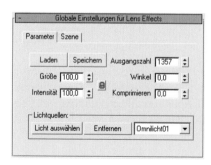

Abbildung 4.76: Das Rollout mit den globalen Einstellungen

Alle Einstellungen aus diesem Rollout gelten für alle Effekte, die einer Lichtquelle zugewiesen sind.

Größe = Size
➡ GRÖSSE – legt die Größe des Effekts in Prozent, bezogen auf die Größe des Bilds, fest.

Intensität = Intensity
➡ INTENSITÄT – erhöht die Helligkeit des Effekts und verringert die Transparenz. Kleinere Werte lassen den Effekt transparenter und weniger leuchtend erscheinen.

Ausgangszahl = Seed
➡ AUSGANGSZAHL – initialisiert den Zufallsgenerator, um verschieden aussehende Effekte an verschiedenen Lichtquellen zu generieren.

Winkel = Angle
➡ WINKEL – bewirkt eine Drehung des Effekts.

Komprimieren = Squeeze
➡ KOMPRIMIEREN – drückt den Effekt horizontal oder vertikal zusammen, um unterschiedliche Seitenverhältnisse im Bild auszugleichen, damit der Effekt auf jeden Fall rund erscheint. Positive Werte strecken den Effekt in die horizontale, negative in die vertikale Richtung.

Für jeden Effekt erscheint ein zusätzliches Rollout mit speziellen Parametern, wenn der Effekt im Rollout LENS EFFECTS-PARAMETER selektiert wird.

Glow (Leuchtelement)

Der *Glow*-Effekt erscheint als rund um eine Lichtquelle leuchtende Aura. Dieser Effekt kann wie ein begrenztes Volumenlicht verwendet werden, mit dem Vorteil, dass er deutlich schneller berechnet wird, da es sich nicht um ein Volumenobjekt, sondern um einen nachträglich über das Bild gelegten grafischen Effekt handelt. In manchen Fällen sieht der Glow-Effekt sogar besser aus als das Volumenlicht.

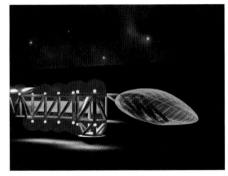 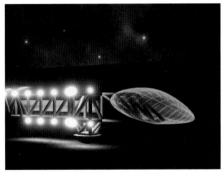

Abbildung 4.77: Links: Volumenlicht, rechts: Glow-Effekt [BETA12.MAX]

Im Rollout LEUCHTELEMENT lassen sich verschiedene Parameter gezielt einstellen, von denen die meisten auch in anderen Lens Effects vorkommen.

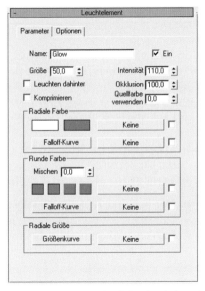

Abbildung 4.78: Das Rollout Leuchtelement

Bei vielen Lens Effects in einer Szene können Sie jedem Effekt einen eigenen Namen geben, um diese leichter zuzuordnen. Der Schalter EIN ermöglicht es, Effekte einzeln ein- und auszuschalten, ohne sie direkt zu löschen.

➡ GRÖSSE – gibt die Größe des Effekts in Prozent der Bildgröße an. Dabei wird die gesamte Größe des Effekts berücksichtigt, der in den äußeren Bereichen fast nicht mehr zu sehen ist. Der Effekt scheint also deutlich kleiner als der angegebene Wert zu sein.

Größe = Size

➡ INTENSITÄT – gibt die Stärke des Effekts an. Bei zunehmenden Werten wird der Effekt heller und weniger transparent.

Intensität = Intensity

➡ LEUCHTEN DAHINTER – gibt an, ob ein Effekt, der räumlich hinter einem Objekt liegt, von diesem Objekt verdeckt werden kann oder in jedem Fall im Ganzen zu sehen ist.

Leuchten dahinter = Glow Behind

INFO

Lens Effects, die durch Kameralinsen hervorgerufen werden, sind normalerweise immer im Ganzen zu sehen. Lichtblitze in Weltraumszenen, die durch ein Triebwerk oder eine Supernova entstehen, werden üblicherweise so dargestellt, dass sie von anderen Objekten verdeckt werden können.

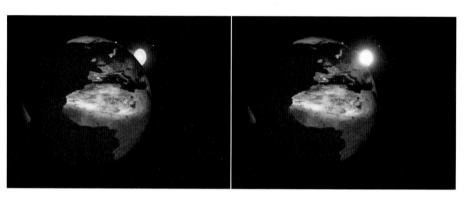

Abbildung 4.79: Links: Leuchten dahinter aktiviert, rechts: Leuchten dahinter deaktiviert

INFO

Beachten Sie, dass ein Lens Effect, der von einem Objekt teilweise verdeckt wird, bei eingeschaltetem LEUCHTEN DAHINTER *immer etwas abgeschwächt erscheint. Das Maß und die Größe dieser Abschwächung werden mit den Werten unter* OKKLUSION *auf der Registerkarte* SZENE *im Rollout* GLOBALE EINSTELLUNGEN FÜR LENS EFFECTS *für alle Lens Effects eingestellt.*

Okklusion
= Occlusion

➡ OKKLUSION im Rollout LEUCHTELEMENT gibt an, zu welchem Prozentsatz die OKKLUSION-Werte aus dem Rollout GLOBALE EINSTELLUNGEN FÜR LENS EFFECTS für diesen Effekt gelten sollen.

Komprimieren
= Squeeze

➡ Der Schalter KOMPRIMIEREN gibt an, ob der Effekt entsprechend dem KOMPRIMIEREN-Wert aus dem Rollout GLOBALE EINSTELLUNGEN FÜR LENS EFFECTS zusammengedrückt werden soll.

Farben von Lens Effects

Quellfarbe
verwenden
= Use Source Color

Die Farbe eines Lens Effects kann sich sowohl in radialer Richtung von innen nach außen verändern als auch zirkular rund um den Effekt. Der Parameter QUELLFARBE VERWENDEN gibt an, wie weit die Lichtfarbe der Lichtquelle Einfluss auf die Farbe des Lens Effects hat.

Radiale Farbe/
Falloff-Kurve
= Radial Color/Falloff
Curve

Die beiden Farben im Feld RADIALE FARBE geben die innere und äußere Farbe des Lens Effects an. Dazwischen wird überblendet. Diese Überblendung verläuft standardmäßig nicht linear, sondern gemäß einer Kurve, die mit dem Button FALLOFF-KURVE angezeigt und auch verändert werden kann.

Sowohl für die Farben als auch für deren Falloff können Sie Maps verwenden.

Runde Farbe
= Circular Color

Der zirkulare Farbverlauf wird im Feld RUNDE FARBE aus vier Farben zusammengesetzt. Die FALLOFF-KURVE gibt hier an, wie gleichmäßig sich die Farben rund um den Effekt verändern.

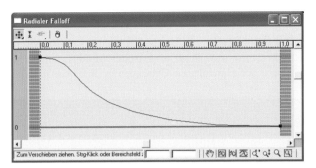
Abbildung 4.80: Radiale Falloff-Kurve

Der MISCHEN-Wert gibt an, zu welchem Anteil diese Farben die radiale Farbe überlagern.

Mischen = Mix

RADIALE GRÖSSE ermöglicht es, den Ring an verschiedenen Stellen unterschiedlich groß zu machen. Damit lassen sich elliptische oder sternförmige Ringe erzeugen. Die Größe wird auch hier über eine Kurvenlinie mit dem Button GRÖSSENKURVE oder über eine Map definiert. Standardmäßig sind die Lens Effects rund.

*Radiale Größe/
Größenkurve =
Radial Scale/Size
Curve*

Ring

Der *Ring*-Effekt erzeugt einen farbigen Ring rund um eine Lichtquelle.

Abbildung 4.81: Ring-Effekt mit einem und mehreren Ringen

Mit einem Ring-Effekt können sehr einfach auch mehrere Ringe erzeugt werden, wenn man die Falloff-Kurve nicht konstant abfallen lässt, sondern über zusätzliche Bézier-Kurvenpunkte eine wellenförmige Kurve erzeugt.

:-)
TIPP

Die Einstellungen sind denen des Glow-Effekts ähnlich. Es gibt zwei zusätzliche Parameter:

➡ EBENE – verschiebt den Effekt im Raum von der Lichtquelle zum Betrachter. Damit lässt sich erreichen, dass bestimmte Objekte vor oder hinter dem Effekt liegen.

Ebene = Plane

➡ DICKE – gibt die radiale Breite des Rings an.

Dicke = Thickness

Ray (Strahlenelement)

Ray-Effekte sind zufällig rund um eine Lichtquelle angeordnete Strahlen. Sie sind üblicherweise sehr dünn und ungleichmäßig. Sie werden meistens bei einzelnen hellen, sehr weit entfernten Objekten in einer sonst relativ dunklen Szene verwendet.

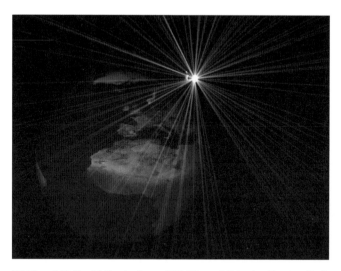

Abbildung 4.82: Ray-Effekt – das Raumschiff ist hier weit hinter dem Planeten. Die Gesamthelligkeit der Szene wurde reduziert.

Strahlenelement = Ray Element

Drei zusätzliche Parameter im Rollout STRAHLENELEMENT beeinflussen Anzahl und Aussehen der Strahlen.

Zahl = Num

➡ ZAHL – gibt die Anzahl einzelner Strahlen an.

Scharf = Sharp

➡ SCHARF – gibt an, wie scharf begrenzt die einzelnen Strahlen sind. Je kleiner dieser Wert, desto mehr verschwimmen die Kanten.

Abbildung 4.83: Dezent eingesetzte Strahlenelemente in der Architekturvisualisierung (Projekt: DaimlerChrysler Moskau, Visualisierung: studio architec, Entwurf: Kurz + Partner Architekten, Urbach)

➡ WINKEL – legt eine Drehrichtung des gesamten Effekts fest. Wird der Ray-Effekt mehreren Lichtquellen in der Szene zugewiesen, sollten unterschiedliche Drehwinkel verwendet werden, damit die Effekte nicht genau gleich aussehen.

Winkel = Angle

Star (Sternelement)

Star-Effekte werfen ähnlich wie Ray-Effekte Strahlen rund um eine Lichtquelle. Allerdings sind bei *Star* diese Strahlen alle gleich groß, deutlich weniger und gleichmäßig rund um die Lichtquelle verteilt.

Abbildung 4.84: Star-Effekt

Bei Star-Effekten spielen die Parameter MENGE und WINKEL, die auch bei Ray-Effekten verwendet werden, eine deutlich wichtigere Rolle, da normalerweise nur sehr wenige Strahlen verwendet werden.

Menge/Winkel = Qty Angle

Der zusätzliche Parameter BREITE gibt die Breite eines einzelnen Strahls an der breitesten Stelle an. Die Strahlen können über den Parameter VERJÜNGUNG nach außen hin schmaler werden.

Breite/Verjüngung = Width = Taper

Innerhalb eines Strahls kann sich die Farbe nicht nur von innen nach außen verändern, sondern auch quer zum Strahl. Dieser Farbverlauf wird im Feld QUERSCHNITTSFARBE angegeben und ist standardmäßig in der Mitte heller als an den Rändern. Auch hier kann eine Kurve den Farbverlauf beeinflussen.

Querschnittsfarbe = Section Color

Streak (Streifenelement)

Streak-Effekte sind einzelne Streifenelemente an den Lichtquellen. Sie können in jeden beliebigen Winkel gedreht werden und verhalten sich sonst wie Star-Effekte. Üblicherweise entstehen solche Effekte durch atmosphärische Lichtbrechungen in großen Höhen. Sie liegen dann horizontal.

:-)
TIPP

Streak-Effekte wirken allein oft sehr künstlich. In den meisten Fällen empfiehlt es sich, gleichzeitig auf die Lichtquelle einen Glow-Effekt zu setzen.

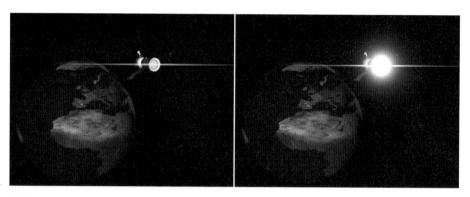

Abbildung 4.85: Links: einzelner Streak, rechts: Streak und Glow

Abbildung 4.86: Kombination verschiedener Effekte zur Darstellung eines hellen Sterns am rechten Bildrand – Szene aus dem Film »De neie Apparatspott« (www.apparatspott.de)

Auto Secondary (Automatisches Sekundärelement)

Sekundärelemente sind Ringe, die durch Lichtbrechung in Kameralinsen entstehen, die aber nicht konzentrisch um eine Lichtquelle herum laufen, sondern von dieser verschoben sind.

Die Einstellungen für die automatischen Sekundärelemente sehen etwas anders aus:

➡ MIN/MAX – geben die minimale und maximale Größe der einzelnen Ringe an. Die Werte beziehen sich prozentual auf die Gesamtgröße des Bilds und werden noch einmal mit dem Wert GRÖSSE aus dem Rollout GLOBALE EINSTELLUNGEN multipliziert.

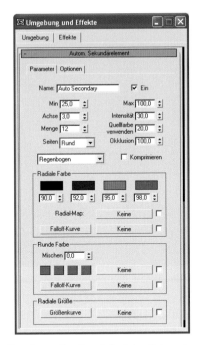

Abbildung 4.87: Einstellungen für automatische Sekundärelemente

➤ ACHSE – definiert die Länge der Achse, auf der die Flares verteilt werden. Die Achse verläuft immer von der Lichtquelle zum Bildmittelpunkt. *Achse = Axis*

➤ INTENSITÄT – gibt die Stärke des Effekts an. Bei zunehmenden Werten wird der Effekt heller und weniger transparent. *Intensität = Intensity*

➤ MENGE – gibt die Anzahl der Flares zu dieser Lichtquelle an. *Menge = Qty*

➤ SEITEN – bietet verschiedene Optionen zur Form der Flares. Diese können rund oder ein gleichmäßiges Vieleck sein. *Seiten = Sides*

3ds max 6 liefert einige vordefinierte Mustertypen (REGENBOGEN, …) mit, die im Listenfeld unterhalb von SEITEN ausgewählt werden können. Diese Muster können Sie als Grundlage verwenden und weiter anpassen.

Jedes automatische Sekundärelement besteht aus vier verschiedenen Farben, die im Bereich RADIALE FARBE eingestellt werden können. Zu jeder der Farben können Sie einen Prozentwert angeben, bis zu dem diese Farbe, von innen gesehen, gehen soll. Danach beginnt die nächste Farbe. *Radiale Farbe = Radial Color*

Abbildung 4.88: Automatische Sekundärelemente mit sechseckigen Flares

Manual Secondary (Manuelles Sekundärelement)

Solche Ringe können auch einzeln manuell erstellt werden statt automatisch in einer Reihe. Die Parameter zur Einstellung sind weit gehend gleich. Die Werte ACHSE und MENGE fehlen, dafür gibt der Wert EBENE den Abstand des Effekts von der Lichtquelle an. Die *manuellen Sekundärelemente* liegen auch immer auf einer Geraden durch die Lichtquelle und den Bildmittelpunkt.

:-)
TIPP

Lens Effects lassen sich beliebig kombinieren. Übertreiben Sie dabei nicht, sondern setzen Sie die Effekte nur an den wichtigen Lichtquellen im Vordergrund ein und stimmen Sie die Farbe der Effekte auf die Szene ab.

Abbildung 4.89: Manuelles Sekundärelement dezent in der Architekturvisualisierung eingesetzt (Bild: Shopkonzept hoffmann.architektur)

4.6   Erweiterte Beleuchtung

Unter dem Begriff *Erweiterte Beleuchtung* sind bereits in 3ds max 5 neue globale Illuminationssysteme eingeführt worden. Bei globaler Illumination wird das Licht innerhalb der Szene reflektiert, so dass Bereiche, die nicht direkt von einer Lichtquelle beleuchtet werden, nicht völlig im Dunkeln stehen.

Bei der erweiterten Beleuchtung unterscheidet man zwischen Licht-Tracer und Radiosity.

➤ *Licht-Tracer* wird für Außenaufnahmen eingesetzt und simuliert Tageslicht. Bei Tageslicht sind auch in verschatteten Bereichen Farben und Formen noch klar erkennbar.

➤ *Radiosity* bietet eine exakte photometrische Beleuchtungssimulation. Dieses Verfahren wird vor allem in maßstäblich gezeichneten Innenräumen verwendet, wenn photometrische Daten der verwendeten Lichtquellen bekannt sind.

Abbildung 4.90: Tageslichtsimulation mit erweiterter Beleuchtung (Projekt: Sparkasse Hameln, Entwurf: Architekten Reith + Wehner, Fulda – Visualisierung: studio architec)

Licht-Tracer

Der Licht-Tracer berechnet kein exaktes physikalisches Modell der Szene, sondern berechnet mit einem Raytracing-Verfahren aus den vorhandenen Lichtquellen und zusätzlichen Himmelslichtern die Beleuchtung der Szene. Dabei werden Lichtreflexionen zwischen Objekten berücksichtigt.

Die Helligkeit der Bildpunkte wird in einem Raster über dem ganzen Bild berechnet. An den Objekt- und Schattenkanten werden automatisch zusätzliche Punkte berechnet, da hier starke Helligkeitsunterschiede in eng begrenzten Bereichen auftreten. Dieses Verfahren wird als *adaptives Undersampling* bezeichnet.

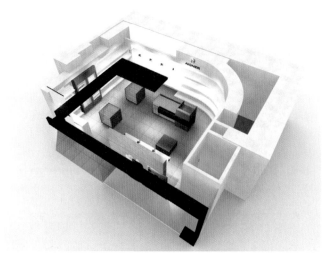

Abbildung 4.91: Szene, mit erweiterter Beleuchtung berechnet (hoffmann.architektur – Shopkonzept)

Wird eine Außenszene nur von einer Lichtquelle beleuchtet, entstehen unnatürlich dunkle Eigenschatten, die es bei der Beleuchtung mit der echten Sonne nie so ausgeprägt geben würde.

!!
STOP

Der Licht-Tracer braucht für eine Berechnung wesentlich länger als der normale Renderer. Beachten Sie hier also besonders die Hinweise zur Verkürzung der Rechenzeit in den folgenden Abschnitten.

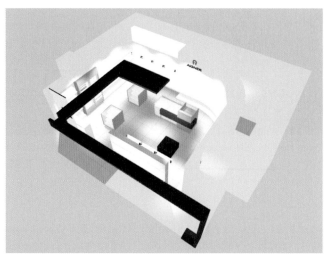

Abbildung 4.92: Die gleiche Szene ohne erweiterte Beleuchtung

(KOMPENDIUM) **3ds max 6**

Himmelslicht

Der neue Lichttyp *Himmelslicht* beleuchtet eine Szene kuppelförmig aus allen Richtungen.

Himmelslicht
 = Skylight

Dieses Licht wird wie die anderen Lichtquellen auch auf der ERSTELLEN-Palette generiert. Allerdings spielt es beim Himmelslicht keine Rolle, an welcher Stelle in der Szene das halbkugelförmige Symbol der Lichtquelle gezeichnet wird.

Mehrere Himmelslicht-Lichtquellen ergeben keinen praktischen Sinn und verlängern die Renderzeit nur. Wenn Sie zum Testen verschiedener Einstellungen mehrere Himmelslichter erstellen, achten Sie darauf, dass immer nur jeweils eines eingeschaltet ist.

Das Himmelslicht erscheint in der Lichtliste und im Rollout auf der ÄNDERN-Palette mit anderen Parametern als die üblichen Lichtquellen.

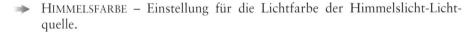

➤ EIN – schaltet das Himmelslicht ein oder aus.

Ein = On

➤ MULTIPLIKATOR – zusätzliches Verstärken oder Abschwächen der Lichtwirkung.

Multiplikator = Multiplier

➤ SZENENUMGEBUNG VERWENDEN – verwendet die Farbe des Umgebungslichts aus der Dialogbox RENDERN/UMGEBUNG.

Szenenumgebung verwenden = Use Scene Environment

➤ HIMMELSFARBE – Einstellung für die Lichtfarbe der Himmelslicht-Lichtquelle.

Himmelsfarbe = Sky Color

➤ MAP – ermöglicht die Farbeinstellung über eine Map. Dabei kann ähnlich wie im Material-Editor ein Prozentsatz angegeben werden, mit dem die Map die eingestellte Himmelsfarbe überlagert.

Wird zur Beleuchtung einer Szene ausschließlich ein Himmelslicht verwendet, wirkt das Bild leicht trüb wie bei schlechtem Wetter. Für eine Schönwetter-Simulation empfiehlt es sich, zusätzlich ein Richtungslicht oder die Sonnenlicht-Simulation zu verwenden.

Das Himmelslicht trägt wie jede andere Lichtquelle zur Aufhellung der beleuchteten Stellen in der Szene bei. Wenn Sie zusätzlich ein Richtungslicht einsetzen, empfiehlt es sich, dessen Helligkeit etwas zurückzunehmen, damit beleuchtete Bereiche nicht überstrahlt werden.

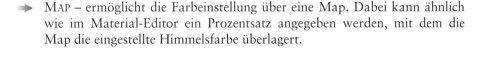

Abbildung 4.93: Eine Szene, mit einem Himmelslicht und zusätzlichem Sonnenlicht beleuchtet (Projekt: Wohnhaus in Meerbusch, Entwurf: hoffmann.architektur)

Licht-Tracer-Parameter

Der Licht-Tracer muss vor dem Rendern gesondert aktiviert werden. Der normale Renderer stellt die besonderen Eigenschaften der globalen Illumination nicht dar.

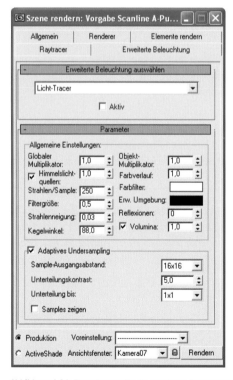

Abbildung 4.94: Einstellungen für die erweiterte Beleuchtung

Die Einstellungen für den Licht-Tracer finden Sie in der Dialogbox RENDERN/
ERWEITERTE BELEUCHTUNG.

Wählen Sie in der Liste oben die Option LICHT-TRACER und schalten Sie den
Schalter AKTIV ein.

Zusätzlich muss beim Rendern der Schalter ERWEITERTE BELEUCHTUNG VERWEN-
DEN auf der Registerkarte ALLGEMEIN in dieser Dialogbox aktiviert sein.

*Erweiterte Beleuch-
tung verwenden
= Use Advanced
Lighting*

Wollen Sie zwischenzeitlich Änderungen an der Geometrie überprüfen, für die
die Beleuchtung nicht unbedingt maßgeblich ist, schalten Sie den Schalter AKTIV
auf der Registerkarte ERWEITERTE BELEUCHTUNG aus.

- GLOBALER MULTIPLIKATOR – Faktor für die Beleuchtungsstärke der Gesamtszene.

  *Globaler Multipli-
  kator = Global
  Multiplier*

- HIMMELSLICHTQUELLEN – Die Verwendung von Himmelslichtquellen kann
bei Bedarf, um Rechenzeit zu sparen, ausgeschaltet werden. Der Zahlenwert
skaliert die Helligkeit der Himmelslichter.

  *Himmelslichtquellen
  = Sky Lights*

- STRAHLEN/SAMPLE – Anzahl der Lichtstrahlen, die für jeden Bildpunkt
berechnet werden sollen. Je höher dieser Wert, desto glatter werden die flie-
ßenden Helligkeitsverläufe. Allerdings dauert die Berechnung mit größeren
Werten auch deutlich länger.

  *Strahlen/Sample
  = Rays/Sample*

- FILTERGRÖSSE – Größe des Filters für die Rauschunterdrückung bei Hellig-
keitsverläufen. Größere Werte bewirken gleichmäßigere Flächen.

  *Filtergröße
  = Filter Size*

- STRAHLENNEIGUNG – Position der reflektierten Lichteffekte, vergleichbar mit
der Einstellung RAYTRACE-NEIGUNG bei Schatten.

  *Strahlenneigung
  = Ray Bias*

- KEGELWINKEL – Gibt den Winkel an, in dem das Licht gesammelt wird. Kleinere Winkel erhöhen den Kontrast in Bereichen, in denen kleinteilige
Objekte Schatten auf große Flächen werfen.

  *Kegelwinkel
  = Cone Angle*

- OBJEKT-MULTIPLIKATOR – Multiplikator für die Helligkeit des zwischen den
Objekten reflektierten Lichts. Dieser Wert wirkt sich nur bei mindestens
2 REFLEXIONEN aus.

  *Objekt-Multiplikator
  = Object Mult.*

- FARBVERLAUF – Gibt die Stärke des Farbverlaufs an, wenn farbige Objekte
Licht reflektieren.

  *Farbverlauf
  = Color Bleed*

- FARBFILTER – farbige Tönung des Lichts.

  *Farbfilter
  = Color Filter*

- ERW. UMGEBUNG – Zusätzliche Umgebungslichtfarbe bei der Berechnung
der erweiterten Beleuchtung.

  *Erw. Umgebung
  = Extra Ambient*

- REFLEXIONEN – Anzahl der Lichtreflexionen zwischen Objekten, die der
Licht-Tracer verfolgen soll. Die Werte sind von der Komplexität der Geometrie abhängig. Je höher dieser Wert, desto länger dauert die Berechnung.
Außerdem werden die Bilder mit höherer Reflexionszahl heller. Bei 0 und 1
werden Transparenzen nicht immer exakt dargestellt.

  *Reflexionen
  = Bounces*

Volumina = Volumes

➤ VOLUMINA – legt fest, ob die Lichtwirkung von Volumenlichtern für die erweiterte Beleuchtung berücksichtigt werden soll. Der Faktor wird mit der Helligkeit der Volumenlichter multipliziert.

Im Feld ADAPTIVES UNDERSAMPLING stellt man ein, wie detailliert die Bereiche mit starken Kontrasten, wie Objektkanten oder Schattenkanten, für die Berechnung der Helligkeitsverteilung berechnet werden sollen.

Ist der Schalter ADAPTIVES UNDERSAMPLING ausgeschaltet, wird ein gleichmäßiges Raster über das ganze Bild gelegt.

*Sample-Ausgangs-
abstand = Initial
Sample Spacing*

➤ SAMPLE-AUSGANGSABSTAND – Rasterabstand für das Grundraster, das ohne Unterteilung auf gleichförmigen Flächen verwendet wird. Dieses Raster wird dann bei Bedarf weiter unterteilt.

*Unterteilungskont-
rast = Subdivision
Contrast*

➤ UNTERTEILUNGSKONTRAST – gibt an, bei welchem Kontrast ein Bereich weiter unterteilt werden soll. Je größer dieser Wert, desto weniger Unterteilungen. Viele Unterteilungen stellen Schattenkanten weicher dar, kosten aber zusätzliche Rechenzeit.

*Unterteilung bis =
Subdivide Down To*

➤ UNTERTEILUNG BIS – Mindestabstand für die Unterteilung. Noch weiter wird nicht unterteilt. Je größer der Wert, desto schneller die Berechnung.

*Samples zeigen
= Show Samples*

➤ SAMPLES ZEIGEN – zeigt die Unterteilungspunkte als rote Punkte im gerenderten Bild an.

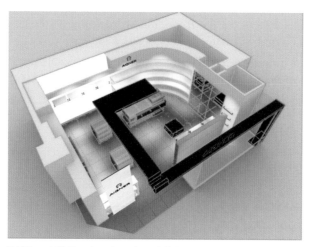

Abbildung 4.95: Samples zeigen eingeschaltet

Radiosity

Radiosity ist ein Verfahren zur Berechnung wirklichkeitsgetreuer Lichtsimulationen auf Basis globaler Illumination und photometrischer Lichtquellen.

Da die Berechnung von Radiosity auf physikalischen Gesetzmäßigkeiten beruht, ist es hier unbedingt wichtig, dass die Szene in den richtigen Maßeinheiten gezeichnet ist.

!!
STOP

Radiosity ist in der Lage, genaue photometrische Berechnungen durchzuführen und somit realistisch zu zeigen, wie ein Raum wirklich beleuchtet ist. Viele Bereiche erscheinen bei einer normal gerenderten Beleuchtung völlig dunkel, weil sie von keiner Lichtquelle direkt getroffen werden. Solche Bereiche sind in einem wirklichen Raum aber auch nicht ganz schwarz.

Abbildung 4.96: Szene mit klassischer Beleuchtung (hoffmann.architektur – Shopkonzept)

Der abgebildete Innenraum wird nur von einer Lichtquelle außerhalb durch die schräg stehenden Dachflächenfenster belichtet. Da die Lichtquelle sehr tief steht, werden nur senkrechte Flächen weit hinten im Raum getroffen. Der vordere Bereich, der Fußboden und die Einrichtung bleiben im Dunkeln.

Bei Radiosity-Berechnungen werden Lichtstrahlen auch von diffusen Oberflächen in mehrere Strahlen reflektiert, die dann wiederum andere Flächen beleuchten, die sonst im Schatten liegen würden. Außerdem bietet Radiosity die Möglichkeit, dass selbstleuchtende Objekte auch wirklich Licht in den Raum abgeben (siehe Abbildung 4.97).

Durch die Radiosity-Berechnung erscheint der Raum in der Nähe der Fenster wie auch die Fensterrahmen, auf deren Innenseite eigentlich kein Licht fällt, heller und wirklichkeitsgetreuer.

Entwerfen Sie Szenen, in denen Radiosity verwendet werden soll, immer sehr sorgfältig. Achten Sie darauf, dass sich keine Flächen überschneiden und verwenden Sie möglichst keine spitzwinkligen schmalen Dreiecke.

:-)
TIPP

Bevor ein Bild mit Radiosity berechnet werden kann, muss die Lichtverteilung auf allen Flächen im Raum berechnet werden. Das Ergebnis dieser Berechnung ist unabhängig von der Ansichtsrichtung, solange keine Lichtquellen oder Objekte bewegt oder Materialien verändert werden.

Abbildung 4.97: Die gleiche Szene mit Radiosity berechnet (hoffmann.architektur – Shopkonzept)

Erweiterte Beleuchtung bei Bedarf berechnen = Compute Advanced Lighting when Required

Bei Animationen muss also nicht für jedes Frame die Radiosity-Lösung neu berechnet werden. Schalten Sie in der Dialogbox SZENE RENDERN den Schalter ERWEITERTE BELEUCHTUNG BEI BEDARF BERECHNEN ein, damit bei Veränderungen der Lichtintensität oder bei Objektbewegungen die Radiosity-Lösung während des Renderns der Animation automatisch neu berechnet wird. Da die Lichtverteilung beim Verschieben von Lichtquellen neu berechnet wird, kann es hier allerdings in der Animation zum Flackern kommen.

Radiosity-Berechnung

Um Radiosity zu verwenden, müssen Sie in der Dialogbox RENDERN/ERWEITERTE BELEUCHTUNG die Option RADIOSITY wählen und den Schalter AKTIV einschalten. Zum Rendern muss wie beim Licht-Tracer der Schalter ERWEITERTE BELEUCHTUNG VERWENDEN auf der Registerkarte ALLGEMEIN eingeschaltet sein.

Rendern/Umgebung = Rendering/ Environment

Stellen Sie in der Dialogbox RENDERN/UMGEBUNG die zu verwendende Belichtungssteuerung ein.

Einrichten = Setup

Diese Dialogbox erreichen Sie auch mit dem Button EINRICHTEN aus dem Dialog ERWEITERTE BELEUCHTUNG (siehe Abbildung 4.98).

Für Szenen mit sehr großen Hell/Dunkel-Unterschieden empfiehlt sich die LOGARITHMISCHE BELICHTUNGSSTEUERUNG, die sich an Helligkeit und Kontrast orientiert. Dagegen empfiehlt sich bei Szenen mit sehr geringen Helligkeitsunterschieden die LINEARE BELICHTUNGSSTEUERUNG, die sich an einem Mittelwert der Helligkeit orientiert.

Wählen Sie die Belichtungssteuerung und schalten Sie den Schalter AKTIV ein, damit diese beim Rendern verwendet wird.

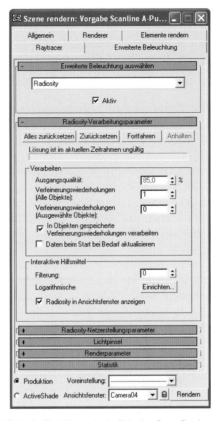

Abbildung 4.98: Radiosity-Einstellungen in der Dialogbox Szene Rendern

➡ HINTERGRUND UND UMGEBUNGS-MAPS VERARBEITEN – verwendet die Belichtungssteuerung nicht nur für die Objekte in der Szene, sondern auch für den Hintergrund. Verwenden Sie diese Einstellung, wenn das Hintergrundbild im Vergleich zur Szene wesentlich zu hell oder zu dunkel erscheint.

Hintergrund und Umgebungs-Maps verarbeiten = Process Background and Environment Maps

➡ RENDERVORSCHAU – rendert das aktive Ansichtsfenster mit der gewählten Belichtungssteuerung in einem Miniaturfenster.

Rendervorschau = Render Preview

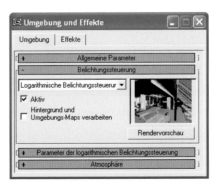

Abbildung 4.99: Belichtungssteuerung in der Dialogbox Rendern/Umgebung

Nur indirekte Beleuchtung beeinflussen = affect Indirect Light Only

Aktivieren Sie den Schalter NUR INDIREKTE BELEUCHTUNG BEEINFLUSSEN, da die Bereiche der Szene, die von direktem Licht getroffen werden, nicht mehr von der Beleuchtungssteuerung berücksichtigt werden sollen. Die Radiosity-Lösung wird später beim Rendern als geometrieabhängige indirekte Beleuchtung mit dem Licht der anderen Lichtquellen gemischt.

INFO

Die Pseudofarben-Belichtungssteuerung ist für normale Renderings ungeeignet. Sie erstellt Falschfarbenbilder, aus denen Helligkeitswerte für Lichtsimulationen abgelesen werden können.

Alles zurücksetzen = Reset All

Jetzt können Sie in der Dialogbox ERWEITERTE BELEUCHTUNG mit dem Button STARTEN die Radiosity-Berechnung für die Szene starten. Falls Sie vorher bereits in dieser Szene eine Radiosity-Berechnung durchgeführt hatten, klicken Sie vor dem Starten auf ALLES ZURÜCKSETZEN, um eine neue Radiosity-Berechnung auszuführen.

Ausgangsqualität = Initial Quality

Da eine Radiosity-Berechnung durch Reflexionen zwischen Objekten theoretisch unendlich lange dauern würde, muss sie irgendwann beendet werden. Der Prozentwert AUSGANGSQUALITÄT gibt an, wann die Berechnung als abgeschlossen gilt. Je höher dieser Wert, desto länger dauert die Berechnung; bei einem Wert über 90% sind kaum noch Qualitätsverbesserungen im Bild zu sehen.

Filterung = Filtering

Der Wert FILTERUNG ist ein Maß für die Rauschverringerung. Höhere Werte erzeugen gleichmäßigere Flächen, allerdings besteht dann auch die Gefahr, dass kleine Details in der Szene verloren gehen.

Radiosity in Ansichtsfenster anzeigen = Display Radiosity in Viewport

Ein wichtiger Schalter für die Beurteilung einer Radiosity-Lösung ist RADIOSITY IN ANSICHTSFENSTER ANZEIGEN. Damit wird die von der Radiosity berechnete Helligkeitsverteilung in den schattierten Ansichtsfenstern angezeigt. Hier ist gut zu erkennen, dass diese Lichtverteilung unabhängig von der Ansichtsrichtung ist.

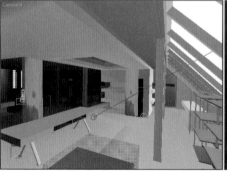

Abbildung 4.100: Radiosity-Darstellung in den Ansichtsfenstern (hoffmann.architektur – Shopkonzept)

Abbildung 4.101: Die gleiche Szene ohne Radiosity

Nachdem die Radiosity-Lösung einmal berechnet wurde, kann sie für alle folgenden Renderings verwendet werden, solange die Geometrie der Szene und die Beleuchtung nicht verändert werden.

Spezielle Objekteigenschaften

Für jedes Objekt oder auch layerweise können die Einstellungen für die erweiterte Beleuchtung speziell angepasst werden. Dabei können auch Einstellungen für einen gesamten Layer vorgegeben werden. In der Dialogbox OBJEKTEIGEN-SCHAFTEN gibt es dafür eine eigene Registerkarte ERWEITERTE BELEUCHTUNG.

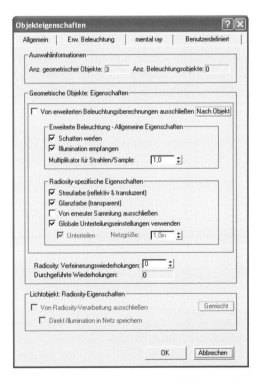

Abbildung 4.102: Erweiterte Beleuchtung in den Objekteigenschaften

Von erweiterten Beleuchtungs- berechnungen ausschließen = Exclude from Adv. Lighting Calculations

➤ VON ERWEITERTEN BELEUCHTUNGSBERECHNUNGEN AUSSCHLIEßEN – Ist dieser Schalter aktiviert, wird das Objekt nicht für die erweiterte Beleuchtung berücksichtigt. Reflexionen an diesem Objekt tragen auch nicht zur globalen Illumination bei. Die übrigen Objekteigenschaften auf dieser Registerkarte sind dann nicht mehr relevant. Bei Objekten, die nicht zu sehen sind oder wenig bis keinen Einfluss auf die Raumhelligkeit haben, kann man erheblich Rechenzeit sparen, wenn man sie von der erweiterten Beleuchtung ausschließt.

Schatten werfen = Cast Shadows

➤ SCHATTEN WERFEN – legt fest, ob das Objekt Schatten wirft.

Illumination empfangen = Receive Illumination

➤ ILLUMINATION EMPFANGEN – bestimmt, ob ein Objekt von globaler Illumination beleuchtet wird.

Multiplikator für Strahlen/Sample = Num. Regathering Rays Multiplier

➤ MULTIPLIKATOR FÜR STRAHLEN/SAMPLE – Bei Objekten mit großen glatten Oberflächen kann dieser Wert erhöht werden, damit das Objekt mehr Strahlen pro Pixel aussendet und so weniger gefleckt aussieht.

Die Einstellungen im unteren Bereich der Dialogbox gelten nur für Radiosity und nicht für den Licht-Tracer.

Streufarbe (reflektiv & transluzent) = Diffuse (reflective & translucent)

➤ STREUFARBE REFLEKTIV UND TRANLUZENT – legt fest, ob bei der Radiosity-Berechnung die Streufarbenreflexion und die Transparenz des Objekts berücksichtigt werden sollen.

Glanzfarbe (transparent) = Specular (transparent)

➤ GLANZFARBE TRANSPARENT – legt fest, ob bei der Radiosity-Berechnung die Transparenz für die Berechnung von Glanzfarben berücksichtigt werden soll.

Von erneuter Samm- lung ausschließen = Exclude from Regathering

➤ VON ERNEUTER SAMMLUNG AUSSCHLIEßEN – Ist dieser Schalter aktiviert, wird das Objekt bei einer späteren Sammlung der Helligkeitswerte in der Szene ausgeschlossen. Damit wird die Berechnung beschleunigt, wenn sich ein Objekt nicht verändert.

Globale Untertei- lungseinstellungen verwenden = Use Global Subdivision Settings

➤ GLOBALE UNTERTEILUNGSEINSTELLUNGEN VERWENDEN – Ist dieser Schalter deaktiviert, kann für das Objekt eine eigene Netzgröße für die Berechnung der Helligkeitsverteilung eingestellt werden.

Radiosity-Netzerstel- lungsparameter = Radiosity Meshing Parameters

Die globalen Unterteilungseinstellungen für alle Objekte werden auf dem Rollout RADIOSITY-NETZERSTELLUNGSPARAMETER in der Dialogbox RENDERN/ERWEITERTE BELEUCHTUNG eingestellt.

Radiosity: Verfeine- rungswiederho- lungen = Radiosity Refine Iterations

➤ RADIOSITY: VERFEINERUNGSWIEDERHOLUNGEN – ermöglicht eine manuelle Einstellung der Verfeinerungswiederholungen für das Objekt.

In den Eigenschaften von Lichtquellen gibt es zwei weitere Parameter:

Von Radiosity-Verar- beitung ausschließen = Exclude from Radiosity Processing

➤ VON RADIOSITY-VERARBEITUNG AUSSCHLIEßEN – berücksichtigt das Licht dieser Lichtquelle nicht für die Berechnung der Radiosity-Lösung. Der direkte Einfluss der Lichtquelle wird für den normalen Rendervorgang trotzdem verarbeitet.

➡ DIREKT-ILLUMINATION IM NETZ SPEICHERN – Hier wird nicht nur der Beitrag der Lichtquelle zur globalen Illumination, sondern auch die direkte Beleuchtung, die von dieser Lichtquelle ausgeht, in der Radiosity-Lösung gespeichert.

Direkt-Illumination im Netz speichern = Store Direct Illumination in Mesh

Layereigenschaften

Sollen Radiosity-Einstellungen gleichermaßen für mehrere Objekte gelten, bietet es sich an, diese layerweise zu vergeben.

Schalten Sie dazu in der Dialogbox OBJEKTEIGENSCHAFTEN auf der Registerkarte ERW.BELEUCHTUNG den Button NACH OBJEKT auf den Modus NACH LAYER um. Die weiteren Einstellungen dieser Registerkarte werden dann deaktiviert und können im Layer-Manager eingestellt werden.

Nach Objekt/ Nach Layer = By Object/By Layer

Ausführliche Informationen zur Layertechnik und zum neuen Layer-Manager in 3ds max 6 finden Sie im Kapitel 6.

Jetzt können Sie im Layer-Manager die Radiosity-Eigenschaften für alle Objekte auf einem Layer global einstellen. Den neuen Layer-Manager finden Sie im Menü EXTRAS/LAYER-MANAGER.

Klicken Sie dort mit der rechten Maustaste auf einen Layer und wählen im Kontextmenü die Option LAYEREIGENSCHAFTEN.

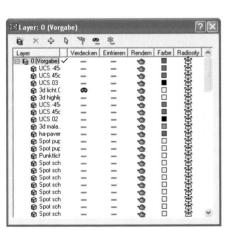
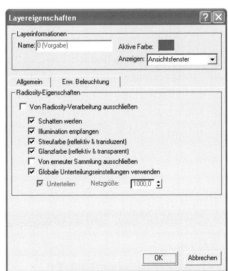

Abbildung 4.103: Links: Layer-Manager, rechts: Radiosity-Einstellungen in den Layereigenschaften

Im Dialogfeld LAYEREIGENSCHAFTEN *lassen sich auf der Registerkarte* ERWEITERTE BELEUCHTUNG *die verschiedenen Parameter für den ganzen Layer umschalten.*

Im Layer-Manager können Sie mit diesem Button jederzeit einen Layer von der Radiosity-Verarbeitung ausschließen.

Material – Erweiterte Beleuchtung übergehen

Erweiterte Beleuchtung übergehen = Advanced Lighting Override

Für jedes Material können bei Bedarf die Radiosity-Einstellungen detailliert vorgenommen werden. Dazu verwendet 3ds max 6 ein übergeordnetes Material ERWEITERTE BELEUCHTUNG ÜBERGEHEN, das über ein vorhandenes Material gelegt wird.

1. Wählen Sie das Material, das eingestellt werden soll, im Material-Editor aus.
2. Klicken Sie auf den Button mit dem Materialtyp rechts vom Materialnamen.
3. Wählen Sie aus der Material-/Map-Übersicht den Materialtyp ERWEITERTE BELEUCHTUNG ÜBERGEHEN und beantworten Sie die folgende Abfrage mit ALTES MATERIAL ALS UNTERMATERIAL BEHALTEN.

Grundmaterial = Base Material

Die zusätzlichen Eigenschaften werden über das vorherige Material gelagert. Umgekehrt kann auch ein vorhandenes Material aus der Material-/Map-Übersicht auf den Button GRUNDMATERIAL gezogen werden und dann die Parameter verändert werden.

Im Material-Editor können Sie jetzt spezielle Eigenschaften für dieses Material, die die erweiterte Beleuchtung betreffen, einstellen.

Reflexionsskalierung = Reflectance Scale

➥ REFLEXIONSSKALIERUNG – Licht, das vom Material reflektiert wird; Bereich 0,1 … 5,0.

Farbverlauf = Color Bleed

➥ FARBVERLAUF – Sättigung der reflektierten Farbe; Bereich 0,0 … 1,0.

Durchlässigkeitsskalierung = Transmittance Scale

➥ DURCHLÄSSIGKEITSSKALIERUNG – Licht, das durch das Material hindurchscheint, entspricht einer Art von Transluzenz für die Berechnung der globalen Illumination bei Radiosity. Der Parameter hat auf den Licht-Tracer keinen Einfluss; Bereich 0,1 … 5,0.

Luminanzskalierung = Luminance Scale

➥ LUMINANZSKALIERUNG – Multiplikationsfaktor für die Selbstillumination eines Materials, wenn dieses zur globalen Illumination beitragen soll.

Reliefskalierung für indirekte Beleuchtung = Indirect Light Bump Scale

➥ RELIEFSKALIERUNG FÜR INDIREKTE BELEUCHTUNG – Multiplikationsfaktor für die Auswirkung einer Relief-Map auf die indirekte Beleuchtung.

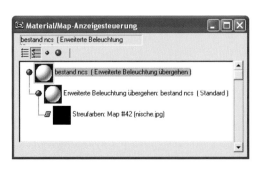

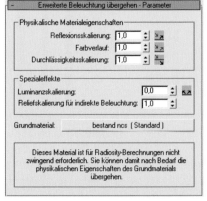

Abbildung 4.104: Links: Material – Erweiterte Beleuchtung übergehen in der Material-/Map-Anzeigesteuerung, rechts: Materialeinstellungen für Erweiterte Beleuchtung übergehen

Photometrische Lichtquellen

Photometrische Lichtquellen simulieren exakt das Licht wirklicher Lichtquellen.

Abbildung 4.105: Raumausleuchtung mit photometrischen Lichtquellen (Bild und Entwurf: Christian Stötzer)

INFO

Zahlreiche Lampenhersteller liefern photometrische Daten ihrer Lampen, um damit in 3D-Modellen Lichtsimulationen durchzuführen. Die Illuminating Engineering Society IES (www.iesna.org) hat dazu ein Standarddateiformat definiert, das die physikalischen Parameter einer Lichtquelle genau beschreibt.

Bei der Verwendung photometrischer Lichtquellen ist die richtige Maßeinheiteneinstellung absolut wichtig. Eine 100-W-Glühbirne wirkt in einem 100 m² großen Raum ganz anders als in einem 10 m² großen Raum.

Für eine realistische Lichtwirkung muss bei Verwendung photometrischer Lichtquellen die LOGARITHMISCHE BELICHTUNGSSTEUERUNG *eingesetzt werden.*

logarithmische Belichtungssteuerung = Logarithmic Exposure Control

3ds max 6 kann IES-Dateien von Lichtquellen einlesen. Sie können aber auch selbst photometrische Lichtquellen in der Szene anlegen.

Photometrische Lichtquellen werden ähnlich wie normale Lichtquellen auf der ERSTELLEN-Palette erzeugt. Wählen Sie dazu im Bereich LICHTQUELLEN aus der Liste die Option PHOTOMETRISCH.

Der Einbau einer photometrischen Lichtquelle in die Szene läuft ähnlich wie bei einer normalen Lichtquelle, allerdings sind die einstellbaren Parameter andere.

Im ersten Schritt werden die Lichtquellen hier nicht nach ihrer Leuchtrichtung wie bei Standardlichtquellen, sondern nach ihrer Form unterschieden.

Punkt = Point

➡ PUNKT – Das Licht strahlt von einem Punkt aus, vergleichbar mit Standard-lichtquellen.

Linear = Linear

➡ LINEAR – Das Licht strahlt von eine Linie, zum Beispiel einer Leuchtstoff-röhre.

Fläche = Area

➡ FLÄCHE – Das Licht strahlt von einer leuchtenden Fläche.

Jedes dieser Lichter kann entweder in eine bestimmte Richtung oder auf einen Zielpunkt leuchten. Danach entscheidet sich, ob eine Änderung der Leuchtrich-tung über Drehung der Lichtquelle oder Verschiebung des Zielpunkts erfolgt.

Intensität/Farbe/
Verteilung
= Intensity/Color/
Distribution

In den Eigenschaften der photometrischen Lichtquelle im Rol-lout INTENSITÄT/FARBE/VERTEILUNG stellen Sie dann ein, wie sich das Licht ausbreiten soll.

Die Lichtfarbe photometrischer Lichtquellen wird nicht nach RGB-Werten, sondern nach Farbtemperatur und Lichtintensi-tät in realen Einheiten festgelegt. Dazu ist es wichtig, dass die ganze Szene maßstabsgerecht in den richtigen Maßeinheiten gezeichnet ist.

Isotrop = Isotropic

➡ ISOTROP – gleichmäßige Lichtausbreitung in alle Richtungen, vergleichbar mit klassischen Punktlichtern (kann nur für Punktlichter verwendet werden).

Spotlicht = Spotlight

➡ SPOTLICHT – Lichtverteilung von einem Punkt kegelförmig in eine bestimmte Richtung, die durch den Zielpunkt oder einen Richtungsvektor angegeben wird, vergleichbar mit klassischen Spotlichtern (kann nur für Punktlichter verwendet werden).

Netz = Web

➡ NETZ – Lichtausbreitung gemäß einer photometrischen Netzdefinition, cha-rakteristisch für eine bestimmte Lichtquelle. Diese Netzdefinition wird aus der IES-Datei des Lampenherstellers übernommen. Wählt man diesen Typ von Lichtausbreitung, erscheint ein Rollout NETZPARAMETER, in dem Sie die entsprechende IES-Datei einlesen können.

Gestreut = Diffuse

➡ GESTREUT – Lichtabstrahlung senkrecht von der Oberfläche eines leuchten-den Objekts (nur für Flächen und lineare Lichter).

Die Lichtfarbe kann bei photometrischen Lichtquellen aus einer Liste charakteris-tischer Lichtfarben oder direkt als Farbtemperatur in Kelvin eingestellt werden.

Zusätzlich zur Lichtfarbe lässt sich eine Filterfarbe festlegen, die einen Farbfilter simuliert, der vor die Lichtquelle gesetzt wird.

Die Lichtintensität photometrischer Lichtquellen wird exakt in physikalischen Einheiten angegeben und in dieser Form aus einer IES-Datei übernommen.

In der Lichtliste werden photometrische Lichtquellen in einer eigenen Kategorie angezeigt. Auch hier können die Parameter interaktiv verändert werden.

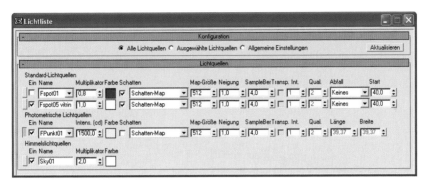

Abbildung 4.106: Lichtliste mit photometrischen Lichtquellen

Photometrisches Tageslicht

Zur photometrischen Berechnung von Tageslicht bietet 3ds max 6 zwei spezielle Lichtquellen: IES-Sonne und IES-Himmel.

➡ *IES-Sonne* simuliert Sonnenlicht aus einer bestimmten Richtung.

➡ *IES-Himmel* simuliert diffuses Tageslicht.

Wenn Sie diese Lichtquellen verwenden, muss die logarithmische Belichtungs-steuerung verwendet werden und der Licht-Tracer aktiviert sein. Aktivieren Sie in der Dialogbox RENDERN/UMGEBUNG die Option TAGESLICHT AUßEN und setzen Sie die PHYSIKALISCHE SKALIERUNG auf 90.000 Lux, was der Leuchtintensität der Sonne entspricht.

IES Sonne = IES Sun

IES Himmel = IES Sky

Tageslicht Außen/ Physikalische Skalierung = Exterior daylight/Physical Scale

Abbildung 4.107: Belichtungssteuerung für photometrisches Tageslicht

!!
STOP

Das Rendern mit photometrischem Tageslicht dauert deutlich länger als mit herkömmlichen Lichtquellen.

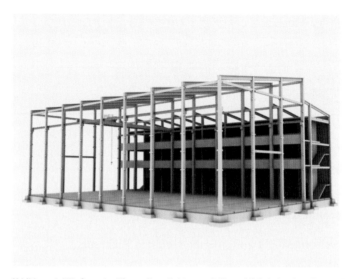

Abbildung 4.108: Szene in diffusem Tageslicht, nur mit Himmelslicht beleuchtet (Projekt: Fertigteilhalle, Entwurf: Arne Andresen/Claudia Immler)

Tageslicht = Daylight

Am besten verwenden Sie das System TAGESLICHT. Dieses kombiniert *Sonnenlicht* und *Himmelslicht* für einen frei definierbaren geografischen Punkt auf der Erde. Die Parameter sind vergleichbar mit dem System SONNENLICHT, mit dem Unterschied, dass IES-Lichtquellen verwendet werden können und zusätzlich zum gerichteten Sonnenlicht noch ein diffuses Himmelslicht eingesetzt wird.

Abbildung 4.109: Die gleiche Szene mit Tageslichtsystem zu unterschiedlichen Tageszeiten

Die Parameter des *Tageslicht*-Systems und der beiden verwendeten Lichtquellen lassen sich auch nachträglich noch bequem in der ÄNDERN-Palette justieren.

➡ SONNENLICHT – Hier wählen Sie den Typ der Lichtquelle aus, die für das Sonnenlicht verwendet werden soll: *IES-Sonne* oder ein einfaches Zielrichtungslicht.

➡ POSITION MANUELL – Hier lässt sich die Position der Sonne durch Verschiebung der Lichtquelle in den Ansichtsfenstern einstellen.

Sonnenlicht = Sunlight

Position manuell = Position manual

➡ DATUM, ZEIT UND ORT – bestimmt die Richtung des Sonnenlichts aus Zeit und geografischer Lage. Mit dem Button EINRICHTEN können Sie diese Einstellungen nachträglich verändern.

Datum, Zeit und Ort = Date, Time and Location

➡ HIMMELSLICHT – Hier wählen Sie den Typ der Lichtquelle aus, die für das Himmelslicht verwendet werden soll: *IES-Himmel* oder ein einfaches Himmelslicht.

Himmelslicht = Skylight

➡ ZIELGERICHTET – richtet das Sonnenlicht auf den Mittelpunkt der Kompassrose des Tageslicht-Systems aus. Ist dieser Schalter deaktiviert, kann die Position der Sonne manuell eingestellt werden.

Zielgerichtet = Targeted

➡ INTENSITÄT – Intensität und Farbe des Sonnenlichts. Das Tageslicht-System stellt diesen Wert automatisch aus Zeit und geografischer Position und damit aus der Höhe der Sonne über dem Horizont ein.

Intensität = Intensity

➡ MULTIPLIKATOR – Multiplikator für die Helligkeit des Lichts.

➡ HIMMELSFARBE – Farbe des Himmelslichts, sollte dem Szenenhintergrund angepasst werden.

Multiplikator = Multiplier

Himmelsfarbe = Sky Color

➡ KLAR/LEICHT BEWÖLKT/BEWÖLKT – legt das Ausmaß der Lichtstreuung bei diffusem Licht fest.

Klar/Leicht bewölkt/ Bewölkt = Clear/ Partly Cloudy/Cloudy

Die Einstellungen für Schatten und Ausschließen von Objekten entsprechen denen üblicher Lichtquellen.

Abbildung 4.110: Mit Tageslicht-System beleuchtete Szene (Projekt: Wohnhaus in Meerbusch, Entwurf: hoffmann.architektur)

5 Bilder rendern

In den vergangenen Kapiteln haben wir Bilder immer mit den Standardeinstellungen gerendert. Als Bildausschnitt wurde irgendeine Perspektive aus dem Ansichtsfenster verwendet und auch sonst wurden die Renderfähigkeiten von 3ds max 6 noch lange nicht ausgenutzt. Dieses Kapitel zeigt, wie sich spezielle Effekte, Spiegelungen, Lichtbrechung und andere Effekte beim Rendern einstellen lassen.

5.1 Kameras

Das Bild eines Ansichtsfensters, sei es eine Perspektive, eine isometrische oder orthogonale Ansicht, kann in jedem Fall zum Rendern verwendet werden. Allerdings lassen sich diese Ansichten nicht beliebig speichern und nicht animieren.

Wesentlich besser eignen sich hier die Kameras in 3ds max 6, die eine reale Kamera mit allen ihren Möglichkeiten wie zum Beispiel Zoom und freie Beweglichkeit simulieren.

Kameras werden auf der ERSTELLEN-Palette ähnlich wie Spotlichter erzeugt. Auch hier gibt es die beiden Optionen ZIEL und FREI.

➡ *Zielkameras* sind auf einen Zielpunkt gerichtet. Der Blick durch diese Kamera ändert sich beim Bewegen des Zielpunkts.

➡ *Freie Kameras* sehen in eine bestimmte Richtung. Hier muss zur Bewegung die Kamera selbst gedreht werden.

Kameras können auch genau über ihren Blickwinkel oder die Brennweite eingerichtet werden, damit das Bild zu einem bestehenden realen Foto passt. Dazu sind im PARAMETER-Rollout die wichtigsten Standard-Brennweiten vordefiniert.

Das Blickfeld kann waagerecht, senkrecht oder diagonal gemessen werden. Blickfeld und Brennweite sind direkt voneinander abhängig – ändert man den einen Wert, ändert sich der andere automatisch mit.

In den Ansichtsfenstern erscheint für Zielkameras eine cyanfarbene Pyramide, die das Blickfeld der Kamera darstellt. An der Spitze befindet sich ein farbiges Kamera-Symbol.

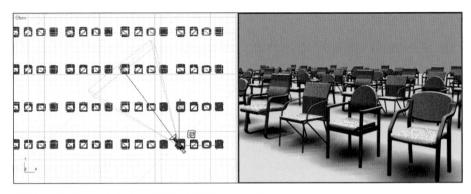

Abbildung 5.1: Kameras in der Szene (Stühle: Grahl-Büroergonomie)

Sie finden diese Szene als `stuehle01.max` *auf der DVD.*

Bei Zielkameras erstreckt sich vom Kamera-Symbol aus bis zum Zielpunkt in der Mitte des Blickfelds eine Linie, der Sehstrahl. Dieser Zielpunkt wird als Würfel dargestellt. Er ist ein eigenes Objekt und kann auch eigenständig bewegt werden.

Der Zielpunkt ist nicht mit dem Fluchtpunkt zu verwechseln, den man von Perspektiven aus dem Geometrieunterricht kennt. Diese Fluchtpunkte sind eine Hilfskonstruktion aus dem 15. Jahrhundert, als eine Berechnung von Perspektiven aufgrund ihrer optischen Gesetzmäßigkeiten anders noch nicht möglich war. Der italienische Architekt Filippo Brunelleschi zeichnete 1425 die erste überlieferte Fluchtpunktperspektive.

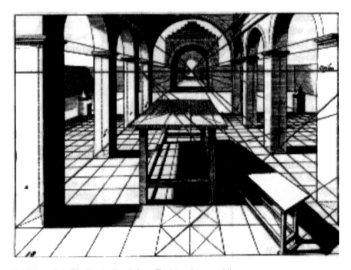

Abbildung 5.2: Die älteste überlieferte Fluchtpunktperspektive

Leonardo da Vinci machte diese Technik später so berühmt, dass viele Architekten sie heute noch anwenden. In der Natur gibt es aber keinen Fluchtpunkt!

Kamera-Fenster

Mit der Taste [c] schalten Sie das aktive Ansichtsfenster in ein Kamera-Fenster um. Dieses Fenster zeigt immer das Bild einer Kamera. Wird diese bewegt, ändert sich die Perspektive im Fenster. Solange eine Kamera selektiert ist, erscheint gleich beim Drücken der [c]-Taste ein Blick durch diese Kamera im Ansichtsfenster. Andernfalls erscheint eine Abfrage, in der man eine Kamera auswählen kann, deren Blickfeld im aktuellen Ansichtsfenster dargestellt werden soll.

In einer Zeichnung können beliebig viele Kameras existieren, und man kann auch mehrere Ansichtsfenster als Kamera-Fenster für verschiedene Kameras verwenden.

Horizont

Bei Kameras, die ungefähr waagerecht ausgerichtet sind, so dass theoretisch ein Horizont zu sehen wäre, kann dieser als Hilfslinie eingeblendet werden. Der Horizont ist immer waagerecht und an der Stelle, wo der Boden im Unendlichen verschwindet. Diese Linie ist besonders hilfreich, wenn eine Perspektive an einem Hintergrundbild ausgerichtet werden muss. Im PARAMETER-Rollout einer Kamera finden Sie einen Schalter HORIZONT ZEIGEN, um den Horizont in Kamera-Fenstern einzublenden.

Horizont zeigen
= Show Horizon

Bei aktivem Kamera-Fenster verändern sich die Navigationsbuttons unten rechts, da in diesen Fenstern andere Bewegungsarten möglich sind.

Beachten Sie, dass diese Bewegungen nicht nur die Ansicht verändern, sondern auch das Kamera-Objekt.

Orbit

Der Button ORBIT dreht die Kamera um ihren Zielpunkt. Dabei führt die Kamera eine Bewegung auf einem Kreisbogen aus. Die Szene im Kamera-Fenster wird scheinbar gedreht. In Wirklichkeit bleiben alle Objekte auf ihren Koordinaten, nur der Blickwinkel ändert sich. Die Drehung kann in beiden Achsen erfolgen.

Bei freien Kameras wird als Zielpunkt ein Punkt auf der optischen Achse angenommen. Dieser ist von der Kamera so weit entfernt, wie im Feld ZIELABSTAND ganz unten im Rollout PARAMETER der Kamera angegeben ist.

Zielabstand
= Target Distance

Abbildung 5.3: Mit Orbit verdrehte Kamera

Pan

Das zweite Flyout auf diesem Button, PAN, dreht die Kamera um sich selbst. Dabei blickt sie vom gleichen Standort aus in eine andere Richtung. Der Bildausschnitt im Kamera-Fenster ändert sich entsprechend.

Abbildung 5.4: Mit Pan verdrehte Kamera

Truck

Mit diesem Button verschieben Sie den sichtbaren Bildausschnitt, ohne den Zoomfaktor und den Winkel zu verändern. Die Kamera wird dabei gleichzeitig mit ihrem Zielpunkt verschoben.

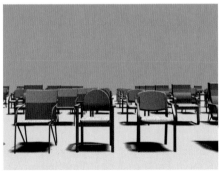

Abbildung 5.5: Mit Truck verschobene Kamera

TIPP

Die gleiche Bewegung wie TRUCK *bewirkt ein Ziehen bei gedrückter mittlerer Maustaste.*

Rollen

Der Button ROLLEN dreht die Kamera um ihre optische Achse. Die ist wichtig, wenn eine Kamera beim Erstellen falsch ausgerichtet ist. Außerdem lassen sich durch das Rollen animierter Kameras rasante Flugbewegungen simulieren.

Abbildung 5.6: Wirkung von Kamera-Rollen

Dolly

DOLLY bewegt die Kamera entlang ihrer optischen Achse auf den Zielpunkt zu
oder davon weg. Dadurch wird das Bild im Kamera-Fenster größer oder kleiner.

Abbildung 5.7: Mit Dolly bewegte Kamera

Nur bei Zielkameras enthält der Button DOLLY noch zwei weitere Flyouts:

Das zweite Flyout verschiebt nur den Zielpunkt. Dabei ändert sich der Bildausschnitt nicht. Die Verschiebung macht sich aber bemerkbar, wenn man den Zielpunkt oder die Kamera später verschiebt oder mit ORBIT dreht.

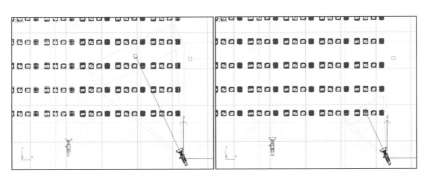

Abbildung 5.8: Verschobener Kamera-Zielpunkt

Das dritte Flyout verschiebt Kamera und Zielpunkt gleichzeitig. Das Bild ändert sich wie bei der ersten Variante von DOLLY, der Abstand zwischen Kamera und Zielpunkt bleibt aber gleich.

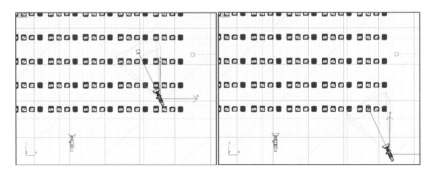

Abbildung 5.9: Kamera und Zielpunkt verschoben

Blickfeld

 Bei wirklichen Kameras gibt es zwei Möglichkeiten, ein Objekt größer ins Bild zu bekommen: Entweder man geht näher heran oder man verändert mit dem Zoom die Objektivbrennweite. Dies lässt sich in 3ds max 6 mit dem Button BLICKFELD simulieren.

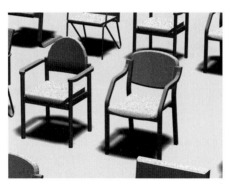 

Abbildung 5.10: Veränderung des Blickfelds

Perspektive

Vergleichen Sie die Veränderungen durch BLICKFELD und DOLLY, sehen Sie deutliche Unterschiede in der Verzerrung.

 Der Button PERSPEKTIVE verändert die Brennweite und den Abstand der Kamera vom Zielpunkt gleichzeitig, so dass das Objekt gleich groß dargestellt bleibt, die perspektivische Verzerrung sich aber ändert.

:-)
TIPP

Wollen Sie die Perspektive auf einmal sehr weit verändern, drücken Sie beim Ziehen mit der Maus die Taste Strg*. Die Perspektive ändert sich dann in größeren Schritten.*

(KOMPENDIUM) **3ds max 6**

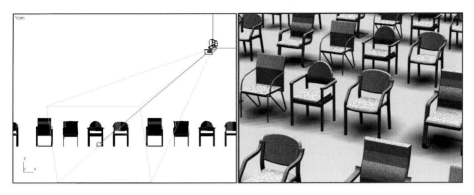

Abbildung 5.11: Vor der Veränderung der Perspektive

Die Abbildungen zeigen die Kameraposition und den sichtbaren Bildausschnitt bei einer Verschiebung mit der PERSPEKTIVE-Funktion.

Abbildung 5.12: Nach der Veränderung der Perspektive

Verzerrte Perspektiven können künstlerisch gewollt sein, aber auch sehr leicht falsch aussehen. Seien Sie vorsichtig, besonders bei der getrennten Verschiebung von Kamera und Zielpunkt, da es hier sehr schnell zu perspektivischen Verzerrungen kommen kann.

!!
STOP

Kamera aus Ansicht erstellen

Haben Sie mühsam eine Perspektive in einem Ansichtsfenster erstellt und wollen diese speichern oder für eine Animation verwenden, können Sie eine neue Kamera generieren und diese genau den Blick aus der Perspektive übernehmen lassen.

Im Gegensatz zu früheren Versionen von 3ds max braucht jetzt keine Kamera mehr manuell erstellt zu werden. Das Erstellen der Kamera und Ausrichten an der aktuellen Ansicht passiert mit einem einzigen Menüpunkt ERSTELLEN/KAMERAS/KAMERA AUS ANSICHT ERSTELLEN. Dieser Befehl legt immer Zielkameras an, die aber nachträglich im PARAMETER-Rollout in freie Kameras konvertiert werden können.

NEU

Erstellen/Kameras/ Kamera aus Ansicht erstellen = Create/ Cameras/Create Camera from View

Die neu angelegte Kamera heißt immer Kamera01. Sollte eine Kamera mit diesem Namen bereits in der Szene existieren, wird diese ohne Nachfrage durch die neue Kamera überschrieben.

Orthogonale Kamera

Orthogonale Projektion = Orthografic Projection

In einigen Fällen braucht man zum Rendern exakte orthogonale Ansichten. Dazu kann man orthogonale Ansichtsfenster rendern. Die Ansicht in diesen Fenstern kann aber nicht wie eine Kamera animiert werden. 3ds max 6 bietet deshalb spezielle Kameraparameter an, so dass eine normale Kamera nicht perspektivisch verzerrt, sondern orthogonal auf die Szene blickt. Schalten Sie dazu im Rollout PARAMETER der Kamera den Schalter ORTHOGONALE PROJEKTION ein.

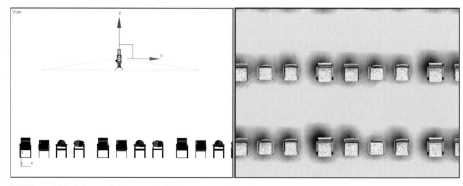

Abbildung 5.13: Orthogonale Kamera mit Blick von oben auf die Szene

Kamera an Objekten ausrichten

Im Flyout AUSRICHTEN auf der Buttonleiste am oberen Bildschirmrand gibt es einen Button, mit dem eine selektierte Kamera genau senkrecht auf eine beliebige Fläche eines Objekts ausgerichtet werden kann. Die Kamera wird dabei nicht zu einer orthogonalen Kamera, sondern die Einstellung des Blickwinkels bleibt erhalten.

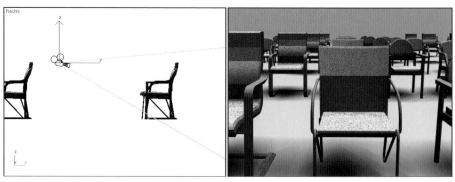

Abbildung 5.14: Senkrecht auf eine Stuhllehne ausgerichtete Kamera

5.2   Verfahren zum Rendern von Szenen

Der eigentliche Sinn und Zweck der Arbeit mit 3ds max 6 ist das Erstellen gerenderter Bilder oder Filme. Der RENDER-Button rendert das aktuelle Ansichtsfenster mit den zuletzt verwendeten Rendereinstellungen.

Der RENDER-Button enthält zwei Flyouts, mit denen zwischen Produktion und dem einfacheren aber auch schnelleren ActiveShade umgeschaltet werden kann.

Achten Sie darauf, dass bei langwierigen Rendervorgängen keine Programme im Hintergrund laufen, auch keine Bildschirmschoner und keine Virenscanner. Wenn so ein Programm zeitgesteuert anspringt, kann ein Rendervorgang unvorhergesehen abstürzen, was nach mehreren Stunden sehr ärgerlich sein kann. Außerdem belegt jedes zusätzliche Programm Prozessorzeit, die dem Renderprozess fehlt. Solange man im Internet ist, sollte man auf Virenscanner und Firewalls besser nicht verzichten. Trennen Sie also am besten beim Rendern die Internetverbindung und beenden dann alle Hintergrundprozesse.

Renderparameter einstellen

3ds max 6 bietet neben dem standardmäßigen RENDER-Button auch noch verschiedene Möglichkeiten, das Render-Ergebnis genauer zu beeinflussen (siehe Abbildung 5.15).

Dieser Button oder die Taste ⌜F10⌟ blenden eine Dialogbox ein, in der genauere Einstellungen vorgenommen werden können. Diese werden gespeichert und in Zukunft jedes Mal verwendet, wenn man auf den normalen RENDER-Button klickt.

Dieser Dialog wurde gegenüber früheren Versionen erweitert. Auf mehreren Registerkarten finden Sie jetzt Einstellungen, die früher nur über verschiedene Dialogfelder erreichbar waren.

Das oberste Rollout ALLGEMEINE PARAMETER in der Dialogbox SZENE RENDERN enthält alle wichtigen Einstellungen, die immer gelten. 3ds max 6 unterstützt verschiedene Plug-In-Renderer, die teilweise auch unterschiedliche Einstellungen verwenden. Standardmäßig ist der MAX-VORGABE SCANLINE A-PUFFER aktiv.

Allgemeine Parameter = Common

Im Rollout RENDERER ZUWEISEN weisen Sie für Produktion, Material-Editor und ActiveShade bei Bedarf auch andere Renderer zu. Die genauen Einstellungen dafür nehmen Sie auf der Registerkarte RENDERER vor (siehe Abbildung 5.16).

Renderer zuweisen = Assign Renderer

Abbildung 5.15: Links: Allgemeine Einstellungen zum Rendern einer Szene, rechts: Einstellungen für den Vorgabe Scanline-Renderer

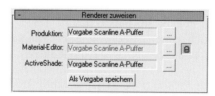

Abbildung 5.16: Rollout Renderer zuweisen im Render-Dialog

Zeitausgabe

*Zeitausgabe
= Time Output*

Im oberen Bereich ZEITAUSGABE des Rollouts ALLGEMEINE PARAMETER legen Sie fest, über welchen Zeitraum eine Animation gerendert werden soll. Für Standbilder wählen Sie immer die Option EINZELN.

Ausgabegröße

Hier stellen Sie die Größe des gerenderten Bilds ein. Wichtige Standardauflösungen sind auf Buttons vorgegeben. In den Zahlenfeldern können beliebige Werte eingetragen werden.

Ausgabegröße = Output Size

In der Pulldown-Liste links oben können Sie statt BENUTZERDEFINIERT auch viele gängige Film- und Videoauflösungen einschließlich IMAX und HDTV einstellen. Hier sind die Seitenverhältnisse vorgegeben und können nicht verändert werden.

Benutzerdefiniert = Custom

Das Schloss-Symbol bei BILD-SEITENVERHÄLTNIS legt fest, dass das Seitenverhältnis beim Ändern der Bildgröße immer erhalten bleibt.

Bild-Seitenverhältnis = Image Aspect

Da viele Bildformate keine genau quadratischen Pixel haben, kann man auch noch ein PIXEL-SEITENVERHÄLTNIS angeben, das beim Rendern berücksichtigt werden soll. Dieses Seitenverhältnis ändert nicht die Anzahl der Pixel auf dem Bildschirm, sondern nur, wie ein Bild innerhalb der vorhandenen Pixel dargestellt wird, so dass Kreise wirklich rund werden und nicht als Ellipsen erscheinen.

Pixel-Seitenverhältnis = Pixel Aspect

Optionen

Im Bereich OPTIONEN können verschiedene Schalter aktiviert werden, die sich teilweise erheblich auf Bildqualität und Renderzeit auswirken.

➡ ATMOSPHÄRE – aktiviert oder deaktiviert beim Rendern alle atmosphärischen Effekte wie Volumenlicht, Nebel oder Feuer. Ohne diese Effekte rendert ein Probebild deutlich schneller.

Atmosphäre = Atmospherics

➡ EFFEKTE – aktiviert oder deaktiviert beim Rendern alle Render-Effekte wie zum Beispiel Lens-Flares- oder Unschärfe-Effekte.

Effekte = Effects

➡ 3D-VERSCHIEBUNG – aktiviert oder deaktiviert beim Rendern das 3D-Verschiebung-Mapping, das sehr viel Rechenzeit kostet.

3D-Verschiebung = Displacement

➡ VIDEO-FARBÜBERPRÜFUNG – verhindert Farben, bei denen die RGB-Sättigung zu hoch ist. Bei solchen Farben kann es bei Videoaufzeichnungen zu starkem Flimmern an Kanten kommen.

Video-Farbüberprüfung = Video Color Check

➡ IN HALBBILDER RENDERN – rendert Halbbilder für Videoausgabe.

In Halbbilder rendern = Render to Fields

➡ VERDECKTE GEOMETRIE RENDERN – gibt an, ob Objekte, die in den Anzeigefenstern ausgeblendet wurden, gerendert werden sollen oder nicht. Auf diese Weise können zur einfacheren Arbeit in Ansichtsfenstern Objekte ausgeblendet werden, ohne dass sie in der gerenderten Szene fehlen.

Verdeckte Geometrie rendern = Render Hidden

➡ 2-SEITEN ERZWINGEN – rendert immer alle Flächen doppelseitig unabhängig vom verwendeten Material. Dies verlängert auch die Rechenzeit deutlich, ist aber in manchen Fällen nötig, wenn schlecht gezeichnete 3D-Modelle aus CAD-Programmen importiert wurden.

2-Seiten erzwingen = Force 2-Sided

➡ SUPER BLACK – Soll ein Bild später mit einem anderen überlagert werden, verwendet man normalerweise einen schwarzen Hintergrund für die überlagerten Bereiche. Damit sehr dunkle Schatten nicht auch vom anderen Bild überlagert werden, kann man mit dem Schalter SUPER BLACK verhindern, dass Schatten in reinem Schwarz (RGB 0/0/0) erscheinen.

Flächenlichter/-
schatten als Punkte =
Area Lights/Shadows
as Points

➡ *Flächenlichter/-schatten als Punkte – rendert Flächenlichter wie Punktlich-ter, was die Renderzeit verkürzt. Diese Einstellung sollte nur für Proberen-derings verwendet werden, da die gleichmäßige Lichtwirkung und die weichen Schatten der Flächenlichter verloren gehen, wenn diese als Punk-lichter gerendert werden.*

Erweiterte Beleuchtung

Erweiterte Beleuch-
tung verwenden
= Use Advanced
Lighting

➡ *Erweiterte Beleuchtung verwenden – aktiviert die Radiosity- und Light-Tra-cer-Funktionen. Solange dieser Schalter ausgeschaltet ist, wird nur die nor-male Beleuchtung gerendert. Auf diese Weise kann bei Tests Renderzeit gespart werden, ohne daß man alle Parameter der erweiterten Beleuchtung einzeln ausschalten muss.*

Erweiterte Beleuch-
tung bei Bedarf
berechnen
= Compute Advanced
Lighting when

➡ ERWEITERTE BELEUCHTUNG BEI BEDARF BERECHNEN – *berechnet während einer Animation für einzelne Frames Radiosity-Lösungen. Normalerweise ist dies nur einmal in der Animation nötig.*

Renderausgabe

Datei speichern
= Save File

➡ DATEI SPEICHERN – Ist dieser Schalter aktiv, wird das gerenderte Bild in eine Datei gespeichert, die mit dem Button DATEIEN angegeben werden kann. Wird hier nichts angegeben, können Einzelbilder später immer noch aus dem Renderfenster heraus gespeichert werden, bei Animationen gehen die Bilder allerdings verloren.

Geräte = Devices

➡ GERÄTE – ermöglicht die direkte Bildausgabe auf externe digitale Bildverar-beitungsgeräte. Dazu müssen spezielle Gerätetreiber installiert sein. Im Gegensatz zu früheren Versionen liefert 3ds max 6 keine solchen Gerätetrei-ber mehr mit.

Fenster mit
gerendertem Bild
= Virtual Frame
Buffer

➡ FENSTER MIT GERENDERTEM BILD – zeigt das gerenderte Bild nach dem Ren-dern an. Beim Berechnen von Animationen kann man etwas Zeit sparen, wenn man die Bilder nur speichert, zwischendurch aber nicht anzeigt.

Auf Netz rendern
= Net render

➡ AUF NETZ RENDERN – schaltet die Netzwerk-Rendering-Funktion ein, bei der die Bilder einer Animation auf verschiedenen Rechnern in einem Netz-werk gerendert werden.

Vorhandene Bilder
auslassen
= Skip Existing
Images

➡ VORHANDENE BILDER AUSLASSEN – rendert bei einer Animation die Bilder nicht mehr neu, die im Ausgabeverzeichnis bereits vorhanden sind.

Bildausschnitte rendern

Zwischen den RENDER-Buttons in der Hauptsymbolleiste steht ein Listenfeld, in dem der zu rendernde Bildausschnitt festgelegt wird.

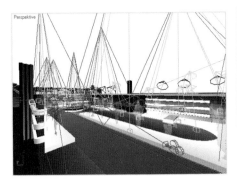 

Abbildung 5.17: Links Ansichtsfenster, rechts: gerendert im Modus Ansicht
(Projekt: Messe Florenz – hoffmann.architektur)

➤ ANSICHT – Die Standardoption, berechnet das Ansichtsfenster so, wie es normalerweise dargestellt wird.

Ansicht = View

➤ AUSWAHL – berechnet nur ausgewählte Objekte. Diese werden über ein im Renderfenster vorhandenes Bild gelegt, so dass man bei Veränderungen nicht immer alles neu berechnen muss.

Auswahl = Selected

➤ BEREICH – berechnet einen rechteckigen Ausschnitt des Fensters. Zum Kontrollieren von Änderungen reicht das oft und spart Zeit. Auch dieser Bereich wird über ein vorhandenes gerendertes Bild gelegt.

Bereich = Region

Abbildung 5.18: Rechteckiger Bereich mit veränderter Beleuchtung

Zuschneiden = Crop   ➤ ZUSCHNEIDEN – berechnet einen rechteckigen Ausschnitt des Fensters ohne diesen in ein vorhandenes Bild einzublenden. Das Renderfenster wird entsprechend verkleinert.

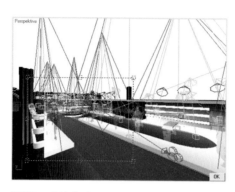

Abbildung 5.19: Rechteckiger Ausschnitt

*Vergrößerung
= Blowup*   ➤ VERGRÖßERUNG – berechnet einen rechteckigen Ausschnitt des Fensters auf die volle Fenstergröße vergrößert. Diese Option kann man auch zum Rendern sehr großer Bilddateien verwenden. In einem Rendervorgang kann 3ds max 6 höchstens Bilder mit 32768 Pixel Breite rendern. Noch größere Bilder, zum Beispiel für Bautafeln oder Plakatwerbung, müssen in Teilen gerendert werden.

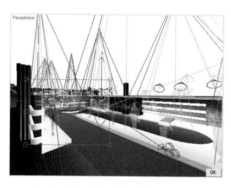

Abbildung 5.20: Vergrößerter Ausschnitt

*Auswahl einrahmen
= Box Selected*   ➤ AUSWAHL EINRAHMEN – berechnet einen rechteckigen Bereich um die ausgewählten Objekte. Die Größe des Bildes kann dann noch angegeben werden.

*Ausgewählter
Bereich
= Region Selected*   ➤ AUSGEWÄHLTER BEREICH – berechnet einen rechteckigen Bereich um die ausgewählten Objekte. In den anderen Bereichen bleibt das vorherige Renderfenster bestehen, so dass die Bilder überlagert werden.

*Auswahl
zuschneiden
= Crop Selected*   ➤ AUSWAHL ZUSCHNEIDEN – berechnet einen rechteckigen Bereich um die ausgewählten Objekte. Das vorherige Renderfenster wird gelöscht.

Abbildung 5.21: Gerenderter Bereich um ein ausgewähltes Objekt

5.3 Bildhintergrund

Viele Szenen wirken realistischer, wenn sie nicht vor einem schwarzen Hintergrund, sondern vor einem Bild oder zumindestens einer anderen Farbe gerendert werden. 3ds max 6 bietet hier verschiedene Möglichkeiten der Hintergrundgestaltung.

Hintergrundfarbe

In der Dialogbox RENDERN/UMGEBUNG kann eine beliebige Hintergrundfarbe eingestellt werden. Diese wird beim Rendern für den gesamten Bildhintergrund hinter den Objekten verwendet.

Rendern/Umgebung = Rendering/Environment

Der Hintergrund wird von Licht und Schatten der Objekte nicht beeinflusst. Er sollte also in einer dunkel gehaltenen Szene nicht zu hell sein.

Abbildung 5.22: Unterschiedliche Bildwirkung bei dunklem und hellem Hintergrund

Hintergrundbild

Deutlich realistischer als eine einheitliche Farbe sieht ein Hintergrundbild aus. Hier können Sie zum Beispiel einen Himmel, eine Landschaft oder die wirkliche Umgebung eines Gebäudes oder eines anderen Objekts hinter die Szene legen.

Rendern/Umgebung = Rendering/ Environment

In der Dialogbox RENDERN/UMGEBUNG können Sie eine beliebige Map als Hintergrund eintragen. In den meisten Fällen werden Bitmaps verwendet. Die dafür verwendeten Bilddateien können aus dem Medien-Browser oder der Material-/ Map-Übersicht direkt auf den MAP-Button der Dialogbox RENDERN/UMGEBUNG gezogen werden.

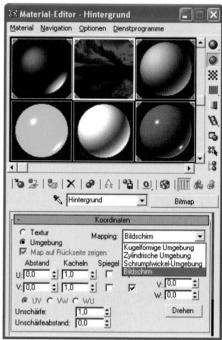

Abbildung 5.23: Links: Rendern/Umgebung, rechts: Hintergrund-Mapping im Material-Editor

3ds max 6 kennt für das Hintergrundbild verschiedene Typen von Mapping-Koordinaten. Das Bild muss also nicht einfach flach hinter die Objekte projiziert werden. Um diese Mapping-Koordinaten einzustellen, ziehen Sie den MAP-Button der Dialogbox RENDERN/UMGEBUNG auf eine leere Kugel im Material-Editor. Verwenden Sie dabei die Methode INSTANZ, da sich die Materialkugel genauso verhalten soll wie der Szenenhintergrund. Dort können Sie zwischen vier verschiedenen Mappings auswählen:

Kugelförmige Umgebung = Spherical Environment

➡ KUGELFÖRMIGE UMGEBUNG – Diese Art von Projektion eignet sich für Himmel- und Weltraumbilder und ermöglicht eine relativ freie Kameraführung. Das Bild wird auf eine Kugel projiziert, die die Szene umgibt. Dabei ergibt sich eine senkrechte Kante von oben nach unten, wo sich der linke und der rechte Rand des Bilds treffen. Diese Stelle sollte in der Szene nicht zu sehen sein oder die Map sollte nahtlos sein, so dass der linke und der rechte Rand ohne sichtbare Kante aufeinander treffen können. Oberer und unterer Rand laufen in den Polen der Kugel in je einem Punkt zusammen.

Zylindrische Umgebung = Cylindrical Environment

➡ ZYLINDRISCHE UMGEBUNG – Diese Projektionsart kann für Straßenszenen und Innenräume verwendet werden, da die Bilder weniger als bei der kugelförmigen Projektion verzerrt werden. Das Bild wird auf einen Zylinder projiziert, der senkrecht stehend die Szene umgibt. Dabei ergibt sich eine Kante von oben nach unten, wo sich der linke und der rechte Rand des Bilds treffen. Diese Stelle sollte in der Szene nicht zu sehen sein. Genau nach oben oder unten ist kein Hintergrundbild definiert. Die Kamera sollte also möglichst horizontal ausgerichtet sein.

➡ SCHRUMPFWICKEL-UMGEBUNG – Das Bild wird auf eine Kugel projiziert, die die Szene umgibt. Alle Ränder des Bilds laufen in einem Punkt zusammen. Es ergeben sich dadurch keine Kanten, aber starke Bildverzerrungen. Die Methode eignet sich nur für Hintergründe ohne gerade Kanten, wie zum Beispiel Himmel oder Weltraumbilder.

Schrumpfwickel-Umgebung = Shrink-wrap Environment

➡ BILDSCHIRM – Das Bild wird flach als Hintergrund hinter die Objekte gelegt. Es liegt genau in der Ebene des Renderfensters, man sieht also immer genau senkrecht auf das Bild. Allerdings steht das Bild immer an der gleichen Position, auch wenn die Kamera bewegt wird, was sehr unnatürlich aussehen kann.

Bildschirm = screen

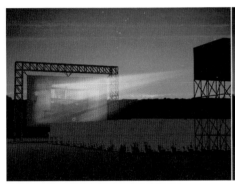

Abbildung 5.24: Verschiedene Kameras bei stehendem Hintergrundbild

Die Bilder zeigen die unterschiedliche Wirkung der Projektionen. Bei einer Kamerabewegung würde beim Bildschirm-Mapping die untergehende Sonne immer in Bildmitte stehen bleiben, was astronomisch völlig unmöglich ist.

Abbildung 5.25: Verschiedene Kameras bei zylindrischem Hintergrund-Mapping

Bei zylindrischem Mapping erscheint das Hintergrundbild deutlich größer und gröber. Das kommt daher, weil es auf eine insgesamt wesentlich größere Fläche projiziert wird, von der im Bild nur ein Teil zu sehen ist. Um das auszugleichen, ist auch hier wie bei anderen Maps ein Kacheln und Verschieben der Textur innerhalb der Map möglich.

Hintergrundbilder im Ansichtsfenster

Ansichten/Ansichts-
fenster-Hintergrund
= Views/Viewport
Background

Zur besseren Orientierung kann der Hintergrund auch in Ansichtsfenstern angezeigt werden. Die Tastenkombination ⌊Alt⌋+⌊B⌋ oder der Menübefehl ANSICHTEN/ANSICHTSFENSTER-HINTERGRUND blendet eine Dialogbox ein, in der Sie den Hintergrund eines Ansichtsfensters festlegen können.

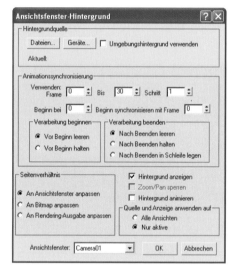

Abbildung 5.26: Einstellungen für Ansichtsfenster-Hintergrund

Umgebungshinter-
grund verwenden =
Use Environment
Background

Der Schalter UMGEBUNGSHINTERGRUND VERWENDEN im oberen Bereich der Dialogbox bestimmt, dass für das Ansichtsfenster die gleiche Hintergrundprojektion wie für das gerenderte Bild verwendet wird.

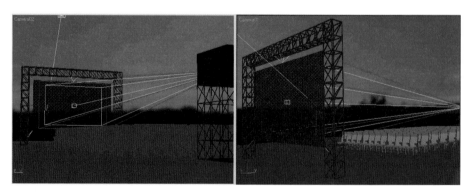

Abbildung 5.27: Verschiedene Kameraperspektiven mit zylindrischem Hintergrund-Mapping im Ansichtsfenster

Für besondere Aufgaben, wie zum Beispiel zum Nachzeichnen eines 2D-Objekts oder zum Ausrichten einer Perspektive an einem Hintergrundbild, kann man mit dem Button DATEIEN auch ein anderes Bild als den aktuellen Hintergrund in den Ansichtsfenstern einblenden.

Dateien = Files

Kamera an Hintergrund ausrichten

Soll ein Objekt vor einem realen Hintergrund dargestellt werden, was bei Architekturvisualisierungen besonders häufig der Fall ist, müssen die Perspektiven der Kamera in 3ds max 6 und der Kamera, mit der das Hintergrundbild aufgenommen wurde, genau übereinstimmen.

3ds max 6 bietet hier eine Methode, mit welcher der Kamerastandpunkt und die Einstellungen automatisch aus einem Hintergrundbild übernommen werden können. Die Kamera wird dann so ausgerichtet, dass sie genau die gleiche Perspektive liefert.

Abbildung 5.28: Architekturvisualisierung (hoffmann.architektur – Fassadenvisualisierung, Aigner Shop Frankfurt)

Im abgebildeten Beispiel enthält das 3D-Modell nur die geplante neue Ladenfassade. Der übrige Gebäudebestand wird aus dem Hintergrundbild übernommen.

Um den Schattenverlauf im rechten Bereich der vorgehängten Blende zu simulieren, wurde ein Teil des Vordaches vom Nachbargeschäft auch in 3D modelliert.

Störende Bildelemente, wie zum Beispiel das Parkplatz-Schild oder der Werbeständer auf dem Fußweg sollten vor der Verwendung des Fotos mit einem Bildbearbeitungsprogramm entfernt werden.

Abbildung 5.29: Bestandsfoto

Bildschirm = Screen Übernehmen Sie in solchen Fällen das Bestandsfoto als Hintergrund mit der Projektionsart BILDSCHIRM. Das Bild soll unverzerrt und genau aus einer definierten Richtung zu sehen sein.

Abbildung 5.30: 3D-Modell mit Hintergrundbild (hoffmann.architektur – Fassadenvisualisierung, Aigner Shop Frankfurt)

Weitere Fotos von diesem Projekt finden Sie auf der DVD im Verzeichnis \DVDROM\projekte\aigner_f.

Um die Kamera auszurichten, müssen Sie im 3D-Modell Fixpunkte zeichnen, deren Position im Hintergrundbild erkennbar ist.

Scheitelpunkt = Vertex Aktivieren Sie den 3D-Objektfang und schalten Sie mit einem Rechtsklick auf diesen Button den Fangmodus SCHEITELPUNKT ein. So können Sie die Fixpunkte genau an Eckpunkten der Geometrie ansetzen.

Auf der ERSTELLEN-Palette gibt es im Bereich HELFER unter der Listenauswahl KAMERA-ANPASSUNG ein Objekt KAM-PUNKT.

Kamera-Anpassung/ KamPunkt = Camera Match/CamPoint

Erstellen Sie jetzt sechs bis acht solcher Punkte an markanten Ecken des 3D-Modells. Geben Sie den Punkten statt der automatisch vergebenen Bezeichnungen sinnvolle Namen, damit Sie sie später wieder identifizieren können.

Um die Punkte genauer zeigen zu können, empfiehlt es sich, den 3D-Objektfang einzuschalten. Sechs Punkte sind mindestens nötig, um die Kamera genau zu justieren. Bei sehr vielen Punkten erhöht sich die Berechnungszeit erheblich, da nie alle Punkte mit gleicher Genauigkeit berücksichtigt werden können.

Rufen Sie, nachdem alle Punkte erstellt sind, auf der WERKZEUGE-Palette das Tool KAMERA-ANPASSUNG auf.

Kamera-Anpassung = Camera Match

Im Rollout KAMPUNKT-INFO finden Sie eine Liste aller zuvor festgelegten KAMPUNKT-Punkte. Wählen Sie hier nacheinander einen Punkt nach dem anderen, klicken Sie auf POSITION ZUWEISEN und zeigen Sie die Stelle im Hintergrundbild, wo dieser Punkt liegen soll.

Position zuweisen = Assign Position

Wenn allen KAMPUNKT-Punkten auf diese Weise Punkte im Hintergrundbild zugewiesen wurden, klicken Sie im Rollout KAMERA-ANPASSUNG auf den Button KAMERA ERSTELLEN.

Kamera erstellen = Create Camera

Durch unvermeidbare Ungenauigkeiten beim Zeigen der Punkte und mögliche Verzerrungen im Hintergrundbild wird es nie exakt möglich sein, eine Kamera so auszurichten, dass alle Punkte genau übereinstimmen. Die aktuelle Abweichung wird bei AKTUELLER KAMERAFEHLER angezeigt. Versuchen Sie durch geeignete Wahl der KAMPUNKT-Punkte sowie durch genaues Zeichnen und Zeigen diesen Fehler möglichst gering zu halten.

Aktueller Kamera-fehler = Current Camera Error

Praxisbeispiele

studio architec, einer der Gewinner des Markt+Technik-3D-Wettbewerbs, zeigt an realisierten Projekten, was beim Einbinden eines gerenderten Bildes in ein Foto zu beachten ist.

DVD

Die Bilder finden Sie im Verzeichnis \DVDROM\highlights\studioarchitec *auf der Buch-DVD.*

InfoBox Minden

Abbildung 5.31: InfoBox Minden (Visualisierung: studio architec, Entwurf: Planungsgruppe Minden)

➡ Der Baukörper wirft Schatten auf die vorhandene Straße.

➡ Beim Einsetzen muss das Gefälle der Straße berücksichtigt werden.

➡ Die Fassade links ist durch die Fenster links hindurchzusehen.

➡ Die Fassade rechts spiegelt sich im Neubau.

➡ Personen im Vordergrund werden nachträglich wieder vor den Baukörper gesetzt.

Geschäftshaus Hannover

Abbildung 5.32: Geschäftshaus Hannover, Hildesheimer Str. (Visualisierung: studio architec, Entwurf: Architekturbüro Sewenig + Lichte)

➡ Das Foto wurde entzerrt, um stürzende Linien zu vermeiden.

➡ Im Erdgeschoss des Neubaus spiegelt sich die gegenüberliegende Fassade, die auf dem Foto nicht zu sehen ist. Für solche Fälle sind zusätzliche Fotos notwendig.

➡ Der Sonnenschutz der beiden obersten Geschosse wirft Schatten auf die Giebelwand des benachbarten Altbaus.

(KOMPENDIUM) 3ds max 6

➡ Straßenschilder, Ampeln und Bäume wurden nachträglich wieder in den Vordergrund gesetzt.

➡ Das U-Bahn-Schild vor dem Neubau wurde aus optischen Gründen nach rechts verschoben, die Litfasssäule ersatzlos gestrichen. Das Gleiche gilt für die Ampel oben rechts.

➡ Wolken am Himmel und zusätzliche Personen im Vordergrund ergeben ein freundlicheres Bild der Kreuzung.

5.4   Spiegeleffekte beim Rendern

Eine besondere Schwierigkeit, aber auch ein Highlight bei jeder 3D-Darstellung sind verspiegelte Oberflächen. Bei einem wirklichen Spiegel ist die eigene Materialfarbe nicht erkennbar. Der Spiegel zeigt nur ein Bild der Umgebung.

Abbildung 5.33: Dezente Spiegelungen auf der glänzenden Bodenfläche (Projekt: Neukonzeption Landtag Niedersachsen, Visualisierung: studio architec, Entwurf: Boes Gützlag Kleine Architekten)

Zur Darstellung von Spiegelungen gibt es verschiedene Methoden:

➡ *Reflexion-Maps* – Bilder, die in einem bestimmten Projektionsverfahren auf ein Objekt projiziert werden. Damit ergibt sich der Effekt einer Spiegelung ohne Berücksichtigung der tatsächlich in der Szene vorhandenen Objekte. Diese Methode eignet sich besonders zur Spiegelung von Umgebungsbildern und ist das schnellste der Reflexionsverfahren.

➡ *Automatische Reflexion* – Hier werden aus den Objekten, die das verspiegelte Objekt umgeben, Maps berechnet, die dann auf das Objekt projiziert werden. Diese Methode funktioniert nur bei gekrümmten Flächen.

➡ *Flat Mirror Reflexion* – Dies ist ein spezielles Verfahren zur Berechnung einer Spiegelung auf einer ebenen Fläche.

➡ *Raytracing* – Durch Lichtstrahlverfolgung lassen sich exakte geometrische Spiegelungen erzeugen. Dieses Verfahren ist jedoch ziemlich rechenzeitaufwändig.

Der neue Renderer mental ray, der seit 3ds max 6 integriert ist, bietet noch mehr Möglichkeiten zur Darstellung von Reflexionen.

Reflexion-Maps

Reflexion-Maps werden ähnlich wie Texturen auf die verspiegelten Objekte projiziert. So kann ein Objekt also auch etwas spiegeln, das in der Szene gar nicht vorhanden ist.

Abbildung 5.34: Kugeln mit verschiedenen Reflexion-Maps [KUGELN04.MAX]

Als Grundmaterial verwendet man am besten ein glänzendes Material mit dunkler Streu- und Umgebungsfarbe und Werten für Glanzfarbenstärke und Hochglanz zwischen 50 und 80.

*Reflexion
= Reflection*

Ziehen Sie nun die gewünschte Bilddatei aus dem Medien-Browser auf den MAP-Button in der Zeile REFLEXION im MAPS-Rollout des Material-Editors.

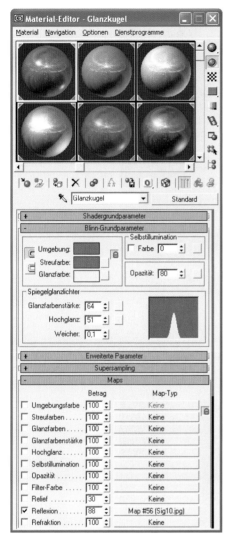
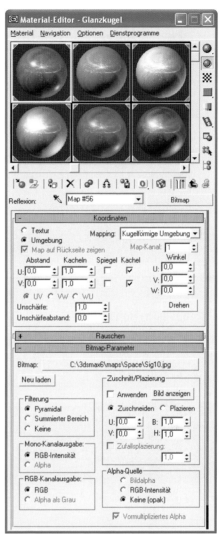

Abbildung 5.35: Reflexion-Map im Material-Editor

Setzen Sie den BETRAG dieser Reflexion-Map je nach Materialfarbe unter 100 %. *Betrag = Amount*
Sonst wird das Material unter Umständen zu hell und sieht nicht mehr wie eine
Spiegelung aus. Mit einem Klick auf den MAP-Button können Sie die Reflexion-
Map wie jede andere Map noch genauer einstellen.

Für Reflexionen ist der Projektionstyp KUGELFÖRMIGE UMGEBUNG automatisch *Kugelförmige*
voreingestellt. Planare Projektionen wirken bei Spiegelungen dagegen sehr unreal- *Umgebung*
istisch. *= Spherical*
Environment

Reflexion-Maps können auch zusammen mit transparenten Materialien verwendet werden, um Spiegelungen auf Glas darzustellen. In diesem Fall setzen Sie den
BETRAG der Reflexion-Map noch weiter herunter auf etwa 20 %.

Abbildung 5.36: Spiegelung auf unterschiedlich transparenten Objekten

Automatische Reflexion

Verspiegelte Objekte, die zwischen anderen Objekten in einer Szene stehen, spiegeln nicht nur den Hintergrund, sondern auch diese anderen Objekte. Mit normalen Reflexion-Maps ist das nicht möglich.

Abbildung 5.37: Lampenkugeln mit Reflexion-Maps [SBAHN18.MAX]

Die beiden Lampenkugeln in der Abbildung spiegeln zwar die leere Straßenszene des Hintergrundbilds, nicht aber die Straßenbahn und die Gitterträger aus dem 3D-Modell und wirken daher sehr unrealistisch.

Die automatische Reflexion berechnet die Maps für die Spiegelung durch Rendern der Szene. Vom Mittelpunkt des verspiegelten Objekts aus blickt man in alle sechs orthogonalen Richtungen des Raums. Deshalb wird dieses Verfahren auch als kubische Reflexion bezeichnet. In jeder Blickrichtung wird eine Bilddatei erzeugt, die die in dieser Richtung sichtbaren Objekte abbildet. Diese sechs Bilddateien werden dann für die Reflexion verwendet. Auch diese automatische Reflexion funktioniert nur mit gekrümmten Flächen. Durchschneidet ein Objekt eine reflektierende Fläche, wird es nicht korrekt dargestellt, da die Ansichten nur vom Mittelpunkt des verspiegelten Objekts aus berechnet werden und dabei dessen Größe nicht berücksichtigt wird. Das Hintergrundbild wird dabei wie eine kugelförmige Projektion behandelt. Die auf diese Weise berechneten Bilder werden auf die verspiegelten Objekte projiziert.

Verwenden Sie dieses Verfahren nur für wenige Objekte in der Szene und nur für solche, bei denen man den Unterschied auch wirklich sieht. Die Berechnung dauert deutlich länger als bei einfachen Reflexion-Maps.

Für die automatische Reflexion verwendet 3ds max 6 einen eigenen Map-Typ. Wählen Sie auf dem MAP-Button in der Zeile REFLEXION keine Bitmap-Datei aus, sondern den Map-Typ REFLEXION/REFRAKTION.

*Reflexion/Refraktion
= Reflect/Refract*

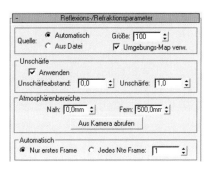

Abbildung 5.38: Reflexion/Refraktion-Map im Material-Editor

➤ QUELLE – Automatische Berechnung der Reflexionsmaps oder Übernahme aus bestehenden Dateien.

Quelle = Source

➤ GRÖSSE – gibt die Größe der berechneten Maps an, die auf die Objekte projiziert werden sollen. Geringere Größen beschleunigen den Rendervorgang, vermindern dafür die Qualität der Spiegelung.

Größe = Size

➤ UMGEBUNGS-MAP VERWENDEN – schaltet die Spicgclung von Umgebungs-Maps ein oder aus. Üblicherweise sollen Umgebungs-Maps (Hintergrundbilder) mit gespiegelt werden. Dieser Schalter kann deaktiviert werden, wenn vom verspiegelten Objekt aus der Hintergrund nicht zu sehen ist.

*Umgebungs-Map
verwenden = Use
Environment Map*

➤ UNSCHÄRFE – fügt in der Reflexion-Map Unschärfe hinzu, wie dies auch bei anderen Map-Typen möglich ist.

Unschärfe = Blur

➤ ATMOSPHÄRENBEREICHE – verwendet beim Berechnen der Reflexion-Maps atmosphärische Bereiche zur Darstellung von Lichtabnahme oder Tiefenunschärfe. Diese Bereiche können hier wie bei Kameras eingestellt oder aus den aktuellen Kamera-Einstellungen übernommen werden.

*Atmosphären-
bereiche
= Atmosphere
Ranges*

Nur erstes Frame
= First Frame only

➡ AUTOMATISCH NUR ERSTES FRAME – gilt nur bei Animationen und lässt die automatischen Reflexion-Maps nur im ersten Frame einer Animation neu berechnen. Diese Methode spart erheblich Rechenzeit, hat allerdings den Nachteil, dass die Reflexionen nicht mehr stimmen, wenn reflektierte Objekte bewegt werden.

Jedes Nte Frame
= Every Nth Frame

➡ AUTOMATISCH JEDES NTE FRAME umgeht diesen Nachteil, indem während der Animation die Reflexion-Maps immer wieder neu berechnet werden. Hier kann man einstellen, im wievielten Frame neue Reflexion-Maps berechnet werden sollen. Höhere Werte verringern die Rechenzeit, führen aber dazu, dass die Reflexionen nicht immer genau stimmen.

Abbildung 5.39: Die gleiche Szene mit automatischer Reflexion

Um bei kleinen Änderungen an der Szene nicht jedes Mal alle Reflexionen neu berechnen zu müssen, können die gerenderten Bilder für die Reflexion-Maps als Bilddateien gespeichert und wiederverwendet werden.

Aus Datei
= From File

Schalten Sie dazu den Schalter QUELLE im Material-Editor-Rollout REFLEXIONS-/ REFRAKTIONSPARAMETER auf die Option AUS DATEI um. Damit wird der untere Teil des Rollouts aktiviert.

Abbildung 5.40: Einzelne Bilder für kubische Reflexion verwenden

1. Klicken Sie auf den Button IN DATEI, um einen Dateinamen für die berechneten Maps auszuwählen.

   In Datei = To File

2. Klicken Sie anschließend auf OBJEKT AUSWÄHLEN UND MAPS RENDERN.

   Objekt auswählen und Maps rendern = Pick object and render Maps

3. Zeigen Sie jetzt in der Szene ein Objekt. Von diesem aus werden automatisch sechs quadratische Bilder in den sechs orthogonalen Richtungen gerendert. Die Bilder erhalten zur Unterscheidung hinter dem gewählten Dateinamen noch ein 2-Buchstaben-Kürzel, das die Richtung angibt.

4. Die sechs Bilddateien werden automatisch zu den sechs Richtungen im Feld AUS DATEI eingetragen. Hier können Sie auch andere Bilddateien auswählen, wenn Sie diese zum Beispiel mit einem Bildbearbeitungsprogramm verändern möchten. Wichtig ist nur, dass alle sechs Bilder quadratisch und gleich groß sein müssen.

   Aus Datei = From File

Lampenkugel_BK.tif   Lampenkugel_DN.tif   Lampenkugel_FR.tif   Lampenkugel_LF.tif   Lampenkugel_RT.tif   Lampenkugel_UP.tif

Abbildung 5.41: Bilddateien für kubische Reflexion

Bei diesem Verfahren müssen für jedes verspiegelte Objekt eigene Reflexion-Maps berechnet werden.

Stehen zwei verspiegelte Objekte mit automatischer Reflexion in einer Szene nahe beieinander, ist das eine Objekt als Spiegelbild auf dem anderen zu sehen. In Wirklichkeit entstehen hier unendlich viele Bilder. In 3ds max 6 können in solchen Fällen ein bis zehn Reflexionen berechnet werden. Vorgabe ist 1. Höhere Werte erhöhen die Rechenzeit erheblich.

:-)
TIPP

Die Anzahl der Renderwiederholungen wird in der Dialogbox SZENE RENDERN als Parameter RENDERWIEDERHOLUNGEN auf der Registerkarte RENDERER eingestellt.

Renderwiederholungen = Rendering Iterations

Spiegelung an geraden Flächen

Reflexion-Maps führen bei ebenen verspiegelten Flächen zu keinen brauchbaren Ergebnissen. Für solche Fälle gibt es in 3ds max 6 einen eigenen Map-Typ, die *Flat Mirror*-Map, die außerdem auf ebenen Flächen schneller berechnet wird.

Flat Mirror-Maps können nur auf koplanare Flächen angewendet werden (Flächen, die alle in einer Ebene liegen).

!!
STOP

Das Gebäude im Hintergrund ist hier kein Hintergrundbild, sondern ein 3D-Modell, dem im oberen Bereich eine Gebäudetextur zugewiesen ist. Vor dem unteren dunklen Teil stehen einzelne Flächen, alle genau in einer Ebene. Diese Flächen haben ein Flat Mirror-Material.

Abbildung 5.42: Verspiegelte Fassade mit Flat Mirror-Maps [SBAHN19.MAX]

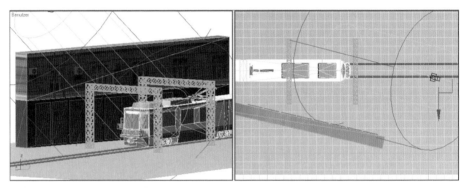

Abbildung 5.43: Die Fassade in der Szene

Flat Mirror-Maps werden als eigener Map-Typ über den MAP-Button in der Zeile REFLEXION im MAPS-Rollout zugewiesen. Auch hier sollten Sie nur einen Betrag von 50 % – 60 % verwenden, damit die Map nicht zu hell erscheint.

Unschärfe/Verzer-
rung/Rauschen =
Blur/Distortion/Noise

In den Parametern der Flat Mirror-Map kann UNSCHÄRFE, VERZERRUNG und RAUSCHEN eingestellt werden, um Spiegel zu simulieren, die nicht ganz blank oder leicht uneben sind. Auf große Entfernungen wirkt eine leicht unscharfe Spiegelung realistischer als ein exakt scharfes Bild (siehe Abbildung 5.44).

Da man es in 3D-Modellen nur selten mit wirklich ebenen zweidimensionalen Objekten zu tun hat, Flat Mirror-Maps aber nur mit solchen funktionieren, gibt es im Rollout FLAT-MIRROR-PARAMETER eine Option für Material-IDs (siehe Abbildung 5.45).

Abbildung 5.44: Im Vergleich zum vorigen Bild unschärfere Spiegelung

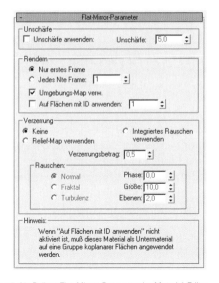

Abbildung 5.45: Rollout Flat-Mirror-Parameter im Material-Editor

In einem komplexen Objekt kann man bestimmten koplanaren Flächen eine eigene Material-ID zuweisen. Aktiviert man den Schalter AUF FLÄCHEN MIT ID ANWENDEN und stellt diese Material-ID ein, wird die Flat Mirror-Map nur für diese Flächen verwendet. Die anderen Flächen verwenden die normalen Materialeigenschaften des Materials.

Auf Flächen mit ID anwenden = Apply to Faces with ID

Ein Material mit Flat Mirror-Map kann wie jedes andere Material auch Teil eines Multi-/Unterobjekt-Materials sein. Damit lassen sich bestimmte Flächen für Flat Mirror Reflexion leicht festlegen.

:-)
TIPP

Umgebungs-Map verwenden = Use Environment Map

Der Schalter UMGEBUNGS-MAP VERWENDEN bewirkt, dass ein Hintergrundbild, das als Umgebungs-Map definiert ist, ebenfalls in der Fläche gespiegelt wird. Dieser Schalter sollte in den meisten Fällen eingeschaltet sein, da sich in einer wirklichen Szene auch alle Objekte spiegeln würden.

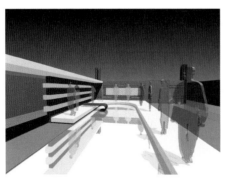 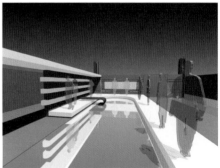

Abbildung 5.46: Links: Umgebungs-Map verwenden aus, rechts: eingeschaltet

!! STOP

Verwendet man für den Hintergrund nur eine Farbe, wird diese nicht gespiegelt. Diese Einstellung bezieht sich nur auf Maps.

5.5   Raytracing – realistische Darstellung von Glas und Flüssigkeiten

Raytracing ist nicht einfach nur ein Begriff für besonders gut gerenderte Bilder, wie er von vielen 3D-Programmen verwendet wird, sondern ein spezielles Berechnungsverfahren. Raytracing bedeutet übersetzt Lichtstrahlverfolgung. Normalerweise fällt ein Lichtstrahl von einer Lampe auf ein Objekt, wird reflektiert, fällt auf das nächste Objekt und wird wieder reflektiert. Das Ganze geht so lange weiter, bis der Lichtstrahl an einer bestimmten Stelle auf die Bildebene trifft und dort einen Bildpunkt in einer charakteristischen Farbe erzeugt.

Das Raytracing-Verfahren verfolgt diese Lichtstrahlen zurück. Von jedem Bildpunkt des gerenderten Bildes wird das Licht über alle Reflexionen bis zur Lichtquelle zurückverfolgt, wodurch eine sehr genaue Berechnung von Spiegelungen und Schatten möglich ist (siehe Abbildung 5.47).

Raytracing bietet die beste Methode, um Lichtbrechungen in Glas und Flüssigkeiten darzustellen.

Raytracing dauert sehr lange. Die ersten bekannten Raytracing-Programme für PCs brauchten für ein Bild mehrere Stunden bis Tage. Heute hat sich zwar die Geschwindigkeit der Computer vervielfacht, die Qualitätsansprüche an gerenderte Bilder sind aber auch gestiegen.

Abbildung 5.47: Kugeln mit Raytracing-Materialien [RAY01.MAX]

Verwenden Sie Raytracing nur sparsam, nur für Standbilder und auch nur für Objekte, die man wirklich sieht.

!!
STOP

3ds max 6 bietet die Möglichkeit, Raytracing gezielt nur dort einzusetzen, wo es auch den gewünschten Effekt bringt. Dazu können Raytracing-Schatten für bestimmte Lichtquellen aktiviert oder in den Eigenschaften bestimmter Materialien Raytracing-Maps verwendet werden.

Raytrace-Schatten

Schatten werden in 3ds max 6 in einfachen Fällen als Schatten-Maps berechnet, was sehr schnell geht und bei den richtigen Einstellungen auch relativ exakt ist. In einigen Sonderfällen können Schatten mit diesem Verfahren aber nicht korrekt dargestellt werden, wenn es zum Beispiel darum geht, Schatten farbiger Gläser anzuzeigen.

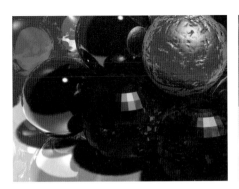 

Abbildung 5.48: Links: Bild mit Schatten-Maps, rechts: die gleiche Szene mit Raytrace-Schatten

In beiden Abbildungen werden die gleichen Raytracing-Materialien verwendet. Der Unterschied liegt nur in der Art des Schattens.

Raytrace-Schatten = Ray Traced Shadows

Ein gefärbter Glaskörper wirft einen farbigen Schatten, wenn das Licht direkt durch ihn hindurch scheint. Dieser Effekt lässt sich in 3ds max 6 darstellen, wenn bei der entsprechenden Lichtquelle im Rollout ALLGEMEINE PARAMETER der Schattentyp RAYTRACE-SCHATTEN eingestellt wird. Der Effekt gilt dann natürlich auch nur für die Schatten, die diese Lichtquelle wirft.

Für wirklich realistische Schatten von transparenten Körpern muss der Schalter ZWEISEITIGE SCHATTEN im Rollout RAYTRACE-SCHATTENPARAMETER der Lichtquelle eingeschaltet sein. Nur dann werfen auch die Flächenrückseiten eines transparenten Objekts Schatten.

Raytrace-Maps

Gläserne und verspiegelte Materialien oder auch transparente Flüssigkeiten lassen sich am besten mit besonderen Materialien darstellen. 3ds max 6 bietet dafür zwei Möglichkeiten: Raytrace-Maps und Raytrace-Materialien.

Raytrace-Maps eignen sich besonders für hochglanzverspiegelte Materialien. Weisen Sie diese Map im MAPS-Rollout in der Zeile REFLEXION einem Material zu. Hier sind keine Mapping-Koordinaten erforderlich. Es werden auch keine Reflexion-Maps berechnet. Zur Darstellung der Spiegelung werden immer die umliegenden Objekte in der Szene herangezogen.

Raytrace-Maps haben für die Darstellung realistischer Spiegelungen mehrere Vorteile:

➥ Keine unsauberen Schattenkanten, die durch die geringe Auflösung der Schatten-Map begründet sind.

➥ Objekte, die dicht an der Spiegelfläche liegen oder diese berühren, werden auch korrekt gespiegelt.

➥ Mehrfachspiegelungen an gegenüberliegenden Spiegelflächen funktionieren. Dabei kann auch die Lichtabnahme eingestellt werden (siehe Abbildung 5.49).

:-)
TIPP

Beispiele für Materialien mit Raytrace-Maps finden Sie in der Materialbibliothek RayTraced_01.mat, die mit 3ds max 6 automatisch im MATLIBS-*Verzeichnis installiert wird (siehe Abbildung 5.50).*

Die Kugeln in beiden Bildern verwenden Raytrace-Materialien und keine Raytrace-Maps. Raytrace-Maps werden nur an den Wänden und der Bodenfläche verwendet (siehe Abbildung 5.51).

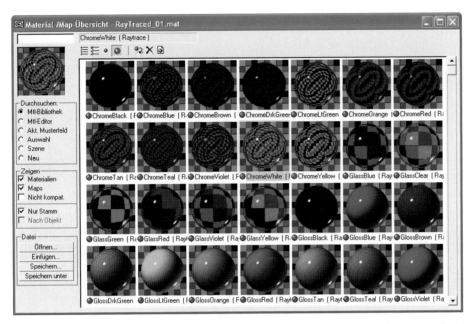

Abbildung 5.49: Materialien mit Raytrace-Maps in der Materialbibliothek RayTraced_01.mat

Abbildung 5.50: Raytrace-Map als Reflexion an Wänden und Boden

Abbildung 5.51: Die gleiche Szene mit Flat Mirror Reflexion-Maps

Im zweiten Beispiel sind in der Spiegelung auf dem Boden deutliche Fehler zu sehen, die daher kommen, dass die Flat Mirror Reflexion-Map vom Mittelpunkt der gespiegelten Objekte berechnet wird, diese Objekte aber teilweise die Bodenfläche berühren. Außerdem fehlt hier die dritte Spiegelung, die durch Spiegelung an beiden Seitenwänden entsteht. Diese ließe sich bei Flat Mirror-Maps durch Erhöhung der Renderwiederholungen erreichen.

Die Szene wirkt auch deutlich dunkler, da die Spiegelung nur durch eine Map simuliert wird und nicht tatsächlich Licht auf den Betrachter zurückfällt.

Abbildung 5.52: Parameter einer Raytrace-Reflexion-Map

(KOMPENDIUM) 3ds max 6

Im Rollout RAYTRACER-PARAMETER dieser Maps können Sie verschiedene Einstellungen vornehmen, die das Raytracing-Verhalten beeinflussen.

➤ RAYTRACING AKTIVIEREN – schaltet den Raytracer ein oder aus. Bei ausgeschaltetem Raytracing wird das Umgebungslicht immer noch reflektiert oder gebrochen, die typischen Raytracing-Effekte gehen aber verloren.

Raytracing aktivieren = Enable Raytracing

➤ RAYTRACE-ATMOSPHÄRE – schaltet das Raytracing der atmosphärischen Effekte wie Nebel oder Feuer ein oder aus.

Raytrace-Atmosphäre = Raytrace Atmospherics

➤ EIGENREFLEXION/-REFRAKTION AKTIVIEREN – legt fest, ob ein konkav geformtes Objekt sich selbst reflektieren kann. Verwenden Sie eine Raytrace-Map nur für Objekte, die sich durch ihre Form bedingt nicht selbst reflektieren können, schalten Sie diesen Schalter aus, um Rechenzeit zu sparen.

Eigenreflexion/-refraktion aktivieren = Enable Self Reflect/Refract

➤ REFLEXIONS-/REFRAKTIONSMATERIAL-IDS – aktiviert auf einer Spiegelung oder Refraktion zusätzliche Effekte, die über eine Material-ID definiert sind. Spiegelt sich zum Beispiel eine Lampe mit einem Lens-Effekt in einer Oberfläche mit Raytrace-Map, leuchtet die Reflexion ebenfalls mit diesem Effekt.

Reflexions-/Refraktionsmaterial-IDs = Reflect/Refract Material IDs

➤ TRACE-MODUS – Normalerweise reflektiert eine Raytrace-Map, wenn sie als Reflexion-Map eingetragen ist, und bricht das Licht als Refraktion-Map. Bei kombinierten Maps kann es hier notwendig sein, diese Option manuell auszuwählen. In den allermeisten Fällen sollten Sie diesen Schalter auf AUTOMATISCH FESTSTELLEN stehen lassen.

Trace-Modus = Trace Mode

➤ LOKAL AUSSCHLIEßEN – schließt die Wirkung bestimmter Objekte auf die Spiegelung oder Refraktion dieser Map aus. Damit lässt sich der Raytracing-Vorgang deutlich beschleunigen. Schließen Sie alle Objekte aus, die sich sowieso nicht spiegeln würden. Damit brauchen diese auch nicht mehr berechnet zu werden. Mit dem Menüpunkt RENDERN/RAYTRACE GLOBAL AUSSCHLIEßEN können Sie bestimmte Objekte global für alle Raytrace-Maps ausschließen.

Lokal ausschließen = Local Exclude

➤ HINTERGRUND – In den meisten Fällen soll sich auf Raytrace-Maps der Umgebungshintergrund der Szene spiegeln. Für besondere Effekte kann hier aber auch eine andere Farbe oder Map eingestellt werden.

Hintergrund = Background

➤ RAY-ANTIALIAS – legt fest, nach welchem Verfahren Antialiasing an den Kanten von Reflexionen und Refraktionen berechnet werden soll. Diese Option ist nur aktiv, wenn in der Dialogbox RENDERN/RAYTRACER-EINSTELLUNGEN der Schalter GLOBALES RAY-ANTIALIAS eingeschaltet ist.

Auf der Registerkarte RAYTRACE *im Renderdialog können viele der beschriebenen* RAYTRACE-*Parameter global für alle Raytrace-Maps und Materialien festgelegt werden.*

NEU

Abbildung 5.53: Globale Raytracer-Einstellungen

!! STOP

Wichtig ist hier vor allem die Einstellung MAXIMALE TIEFE. *Diese gibt an, um wie viele Reflexionen und Brechungen ein Lichtstrahl maximal verfolgt werden soll, bis man bei der Lichtquelle angekommen ist. Je höher diese Berechnungstiefe, desto besser das Ergebnis bei vielen Objekten in der Szene, die sich gegenseitig spiegeln oder durchscheinen. Allerdings steigt die Rechenzeit mit höherer Berechnungstiefe extrem an. Die Voreinstellung von neun Berechnungen ist für einfache Szenen schon zu hoch. Hier können Sie, um Zeit zu sparen, einen geringeren Wert einstellen.*

Aktivierungs-
grenzwert
= Cutoff Threshold

Damit solche Berechnungen nicht bis ins Endlose laufen, wird der AKTIVIE-RUNGSGRENZWERT verwendet. Sinkt der Beitrag eines Lichtstrahls zum Farbwert eines Pixels unter den hier angegebenen Wert, wird der Lichtstrahl abgebrochen und nicht über die vorgesehene Tiefe weiter verfolgt. Je höher dieser Aktivierungsgrenzwert, desto schneller die Berechnung.

Zusätzlich zu dieser Berechnungstiefe geben Sie eine Farbe an, die die entsprechenden Bildpunkte annehmen sollen, wenn nach der angegebenen Zahl von Berechnungsschritten noch keine Lichtquelle gefunden werden konnte. Hier kann man entweder eine spezielle Farbe festlegen, meistens schwarz, oder an diesen Punkten den Hintergrund abbilden.

Raytrace-Materialien

Für Glaskörper mit Lichtbrechung können anstelle von Raytrace-Maps besser spezielle Raytrace-Materialien verwendet werden. Dabei handelt es sich um einen eigenen Materialtyp mit speziellen Eigenschaften.

Abbildung 5.54: Verspiegelte Flächen mit Raytrace-Material [RAY04.MAX]

Solche Raytrace-Materialien wurden auch für die Kugeln in allen Beispielbildern in diesem Abschnitt verwendet.

Beispiele für Raytrace-Materialien finden Sie in der Materialbibliothek RayTraced_02.mat, die mit 3ds max 6 automatisch im MATLIBS-*Verzeichnis installiert wird (siehe Abbildung 5.55).*

:-)
TIPP

Raytrace-Materialien unterstützen alle Raytracing-Eigenschaften, auch Transparenz und Fluoreszenz sowie Spiegelung atmosphärischer Effekte. Die Spiegelungen und Lichtbrechungen bei Raytrace-Materialien sind noch genauer als bei Raytrace-Maps. Allerdings dauert die Berechnung dementsprechend auch länger.

Auf Raytrace-Materialien können zusätzlich auch Maps angewendet werden. Hier sollte man allerdings geringe Beträge benutzen, um die Raytrace-Eigenschaften nicht mit der Map zu überdecken (siehe Abbildung 5.56).

Die Raytrace-Einstellungen werden im Rollout RAYTRACER-STEUERELEMENTE für jedes dieser Materialien einzeln vorgenommen.

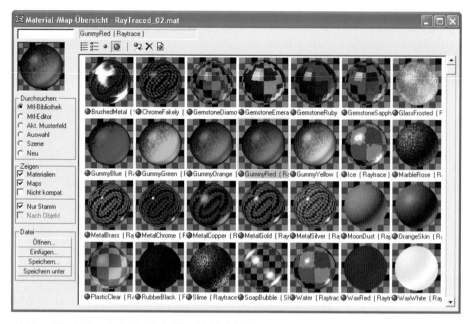

Abbildung 5.55: Raytrace-Materialien in der Materialbibliothek RayTraced_02.mat

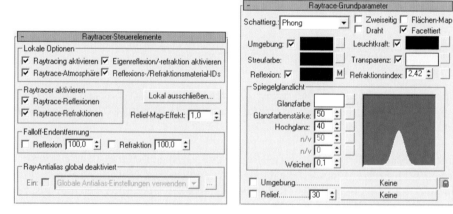

Abbildung 5.56:Links Raytrace-Grundparameter eines Raytrace-Materials, rechts: Raytracer-Steuerelemente

Spiegelglanzlicht
= Specular Highlight

Im Rollout RAYTRACE-GRUNDPARAMETER eines Raytrace-Materials können verschiedene Schattierungsverfahren, ähnlich wie bei Standardmaterialien, ausgewählt werden. Dementsprechend verändern sich die möglichen Parameter im Bereich SPIEGELGLANZLICHT.

Zweiseitig/Draht/
Facettiert
= 2-Sided/Wire/
Faceted

Die Renderoptionen ZWEISEITIG, DRAHT und FACETTIERT entsprechen den Standardmaterialien, mit dem Unterschied, dass eine facettiert dargestellte Fläche zwar wie einzelne Flächen berechnet wird, diese aber nicht unbedingt überall den gleichen Farbwert haben müssen, da durch Transparenz und Lichtbrechung auch auf einer ebenen Fläche unterschiedliche Farbwerte möglich sind.

Die Farbwerte für UMGEBUNG und REFLEXION können mit dem Schalter links von den Farbfeldern auf Zahlenwerte umgeschaltet werden. Diese Zahlenwerte entsprechen Graustufen, was für die Darstellung echter Spiegel realistischer wirkt und besser einzustellen ist. Ein wirklicher Spiegel hat von sich aus keine Eigenfarbe.

Umgebung/Reflexion = Ambient/Reflect

Im Feld REFLEXION gibt es bei mehrfachem Anklicken des Schalters außer *Ein* und *Aus* noch die dritte Option FRESNEL. Dadurch kann man einer spiegelnden Fläche zusätzlich einen FRESNEL-Effekt und damit eine Lichtbrechung zufügen.

Der Wert LEUCHTKRAFT bei Raytrace-Materialien entspricht dem Wert SELBSTILLUMINATION bei Standardmaterialien.

Leuchtkraft = Luminosity

Der REFRAKTIONSINDEX ist ein Maß für die Dichte des Materials und damit für den Brechungsindex am Übergang zwischen einem dichten und einem weniger dichten Material.

Refraktionsindex = Index of Refr.

Ein theoretisches Vakuum hat den Refraktionsindex 1,0. *Bei Wasser liegt er bei* 1,3, *bei Glas im Bereich von* 1,5 *bis* 1,7, *und reiner Diamant hat einen Refraktionsindex von* 2,419. *Eine Tabelle mit Refraktionsindizes für zahlreiche Materialien finden Sie in der 3ds max 6-Hilfedatei.*

INFO

5.6   Unsichtbare Materialien

Bei dieser Überschrift werden Sie sich sicher fragen, was das sein soll – ein unsichtbares Material.

➤ Objekte können beim Rendern Schatten auf andere Objekte werfen.

➤ Ein Hintergrundbild liegt im Hintergrund der Szene.

Diese beiden Fakten gelten für jeden Rendervorgang. Was passiert aber, wenn ein Objekt in eine vorhandene Hintergrundszene eingefügt werden soll?

Abbildung 5.57: Im Bild wird das Problem deutlich. [SBAHN20.MAX]

Die linke Abbildung zeigt Objekte, die ohne Grundplatte in der Szene schweben. Hier gibt es naturgemäß keine Schatten auf der Straße.

Die rechte Abbildung enthält eine Grundplatte, auf die Schatten der anderen Objekte fallen. Allerdings verdeckt diese Grundplatte im unteren Bereich das Hintergrundbild, so dass die Straße unrealistisch aussieht.

Eine Bodenplatte aus einem unsichtbaren Material kann von den Objekten verschattet werden, ist aber selbst nicht sichtbar, so dass das Hintergrundbild auch im Bereich der Bodenplatte angezeigt wird.

Mattheit/Schatten
= Matte/Shadow

Der Materialtyp MATTHEIT/SCHATTEN erzeugt ein Material, das Schatten erhalten oder auch Objekte verdecken kann, ohne dass es selbst sichtbar ist.

INFO

Hier wurde die deutsche Übersetzung des englischen Begriffs matte etwas unglücklich gewählt. matte steht nicht für Mattheit (im Sinne von »nicht glänzend«), sondern für körperhaft oder materiell, also etwas, was physikalisch vorhanden ist, obwohl hier nicht sichtbar.

Das MATTHEIT/SCHATTEN-Material hat im Material-Editor andere Parameter als die üblichen Materialien:

Abbildung 5.58: Rollout eines Mattheit/Schatten-Materials

Schatten erhalten/
Schattenhelligkeit/
Farbe = Receive
Shadows/Shadow
Brightness/Color

Wichtig ist hier, dass der Schalter SCHATTEN ERHALTEN aktiviert ist. Dabei können noch die SCHATTENHELLIGKEIT und die FARBE dem Hintergrund angepasst werden.

Abbildung 5.59: Bodenplatte mit Mattheit/Schatten-Material

5.7   mental ray

mental ray ist ein sehr mächtiges Renderingsystem, das bereits seit einigen Jahren als eigenständiges Produkt verfügbar ist. Seit 3ds max 6 ist mental ray standardmäßig in 3ds max integriert, so dass kein Datenaustausch zwischen zwei Programmen mehr nötig ist.

Die Vorteile von mental ray zeigen sich vor allem, wenn es darum geht, Objekte möglichst realitätsnah darzustellen. mental ray bietet deutlich realistischere globale Beleuchtung, Reflexion, Refraktion und Caustics-Effekte. Diese entstehen, wenn durch einen transparenten Körper auf eine andere Fläche reflektiert wird.

mental ray verwendet zum Rendern eine Kombination von Scanline- und Raytrace-Algorithmen. mental ray arbeitet prinzipiell mit allen Objekten, Materialien und Lichtquellen aus 3ds max 6, bietet aber, um seine volle Wirkung zu entfalten, diverse eigene Parameter, die an unterschiedlichen Stellen in die Benutzeroberfläche von 3ds max 6 integriert sind.

➡ neue Materialien

➡ neue Maps

➡ neue Lichtquellen

➡ neue Schattentypen

➡ neue Eigenschaften für vorhandene Lichtquellen und Materialien

➡ neue Objekteigenschaften

➡ neue Registerkarte im EINSTELLUNGEN-Dialog

➡ neue Registerkarte im RENDER-Dialog

mental ray-Erweite-
rungen aktivieren
= Enable mental ray
extensions

Damit diese mental ray-Eigenschaften in der Benutzeroberfläche von 3ds max 6 angezeigt werden, muss auf der Registerkarte MENTAL RAY im Dialog ANPASSEN/ EINSTELLUNGEN der Schalter MENTAL RAY-ERWEITERUNGEN AKTIVIEREN einge- schaltet sein.

Abbildung 5.60: Registerkarte mental ray in den Einstellungen

Solange keine speziellen mental ray-Effekte eingesetzt werden, sieht das gerenderte Ergebnis genauso aus, wie ein Bild des Standard 3ds max-Scanline-Renderers.

Damit die diversen mental ray-Effekte auch genutzt werden können, muss mental ray als aktiver Renderer gesetzt werden. Im Rollout RENDERER ZUWEISEN auf der Registerkarte ALLGEMEIN im Render-Dialog wird der aktive Renderer angezeigt. Standardmäßig ist das der Renderer VORGABE SCANLINE A-PUFFER.

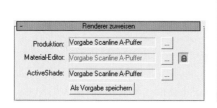

Abbildung 5.61: Auswahl des mental ray-Renderers

Ein Klick auf den Button mit den drei Punkten blendet eine Liste aller installierten Plug-In-Renderer ein. Hier können Sie mental ray auswählen. Verändern Sie den Renderer für ActiveShade nicht, da dies die Darstellungsgeschwindigkeit der ActiveShade-Fenster deutlich verlangsamen würde.

Render Voreinstellungen

Um nicht ständig neue Rendereinstellungen vornehmen zu müssen, können Sie diese in Voreinstellungen-Dateien speichern.

Im Gegensatz zu früheren Versionen unterscheidet 3ds max 6 nicht nur zwischen Entwurf und Produktion, sondern bietet die Möglichkeit, beliebig viele solche Voreinstellungen zu speichern, in denen neben dem verwendeten Renderer auch alle anderen Renderparameter abgelegt werden.

Im unteren Bereich des Render-Dialogs gibt es dazu ein Listenfeld zum Speichern und Laden von Render-Preset-Dateien (*.rps). 3ds max 6 liefert diverse Voreinstellungen bereits mit, die je nach Szene geladen werden können.

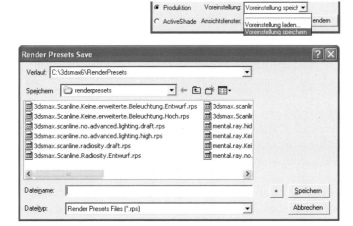

Abbildung 5.62: Speichern einer Render-Voreinstellung

Ohne Verwendung der mental ray-Materialien und -Effekte unterscheidet sich das Ergebnis beim Rendern mit mental ray wenig bis gar nicht vom Standard-Renderer. Allerdings fällt auf, dass mental ray nicht zeilenweise von oben nach unten rendert, sondern das Bild zum Rendern in kleine Quadrate, so genannte *Buckets* aufteilt, deren Reihenfolge meist auffälligen Objektkanten folgt.

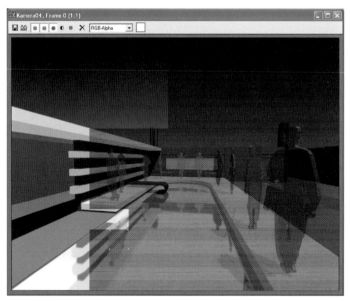

Abbildung 5.63: mental ray beim Berechnen einer Szene

mental ray-Materialien

Die meisten mental ray-Effekte, wie Lichtbrechungen und Spiegelungen lassen sich am besten mit speziellen mental ray-Materialien erzeugen.

Ist mental ray aktiviert, zeigt die Material-/Map-Übersicht zusätzliche Materialien und Maps mit speziellen mental ray-Eigenschaften als gelbe Symbole. Materialien, die sich mit mental ray nicht darstellen lassen, werden grau angezeigt (siehe Abbildung 5.64).

mental ray kann aber außer den als inkompatibel angezeigten Materialien auch alle normalen 3ds max-Materialien verwenden und entsprechend umsetzen.

Bei diesen Materialien erscheint im Material-Editor ein zusätzliches Rollout MEN-TAL RAY-VERBINDUNG. Hier werden die Materialeigenschaften auf entsprechende mental ray-Shader umgesetzt, was in den meisten Fällen automatisch erfolgen kann. Für besondere Effekte lassen sich manuell spezielle Shader zuweisen.

:-)
TIPP

*Material als opak
kennzeichnen
= Flag Material as
Opaque*

Der Rendervorgang lässt sich beschleunigen, wenn man bei Materialien, die kein Licht durchlassen, also vollständig opak sind, den Schalter MATERIAL ALS OPAK KENNZEICHNEN *einschaltet.*

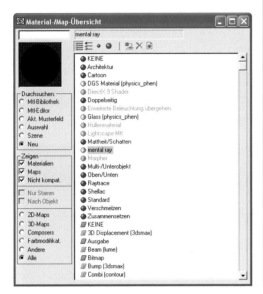

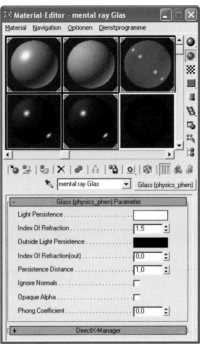

Abbildung 5.64: Links: Material-/Map-Übersicht mit mental ray-Materialien, rechts: mental ray-Glasmaterial

Abbildung 5.65: Rollout mental ray-Verbindung

mental ray-Beleuchtung

mental ray stellt zwei zusätzliche Typen von Lichtquellen zur Verfügung: MR-FLÄCHENOMNI und MR-FLÄCHENSPOT. Diese sind besonders für die indirekte Beleuchtung, eine der mächtigsten Funktionen in mental ray optimiert.

Die normalen und photometrischen Lichtquellen können von mental ray wie gewohnt verwendet werden.

Als Schatten verwendet man am besten die Optionen MENTAL RAY-SCHATTEN-MAP oder RAYTRACE SCHATTEN, der automatisch mit mental ray verwendet wird. FLÄCHENSCHATTEN und ERWEITERTES RAYTRACING wird von mental ray wie Raytracing berechnet.

Indirekte Beleuchtung

Eines der interessantesten Features von mental ray ist die indirekte Beleuchtung, mit der sich eine wirklichkeitsgetreue Lichtverteilung in Räumen realisieren lässt.

Das nächste Beispiel zeigt einen Raum, der mit einer Trennwand in zwei Teile geteilt wird. Es bleibt aber ein Durchgang.

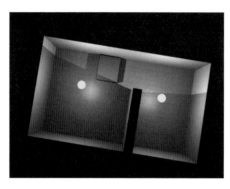

Abbildung 5.66: Der Raum von oben

Schaltet man die linke Lampe aus, erscheint dieser Bereich des Raumes völlig dunkel, was in der Realität nie der Fall wäre. Perspektiven in beiden Räumen zeigen den Effekt deutlich.

Bei beiden Lampen ist die Lichtabnahme eingeschaltet, so dass sie nicht endlos weit strahlen. Der linke Raumteil wird von der rechten Lampe also nur noch schwach getroffen.

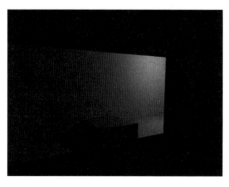

Abbildung 5.67: Links: dunkler Raumteil, rechts: beleuchteter Raumteil

Die globale Illumination von mental ray bewirkt, dass sich das Licht auch in nicht direkt beleuchtete Raumteile ausbreitet.

Schalten Sie dazu auf der Registerkarte INDIREKTE ILLUMINATION im Renderdialog den Schalter AKTIVIEREN im Bereich GLOBALE ILLUMINATION ein.

Abbildung 5.68: Links: dunkler Raumteil, rechts: beleuchteter Raumteil mit globaler Illumination

mental ray verwendet zur Berechnung globaler Illumination so genannte Photonen, Kugeln aus Licht, die in die Räume gestreut werden. Die Anzahl dieser Photonen wird standardmäßig auf 500 gesetzt und die Größe auf ein Zehntel der maximalen Ausdehnung der Szene.

Eine größere Anzahl an Photonen ergibt für jedes Photon eine geringere Lichtenergie. Die Gesamthelligkeit bleibt gleich, verteilt sich aber gleichmäßiger.

Abbildung 5.69: Links: 200 Photonen, Radius 1,0 m – rechts: 2000 Photonen, Radius 1,0 m

Die Größe der Photonen kann zu Artefakten führen. Allgemein gilt: Größere Photonen rendern schneller, können aber kreisförmige Lichtflecken erzeugen. Sind die Photonen zu klein, kann es dafür zu Unregelmäßigkeiten auf ebenen Flächen kommen.

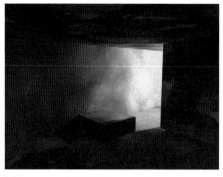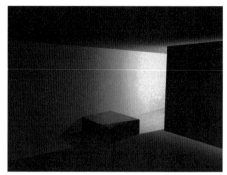

Abbildung 5.70: Links: 500 Photonen, Radius 0,50 m – rechts: 500 Photonen, Radius 2,00 m

Final Gather

FINAL GATHER ist eine erweiterte Methode zur Berechnung der Lichtverteilung. Vor dem eigentlichen Rendervorgang wird ein spezieller Durchlauf für dieses Verfahren gestartet, der allerdings erheblich Rechenzeit kostet.

FINAL GATHER verhindert weit gehend Artefakte durch Überlappung von Photonen und belichtet verschattete Bereiche der Szene gleichmäßiger. Auch werden Belichtungsfehler an Innenkanten, wie zum Beispiel oben und unten an der Trennwand, korrigiert.

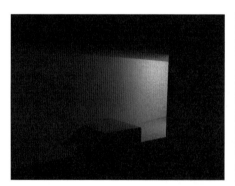

Abbildung 5.71: Links: globale Illumination mit Final Gather, rechts: Final Gather ohne globale Illumination

FINAL GATHER kann auch unabhängig von der globalen Illumination verwendet werden. In diesem Fall bleiben verschattete Flächen deutlich dunkler, als bei aktiver globaler Illumination.

Lichtenergie

Die in der Szene vorhandene Lichtenergie wird immer gleichmäßig auf alle Photonen verteilt, so dass eine Erhöhung der Photonenzahl das Bild nicht aufhellt.

Globale Beleuchtung – Eigenschaften = Global Light Properties

Im Bereich GLOBALE BELEUCHTUNG – EIGENSCHAFTEN ganz unten im Renderdialog lässt sich die Lichtenergie in der Szene erhöhen, was im Ganzen mehr Helligkeit bringt, in beleuchteten, wie in unbeleuchteten Bereichen.

(KOMPENDIUM) **3ds max 6**

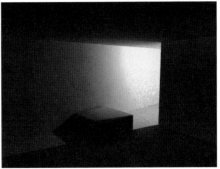

Abbildung 5.72: Links: Lichtenergie auf 100.000 erhöht – rechts: Abfall auf 1,0 herabgesetzt

Der Schalter ABFALL legt fest, wie die Lichtmenge mit zunehmendem Abstand *Abfall = Decay*
von der Lichtquelle abnimmt. Größere Zahlen machen die Lichtabnahme linea-
rer, bei kleineren Zahlen wird sie eher quadratisch, die Lichtmenge nimmt also
mit zunehmender Entfernung schneller ab.

Caustics durch Reflexion

CAUSTICS sind Lichtspiegelungen, die besonders durch die Reflexion von Flüssigkeiten an anderen Objekten entstehen. mental ray kann solche Caustics berechnen. Da dies relativ zeitaufwändig sein kann, ist die Funktion standardmäßig
ausgeschaltet und sollte nur für einzelne Objekte in der Szene aktiviert werden.

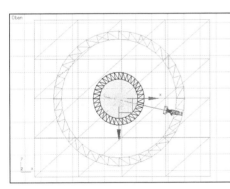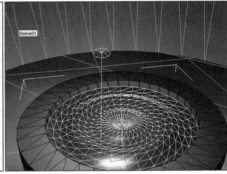

Abbildung 5.73: Die Beispielszene [POOL01.MAX]

Auf der Wasserfläche erscheinen einige helle Punkte durch die Unebenheit des
Objektes und den Materialglanz bedingt. Aktiviert man in dem Material eine
RAYTRACE-Map als REFLEXION-Map, spiegelt sich der rote Beckenrand im hinte-
ren Bereich.

mental ray berechnet automatisch eigene Spiegelungen, wenn einem Material
eine Raytrace-Map zugewiesen ist. Hier wird dann nicht mehr der Standard-Ray-
tracer von 3ds max 6 benutzt.

Abbildung 5.74: Links: einfaches Material, rechts: mit Raytrace-Map für Reflexion

Damit das Wasser Caustics generieren kann, selektieren Sie das Objekt WASSER, klicken mit der rechten Maustaste darauf und wählen im Quad-Menü EIGEN-SCHAFTEN.

Caustics generieren
= Generate Caustics

Schalten Sie auf der Registerkarte MENTAL RAY den Schalter CAUSTICS GENERIE-REN ein.

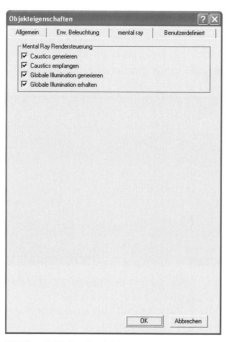 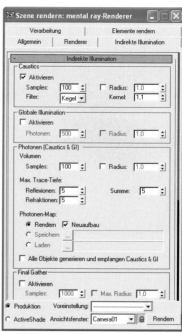

Abbildung 5.75: Caustics aktivieren

Caustics Aktivieren
= Caustics Enable

Schalten Sie dann im Renderdialog auf der Registerkarte INDIREKTE ILLUMINA-TION den Schalter CAUSTICS AKTIVIEREN ein und rendern die Szene. Oben, im dunklen Bereich der Wand, erscheinen einige verschwommene Caustics.

Abbildung 5.76: links: Caustics in Standardeinstellung, rechts: erhöhte Lichtenergie

Damit die Caustics klarer zu sehen sind, muss die Lichtenergie der Lichtquelle erhöht werden. Selektieren Sie diese dazu und erhöhen auf der ÄNDERN-Palette im Rollout MENTAL RAY – INDIREKTE ILLUMINATION den Wert ENERGIE unter GLOBALE MULTIPLIKATOREN auf 60.

Zur Berechnung der Caustics werden Photonen, ähnlich wie bei der globalen Illumination, verwendet. Die Größe dieser Photonen wird standardmäßig auf 1/100 der maximalen Ausdehnung der Szene gesetzt, kann aber manuell verändert werden. Schalten Sie dazu im Renderdialog auf der Registerkarte INDIREKTE ILLUMINATION den Schalter RADIUS im Bereich CAUSTICS ein.

Abbildung 5.77: Links: Radius 1,0, rechts: Radius 6,0

Am rückwärtigen Beckenrand sowie an der Wand sind Caustics als kleine klar umgrenzte Lichtpunkte zu sehen. Erhöht man den Radius, werden die Caustics größer und verschwimmen mehr. Allerdings erscheinen sie auch etwas dunkler, da die Lichtenergie eines Photons gleich bleibt.

Erhöht man der Wert CAUSTIC-PHOTONEN ganz unten im Renderdialog, erscheinen mehr Lichtpunkte, die dann bei größerem Radius leichter verschwimmen. Der Wert ABFALL beeinflusst auch hier die Lichtabnahme und damit die Reichweite der Caustics.

Caustic-Photonen/ Abfall = Caustic Photons/Decay

Durch Veränderung der Parameter RADIUS und ENERGIE im Renderdialog lassen sich verschiedene Effekte erzielen.

Abbildung 5.78: Unregelmäßige verschwommene Caustics [POOL02.MAX]

Caustics durch Refraktion

Durch Lichtbrechung an Gläsern erscheinen ebenfalls Caustics auf anderen Objekten. Diese lassen sich mit mental ray auf ähnliche Weise berechnen, wie die Caustics durch Spiegelung von Flüssigkeiten.

Bei allen Glasobjekten, die Caustics generieren sollen, muss der Schalter CAUSTICS GENERIEREN im EIGENSCHAFTEN Dialog eingeschaltet sein.

 Schalten Sie dann im Renderdialog auf der Registerkarte MENTAL RAY den Schalter CAUSTICS AKTIVIEREN ein und rendern die Szene. An den Stellen, wo ein Glasobjekt dem Boden sehr nah ist, erscheinen einige schwache Caustics.

Abbildung 5.79: Links: nur Standardbeleuchtung, rechts: Caustics und globale Beleuchtung mit Standardwerten [GLAS01.MAX]

Verwendet man die globale Beleuchtung mit Standardwerten, erscheint die Szene im Ganzen etwas dunkler, da die Lichtenergie nicht ausreicht. Erhöhen Sie im Renderdialog die Lichtenergie unter GLOBALE BELEUCHTUNG – EIGENSCHAFTEN/ ENERGIE, sind die Caustics besonders in dunklen Bereichen der Szene deutlich besser zu sehen.

Globale Beleuchtung – Eigenschaften = Global Light Properties

Abbildung 5.80: Links: Energie: 40000, rechts: 80000

Definiert man einen festen Photonenradius, erscheinen Lichtpunkte in der Szene, die je nach Größe mehr oder weniger miteinander verschwimmen.

Abbildung 5.81: Photonen mit unterschiedlichen Radien

Setzt man den Wert ABFALL unter GLOBALE BELEUCHTUNG – EIGENSCHAFTEN etwas herab, kann man die Lichtenergie wieder herabsetzen, da die Intensität mit zunehmender Entfernung von der Lichtquelle nicht mehr so schnell abnimmt.

Über die Anzahl der Caustic-Photonen unter GLOBALE BELEUCHTUNG – EIGEN- SCHAFTEN lässt sich die Pixeligkeit der Caustics einstellen (siehe Abbildung 5.82).

Interessante Effekte lassen sich mit vielen sehr kleinen Photonen erreichen. Realis- tischer wird es aber, wenn die Caustics durch größere Photonen verschwimmen (siehe Abbildung 5.83).

Aktiviert man zusätzlich FINAL GATHER, erscheinen die meisten Caustics etwas dunkler, dafür deutlich weicher (siehe Abbildung 5.84).

Abbildung 5.82: Links: 10000 Caustic-Photonen, rechts: 40000

Abbildung 5.83: 40000 Caustic-Photonen, Radius 1,0

Abbildung 5.84: Caustics mit Final Gather berechnet

5.8   Spezialeffekte

Nach dem eigentlichen Rendervorgang kann 3ds max 6 noch automatisch spezielle Effekte über das fertige Bild legen. Auf diese Weise lässt sich zum Beispiel
eine schnelle Bewegung durch unscharfe Objekte auf einem Standbild simulieren.

*Diese Effekte beeinflussen die Szenengeometrie nicht, sie werden nachträglich
über das gerenderte Bild gelegt.*

Diese Effekte werden in der Dialogbox RENDERN/EFFEKTE ähnlich den in Kapitel
4 beschriebenen Lens-Flare-Effekten definiert.

*Rendern/Effekte
= rendering/Effects*

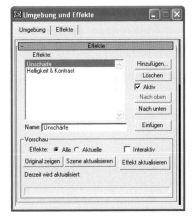

Abbildung 5.85: Rollout Effekte in der Dialogbox Rendern/Effekte

Hier erscheint eine Liste aller zugewiesenen Effekte. Der Button HINZUFÜGEN
blendet eine Liste aller verfügbaren Effekte ein, in der ein neuer Effekt ausgewählt werden kann. Die Effekte in der Szene werden in der Reihenfolge von oben
nach unten abgearbeitet. Mit dem Schalter AKTIV können einzelne Effekte deaktiviert werden. Die Buttons NACH OBEN und NACH UNTEN verändern die Reihenfolge, in der die Effekte wirken.

Hinzufügen = Add

Mit den Buttons im Feld VORSCHAU können Sie sich im Renderfenster die Wirkung eines oder aller Effekte anzeigen lassen. Ist der Schalter INTERAKTIV eingeschaltet, wird bei jeder Änderung eines Effektparameters das Bild neu aufgebaut,
was viel Zeit kosten kann. Zum Aktualisieren eines Effekts braucht nicht das
ganze Bild neu gerendert zu werden, da der Effekt nachträglich über das gerenderte Bild gelegt wird.

Vorschau = Preview

Unterhalb des Rollouts EFFEKTE erscheint für jeden Effekt ein weiteres Rollout,
in dem sich verschiedene Parameter einstellen lassen.

Helligkeit & Kontrast

Helligkeit & Kontrast = Brightness and Contrast

Der Effekt HELLIGKEIT & KONTRAST ändert nachträglich die Helligkeit und den Kontrast der gerenderten Szene. Dabei kann wahlweise der Hintergrund mit verändert oder ignoriert werden. Auf diese Weise lässt sich zum Beispiel die Helligkeit der Szene an ein vorhandenes Hintergrundbild anpassen.

Abbildung 5.86: Helligkeits- & Kontrastparameter

Ein Wert von 0,5 entspricht dem Original, größere Werte erhöhen die Helligkeit und den Kontrast, kleinere umgekehrt.

Farbbalance

Farbbalance = Color Balance

FARBBALANCE verschiebt die einzelnen Farbkomponenten des Bilds. Auch hier kann dabei der Hintergrund ignoriert werden, um zum Beispiel Farbstiche des Hintergrundbilds durch farbliche Anpassung des Vordergrunds auszugleichen.

Abbildung 5.87: Rechts: ein leichter Gelb-/Grünstich lässt das Bild wie ein sehr altes Farbfoto aussehen.

Leuchtkraft beibehalten = Preserve Luminosity

Werden einzelne Farben extrem verändert, kann es passieren, dass das ganze Bild deutlich heller oder dunkler wird. Der Schalter LEUCHTKRAFT BEIBEHALTEN bringt hier das Bild immer auf die gleichen Helligkeitswerte wie das Original.

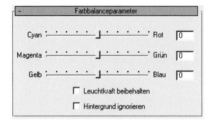

Abbildung 5.88: Einstellung der Farbbalance

Filmkörnung

Dieser Effekt blendet eine Körnung über das fertige Bild, so dass ein Effekt von grobkörnigem Filmmaterial entsteht und bei sehr großer Körnung sogar nur noch die Qualität eines schlechten Fernsehbilds übrig bleibt.

Filmkörnung = Film Grain

Abbildung 5.89: Verschieden starke Filmkörnung-Effekte

Wenn Sie eine gerenderte Szene vor ein Hintergrundbild setzen, das aus einer Fernseh- oder Videoaufnahme stammt, schalten Sie den Schalter HINTERGRUND IGNORIEREN *ein. Dann werden nur die gerenderten Objekte verfälscht und somit der Qualität des Hintergrunds angepasst.*

:-)
TIPP

Hintergrund ignorieren = Ignore Background

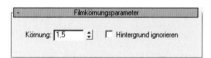

Abbildung 5.90: Filmkörnungsparameter

Unschärfe

Gerenderte Bilder sind im Vergleich zu Fotos immer sehr scharf. Für besondere künstlerische Effekte wie auch zur Darstellung schneller Bewegungen lässt sich gezielt UNSCHÄRFE einsetzen.

Unschärfe = Blur

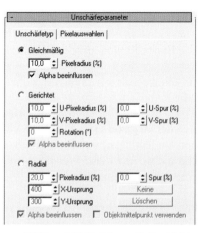

Abbildung 5.91: Einstellungen für Unschärfetyp

Hier gibt es drei Möglichkeiten, wie die Unschärfe berechnet werden soll:

Gleichmäßig
= Uniform

➤ GLEICHMÄßIG – beeinflusst das ganze Bild gleichmäßig. Der Parameter PIXELRADIUS gibt die Stärke des Effekts an, wie weit ein Pixel maximal weich gezeichnet werden darf. Je höher dieser Wert, desto unschärfer das Bild.

Gerichtet
= Directional

➤ GERICHTET – berechnet die Unschärfe in einer Bildrichtung. Damit lässt sich zum Beispiel schnelles Vorbeifahren an einem Objekt simulieren. In diesem Fall werden Kanten nur in einer Richtung unscharf. In U-PIXELRADIUS (horizontal) und V-PIXELRADIUS (vertikal) können unterschiedliche Werte für den Pixelradius und damit das Maß der Unschärfe angegeben werden. Die Parameter U-SPUR und V-SPUR betonen die Unschärfe zusätzlich an den Enden des Objekts und verschieben damit das unscharfe Objekt scheinbar. Mit dem Wert DREHUNG können Sie das UV-Koordinatensystem gegenüber dem Bildkoordinatensystem verdrehen, um schräge Unschärfen zu erreichen.

Radial/Objektmittel-
punkt verwenden
= Radial/Use Object
Center

➤ RADIAL – berechnet die Unschärfe von einem bestimmten Punkt aus gesehen. Direkt an diesem Punkt ist das Bild am schärfsten. Mit zunehmender Entfernung von diesem Punkt werden die Objekte unschärfer. Diesen Punkt können Sie in Pixelkoordinaten auf dem Bild angeben. Eine weitere Möglichkeit ist, den Mittelpunkt eines Objekts als Mittelpunkt für die Unschärfe anzunehmen. Schalten Sie dazu den Schalter OBJEKTMITTELPUNKT VERWENDEN ein. Mit dem Button, auf dem zuerst KEINE steht, können Sie das Objekt auswählen, das als Mittelpunkt der Unschärfe verwendet werden soll.

Abbildung 5.92: Gleichmäßige Unschärfe auf das ganze Bild angewendet

Die Einstellungen auf der Registerkarte UNSCHÄRFETYP gelten standardmäßig für das ganze Bild. Mit gerichteter Unschärfe in horizontaler Richtung lässt sich simulieren, als ob man mit hoher Geschwindigkeit selbst an der Szene vorbeifährt.

Pixelauswahlen
= Pixel Selections

Auf der Registerkarte PIXELAUSWAHLEN im Rollout UNSCHÄRFEPARAMETER können Sie festlegen, welche Bildteile von der Unschärfe beeinflusst werden und welche nicht. Auf diese Weise lassen sich einzelne Objekte unscharf darstellen, um eine Bewegung zu simulieren.

Hier gibt es mehrere Methoden, wie die unscharfen Bereiche ausgewählt werden können. Dabei lassen sich auch mehrere Methoden miteinander kombinieren.

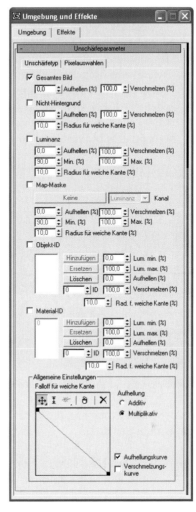

Abbildung 5.93: Auswahl der unscharfen Bildbereiche

➤ GESAMTES BILD – beeinflusst das ganze Bild. Der Parameter VERSCHMELZEN gibt das Maß der Unschärfe an, AUFHELLEN gleicht scheinbare Verdunkelung durch die Unschärfe aus.

*Gesamtes Bild
= Whole Image*

➤ NICHT-HINTERGRUND – berechnet die Unschärfe nur auf die 3D-Objekte, nicht auf das Hintergrundbild. Dabei kann mit dem zusätzlichen Parameter RADIUS FÜR WEICHE KANTE eingestellt werden, wie weit das Hintergrundbild an den unscharfen Objektkanten mit verschwimmen soll.

*Nicht-Hintergrund
= Non-Background*

➤ LUMINANZ – berechnet die Unschärfe nur auf Pixel innerhalb eines bestimmten Helligkeitsbereichs, üblicherweise nur auf besonders helle Pixel in der Szene, wogegen dunklere Bereiche scharf bleiben.

*Luminanz
= Luminance*

➤ MAP-MASKE – berechnet die Unschärfe nur in einem Bereich des Bilds, der durch eine beliebige Map-Maske festgelegt wird. Auf diese Weise können Sie gezielt Bereiche auf dem Bild auswählen.

*Map-Maske
= Map Mask*

➡ OBJEKT-ID – Dieses Verfahren bietet sich zum Beispiel bei der Darstellung bewegter Objekte an. Speziell für solche Effekte kann man jedem Objekt in der Dialogbox OBJEKTEIGENSCHAFTEN im Feld OBJEKTKANAL eine Objekt-ID zuweisen. Standardmäßig sind alle Objekt-IDs 0. Objekte, auf die ein bestimmter Rendereffekt angewendet werden soll, können hier eine beliebige andere Objekt-ID bekommen. Die Dialogbox OBJEKTEIGENSCHAFTEN erreichen Sie über den Menüpunkt EIGENSCHAFTEN beim Rechtsklick auf ein Objekt. In der Dialogbox RENDERN/EFFEKTE können Sie dann bestimmte Objekt-IDs hinzufügen, für die der Unschärfe-Effekt gelten soll.

Abbildung 5.94: Unscharfe fahrende Straßenbahn vor scharfem Hintergrund

In der Abbildung hat die Straßenbahn eine andere Objekt-ID als die übrigen Objekte in der Szene.

➡ MATERIAL-ID – Dieses Verfahren berechnet die Unschärfe nur für Materialien mit einem bestimmten Material-Effektkanal.

!! STOP

Die Bezeichnung MATERIAL-ID *wird hier fehlerhaft verwendet. Sie steht hier nicht für die* MATERIAL-ID, *die bestimmten Flächen eines Objekts gegeben wird, um zum Beispiel ein Material aus einem Multi-/Unterobjekt-Material zuzuweisen.*

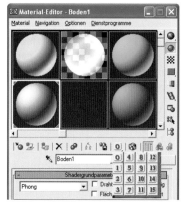

Abbildung 5.95: Einen Material-Effektkanal im Material-Editor zuweisen

Der an dieser Stelle gemeinte Material-Effektkanal ist eine der Zahlen, die materialweise im Material-Editor zugewiesen werden.

Bewegungsunschärfe

Der Rendereffekt BEWEGUNGSUNSCHÄRFE funktioniert im Gegensatz zum gerade beschriebenen Effekt UNSCHÄRFE nur mit animierten Objekten. Für die Berechnung der Unschärfe wird der Unterschied zwischen einem Frame und dem nächsten verwendet. Der Wert DAUER gibt an, über wie viele Frames die Bewegungsunschärfe berechnet wird.

Bewegungs-
unschärfe
= Motion Blur

Abbildung 5.96: Einstellung der Bewegungsunschärfe

Tiefenschärfe

Weit entfernte Objekte wirken immer etwas unschärfer als Objekte in unmittelbarer Nähe. Mit dem Rendereffekt TIEFENSCHÄRFE kann eine solche Unschärfe abhängig von der verwendeten Kamera nachträglich über das Bild gelegt werden.

Tiefenschärfe
= Depth of Field

Der Tiefenschärfe-Effekt belegt einen bestimmten Fokusbereich. Damit kann man also auch Bereiche mitten in der Szene scharf stellen und weiter entfernte wie auch näher liegende Bereiche unscharf machen.

Abbildung 5.97: Links: Bild mit Tiefenschärfe-Effekt, rechts: das gleiche Bild ohne Tiefenschärfe
(hoffmann.architektur – Messe Florenz)

Verzichtet man auf Tiefenschärfe, wirken viele Szenen unecht, da Objekte in größerer Entfernung, besonders bei schlechten Lichtverhältnissen, nie genauso scharf wie Objekte im Vordergrund sind. Außerdem sind wir durch Kinofilme und deren Kameras mit eingeschränktem Schärfebereich gewohnt, den Hintergrund oder den extremen Vordergrund einer Szene unscharf zu sehen.

Rendern/Effekte = Rendering/Effects

Für den TIEFENSCHÄRFE-Effekt muss in der Dialogbox RENDERN/EFFEKTE eine Kamera gewählt werden. Die Einstellung für den Brennpunkt kann direkt aus den Kameraparametern übernommen werden oder man wählt ein Objekt in der Szene aus, das als Knoten dient. An dieser Stelle erscheint die Szene scharf.

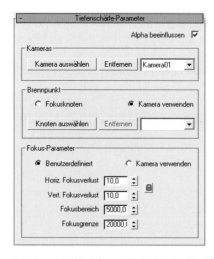

Abbildung 5.98: Einstellungen für den Rendereffekt Tiefenschärfe

Fokus-Parameter = Focal Parameters

Im Feld FOKUS-PARAMETER geben Sie das Maß der Tiefenschärfe an.

Horiz. Fokusverlust/ Vert. Fokusverlust = Horiz Focal Loss/Vert Focal Loss

➤ HORIZ. FOKUSVERLUST/VERT. FOKUSVERLUST – geben an, um wie weit einzelne Pixel in horizontaler und vertikaler Richtung weich gezeichnet werden dürfen, um die Unschärfe darzustellen. Beide Werte können über das Schloss-Symbol gekoppelt werden und sich dann gleichmäßig verändern.

Fokusbereich = Focal Range

➤ FOKUSBEREICH – der Z-Abstand zu beiden Seiten des Brennpunkts für den Bereich, in dem das Bild noch scharf ist.

Fokusgrenze = Focal Limit

➤ FOKUSGRENZE – der Z-Abstand zu beiden Seiten des Brennpunkts für den Bereich, in dem das Bild seine maximale Unschärfe erreicht.

5.9   Panorama rendern

Zur Präsentation von Architekturmodellen verwendet man gerne interaktive Panoramen, in denen sich der Betrachter selbst durch die Szene bewegen kann.

3ds max 6 verfügt über ein neues Exportmodul, mit dem solche Panoramen ohne Zusatzprogramme erstellt werden können.

Panorama-Export-modul = Panorama Exporter

Das Panorama-Exportmodul findet sich nicht im Renderdialog, sondern auf der DIENSTPROGRAMME-Palette. Standardmäßig wird der Button nicht angezeigt. Wählen Sie das PANORAMA-EXPORTMODUL über den Button WEITERE.

Auf der DIENSTPROGRAMME-Palette erscheint ein neues Rollout mit zwei Buttons. Der Button RENDERN öffnet einen vereinfachten Renderdialog. Für die Panoramadarstellung werden alle Animationsparameter im Renderdialog nicht benötigt.

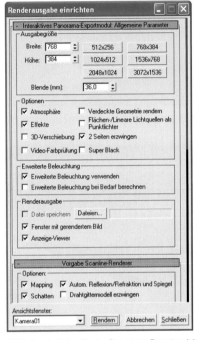

Abbildung 5.99: Renderdialog für das Panorama-Exportmodul

Wählen Sie hier als Erstes unten links im Listenfeld eine der Kameras aus der Szene. Für den Panorama-Export muss mindestens eine Kamera vorhanden sein. Diese zeigt die Perspektive, die beim Start des Panorama-Viewers eingestellt ist.

Im oberen Bereich stellen Sie eine Größe ein. Diese gilt für das gesamte berechnete Bild, das aus insgesamt sechs Ansichten in allen Richtungen des Raums zusammengesetzt wird. Die tatsächliche Darstellung im Viewer ist also immer kleiner. Durch das Zusammensetzen aus sechs Bildern ist ein Panorama auch nie so detailgetreu und scharf wie ein Einzelbild. Je größer das gerenderte Panorama, desto mehr Details bleiben erhalten. Allerdings verlängert sich die Renderzeit deutlich, da immer sechs Bilder nacheinander berechnet werden.

Nachdem Sie alle Renderoptionen eingestellt haben, starten Sie den Rendervorgang mit dem RENDERN-Button. Nacheinander werden sechs aufeinander senkrecht stehende quadratische Bilder gerendert.

Anzeige-Viewer = Display Viewer

Achten Sie darauf, dass der Schalter ANZEIGE-VIEWER eingeschaltet ist. Nach Abschluss des Rendervorgangs wird dann automatisch der Viewer gestartet.

Abbildung 5.100: Berechnung der Einzelbilder (Projekt: Messe Florenz – hoffmann.architektur)

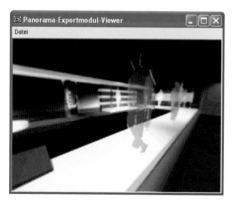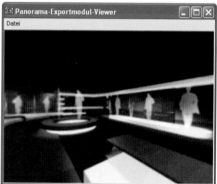

Abbildung 5.101: Interaktive Bewegung im Viewer

Im Viewer erscheint am Anfang die beim Rendern gewählte Kameraansicht. Dann kann man sich mit der Maus interaktiv bewegen:

➤ *Linke Maustaste gedrückt* – Eine Bewegung wird nur angestoßen, danach bewegt sich der Viewer automatisch in die gewählte Richtung weiter.

➤ *Rechte Maustaste gedrückt* – Der Viewer bewegt sich nur solange die Maus bewegt wird und bleibt dann stehen.

➤ *Mittlere Maustaste gedrückt* – Zoom.

Außerdem kann man mit den Pfeiltasten durch die Szene navigieren; ⬆+↑ und ⬆+↓ zoomen stufenweise.

Das Viewer-Fenster kann durch Ziehen an den Ecken vergrößert und verkleinert werden. Das Bild wird immer formatfüllend dargestellt. So kommt es bei geringen Bildauflösungen und großem Viewer-Fenster zu Qualitätsverlusten, genauso beim starken Hereinzoomen.

 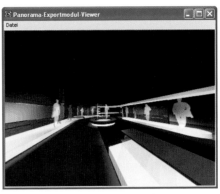

Abbildung 5.102: Verschiedene Zoomstufen

Im DATEI-Menü des Viewers kann das Bild als Kugelprojektion oder Zylinder-projektion gespeichert werden. So kann man später den Viewer mit dem VIEWER-Button aus der DIENSTPROGRAMME-Palette starten und ein gespeichertes Panoramabild aufrufen.

Abbildung 5.103: Kugelförmige Projektion eines Panorama-Bildes

Der Panorama-Viewer kann nur innerhalb von 3ds max 6 aufgerufen werden. Möchten Sie ein interaktives Panorama an Kunden weitergeben, können Sie das Bild aus dem VIEWER-Menü im QuickTimeVR-Format exportieren. Diese Format kann dann ohne 3ds max 6 mit einem QuickTime-Player interaktiv betrachtet werden oder man bindet es in eine Webseite ein. Benutzer können dann mit dem QuickTime-Browser Plug-In im Panorama navigieren.

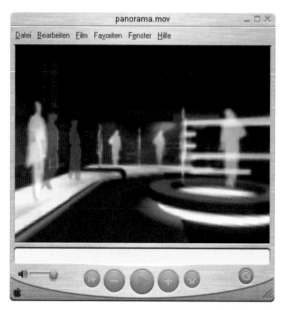

Abbildung 5.104: Die Szene im QuickTime-Betrachter [PANORAMA.MOV]

In der QuickTimeVR-Präsentation navigiert man ebenfalls mit der Maus. Zoomen funktioniert hier über die Tasten $\boxed{\text{Strg}}$ und $\boxed{\text{⇧}}$ oder die beiden runden Buttons mit den + und – Symbolen.

Teil 2
Szenen und
Objekte

Entwurf: Filmemoker Gbr
Ausschnitte aus: »Apparatspott –
Gerangel in Ruum & Tied«
www.apparatspott.de

6 Struktur einer 3D-Szene

Die meisten Szenen bestehen aus zahlreichen Einzelobjekten, die sinnvoll bewegt und verwaltet werden müssen. Wie man Objekte selektiert und verschiebt, wurde bereits im ersten Kapitel beschrieben. In diesem Kapitel gehen wir noch etwas genauer auf die Verwaltung von Objekten in der Szene ein.

6.1 Objektnamen

Jedes Objekt bekommt beim Erstellen standardmäßig einen eindeutigen Namen, der in der Szene nur einmal vorkommt. Dieser Objektname wird angezeigt, wenn man mit der Maus über ein Objekt fährt.

Theoretisch können Objekte so umbenannt werden, dass mehrere den gleichen Namen haben. Dies ergibt absolut keinen Sinn und bringt nur Verwirrung. 3ds max 6 lässt gleiche Namen aber zu.

!!
STOP

Abbildung 6.1: Anzeige des Objektnamens (hoffmann.architektur – Möbelkonzept) [COUNT104.MAX]

Ist ein Objekt selektiert, erscheint sein Name ganz oben in der BEARBEITEN-Palette. Dort kann der Name auch geändert werden.

Gewöhnen Sie sich von Anfang an daran, den Objekten sinnvolle Namen zu geben und nicht die Standardnamen zu übernehmen. Wenn Sie eine Datei aus einem anderen Dateiformat importieren, das keine Objektnamen kennt, erspart man sich später viel Zeit, wenn man die importierten Objekte sinnvoll benennt.

Für die folgenden Beispiele verwenden wir die Szene COUNT104.MAX *von der DVD. Diese entstand ursprünglich aus einer mehrfach geänderten CAD-Zeichnung mit vielen sinnlosen Objektnamen.*

Dieser Button oder die Taste ⟨H⟩ blendet eine Dialogbox ein, in der alle Objektnamen angezeigt werden. Hier können Sie sehr einfach über die Namen ein Objekt oder mit den Tasten ⟨⇧⟩ und ⟨Strg⟩ auch mehrere Objekte selektieren.

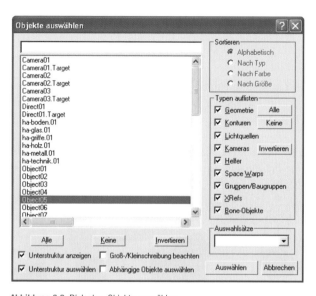

Abbildung 6.2: Dialogbox Objekte auswählen

Die Objekte können in der Liste nach Namen, Typ, Farbe oder Größe sortiert werden, um sie in sehr großen Szenen leichter zu finden.

Die Unterscheidung nach Groß- und Kleinschreibung kann sinnvoll sein, wenn man Objekte aus einer DXF-Datei übernimmt. In DXF-Dateien sind grundsätzlich alle Layernamen großgeschrieben. Bezeichnet man die eigenen 3ds max-Objekte dann mit kleinen Buchstaben, kann man jederzeit unterscheiden, was aus der DXF-Datei importiert und was selbst erstellt wurde.

Typen auflisten
= List Types

Unter TYPEN AUFLISTEN kann man einstellen, welche Arten von Objekten in der Liste dargestellt werden sollen. Dabei wirken die Buttons ALLE, KEINE und INVERTIEREN in diesem Bereich nur auf die Darstellung in der Liste und nicht direkt auf die Auswahl von Objekten. Die gleichnamigen Buttons im unteren Bereich der Dialogbox markieren Objekte in der Liste.

(KOMPENDIUM) **3ds max 6**

Nachdem Objekte selektiert wurden, wird das Selektionsdialogfenster automatisch wieder ausgeblendet. Mit dem Menüpunkt EXTRAS/AUSWAHL-ÜBERSICHT können Sie dieses Dialogfenster ständig auf dem Bildschirm behalten, was besonders bei Mehrschirmlösungen sinnvoll ist.

Extras/Auswahl-Übersicht = Tools/ Selection Floater

Die Szene COUNT105.MAX *enthält die gleichen Objekte, nur mit sinnvollen Namen.*

Auswahlsätze

Werden bei der Arbeit häufig die gleichen Objekte selektiert, empfiehlt es sich, diese in Auswahlsätzen zusammenzufassen und unter einem Namen zu speichern, unter dem man später die gleichen Objekte automatisch wieder selektieren kann, auch wenn sie inzwischen bewegt oder verändert wurden.

Dieser Button blendet die Dialogbox für Auswahlsätze ein. Diese kann auf einem zweiten Monitor ständig geöffnet bleiben.

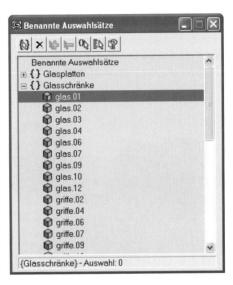

Abbildung 6.3: Dialogbox Benannte Auswahlsätze

Objekte können auch in mehreren Auswahlsätzen enthalten sein.

Legen Sie dort mit diesem Button leere Auswahlsätze mit den gewünschten Namen an.

Selektieren Sie anschließend in der Szene die Objekte, die einem Auswahlsatz zugeordnet werden sollen, markieren Sie den Namen dieses Auswahlsatzes in der Liste und klicken Sie auf diesen Button. Alle diese Objekte werden in den Auswahlsatz eingetragen.

Umgekehrt können mit diesem Button selektierte Objekte wieder aus einem Auswahlsatz entfernt werden.

Um alle Objekte eines Auswahlsatzes in der Szene zu selektieren, markieren Sie den Auswahlsatz in der Dialogbox und klicken auf diesen Button oder doppelt auf den Auswahlsatznamen.

 Alle benannten Auswahlsätze erscheinen im Listenfeld rechts neben dem Button BENANNTE AUSWAHLSÄTZE in der Symbolleiste. Hier können Sie sehr schnell einen Auswahlsatz markieren und so alle Objekte dieses Auswahlsatzes in der Szene selektieren.

 Unten rechts in der Dialogbox OBJEKTE AUSWÄHLEN können auch Auswahlsätze selektiert werden.

TIPP

6.2 Objektgruppen

Gruppen sind eine etwas festere Bindung von mehreren Objekten als Auswahlsätze. Selektiert man ein Objekt einer geschlossenen Gruppe, wird die ganze Gruppe selektiert. Gruppen können auch ineinander verschachtelt werden.

 Gruppen werden sinnvollerweise für komplexe Objekte verwendet, die aus mehreren Teilobjekten bestehen, aber immer nur zusammen bewegt werden, wie zum Beispiel die einzelnen Möbelstücke unserer Szene.

TIPP

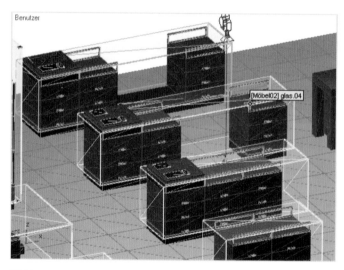

Abbildung 6.4: Objekt in einer Gruppe (hoffmann.architektur – Möbelkonzept)

Fährt man mit der Maus über ein Objekt in einer Gruppe, wird der Gruppenname in eckigen Klammern und dahinter der Objektname angezeigt.

Gruppen können jederzeit geöffnet und wieder geschlossen werden. Im geöffneten Zustand können einzelne Objekte selektiert und verändert sowie Objekte aus der Gruppe entfernt oder hinzugefügt werden. Wird die Gruppe danach wieder geschlossen, verhält sie sich wieder wie ein einziges Objekt.

Die Befehle zur Steuerung von Gruppen finden Sie im Menü GRUPPIEREN. Jede Gruppe muss einen eindeutigen Namen erhalten. Diese Gruppennamen werden in der Dialogbox OBJEKTE AUSWÄHLEN und in der AUSWAHL-ÜBERSICHT in eckigen Klammern dargestellt.

Gruppieren = Group

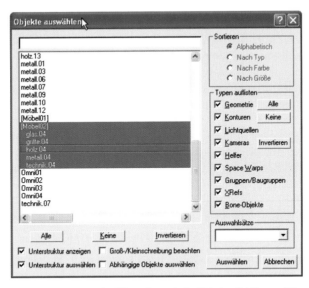

Abbildung 6.5: Geschlossene und geöffnete Gruppe in der Dialogbox Objekte auswählen

Nur bei geöffneten Gruppen sind die einzelnen Objektnamen sichtbar, da hier einzelne Objekte selektiert werden können. Der Schalter UNTERSTRUKTUR ANZEIGEN stellt in diesem Fall die Objekte unterhalb des Gruppennamens dar.

Unterstruktur anzeigen = Display Subtree

➤ GRUPPIEREN/GRUPPIEREN – erstellt eine neue Gruppe aus selektierten Objekten.

Gruppieren = Group

➤ GRUPPIEREN/GRUPPIERUNG AUFHEBEN – löst eine Gruppe eine Ebene tief in ihre Bestandteile auf.

Gruppierung aufheben = Ungroup

➤ GRUPPIEREN/ÖFFNEN – öffnet eine Gruppe, so dass einzelne Objekte selektierbar sind.

Öffnen = Open

➤ GRUPPIEREN/SCHLIEßEN – schließt eine Gruppe wieder, so dass sie sich wie ein einzelnes Objekt verhält.

Schließen = Close

➤ GRUPPIEREN/ANHÄNGEN – fügt ein oder mehrere Objekte zu einer Gruppe hinzu.

Anhängen = Attach

➤ GRUPPIEREN/LOSLÖSEN – entfernt einzelne Objekte aus der Gruppe. Diese muss dazu geöffnet sein.

Loslösen = Detach

➤ GRUPPIEREN/EXPLODIEREN – löst eine Gruppe über alle Schachtelungsebenen bis in ihre Einzelteile auf, die Objekte bleiben selektiert.

Explodieren = Explode

Mit einer entsprechend großräumigen Fensterselektion lassen sich auch mehrere Gruppen auf einmal öffnen und schließen.

:-)
TIPP

6.3   Layertechnik

Die meisten CAD-Programme nutzen eine Layertechnik, um Objekte zu logischen Gruppen zusammenzufassen. Besonders bei Programmen, die mit dem DWG-Format arbeiten, allen voran der Marktführer AutoCAD, ist diese Technik extrem perfektioniert. Objekte können zahlreiche Eigenschaften aus dem jeweiligen Layer übernehmen und komplette Layer ein- und ausgeschaltet oder vor Veränderung gesperrt werden.

Jedes Objekt ist immer auf genau einem Layer. Durch Verschieben auf einen anderen Layer können automatisch Objekteigenschaften geändert werden.

Ein Layer in jeder Szene hat den Status AKTUELL. Alle neu erstellten Objekte liegen auf diesem Layer. Standardmäßig ist in jeder neuen Szene nur ein Layer mit der Bezeichnung 0 vorhanden. Weitere Layer können manuell angelegt oder durch Import aus DWG- oder DXF-Dateien übernommen werden.

3ds max 6 verwendet eine ähnliche Layertechnik wie AutoCAD mit weit gehend gleichen Buttons und Dialogen zur Steuerung.

In der aktuellen Version wurde der Layer Manager weiter verbessert. In diesem Zusammenhang wurde auch die optionale Layer Symbolleiste vereinfacht.

Beim Import einer DWG-Datei werden deren Layerinformationen übernommen und beim Export in das DWG-Format auch wieder gespeichert.

Die Layersteuerung

Die Layersteuerung bietet detaillierte Einstellmöglichkeiten für Layer- und Objekteigenschaften.

 Dieser Button öffnet die Layersteuerung mit den detaillierten Layereigenschaften.

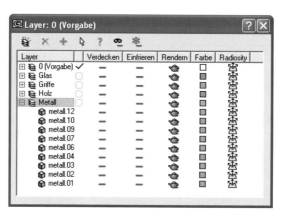

Abbildung 6.6: Die neue Layersteuerung in 3ds max 6

Hier haben Sie einen Überblick über alle Layer und ihre Eigenschaften und können diese auch umschalten.

Das Pluszeichen + vor den Layernamen blendet eine Liste aller Objekte auf dem jeweiligen Layer ein.

Neben einem Layer befindet sich rechts ein Häkchen. Dies ist der aktuelle Layer, auf dem neue Objekte erstellt werden. Dieses Häkchen kann an jeden anderen Layer gesetzt werden. Es kann aber immer nur ein Layer aktuell sein.

In der Layerliste kann man bei jedem Layer verschiedene Symbole einzeln ein- und ausschalten. Damit verändern sich (von links nach rechts) folgende Layereigenschaften:

➡ *Sichtbar/Verdeckt* – in den Ansichtsfenstern zu sehen oder nicht.

➡ *Eingefroren/Getaut* – Objekte auf gefrorenen Layern können nicht verändert werden.

➡ *Rendern/Nicht rendern* – verhindert, dass Objekte auf bestimmten Layern gerendert werden.

➡ *Farbe* – stellt die Layerfarbe zur Darstellung in den Ansichtsfenstern ein.

➡ *Radiosity* – schaltet die Wirkung von Radiosity für bestimmte Layer ein oder aus.

Globale Aktionen, die für mehrere Layer gelten, lassen sich über die Buttons im oberen Bereich der Layersteuerung durchführen:

➡ Erstellt einen neuen Layer mit allen in der Szene ausgewählten Objekten.

➡ Löscht einen Layer, der in der Liste markiert ist. Dieser darf keine Objekte enthalten.

➡ Setzt ausgewählte Objekte in der Szene auf den in der Layersteuerung markierten Layer.

➡ Selektiert die in der Layersteuerung ausgewählten Layer und Objekte in den Ansichtsfenstern.

➡ Markiert die Layer der Objekte, die in den Ansichtsfenstern ausgewählt sind, in der Layersteuerung.

➡ Setzt alle markierten Layer auf verdeckt.

➡ Setzt alle markierten Layer auf gefroren.

Ein Rechtsklick auf einen Layer in der Layersteuerung öffnet ein Kontextmenü. Der Menüpunkt LAYEREIGENSCHAFTEN öffnet eine weitere Dialogbox. In dieser Dialogbox können Sie zu jedem Layer noch detailliertere Eigenschaften festlegen, die in der Liste nicht angezeigt werden.

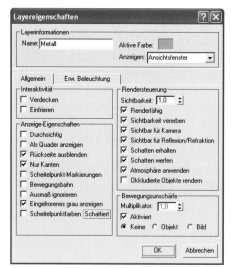
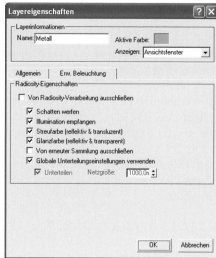

Abbildung 6.7: Die Dialogbox Layereigenschaften

Im Listenfeld ANZEIGEN können Sie für einzelne Layer Darstellungsmethoden festlegen, die dann immer gelten, unabhängig von der Darstellung der Ansichtsfenster.

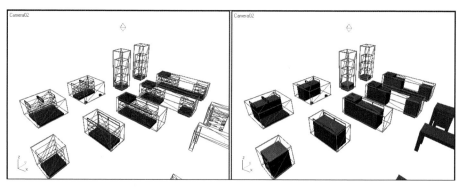

Abbildung 6.8: Links: Drahtmodellansicht, rechts: schattiert

Im Bild wurde dem Layer *metall* die Eigenschaft SCHATTIERT und dem Layer *glas* die Eigenschaft DRAHTGITTERMODELL zugewiesen, so dass diese beiden Layer unabhängig von der Darstellung der Ansichtsfenster immer gleich aussehen.

Soll die ganze Szene layerweise steuerbar sein, selektieren Sie mit einem großen Fenster alle Objekte und weisen ihnen die Eigenschaft NACH LAYER zu.

Markiert man in der Layersteuerung einzelne Objekte, lässt sich im Kontextmenü auch die Dialogbox OBJEKTEIGENSCHAFTEN aufrufen. Hier können für jedes Objekt die Anzeige-Eigenschaften und auch die Rendereigenschaften entweder NACH LAYER (für alle Objekte des Layers) oder NACH OBJEKT (für jedes Objekt einzeln) eingestellt werden.

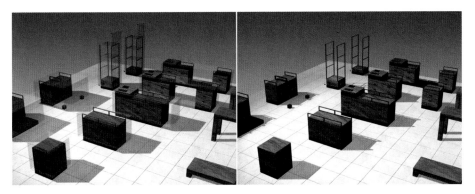

Abbildung 6.9: Links: alle Layer ein, rechts: der Layer mit den Glasflächen ausgeschaltet

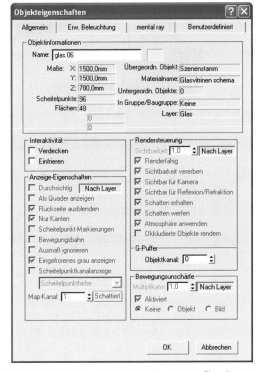

Abbildung 6.10: Objekteigenschaften Nach Layer deaktiviert die einzelnen objektbezogenen Einstellungen.

Auf diese Weise können Sie zum Beispiel einzelne Objekte sichtbar machen, obwohl der entsprechende Layer ausgeschaltet ist.

Bei der Auswahl der Layerfarbe können Sie zwischen dem Standard-3ds max 6-Farbschema und der AutoCAD-ACI-Palette umschalten. Die 256 ACI-Farben werden für Layer in DWG-Dateien verwendet. Diese Farbpalette sollten Sie immer dann verwenden, wenn Sie Daten zwischen 3ds max 6 und dem DWG-Format austauschen.

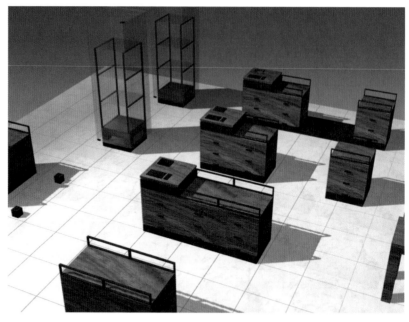

Abbildung 6.11: Zwei sichtbare Glasobjekte bei unsichtbarem Glas-Layer (hoffmann.architektur – Möbelkonzept)

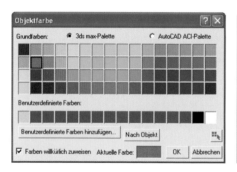
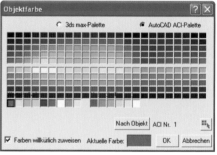

Abbildung 6.12: Links: 3ds max-Farbpalette, rechts: AutoCAD-ACI-Palette

Die Farbe des Layers 0 kann nicht verändert werden. Neue Objekte auf diesem Layer erhalten immer eine zufällig gewählte Farbe.

Bei Objekten, deren Farbe auf NACH LAYER gesetzt ist, erscheint in der ÄNDERN-Palette ein schwarz-weiß unterteiltes Rechteck anstelle der Objektfarbe.

Auf der DVD finden Sie im Verzeichnis \DVDROM\projekte\muehle *ein maßstäbliches 3D-Modell der Windmühle in Oldsum auf Föhr. Dieses Modell verwendet eine ausgeklügelte Layerstruktur, an der die neuen Layerfunktionen in 3ds max 6 gut zu sehen sind.*

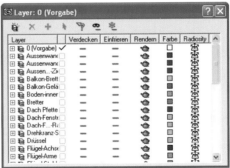

Abbildung 6.13: Modell der Windmühle und Layerstruktur

Die Layer-Symbolleiste

Ein Rechtsklick auf einen leeren Bereich der Symbolleiste außerhalb der Buttons blendet ein kleines Menü ein, in dem die Layer-Symbolleiste eingeschaltet werden kann. Diese ist eine Art vereinfachte Layersteuerung.

Abbildung 6.14: Die Layer-Symbolleiste

Die Buttons in der Symbolleiste haben folgende Funktionen:

➡ Öffnet die Layersteuerung mit den detaillierten Layereigenschaften.

In der Layerliste in der Symbolleiste können Sie sehr einfach jeden beliebigen Layer auswählen und damit auch gleich aktuell schalten.

Abbildung 6.15: Die ausgeklappte Layerliste

Durch Anklicken eines der Symbole vor dem Layernamen können Sie den betreffenden Layer unsichtbar machen, sperren oder auf nicht renderbar schalten.

➡ Legt einen neuen Layer an. Der Name kann frei gewählt werden. Auf Wunsch werden auch die aktuell ausgewählten Objekte automatisch auf diesen Layer gesetzt.

Abbildung 6.16: Abfrage beim Anlegen eines neuen Layers

  Schiebt selektierte Objekte auf den aktuellen Layer.

  Wählt alle Objekte des aktuellen Layers aus.

  Setzt den Layer des ausgewählten Objektes als aktuell. Dies funktioniert nur, wenn nur Objekte eines Layers ausgewählt sind.

6.4   Objekte ausrichten

Sollen Objekte exakt in einer Reihe liegen oder in die gleiche Richtung gebracht werden, kommt man mit den Standardbefehlen zum Verschieben und Drehen meistens nicht weiter.

  3ds max 6 bietet ein Werkzeug zum exakten Ausrichten eines Objekts an einem anderen.

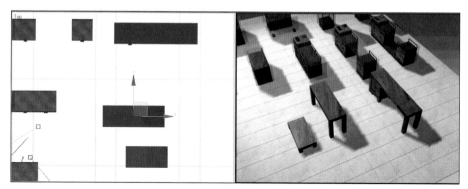

Abbildung 6.17: Tische vor der Ausrichtung

Die Vorgehensweise ist einfach:

1. Selektieren Sie das Objekt, das bewegt werden soll.

2. Klicken Sie auf den Button AUSRICHTEN.

3. Zeigen Sie das Objekt, an dem das selektierte Objekt ausgerichtet werden soll. Dieses zweite Objekt wird nicht bewegt.

4. Stellen Sie in der Dialogbox die Ausrichtungsachsen ein.

Die Richtungen, in denen ausgerichtet werden soll, geben Sie im oberen Bereich der Dialogbox an. Diese beziehen sich auf das aktuelle Koordinatensystem.

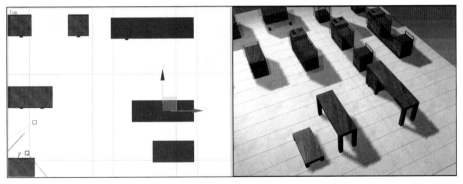

Abbildung 6.18: Ausgerichtete Tische

Abbildung 6.19: Auswahl ausrichten

Dabei gibt es vier Optionen, welcher Punkt des selektierten Objekts an welchem Punkt des Zielobjekts ausgerichtet werden soll:

➡ MINIMUM – der Punkt mit der kleinsten Koordinate in der entsprechenden Richtung (links bei X-POSITION, unten bei Y-POSITION).

➡ MITTE – der geometrische Mittelpunkt des Objekts.

➡ DREHPUNKT – der Mittelpunkt des lokalen Objektkoordinatensystems.

➡ MAXIMUM – der Punkt mit der größten Koordinate in der entsprechenden Richtung (rechts bei X-POSITION, oben bei Y-POSITION).

Minimum
= Minimum

Mitte = Center

Drehpunkt
= Pivot Point

Maximum
= Maximum

Ausrichtung

Auf die gleiche Weise können Objekte auch so gedreht werden, dass bestimmte lokale Achsen zu den entsprechenden Achsen eines anderen Objekts parallel sind.

Abbildung 6.20: Tische vor der Ausrichtung

Ausrichtung angleichen = Align Orientation

Wählen Sie in der Dialogbox im Bereich AUSRICHTUNG ANGLEICHEN eine oder mehrere Achsen, die parallel zu den entsprechenden Achsen des zweiten Objekts ausgerichtet werden sollen.

Abbildung 6.21: Ausgerichtete Tische

Skalierung

Skalierung anpassen = Match Scale

Im unteren Bereich der Dialogbox können Objekte gleich wie ein anderes Objekt skaliert werden.

 Dies bezieht sich nur auf Skalierungen, die mit den Skalierungsbuttons oder über die Taste [F12] verändert wurden und bedeutet nicht, dass die Objekte danach gleich groß sind. Es werden lediglich ihre Skalierungsfaktoren angeglichen.

6.5   Objekte in Reihe kopieren

 Das VERSCHIEBEN-Werkzeug kann auch dazu verwendet werden, Objekte zu kopieren, wenn man bei der Verschiebung gleichzeitig die Taste [⇧] gedrückt hält. Dabei erscheint eine Dialogbox, in der die Anzahl der Kopien angegeben werden kann. Insgesamt ergibt sich mit dem Originalobjekt also immer ein Objekt mehr als die angegebene Zahl. Die kopierten Objekte haben alle den gleichen Abstand.

Abbildung 6.22: Einstellen der Kopienanzahl und des Namens für das kopierte Objekt

Geben Sie im Feld NAME einen Namen für das neue Objekt ein. Weitere Kopien werden automatisch durchnummeriert.

Das gleiche Verfahren funktioniert auch beim Drehen von Objekten. Auch hier lassen sich bei gedrückter ⌂-Taste Kopien anlegen.

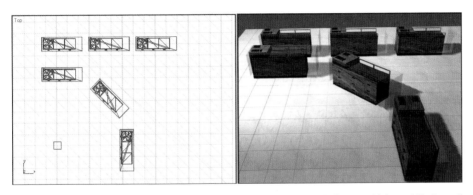

Abbildung 6.23: Durch Verschieben und Drehen erzeugte Kopien (hoffmann.architektur – Möbelkonzept)

Beim Drehen ist der Punkt, um den gedreht wird, entscheidend für die Lage der kopierten Objekte. Zum Erstellen von bogenförmigen Anordnungen empfiehlt es sich, ein Dummy-Objekt für den Drehpunkt zu definieren.

Diese Dummy-Objekte sind auf der ERSTELLEN-Palette unter HELFER zu finden. Ein Dummy ist ein Würfel, der in den Ansichtsfenstern sichtbar ist, im gerenderten Bild aber nicht.

1. Bevor Sie die gedrehten Kopien des Objekts erstellen, setzen Sie einen solchen Dummy auf den gewünschten Drehpunkt.

2. Wählen Sie dann in der Auswahlliste für das Referenzkoordinatensystem die Option AUSWÄHLEN und selektieren Sie den Dummy.

3. Wählen Sie aus dem Flyout die Option MITTELPUNKT DER TRANSFORMA-TIONSKOORDINATEN VERWENDEN, um den Mittelpunkt des Dummys als Drehpunkt zu benutzen.

4. Wenn Sie jetzt das zu drehende Objekt selektieren, erscheint der Dreh-
    Gizmo im Mittelpunkt des Dummys. Drehen Sie das Objekt in die Position,
    an der die erste Kopie erstellt werden soll. Die weiteren Kopien haben jeweils
    den gleichen Drehwinkel als Abstand.

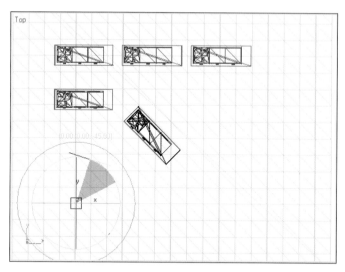

Abbildung 6.24: 45°-Drehung eines Objekts um ein Dummy-Objekt

Lineare Anordnungen

Oftmals braucht man viele gleiche Objekte in Reihen über- oder nebeneinander,
wobei die Abstände oder das Gesamtmaß genau definiert sein müssen.

Abbildung 6.25: Treppe, Geländerstäbe und Regalböden als Beispiele für lineare Anordnungen von Objekten
(hoffmann.architektur – Shopkonzept)

Der Menüpunkt EXTRAS/ANORDNUNG erstellt solche regelmäßige Anordnungen von selektierten Objekten. Es erscheint eine Dialogbox, in der die Parameter der Anordnung eingestellt werden können.

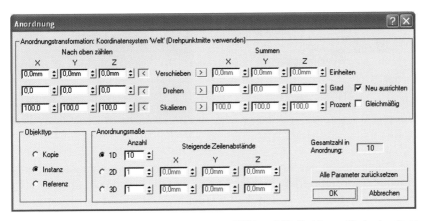

Abbildung 6.26: Einstellungen für eine Anordnung

In der oberen Reihe stellt man die Schrittweite zum nächsten Objekt in allen drei Dimensionen ein. Alternativ dazu kann man in den rechten Feldern unter SUMMEN die Gesamtlänge der Anordnung festlegen. Die Buttons mit den Pfeilen in der Mitte aktivieren entweder die linken oder die rechten Eingabefelder.

Summen = Totals

Im Feld ANORDNUNGSMASSE stellt man die Anzahl der Objekte in jeder Richtung ein, dabei zählt das Original immer mit. Sollen die Objekte in mehreren Dimensionen angeordnet werden, muss auch hier noch die Schrittweite in den anderen Dimensionen festgelegt werden.

Anordnungsmasse = Array Dimensions

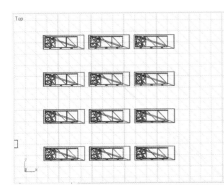
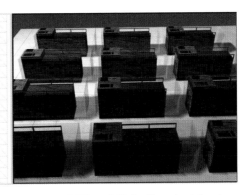

Abbildung 6.27: Zweidimensionale Anordnung

Haben Sie falsche Anordnungsmaße eingegeben, nehmen Sie den Befehl einfach mit [Strg]+[z] zurück und rufen ihn danach noch einmal auf. Die letzten Parameter bleiben in der Dialogbox ANORDNUNG erhalten.

:-)
TIPP

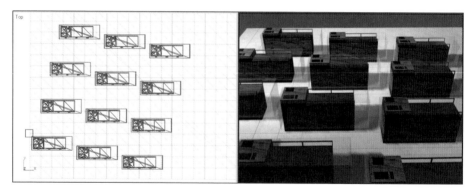

Abbildung 6.28: Schiefwinklige Anordnung

Die Dimensionen der Anordnung sind unabhängig von den Koordinatenachsen. In jeder Anordnungsdimension können die Objekte also in allen drei Koordinatenachsen gleichzeitig verschoben werden. Man braucht das Koordinatensystem für eine schiefwinklige Anordnung nicht zu drehen.

Kreisförmige Anordnungen

Die ANORDNUNG-Funktion kann auch dazu verwendet werden, Objekte zu drehen. Für eine reine Drehung setzen Sie die Schrittweite in den Verschiebungsachsen überall auf 0,0 und geben in der Zeile DREHEN den Drehwinkel entweder links als Schritte oder rechts als Gesamtdrehwinkel der Anordnung an.

 Auch hier ist der Drehpunkt von entscheidender Wichtigkeit. Am einfachsten verwenden Sie wieder ein Dummy-Objekt und die Option MITTELPUNKT DER TRANSFORMATIONSKOORDINATEN VERWENDEN.

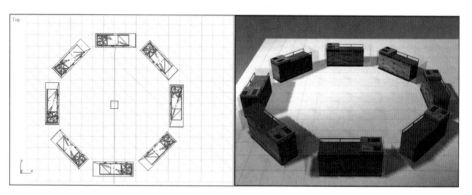

Abbildung 6.29: Kreisförmige Anordnung mit 45°-Schrittweite

Neu ausrichten *= Re-Orient* Der Schalter NEU AUSRICHTEN legt fest, ob die Objekte bei der Anordnung mit gedreht werden oder nicht.

Auch eine Kombination aus Verschiebung und Drehung ist möglich. So lassen sich zum Beispiel die Stufen von Wendeltreppen erzeugen, indem man eine Stufe dreht und dabei gleichzeitig in der Z-Richtung verschiebt.

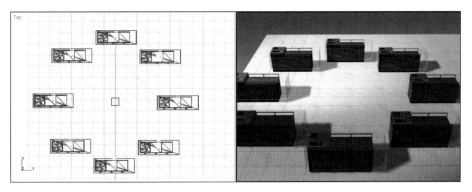

Abbildung 6.30: Die gleiche Anordnung ohne Neu ausrichten

6.6 Elemente verschiedener Szenen kombinieren

In vielen Fällen werden Szenen aus vorhandenen Komponenten zusammengesetzt. 3ds max 6 bietet mit dem Menübefehl DATEI/EINFÜGEN eine komfortable
Methode, einzelne Objekte aus einer anderen MAX-Datei in die aktuelle Szene
einzubinden.

Datei/Einfügen
= File/Merge

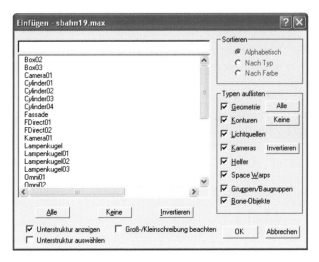

Abbildung 6.31: Objektliste beim Einfügen von Dateien

In der Dialogbox werden alle Objekte der zweiten Szene gezeigt. Wählen Sie hier
diejenigen aus, die in die aktuelle Szene kopiert werden sollen.

*Wollen Sie bestimmte Objekte einer Szene durch entsprechende Objekte einer
anderen Szene ersetzen, verwenden Sie den Menüpunkt DATEI/ERSETZEN. Im
Gegensatz zu EINFÜGEN werden hier nur die Objekte der zweiten Szene angezeigt,
zu denen es in der ersten gleichnamige Objekte gibt. Auf diese Weise können Sie
zum Beispiel zum Aufbau der Szene und für Probebilder einfache Objekte verwenden und diese später durch die eigentlichen komplexeren Objekte ersetzen.*

:-)
TIPP

Datei/Ersetzen
= File/Replace

Medien-Browser

Ein nützliches Tool für die Arbeit mit vielen Dateien ist der Medien-Browser in 3ds max 6. Sie finden ihn auf der WERKZEUGE-Palette.

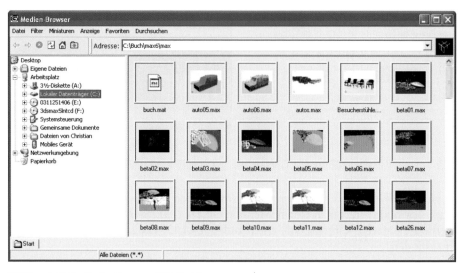

Abbildung 6.32: Der Medien-Browser mit 3D-Modellen

Der Medien-Browser ähnelt in seiner Bedienung dem Windows-Explorer, mit dem Unterschied, dass nicht nur Bilddateien, sondern auch MAX-Dateien als kleine Vorschaubilder angezeigt werden. Über das FILTER-Menü lässt sich die Anzeige auf bestimmte Dateiformate einschränken. Im FAVORITEN-Menü können Sie die am häufigsten verwendeten Verzeichnisse mit 3D-Modellen und Texturen zum schnellen Zugriff ablegen.

:-)
TIPP

Überall, wo 3ds max 6 nach Bilddateien fragt, zum Beispiel bei den Maps im Material-Editor, kann eine Bilddatei direkt aus dem Medien-Browser auf den entsprechenden Button gezogen werden.

Ein Doppelklick auf eine Bilddatei zeigt diese an. Ein Doppelklick auf eine MAX-Datei öffnet sie in einem neuen 3ds max 6-Programmfenster.

Ziehen Sie eine MAX-Datei mit gedrückter linker Maustaste auf ein Ansichtsfenster, erscheint ein Kontextmenü, in dem die Szene neu geöffnet oder in die vorhandene Szene eingefügt werden kann. Hier besteht allerdings keine Möglichkeit, einzelne Objekte aus der Szene auszuwählen.

Externe Referenzen

Bei großen Produktionen arbeiten mehrere Leute an verschiedenen Objekten der Szene. Eine Person ist dann für die Zusammenstellung der Szene und die Beleuchtung zuständig. Würde diese Person jetzt alle Objekte mit DATEI/EINFÜGEN einfügen, könnte sie sich nie sicher sein, wirklich den aktuellen Bearbeitungsstand der anderen Mitarbeiter zu haben. Beim erneuten Einfügen eines veränderten Objekts gibt es Probleme mit doppelten Objektnamen und mit Teilen, die während der Bearbeitung zwischenzeitlich gelöscht wurden.

Diese Probleme werden in 3ds max 6 wie in den meisten CAD-Programmen mithilfe externer Referenzen gelöst. Eine externe Referenz wird mit der Zeichnung nur verknüpft, ihre Objekte aber nicht fest eingebunden. Sie kann jederzeit oder auch automatisch mit der Originaldatei abgeglichen werden, so dass man immer den aktuellen Stand zur Verfügung hat und keine Objekte doppelt vorhanden sind. Dabei können sich die externen Referenzen auch auf anderen Rechnern im Netzwerk befinden. Auf diese Weise können mehrere Personen unabhängig voneinander einzelne Objekte weiterentwickeln. Die Gesamtszene bleibt immer auf dem neuesten Stand.

Externe Referenzen können in der Szene nicht verändert werden, wohl aber beliebig bewegt und verschoben. Eine Änderung der Objektparameter ist nur in der Originaldatei möglich.

!!
STOP

Der Menüpunkt DATEI/XREF OBJEKTE verweist auf einzelne Objekte aus einer anderen Szene. Dabei wählen Sie als Erstes mit dem Button HINZUFÜGEN die Dateien aus, aus denen Objekte in der aktuellen Szene referenziert werden sollen.

Datei/XRef Objekte = File/Xref Objects

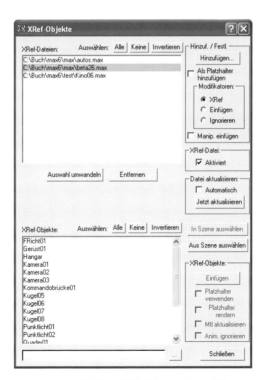

Abbildung 6.33: Liste der externen Referenzen

Im oberen Fenster der Dialogbox erscheinen alle Dateinamen externer Referenzen, im unteren die Objekte der jeweils selektierten Datei.

Jetzt aktualisieren
= Update now

Mit Hilfe des Buttons JETZT AKTUALISIEREN können Sie die selektierte XRef-Datei jederzeit aktualisieren, wenn diese auf einem anderen Rechner im Netzwerk verändert wurde. Der Schalter AUTOMATISCH regelt diese Aktualisierungen automatisch.

XRef-Datei Aktiviert
= XRef File Enabled

Mit dem Schalter XREF-DATEI AKTIVIERT lassen sich externe Referenzen ein- und ausschalten, ohne dass sie wirklich aus der Szene entfernt werden müssen. ENTFERNEN löscht dagegen die Verknüpfung der externen Referenz aus der Szene.

Komplette Dateien als Referenz

Datei/XRef-Szene
= File/Xref Scene

Bei komplexen Szenen aus zahlreichen Objekten gibt es zusätzlich die Möglichkeit, die Szene als Ganzes zu referenzieren. Mit dieser Methode wird bei sehr großen Szenen die Objektliste nicht zu unübersichtlich.

Der Menüpunkt DATEI/XREF-SZENE legt eine solche externe Referenz an.

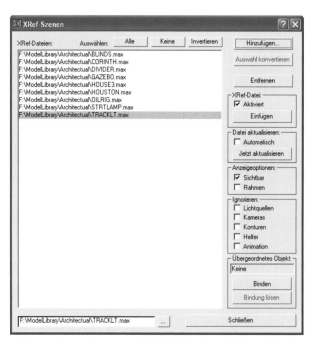

Abbildung 6.34: Extern referenzierte Szenen

Rahmen = Box

Bei einer extern referenzierten Datei können wahlweise Lichtquellen, Kameras, Konturen (2D-Objekte), Helferobjekte und Animationsdaten ignoriert werden. Zum schnelleren Bildaufbau können externe Referenzen mit dem Schalter RAHMEN als einfache Quader in den Ansichtsfenstern dargestellt werden. Erst im gerenderten Bild erscheinen die wirklichen Objekte.

Externe Referenzen können auch mehrfach geschachtelt werden. Eine referenzierte Datei kann also selbst wieder weitere Referenzen enthalten.

Beim Ziehen einer MAX-Datei aus dem Medien-Browser in die Szene gibt es ebenfalls die Möglichkeit, die Datei als Ganzes zu referenzieren.

:-)
TIPP

Daten importieren

Ein sehr wichtiger Punkt für die alltägliche Arbeit mit 3D-Programmen ist der Datenimport aus Standard-CAD-Formaten. So kann man mit 3ds max 6 Geometriedaten visualisieren, die mit CAD-Programmen erstellt wurden.

3ds max 6 bietet verschiedene Optionen, Geometriedaten aus fremden Dateiformaten zu importieren. Beim Import kann man auswählen, ob aus den Daten eine neue Szene angelegt werden soll oder ob sie in die aktuelle Szene importiert werden sollen.

Als Standarddatenformate haben sich in der CAD-Welt DWG und DXF durchgesetzt. 3ds max 6 kann diese beiden Formate importieren und exportieren. Weitere wichtige Dateiformate sind das 3ds-Format älterer 3D-Studio-Dateien, in dem heute noch viele Objektbibliotheken ihre Objekte anbieten, sowie das WRL-Format für interaktive VRML-Präsentationen im Internet.

Der Import aller dieser Formate wird über den Menüpunkt DATEI/IMPORTIEREN gesteuert. Hier lassen sich auch seltener vorkommende Dateiformate aus dem Profibereich wie IGES, Lightscape oder Adobe Illustrator importieren.

Datei/Importieren = File/Import

Abbildung 6.35: Liste importierbarer Dateiformate

Diese Liste kann durch zusätzliche Plug-Ins noch erweitert werden.

DWG-Import

Der DWG-Konverter ist der beste der in 3ds max 6 mitgelieferten Konverter. Hier haben Sie die meisten Möglichkeiten, den Import auf die jeweilige Geometrie abzustimmen. Außerdem ergeben sich hier die geringsten Konvertierungsverluste.

Der DWG-Converter wurde in 3ds max 6 komplett überarbeitet und bietet jetzt noch bessere Kompatibilität zum aktuellen DWG-Format aus AutoCAD 2004.

NEU

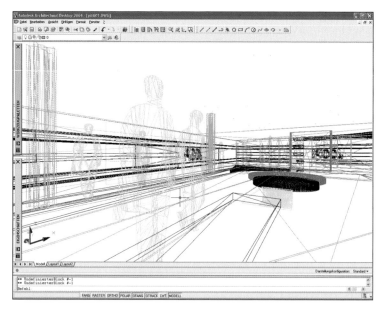

Abbildung 6.36: 3D-Szene in Autodesk Architectural Desktop 2004 (hoffmann.architektur – Messe Florenz)

Abbildung 6.37: Die gleiche Szene in 3ds max 6 gerendert

In der Dialogbox DWG-DATEI IMPORTIEREN müssen Sie verschiedene Parameter festlegen, die je nach Verwendung der Szene entsprechend eingestellt werden müssen.

TIPP

Mit den richtigen Einstellungen in diesem Dialog sparen Sie sich später viel Arbeit.

(KOMPENDIUM) **3ds max 6**

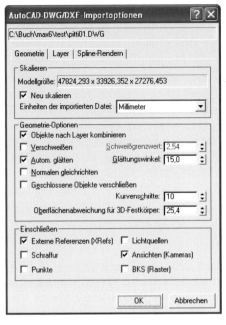
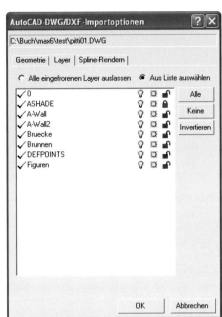

Abbildung 6.38: Einstellungen beim DWG-Import

Beim Import einer DWG-Datei müssen die Maßeinheiten angegeben werden, damit photometrische Lichtquellen und reactor-Elemente später wirklichkeitsgetreu funktionieren. AutoCAD verwendet keine Maßeinheiten, sondern ein einheitenneutrales Koordinatensystem.

NEU

Die Layerstruktur der DWG-Datei wird nach 3ds max 6 übernommen. Dabei können Sie auf der Registerkarte LAYER in den Importoptionen einzelne Layer auswählen, die importiert werden sollen oder nicht.

Im Feld GEOMETRIE-OPTIONEN kann man noch genauer einstellen, wie bestimmte AutoCAD-Elemente beim Import verarbeitet werden sollen:

➡ OBJEKTE NACH LAYER KOMBINIEREN – fügt alle AutoCAD-Objekte eines Layers zu einem Objekt in 3ds max 6 zusammen. Das reduziert die Anzahl der Objekte in der Szene.

Objekte Nach Layer kombinieren = Combine Objects by Layer

Flächennetze aus DWG-Dateien können beim Import automatisch zu Objekten verschweißt werden. Passen Sie die folgenden Parameter den Erfordernissen der jeweiligen Geometrie an.

➡ VERSCHWEISSEN – verschmilzt zusammenfallende Eckpunkte mehrerer Flächen, aus denen ein 3ds max-Objekt entsteht. Das kann nur funktionieren, wenn OBJEKTE NACH LAYER KOMBINIEREN eingeschaltet ist. Der SCHWEISS-GRENZWERT gibt den maximalen Abstand an, den zwei Punkte haben dürfen, um noch verschweißt zu werden.

Verschweißen = Weld

➡ AUTOM. GLÄTTEN – weist automatisch Glättungsgruppen zu. Das funktioniert bei Objekten aus mehreren DWG-Elementen nur, wenn VERSCHWEIßEN eingeschaltet ist und die Eckpunkte dieser Elemente zu gemeinsamen

Autom. glätten = Auto-smooth

Punkten verschmolzen werden. Der Wert GLÄTTUNGSWINKEL gibt den maximalen Winkel an, der zwischen zwei Flächennormalen sein darf, so dass sie noch eine gemeinsame Glättungsgruppe bekommen.

Normalen gleichrichten = Unify Normals

➤ NORMALEN GLEICHRICHTEN – dreht die Flächennormalen aller Flächen in einem 3ds max-Objekt in die gleiche Richtung, normalerweise nach außen. Dies ist wichtig, um sich zweiseitiges Rendern zu ersparen. Bei Objekten aus mehreren DWG-Elementen funktioniert das auch nur, wenn VERSCHWEIßEN eingeschaltet ist. Ist der Schalter NORMALEN GLEICHRICHTEN deaktiviert, wird die Normalenrichtung aus der DWG-Datei übernommen, die oftmals zufällig ist. Bei Architectural-Desktop Objekten sind die Normalen eindeutig definiert und werden auch ohne NORMALEN GLEICHRICHTEN richtig übernommen.

Geschlossene Objekte verschließen = Cap closed entities

➤ GESCHLOSSENE OBJEKTE VERSCHLIEßEN – schließt geschlossene Polylinien mit Deckelflächen ab, so dass daraus ein geschlossener Körper entsteht. Die Objekthöhe der Polylinie bildet die Dicke des Körpers.

Oberflächenabweichung für 3D-Festkörper = Surface deviation

3ds max 6 liest aus DWG-Dateien auch ACIS-Volumenkörper ein. Diese werden in Netzobjekte umgewandelt, da 3ds max 6 nicht direkt mit dem ACIS-Kernel arbeitet. Der Wert OBERFLÄCHENABWEICHUNG FÜR 3D-FESTKÖRPER legt fest, wie weit ein generiertes Netzobjekt vom Original-ACIS-Festkörperobjekt einer DWG-Datei abweichen darf. Je geringer die Abweichung, desto genauer wird das Objekt dargestellt. Allerdings entstehen dabei auch deutlich mehr Flächen, was die Komplexität der Szene erhöht.

Im unteren Bereich des Dialogfeldes lassen sich bestimmte AutoCAD-Objekttypen auswählen, die nur bei Bedarf in die 3ds max-Szene übernommen werden. Diese würden 2D-Geometrie erzeugen, die in 3ds max nur selten gebraucht wird.

Auf der neuen Registerkarte SPLINE-RENDERN *können Sie auswählen, ob Splines aus der DWG-Datei automatisch in renderfähige Objekte umgesetzt werden sollen und welche Dicke sie bekommen sollen. Nähere Informationen zu renderfähigen Splines finden Sie im Kapitel 10.*

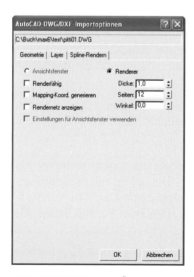

Abbildung 6.39: Optionen zur Übernahme von Splines

VIZ-Render Import

VIZ-Render ist das Renderprogramm, das mit neueren Autodesk-Programmen mitgeliefert wird. Es basiert auf dem max-Renderer und verwendet auch eine ähnliche Benutzeroberfläche. Das Programm kann zum Beispiel direkt aus Architectural Desktop gestartet werden. In VIZ-Render lassen sich einer DWG-Datei Materialien und photometrische Lichtquellen zufügen. Diese Parameter speichert VIZ-Render in einem eigenen Dateiformat *.DRF.

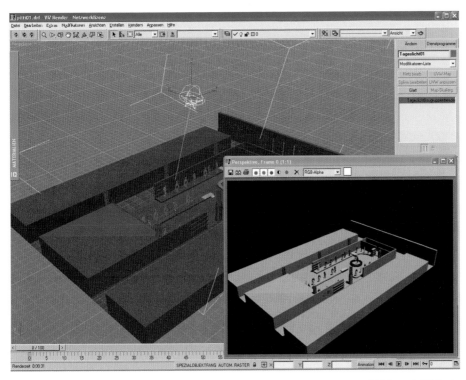

Abbildung 6.40: AutoCAD Szene in VIZ-Render

3ds max 6 bietet neuerdings auch eine Option zum Öffnen von VIZ-Render-Dateien. Im Gegensatz zu anderen Fremdformaten finden Sie den VIZ-Render-Import nicht unter DATEI/IMPORTIEREN, *sondern unter* DATEI/ÖFFNEN.

Beim Öffnen einer DRF-Datei werden alle Materialien, Lichtquellen und sonstigen Einstellungen nach 3ds max 6 übernommen.

DXF-Import

DXF ist das klassische Datenaustauschformat, das fast jedes CAD-Programm beherrscht. Allerdings schreiben viele Programme beim DXF-Export nicht alle Parameter genau, so dass oft wichtige Objekteigenschaften in DXF-Dateien fehlen. 3ds max 6 liest jedes DXF-Format, auch AutoCAD 2004, ein.

Die Einstellungen beim DXF-Import sind in 3ds max 6 identisch mit denen beim DWG-Import.

3DS-Import

Beim Import aus 3DS-Dateien werden alle Objekte übernommen. Das gilt auch für Objekthierarchien, Animationsdaten, Beleuchtung, Kameras, Hintergrund und Materialien.

3ds max 6 importiert auch Mapping-Koordinaten aus 3DS-Dateien. Dabei treten aber immer wieder Fehler auf. Überprüfen Sie die Mapping-Koordinaten der importierten Objekte und weisen Sie sie, wenn notwendig neu zu.

3ds max 6 kann außer 3DS auch das PRJ-Format von 3D-Studio sowie zweidimensionale SHP-Dateien importieren.

Abbildung 6.41: Abfrage beim Import einer 3DS-Datei

Beim Importieren kann ausgewählt werden, ob die Objekte der 3DS-Datei in die aktuelle Szene eingefügt oder diese komplett ersetzen sollen. In 3DS-Dateien sind im Gegensatz zu DWG- oder DXF-Dateien Einheiten gespeichert, die in die Einheiten der Szene umgerechnet werden können.

Enthält die importierte 3DS-Datei Animationsdaten, erscheint eine weitere Abfrage, ob die Länge der Animation entsprechend angepasst werden soll.

VRML-Import

Die meisten 3D-Programme können VRML zwar exportieren, aber nicht wieder einlesen. 3ds max 6 konvertiert VRML-Modelle wieder in 3ds max-Geometrie. VRML-Daten werden für interaktive 3D-Welten im Internet verwendet und können mit verschiedenen Betrachtern und Browser-Plug-Ins dargestellt werden (siehe Abbildung 6.42).

Der Menüpunkt DATEI/IMPORTIEREN importiert unter anderem auch VRML-Dateien. Beim Konvertieren gibt es drei Schalter, die einzustellen sind:

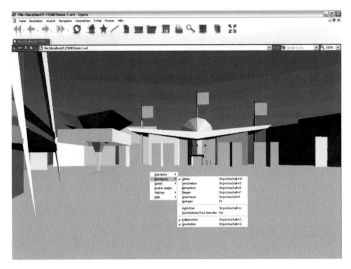

Abbildung 6.42: VRML-Szene in Opera mit Blaxxun Plug-In

Abbildung 6.43: Einstellungen zum VRML-Import

➡ SZENE ZURÜCKSETZEN – löscht alle vorher vorhandenen Objekte.

Szene zurücksetzen = Reset Scene

➡ IN 3DS-KOORDINATEN UMWANDELN – konvertiert die VRML-Koordinaten in 3ds max 6-Koordinaten. Dabei werden die Y- und die Z-Achse vertauscht.

In 3DS-Koordinaten umwandeln = Turn to 3DS Coordinates

➡ GRUNDKÖRPER ERSTELLEN – generiert aus den VRML-Grundkörpern parametrische 3ds max-Grundkörper und keine einfachen Netzobjekte.

Grundkörper erstellen = Create Primitives

Materialien, Lichtquellen und Kameras aus der VRML-Szene werden automatisch übernommen. VRML-Helfer-Objekte werden nicht in ihrer Funktion übernommen, sondern in 3ds max 6 nur als Dummy dargestellt.

In vielen Fällen sind die VRML-Lichtquellen zu hell, so dass man die Helligkeit manuell herabsetzen oder einzelne Lichtquellen ausschalten sollte.

:-)
TIPP

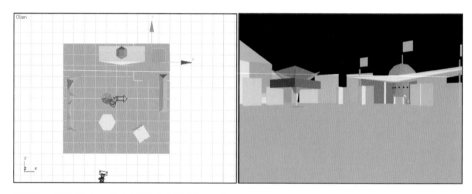

Abbildung 6.44: Die importierte VRML-Datei in 3ds max 6

Daten exportieren

Umgekehrt kann 3ds max 6 Daten auch in alle anderen gängigen 3D-Formate exportieren, da kaum ein anderes Programm MAX-Dateien einlesen kann.

Beachten Sie, dass bei jedem Export MAX-Daten verloren gehen. Kein anderes Zeichnungsformat besitzt so viel Objektintelligenz und Materialeigenschaften. Speichern Sie sich also immer parallel die MAX-Szene, um damit weiter arbeiten zu können.

DWG-Export

Datei/Exportieren = File/Export

Mit dem Menüpunkt DATEI/EXPORTIEREN können DWG-Dateien im Format von AutoCAD 2000 oder 2004 geschrieben werden. Das ermöglicht AutoCAD-Anwendern, die freien Modelliermöglichkeiten von 3ds max 6 zu nutzen, um Objekte für ihre AutoCAD-Zeichnungen zu erstellen.

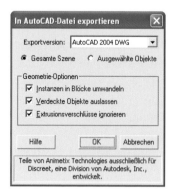

Abbildung 6.45: Optionen beim Export einer DWG-Datei

Dabei kann ausgewählt werden, ob die ganze Szene oder nur die ausgewählten Objekte exportiert werden sollen. Layer werden automatisch anhand der in der MAX-Szene vorhandenen Layer angelegt.

➤ INSTANZEN IN BLÖCKE UMWANDELN macht aus 3ds max-Instanzen Auto-CAD Blöcke, die mehrfach eingefügt sind. Die Blöcke erhalten den Namen der zuerst verarbeiteten Instanz. Ist dieser Schalter ausgeschaltet, werden Instanzen wie unabhängige Objekte und Referenzen behandelt.

Instanzen in Blöcke umwandeln = Convert Instances to Blocks

➤ VERDECKTE OBJEKTE AUSLASSEN gibt an, ob Objekte, die ausgeblendet sind, mit exportiert werden sollen.

Verdeckte Objekte auslassen = Skip Hidden Objects

➤ EXTRUSIONSVERSCHLÜSSE IGNORIEREN lässt die Flächen auf den Verschluss-kappen von Extrusionsobjekten beim Export weg.

Extrusionsver-schlüsse ignorieren = Ignore Extrude Capping

DXF-Export

Die Einstellungen beim DXF-Import sind in 3ds max 6 identisch mit denen beim DWG-Import.

3DS-Export

Beim Export in eine 3DS-Datei über den Menüpunkt DATEI/EXPORTIEREN wird immer die gesamte Szene exportiert. Möchten Sie nur einzelne Objekte exportie-ren, wählen Sie diese in der Szene aus und verwenden dann den Menüpunkt DATEI/AUSWAHL EXPORTIEREN.

Datei/Auswahl exportieren = File/Export Selected

7 Objekte modellieren

Bis jetzt haben wir immer mit fertigen Objekten und Szenen oder Geometrien, die aus anderen Programmen importiert wurden, gearbeitet. 3ds max 6 bietet aber auch sehr gute Möglichkeiten, selbst Objekte zu modellieren, sogar bessere als in vielen CAD-Programmen. Besonders bei der Gestaltung von Freiform-Objekten bietet es sich an, direkt in 3ds max 6 zu arbeiten.

Man unterscheidet grundsätzlich zwischen parametrischen Objekten und Netz-objekten:

➡ *Netzobjekte* bestehen aus einzelnen Dreiecksflächen. Durch Kantenglättung lassen sich dabei auch gerundete Formen darstellen. Diese Art von Objekten lässt sich durch Verschieben der Eckpunkte beliebig verformen.

➡ *Parametrische Objekte* werden durch einige wenige Parameter, wie zum Beispiel Durchmesser und Höhe, definiert. Durch Veränderung dieser Parameter lassen sich diese Objekte sehr einfach verändern, behalten aber ihre Grundform.

7.1 Quader, Kugeln, Kegel und Zylinder

Quader, Kugeln, Kegeln und Zylinder sind die wichtigsten Grundkörper der räumlichen Geometrie und werden oft auch als *Primitive* bezeichnet. Diese Objekte können in 3ds max 6 parametrisch definiert werden.

Während der Arbeit besteht jederzeit die Möglichkeit, die Parameter zu ändern und so die Objekte zu verformen. Das kann auch animiert geschehen.

Die Befehle zum Erstellen parametrischer Grundkörper finden Sie auf Buttons in der ERSTELLEN-Palette.

Wählen Sie bei eingeschaltetem GEOMETRIE-Button die Auswahl STANDARD-GRUNDKÖRPER.

Standard-Grundkörper = standard Primitives

Die wichtigsten Standardkörper Kugel, Ebene und Quader finden Sie auch auf dem Quad-Menü, das bei einem Rechtsklick mit gedrückter Strg *-Taste in den Ansichtsfenstern erscheint.*

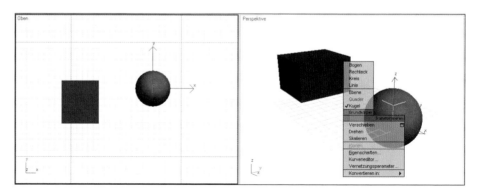

Abbildung 7.1: Grundkörper im Quad-Menü

Quader

Quader = Box

Der Button QUADER erzeugt einen Kubus auf dem aktuellen Grundraster, also in der Ebene orthogonaler Ansichtsfenster, oder auf dem Grundraster in axonometrischen und PERSPEKTIVE-Fenstern.

Zuerst zieht man ein Rechteck auf, das die Grundfläche des Quaders darstellt. Anschließend legt man durch Mausbewegung die Höhe des Kubus senkrecht zur Grundfläche fest.

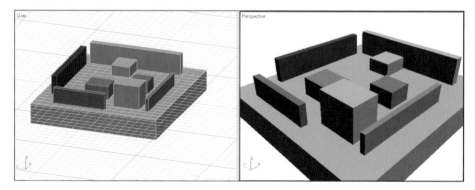

Abbildung 7.2: Verschiedene Quader

Schräg liegende Objekte können auf Rasterobjekten erstellt oder nachträglich gedreht werden.

Alle Maße eines Quaders lassen sich auch im Rollout PARAME-
TER exakt eintragen und nachträglich verändern.

Eine Sonderform des Quaders ist der Würfel mit lauter gleich
langen Seiten. Um auf einfache Art einen Würfel zu zeigen,
schalten Sie im Rollout ERSTELLUNGSMETHODE die Option
WÜRFEL ein. Jetzt zeigt man keine Ecke, sondern den Mittelpunkt der Bodenfläche des Würfels auf der Konstruktionsebene, und zieht von dort aus den Würfel auf die gewünschte
Größe.

Erstellungsmethode/
Würfel
= Creation Method/
Cube

Säulen mit quadratischer Grundfläche lassen sich mit einem Trick exakt erstel-
len. Halten Sie im Modus QUADER die Taste Strg *gedrückt. Jetzt wird die*
Grundfläche immer ein Quadrat, die Höhe ist beliebig einstellbar.

:-)
TIPP

Quader = Box

Die Segmentierung eines Objekts ist wichtig, wenn es später verformt werden
soll. Normalerweise sollten Sie die Segmentierung immer so gering wie möglich
halten, bei Verformungen kann sie auch nachträglich erhöht werden. Bei mehr
Segmenten entstehen deutlich rundere Verformungen, aber auch erheblich komplexere Geometrien.

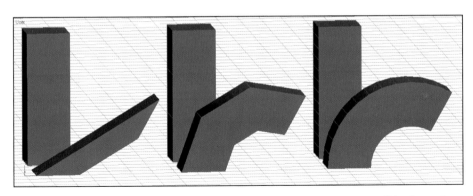

Abbildung 7.3: Verbogene Quader mit unterschiedlicher Segmentierung

Zylinder

Zylinder werden ähnlich wie Quader erstellt. Zuerst bestimmt man auf dem
Grundraster die Grundfläche, hier einen Kreis, danach zieht man die Höhe senkrecht dazu hoch.

Zylinder = Cylinder

Für Zylinder gibt es zwei Erstellungsmethoden:

➤ MITTE – Hier bestimmt man erst den Mittelpunkt, dann den Radius.

Mitte = Center

➤ DURCHMESSER – Hier bestimmt man einen Punkt auf einer Mantellinie und
zieht den Zylinder am genau gegenüberliegenden Punkt. Dabei braucht man
den Mittelpunkt nicht zu kennen.

Durchmesser = Edge

Auch hier können alle Parameter nachträglich verändert werden.

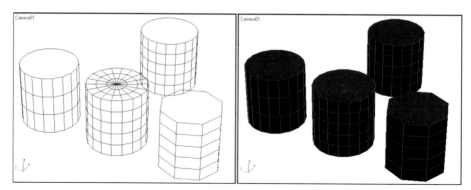

Abbildung 7.4: Hinten: Original, links: weniger Höhensegmente, Mitte: mehr Verschlusssegmente, rechts: weniger Seiten

Zylinder können in drei Richtungen segmentiert werden:

Höhensegmente = Height Segments

➤ HÖHENSEGMENTE – gibt die Segmentzahl entlang der Höhe an und ist nur bei Verbiegungen von Bedeutung.

Verschlusssegmente = Cap Segments

➤ VERSCHLUSSSEGMENTE – gibt die Segmentzahl auf den Deckelflächen an und ist nur von Bedeutung, wenn die Deckelfläche verformt wird.

Seiten = Sides

➤ SEITEN – ist der einzige Parameter, der auch bei einem nicht verformten Zylinder zu sehen ist, nämlich die Anzahl der Seitenflächen auf dem Umfang.

Prismen

Prismen und Zylinder sind prinzipiell das Gleiche. Zylinder lassen sich durch Ausschalten der Glättung wie Prismen darstellen. Der Schalter GLATT legt bei ZYLINDER-Objekten fest, ob entlang der Mantelflächen eine Glättungsgruppe gelegt werden soll, so dass die Zylinder rund erscheinen. Ohne GLATT ergeben sich Prismen statt wirklicher Zylinder.

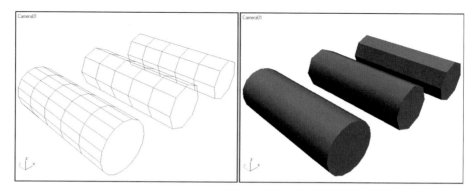

Abbildung 7.5: Rechts hinten ein Zylinder ohne die Glatt-Option

Die beiden Zylinder links in der Abbildung zeigen die Wirkung unterschiedlicher Seitenzahlen bei glatten Zylindern.

Zylindersegmente

Der Schalter SEGMENT EIN ermöglicht das Generieren von Zylindersegmenten. Danach muss man nur zwei Winkel angeben, von wo bis wo das Segment bezogen auf die Kreisfläche des Zylinders reichen soll.

Segment ein = Slice on

Rohre

Rohre sind eine Sonderform des Zylinders, sie enthalten eine axiale Bohrung. Wie bei Zylindern sind auch bei Rohren Segmente möglich.

Rohr = Tube

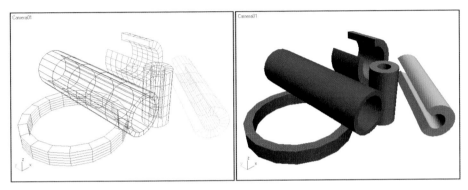

Abbildung 7.6: Verschiedene Rohre, rechts: Rohrsegmente

Das Zeichnen eines Rohrs funktioniert prinzipiell genauso wie beim Zylinder. Der einzige Unterschied zum Zylinder ist, dass nach dem ersten auch noch der zweite Radius bestimmt werden muss, bevor man die Höhe festlegt. Dabei kann der zweite Radius größer oder kleiner als der erste sein.

Alle anderen Einstellungen und Parameter entsprechen denen von Zylindern. Auch bei Rohren können ohne den Schalter GLATT prismenförmige Rohre erstellt werden.

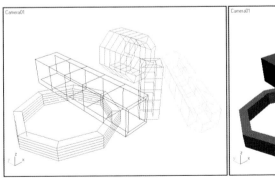 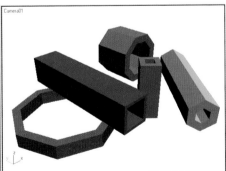

Abbildung 7.7: Prismenförmige Rohre

Kegel

Kegel = Cone

Kegel sind in 3ds max 6 geometrische Kegelstümpfe, vergleichbar mit Zylindern, deren beiden Deckelflächen unterschiedliche Radien haben. Es müssen also nicht wirklich mathematische Kegel sein. Diese bilden hier einen Sonderfall, bei dem einer der Radien 0 ist.

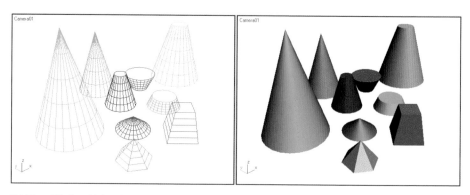

Abbildung 7.8: Verschiedene Kegel

Die Abbildung zeigt verschiedene Kegel; vorne rechts ist bei zwei Kegeln der Schalter GLATT ausgeschaltet, so dass sich Pyramiden ergeben.

Bei den Kegeln und Kegelstümpfen in 3ds max 6 liegen die Mittelpunkte der beiden Deckelflächen immer genau übereinander. Bei einem echten Kegel liegt die Spitze auch genau über dem Mittelpunkt der Bodenfläche. Es gibt also keine schiefen Kegel.

Das Erstellen eines Kegels funktioniert ähnlich wie bei einem Rohr, mit dem Unterschied, dass der zweite Radius nicht den Innenradius, sondern den Radius der oberen Deckelfläche angibt.

Alle weiteren Parameter und auch die Möglichkeit zur Segmentierung entsprechen denen von Zylindern.

Pyramiden

Pyramide = Pyramid

Pyramiden entstehen beim Zeichnen von Kegeln mit ausgeschalteter GLATT-Option. Derartige Pyramiden können beliebig viele Seiten haben, sind aber immer rotationssymmetrisch.

Mit dem Button PYRAMIDE lassen sich vierseitige Pyramiden erstellen, deren Grundfläche aber nicht quadratisch sein muss. Diese Pyramiden werden wie Quader gezeichnet. Kugeln werden immer so gezeichnet, daß ihre Äquatorialebene parallel zur Ebene des aktuellen Ansichtsfensters liegt. Geosphären haben keine eindeutige Äquatorialebene.

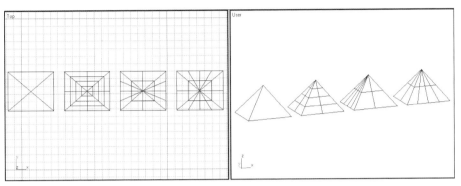

Abbildung 7.9: Pyramiden mit unterschiedlichen Segmentierungen

Sollen die Pyramiden später verformt werden, kann man hier in allen drei Dimensionen unterschiedliche Segmentierungen einstellen.

Kugel

Kugeln werden durch zwei verschiedene geometrische Modelle angenähert, da 3ds max 6 alle Körper aus flachen Polygonen aufbaut.

➡ *Meridiankugeln* werden wie ein Globus in axialer Richtung in mehrere gleichmäßige Segmente aufgeteilt, entsprechend den Längenkreisen auf dem Globus. Senkrecht zu dieser Achse schneidet man die Kugel in parallele waagerechte Schichten, entsprechend den Breitenkreisen auf dem Globus.

Kugel = Sphere

➡ *Geosphären* entstehen durch gleichmäßig verteilte Dreiecke, die sich einer Kugelform annähern.

Geospäre = GeoSphere

Beide Modelle können in 3ds max 6 verwendet werden. Dazu gibt es auf der ERSTELLEN-Palette die zwei Buttons KUGEL und GEOSPHÄRE.

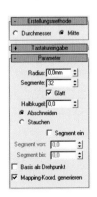

Kugeln werden immer so gezeichnet, dass ihre Äquatorialebene parallel zur Ebene des aktuellen Ansichtsfensters liegt. Geosphären haben keine eindeutige Äquatorialebene.

Solange der Schalter GLATT eingeschaltet ist, ist kein Unterschied zwischen den beiden Formen zu sehen. Bei ausgeschalteter GLATT-Option wird der Unterschied deutlich, besonders wenn man die Anzahl der Segmente reduziert.

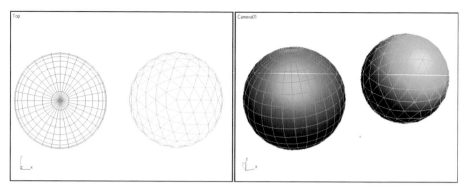

Abbildung 7.10: Kugel und Geosphäre mit gleichem Radius

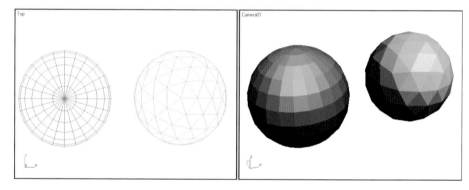

Abbildung 7.11: Kugel und Geosphäre ohne Kantenglättung

Segmente
= Segments

Bei Kugeln kann die Segmentierung in axialer und radialer Richtung nicht unabhängig voneinander eingestellt werden. Der Wert SEGMENTE gilt immer für beide Richtungen. Bei Geosphären wird die Segmentierung anders berechnet.

Geosphären basieren auf den platonischen Körpern Tetraeder, Oktaeder und Ikosaeder. Durch weitere Aufteilung der einzelnen Dreiecksflächen entsteht eine Näherungsform der Kugel.

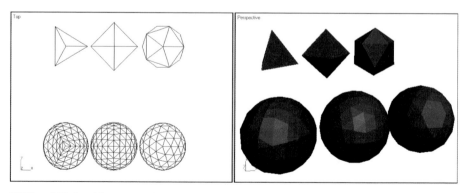

Abbildung 7.12: Geosphären aus verschiedenen Basiskörpern

Die zu verwendenden Grundkörper und die Aufteilung werden im PARAMETER-Rollout eingestellt.

Normalerweise wird jede Kugel vom Mittelpunkt aus gezeichnet. Bei einer Veränderung des Radius bleibt der Mittelpunkt an der gleichen Stelle. Aktiviert man den Schalter BASIS ALS DREHPUNKT, liegt der Basispunkt im untersten Punkt der Kugel. Damit können also Kugeln gezeichnet werden, die auf einer Fläche liegen. Diese bleiben auch auf der Fläche liegen, wenn ihr Radius verändert wird.

Basis als Drehpunkt = Base to Pivot

Bedingt durch die Geometrie von Geosphären gibt es hier keine Möglichkeit, Segmente zu erstellen.

!!
STOP

Halbkugeln und Kugelkappen

Mit dem Schalter HALBKUGEL lässt sich aus einer Geosphäre eine Halbkugel erstellen. Der gleiche Parameter ist bei Meridiankugeln einstellbar. Je nachdem, wie groß dieser Wert ist, wird nur ein entsprechender Teil der Kugel dargestellt.

Halbkugel = Hemisphere

Für das Abschneiden der Kugeln gibt es zwei Varianten:

➡ ABSCHNEIDEN – schneidet einen Teil der Kugel einfach ab. Es gehen also Flächen und Eckpunkte verloren. Die Detaillierung des Objekts und die Lage, Form und Größe der noch vorhandenen Flächen bleiben gleich.

Abschneiden = Chop

➡ STAUCHEN – belässt die Anzahl der Flächen und Eckpunkte. Die Detaillierung des Objekts und die Lage, Form und Größe der noch vorhandenen Flächen verändern sich.

Stauchen = Squash

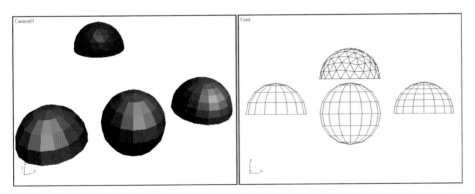

Abbildung 7.13: Links: Abschneiden, rechts: Stauchen, im Hintergrund eine halbe Geosphäre

Torus

Ein Torus ist ein ringförmiger Körper, der im Gegensatz zu einem Rohr auch einen kreisförmigen Querschnitt hat. Ein Torus wird durch zwei Radien definiert, den mittleren Ringradius und den Radius der Querschnittsfläche.

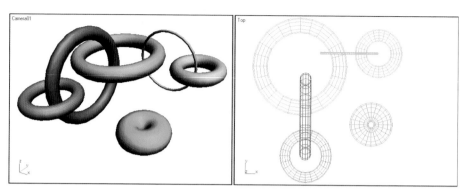

Abbildung 7.14: Verschiedene Tori

Das Erstellen eines Torus funktioniert wie bei den anderen Grundkörpern direkt in den Ansichtsfenstern. Nur die Parameter unterscheiden sich etwas.

Die Segmentierung eines Torus kann in beiden Achsen unterschiedlich eingestellt werden.

Der Begriff »Achsen« bezieht sich hier nicht auf Koordinatenachsen, sondern auf die Hauptachse des Torus und die Achse der rotierenden Kreisfläche, die die Torusoberfläche bildet.

Segmente = Segments

➡ SEGMENTE – gibt die Aufteilung entlang der Hauptachse an.

Seiten = Sides

➡ SEITEN – gibt die Aufteilung der rotierten Kreisfläche, also die Anzahl der Mantellinien an.

Auch die Glättung lässt sich in beiden Richtungen unterschiedlich einstellen.

Abbildung 7.15: Verschiedene Glättungseinstellungen

Alle/Seiten/ Segmente/Keine = All/Sides/Segments/ None

Die Abbildung zeigt von links nach rechts die Einstellungen ALLE, SEITEN, SEGMENTE und KEINE.

Der Wert VERDREHUNG verdreht den Torus in sich, was nur bei SEITEN-Glättung richtig deutlich wird.

Verdrehung = Twist

Auch bei einem Torus lässt sich wie bei anderen runden Grundkörpern ein beliebiges Winkelsegment darstellen.

7.2 Erweiterte Grundkörper

Unter der Option gibt es in der ERSTELLEN-Palette noch weitere parametrische Objekttypen, die ähnlich wie einfache Grundkörper gezeichnet werden, aber zusätzliche Einstellungen bieten.

Erweiterte Grundkörper = Extended Primitives

Beim Zeichnen realistischer Objekte haben erweiterte Grundkörper gegenüber Netzobjekten den Vorteil, daß sie parametrisch verändert und animiert werden können.

AbgekQuader

Ein abgekanteter Quader sieht in den meisten Fällen realistischer aus als ein echter geometrischer Quader mit scharfen Kanten.

AbgekQuader = ChamferBox

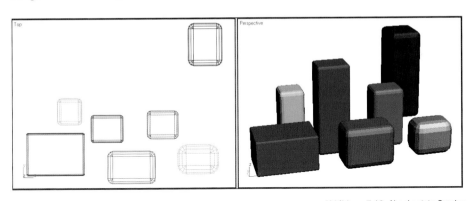

Abbildung 7.16: Abgekantete Quader

Das Objekt wird wie ein Quader gezeichnet. Nach dem Einstellen der Höhe gibt man zusätzlich noch die Breite der Abkantung an. Im PARAMETER-Rollout gibt es je einen vierten Parameter für das Maß der Abkantung sowie deren Segmentierung. Der Schalter GLATT gibt an, ob die Abkantungen gerundet erscheinen.

Alle Maße, auch die Abkantung lassen sich animieren. Ein Abkantungsmaß von 0 erzeugt scharfe Kanten, wie bei einem normalen Quader. Durch kleine Abkantungen lassen sich Lichtreflexe an den Kanten erzeugen, die einem Quader mehr Realität geben.

AbgekZyl

AbgekZyl
= ChamferCyl

Abgekantete Zylinder werden wie Zylinder gezeichnet, mit dem Unterschied, dass auch hier noch eine Abkantung angegeben wird.

Der Schalter GLATT betrifft hier immer beide Richtungen, die Glättung der Mantelfläche und die Glättung der Abkantung.

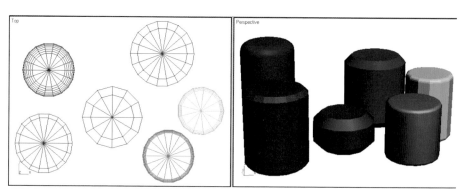

Abbildung 7.17: Abgekantete Zylinder

Öltank

Öltank = OilTank

Das Objekt Öltank ist ein Zylinder, der nicht durch ebene Deckelflächen begrenzt wird, sondern durch Kugelkappen. Die Höhe dieser Kugelkappen ist einstellbar.

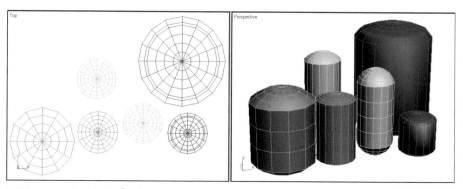

Abbildung 7.18: Verschiedene Öltanks

Das Erstellen dieser Objekte funktioniert wie bei abgekanteten Zylindern. Das zuletzt gezeigte Maß gibt die Höhe der Kugelkappe an.

Insgesamt = Overall
Mittelpunkte
= Centers
Verschmelzen
= Blend

Welches Maß als Höhe des Objekts gilt, wird mit den Schaltern in der Mitte festgelegt:

➡ INSGESAMT – gibt die Höhe des gesamten Objekts an.

➡ MITTELPUNKTE – gibt nur die Höhe des zylindrischen Mittelteils an. Dazu kommt noch die Höhe der beiden Kugelkappen.

Je größer der Parameter VERSCHMELZEN eingestellt wird, desto runder wird der Übergang zwischen zylindrischem Teil und Kugelkappe. Bei 0 gibt es hier eine scharfe Kante. Größere Werte definieren nicht nur eine Kantenglättung, sondern auch eine geometrische Verschiebung der Flächen an der Grenzkante, wie in den beiden Objekten rechts in Abbildung 7.18 zu sehen ist.

Kapsel

Kapseln sind ähnliche Objekte wie Öltanks, mit dem Unterschied, dass die beiden Kappen immer exakte Halbkugeln sind. Es gibt hier also keine getrennte Einstellung der Kappenhöhe und auch kein VERSCHMELZEN.

Kapsel =Capsule

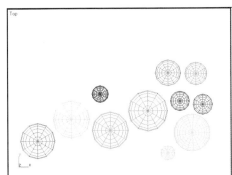
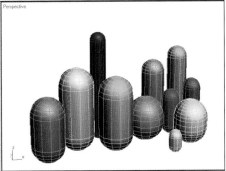

Abbildung 7.19: Verschiedene Kapseln

Spindel

Spindel = Spindle

Spindeln verhalten sich ebenfalls wie Öltanks. Allerdings werden hier keine Kugelkappen, sondern Kegelspitzen als Abschluss an beiden Enden verwendet.

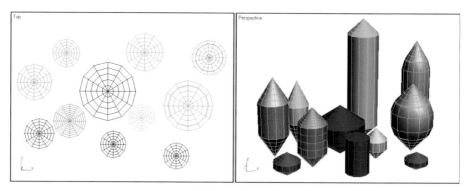

Abbildung 7.20: Verschiedene Spindeln

Die Höhe der Kegelspitzen lässt sich einstellen. Hier gibt es, wie bei Öltanks, einen Parameter VERSCHMELZEN, der die Kante zwischen Zylinder und Kegel weich überblendet, wie in den beiden Objekten ganz rechts zu sehen.

Gengon

Ein Gengon ist eine Zwischenform zwischen Zylinder und Prisma. Das Erstellen erfolgt wie bei einem Zylinder. Die Seiten sind immer gleich, die Kanten können mit Fasen versehen werden.

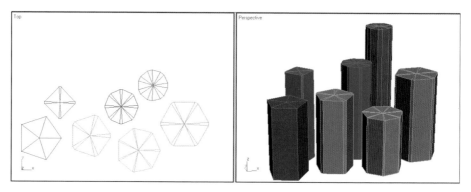

Abbildung 7.21: Verschiedene Gengon-Objekte

Die Begrenzung zwischen Mantel- und Deckelflächen ist immer eine scharfe Kante. Hier kann es keine Fase oder Glättung geben.

Prisma

Das Objekt *Prisma* erstellt Dreikantprismen mit unterschiedlichen Kantenlängen. Gleichseitige Prismen lassen sich einfach mit dem Objekt *Zylinder* ohne Kantenglättung erstellen.

Prisma = Prism

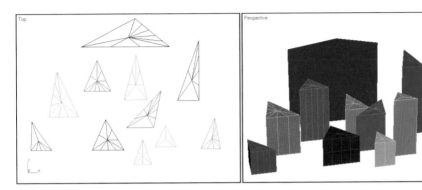

Abbildung 7.22: Verschiedene Prismen

Es gibt zwei Erstellungsmethoden für Prismen:

Gleichschenklig = Isosceles
Basis/Gipfel = Base/Apex

➤ GLEICHSCHENKLIG – Erstellt gleichschenklige Prismen. Hier zeigen Sie gleichzeitig die Länge der Basislinie und die Höhe des Dreiecks in der Grundfläche und danach die räumliche Höhe des Prismas.

➤ BASIS/GIPFEL – Hier zeigen Sie zuerst die Basislinie, dann den dritten Punkt des Dreiecks und zuletzt die räumliche Höhe des Prismas.

Die Basislinie liegt dabei immer in der lokalen X-Achse. Im PARAMETER-Rollout kann nachträglich jede Seitenlänge des Prismas eingestellt werden, wodurch sich automatisch die Winkel ändern. Jede Seite und auch die Höhe können unterschiedlich segmentiert werden.

Wände

L-Ext und *C-Ext* sind L- oder C-förmige Wandstücke mit beliebiger Dicke und Höhe, die zum Erstellen einfacher Raumkanten verwendet werden können.

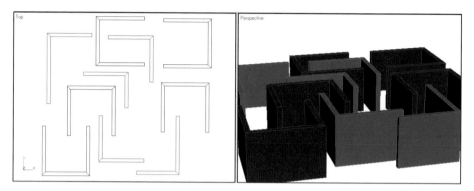

Abbildung 7.23: Raumecken

Ecken = Corners
Mitte = Center

Zum Zeichnen dieser Wände gibt es im PARAMETER-Rollout zwei verschiedene Möglichkeiten:

➡ ECKEN – Hier ziehen Sie ein Rechteck von einer Ecke zur gegenüberliegenden Ecke auf. Dabei liegt die erste Ecke am offenen Ende, die zweite am geschlossenen. Die Öffnung ist immer links oder rechts.

➡ MITTE – Hier ziehen Sie das Rechteck vom Mittelpunkt aus symmetrisch auf. Die Richtungen für die Öffnung sind die gleichen.

Halten Sie beim Ziehen die Taste [Strg] gedrückt, entsteht automatisch ein quadratischer Grundriss. Im zweiten Schritt zeigen Sie die Höhe der Wände und danach eine gemeinsame Wandstärke.

Die Längen der Wände, die Dicken und die Segmentierung können nachträglich eingestellt werden.

Schlauch

Schlauch = Hose

Ein *Schlauch* ist ein prismenartiges Objekt, das sich wie ein elastischer Faltenbalg verhält, wie sie zum Schutz von hydraulischen Gelenken oder in Straßenbahnzügen eingesetzt werden. Alle Parameter sind animierbar.

Im PARAMETER-Rollout kann eine runde, rechteckige oder D-förmige Grundform eingestellt werden.

Die Anzahl der Falten, deren Tiefe wie auch das Verhältnis des nicht gefalteten Bereichs lassen sich variabel festlegen.

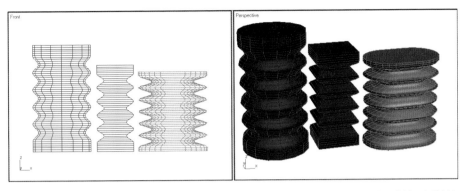

Abbildung 7.24: Verschiedene Schlauch-Objekte

Das ganze Objekt kann entweder frei gezeichnet oder automatisch zwischen zwei vorhandene Objekte gehängt werden, was besonders bei Bewegungssimulationen sinnvoll ist.

Torusknoten

Torusknoten sind sehr variable Objekte, vom einfachen Ring bis zum komplexen Knäuel. Da sich hier ebenfalls alle Parameter animieren lassen, sind interessante Effekte möglich.

Torusknoten
= Torus Knot

Abbildung 7.25: Verschiedene Torusknoten

Ein Torusknoten wird in der Standardform, wie das große Objekt in der Mitte im Bild, aufgezogen. Dabei legt man zuerst die Größe und danach den Durchmesser des Querschnitts fest.

Anschließend kann man durch Verändern der Parameter P und Q die Windungen und damit die Form verändern. Verwendet man als Grundkurve die Form KNO-TEN, beschreiben die Werte P und Q die Anzahl der Verdrehungen in zwei verschiedenen Achsen. Verwenden Sie hier immer ganze Zahlen, um vollständige in sich geschlossene Körper zu bekommen. Das Verhältnis dieser beiden Werte bestimmt das Aussehen der Kurve. Sind beide Werte gleich, ergibt sich ein verdrillter Torus. Ist Q ein ganzzahliges Vielfaches von P, entstehen Körper, die sich durch Verbiegen zu einem Torus verformen lassen. Sie haben also keine wirklichen Knoten. Der Quotient Q/P gibt dabei die Anzahl der Schleifen an. Diese sind in der *Oben*-Ansicht am besten zu erkennen.

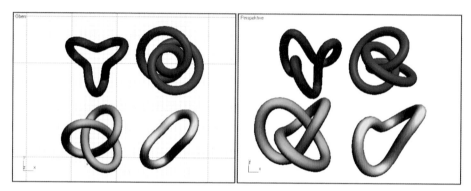

Abbildung 7.26: Verschiedene Q/P-Verhältnisse

Ist umgekehrt P ein ganzzahliges Vielfaches von Q, könnte der Körper ebenfalls zu einem Torus verformt werden. Es entstehen spiralförmige Verdrehungen. Hier gibt der Quotient P/Q die Anzahl der Verdrehungen an. Sind P und Q nicht ganzzahlig durcheinander teilbar, entstehen Knoten. Q gibt hier die Anzahl der Schleifen an, P, wie viele Schleifen ein Bogenzug verbindet.

Abbildung 7.27: Verschiedene nicht ganzzahlig durcheinander teilbare P- und Q-Werte

Die Querschnittsform kann mit dem Parameter EXZENTRIZITÄT vom Kreis zu einer Ellipse verzogen werden. Außerdem kann man entlang der Grundkurve unregelmäßige VERDICKUNGEN bilden.

Abbildung 7.28: Links: Exzentrizität, rechts: Verdickungen

Hedra

Hedra sind gleichmäßige Vielflächenkörper, die auf den fünf platonischen Körpern basieren. Jeder platonische Körper besteht aus lauter gleichen Flächen, die alle gleiche Winkel zueinander haben.

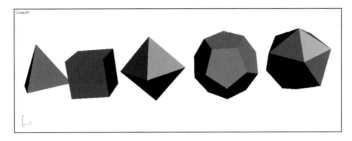

Abbildung 7.29: Die fünf platonischen Körper: Tetraeder, Hexaeder (Würfel), Oktaeder, Dodekaeder und Ikosaeder

Jedes *Hedra*-Objekt wird durch seinen Mittelpunkt und den Radius der umgrenzenden Kugel in Lage und Größe bestimmt. Der Parameter FAMILIE legt die Grundform des Körpers fest. Dabei beschreiben die Familienparameter P und Q Verschiebungen der Eckpunkte und Flächen. Beide Werte zusammen können maximal den Wert 1,0 haben.

Diese Verschiebung lässt aus Ecken Flächenmittelpunkte werden und umgekehrt. Deshalb sind auch *Oktaeder* und *Würfel* bzw. *Ikosaeder* und *Dodekaeder* jeweils eine gleiche Familie. Die Eckpunkte des einen Objekts entsprechen den Flächenmittelpunkten des anderen.

Durch Animation der Familienparameter P und Q lassen sich *Oktaeder* in *Würfel* und *Ikosaeder* in *Dodekaeder* transformieren.

Die Größe eines Hedra-Objektes wird über den Parameter RADIUS bestimmt, der den Radius der umgrenzenden Kugel angibt.

Familie = Family

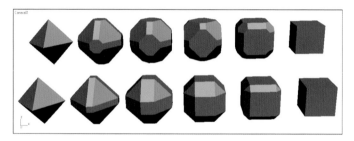

Abbildung 7.30: Verschiedene Übergangsreihen vom Oktaeder zum Würfel

Achsenskalierung = Axis Scaling

Die Parameter ACHSENSKALIERUNG verschieben Flächenmittelpunkte gleichmäßig nach außen oder innen. Dadurch ergeben sich sternartige Gebilde oder Kristalle.

Die beiden Objektfamilien *Stern1* und *Stern2* sind regelmäßige Körper mit teilweise konkaven Außenflächen auf der Basis eines Dodekaeders oder Ikosaeders.

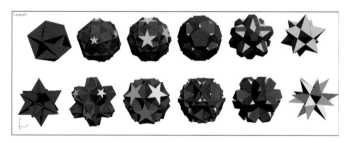

Abbildung 7.31: Stern Hedra, vordere Reihe: Stern 1, hintere Reihe: Stern 2

:-)
TIPP

In diesem Beispiel ist zu sehen, wie den verschiedenen Flächen eines Hedra-Objekts automatisch drei unterschiedliche Material-IDs zugewiesen werden, so dass man auf einfache Weise Multi/Unterobjekt-Materialien anwenden kann.

Plug-In-Objekte

3ds max hat eine sehr offene Programmstruktur, die an vielen Stellen erweiterbar ist. So haben Entwickler die Möglichkeit, eigene Objekttypen zu integrieren, die sich im Programm wie Standardobjekte verhalten.

Teekanne = Teapot

Ein Beispiel, wie solche Plug-In-Objekte eingebunden werden können, ist das Objekt *Teekanne*, das eigentlich keinen wirklichen Sinn hat. Die Teekanne ist von jeher ein klassisches Objekt der dreidimensionalen Computergrafik. An ihr werden verschiedenste Verfahren zur Bearbeitung von Freiformflächen getestet. Andererseits ist sie ein alltäglich bekannter Gegenstand, an dem sich, durch die komplexe Form bedingt, viele Textur- und RENDERING-Parameter ausprobieren lassen. Seit den ersten einfachen 3D-Programmen wird die Teekanne als Symbol für das Rendern verwendet, so auch auf den RENDER-Buttons in 3ds max 6 und AutoCAD.

Der Button TEEKANNE bei den Standard-Grundkörpern generiert eine solche Teekanne. Dabei lassen sich über das PARAMETER-Rollout die Segmentierung einstellen und einzelne Teile des Objekts ausblenden.

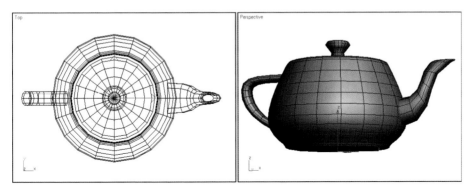

Abbildung 7.32: Die klassische Teekanne in 3ds max 6

7.3   Boolesche Verknüpfungen

Boolesche Verknüpfung bedeutet die logische Addition oder Subtraktion zweier   *Boolesch = Boolean*
Objekte. So lässt sich zum Beispiel sehr einfach eine Bohrung in einem Objekt
erzeugen, indem man einen Zylinder an der richtigen Stelle vom Objekt subtrahiert. Auf diese Weise wurden die Fenster in das weiter vorn in diesem Buch verwendete Straßenbahnmodell geschnitten.

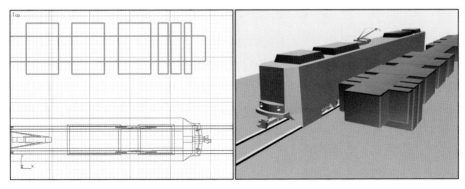

Abbildung 7.33: Der Körper für die Fenster

Für die Fenster wird vom geschlossenen Straßenbahnmodell ein Körper subtrahiert, der aus mehreren abgekanteten Quadern zusammengesetzt wurde.

Abbildung 7.34: Ausgeschnittene Fenster

In 3ds max 6 gibt es vier verschiedene Typen boolescher Verknüpfungen:

Vereinigung = Union   ➡ VEREINIGUNG – erstellt ein Objekt aus der Vereinigung zwei vorhandener Objekte.

Schnittmenge = Intersection   ➡ SCHNITTMENGE – erstellt ein Objekt aus der Schnittmenge zweier Objekte.

Subtraktion = Subtraction   ➡ SUBTRAKTION – subtrahiert ein Objekt vom anderen. Dabei wird noch unterschieden, welches Objekt von welchem abgezogen wird.

Ausschneiden = Cut   ➡ AUSSCHNEIDEN – schneidet aus einem Objekt Teile heraus, ohne Flächen des anderen Objekts hinzuzufügen.

Bau eines Spielwürfels

Das klassische Beispiel für ein mit booleschen Operationen zusammengesetztes Objekt ist der Spielwürfel.

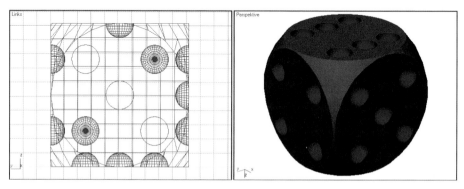

Abbildung 7.35: Spielwürfel als boolesches Objekt [WUERFEL03.MAX]

Ein solcher Würfel besteht aus einem echten geometrischen Würfel, einer großen Kugel und 21 kleinen Kugeln, die die Augen darstellen.

Der Hauptkörper ist eine Schnittmenge eines Würfels und einer Kugel. Dabei ist die Flächendiagonale des Würfels genauso lang wie der Durchmesser der Kugel.

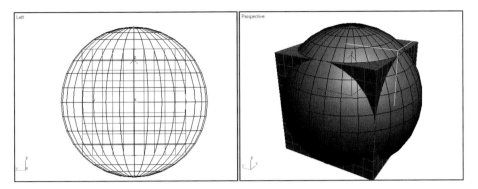

Abbildung 7.36: Die Objekte, aus denen der Spielwürfel gebildet wird

Um ein boolesches Objekt zu erzeugen, muss eines der Grundobjekte selektiert sein. Wählen Sie anschließend auf der ERSTELLEN-Palette unter ZUSAMMENGESETZTE OBJEKTE den Button BOOLESCH.

Klicken Sie im Rollout BOOLE AUSWÄHLEN auf den Button OPERAND B AUSWÄHLEN und wählen Sie im Ansichtsfenster das zweite Objekt. Automatisch werden alle booleschen Operationen berechnet.

In komplexen Szenen, in denen einzelne Objekte schwer in den Ansichtsfenstern gezeigt werden können, drücken Sie die Taste H und blenden damit eine Liste ein. Hier können Sie den zweiten Operanden dann nach Namen auswählen.

Zusammengesetzte Objekte = Compound Objects
Boole auswählen = Pick Boolean

Im Rollout PARAMETER wählen Sie aus, welche boolesche Operation angezeigt werden soll.

Die Operationen VEREINIGUNG und SCHNITTMENGE erklären sich von selbst. Bei der Subtraktion ist die Reihenfolge wichtig, welches Objekt von welchem subtrahiert werden soll. Die folgende Abbildung zeigt vier verschiedene boolesche Operationen mit den gleichen Objekten.

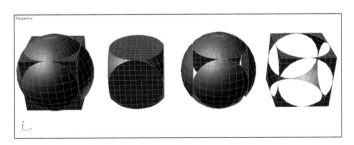

Abbildung 7.37: Von links nach rechts: Vereinigung, Schnittmenge, A–B, B–A

Ausschneiden = Cut

Die Option AUSSCHNEIDEN schneidet die Objekte an den Verschneidungskanten, generiert aber keine neuen Flächen. Im nächsten Bild ist an den beiden Objekten rechts der Unterschied zwischen Subtraktion und Ausschneiden zu sehen. Aus dem Würfel wird in beiden Fällen die Kugel herausgeschnitten. Allerdings bleibt beim AUSSCHNEIDEN im blauen Modell eine hohle Ecke, bei der Subtraktion wird der Körper wie ein massives Volumen behandelt, so dass ein Teil der ehemaligen Kugelfläche im Inneren sichtbar bleibt.

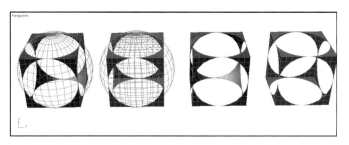

Abbildung 7.38: Unterschied zwischen Subtraktion und Ausschneiden

*Anzeigen/Aktualisie-
ren = Display/Update*

Im Rollout ANZEIGEN/AKTUALISIEREN kann man einstellen, dass außer dem Ergebnis auch die verdeckten Operanden zusätzlich als Drahtmodell angezeigt werden. Alle Operanden bleiben im neu erstellten Objekt enthalten, so dass man auch später noch jederzeit auf der BEARBEITEN-Palette die verwendete boolesche Operation umschalten kann.

*Operanden extra-
hieren = Extract
Operand*

Über den Button OPERANDEN EXTRAHIEREN im PARAMETER-Rollout kann man einen der Operanden in der Operandenliste wählen und daraus nachträglich wieder ein eigenständiges Objekt generieren.

*Operand B
auswählen
= Pick Operand B*

Die Augen im Würfel entstehen durch Subtraktion der kleinen Kugeln von dem Objekt. Dabei kann man nicht einfach mit dem Button OPERAND B AUSWÄHLEN die kleinen Kugeln wählen. Dies würde den vorhandenen Operanden einfach ersetzen. Jedes boolesche Objekt kann nur aus zwei Operanden bestehen.

Stattdessen muss ein neues boolesches Objekt aus dem vorhandenen und den Kugeln erstellt werden.

**!!
STOP**

Boolesche Objekte funktionieren nur sauber, wenn die beiden Operanden geschlossene Körper sind, bei denen es ein eindeutiges Außen und Innen gibt. Alle Flächen müssen mit der Vorderseite nach außen zeigen. Wenn man das Objekt dreht, darf man also nirgends ins Innere sehen können.

(KOMPENDIUM) **3ds max 6**

Außerdem sollten die Größen der einzelnen Flächen beider Objekte ungefähr gleich sein. Sonst kann es an den Verschneidungskanten zu sehr spitzwinkligen Dreiecken kommen, die Probleme beim Rendern machen. Derartige hässliche Artefakte entstehen auch häufig bei booleschen Verschneidungen organisch geformter Objekte. Das Problem ist seit der DOS-Version von 3D-Studio vorhanden und nicht gelöst.

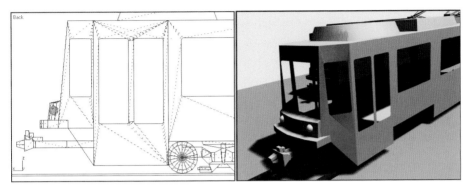

Abbildung 7.39: Schräge Kanten in den Ecken des vorderen Seitenfensters

Dieses Problem tritt besonders bei schrägwinkligen Verschneidungen, wie hier im vorderen Seitenfenster, auf. Stößt ein Objekt genau senkrecht durch die Fläche des zweiten Objekts, wie hier bei den anderen Fenstern, kommt es nur selten zu Problemen.

Eine feinere Aufteilung der Flächen verhindert diesen störenden Effekt.

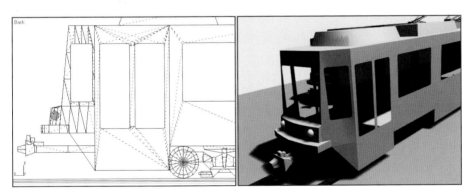

Abbildung 7.40: Kleinere Flächen

In solchen Fällen müssen Sie zur Bearbeitung eines Operanden nicht das ganze boolesche Objekt auflösen. Nutzen Sie die Möglichkeit, aus dem booleschen Objekt einzelne Operanden zu neuen Objekten zu extrahieren. Wenn Sie hierbei die Option INSTANZ anwenden, können Sie das neue Objekt bearbeiten und dabei verändert sich das Instanzobjekt innerhalb des booleschen Objekts automatisch mit.

Instanz = Instance

7.4   Zusammengesetzte Objekttypen

Auf der ERSTELLEN-Palette gibt es noch weitere zusammengesetzte Objekttypen, mit denen sich auf einfache Weise wirkungsvolle Objekte erstellen lassen.

Diese Objekte werden immer aus einer Kombination vorhandener Objekte gebildet. Im Rollout OBJEKTTYP sind immer nur die Objekttypen aktiv, die sich aus den selektierten Objekten in der Szene erstellen lassen.

Gelände

Gelände = Terrain

Das Objekt GELÄNDE generiert ein dreidimensionales Geländemodell aus Höhenlinien. Diese können entweder als Splines gezeichnet oder aus einem geografischen Informationssystem importiert werden. Die Höhenlinien müssen auf den richtigen Z-Höhen im Modell liegen.

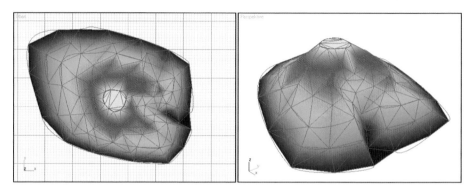

Abbildung 7.41: Geländemodell

Selektieren Sie alle Höhenlinien und generieren Sie dann mit einem Klick automatisch das Objekt.

Operanden auswählen = Pick Operand

Im Rollout OPERANDEN AUSWÄHLEN können auch nachträglich Höhenlinien hinzugefügt werden. Wählen Sie hier die Option INSTANZ, dann können Sie nachträglich die Splines der Höhenlinien verändern. Das Gelände ändert sich parallel dazu mit.

(KOMPENDIUM) 3ds max 6

Alle Höhenlinien erscheinen in der Liste im Rollout PARAMETER und können dort auch einzeln wieder entfernt werden.

Im PARAMETER-Rollout können Sie weiterhin einstellen, wie das Gelände dargestellt werden soll.

Drei verschiedene Geländetypen stehen zur Verfügung:

➡ ABGESTUFTE OBERFLÄCHE – ergibt ein einfaches Flächennetz gemäß der Geländeform

➡ ABGESTUFTER FESTKÖRPER – ergibt ein einfaches Flächennetz gemäß der Geländeform und zusätzlich Einfassungen an den Seiten und eine Bodenfläche, so dass das Objekt von allen Seiten wie ein massiver Körper aussieht

➡ FESTKÖRPER MIT LAYERN – ergibt ein Schichtenmodell gemäß der Höhenlinien, vergleichbar mit Modellen aus Holzplatten, wie sie häufig von Architekten eingesetzt werden.

Bei sehr komplexen Höhenlinien, wie sie zum Beispiel bei der Übernahme aus GIS-Software entstehen, empfiehlt es sich, im Rollout VEREINFACHUNG weniger Flächen zu generieren. Standardmäßig wird jeder Eckpunkt der Höhenlinien für die Berechnung des Geländes verwendet.

Vereinfachung = Simplification

Im Rollout FARBE NACH ERHÖHUNG lässt sich eine farbige Schattierung des Geländes festlegen. Der Button VORGABEN ERSTELLEN definiert einen automatischen Farbverlauf. Die einzelnen Schichten lassen sich aber in Höhe und Farbe beliebig einstellen, auch unabhängig von den Höhen der Höhenlinien.

In der Standardeinstellung behandelt das Programm alle Höhen oberhalb der im Feld REFERENZERHÖHUNG eingetragenen Höhe als Land und die Höhen unterhalb als Wasser. Dementsprechend werden fünf Landfarbzonen von dunkelgrün bis hellgrau verteilt und zwei Wasserfarbzonen in Blautönen.

Farbe nach Erhöhung = Color by Elevation

Angleichen

Das Objekt ANGLEICHEN erstellt eine Art Verpackung für ein vorhandenes Objekt. Dazu braucht man zwei Objekte, eines, das umwickelt werden soll, und ein zweites, aus dem die Umwicklung geformt wird.

Angleichen = Conform

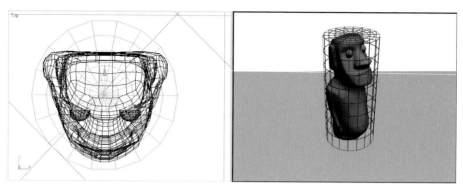

Abbildung 7.42: Die Objekte vor der Erstellung des Angleichen-Objekts

In unserem Beispiel wird die Figur mit einem ANGLEICHEN-Objekt umwickelt, das aus einem Zylinder geformt wird. Zur Verdeutlichung verwenden wir für den Zylinder ein Drahtmodell-Material, so dass die Figur darunter gut zu sehen ist.

Selektieren Sie das zu verformende Objekt und wählen Sie dann aus der Liste ZUSAMMENGESETZTE OBJEKTE in der ERSTELLEN-Palette den Button ANGLEI-CHEN. Wählen Sie im Rollout UMWICKELTES OBJEKT AUSWÄHLEN das Objekt, das eingepackt werden soll.

Im PARAMETER-Rollout haben Sie verschiedene Möglichkeiten, wie die einzelnen Eckpunkte des äußeren Objekts verschoben werden sollen:

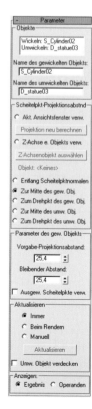

Aktuelles Ansichts-fenster verwenden = Use Active Viewport

➤ AKTUELLES ANSICHTSFENSTER VERWENDEN – verschiebt in der aktuellen Ansichtsrichtung. Der Button PROJEKTION NEU BERECHNEN passt das Objekt an, wenn das Ansichtsfenster verändert wird.

Z-Achse eines Objekts verwenden = Use Any Object's Z Axis

➤ Z-ACHSE EINES OBJEKTS VERWENDEN – verschiebt in Richtung der Z-Achse eines beliebigen Objekts. Bei dieser Methode kann die Projektion durch Drehen des Objekts verändert werden.

Entlang Scheitel-punktnormalen = Along Vertex Normals

➤ ENTLANG SCHEITELPUNKTNORMALEN – verschiebt in Richtung der Flächennormalen der einzelnen Flächen. Auch unregelmäßig geformte Objekte lassen sich mit dieser Methode realitätsnah einwickeln.

Zur Mitte des gewählten Objekts = Towards Wrapper Center

➤ ZUR MITTE DES GEWÄHLTEN OBJEKTS – verschiebt auf den Mittelpunkt des äußeren Objekts zu. Am besten geeignet für Objekte, die in allen drei Koordinatenachsen etwa gleich groß sind.

Zum Drehpunkt des gewählten Objekts = Towards Wrapper Pivot

➤ ZUM DREHPUNKT DES GEWÄHLTEN OBJEKTS – verschiebt auf den Basispunkt des äußeren Objekts zu. Im Gegensatz zum geometrischen Mittelpunkt kann der Drehpunkt eines Objekts beliebig eingestellt werden. Der Drehpunkt bezieht sich auf das ursprüngliche Objekt. Das neue zusammengesetzte Objekt hat einen eigenen Drehpunkt.

➡ ZUR MITTE DES UMWICKELTEN OBJEKTS – verschiebt auf den Mittelpunkt des inneren Objekts selbst zu.

➡ ZUM DREHPUNKT DES UMWICKELTEN OBJEKTS – verschiebt auf den Mittelpunkt des inneren Objekts selbst zu.

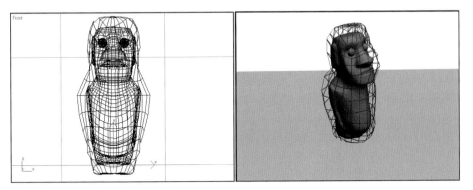

Abbildung 7.43: Das fertige Angleichen-Objekt im Modus Zur Mitte des gewählten Objekts

Zwei weitere Parameter beeinflussen das Maß der Verschiebung der einzelnen Eckpunkte:

➡ VORGABE PROJEKTIONSABSTAND – gibt die Entfernung an, um die die Punkte verschoben werden sollen, die bei der Projektion nicht auf das innere Objekt treffen.

➡ BLEIBENDER ABSTAND – legt den Mindestabstand fest, den jeder Punkt des äußeren Objekts vom inneren Objekt mindestens haben muss. Je kleiner dieser Wert, desto dichter liegt die Verpackung später an. Allerdings kann es je nach Komplexität der Objekte dazu kommen, dass die Verpackung das innere Objekt durchschneidet. Bei größeren Werten wird das Objekt nach außen aufgebläht.

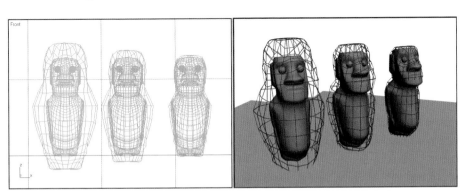

Abbildung 7.44: Verschiedene Werte für Bleibender Abstand [ANGLEICH.MAX]

Im unteren Bereich des PARAMETER-Rollouts kann man einstellen, ob das ANGLEICHEN-Objekt ständig aktualisiert wird, wenn das Basisobjekt verändert wird. Bei sehr komplexen Objekten lässt sich Zeit sparen, wenn man das ANGLEI-CHEN-Objekt nur bei Bedarf manuell aktualisiert.

Verbinden

Verbinden = Connect

Der Objekttyp VERBINDEN erstellt ein zusammengesetztes Objekt durch Verbindung zweier nicht geschlossener Objekte entlang der fehlenden Flächenkanten.

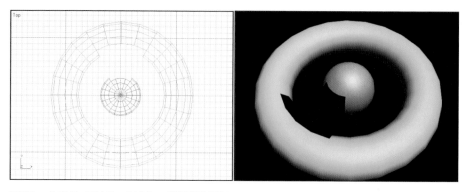

Abbildung 7.45: Zwei Objekte mit Löchern [VERBIN01.MAX]

Die Objekte müssen bearbeitbare Netzobjekte sein oder sich in solche umwandeln lassen. Die Löcher müssen gegenüberliegen.

Operanden auswählen = Pick Operand

Selektieren Sie eines der Objekte und wählen Sie dann aus der Liste ZUSAMMENGESETZTE OBJEKTE auf der ERSTELLEN-Palette den Button VERBINDEN. Wählen Sie im Rollout OPE-RANDEN AUSWÄHLEN das Objekt, das verbunden werden soll.

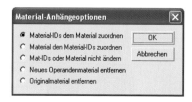

Abbildung 7.46: Optionen zur Verarbeitung der Materialien beim Anhängen

Vor dem Verbinden erscheint noch eine Abfrage, wie mit den Materialien der Einzelobjekte umgegangen werden soll. Generiert man hier automatisch Material-IDs, kann das neue Objekt ein Multi-/Unterobjekt-Material verwenden, das aus den beiden Materialien der ehemaligen Objekte besteht.

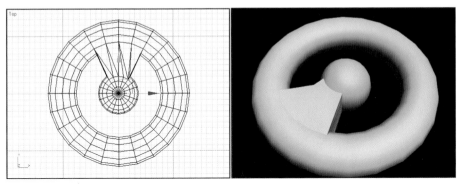

Abbildung 7.47: Das fertige Verbinden-Objekt

Die Kantenglättung kann für die BRÜCKE, also die Kanten auf dem Verbindungskörper, und die ENDEN, die Kanten zwischen Originalobjekten und Verbindungskörper, im PARAMETER-Rollout getrennt eingestellt werden. Kantenglättung beeinflusst nur die Darstellung des gerenderten Bildes und nicht die Objektgeometrie. Es werden automatisch Glättungsgruppen vergeben, die bei Bedarf auch später mit dem Modifikator GLATT verändert werden können.

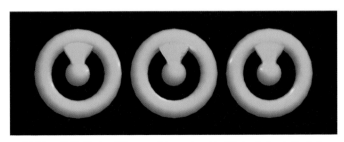

Abbildung 7.48: Kantenglättung von links nach rechts: Brücke, Enden, beide Optionen

Damit die Verbindung organischer wirkt, kann sie noch feiner segmentiert werden. Dabei gibt der Wert SPANNUNG an, wie weit der Verbindungskörper nach innen gezogen wird, um weichere Übergänge an den Objekten zu erreichen. Diese Änderungen wirken sich nicht auf die Kantenglättung aus, sondern modifizieren direkt die Geometrie des Körpers.

Spannung = Tension

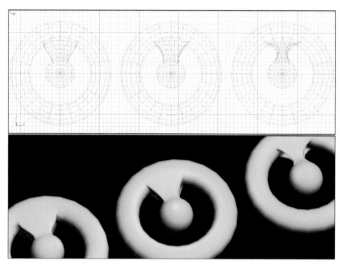

Abbildung 7.49: Verschiedene Einstellungen für Spannung

Streuen

Streuen = Scatter   STREUEN ist ein zusammengesetztes Objekt, bei dem mehrere gleiche, kleine Objekte entlang der Oberfläche oder innerhalb des Volumens eines größeren Objekts verteilt werden.

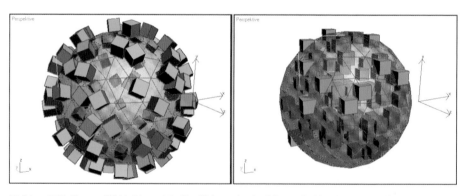

Abbildung 7.50: Streuen-Objekt, links: auf der Oberfläche, rechts: im Volumen des Verteilungsobjekts [STREUEN.MAX]

Ein STREUEN-Objekt wird aus dem kleinen Quellobjekt mit dem Button STREUEN unter ZUSAMMENGESETZTE OBJEKTE auf der ERSTELLEN-Palette erzeugt. Dazu wählen Sie mit dem Button VERTEILUNGSOBJEKT AUSWÄHLEN das größere Objekt, auf dem die Quellobjekte verteilt werden sollen.

Das Ganze verhält sich danach wie ein einziges Objekt. Die genaue Lage der einzelnen Quellobjekte lässt sich nicht verändern. Sie wird nur über die Objekterzeugungsparameter definiert. Diese Parameter lassen sich zur Bewegung des Objekts beliebig animieren. Das Verteilungsobjekt kann später im Rollout ANZEIGEN verdeckt werden, so dass nur die Duplikate des Quellobjekts zu sehen sind. Diese Option ist besonders dann wichtig, wenn die Duplikate im Volumen des Verteilungsobjekts und nicht auf dessen Oberfläche verteilt werden.

Im STREUOBJEKTE-Rollout wird das Aussehen des STREUEN-Objektes festgelegt. Entscheidend ist der Parameter DUPLIKATE. Dieser legt fest, wie viele von den Quellobjekten im STREUEN-Objekt erscheinen sollen.

Duplikate
= Duplicates

Streupobjekte werden überall da verwendet, wo eine große Anzahl gleichförmiger oder zumindestens sehr ähnlicher Objekte entlang einer Oberfläche verteilt werden sollen und die exakte Position jedes einzelnen Objekts keine Rolle spielt. Auf diese Weise können zum Beispiel Bäume auf einer Landschaft verteilt werden, herumliegende Blätter auf einem Weg, Grashalme auf einer Wiese oder Krater auf einem Mond. Mit zunehmender Anzahl von Duplikaten nimmt der Rechenaufwand zur Darstellung eines Streuobjektes deutlich zu. Trotzdem sind Streuobjekte noch einfacher zu handhaben als Partikelsysteme, mit denen sich ähnliche Effekte erstellen lassen. Partikelsysteme empfehlen sich für animierte Ansammlungen von Objekten und bei deutlich größerer Anzahl.

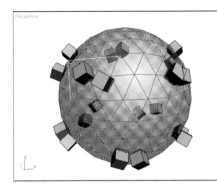

Abbildung 7.51: Unterschiedliche Anzahl von Duplikaten

➡ BASISSKALIERUNG – fügt die Duplikate kleiner als das Original im STREUEN-Objekt ein.

Basisskalierung
= Base Scale

➡ SCHEITELPUNKTCHAOS – verschiebt die einzelnen Eckpunkte der Duplikate zufällig, so dass diese Objekte andere Formen annehmen.

Scheitelpunktchaos
= Vertex Chaos

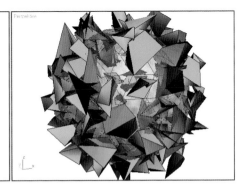

Abbildung 7.52: Scheitelpunktchaos links: 10, rechts: 100

Animationsversatz = Animation Offset

➤ ANIMATIONSVERSATZ – verschiebt bei animierten Objekten die Animation jedes einzelnen Duplikats um eine bestimmte Anzahl Frames für ungleichmäßige Bewegungen.

Rechtwinklig = Perpendicular

➤ RECHTWINKLIG – bedeutet, dass die Duplikate immer rechtwinklig zur Oberfläche des Verteilungsobjekts stehen. Ist dieser Schalter deaktiviert, wird die Orientierung des Originalobjekts beibehalten.

Nur ausgewählte Flächen verwenden = Use Selected Faces Only

➤ NUR AUSGEWÄHLTE FLÄCHEN VERWENDEN – Ist dieser Schalter aktiviert, werden nur die Flächen zum Generieren des Objekts verwendet, die vorher auf Unterobjektebene selektiert wurden.

Beim Verteilen verwenden = Distribute Using

Unter BEIM VERTEILEN VERWENDEN werden verschiedene Verfahren angeboten, wie die Duplikate angeordnet werden:

Bereich = Area

➤ BEREICH – verteilt die Duplikate gleichmäßig über die gesamte Fläche.

Gerade = Even

➤ GERADE – teilt die Anzahl der Flächen im Verteilungsobjekt durch die Anzahl der zu erzeugenden Einzelobjekte und überspringt immer die entsprechende Flächenzahl beim Verteilen der Objekte. Dadurch entsteht eine gleichförmige, weniger zufällige Anordnung.

N Auslassen = Skip N

➤ N AUSLASSEN – überspringt jeweils die angegebene Zahl von Flächen beim gleichmäßigen Verteilen der Duplikate.

Willkürliche Flächen = Random Faces

➤ WILLKÜRLICHE FLÄCHEN – verteilt die Duplikate zufällig über die Flächen des Verteilungsobjekts.

Entlang Kanten = Along Edges

➤ ENTLANG KANTEN – verteilt die Duplikate zufällig an den Kanten des Verteilungsobjekts.

Alle Scheitelpunkte = All Vertices

➤ ALLE SCHEITELPUNKTE – verteilt die Duplikate auf alle Scheitelpunkte des Verteilungsobjekts. Die eingestellte Objektanzahl hat keine Bedeutung.

Alle Kantenmittelpunkte = All Edge Midpoints

➤ ALLE KANTENMITTELPUNKTE – verteilt die Duplikate auf alle Mittelpunkte der Kanten des Verteilungsobjekts. Dabei hat die eingestellte Objektanzahl keine Bedeutung.

Alle Flächenmittelpunkte = All Face Midpoints

➤ ALLE FLÄCHENMITTELPUNKTE – verteilt die Duplikate auf alle Mittelpunkte der Flächen des Verteilungsobjekts. Dabei hat die eingestellte Objektanzahl keine Bedeutung.

Volumen = Volume

➤ VOLUMEN – verteilt die Duplikate innerhalb des Verteilungsobjekts statt auf der Oberfläche.

Im Rollout TRANSFORMATIONEN können Maximalwerte festgelegt werden, um die die einzelnen Duplikate zufällig verdreht, verschoben oder skaliert werden können. Solange diese Werte alle auf 0 stehen, sehen alle Duplikate gleich aus.

Je größer die Werte sind, desto weiter kann ein einzelnes Duplikat aus seiner ursprünglichen Position verschoben oder verdreht werden. Die angegebenen Werte stellen Maximalwerte dar, die meisten Duplikate werden also nicht so weit, wie angegeben bewegt.

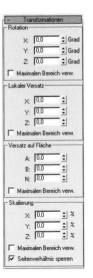

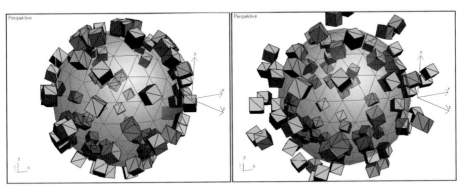

Abbildung 7.53: Links ohne, rechts mit Versatz auf Fläche

Blob-Netz

BLOB-NETZ ist ein neuer Objekttyp in 3ds max 6, der besonders gut zur Darstellung organischer oder flüssiger Materie verwendet werden kann.

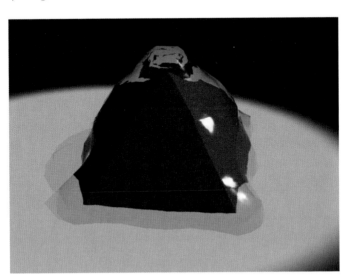

Abbildung 7.54: Organische Gallertmasse um eine Pyramide

Das Erstellen von BLOB-NETZ-Objekten läuft etwas anders ab, als bei den anderen zusammengesetzten Objekttypen.

Blob-Netz
= BlobMesh

Erstellen Sie als Erstes mit dem Button BLOB-NETZ unter ZUSAMMENGESETZTE OBJEKTE auf der ERSTELLEN-Palette ein einzelnes Blob-Objekt irgendwo in der Szene.

Schalten Sie danach auf die ÄNDERN-Palette um. Hier können Sie jetzt ein oder mehrere Geometrie-Objekte in der Szene auswählen, die über BLOB-NETZ organisch verformt werden sollen.

Bedenken Sie, daß die Rechenzeit erheblich zunimmt, wenn die Anzahl der Objekte erhöht wird. Besonders bemerkbar macht sich das bei animierten Objekten und Partikelsystemen.

Abbildung 7.55: Blob-Netze unterschiedlicher Größe an einer Pyramide [BLOB.MAX]

Größe = Size

An jedem Scheitelpunkt der gewählten Objekte wird ein Blob-Netz angeordnet. Abhängig vom Abstand zueinander wachsen die Blob-Netze zusammen. Über den Parameter GRÖßE können Sie den Durchmesser der einzelnen Blob-Netze variieren.

Spannung = Tension

Der Parameter SPANNUNG legt fest, wie dicht ein Blob-Netz zusammenhält. Je kleiner dieser Wert, desto leichter verschmelzen die einzelnen Blob-Netze miteinander.

Abbildung 7.56: Blob-Netze unterschiedlicher Spannung

Grobheit für Auswertung = Evaluation Coarseness

➡ GROBHEIT FÜR AUSWERTUNG – Hier können für RENDERN und ANSICHTSFENSTER unterschiedliche Werte angegeben werden, die die Qualität der Blob-Netze durch unterschiedlich starke Flächenaufteilung bestimmen.

Relative Grobheit = Relative Coarseness

➡ RELATIVE GROBHEIT – setzt die Flächenaufteilung abhängig von der Größe der Blob-Netze.

Der Parameter RELATIVE GROBHEIT *sollte nur nach dem Speichern der Szene verwendet werden, da er unter Umständen riesige Objekte generiert.*

!!
STOP

➡ WEICHE AUSWAHL VERWENDEN – ermöglicht die weiche Auswahl von Scheitelpunkten. Blob-Netze in den Randbereichen erhalten einen geringeren Durchmesser.

Weiche Auswahl verwenden = Use Soft Selection

➡ OPTIMIERUNG FÜR GROSSE DATENMENGEN – beschleunigt die Anzeige bei sehr vielen Blob-Netzen, wie sie zum Beispiel bei der Verwendung von Partikelsystemen entstehen.

Optimierung für große Datenmengen = Large Data Optimization

➡ AUS IM ANSICHTSFENSTER – schaltet die Darstellung der Blob-Netze in den Ansichtsfenstern aus, um die Anzeigegeschwindigkeit zu erhöhen. Beim Rendern werden die Blob-Netze dargestellt.

Aus im Ansichtsfenster = Off in Viewport

Am Ende von Kapitel 12 finden Sie ein Beispiel, wie Blob-Netze, die aus Partikelfluss-Systemen generiert werden, verwendet werden können, um Flüssigkeiten zu simulieren.

→•
REF

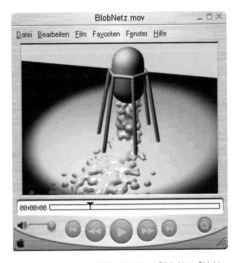

Abbildung 7.57: Animierte Flüssigkeit aus Blob-Netz-Objekten

7.5 Architektur-Objekte

Für einfache Architekturpräsentationen verfügt 3ds max 6 über spezielle Architektur-Objekte. Dabei handelt es sich um parametrische Objekttypen, die über einige wenige Hauptmaße eingegeben werden können. Die Parameter lassen sich auch animieren, so kann sich zum Beispiel in einer Animation eine Tür öffnen, ohne dass man dafür kompliziert eine Drehung definieren muss.

NEU

Die meisten dieser Objekttypen waren in 3D-Studio MAX 2 und 3 bereits vorhanden. In 3ds max 4 und 5 wurden sie herausgenommen und waren nur VIZ-Nutzern zugänglich – jetzt werden sie wieder als Neuerung angekündigt.

Diese Objekte finden Sie auf der ERSTELLEN-Palette unter AEC ERWEITERT, TÜREN, FENSTER, und TREPPEN.

Diese Architektur-Objekte ähneln den gleichnamigen Objekten aus Autodesk Architectural Desktop, werden aber beim Datenaustausch in beiden Richtungen nicht in die entsprechenden Objekte des anderen Programmes konvertiert, sondern in einfache 3D-Geometrie.

Mauer = Wall

Wände

Am Anfang eines jeden Gebäudes stehen die Wände. Diese finden Sie unter dem Button MAUER auf der ERSTELLEN-Palette unter AEC ERWEITERT.

**:-)
TIPP**

Stellen Sie als Erstes im Rollout PARAMETER die Dicke und Höhe der Wand ein. Diese Werte sind am Anfang auf Vorgaben eingestellt, die für das metrische Maßsystem nicht geeignet sind, die neu eingegebenen Werte werden dann aber solange verwendet, bis Sie neue Werte eingeben. Diese Maße werden für jeden Objekttyp getrennt gespeichert.

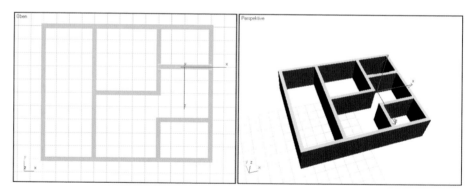

Abbildung 7.58: Parametrische Wände

Da Wände üblicherweise immer in Mauerwerksrastern von 12,5 cm oder 25 cm gebaut werden, schalten Sie am besten ein Raster ein und aktivieren den Objektfang auf die Rasterpunkte. Damit wird sichergestellt, dass die Wände auch gerade verlaufen.

Zur Eingabe vorhandener Grundrisse empfiehlt sich das Rollout TASTATUREIN-
GABE. Dort können Sie die Koordinaten der einzelnen Wandendpunkte nacheinander exakt eingeben und mit dem Button PUNKT HINZUFÜGEN zeichnen lassen.

Eine weitere Methode ist, eine Wand aus einem Spline zu übernehmen. Damit
lassen sich sehr einfach aus zweidimensionalen Plänen oder vektorisierten Zeichnungen Modelle bauen. Klicken Sie im Rollout TASTATUREINGABE auf SPLINE
AUSWÄHLEN und wählen dann ein Spline in der Zeichnung. Die Wand wird
gemäß den Einstellungen im PARAMETER-Rollout gezeichnet.

Auf der ÄNDERN-Palette haben Sie später vielfältige Möglichkeiten, auf Unterobjekt-Level Wandsegmente zu bearbeiten, Punkte einzufügen oder die Dicke
und Höhe der Mauern zu verändern.

Wände bekommen automatisch fünf verschiedene Material-IDs zugewiesen:

Vertikale Enden der Wand	1
Außenseite	2
Innenseite	3
Oberseite und ausgeschnittene Öffnungen	4
Unterseite (in den meisten Fällen nicht zu sehen)	5

Fenster

Fenster = Windows

3ds max 6 kennt sechs verschiedene Fenstertypen. Diese finden Sie in der Liste
auf der ERSTELLEN-Palette unter FENSTER. Alle Typen sind voll parametrisch.
Das heißt, ihre Größe sowie alle Parameter des Fensterrahmens sind auch nachträglich beliebig zu ändern. Die Fensterflügel lassen sich – auch animiert – öffnen.

Alle Fenster können direkt in eine Wand eingebaut werden, man braucht vorher
keine Öffnung anzulegen. Die Fenster lassen sich aber nachträglich in den Wänden nicht mehr verschieben, so dass die Öffnung weiterhin zum Fenster passt.

*Leider handelt es sich bei den angebotenen Fenstern im Wesentlichen um in Ame-
rika gebräuchliche Typen. Klassische Europäische Fenster lassen sich damit nicht
immer darstellen.*

INFO

Die einzelnen Teile der Fenster werden automatisch mit verschiedenen Material-
IDs erstellt, so dass man sehr einfach verschiedene Holz und Glasflächen definieren kann.

Auf der DVD finden Sie eine Materialbibliothek buch.mat. *Diese enthält ein Multi-/Unterobjekt-Material* FENSTER4, *das speziell für parametrische Fensterobjekte optimiert ist.*

Die verschiedenen Fenstertypen unterscheiden sich im Wesentlichen in der Anordnung der Fensterflügel und wie diese sich bewegen.

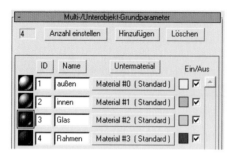

Abbildung 7.59: Material für Fenster im Material-Editor

Fenster zeichnen

Üblicherweise zeichnet man die Fenster im Grundriss. Ziehen Sie eine Linie an der Wandaußenseite, die die Breite des Fensters angibt. Zeigen Sie danach quer durch die Mauer die Tiefe und zuletzt die Höhe. Alle Parameter lassen sich im PARAMETER-Rollout nachträglich justieren.

Fenster, die auf diese Weise gezeichnet wurden, beginnen auf dem Boden, was bei den meisten Fenstern aber nicht der Fall ist. Die fertigen Fenster können auch nicht mit samt ihrer Maueröffnung vertikal verschoben werden. Hier müssen Sie sich eines Tricks bedienen, um die Fenster auf die richtige Höhe zu bekommen.

Raster = Grid

Zeichnen Sie zuerst in der Ansicht von oben ein Objekt vom Typ RASTER. Sie finden dieses auf der ERSTELLEN-Palette unter HELFER. Die Größe des Rasters spielt keine Rolle.

Verschieben Sie dieses Objekt in Z-Richtung auf die gewünschte Brüstungshöhe der Fenster.

Um das Raster auf eine genau definierte Höhe zu schieben, blenden Sie mit der Taste F12 *das Fenster* TRANSFORMATION EINGEBEN *ein. Hier können Sie exakte Zahlenwerte für die Verschiebungskoordinaten eingeben.*

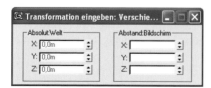

Abbildung 7.60: Transformation eingeben

Klicken Sie dann mit der rechten Maustaste auf das Raster so lange es noch selektiert ist und wählen im Quad-Menü die Option RASTER AKTIVIEREN.

Raster aktivieren = Activate Grid

Alle neuen Objekte werden jetzt auf der Höhe des Rasters gezeichnet.

Rahmenfenster

Dies ist das normale Drehflügelfenster mit einem oder zwei Flügeln. Die Flügel können sich nach außen oder innen öffnen.

Rahmenfenster = Casement

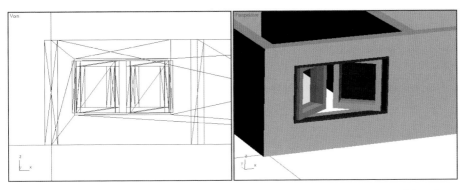

Abbildung 7.61: Zweiflügeliges Rahmenfenster

Bei diesem Fenstertyp können Sie die Höhe, Breite und Tiefe, die Breiten des Rahmens, die Dicke des Glases, die Profilbreite und Gesamtbreite der Flügel einstellen.

Kippfenster

Dieser Fenstertyp sind ein- oder mehrflügelige Fenster deren Flügel sich garagentorartig aufklappen lassen. Das Fenster wird wie die anderen Fenstertypen erstellt. Danach können Sie die Rahmenbreite der Flügel, die Anzahl der Flügel und den Öffnungswinkel einstellen.

Kippfenster = Awning

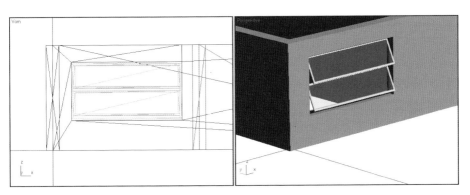
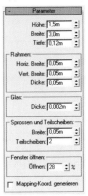

Abbildung 7.62: Zweiflügeliges Kippfenster

Festverglast = Fixed

Festverglast

Diese Fenster sind fest stehend, lassen sich also nicht öffnen. Dafür können sie mehrfach aufgeteilt sein. Ist der Schalter ABGEKANTETES PROFIL eingeschaltet, werden die Sprossen abgeschrägt profiliert, was realistischer aussieht.

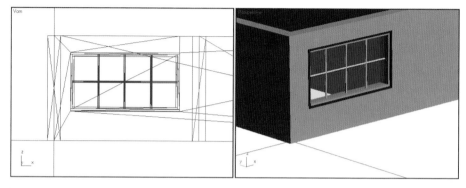

Abbildung 7.63: Festverglasung mit Sprossen

Schwenkfenster
= Pivoted

Schwenkfenster

Diese Fenster schwenken beim Öffnen entweder um die horizontale oder vertikale Mittelachse.

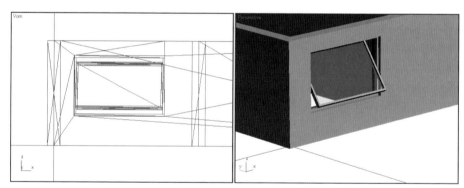

Abbildung 7.64: Schwenkfenster

:-)
TIPP

Die Kipprichtung dieser Fenster lässt sich nicht umkehren. Sollte das Fenster so eingebaut sein, dass es in das Gebäude regnen würde, entfernen Sie es und zeichnen Sie es in umgekehrter Richtung entlang der Mauer.

Dreiteilig

Dieser hierzulande unübliche Fenstertyp hat drei übereinander liegende Flügel mit unterschiedlichen Höhen. Die unteren beiden werden wie beim Typ KIPP-FENSTER aufgeklappt, aber in gegenläufigen Richtungen.

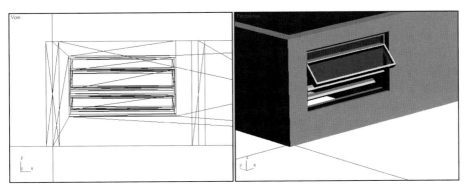

Abbildung 7.65: Dreiteiliges Fenster

Die Höhen der unteren beiden beweglichen Flügel können variabel eingestellt werden. Die Höhe des festen Flügels oben ergibt sich daraus.

Schiebefenster

Mit diesem Fenstertyp lassen sich die klassischen Schiebefenster englischer Altbauten darstellen, aber auch kontinentale horizontal verschiebbare Fenster.

Bei diesem Fenstertyp legen Sie außer der Sprossenbreite auch die Sprossenzahl in beiden Richtungen auf den Flügeln fest. Die Fenster haben immer einen festen und einen beweglichen Flügel, auf denen die Sprossenaufteilung jeweils gleich ist. Die Sprossen können für realistischeres Aussehen schräg profiliert werden.

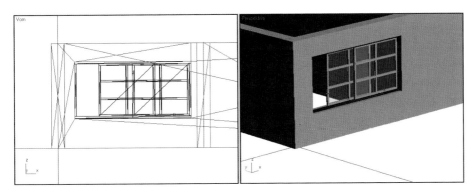

Abbildung 7.66: Schiebefenster mit Sprossen

Mit dem Schalter MIT GEWICHTSAUSGLEICH stellen Sie ein, ob die Fensterflügel vertikal oder horizontal verschoben werden.

Türen

Türen lassen sich ganz ähnlich wie Fenster zeichnen. Hier gibt es drei verschiedene Typen.

Stellen Sie bevor Sie die erste Tür zeichnen, in den Rollouts PARAMETER und BLATTPARAMETER sinnvolle Werte ein. Die Vorgaben sind nur für Zollmaße geeignet.

:-)
TIPP

Vergessen Sie nicht, das Raster für die Fenster zu deaktivieren, bevor Sie eine Tür zeichnen. Sonst erscheint diese auch in der Brüstungshöhe der Fenster.

Drehflügeltür
= Pivot Door

Drehflügeltür

Die Tür, wie man sie in den meisten Fällen braucht, mit einem Türflügel, der sich in den Angeln dreht. Mit dem Schalter DOPPELTÜR lässt sich auch eine zweiflügelige Tür daraus machen.

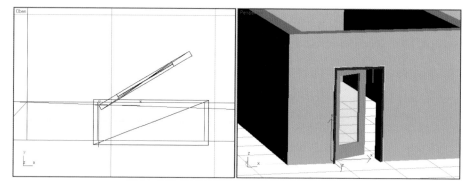

Abbildung 7.67: Einfache Drehflügeltür mit Glas-Paneel

Die Einstellungen im PARAMETER-Rollout und auch die Material-IDs sind ähnlich wie bei Fenstern.

Öffnungsseite wechseln = Flip Swing

➡ ÖFFNUNGSSEITE WECHSELN – legt die Öffnungsrichtung der Tür auf die andere Wandseite

Angel wechseln = Flip Hinge

➡ ANGEL WECHSELN – legt den Türanschlag auf die gegenüberliegende Seite auf der gleichen Wandseite.

Im Rollout BLATTPARAMETER können Sie das Aussehen des Türblattes einstellen. Dabei gibt es vielfältige Möglichkeiten.

Türen bekommen automatisch fünf verschiedene Material-IDs zugewiesen:

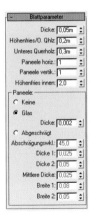

Vorderseite	1
Rückseite	2
Innere Abschrägung oder Glas	3
Rahmen	4
Türfüllung	5

➡ BLATTDICKE: Dicke des Türblattes.

Blattdicke = Thickness

➡ HÖHENFRIES/OBERES QUERHOLZ: Breite der oberen und der vertikalen Rahmenleisten bei Kassettentüren.

Höhenfries/Oberes Querholz = Stiles/Top Rail

➡ UNTERES QUERHOLZ: Breite der unteren Rahmenleiste bei Kassettentüren.

Unteres Querholz = Bottom Rail

➡ PANEELE HORIZONTAL: Anzahl der Kassetten in waagerechter Richtung.

Paneele horizontal = Panels Horiz

➡ PANEELE VERTIKAL: Anzahl der Kassetten in senkrechter Richtung.

Paneele vertikal = Panels Vert

➡ HÖHENFRIES INNEN: Breite der Sprossen zwischen den Kassetten.

Höhenfries innen = Muntin

Im Feld PANEELE stellen Sie das Aussehen der Kassettenfelder ein.

➡ KEINE: Keine Kassetten. Hier wird ein einfaches glattes Türblatt gezeichnet. Die Parameter im oberen Feld dieses Rollouts haben außer BLATTDICKE in diesem Modus keine Bedeutung.

Keine = None

➡ GLAS erstellt Kassetten mit einstellbarer Dicke. Dieser Modus ist für Türen mit Glaselementen gedacht. Bei allen Türen werden automatisch Material IDs vergeben. Dieses Glaselement hat die Material-ID 3.

Glas = Glass

➡ ABGESCHRÄGT erstellt profilierte Sprossen zwischen den Kassetten.

Abgeschrägt = Beveled

Im Modus ABGESCHRÄGT gibt es verschiedene Parameter, die innerhalb bestimmter Grenzen stufenlos einstellbar sind:

➡ ABSCHRÄGUNGSWINKEL: Winkel der Abschrägung.

Abschrägungswinkel = Bevel Angle

➡ DICKE 1: Dicke der gesamten Deckleiste der Kassetten.

Dicke 1 = Thickness 1

➡ DICKE 2: Dicke des inneren Profils der Deckleiste der Kassetten.

Dicke 2 = Thickness 2

➡ MITTLERE DICKE: Dicke des Kassettenfeldes.

Mittlere Dicke = Middle Thick

➡ BREITE 1: Breite der gesamten Deckleiste der Kassetten.

Breite 1 = Width 1

➡ BREITE 2: Breite des inneren Profils der Deckleiste der Kassetten.

Breite 2 = Width 2

Schiebetür = Sliding

Schiebetür

Zweiflügelige Schiebetüren, wobei ein Flügel fest steht und der zweite sich bewegen lässt.

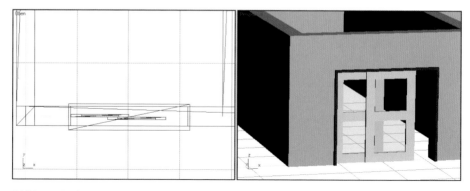

Abbildung 7.68: Schiebetür mit Glaspaneelen

Einige Parameter sind hier etwas anders als bei Drehflügeltüren:

Vorn/Hinten wechseln = Flip Front Back

➡ VORN/HINTEN WECHSELN – spiegelt die Tür um die Mittelachse der Wand. Damit kommt der bewegliche Flügel vor oder hinter den festen Flügel.

Seite wechseln = Flip Side

➡ SEITE WECHSELN – spiegelt die Tür um die Mittelachse der Türöffnung. Sie schiebt sich so entweder nach links oder nach rechts auf.

Öffnen = Open

➡ ÖFFNEN – Das Öffnen der Tür kann hier nicht in Winkelgrad, sondern in Prozent angegeben werden. Bei 0% ist die Tür vollständig geschlossen, bei 100% ganz offen.

Falttür = BiFold

Falttür

Zweiteilige Falttüren. Diese lassen sich zwar nicht so einfach, wie normale Türen öffnen, benötigen dafür einen wesentlich kleineren Schwenkbereich. Mit Elektromotoren angetrieben öffnen sie sich schneller als ähnlich platzsparende Roll- oder Schiebetore, weshalb Falttüren oft in Feuerwachen verwendet werden.

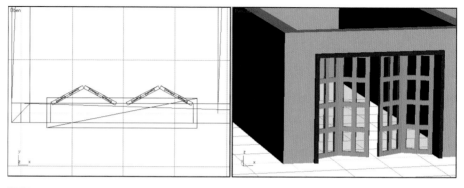

Abbildung 7.69: Doppelte Falttür

Der Schalter DOPPELTÜREN generiert symmetrische Doppeltüren aus insgesamt vier Flügeln. Diese werden auch immer symmetrisch geöffnet.

Doppeltüren
= Double Doors

Treppen

Treppen = Stairs

Das manuelle Zeichnen von Treppen im 3D-Modell ist sehr mühsam und zeitaufwändig. 3ds max 6 bietet vier verschiedene Treppenformen zur Auswahl, die parametrisch entsprechend der jeweiligen Gebäudemaße erstellt werden können. Sie finden die Treppen auf der ERSTELLEN-Palette unter TREPPEN.

Treppen bekommen automatisch sieben verschiedene Material-IDs zugewiesen:

Trittstufen	1
Setzstufen	2
Unterseite, Rückseite und Seiten der Stufen	3
Treppenspindel (bei Wendeltreppen)	4
Handläufe	5
Treppenbalken	6
Wangen	7

Gerade Treppe

Gerade Treppe
= Straight Stair

Die gerade Treppe mit nur einem Lauf ist die einfachste Treppenform. Zeigen Sie im Grundriss zuerst die Länge, dann die Breite und zum Schluss die Höhe. Diese Werte können im PARAMETER-Rollout nachträglich verändert werden.

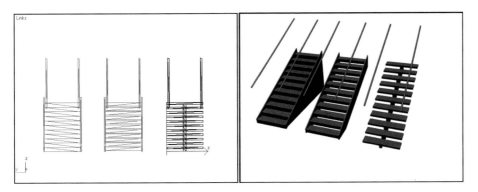

Abbildung 7.70: Gerade Treppen – von links nach rechts: Wand, geschlossen, offen

Im Feld GEOMETRIE GENERIEREN legen Sie fest, welche Elemente der Treppe zu sehen sein sollen. Die Schalter bei Geländerpfad generieren zusätzlich zum Treppenobjekt noch zwei Splines, die die Form des Geländers beschreiben.

Die Länge und Breite der Treppe kann sehr einfach im Feld LAYOUT geändert werden. Interessant ist vor allem die Höhe, da davon auch die Anzahl der Stufen abhängt. Setzen Sie hier einen der drei Werte INSGESAMT, HÖHE und ANZAHL mit den PIN-Buttons fest. Wird dann einer der beiden anderen Werte geändert, ändert sich der dritte automatisch mit.

Die Formen der WANGEN, TREPPENBALKEN und GELÄNDER lassen sich in eigenen Rollouts einstellen. Eine Treppe kann mehrere Treppenbalken haben. Klicken Sie im Rollout TREPPENBALKEN auf den farbigen Button, erscheint eine Dialogbox, in der Sie die Anzahl, Abstände und Versatzmaße der Treppenbalken angeben können.

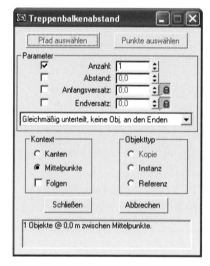

Abbildung 7.71: Einstellung der Treppenbalken

Hier können Sie im Listenfeld in der Mitte verschiedene Modi auswählen, welche Maße bekannt sind, und welche daraus berechnet werden sollen. In den Feldern darüber können Sie diese Maße eingeben und auch Maße sperren, so dass jede denkbare Kombination von Treppenbalken möglich ist.

L-Treppe

L-Treppe
= LTypeStair

Eine L-Treppe besteht aus zwei Treppenläufen mit einem Podest dazwischen. Der Winkel zwischen den Treppenläufen kann zwischen +90° und –90° liegen. Die Treppe kann also nach links oder rechts abknicken.

Zeigen Sie beim Erstellen der Treppe zuerst die Längen der beiden Treppenläufe, danach die Höhe. Danach können Sie im PARAMETER-Rollout die Breite der Treppe, den Winkel und den Versatz am Podest einstellen.

Die Größe des Podestes ergibt sich aus den gezeigten Maßen und kann nicht als eigenes Maß eingegeben werden.

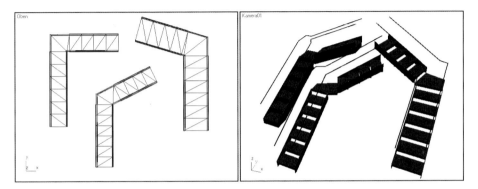

Abbildung 7.72: Verschiedene L-Treppen

Möchten Sie eine längere gerade Treppe zeichnen, die aus zwei Läufen mit einem Podest dazwischen besteht, zeichnen Sie diese Treppe als L-TREPPE und stellen nachträglich den Winkel auf 0° ein.

:-)
TIPP

U-Treppe
= UTypeStair

U-Treppe

U-Treppen haben ebenfalls zwei Treppenläufe mit einem Podest dazwischen. Die beiden Läufe sind hier aber gegenläufig parallel. Dabei können Sie im Feld LAY-OUT im PARAMETER-Rollout wählen, ob der obere Treppenlauf rechts oder links vom unteren erstellt werden soll.

Die Breite des Podestes entspricht immer der Breite der beiden Treppenläufe. Benötigt man für ein Zwischengeschoss ein breiteres Podest, muss dieses extra gezeichnet werden. Podeste schmaler als die Treppenläufe sind ohnehin nicht zulässig.

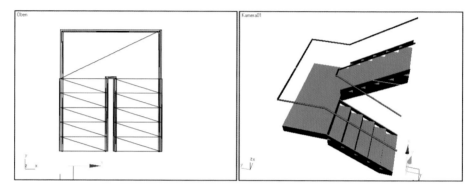

Abbildung 7.73: U-Treppe

Wendeltreppe
= Spiral Stair

Wendeltreppe

Wendeltreppen unterscheiden sich, bedingt durch ihre Form, bei der Erstellung von den anderen Treppen.

Abbildung 7.74: Verschieden geformte Wendeltreppen

Wendeltreppen können rechtsläufig oder linksläufig verlaufen. Anstatt Längen der Treppenläufe werden hier ein Radius und die Anzahl der Umdrehungen angegeben, um die Treppe zu dimensionieren.

Zusätzlich zu Wangen und Treppenbalken kann auch eine Spindel gezeichnet werden. Für die Spindel gibt es ein eigenes Rollout, in dem der Radius festgelegt werden. Wahlweise kann die Höhe der Spindel auch unabhängig von der Treppenhöhe eingestellt werden.

Pflanzen

Mit Büschen und Bäumen verdecken Architekten im Entwurfsstadium Planungsfehler und unklare Details, indem man an der betreffenden Stelle eine Pflanze vor das Gebäude stellt. In fertigen Präsentationen werden Pflanzen eingesetzt, um die Szene lebendiger wirken zu lassen oder den Blick auf bestimmte Teile des Bildes zu lenken.

Pflanzen = Foliage

3ds max 6 enthält auf der ERSTELLEN-Palette unter AEC-ERWEITERT einige parametrische Pflanzen, die mit einem Zufallsgenerator erstellt werden, so dass jede Pflanze etwas anders aussieht. Es handelt sich also nicht um statische Blöcke, wie man sie aus vielen anderen CAD-Programmen kennt.

Auf den gelben Seiten im Anhang dieses Buches finden Sie ein Programm Xfrog beschrieben, das noch wesentlich realistischere Pflanzen erzeugt.

Im Rollout BEVORZUGTE PFLANZEN wählen Sie den gewünschten Pflanzentyp aus. Sie können die Pflanze dann direkt in der Szene positionieren. Mit dem Button PFLANZENBIBLIOTHEK legen Sie fest, welche Pflanzenarten in der Liste im Rollout BEVORZUGTE PFLANZEN erscheinen sollen.

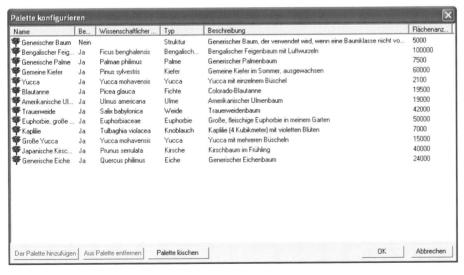

Abbildung 7.75: Die Pflanzenbibliothek in 3ds max 6

Wenn Sie eine Pflanze in die Szene gesetzt haben, können Sie so lange diese noch selektiert ist, im Rollout PARAMETER die Größe verändern. Hier legen Sie auch fest, welche Elemente der Pflanze gezeigt werden sollen. Verändern Sie die AUS-GANGSZAHL des Zufallsgenerators, ändert sich damit die Form der Pflanze.

Abbildung 7.76: Verschiedene Darstellungsweisen eines Baumes

TIPP

Schalten Sie, um die Rechenzeit in Grenzen zu halten, die DETAILGENAUIGKEIT *der Bäume auf* NIEDRIG. *Nur einzelne Bäume im Vordergrund, deren Äste und Blätter genau gesehen werden können, sollten eine höhere Detailgenauigkeit haben.*

Baumwipfel-Ansichtsmodus = Viewport Canopy Mode

Der BAUMWIPFEL-ANSICHTSMODUS ist eine vereinfachte Darstellung der Bäume in den Ansichtsfenstern. In der Ansicht von OBEN werden die Bäume dann wie auf Architektenplänen durch ihre Äste und ein paar Polygone angenähert. In schattierten Perspektiven erscheint eine grünlich transparente Wolke, die sich der Form des Baumes annähert. Vorgabemäßig ist dieser BAUMWIPFEL-ANSICHTSMO-DUS für alle Bäume eingestellt. Nur wenn man einen Baum selektiert, wird auf die detaillierte Darstellung umgeschaltet.

Zaun

Zaun = Railing

Zäune von Hand zu zeichnen, ist eine mühsame und stumpfsinnige Arbeit. Auf der ERSTELLEN-Palette unter AEC ERWEITERT finden Sie einen Objekttyp ZAUN mit dem neben Zäunen auch Geländer und alle anderen gleichmäßigen gitterförmigen Objekte gezeichnet werden können.

(KOMPENDIUM) 3ds max 6

Einfache Zäune können Sie wie Linien zeichnen, für komplexere Formen empfiehlt es sich, zuerst einen Spline zu zeichnen, der die Form des Zauns im Grundriss angibt. Hier kann zum Beispiel eine Grundstücksgrenze übernommen werden. Klicken Sie dann im Rollout ZAUN auf ZAUNPFAD AUSWÄHLEN und zeigen diesen Spline. Bei komplizierteren Splines müssen Sie den Parameter SEGMENTE erhöhen, damit der Zaun dem Spline folgt. Schalten Sie dann noch den Schalter ECKEN BERÜCKSICHTIGEN ein, damit an den Eckpunkten des Splines auch wirklich Eckpunkte im Zaun sind.

Zaunpfad auswählen = Pick Railing Path

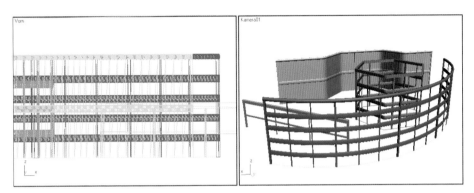

Abbildung 7.77: Verschiedene Zäune

Im Rollout PFOSTEN stellen Sie die Maße und das Profil der Zaunpfosten an. Geben Sie dann noch im Rollout FÜLLUNG an, wie die Zaunfelder gefüllt werden sollen, mit senkrechten Latten oder mit einer geschlossenen Fläche wie zum Beispiel Glasplatten in Geländern. Bei LATTEN können Sie auch hier unterschiedliche Profile wählen und die Anzahl der Latten zwischen zwei Pfosten einstellen.

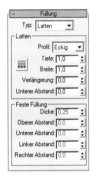

Mit den farbigen Button in den Rollouts ZAUN, PFOSTEN und FÜLLUNG können diese Elemente gleichmäßig über den gesamten Zaun verteilt werden.

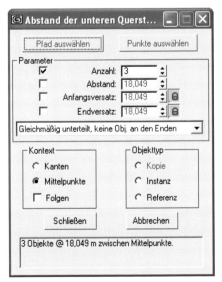

Abbildung 7.78: Einstellungen für Querstücke und Pfosten

8 Modifikatoren zur gezielten Verformung von Objekten

Die meisten Objekte in 3D-Szenen sind keine klassischen geometrischen Grundkörper, sondern organisch unregelmäßig geformte Gegenstände. Zur nachträglichen Verformung bietet 3ds max 6 zahlreiche Modifikatoren, die auf beliebige Objekte angewendet werden können.

Ein Modifikator verändert das ursprüngliche Objekt, wobei alle Parameter des Objekts im Modifikatorstapel erhalten bleiben und so nachträglich auch noch geändert werden können.

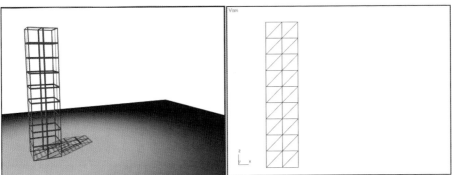

Abbildung 8.1: Das unveränderte Objekt [MOD01.MAX]

Bei jedem geometrischen Grundkörper wird im Modifikatorstapel rechts oben auf der ÄNDERN-Palette nur der Typ des Körpers angezeigt. Im PARAMETER-Rollout lassen sich auch nachträglich noch alle Parameter verändern.

In den abgebildeten Beispielen wurde ein Drahtmaterial verwendet, damit die Segmentierung der Objekte besser zu sehen ist. Natürlich funktionieren die Modifikatoren mit jedem anderen Material genauso.

INFO

Um einem Objekt einen Modifikator zuzuweisen, selektieren Sie das Objekt und suchen aus der MODIFIKATOREN-LISTE den gewünschten Modifikator.

Ein Modifikator kann einem einzelnen Objekt oder einer Auswahl aus mehreren Objekten zugewiesen werden.

Der Modifikator bleibt mit dem Objekt verbunden, auch wenn dieses gedreht, verschoben oder skaliert wird.

Die Parameter eines Modifikators können nachträglich verändert werden, vergleichbar mit den Parametern eines Objekts.

Biegen = Bend

Im nächsten Beispiel verwenden wir den BIEGEN-Modifikator. Damit lassen sich Objekte um einen definierbaren Winkel verbiegen.

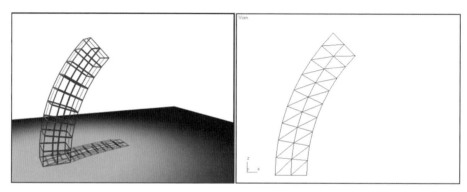

Abbildung 8.2: Verbogenes Objekt

Im Modifikatorstapel erscheint jetzt oberhalb des Objekttyps eine weitere Zeile für den Modifikator. Ist diese Zeile markiert, ist anstelle des PARAMETER-Rollouts für das Objekt das PARAMETER-Rollout für den Modifikator zu sehen.

Dieses Rollout sieht für jeden Modifikator anders aus. Beim BIEGEN-Modifikator stellen Sie den Biegungswinkel, die Richtung und die Biegeachse ein.

Trotz eines angewendeten Modifikators besteht immer noch Zugriff auf die ursprünglichen Objekterzeugungsparameter des Körpers. Selektieren Sie im Modifikatorstapel die Zeile mit dem Objekttyp, können Sie dort die Parameter ändern.

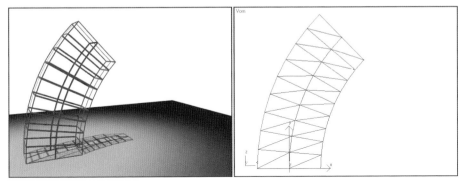

Abbildung 8.3: Veränderte Objekterzeugungsparameter

Im Beispiel wurde die Breite des Quaders verändert, was sich auch auf die Form des modifizierten Objekts auswirkt. Bei gebogenen Objekten kann auch eine Veränderung der Segmentzahl die Form des Objekts entscheidend beeinflussen.

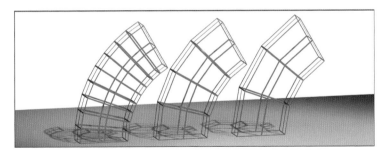

Abbildung 8.4: Verschiedene Segmentzahlen

Die Wirkung von Modifikatoren lässt sich besonders in umfangreicheren Modifikatorstapeln mit diesem Button steuern:

In diesem Modus wird immer das Endergebnis, das fertige, von allen Modifikatoren modifizierte Objekt angezeigt.

In diesem Modus wird das Objekt beim Markieren einer Zeile im Modifikatorstapel immer in dem Zustand an dieser Stelle angezeigt. Die Modifikatoren oberhalb werden ignoriert.

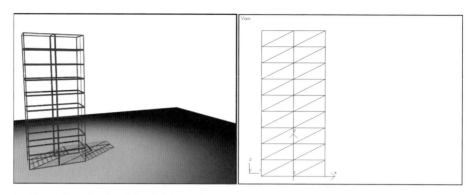

Abbildung 8.5: Anzeige ohne Endergebnis [06069.TIF]

8.1   Verwendung mehrerer Modifikatoren

Im Modifikatorstapel lassen sich mehrere Modifikatoren nacheinander auf ein Objekt anwenden. Dabei verändert ein Modifikator weiter oben im Stapel das Objekt auf der Basis der weiter unten liegenden Modifikatoren.

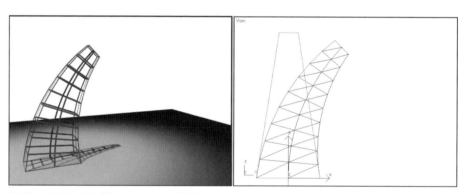

Abbildung 8.6: Zwei Modifikatoren auf einem Objekt

Verjüngen = Taper   Im Beispiel wird nacheinander ein VERJÜNGEN- und ein BIEGEN-Modifikator auf einen Quader angewendet.

Selektiert man einen Modifikator im Modifikatorstapel, zeigt ein orangefarbener Gizmo die Wirkung dieses einzelnen Modifikators an.

Die Wirkung der Modifikatoren auf das Objekt lässt sich mit dem Glühbirnen-Symbol links vor dem Modifikatornamen einzeln ein- und ausschalten, ohne dass die Modifikatoren wirklich gelöscht werden.

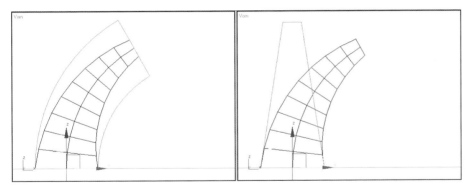

Abbildung 8.7: Links: Wirkung des Biegen-Modifikators, rechts: Wirkung des Verjüngen-Modifikators

Ein Rechtsklick auf einen Modifikator blendet ein Kontextmenü ein, in dem Sie den Modifikator ebenfalls ein- oder ausschalten können. Hier gibt es aber auch die Möglichkeit, für besondere Fälle einen Modifikator nur im Ansichtsfenster oder nur im gerenderten Bild zu deaktivieren und in der jeweils anderen Darstellungsweise aktiv zu lassen.

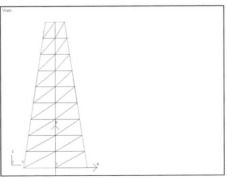

Abbildung 8.8: Deaktivierter Biegen-Modifikator

Dieser Button unterhalb des Modifikatorstapels löscht einen Modifikator endgültig aus dem Objekt.

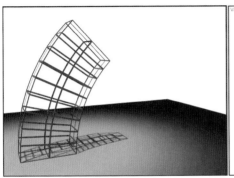

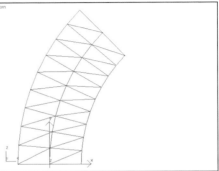

Abbildung 8.9: Deaktivierter Verjüngen-Modifikator

Entscheidend für die Wirkung ist die Reihenfolge, in der die Modifikatoren angewendet werden.

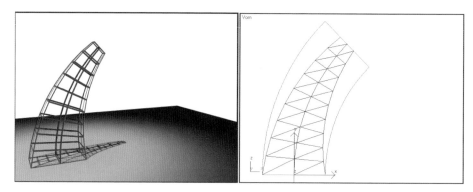

Abbildung 8.10: Zuerst Verjüngen, danach Biegen

Ein neuer Modifikator wird immer oberhalb der Zeile eingefügt, die im Modifikatorstapel markiert ist.

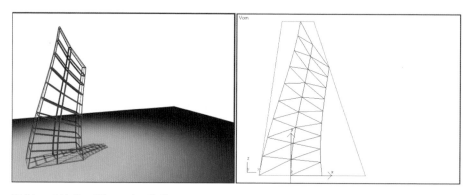

Abbildung 8.11: Zuerst Biegen, dann Verjüngen

Innerhalb des Modifikatorstapels können Modifikatoren per Drag&Drop in ihrer Reihenfolge verschoben werden.

8.2   Kopien, Instanzen, Referenzen

Hält man während einer Verschiebung, Drehung oder Skalierung die Taste ⇧ gedrückt, wird das selektierte Objekt kopiert. Dabei bietet 3ds max 6 verschiedene Methoden an, wie diese Kopie angelegt wird und welche Beziehung sie zum Original hat.

Abbildung 8.12: Optionen beim Kopieren von Objekten Ich bin eine Blindtext und werde nie im Spiegel stehen

Die Unterschiede sind bei der Verwendung von Modifikatoren entscheidend:

⇒ Eine KOPIE ist ein völlig unabhängiges Objekt, das keine Abhängigkeit zum Original hat.

Kopie = Copy

⇒ Eine INSTANZ ist ein identisches Objekt. Sämtliche Modifikatoren und Objekterzeugungsparameter des ursprünglichen Objekts werden auch auf die Instanz angewendet und umgekehrt.

Instanz = Instance

⇒ Eine REFERENZ ist ein abhängiges Objekt. Sämtliche Modifikatoren und Objekterzeugungsparameter des ursprünglichen Objekts werden auch auf die Referenz angewendet, aber nicht umgekehrt. Modifikatoren der Referenz werden nach den Modifikatoren des Originals ausgeführt und wirken nicht auf das Original.

Referenz = Reference

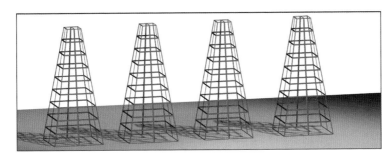

Abbildung 8.13: Vier scheinbar gleiche Objekte: das Original, eine Kopie, eine Instanz und eine Referenz [MOD02.MAX]

Diese Abbildung zeigt von links nach rechts: das Original, eine Kopie, eine Instanz und eine Referenz.

Die Unterschiede sind zu sehen, wenn Objekte nach dem Kopiervorgang verändert werden. Für die nächste Abbildung wurde auf das Original zusätzlich ein BIEGEN-Modifikator angewendet.

Dieser Modifikator beeinflusst die Instanz und die Referenz, die Kopie bleibt aber unverändert.

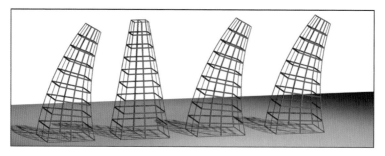

Abbildung 8.14: Biegen-Modifikator auf dem Original [06078.TIF]

Wendet man einen zusätzlichen Modifikator auf die Kopie an, werden die anderen Objekte nicht beeinflusst.

Die Anwendung eines zusätzlichen Modifikators auf die Instanz wirkt genauso auf das Original, da beide Objekte immer genau identisch sind. Daraus folgt wiederum, dass die Referenz ebenfalls verändert wird, da diese alle Änderungen des Originals übernimmt. Das Ergebnis ist also genau das Gleiche, wie in der letzten Abbildung.

Der Menüpunkt ANSICHTEN/ABHÄNGIGKEITEN ZEIGEN *stellt in Ansichtsfenstern alle Objekte, die vom selektierten Objekt abhängig sind, Instanzen oder Referenzen in einem kräftigen Magenta dar.*

Ansichten/Abhängigkeiten zeigen =
Views/Show Dependencies

Weist man der Referenz einen neuen Modifikator zu, hängt es davon ab, an welcher Stelle im Modifikatorstapel dieser steht, ob er sich rückwirkend auf Original und Instanz auswirkt oder nicht.

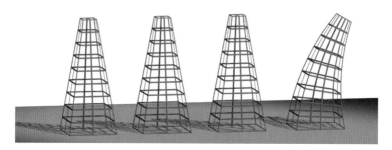

Abbildung 8.15: Modifikator im unabhängigen Teil des Modifikatorstapels

Der Modifikatorstapel einer Referenz enthält eine breite graue Trennlinie. Modifikatoren, die oberhalb dieser Trennlinie eingefügt werden, gelten nur für die Referenz und beeinflussen andere Objekte nicht. Modifikatoren, die unterhalb der Trennlinie eingefügt werden, wirken sich umgekehrt auch auf das Original und dessen Instanzen aus.

(KOMPENDIUM) 3ds max 6

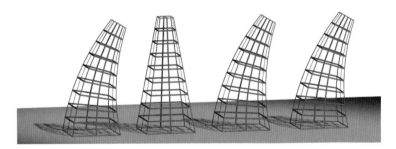

Abbildung 8.16: Modifikator im abhängigen Teil des Modifikatorstapels

Abhängigkeiten lösen

Wollen Sie nachträglich eine Instanz oder Referenz doch unabhängig verändern, ohne dass sich andere Objekte ebenfalls ändern, selektieren Sie im Modifikatorstapel des Objekts die unterste Zeile mit dem Objekttyp.

Klicken Sie dann auf diesen Button unterhalb des Modifikatorstapels. Jetzt kann das Objekt wieder unabhängig bearbeitet werden.

8.3 Gizmo

Jeder Modifikator wirkt an einer bestimmten Stelle auf das Objekt. Diese Position wird durch den Gizmo beschrieben. Dieser Gizmo ist ein virtueller Rahmen, der das Objekt normalerweise genau umschließt.

Selektiert man ein Objekt, das mindestens einen Modifikator enthält, wird dieses als orangefarbenes Drahtgerüst um das Objekt angezeigt.

Der Gizmo eines Modifikators kann auf Unterobjektebene einzeln selektiert und bewegt werden. Klicken Sie dazu im Modifikatorstapel auf das Pluszeichen + vor dem betreffenden Modifikator.

Es öffnet sich eine Unterstruktur. Markieren Sie hier die Zeile GIZMO. Der Gizmo erscheint in den Ansichtsfenstern jetzt in gelber Farbe.

Solange dieser Gizmo selektiert ist, kann er mit den bekannten Funktionen zum Verschieben, Drehen und Skalieren bewegt werden. Der Gizmo wird wieder deselektiert, indem man die Zeile mit dem Modifikator selbst oder die Zeile mit dem Objekttyp anklickt.

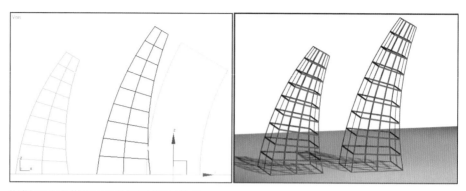

Abbildung 8.17: Wirkung eines verschobenen Gizmos

Mitte = Center   Das Unterobjekt MITTE im Modifikatorstapel bestimmt die Lage und Orientierung des Gizmos zum Objekt. Auch dieses Unterobjekt kann verschoben oder gedreht werden.

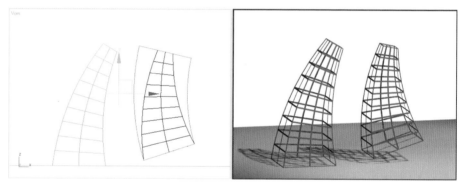

Abbildung 8.18: Verschobene Mitte eines Modifikators

8.4   Modifikatoren auf mehrere Objekte anwenden

Modifikatoren können von einem auf ein anderes Objekt kopiert werden. Ziehen Sie dazu den betreffenden Modifikator aus dem Modifikatorstapel eines Objekts auf das andere Objekt im Ansichtsfenster.

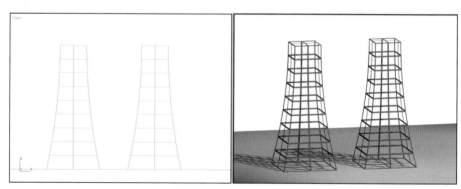

Abbildung 8.19: Modifikator, von einem Objekt auf ein anderes kopiert

In dieser Abbildung wird ein VERJÜNGEN-Modifikator mit einem negativen KURVE-Wert verwendet. Dieser Parameter bewirkt eine nicht lineare Verjüngung des Objekts.

Verjüngen/Kurve = Taper/Curve

Alternativ dazu kann man auch mehreren Objekten gemeinsam einen Modifikator zuweisen. Dieser verhält sich allerdings völlig anders, da ein einziger Gizmo für alle beteiligten Objekte verwendet wird.

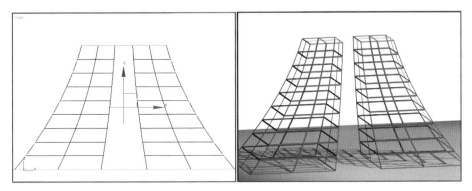

Abbildung 8.20: Ein Modifikator für mehrere Objekte

Zur deutlichen Unterscheidung erscheinen Modifikatoren, die mehreren Objekten zugewiesen sind, im Modifikatorstapel in kursiver Schrift.

Ein Modifikator, der mehreren Objekten zugewiesen ist, kann mit diesem Button allen beteiligten Objekten einzeln zugewiesen werden. Dabei ändern sich die Form und Lage des Gizmos nicht, so dass eine andere Wirkung entsteht, als wenn der Modifikator von Anfang an den Objekten getrennt zugewiesen worden wäre.

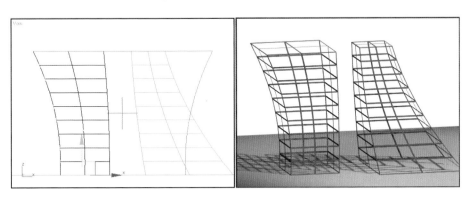

Abbildung 8.21: Nachträglich einzeln zugewiesener Modifikator

In dieser Abbildung wurde vom Zustand des letzten Bilds aus der VERJÜNGEN-Modifikator den Objekten nachträglich einzeln zugewiesen und dann bei einem Objekt der Parameter BETRAG verändert.

Verjüngen/Betrag = Taper/Amount

8.5   Effekt beschränken

Effekt beschränken/
Untergrenze/Ober-
grenze = Limit
Effect/Upper Limit/
Lower Limit

Der Effekt eines Modifikators lässt sich bei vielen Modifikatoren auf einen Teil des Objekts beschränken. Aktivieren Sie dazu den Schalter EFFEKT BESCHRÄNKEN im PARAMETER-Rollout des Modifikators. Jetzt können Sie die OBERGRENZE und UNTERGRENZE des Effekts variabel einstellen.

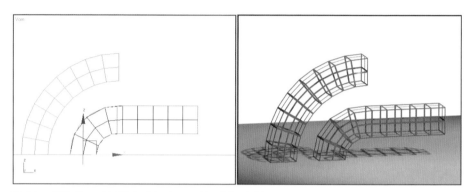

Abbildung 8.22: Biegen-Modifikator links ohne, rechts mit Beschränkung

Die Schalter im Bereich EFFEKT BESCHRÄNKEN wirken bei allen Modifikatoren in gleicher Weise und werden deshalb in den folgenden Beschreibungen der einzelnen Modifikatoren nicht mehr erwähnt.

8.6   Biegen

Biegen = Bend

Der BIEGEN-Modifikator dient zum gleichmäßigen Verbiegen eines Objekts um eine Achse. Dieser Modifikator wurde bereits in den letzten Beispielen mehrfach verwendet.

In den folgenden Abschnitten werden die Modifikatoren beispielhaft an einem Quader aus Drahtmaterial und einem wirklichen 3D-Objekt gezeigt. Diese Szene finden Sie als MOD03.MAX *auf der DVD.*

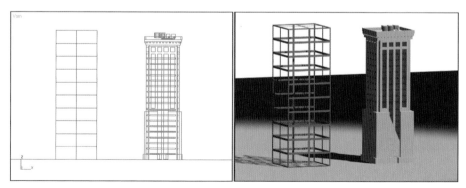

Abbildung 8.23: Die unveränderte Szene

(KOMPENDIUM) 3ds max 6

Bei allen Modifikatoren für parametrische Verformung müssen die Objekte ausreichend segmentiert sein, um gerade Kanten wirklich zu verbiegen.

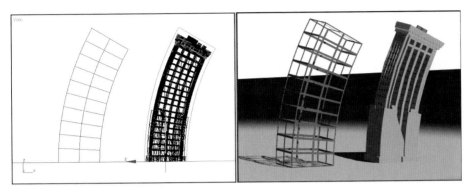

Abbildung 8.24: Wirkung des Biegen-Modifikators

Im PARAMETER-Rollout des BIEGEN-Modifikators können der Winkel und die Biegerichtung eingestellt werden.

➡ WINKEL – der Winkel der Verbiegung

Winkel = Angle

➡ RICHTUNG – Verdrehung der Biegerichtung gegenüber der Achse

Richtung = Direction

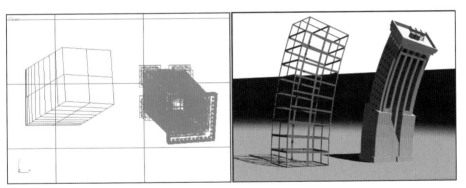

Abbildung 8.25: Verdrehte Richtungen

➡ BIEGEACHSE – die Koordinatenachse, um die gebogen wird

Biegeachse = Bend Axis

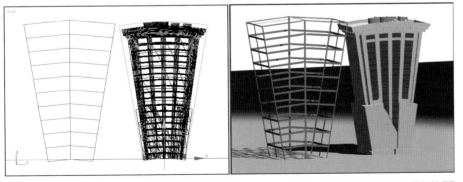

Abbildung 8.26: Verbiegung um die X-Achse [06092.TIF]

Die tatsächliche Biegeachse läuft immer durch den MITTE-Punkt.

8.7   Verjüngen

Verjüngen = Taper

Der Modifikator VERJÜNGEN skaliert die beiden Enden der Geometrie unterschiedlich, wodurch ein Ende schmaler wird.

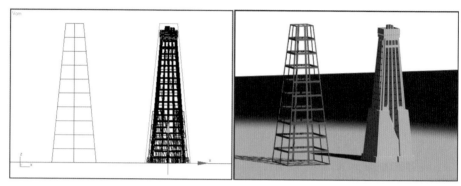

Abbildung 8.27: Wirkung des Verjüngen-Modifikators

Betrag = Amount

➡ BETRAG – das Maß der Verjüngung. Bei negativen Werten wird das obere Ende schmaler, bei positiven breiter als das Original. 0 bringt keine Veränderung und -1 reduziert die obere Deckelfläche auf einen einzelnen Punkt.

Kurve = Curve

➡ KURVE – Die Verjüngung läuft nicht linear, sondern kurvenförmig. Negative Werte erzeugen eine konkave Kurve nach innen, positive Werte eine konvexe Kurve.

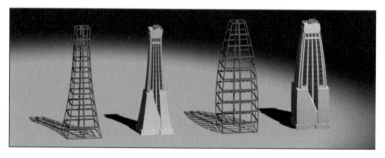

Abbildung 8.28: Links: negative Kurve, rechts: positive Kurve

Verjüngungsachse
Primär = Taper Axis
Primary

➡ VERJÜNGUNGSACHSE PRIMÄR – Koordinatenachse, in der sich die Verjüngung ändert. Standardmäßig wird die Z-Achse verwendet.

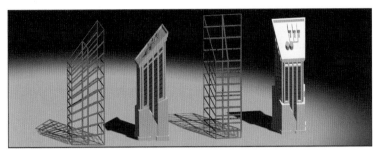

Abbildung 8.29: Links: X-Achse, rechts: Y-Achse

➤ EFFEKT – beschränkt die Wirkung der Verjüngung auf eine Richtung. Normalerweise wirkt die Verjüngung in Richtung der beiden anderen Achsen, bezogen auf die Verjüngungsachse.

Effekt = Effect

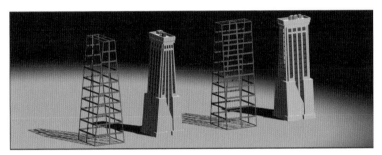

Abbildung 8.30: Links: Effekt auf X-Achse beschränkt, rechts: auf Y-Achse beschränkt

➤ SYMMETRIE – Dieser Schalter erzeugt eine symmetrische Verjüngung bezogen auf den MITTE-Punkt. Bei Verjüngung in Z-Richtung macht sich dieser Effekt erst bemerkbar, wenn der MITTE-Punkt in Richtung der Z-Achse nach oben verschoben wird.

Symmetrie = Symmetry

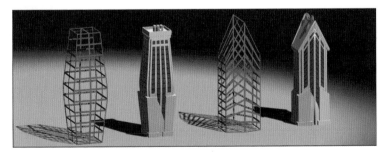

Abbildung 8.31: Links: symmetrische Verjüngung in Z-Achse, rechts: symmetrische Verjüngung in X-Achse

Im linken Beispiel wurde der MITTE-Punkt auf die halbe Objekthöhe geschoben, um den Effekt zu sehen.

8.8   Verdrehung

Verdrehung = Twist

Der Modifikator VERDREHUNG dreht das Ende eines Objekts um seine eigene Achse, so dass das Objekt in sich verdreht wird.

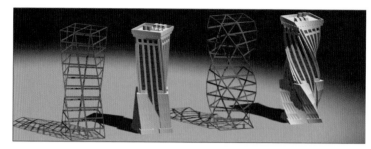

Abbildung 8.32: Verdrehung – links: 45°, rechts: 180°

Winkel = Angle

➡ WINKEL – gibt den Drehwinkel an, um den die Enden gegeneinander verdreht werden.

Neigung = Bias

➡ NEIGUNG – verlagert die Verdrehung an ein Ende des Objekts. Bei positiven Werten liegt die Verdrehung weiter vom MITTE-Punkt entfernt, bei negativen Werten näher am MITTE-Punkt. Dieser Effekt unterscheidet sich vom Parameter EFFEKT BESCHRÄNKEN, da die Verdrehung weiterhin durch das ganze Objekt läuft. Bei EFFEKT BESCHRÄNKEN bleibt ein Teil des Objekts unverdreht.

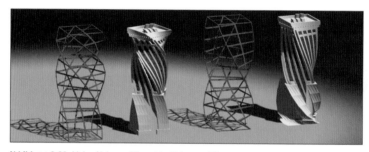

Abbildung 8.33: Links: Neigung 50, rechts: Neigung –30

Verdrehungsachse
= Twist Axis

➡ VERDREHUNGSACHSE – Normalerweise werden Objekte um die Z-Achse verdreht. Eine Verdrehung um die anderen beiden Achsen ist aber genauso möglich.

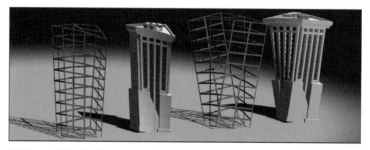

Abbildung 8.34: Links: Verdrehung um X-Achse, rechts: Verdrehung um Y-Achse

8.9   Dehnen

Der Modifikator DEHNEN zieht Objekte elastisch auseinander oder drückt sie zusammen. Wie bei wirklichen elastischen Verformungen bleibt das Volumen gleich, so dass es in den anderen beiden Richtungen der Dehnung ausweicht.

Dehnen = Stretch

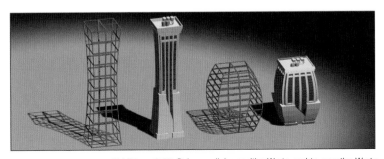

Abbildung 8.35: Dehnen – links: positive Werte, rechts: negative Werte

➤ DEHNEN – Maß der Dehnung. 0 bringt keine Veränderung, 1,0 verlängert den Körper genau um das Doppelte, -1,0 verkürzt ihn um die Hälfte.

Dehnen = Stretch

➤ VERSTÄRKEN – Positive Werte verstärken den DEHNEN-Effekt, machen den Körper also in der Mitte noch dünner oder dicker, negative Werte schwächen den Effekt ab. Die durch die Dehnung veränderte Länge des Objekts wird dadurch nicht beeinflusst.

Verstärken = Amplify

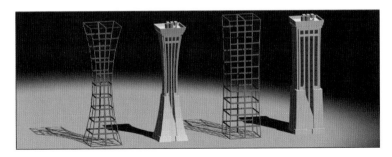

Abbildung 8.36: Links: positiver Verstärken-Wert, rechts: negativer Wert

➤ DEHNACHSE – Achse, in der das Objekt gedehnt oder gestaucht wird. Die gegenläufige Bewegung verläuft gleichmäßig in den beiden anderen Achsen.

Dehnachse
= Stretch Axis

8.10　Schrägstellen

Schrägstellen
= Skew

Der Modifikator SCHRÄGSTELLEN verzerrt Objekte, indem das obere Ende gegenüber dem unteren parallel verschoben wird.

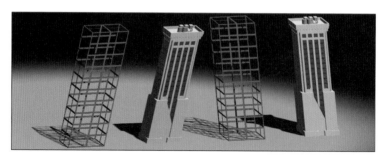

Abbildung 8.37: Wirkung des Modifikators Schrägstellen

Da dieser Modifikator keine Krümmung der Objekte bewirkt, brauchen diese nicht feiner segmentiert zu werden.

Betrag = Amount

➡ BETRAG – gibt das Maß der Schrägstellung an.

Richtung = Direction

➡ RICHTUNG – des Schrägstellens relativ zum Koordinatensystem der horizontalen Ebene.

Schrägungsachse
= Skew Axis

➡ SCHRÄGUNGSACHSE – bezeichnet die Achse, die gegenüber ihrer normalen Ausrichtung schräg gestellt werden soll.

8.11　Komprimieren

Komprimieren
= Squeeze

Der Modifikator KOMPRIMIEREN verschiebt die einzelnen Punkte eines Objekts in Abhängigkeit von ihrem Abstand zum MITTE-Punkt. Die Verschiebungen beziehen sich auf die Achse des Gizmos, standardmäßig die Z-Achse. Die Punkte, die dem MITTE-Punkt am nächsten sind, werden am stärksten verschoben.

Der Mitte-Punkt des Gizmos liegt standardmäßig auf dem Drehpunkt des Objekts, kann aber auf Unterobjekt-Level beliebig verschoben werden. Dreht man den Gizmo, verändert sich die Achse, zu der die einzelnene Punkte des Objekts verschoben werden.

Axialwölbung
= Axial Bulge

➡ AXIALWÖLBUNG – verschiebt die Punkte entlang der senkrechten Achse.

Betrag = Amount

➡ BETRAG – Maß der Verschiebung; positive Werte verschieben nach außen, negative Werte nach innen.

➡ KURVE – bestimmt die Krümmung des Gizmos und damit den Unterschied zwischen der Komprimierung in der Mitte des Objekts und an den Rändern.

Kurve = Curve

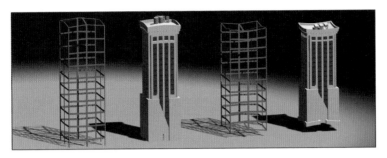

Abbildung 8.38: Verschiedene Betrag-Werte für Axialwölbung

Der MITTE-Punkt liegt in dieser Abbildung auf halber Höhe der Objekte.

➡ RADIALKOMPRIMIERUNG – verschiebt die Punkte in der Ebene der senkrechten Achse.

Radialkomprimierung =Radial Squeeze

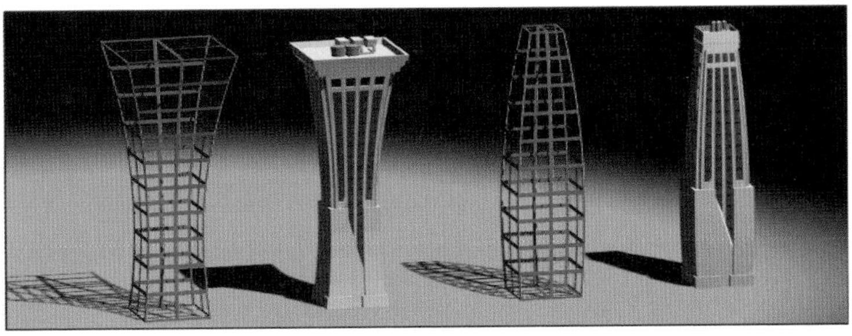

➡ BETRAG – Maß der Verschiebung; positive Werte verschieben nach außen, negative Werte nach innen.

➡ KURVE – bestimmt die Krümmung des Gizmos und damit den Unterschied zwischen der Komprimierung in der Mitte des Objekts und an den Rändern.

Abbildung 8.39: Verschiedene Betrag-Werte für Radialkomprimierung

Der MITTE-Punkt liegt in dieser Abbildung im unteren Drittel der Objekte.

➡ EFFEKTBALANCE – verändert RADIALKOMPRIMIERUNG und AXIALWÖLBUNG abhängig voneinander.

Effektbalance = Effect Balance

➡ NEIGUNG – ändert die relativen Werte für AXIALWÖLBUNG und RADIALKOMPRIMIERUNG, so dass das Volumen des Objekts konstant bleibt.

Neigung = Bias

➡ VOLUMEN – ändert die relativen Werte für AXIALWÖLBUNG und RADIALKOMPRIMIERUNG parallel, so dass das Volumen des Objekts gleichmäßig zu- oder abnimmt.

Volumen = Volume

8.12   Drücken

Drücken = Push

Der Modifikator DRÜCKEN hat nur einen einzigen Parameter. Dieser DRÜCK-WERT verschiebt jeden Punkt eines Objekts entlang der durchschnittlichen Normalenrichtung. Damit entsteht bei positiven Werten ein Effekt wie beim Aufpumpen eines Objekts. Bei negativen Werten sieht es aus, als würde Luft aus dem Objekt gesaugt werden.

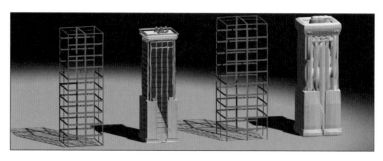

Abbildung 8.40: Links: negativer Drückwert, rechts: positiver Drückwert

Diese Wirkung ist beim einfachen Drahtmodell kaum zu sehen, tritt aber umso stärker mit zunehmender Detaillierung des Objekts auf.

8.13   Kugelform

Kugelform = Spherify

Der Modifikator KUGELFORM nähert ein beliebiges Objekt einer Kugel an. Dabei bleibt die Anzahl der Flächen und deren logische Zuordnung zueinander erhalten. Er enthält einen einzigen Parameter, der den Prozentsatz des Effekts angibt. Bei 100% ist das Maximum der Verformung erreicht.

Abbildung 8.41: Links: Kugelform 50%, rechts: Kugelform 90%

8.14   Entspannen

Der Modifikator ENTSPANNEN entspannt Netzobjekte. Sie werden runder, meistens etwas kleiner, und scharfe Kanten entfallen. Der Effekt entsteht dadurch, dass Punkte in Richtung auf die angrenzenden, mit sichtbaren Kanten verbundenen Punkte zugeschoben werden.

Entspannen = Relax

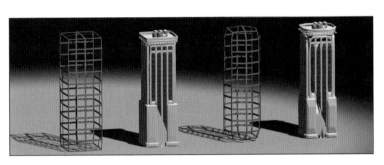

Abbildung 8.42: Unterschiedlich hohe Entspannungswerte im Relax-Modifikator

ENTSPANNEN besitzt kein Gizmo, da es hier nicht auf die räumliche Lage des Modifikators zum Objekt ankommt. Der Modifikator wirkt gleichmäßig auf das ganze Objekt.

➡ ENTSPANNUNGSWERT – gibt an, wie weit die einzelnen Scheitelpunkte verschoben werden sollen. Bei 0 werden die Punkte gar nicht verschoben, bei 1 bis auf den Durchschnitt der angrenzenden Scheitelpunkte. Bei negativen Werten werden die Punkte nach außen verschoben.

Entspannungswert = Relax Value

➡ WIEDERHOLUNGEN – ermöglicht es, den ENTSPANNEN-Vorgang mehrfach hintereinander auszuführen. Dabei werden bei jeder Wiederholung die Positionen der Punkte neu berechnet. Viele Wiederholungen lassen das Objekt immer runder und kleiner werden, bis es schließlich im Extremfall zu einem Punkt zusammenschrumpft.

Wiederholungen = Iterations

Abbildung 8.43: Entspannen mit vier und zehn Wiederholungen

Grenzpunkte fixiert lassen = Keep Boundary Pts Fixed

➡ GRENZPUNKTE FIXIERT LASSEN – Dieser Schalter bewirkt, dass Punkte an den Rändern offener Netzobjekte an ihrer Position stehen bleiben. Andernfalls werden auch diese Punkte verschoben. Dieser Effekt ist nur an offenen Netzobjekten zu sehen.

Außenecken speichern = Save Outer Corners

➡ AUSSENECKEN SPEICHERN – Dieser Schalter bewirkt, dass die Punkte an ihrer Position stehen bleiben, die am weitesten vom Mittelpunkt des Objekts entfernt sind. Damit bleibt die Grundform erhalten, es kommt aber zu sehr spitzen Ecken. Entlang großer Flächen wird das Objekt aber trotzdem weicher. Andernfalls werden diese Punkte am weitesten von allen verschoben.

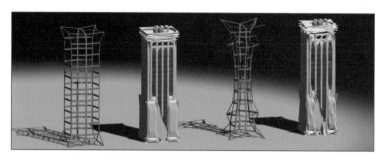

Abbildung 8.44: Außenecken Speichern bei verschiedenen Wiederholungen

Das Wort speichern im Namen dieses Modifikators ist in diesem Fall eine unpassende Übersetzung des englischen save, was auch schützen oder erhalten bedeuten kann. Dieser Parameter speichert keine Daten, sondern erhält nur die äußeren Ecken des Objektes, ohne sie zu verschieben.

8.15   Schmelzen

Schmelzen = Melt

Schmilzt ein festes Material wie zum Beispiel Eis oder Wachs, wird es zuerst weich. Das Objekt sSinkt in sich zusammen, bis sich das Material schließlich verflüssigt und auseinander läuft. Mit dem Modifikator SCHMELZEN lässt sich dieses Verhalten relativ realistisch simulieren.

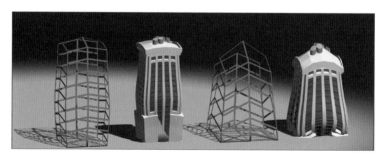

Abbildung 8.45: Wirkung des Modifikators Schmelzen

→ BETRAG – Maß des Schmelzeffekts zwischen 0 und 1000.

Betrag = Amount

→ % DER SCHMELZE – gibt an, wie weit sich das geschmolzene Objekt ausbreitet. Bei großen Werten vergrößern sich die Objekte etwas.

% der Schmelze = % of Melt

Abbildung 8.46: Verschiedene Prozentsätze bei gleichem Betrag

→ FESTIGKEIT – legt fest, wie weit das Objekt beim Schmelzen in der Mitte zusammenfällt. Je härter ein Material, desto länger bleibt die Mitte stehen, wenn es durch Wärmeeinwirkung von außen geschmolzen wird.

Festigkeit = Solidity

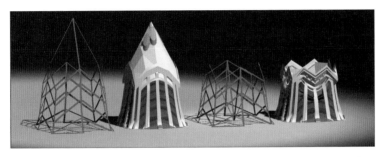

Abbildung 8.47: Links: Glas, rechts: Gelee

→ ZU SCHMELZENDE ACHSE – gibt die Richtung an, in der das Objekt in sich zusammensinkt.

Zu schmelzende Achse = Axis to Melt

→ ACHSE WENDEN – kehrt die Schmelzrichtung um.

Achse wenden = Axis to Melt

Im Kapitel 11 finden Sie ein Beispiel, wie sich ein derartiger Schmelzvorgang animieren lässt.

REF

8.16 Spiegeln

Der Modifikator SPIEGELN wirkt ähnlich wie das Transformationswerkzeug in der Symbolleiste. Gegenüber der Transformation hat der Modifikator den Vorteil, dass er sich jederzeit parametrisch verändern oder auch animieren lässt.

Spiegeln = Mirror

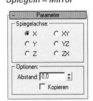

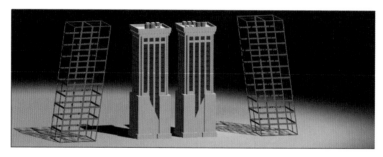

Abbildung 8.48: Um die Spiegelung besser zu erkennen, wurde der Drahtmodellquader leicht schräg gestellt.

Spiegelachse
= Mirror Axis

➡ SPIEGELACHSE – Die Spiegelung kann entlang einer oder zweier Achsen gleichzeitig erfolgen. Bei der hier angegebenen Achse handelt es sich nicht um die geometrische Spiegelachse, sondern um die Richtung, in der die gespiegelten Objekte verschoben werden. Die Optionen in der rechten Spalte spiegeln an zwei Achsen gleichzeitig.

Abstand = Offset

➡ ABSTAND – gibt das Maß der Verschiebung des gespiegelten Objekts gegenüber dem Original an.

Kopieren = Copy

➡ KOPIEREN – Dieser Schalter legt fest, ob beim Spiegeln eine Kopie angelegt werden soll oder nicht. Diese Kopie ist keine Kopie im Sinne von 3ds max 6, sondern ein Teil des Objekts. Die Kopie wird bei jeder Veränderung mitverändert.

Der Gizmo des SPIEGELN-Modifikators ist eine rechteckige Fläche. Diese kann auf Unterobjekt-Level beliebig verschoben und gedreht werden. Die Spiegelung wirkt als unendliche Ebene, also auch außerhalb der Rechteckfläche.

8.17   Schnitt

Schnitt = Slice

Der Modifikator SCHNITT teilt ein Objekt entlang einer Ebene in zwei Teile. Dabei kann automatisch einer der Teile gelöscht werden oder der Modifikator wird nur dazu benutzt, zusätzliche Scheitelpunkte auf einem Objekt anzulegen.

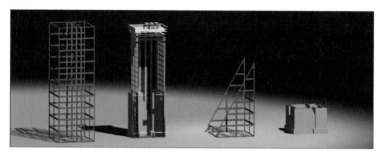

Abbildung 8.49: Verschiedene Wirkungen und Schnittebenen des Schnitt-Modifikators

Die Schnittebene kann auf Unterobjekt-Level beliebig verschoben und gedreht werden. Sie erscheint als rechteckiger Gizmo, wirkt aber als unendliche Ebene, also auch außerhalb der Rechteckfläche.

Die Innenseiten des aufgeschnittenen Objektes sind nur zu sehen, wenn ein doppelseitiges Material verwendet oder zweiseitig gerendert wird.

Der entfernte Teil des modifizierten Objekts geht nicht wirklich verloren. Das Objekt kann weiterhin parametrisch verändert werden. Wird der Modifikator deaktiviert, ist das Objekt wieder im Ganzen vorhanden.

8.18   Hülle

Wie der Modifikator SCHNITT zeigt, sehen aufgeschnittene Objekte sehr unrealistisch aus, selbst wenn ein doppelseitiges Material verwendet wird. An den Schnittkanten fehlt die Dicke. Kein wirkliches Objekt ist beim Auseinanderschneiden oder Brechen unendlich dünn.

Hülle = Shell

Der neue Modifikator HÜLLE *löst dieses Problem und macht aus einfachen Flächen räumlich Körper, indem in bestimmten Abständen parallele Flächen hinzugefügt und an den Kanten verbunden werden.*

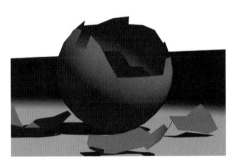 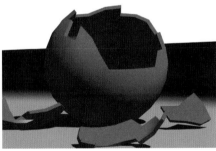

Abbildung 8.50: Links einfache Flächen, rechts mit Hülle-Modifikator

Die Innenseiten des aufgeschnittenen Objektes sind nur zu sehen, wenn ein doppelseitiges Material verwendet oder zweiseitig gerendert wird. Auch dieses Problem entfällt bei Verwendung des HÜLLE-*Modifikators. Die Flächennormalen werden automatisch so ausgerichtet, dass beide Seiten des Objektes zu sehen sind.*

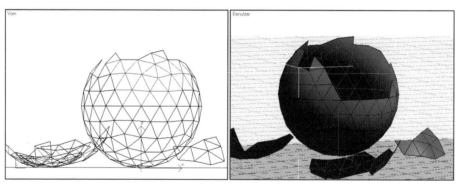

Abbildung 8.51: Die Szene mit einfachen Flächen ... [MOD04.MAX]

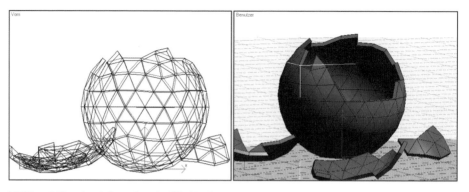

Abbildung 8.52: und nach Anwendung des Hülle-Modifikators

Im PARAMETER-Rollout des Modifikators lassen sich Dicke und Aussehen der Hülle einstellen.

Betrag innen/Betrag
außen = Inner
Amount/Outer
Amount

➤ BETRAG INNEN/BETRAG AUßEN – Die Dicke nach innen und außen gegenüber dem Originalobjekt (siehe Abbildung 8.53).

Segmente
= Segments

➤ SEGMENTE – Die Anzahl der Segmente auf den neuen Flächen. Dieser Parameter ist besonders wichtig, wenn KANTEN ABSCHRÄGEN eingeschaltet ist und abgerundete Bruchkanten verwendet werden.

Kanten abschrägen =
Bevel Edges

➤ KANTEN ABSCHRÄGEN – Die Bruchkanten sind nicht glatt, sondern werden über ein Spline verformt. Dieses kann über den Button ABSCHRÄGUNGS-SPLINE ausgewählt werden und muss in der Szene als 2D-Spline vorhanden sein (siehe Abbildung 8.54).

Innenmat./
Außenmat./
Kantenmat.-ID über-
gehen = Override
Inner/Outer/Edge
Mat-ID

➤ INNENMAT./AUßENMAT./KANTENMAT.-ID ÜBERGEHEN – definiert beliebige Material-Ids. Auf diese Weise können zum Beispiel Bruchkanten rau dargestellt werden oder innen und außen verschiedene Materialfarben. (siehe Abbildung 8.55)

Abbildung 8.53: Verschiedene Dicken

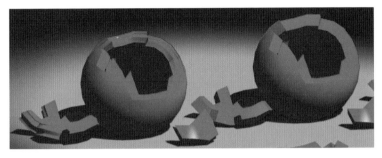

Abbildung 8.54: Links: Kanten mit Spline verformt, rechts: gerade Kanten

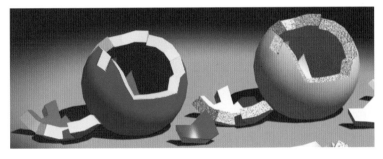

Abbildung 8.55: Bruchkanten mit verschiedenen Material-IDs

➡ KANTEN AUTOMATISCH GLÄTTEN – glättet die Bruchkanten abhängig von ihrem Normalenwinkel. Je geringer der eingegebene Wert, desto weniger scharfe Kanten sind zu sehen.

Kanten automatisch glätten = Auto Smooth Edges

Abbildung 8.56: Links: geglättete Kanten, rechts: scharfkantige Brüche

Nähere Informationen zur Kantenglättung finden Sie im Kapitel 9.

Kanten-Mapping = Edge-Mapping

➡ KANTEN-MAPPING – verschiedene Verfahren, wie Mapping-Koordinaten auf die neuen Flächen zugewiesen werden.

Kanten/Innenflä- chen/Außenflächen auswählen = Select Edges/Inner Faces/ Outer Faces

➡ KANTEN/INNENFLÄCHEN/AUßENFLÄCHEN AUSWÄHLEN – wählt die gewünschten Flächen auf Unterobjekt-Level aus, um sie weiter zu bearbeiten. Nachfolgende Modifikatoren im Stapel wirken dann nur noch auf die ausgewählten Teilbereiche des Objekts.

Ecken geraderichten = Straighten Corners

➡ ECKEN GERADERICHTEN – Korrigiert spitzwinklige Ecken bei der Extrusion.

8.19   Gitter

Gitter = Lattice

Der GITTER-Modifikator bietet eine sehr einfache Methode, räumliche Fachwerke zu erstellen. Die Fachwerkstäbe entstehen aus den Kanten des ursprünglichen Objekts. Im Bild ist zu sehen, dass ein solches Gitterobjekt deutlich realistischer aussieht als ein Objekt mit Drahtmaterial.

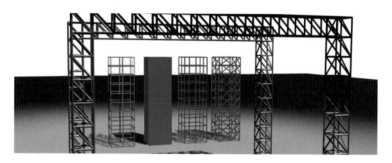

Abbildung 8.57: Verschiedene Gitterobjekte, links: Drahtmaterial [GITTER01.MAX]

Im Bereich GEOMETRIE auf dem PARAMETER-Rollout dieses Modifikators stellt man ein, woraus die Gitterelemente erstellt werden sollen. Mit dem GITTER-Modifikator lassen sich nicht nur räumliche Fachwerke sondern auch dreidimensionale Anordnungen regelmäßiger Objekte erstellen, wie sie zum Beispiel zur Darstellung von Atommodellen oder Kristallstrukturen verwendet werden.

Auf gesamtes Objekt anwenden = Apply to Entire Object

➡ AUF GESAMTES OBJEKT ANWENDEN – Der Modifikator wirkt auf das ganze Objekt, wenn dieser Schalter aktiviert ist. Ist er ausgeschaltet, wirkt der Modifikator nur auf eine Unterobjektauswahl.

Gelenke nur von Scheitelpunkten = Joints Only from Vertices

➡ GELENKE NUR VON SCHEITELPUNKTEN – An den Scheitelpunkten werden Gelenke angelegt, aber keine Stäbe entlang der Kanten.

Verstrebungen nur von Kanten = Struts Only from Edges

➡ VERSTREBUNGEN NUR VON KANTEN – An den Objektkanten werden Stäbe angelegt.

Beide = Both

➡ BEIDE – Es werden sowohl Gelenke als auch Stäbe angelegt.

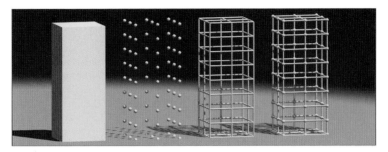

Abbildung 8.58: Ursprüngliches Objekt, Gelenke, Verstrebungen, Beide

Im Bereich VERSTREBUNGEN wird das Aussehen der Verstrebungen entlang der Objektkanten festgelegt. Im Modus GELENKE NUR VON SCHEITELPUNKTEN werden diese Einstellungen deaktiviert.

- RADIUS – der Radius der Stäbe
- SEGMENTE – Anzahl der Längensegmente jedes Stabs

Segmente = Segments

- SEITEN – Anzahl der Seitenflächen jedes Stabs

Seiten = Sides

- MATERIAL-ID – für die Stäbe; für Stäbe und Gelenke können unterschiedliche Material-IDs verwendet werden.

- VERDECKTE KANTEN IGNORIEREN – legt Stäbe nur an den Kanten der Rechteckflächen an. Ist dieser Schalter deaktiviert, werden auch an den nicht sichtbaren Diagonalen Stäbe erzeugt.

Verdeckte Kanten ignorieren = Ignore Hidden Edges

- ENDVERSCHLÜSSE – verschließt die Stäbe an den Enden mit Deckelflächen. Werden keine Gelenke verwendet oder gibt es in der Geometrie offene Linienenden, würden die Stäbe sonst hohl erscheinen. Ein völlig geschlossener Körper wird allerdings nicht erzeugt, da die einzelnen Stäbe eigenständig bleiben. Dies kann insbesondere bei der Nachbearbeitung Probleme bereiten.

Endverschlüsse = End Caps

- GLATT – glättet die Kanten der Stäbe, so dass sie rund erscheinen.

Glatt = Smooth

Abbildung 8.59: Von links nach rechts: Stäbe ohne Gelenke, größerer Radius ohne Glättung, größerer Radius mit Glättung, ohne verdeckte Kanten ignorieren

Im Bereich GELENKE wird das Aussehen der Knotenpunkte an den Scheitelpunkten des Objektes festgelegt. Im Modus VERSTREBUNGEN NUR VON KANTEN werden diese Einstellungen deaktiviert.

➤ TETRA, OKTA, IKOSA – gibt die Form der Gelenke an.

➤ RADIUS – jedes einzelnen Gelenks

Segmente = Segments

➤ SEGMENTE – auf den Flächen der Gelenke

➤ MATERIAL-ID – für die Gelenke unabhängig von den Stäben

Glatt = Smooth

➤ GLATT – glättet die Kanten der Gelenke, so dass sie rund erscheinen.

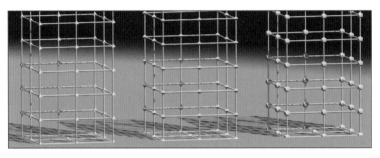

Abbildung 8.60: Tetra-, Okta- und Ikosa-Form der Gelenke

Im Bereich MAPPING-KOORDINATEN legen Sie fest, wie Maps auf das neue Gitterobjekt projiziert werden.

Keine = None

➤ KEINE – Das Objekt verwendet keine Mapping-Koordinaten.

Vorhandene wiederverwenden = Reuse Existing

➤ VORHANDENE WIEDERVERWENDEN – Die vorhandenen Mapping-Koordinaten des ursprünglichen Objekts werden für das aktuelle Gitterobjekt wiederverwendet.

➤ NEU – Auf jedem Gitterstab werden eigene Mapping-Koordinaten angelegt.

Abbildung 8.61: Ursprüngliches Objekt mit Mapping; vorhandene Mapping-Koordinaten wiederverwendet; neue Mapping-Koordinaten [GITTER02.MAX]

(KOMPENDIUM) **3ds max 6**

8.20   Rauschen

Dieser und die folgenden Modifikatoren wirken am besten auf ebene, fein seg-
mentierte Objekte. Sie können gut zur Simulation von Landschaften oder Wasserflächen verwendet werden.

Rauschen = Noise

Die Szene, die in den Beispielen verwendet wird, befindet sich unter dem Namen
ebene01.max *auf der Buch-DVD. Die Fläche hat eine Himmels-Textur als Reflexion-Map.*

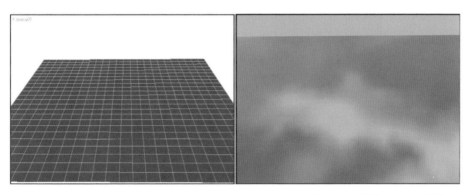

Abbildung 8.62: Die Szene ohne Modifikator

Der RAUSCHEN-Modifikator erzeugt unebene Oberflächen durch zufälliges Verschieben jedes einzelnen Punkts.

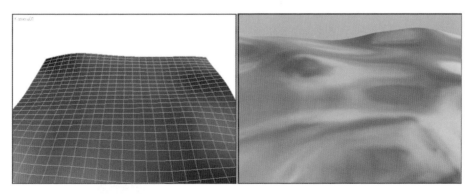

Abbildung 8.63: Rauschen-Modifikator (Skalierung: 100)

Stärke = Strength

Die Stärke des Rauschens lässt sich im Feld STÄRKE in allen drei Achsen unabhängig voneinander einstellen.

Ausgangszahl = Seed

➜ AUSGANGSZAHL – ist ein Startwert für den Zufallsgenerator. Eine andere Zahl ergibt bei gleichen Parametern ein völlig anderes Bild.

Skalierung = Scale

➜ SKALIERUNG – die Größe des Musters. Größere Werte erzeugen lang gestreckte Hügel, kleinere Werte schmale spitze Berge.

Fraktal = Fractal

Der Schalter FRAKTAL erzeugt ein Fraktalrauschen, das wesentlich feingliedriger ist als das Standard-Rauschen.

Rauheit = Roughness

➜ RAUHEIT – gibt das Ausmaß der fraktalen Unebenheit an. Je höher dieser Wert, desto mehr einzelne kleine Hügel gibt es.

Wiederholungen = Iterations

➜ WIEDERHOLUNGEN – Je höher die Anzahl der fraktalen Wiederholungen, desto stärker macht sich der fraktale Effekt bemerkbar.

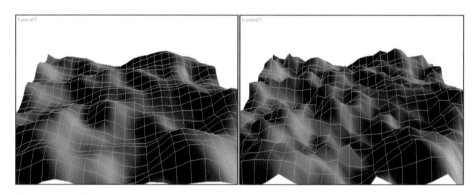

Abbildung 8.64: Links: zwei Wiederholungen, rechts: acht Wiederholungen

Im Feld ANIMATION können Sie Animationskeys für das Rauschen setzen, zum Beispiel für bewegte Wasseroberflächen oder Tücher.

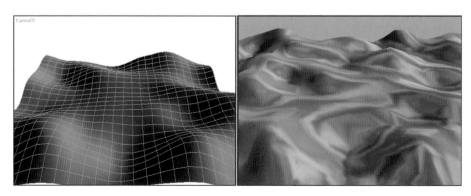

Abbildung 8.65: Rauschen-Modifikator (Skalierung: 50)

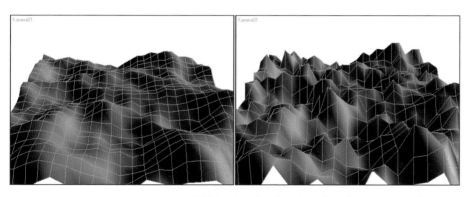

Abbildung 8.66: Frakalrauschen – links: Rauheit 0,0 rechts: Rauheit 1,0

8.21 Welle

Der Modifikator WELLE erzeugt lineare Wellen auf einer Oberfläche.

Welle = Wave

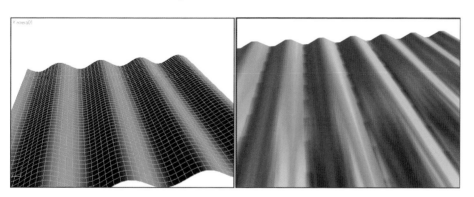

Abbildung 8.67: Wellen

Die Wellen breiten sich vom MITTE-Punkt gleichmäßig in beide Richtungen aus.

➡ AMPLITUDE 1 – die Amplitude der Welle in der Mitte

➡ AMPLITUDE 2 – die Amplitude der Welle an den Rändern

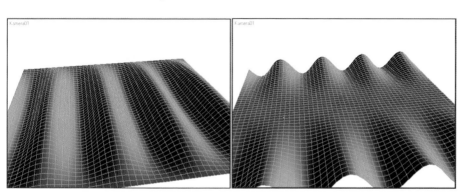

Abbildung 8.68: Links: Amplitude 1>Amplitude 2, rechts: Amplitude 1<Amplitude 2

Wellenlänge
= Wave Length

➤ WELLENLÄNGE – die Länge einer Welle in Ausbreitungsrichtung

➤ PHASE – animierbarer Parameter für Wellenbewegung

Abfall = Decay

➤ ABFALL – Abschwächung der Wellenhöhe mit zunehmendem Abstand, bedingt durch Massenträgheit

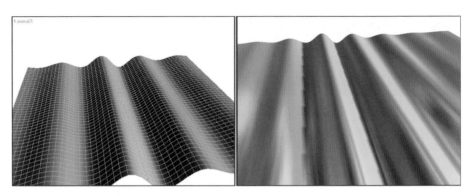

Abbildung 8.69: Wellen mit Abfall

Mit negativen Abfallwerten lassen sich Wellen darstellen, die nach außen hin stärker werden.

Abbildung 8.70: Wellen in einer Architekturpräsentation (Freizeitbad in Wolfsburg – Entwurf: Claudia Immler)

8.22   Zentrische Welle

Zentrische Welle
= Ripple

Zentrische Wellen entstehen, wenn ein Gegenstand ins Wasser fällt oder unterhalb von Wasserfontänen.

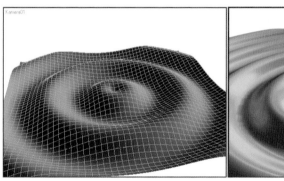

Abbildung 8.71: Zentrische Wellen

Zentrische Wellen können in X- und Y-Richtung vom Mittelpunkt aus gesehen unterschiedliche Amplituden haben.

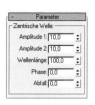

➡ AMPLITUDE 1/AMPLITUDE 2 – zwei Wellenamplituden in aufeinander senkrecht stehenden Richtungen.

➡ WELLENLÄNGE – die Länge einer Welle in Ausbreitungsrichtung.

Wellenlänge
= Wave Length

➡ PHASE – animierbarer Parameter für Wellenbewegung.

➡ ABFALL – Abschwächung der Wellenhöhe mit zunehmendem Abstand, bedingt durch Massenträgheit.

Abfall = Decay

8.23 3D-Verschiebung

3D-VERSCHIEBUNG ist eine Verschiebung von Punkten eines Netzobjekts durch eine von außen einwirkende Kraft. Damit lassen sich Prägungen, Dellen oder Tiefziehteile darstellen.

3D-Verschiebung
= Displace

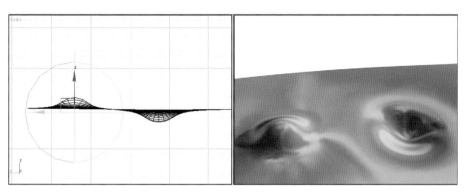

Abbildung 8.72: 3D-Verschiebung mit kugelförmigem Gizmo

Wählen Sie im PARAMETER-Rollout des Modifikators 3D-VERSCHIEBUNG eine Form für den Gizmo aus. Dieser kann PLANAR, ZYLINDRISCH oder KUGELFÖRMIG sein. Stellen Sie die Größe des Gizmos ein und schieben Sie ihn an die richtige Stelle.

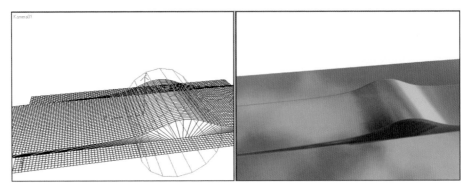

Abbildung 8.73: 3D-Verschiebung mit zylindrischem Gizmo

Bei zylindrischen und planaren Gizmos müssen Sie die Gizmos nicht nur an die richtige Stelle schieben, sondern auch noch in die richtige Richtung drehen.

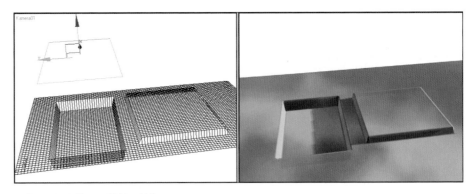

Abbildung 8.74: Planare 3D-Verschiebung

Das Maß der 3D-Verschiebung hängt einerseits von der Lage des Gizmos ab, aber auch von den Parametern im Feld 3D-VERSCHIEBUNG des PARAMETER-Rollouts.

Stärke = Strength   ➡ STÄRKE – Ausmaß der 3D-Verschiebung

Abfall = Decay   ➡ ABFALL – Abschwächung der 3D-Verschiebung mit zunehmender Entfernung vom Gizmo nach außen. Bei planaren 3D-Verschiebungen wird der ABFALL mit der STÄRKE multipliziert.

(KOMPENDIUM) 3ds max 6

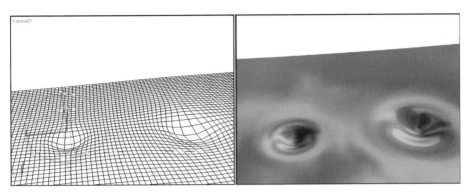

Abbildung 8.75: Verschiedene Abfall-Werte bei sonst gleichen Parametern

3D-Verschiebung mit Map

Der Modifikator 3D-VERSCHIEBUNG kann auch dazu verwendet werden, echte Prägungen in Objekte zu drücken. Dazu kann eine beliebige Map verwendet werden, die das zu prägende Bild darstellt.

Hier wird keine Map auf das Objekt projiziert, sondern wirklich die Netzgeometrie verändert.

:-)
TIPP

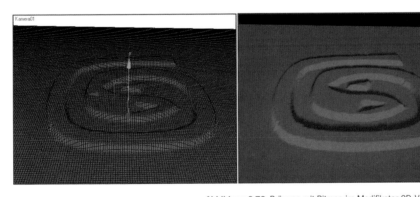

Abbildung 8.76: Prägung mit Bitmap im Modifikator 3D-Verschiebung

Über die Buttons BITMAP oder MAP können Sie eine Bilddatei oder eine Map aus dem Material-Editor auswählen, die für die 3D-Verschiebung verwendet werden soll. Die Grauwerte dieser Map bestimmen das Maß der 3D-Verschiebung. Dunkle Stellen bewirken keine Verschiebung, helle Stellen maximale Verschiebung.

Abbildung 8.77: Diese Bilddatei wird für das Beispiel verwendet.

Sie finden die Bilddatei für die Map unter dem Namen 3dsmaxlogo.tif *im Verzeichnis* \buch\maps *auf der DVD.*

Die Werte für STÄRKE und ABFALL gelten genauso wie bei planaren 3D-Verschiebungen.

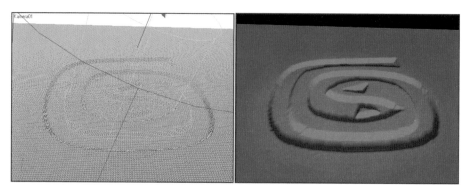

Abbildung 8.78: 3D-Verschiebung in negative Richtung

Luminanz zentrieren = Luminance Center

Ist der Schalter LUMINANZ ZENTRIEREN aktiviert, kann der Grauwert, bei dem keine Verschiebung eintritt, mit dem Parameter MITTE frei eingestellt werden. Weiße Pixel verschieben die Punkte dann in die eine Richtung, schwarze Pixel in die andere.

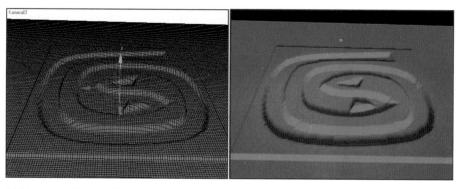

Abbildung 8.79: Prägung und Erhebung mit Luminanz zentrieren

Unschärfe = Blur

Der Wert UNSCHÄRFE bewirkt, dass die Kanten zwischen Schwarz und Weiß verschwimmen, die Prägung also nicht exakt scharfkantig aussieht, sondern eher wie ein grob gehauenes Relief.

Im unteren Bereich des PARAMETER-Rollouts können die gleichen Parameter wie bei der Definition eines Mappings mit dem UVW MAP-Modifikator eingestellt werden.

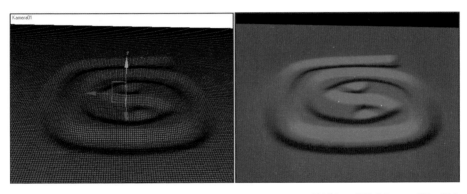

Abbildung 8.80: Prägung mit Unschärfe

Um eine Textur unverzerrt abzubilden, sollten Sie mit dem Button BITMAP-PAS-
SUNG *im unteren Bereich des Rollouts das Seitenverhältnis des Gizmos an das
Seitenverhältnis der verwendeten Bilddatei anpassen.*

:-)
TIPP

8.24   Modifikatoren auflösen

Modifikatoren bieten gegenüber einfachen geometrischen Netzobjekten, wie sie
von zahlreichen andcren 3D-Programmen verwendet werden, den Vorteil, dass
sich die Objekte sehr leicht parametrisch ändern lassen.

Allerdings führen umfangreiche Modifikatorstapel mit vielen geschachtelten
Modifikatoren zu erhöhter Komplexität der Szene und großem Rechenaufwand
im Hintergrund. 3ds max 6 bietet daher die Möglichkeit, parametrische Objekte
zu einfachen Netzen aufzulösen, wobei die Modifikatoren verloren gehen. Das
Objekt ist danach also nur noch schwerer editierbar.

Klicken Sie mit der rechten Maustaste auf einen Modifikator im Modifikatorstapel erscheint ein Kontextmenü (siehe Abbildung 8.81):

➡ AUSBLENDEN ZU – entfernt alle Parameter aus dem Stapel bis einschließlich
des markierten Modifikators.

*Ausblenden zu
= Collapse To*

➡ ALLES AUSBLENDEN – entfernt alle Parameter aus dem Stapel.

*Alles ausblenden
= Collapse All*

Sicherheitshalber erscheint noch eine Abfrage (siehe Abbildung 8.82).

Abbildung 8.81: Kontextmenü im Modifikatorstapel

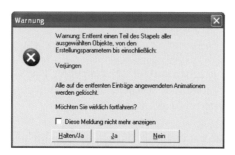

Abbildung 8.82: Sicherheitsabfrage vor dem Löschen von Parametern aus dem Modifikatorstapel

Wenn Sie diese Abfrage mit JA beantworten, wird der entsprechende Teil des Modifikatorstapels in ein bearbeitbares Netzobjekt umgewandelt. Derartige Objekte können nicht mehr parametrisch verändert werden. Sie lassen sich nur noch mit den weiter hinten beschriebenen Funktionen zur Netzbearbeitung bearbeiten.

Anstelle des parametrischen Objektes wird als Objekttyp BEARBEITBARES NETZ angezeigt.

Bearbeiten/
Zwischenversion
wiederherstellen
= Edit/Fetch

Der Button HALTEN/JA speichert eine Zwischenversion der Szene in einer temporären Datei. Diese Sicherheitskopie kann jederzeit mit der Tastenkombination Alt + Strg + F oder dem Menüpunkt BEARBEITEN/ZWISCHENVERSION WIEDERHERSTELLEN wiederhergestellt werden, wobei der dann aktuelle Bearbeitungsstand natürlich verloren geht.

Bearbeiten/
Zwischenspeichern
= Edit/Hold

Vor kritischen Veränderungen der Szene können Sie auch selbst eine solche Sicherungskopie anlegen. Drücken Sie dazu die Tastenkombination Alt + Strg + H oder verwenden Sie den Menüpunkt BEARBEITEN/ZWISCHENSPEICHERN.

Wollen Sie alle Modifikatoren ausblenden und ein komplexes parametrisches Objekt komplett in ein bearbeitbares Netz umwandeln, können Sie auch mit der rechten Maustaste auf das Objekt klicken und im Quad-Menü die Option KON-VERTIEREN IN/IN BEARBEITBARES NETZ UMWANDELN wählen.

Konvertieren in/In bearbeitbares Netz umwandeln = Convert to/Convert to editable Mesh

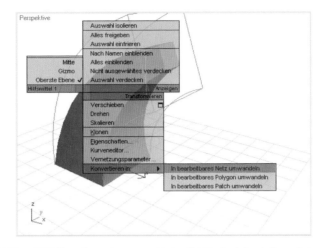

Abbildung 8.83: Konvertieren eines parametrischen Objektes in ein bearbeitbares Netz

8.25 Transformation zurücksetzen

Beim Skalieren von Objekten bleiben die ursprünglichen Parameter und das lokale Objektkoordinatensystem erhalten. Dies kann bei der Anwendung von Modifikatoren sehr praktisch sein, in manchen Fällen aber auch zu Problemen führen.

Abbildung 8.84: Verschiedene Quader [MOD06.MAX]

Das zweite Objekt von links ist eine Kopie des Quaders ganz links mit einem BIE-GEN-Modifikator, dessen Effekt beschränkt ist.

Die beiden Quader rechts sehen zwar auf den ersten Blick gleich aus, unterscheiden sich aber grundlegend:

➤ Der linke der beiden Quader hat die Maße 10,0x10,0x50,0.

➡ Der rechte Quader hat die gleichen Maße wie das Original ganz links, 20,0x20,0x100,0, wurde dann aber auf 50% skaliert. Nach der Skalierung hat er scheinbar die gleiche Größe.

Die unterschiedlichen Größen der beiden Quader sind im PARAMETER-Rollout zu sehen, wenn man die Quader selektiert.

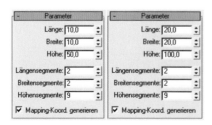

Abbildung 8.85: Parameter-Rollouts der beiden kleineren Quader

Ziehen Sie anschließend den BIEGEN-Modifikator aus dem Modifikatorstapel des großen Objekts per Drag&Drop auf die beiden kleinen Quader. Das Ergebnis ist überraschend:

Abbildung 8.86: Biegen-Modifikator auf kleine Quader kopiert

Auf dem neu erstellten Quader werden die Effektbeschränkungen entsprechend der tatsächlichen Koordinaten angewendet. Auf dem skalierten Quader werden alle Parameter des Modifikators ebenfalls skaliert.

Transformation zurücksetzen = Reset XForm

Auf der DIENSTPROGRAMME-Palette gibt es einen Button TRANSFORMATION ZURÜCKSETZEN.

Auswahl zurücksetzen = Reset Selected

Selektieren Sie hier den rechten der beiden kleinen Quader und klicken Sie dann auf AUSWAHL ZURÜCKSETZEN. Die Transformationskoordinaten dieses skalierten Objekts werden zurückgesetzt, so dass Modifikatoren darauf so angewendet werden können, als wäre das Objekt von Anfang an in dieser Größe erstellt worden.

Im Modifikatorstapel wird ein neuer Modifikator XFORM eingefügt, der keine editierbaren Parameter besitzt. Dieser Modifikator setzt das lokale Objektkoordinatensystem auf die aktuelle Objektgröße zurück. Dabei werden die eigentlichen Parameter des ursprünglichen Objekts nicht beeinflusst. Alle Modifikatoren, die hinter XFORM in den Modifikatorstapel eingefügt werden, wirken auf die neuen Objektkoordinaten.

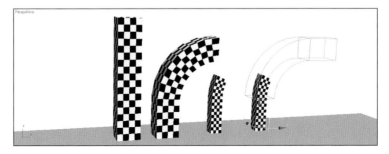

Abbildung 8.87: Modifikatoren nach Transformation zurücksetzen zugewiesen

Zieht man den BIEGEN-Modifikator vom großen Quader auf die kleinen, nachdem die Transformation zurückgesetzt wurde, sind keine Unterschiede zwischen beiden Objekten mehr zu sehen.

9 Netze bearbeiten

Neben den parametrischen Objekten, die durch Modifikation aus geometrischen Grundkörpern entstehen, verarbeitet 3ds max 6 auch einfache Netzobjekte.

Solche Netzobjekte bestehen aus miteinander verbundenen Dreiecksflächen. Auf diese Weise können sie von zahlreichen anderen 3D-Programmen erstellt und über die gängigen Dateiformate 3DS, DWG oder DXF nach 3ds max 6 importiert werden.

Auch das VRML-Dateiformat kann in sehr einfacher Form parametrische Objekte enthalten, die dann so in 3ds max 6 übernommen werden.

INFO

Jedes parametrische Objekt kann in 3ds max 6 in ein einfaches Netzobjekt konvertiert werden. Dazu gibt es zwei Möglichkeiten:

➤ Ausblenden des gesamten Modifikatorstapels. Rechtsklick auf einen Modifikator und Auswahl des Menüpunkts ALLE AUSBLENDEN.

➤ Rechtsklick auf ein Objekt und Auswahl des Menüpunkts KONVERTIEREN IN/IN BEARBEITBARES NETZ UMWANDELN.

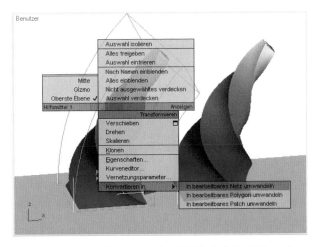

Abbildung 9.1: Ein parametrisches Objekt in ein Netzobjekt konvertieren

Das Aussehen des Objekts ändert sich durch diese Konvertierung nicht.

!!
STOP

Diese Konvertierung kann später nicht mehr rückgängig gemacht werden, da die Parametrik und die Modifikatoren verloren gehen.

Die Unterschiede sind in den Modifikatorstapeln der Objekte deutlich zu sehen.

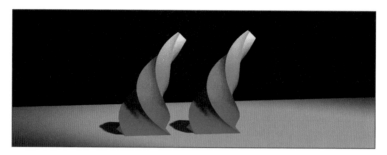

Abbildung 9.2: Zwei scheinbar gleiche Objekte [NETZ01.MAX]

9.1   Unterobjekt-Level

Abbildung 9.3: Die Modifikatorstapel der beiden Objekte

Ein bearbeitbares Netzobjekt wird nicht mehr über Parameter bearbeitet, sondern über verschiedene geometrische Unterobjekt-Level. Diese Unterobjekt-Level können im Modifikatorstapel oder mit den Buttons unterhalb umgeschaltet werden. Auf den Unterobjekt-Levels können Sie dann mit den normalen Selektionsbefehlen einzelne Punkte, Kanten oder Flächen selektieren und bewegen.

Der ausgewählte Unterobjekt-Level wird im Modifikatorstapel gelb dargestellt. Zusätzlich wird dort die Form eingeblendet und der entsprechende Button im AUSWAHL-Rollout gelb hervorgehoben.

Scheitelpunkt

Scheitelpunkte sind alle Eckpunkte der Dreiecksflächen, aus denen ein Objekt zusammengesetzt ist. Diese Punkte müssen nicht unbedingt sichtbare Körperecken sein.

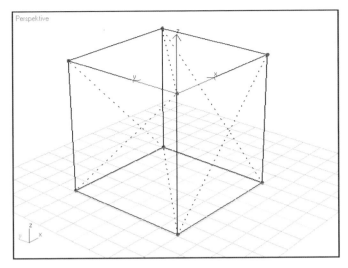

Abbildung 9.4: Scheitelpunkt an einem Würfel

In der Dialogbox Anpassen/Einstellungen *können Sie auf der Registerkarte* Ansichtsfenster *die Darstellung der Scheitelpunkte zwischen unterschiedlichen Punktgrößen oder auch kleinen Kreuzen umschalten.*

Im Gegensatz zu früheren Versionen ist in 3ds max 6 die Darstellungsgröße der Punkte frei einstellbar.

Anpassen/Einstellungen = Customize/ Preferences

Kante

Kanten sind Begrenzungskanten der Dreiecksflächen. Das müssen keine sichtbaren Kanten sein. Zwei aneinander grenzende Flächen haben eine gemeinsame Kante. Liegen diese Flächen in einer Ebene, ist die Kante trotzdem vorhanden, aber nicht sichtbar, und wird dann als Konstruktionslinie (gestrichelte Darstellung) bezeichnet.

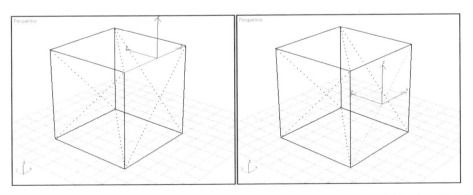

Abbildung 9.5: Links: sichtbare Kante, rechts: Konstruktionslinie an einem Würfel

In der Dialogbox EIGENSCHAFTEN im Kontextmenü jedes Objekts können Sie auf der Registerkarte ALLGEMEIN die Sichtbarkeit von Konstruktionslinien ein- oder ausschalten. Ist der Schalter NUR KANTEN ausgeschaltet, werden Konstruktionslinien sichtbar.

Fläche

Flächen sind immer dreieckig und in einer Ebene. Aus diesen Flächen sind alle Netzobjekte aufgebaut.

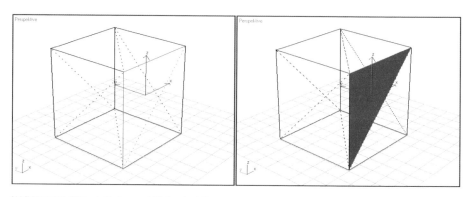

Abbildung 9.6: Fläche in Kanten- und Flächendarstellung

3ds max 6 bietet für Ansichtsfenster verschiedene Darstellungsmethoden, die die Selektion auf Unterobjekt-Level vereinfachen:

➡ *Die Taste* [F2] *schaltet im aktuellen Fenster für selektierte Flächen eine rote Flächendarstellung ein oder aus.*

➡ *Die Taste* [F3] *schaltet das aktuelle Fenster zwischen Drahtmodell und schattiertem Modus hin und her.*

➡ *Die Taste* [F4] *blendet im schattierten Modus die Kanten ein oder aus.*

Polygon

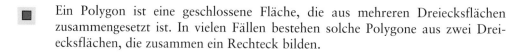

Ein Polygon ist eine geschlossene Fläche, die aus mehreren Dreiecksflächen zusammengesetzt ist. In vielen Fällen bestehen solche Polygone aus zwei Dreiecksflächen, die zusammen ein Rechteck bilden.

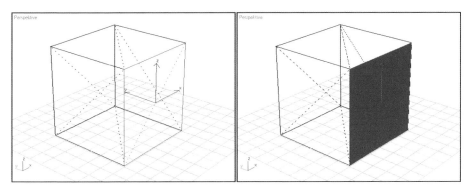

Abbildung 9.7: Polygon in Kanten- und Flächendarstellung

Element

Logische Objekte in 3ds max 6 können aus mehreren geometrisch voneinander unabhängigen Körpern bestehen. Ein solcher Körper wird dann als *Element* bezeichnet.

9.2 Arbeiten auf Scheitelpunkt-Level

Auf Unterobjekt-Level lassen sich nicht nur vorgefertigte 3D-Modelle verändern, sondern aus einfachen Grundkörpern auch neue Modelle erzeugen.

Bei der Entwicklung von Spielen und interaktiven Szenen im Internet sind sehr einfache Geometrien wichtig. Man spricht hier von Low Polygon Modelling, Modellieren mit wenigen Polygonen. Simple, wenig detailgetreue Modelle lassen sich oft durch Verschieben einiger Eckpunkte aus geometrischen Standardformen entwickeln.

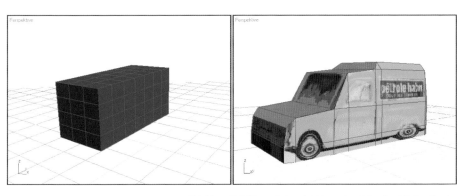

Abbildung 9.8: Dieses Auto entsteht aus dem links abgebildeten Quader.

Das Auto-Modell wurde bereits in Kapitel 2 als Beispiel für Texturierung verwendet. Im folgenden Abschnitt wird es aus einem Quader erstellt.

Zeichnen Sie als Erstes einen Quader mit den Maßen 2000x4500x2000 (Länge x Breite x Höhe) und der Segmentierung 3x7x4. Die Segmentierung wurde so klein wie möglich gewählt, aber nur so klein, dass sich alle wichtigen Kanten des Autos darstellen lassen.

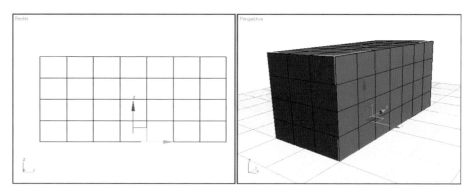

Abbildung 9.9: Der Quader als Basis

DVD

Konvertieren in/In bearbeitbares Netz umwandeln = Convert To/Convert to editable mesh

Diesen Quader finden Sie auch als Datei auto01.max auf der DVD; die folgenden Arbeitsschritte sind bis auto07.max durchnummeriert.

Wandeln Sie diesen Quader über das Kontextmenü KONVERTIEREN IN/IN BEAR-BEITBARES NETZ UMWANDELN in ein Netzobjekt um. Bei der Konvertierung geht die Parametrik des Quaders verloren. Dafür lassen sich die einzelnen Scheitel-punkte beliebig weiter bearbeiten. Dieser Schritt ist nicht umkehrbar.

Schalten Sie jetzt auf den Scheitelpunkt-Level. Die Scheitelpunkte erscheinen als blaue Punkte auf dem Objekt. In der Ansicht von rechts makieren Sie mit einem Fenster sehr einfach alle 20 Punkte einer Querschnittsfläche des Modells.

Die so gewählten Punkte lassen sich dann mit der normalen VERSCHIEBEN-Funk-tion innerhalb des Objekts verschieben.

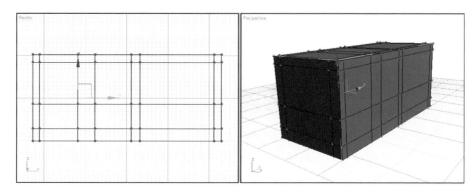

Abbildung 9.10: Verschobene Punkte im Quader [AUTO02.MAX]

Verschieben Sie auf die gleiche Weise ganze Ebenen von Punkten in X- und Z-Richtung. Die Form des Quaders ändert sich dadurch nicht.

(KOMPENDIUM) 3ds max 6

Im nächsten Schritt wird die Dachform über dem Laderaum des Autos model-liert. Wählen Sie dazu in der Ansicht von vorn mit einem Fenster die acht hinter-einander liegenden Scheitelpunkte der oberen rechten Kante.

Aktivieren Sie den 3D-Objektfang und schalten Sie hier mit einem Rechtsklick die Option SCHEITELPUNKTE ein.

Abbildung 9.11: Objektfang aktivieren

Schieben Sie diese Punkte so weit nach links, bis sie mit der nächsten Reihe zusammenfallen. Machen Sie das Gleiche mit der Punktereihe an der linken obe-ren Kante.

Schalten Sie den 3D-Objektfang wieder aus und schieben Sie in der zweiten Ebene von oben die äußersten Punktereihen ein kleines Stück in X-Richtung auf die Mitte des Objekts zu.

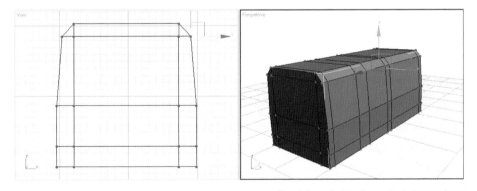

Abbildung 9.12: Verschobene Punktereihe am Dach [AUTO03.MAX]

Wenn auf Scheitelpunkt-Level Punkte selektiert sind, wird am unteren Rand des AUSWAHL-Rollouts angezeigt, wie viele es sind. Diese Zahl ist wichtig, da in einer Ansicht oft nicht alle Punkte zu sehen sind, wenn diese genau hintereinander lie-gen und sich gegenseitig verdecken.

Nach dem Verschieben der Punkte in der oberen Ebene sind diese immer noch logisch als eigene Punkte vorhanden, obwohl sie geometrisch mit den Punkten, auf die sie geschoben wurden, zusammenfallen. Ziehen Sie nun in der Ansicht von vorn ein Fenster auf, werden 16 Punkte angezeigt.

Punkte, die sehr nahe nebeneinander liegen, bilden trotzdem noch Flächen und Kanten zwischen sich. Das kann beim Rendern zu unsauberen Übergängen zwischen Flächen führen. Außerdem erhöhen diese zusätzlichen Flächen die Komplexität der Geometrie.

Geometrisch zusammenfallende Punkte können miteinander verschweißt werden, so dass sie auch logisch nur noch einen Punkt darstellen. Stellen Sie dazu im Rollout GEOMETRIE BEARBEITEN im Feld VERSCHWEISSEN einen Wert ein, wie weit zwei Punkte maximal voneinander entfernt sein dürfen, so dass sie noch verschweißt werden.

Klicken Sie dann auf AUSWAHL, solange die Punkte noch selektiert sind. Alle Punkte, deren Abstand unterhalb des angegebenen Werts liegen, werden miteinander verschweißt.

Ziel = Target   Beim Verschieben von Punkten können diese auch automatisch verschweißt werden. Hier hängt es vom Pixelabstand zweier Punkte auf dem Bildschirm ab, ob diese verschweißt werden oder nicht. Dieses automatische Verschweißen kann mit dem Button ZIEL ein- und ausgeschaltet werden.

Verschieben Sie mit automatischem Verschweißen noch einige Punktereihen aus der oberen Fläche nach unten, so dass sich die abgebildete Form des Autos ergibt.

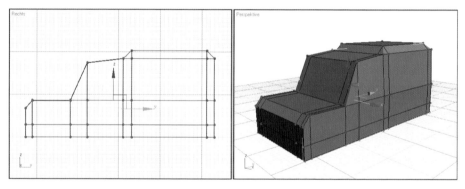

Abbildung 9.13: Die Form dew Autos [AUTO04.MAX]

Das abgebildete Auto hat noch 102 Scheitelpunkte, von denen allerdings einige überflüssig sind, da sie in einer Ebene liegen. Zur Vereinfachung der Geometrie sollten diese auch noch verschweißt werden.

Durch Querverschiebung der Punkte auf den Flächen im vorderen Bereich des Autos lassen sich weitere Punkte einsparen. Das Modell in der nächsten Abbildung hat nur noch 54 Scheitelpunkte, aber genau die gleiche Form (siehe Abbildung 9.14).

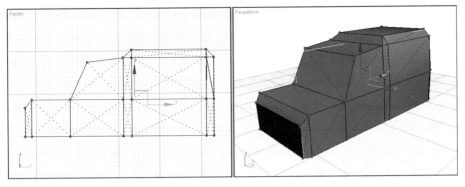

Abbildung 9.14: Vereinfachte Geometrie [AUTO05.MAX]

Besonders auf der Unterseite des Objekts lassen sich viele Scheitelpunkte einsparen. Damit beim Verschieben dieser Punkte die entsprechenden Punkte auf der Oberseite nicht mit verschoben werden, schalten Sie den Schalter RÜCKSEITEN IGNORIEREN im Rollout AUSWAHL ein.

Rückseiten ignorieren = Ignore Backfacing

Wenn Sie jetzt in der Ansicht von unten Punkte auswählen, werden nur die Punkte wirklich selektiert, die auf Flächen liegen, deren Vorderseite in dieser Ansicht auch wirklich zu sehen ist.

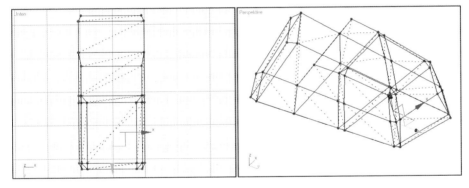

Abbildung 9.15: Selektierte Scheitelpunkte in der Ansicht von unten

Punkte löschen

Auf Scheitelpunkt-Level können ausgewählte Punkte gelöscht werden. Dabei werden automatisch alle an diese Punkte grenzenden Flächen gelöscht.

Die gewählten Punkte werden mit der Taste [Entf] oder mit dem Button LÖSCHEN im Rollout GEOMETRIE BEARBEITEN gelöscht.

Löschen = Delete

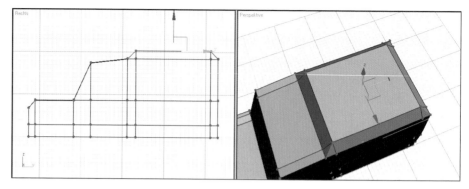

Abbildung 9.16: Selektierte Punkte

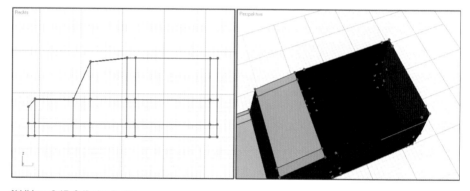

Abbildung 9.17: Gelöschte Punkte

Punkte ausblenden

Ein anderes Verfahren zur Reduktion von Scheitelpunkten ist das AUSBLENDEN. Hier wird ein Auswahlsatz aus Scheitelpunkten durch einen einzelnen Scheitelpunkt ersetzt. Dieser liegt im ehemaligen Mittelpunkt der aufgelösten Auswahl. Direkt an einen der Scheitelpunkte angrenzende Flächen entfallen. Ebenso entfallen Kanten, die von den aufgelösten Scheitelpunkten abgingen. Von deren jeweils anderen Scheitelpunkten aus laufen jetzt Kanten zu dem neuen Scheitelpunkt.

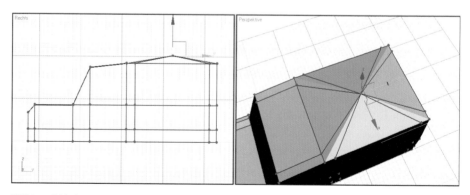

Abbildung 9.18: Ausgeblendete Scheitelpunkte

In der Abbildung wurden die gleichen vier Scheitelpunkte wie im Beispiel davor selektiert. Das AUSBLENDEN macht daraus einen einzigen Punkt in der Mitte des Dachs auf der gleichen Z-Höhe wie die Punkte vorher.

AUSBLENDEN funktioniert mit dem gleichnamigen Button am unteren Ende des Rollouts GEOMETRIE BEARBEITEN.

Ausblenden = Collapse

Ecken abkanten

Viele Low-Polygon-Objekte sehen deutlich besser aus, wenn die sichtbaren Ecken nicht hart rechtwinklig, sondern abgekantet sind. 3ds max 6 bietet eine sehr einfache Möglichkeit, aus einzelnen Scheitelpunkten abgekantete Ecken mit genau definierter Größe zu machen.

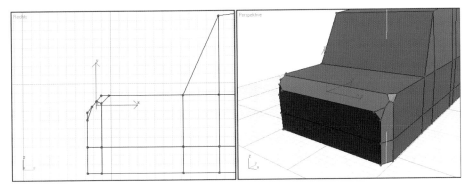

Abbildung 9.19: Abgekantete Ecken

Selektieren Sie alle Ecken, die abgekantet werden sollen, und schalten Sie den Button ABKANTEN im Rollout GEOMETRIE BEARBEITEN ein.

Abkanten = Bevel

Geben Sie jetzt im Zahlenfeld daneben ein Maß für die Abkantung ein oder ziehen Sie diesen Wert interaktiv mit den Stellpfeilen nach oben. Alle selektierten Eckpunkte werden um das gleiche Maß abgekantet. Dabei spielt es keine Rolle, wie viele Flächen an dem Eckpunkt zusammentreffen.

9.3   Arbeiten auf Kanten-Level

Auf Kanten-Level gibt es ähnliche Editierfunktionen wie auf Scheitelpunkt-Level. Hier werden einzelne Kanten ausgewählt und dann verschoben oder gedreht. Alle Scheitelpunkte und Flächen, die Verbindung zu den selektierten Kanten haben, werden beeinflusst.

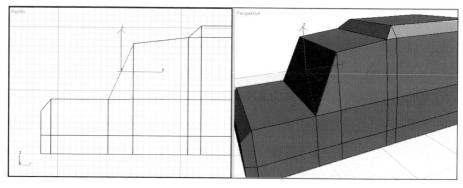

Abbildung 9.20: Selektierte Kanten

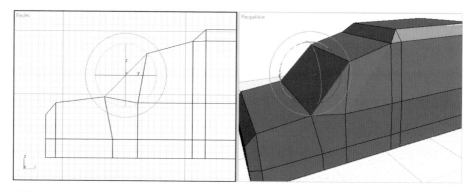

Abbildung 9.21: Verdrehte Kanten

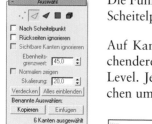

Die Funktionen zum Löschen und Ausblenden funktionieren vergleichbar wie auf Scheitelpunkt-Level.

Auf Kanten-Level lassen sich durch ABKANTEN scharfkantiger Objekte ansprechendere Formen erzielen. Das Verfahren ist das Gleiche wie auf Scheitelpunkt-Level. Jede selektierte Kante wird in zwei parallele Kanten mit Verbindungsflächen umgewandelt.

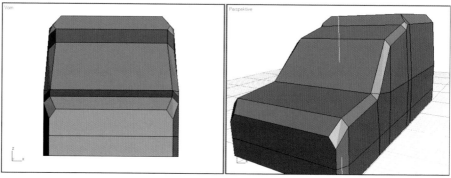

Abbildung 9.22: Abgekantete Kanten

Kanten und Konstruktionslinien

Drei Punkte im Raum definieren immer genau eine Ebene. Vier Punkte können aber auf mehreren Ebenen liegen. Deshalb verwendet 3ds max 6 immer Dreiecksflächen, da diese absolut eindeutig sind.

Beim Editieren auf Unterobjekt-Level werden manchmal neue Flächen erzeugt. Dabei kann ein Viereck auf zwei Methoden in zwei Dreiecksflächen zerlegt werden. Im Raum ergeben sich dabei auch unterschiedliche Geometrien. Die Trennlinie kann entweder einen *Sattel* oder ein *Tal* bilden.

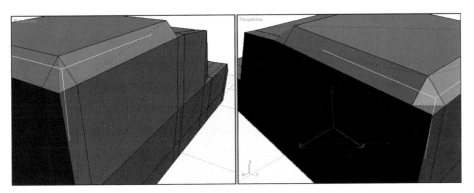

Abbildung 9.23: links: Sattel und rechts: Tal an den hinteren Ecken des Autodachs

In solchen Fällen können Sie auf Kanten-Level einzelne Kanten umdrehen. Schalten Sie dazu den Button UMDREHEN im Rollout GEOMETRIE BEARBEITEN ein und klicken Sie auf die entsprechende Kante. Diese wird umgedreht, die beiden angrenzenden Dreiecksflächen werden neu gebildet.

Umdrehen = Turn

Oftmals ist es sinnvoll, vor der Verschiebung von Scheitelpunkten oder Kanten die Lage angrenzender Kanten zu überprüfen und bei Bedarf umzudrehen.

TIPP

Konstruktionslinien, die Trennkanten innerhalb einer ebenen viereckigen Fläche, sind normalerweise nicht sichtbar, wenn sie nicht in den Objekteigenschaften eigens eingeschaltet wurden.

Im Rollout OBERFLÄCHENEIGENSCHAFTEN können einzelne Kanten auf Kanten-Level gezielt sichtbar oder unsichtbar geschaltet, also von einer Konstruktionslinie in eine echte Kante umgewandelt werden oder umgekehrt.

Die Sichtbarkeit von Kanten beeinflusst die Auswahl im Polygon-Level.

TIPP

Die Sichtbarkeit der Kanten kann auch automatisch über den Winkel zwischen den beiden an die Kante angrenzenden Flächen gesteuert werden. Dazu wählt man die eventuell betroffenen Kanten aus und gibt dann im Feld AUTOM. KANTE

Autom. Kante = Auto Edge

einen Winkel an, den die Flächennormalen maximal einschließen dürfen, so dass die Kante noch unsichtbar bleibt. Klicken Sie dann auf den Button AUTOM. KANTE, um die Kantensichtbarkeit für die gewählten Kanten umzuschalten.

!!
STOP

Besonders wichtig ist die Kantensichtbarkeit bei der Verwendung von Drahtmaterialien oder dem GITTER-Modifikator.

Das Objekt links in der Abbildung 9.24 zeigt die Standardeinstellung. In der Mitte sind alle Kanten sichtbar geschaltet, das rechte Objekt verwendet eine automatische Kantensichtbarkeit. Damit sind alle Kanten in der Seitenfläche ausgeblendet.

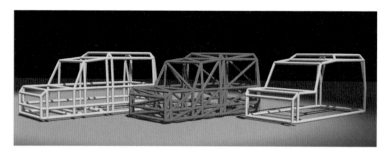

Abbildung 9.24: Mit dem Gitter-Modifikator bearbeitete Objekte mit unterschiedlicher Kantensichtbarkeit

Kanten teilen

Brauchen Sie an einer Stelle eine weitere Detaillierung, kann eine Kante auch in zwei Segmente geteilt werden. Die Form des Objekts verändert sich dabei zunächst nicht. Vom neuen Punkt aus werden automatisch Konstruktionslinien gezeichnet und Flächen erstellt. Dieser Punkt kann später auf Scheitelpunkt-Level bewegt werden.

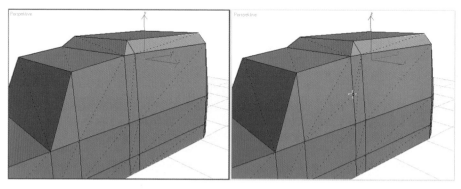

Abbildung 9.25: Links: ursprüngliche Kante, rechts: geteilte Kante

Teilen = Divide   Schalten Sie auf Kanten-Level den Button TEILEN im Rollout GEOMETRIE BEARBEITEN ein. Klicken Sie dann an der Stelle auf eine Kante, wo diese geteilt werden soll. Dort wird ein neuer Scheitelpunkt eingefügt.

9.4   Arbeiten auf Flächen und Polygon-Level

Auf Flächen-Level können einzelne oder mehrere Flächen bewegt werden. Die angrenzenden Flächen und Kanten werden entsprechend angepasst.

Im Unterschied zum Polygon-Level werden hier alle Dreiecksflächen einzeln selektiert. Sonst sind die Bearbeitungsfunktionen auf beiden Levels gleich.

Auf Polygon-Level werden alle Flächen innerhalb eines geschlossenen Kantenzugs auf einmal selektiert. Dreiecksflächen, die nur durch Konstruktionslinien miteinander verbunden sind, gelten als ein Polygon. Nur sichtbare Kanten trennen Polygone.

Wird die Sichtbarkeit von Kanten auf Kanten-Level mit der Automatik verändert, beeinflusst dies auch das Verhalten des Objekts auf Polygon-Level.

!!
STOP

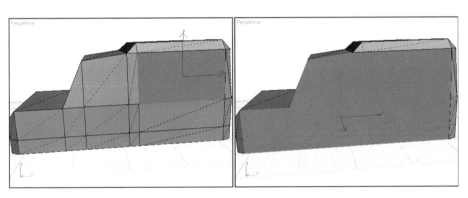

Abbildung 9.26: Links: Selektion eines Polygons im unveränderten Modell, rechts: nach Festlegen einer automatischen Kantensichtbarkeit

Neben dem bekannten Bewegen von Flächen gibt es auf Flächen- und Polygon-Level noch interessante weitere Funktionen.

Flächen extrudieren

EXTRUDIEREN verschiebt Flächen in Richtung ihrer Normalen aus dem Objekt heraus oder in das Objekt hinein. Dabei werden nicht nur bestehende Flächen verschoben, sondern auch neue Flächen an den Kanten erzeugt.

Extrudieren
= Extrude

Wählen Sie die gewünschten Flächen oder Polygone aus und stellen Sie im Zahlenfeld EXTRUDIEREN im Rollout GEOMETRIE BEARBEITEN das Maß der Extrusion ein. Im Feld ABSCHRÄGUNG können Sie noch einen Wert angeben, um den der extrudierte Teil verjüngt wird.

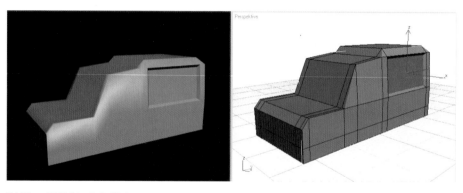

Abbildung 9.27: Extrudierte Flächen

Beide Werte können auch interaktiv verändert werden. Schalten Sie dafür den entsprechenden Button ein und verschieben Sie anschließend die Stellpfeile neben dem Zahlenfeld.

Flächen ebnen

Ebnen = Make Planar   In frei geformten Objekten braucht man manchmal auch ebene Flächenteilstücke. Dafür gibt es den Button EBNEN im Rollout GEOMETRIE BEARBEITEN. Diese Funktion ersetzt eine beliebige Auswahl von Flächen durch ein ebenes Flächenstück. Dabei werden die Flächen nur in ihrer Form und Lage verändert. Die Anzahl der Flächen bleibt gleich.

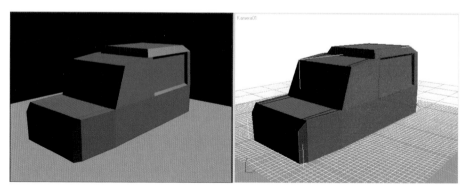

Abbildung 9.28: Ausgewählte Flächen

Wählen Sie auf Flächen- oder Polygon-Level die Flächen aus, die in eine Ebene gelegt werden sollen. Beachten Sie dabei, dass das Ergebnis sehr unerwartet ausfallen kann, wenn diese Flächen große Winkel zueinander haben.

Klicken Sie dann auf den Button EBNEN. Aus den Flächen wird eine Ebene gebildet, deren Winkel im Raum dem Mittel der selektierten Flächen entspricht.

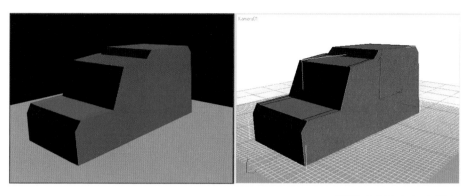

Abbildung 9.29: Geebnete Fläche

Flächen facettieren

Hinter dem Button FACETTIEREN verbergen sich zwei Methoden, eine Fläche in mehrere kleinere Flächen aufzuteilen.

Facettieren
= Tesselate

- ➡ Der Modus KANTE fügt jeweils auf den Mittelpunkten der Kanten neue Scheitelpunkte ein. Aus zwei Dreiecken in einem Viereck werden so acht Flächen.

Kante = Edge

- ➡ Der Modus FLÄCHENMITTE erzeugt im Mittelpunkt jeder Fläche einen neuen Scheitelpunkt. Aus zwei Dreiecken in einem Viereck werden sechs Flächen.

Flächenmitte
= Face-Center

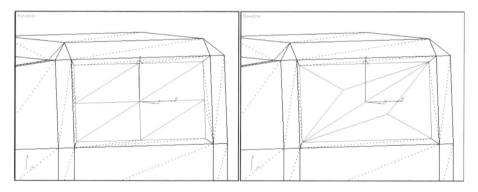

Abbildung 9.30: Links: Modus Kante, rechts: Modus Flächenmitte

Im Modus KANTE kann noch ein Wert angegeben werden, um den die neu eingefügten Eckpunkte nach außen verschoben werden. Um im Modus KANTE eine Fläche zu unterteilen und diese dabei in ihrer Ursprungsform zu belassen, verwenden Sie den Wert 0.

Flächennormalen

Jede Fläche in 3ds max 6 hat eine sichtbare Vorderseite und eine unsichtbare Rückseite. Die Orientierung einer Fläche wird durch ihre Normale definiert, einen Vektor, der senkrecht auf der Fläche steht und von der sichtbaren Seite zum Betrachter zeigt.

Objekte, die in 3ds max 6 erstellt werden, werden automatisch so generiert, dass alle Normalen nach außen zeigen, das Objekt also vollständig sichtbar ist. Anders sieht es bei Objekten aus, die aus anderen Programmen importiert wurden. Hier stehen die Flächennormalen oft zufällig, so dass nur ein Teil der Flächen beim Rendern sichtbar ist.

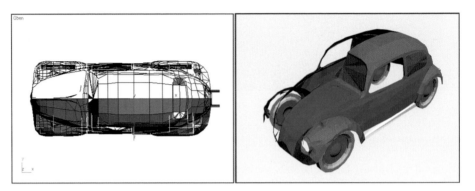

Abbildung 9.31: Importiertes Objekt mit fehlerhaften Normalen

3ds max 6 bietet auf Flächen- und Polygon-Level verschiedene Funktionen zum Umdrehen von Flächennormalen.

Selektieren Sie ein Objekt, dessen Flächennormalen alle oder teilweise in die falsche Richtung zeigen. Im Rollout OBERFLÄCHENEIGENSCHAFTEN auf Flächen- oder Polygon-Level finden Sie die Funktionen für das Umdrehen der Normalen.

Gleichrichten = Unify In vielen Fällen hilft der Button GLEICHRICHTEN. Hier versucht 3ds max 6 selbstständig, eine gemeinsame Richtung für alle selektierten Flächen zu finden.

Selektieren Sie dazu mit einem Fenster alle Flächen des Objekts und klicken Sie danach auf GLEICHRICHTEN.

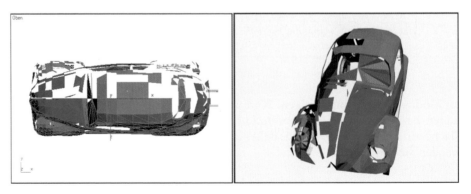

Abbildung 9.32: Versuch, Normalen automatisch gleichzurichten

Das Gleichrichten bringt nur in seltenen Fällen sofort ein zufrieden stellendes Ergebnis.

Im Rollout AUSWAHL gibt es einen Schalter NORMALEN ZEIGEN. Damit können die Flächennormalen als blaue Linien senkrecht auf der jeweiligen Fläche dargestellt werden.

Normalen zeigen = Show Normals

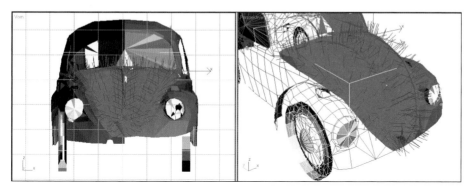

Abbildung 9.33: Modus Normalen zeigen

Der Wert SKALIERUNG gibt die Länge der dargestellten Normalen an.

Skalierung = Scale

Mit dem Button WENDEN werden alle auf Flächen- oder Polygon-Level selektierten Flächen umgedreht.

Wenden = Flip

Um Normalen auf sehr einfache Weise umzudrehen, bietet sich der Modus »NORMALEN WENDEN« an. Wenn dieser Button eingeschaltet (Gelb) ist, wird jede Fläche beim Anklicken sofort umgedreht.

Modus »Normalen wenden« = Flip Normal Mode

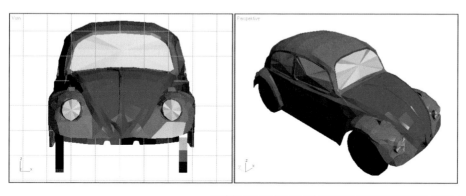

Abbildung 9.34: Das Modell mit richtig gedrehten Flächennormalen

9.5   Arbeiten auf Element-Level

Objekte können aus mehreren voneinander unabhängigen Körpern bestehen. Diese können auf Element-Level einzeln selektiert und innerhalb des Gesamtobjekts bewegt werden.

Elemente innerhalb eines Objekts entstehen entweder durch Loslösen bestimmter Teile des Objekts oder durch Anhängen eines Objekts an ein anderes.

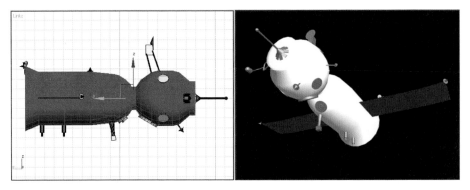

Abbildung 9.35: Raumschiff aus mehreren Elementen [SOYUZ-2.MAX]

Das Modell in der Abbildung wurde aus mehreren Objekten zusammengesetzt, die jetzt Elemente innerhalb eines einzigen Objekts sind. Auf Element-Level lassen sich einzelne Elemente selektieren.

Loslösen

Loslösen = Detach

Mit dem Button LOSLÖSEN im Rollout GEOMETRIE BEARBEITEN können Sie auf Flächen- oder Polygon-Level eine Auswahl von Flächen zu einem eigenen Element oder einem selbstständigen Objekt abtrennen.

Selektieren Sie die gewünschten Flächen oder Polygone. Dabei spielt es beim Loslösen zu Elementen keine Rolle, wenn Flächen aus anderen Elementen ebenfalls selektiert sind.

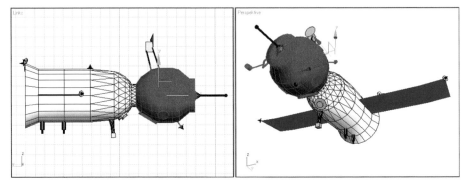

Abbildung 9.36: Selektierte Flächen im Bereich der Kapsel

Klicken Sie jetzt auf LOSLÖSEN. Es erscheint eine Dialogbox zur Steuerung des Loslösen-Vorgangs.

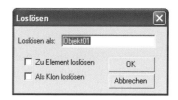

Abbildung 9.37: Abfrage beim Loslösen von Flächen

➡ Zu Element loslösen – erstellt aus den selektierten Flächen ein neues Element innerhalb des Objekts.

Zu Element loslösen = Detach To Element

➡ Als Klon loslösen – erstellt eine Kopie mit den selektierten Flächen. Die Originale bleiben ebenfalls erhalten.

Als Klon loslösen = Detach As Clone

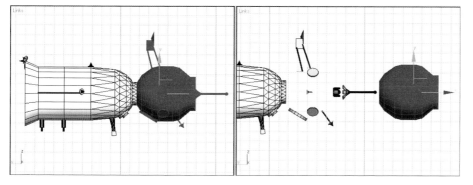

Abbildung 9.38: Selektierte Flächen als Element losgelöst und auf Element-Level verschoben

Ist der Schalter Zu Element loslösen deaktiviert, muss im Feld Loslösen als ein Name für das neue Objekt angegeben werden. Beachten Sie, dass in diesem Fall alle selektierten Flächen als neues Objekt abgetrennt werden, nicht nur die innerhalb eines Elements.

!! STOP

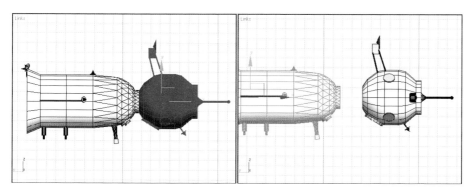

Abbildung 9.39: Selektierte Flächen als Objekt losgelöst und auf Objekt-Level verschoben

Anhängen

Umgekehrt können Objekte aus mehreren einzelnen Objekten zusammengesetzt werden. Dabei ist die logische Zusammengehörigkeit zu einem Objekt unabhängig von der geometrischen Lage.

Deshalb können Sie zuerst die einzelnen Objekte in ihre richtige Position schieben, diese aber später auf Element-Level noch beliebig verändern.

 Zum geometrischen Anhängen von Objekten verwenden Sie sinnvollerweise den 3D-Objektfang.

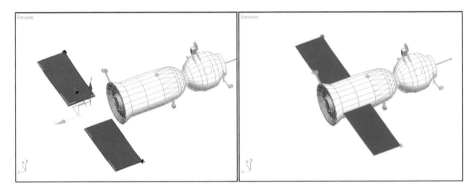

Abbildung 9.40: Nach dem geometrischen Zusammenfügen handelt es sich immer noch um getrennte logische Objekte.

Anhängen = Attach

Selektieren Sie danach auf Objekt-Level das Hauptobjekt, an das die anderen Objekte angehängt werden sollen, und schalten Sie im Rollout GEOMETRIE BEARBEITEN den Button ANHÄNGEN ein.

Anhängeliste
= Attach List

Eine weitere Möglichkeit ist die ANHÄNGELISTE. Hier erscheint eine Liste aller Objektnamen, in der Sie alle Objekte auswählen können, die angehängt werden sollen (siehe Abbildung 9.41).

Nach dem Anhängen sind die ehemaligen Objekte Elemente des Objekts, an das sie angehängt wurden.

Haben die Objekte unterschiedliche Materialien, erscheint eine Abfrage, wie mit den Materialien verfahren werden soll (siehe Abbildung 9.42):

Material-IDs dem
Material zuordnen
= Match Material IDs
to Material

➤ MATERIAL-IDS DEM MATERIAL ZUORDNEN – Die Anzahl der Material-IDs in den angehängten Objekten wird so weit wie möglich reduziert. Danach wird aus dem Material des Hauptobjekts und den Materialien der angehängten Objekte ein Multi-/Unterobjekt-Material für das neue Gesamtobjekt gebildet. Die Materialzuweisungen der einzelnen Teile ändern sich dabei nicht.

Material den Mate-
rial-IDs zuordnen
= Match Material to
Material IDs

➤ MATERIAL DEN MATERIAL-IDS ZUORDNEN – behält die Unabhängigkeit der Material-IDs in allen beteiligten Objekten bei und erstellt ein Multi-/Unterobjekt-Material mit entsprechend vielen Teilmaterialien. Dabei können in diesem Material einzelne Teilmaterialien mehrfach enthalten sein.

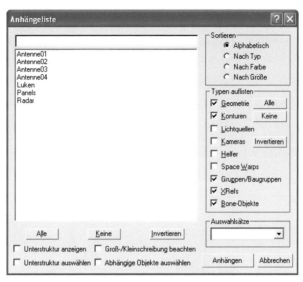

Abbildung 9.41: Die Anhängeliste erleichtert das Anhängen mehrerer Objekte.

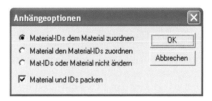

Abbildung 9.42: Anhängeoptionen beim Anhängen von Objekten mit Materialien

➡ MAT-IDS ODER MATERIAL NICHT ÄNDERN – Material und Material-IDs werden nicht verändert. Somit kann die Materialzuweisung nach dem Anhängen
anders aussehen als vorher.

*Mat-IDs oder Mate-
rial nicht ändern
= Do Not Modify Mat
IDs or Material*

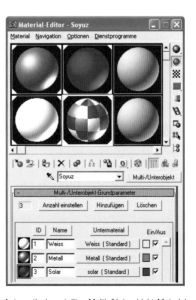

Abbildung 9.43: Automatisch erstelltes Multi-/Unterobjekt-Material

Material und IDs packen = Condense Material and IDs

➡ MATERIAL UND IDS PACKEN – entfernt nicht benutzte Materialien und doppelte Materialien aus dem neuen Multi-/Unterobjekt-Material. Dies gilt nur für die Option MATERIAL-IDS DEM MATERIAL ZUORDNEN.

9.6   Modifikator Löcher verschließen

3ds max 6 arbeitet nicht mit massiven Körpern, sondern immer nur mit Flächenmodellen. Beim Loslösen von Elementen aus einem Objekt entstehen an den Kanten Löcher.

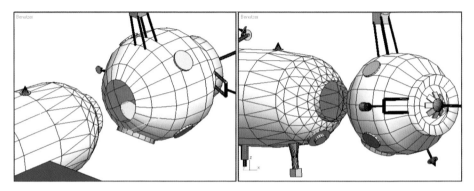

Abbildung 9.44: Löcher zwischen den getrennten Elementen

Löcher verschließen = Cap Holes

Der Modifikator LÖCHER VERSCHLIEßEN schließt solche Löcher mit koplanaren Flächen. Selektieren Sie dazu auf Objekt-Level das ganze Objekt und weisen Sie den Modifikator zu. Die Löcher werden sofort geschlossen.

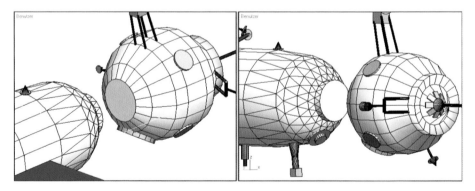

Abbildung 9.45: Verschlossene Löcher

Im PARAMETER-Rollout können Sie noch einstellen, wie die Kanten der neuen Flächen geglättet werden sollen.

➤ NEUE FLÄCHEN GLÄTTEN – glättet alle Kanten zwischen den neuen Flächen.   *Neue Flächen glätten = Smooth new Faces*

➤ MIT ALTEN FLÄCHEN GLÄTTEN – glättet die Kanten zwischen vorhandenen und neuen Flächen.   *Mit alten Flächen glätten = Smooth with old Faces*

➤ DREIECKSEINTEILUNG FÜR VERSCHLUSS – stellt alle Kanten zwischen den neuen Flächen sichtbar dar, auch wenn sie in einer Ebene liegen.   *Dreieckseinteilung für Verschluss = Triangulate Cap*

9.7   Glättung

3ds max 6 arbeitet wie die meisten 3D-Programme mit ebenen Dreiecksflächen. Demnach könnten mit wenigen Dreiecksflächen keine abgerundeten Objekte dargestellt werden. In gerenderten Bildern sind aber häufig runde Gegenstände zu sehen.

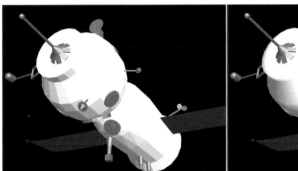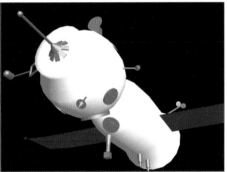

Abbildung 9.46: Links: sichtbare Kanten, rechts: Kantenglättung

3ds max 6 verwendet eine Kantenglättung zur Darstellung abgerundeter Objekte. Diese Glättung entsteht dadurch, dass bestimmte Kanten beim Rendern nicht als Kanten gerechnet werden.

Welche Kanten beim Rendern entfallen sollen, wird über die Glättungsgruppen definiert. In einer Szene kann es bis zu 32 Glättungsgruppen, nummeriert von 1 bis 32, geben. Die Flächen eines Objekts werden den verschiedenen Glättungsgruppen zugeteilt. Haben zwei Flächen, die sich an einer Kante berühren, die gleiche Glättungsgruppe, ist die gemeinsame Kante nicht sichtbar.

Glättungsgruppen werden für jedes Objekt auf Flächen-, Polygon- oder Element-Level im Rollout OBERFLÄCHENEIGENSCHAFTEN festgelegt.

Sollten die 32 Glättungsgruppen nicht ausreichen, ist das kein Problem, da Flächen, die sich nicht berühren, durchaus dieselbe Glättungsgruppe haben dürfen, ohne dass sich am Aussehen irgendetwas ändert. So kann man zum Beispiel ohne Schwierigkeiten für verschiedene Elemente und Objekte die gleichen Glättungsgruppen verwenden.

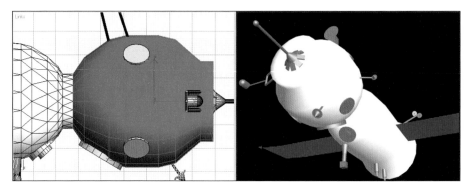

Abbildung 9.47: Alle selektierten Flächen gehören der gleichen Glättungsgruppe an. [SOYUZ-3.MAX]

Der vordere Ring soll sich aber durch eine Kante deutlich von der Kapsel abheben. Dazu müssen diese Flächen in eine andere Glättungsgruppe. Gehen Sie dazu folgendermaßen vor:

Verdecken = Hide

1. Verdecken Sie zunächst auf Element-Level alle Kleinteile, die bei der Selektion der Flächen stören. Selektieren Sie diese dazu und klicken Sie im Rollout AUSWAHL auf den Button VERDECKEN.

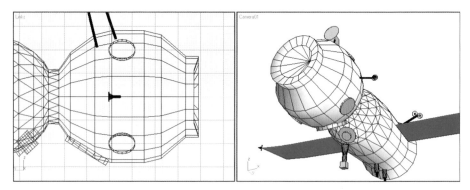

Abbildung 9.48: Kleine Objekte ausgeblendet

TIPP

Autom. Fenster/ Kreuzen nach Richtung = Auto Window/ Crossing by Direction

Um die Flächen leichter selektieren zu können, sollten Sie in der Dialogbox ANPASSEN/EINSTELLUNGEN auf der Registerkarte ALLGEMEIN den Schalter AUTOM. FENSTER/KREUZEN NACH RICHTUNG einschalten. 3ds max 6 verhält sich dann wie AutoCAD. Ein von rechts nach links aufgezogenes Selektionsfenster selektiert auch die Objekte, die die Fenstergrenzen schneiden, während ein von links nach rechts aufgezogenes Fenster nur die Objekte selektiert, die vollständig innerhalb des Fensters liegen. Auf diese Weise brauchen Sie in der Symbolleiste nicht mehr zwischen Fenster und Kreuzselektion umzuschalten.

2. Selektieren Sie jetzt die Flächen des vorderen Rings mit einem schmalen Kreuzfenster, ohne dass die Deckelflächen mitselektiert werden.

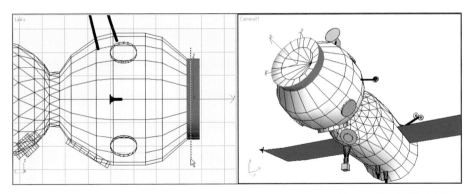

Abbildung 9.49: Selektierte Flächen

2. Weisen Sie diesen Flächen im Rollout OBERFLÄCHENEIGENSCHAFTEN die Glät-
tungsgruppe 2 zu und schalten Sie dafür die Glättungsgruppe 1 aus. Klicken
Sie dazu einfach, während die Flächen selektiert sind, auf die entsprechenden
Nummern der Glättungsgruppen im Rollout OBERFLÄCHENEIGENSCHAFTEN.
Untereinander sollen die Flächen abgerundet werden, gegen die Kapsel soll
aber eine sichtbare Kante bestehen bleiben.

3. Die inneren Deckelflächen und der schräg nach innen geneigte Ring haben
noch die Glättungsgruppe 1 und erscheinen deshalb noch wie eine abgerundete Schüssel. Selektieren Sie mit einem schmalen Fenster nur die Flächen des
inneren Deckels und wählen Sie für diese eine eigene Glättungsgruppe. Hier
können Sie wieder die Gruppe 2 verwenden, da diese Flächen die anderen
Flächen der Gruppe 2 nicht berühren. Schalten Sie die Gruppe 1 dafür aus.

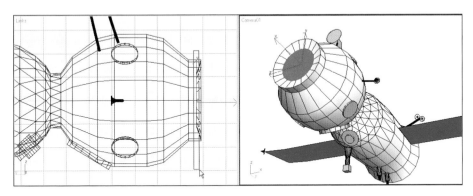

Abbildung 9.50: Eigene Glättungsgruppe für die inneren Deckelflächen

4. Schalten Sie jetzt mit dem Button ALLES EINBLENDEN im Rollout AUSWAHL
die verdeckten Elemente wieder sichtbar. Beim Rendern sind jetzt Kanten am
vorderen Ring zu sehen.

*Alles einblenden
= Unhide All*

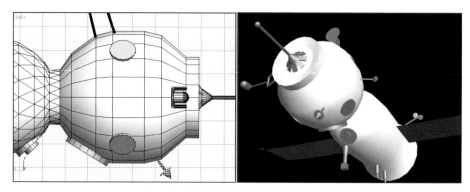

Abbildung 9.51: Das Modell mit den neu zugewiesenen Glättungsgruppen

Nach GG auswählen
= Select By SG

Eine gute Übersicht über die Glättungsgruppen in der Szene bekommen Sie mit dem Button NACH GG AUSWÄHLEN. In einer Dialogbox werden alle in der Szene vorhandenen Glättungsgruppen angezeigt.

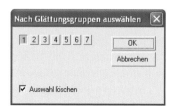

Abbildung 9.52: Glättungsgruppen auswählen

Auswahl löschen
= Clear Selection

Wählen Sie hier eine oder mehrere Glättungsgruppen aus, werden alle Flächen aus diesen Glättungsgruppen selektiert. Schalten Sie den Schalter AUSWAHL LÖSCHEN ein, dann werden alle eventuell vorher selektierten Flächen deselektiert.

Automatische Glättung

Automatisch glätten
= Auto Smooth

In vielen Fällen bietet es sich an, die Glättungsgruppen automatisch einzustellen. Dabei wird anhand des Normalenwinkels zwischen zwei Flächen festgelegt, ob diese Flächen einer gemeinsamen Glättungsgruppe angehören sollen oder nicht. Sinkt dieser Normalenwinkel unter den im Feld AUTOMATISCH GLÄTTEN angegebenen Wert, wird also der Winkel der Flächen gegeneinander stumpfer, bekommen diese Flächen eine gemeinsame Glättungsgruppe.

Wählen Sie alle Flächen deren Glättung automatisch berechnet werden soll aus, stellen den Winkel ein und klicken dann auf AUTOMATISCH GLÄTTEN.

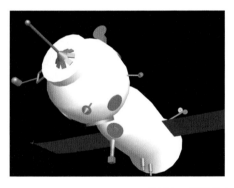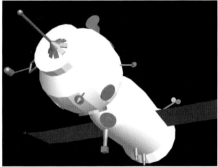

Abbildung 9.53: Links: Automatische Glättung mit 35° Winkel, rechts: 15° Winkel

9.8   MeshSmooth

Die Kantenglättung über Glättungsgruppen bringt rechtwinklig begrenzten Körpern nichts. An einem wirklichen Kubus sieht man an den Ecken und Kanten immer Lichtpunkte oder Spiegelungen, da keine Kante genau in einer Linie zusammenläuft. Alle Kanten von wirklichen Objekten sind, wenn auch minimal, abgerundet.

Abbildung 9.54: Links und Mitte: MeshSmooth mit NURMS, rechts: scharfkantiges Objekt [MESH01.MAX]

Der Modifikator MESHSMOOTH macht ein Objekt plastischer, indem an den Kanten zusätzliche Flächen angelegt oder die Flächen des Objekts zum Rendern in NURMS (*Non Uniform Rational MeshSmooth*) umgewandelt werden. Es werden drei verschiedene Berechnungsverfahren angeboten: KLASSISCH, QUAD-AUS-GABE und NURMS.

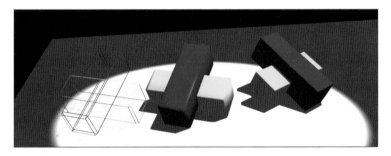

Abbildung 9.55: Klassisches Verfahren, links als Drahtmodell

Im Drahtmodell ist zu sehen, wie beim klassischen Verfahren an jeder Kante und jeder Ecke zusätzliche Flächen eingefügt werden.

Quad-Ausgabe
= Quad Output

Das dritte Verfahren, QUAD-AUSGABE, teilt jedes Viereck in vier kleinere. Dabei können die Eckpunkte über den Parameter STÄRKE im PARAMETER-Rollout leicht zur Objektmitte verschoben werden, so dass eine Krümmung auf den Flächen entsteht. Die Kanten werden bei diesem Verfahren nicht abgerundet.

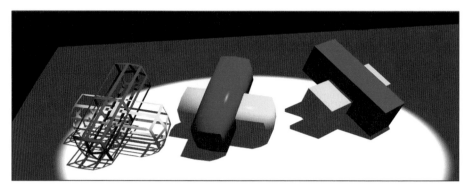

Abbildung 9.56: Quad-Ausgabe, links als Drahtmodell

Betrag der Untertei-
lung = Subdivision
Amount

Die zu verwendende Methode kann im Rollout UNTERTEILUNGSMETHODE ausge-wählt werden. Im Rollout BETRAG DER UNTERTEILUNG wird die Anzahl der WIE-DERHOLUNGEN eingestellt, also wie viele zusätzliche Flächen an jeder Kante eingefügt werden sollen.

Wiederholungen
= Iterations

Da das MeshSmooth-Verfahren die Komplexität der Szene deutlich erhöht, kann ein höherer Wiederholungswert für die Renderausgabe als für die Echtzeitdarstel-lung in den Ansichtsfenstern eingestellt werden.

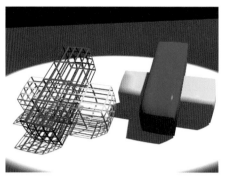 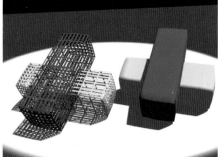

Abbildung 9.57: Links: zwei Wiederholungen, rechts: drei Wiederholungen

Im Rollout LOKALE STEUERUNG können Sie auf Unterobjektebene das Ergebnis noch detailliert beeinflussen, indem Sie einzelne Scheitelpunkte oder Kanten verschieben.

Lokale Steuerung = Local Control

Der Parameter GEWICHTUNG legt fest, wie stark die ausgewählten Scheitelpunkte das Objekt beeinflussen. Auf diese Weise kann der MeshSmooth-Effekt an verschiedenen Stellen des Objekts unterschiedlich stark wirken, so dass aus einfachen symmetrischen Objekten asymmetrisch abgerundete Körper entstehen.

9.9 Der Modifikator Netz löschen

Der Modifikator NETZ LÖSCHEN entfernt jegliche Geometrie, die gerade auf Unterobjekt-Level selektiert ist. Gegenüber einem wirklichen Löschen hat dieser Modifikator den Vorteil, dass die Geometrie im Hintergrund erhalten bleibt. Ein Entfernen oder Deaktivieren des Modifikators bringen das Objekt wieder in seinen ursprünglichen Zustand.

Netz löschen = DeleteMesh

Der Modifikator NETZ LÖSCHEN hat keine Rollouts mit weiteren Einstellmöglichkeiten.

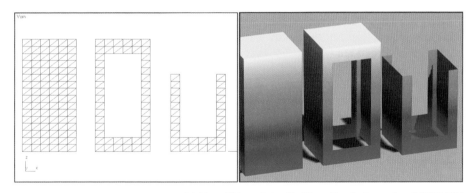

Abbildung 9.58: Selektierte Flächen mit dem Modifikator Netz löschen entfernt [MOD07.MAX]

Dieser Modifikator entfernt zwar scheinbar Geometrie, im Schattenverlauf der abgeschnittenen Objekte sind aber immer wieder Fehler zu sehen. Kommt es hier auf höchste Genauigkeit an, sollten die entsprechenden Teile der Geometrie tatsächlich gelöscht oder über Boole'sche Operationen entfernt werden.

!!
STOP

9.10 Der Modifikator Volumenauswahl

Der Modifikator VOLUMENAUSWAHL bietet verschiedene Möglichkeiten, Teile des Volumens eines Netzobjekts zu selektieren. Alle danach angewendeten Modifikatoren wirken nur auf den selektierten Teil.

Volumenauswahl = Vol. Select

Der Gizmo dieses Modifikators kann beliebig skaliert, gedreht und verschoben werden. Standardmäßig wird jegliche Teilgeometrie innerhalb des Gizmos vom Modifikator betroffen.

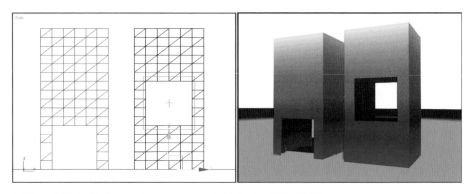

Abbildung 9.59: Kombination aus Volumenauswahl und Netz löschen [MOD08.MAX]

Animiert man den Gizmo, lassen sich in Kombination mit dem Modifikator NETZ LÖSCHEN Objekte Stück für Stück auf- oder abbauen.

Dabei können immer nur komplette Einzelflächen eines Objekts ausgewählt werden. Berücksichtigen Sie dies bei der Detaillierung des Modells. Der Modifikator VOLUMENAUSWAHL teilt keine Flächen und legt auch keine neuen Scheitelpunkte an den Trennlinien an.

Im PARAMETER-Rollout lässt sich detailliert einstellen, welche Teilgeometrien ausgewählt werden sollen.

Die Stapelauswahlebene legt fest, welcher Typ von Untergeometrie ausgewählt wird. Dies ist immer dann wichtig, wenn die ausgewählte Geometrie mit bestimmten Modifikatoren weiter bearbeitet werden soll, die spezielle Geometrietypen brauchen.

Objekt = Object   ➡ OBJEKT – wählt das ganze Objekt aus.

Scheitelpunkt   ➡ SCHEITELPUNKT – Unterobjektauswahl auf Scheitelpunkt-Level.
= Vertex

Fläche = Face   ➡ FLÄCHE – Unterobjektauswahl auf Flächen-Level.

Auswahlmethode
= Selection Method

Unter AUSWAHLMETHODE wird festgelegt, wie sich die Auswahl auf den Rest der Geometrie auswirkt.

Diese Auswahlmethode ist immer dann wichtig, wenn der Modifikatorstapel bereits eine Auswahl von Teilgeometrien enthält und nicht das ganze Objekt selektiert ist.

Ersetzen = Replace   ➡ ERSETZEN – ersetzt eine im Stapel vorhandene Unterobjektauswahl durch die Auswahl dieses Modifikators.

Hinzufügen = Add   ➡ HINZUFÜGEN – fügt die Auswahl des Modifikators der vorhandenen Auswahl hinzu.

〔 KOMPENDIUM 〕 3ds max 6

➤ ABZIEHEN – nimmt die Auswahl des Modifikators innerhalb einer vorhandenen Auswahl zurück. Die Geometrie innerhalb des VOLUMENAUSWAHL-Gizmos ist dann nicht mehr selektiert.

Abziehen = Subtract

➤ INVERTIEREN – kehrt die gesamte Auswahl um. Nicht selektierte Geometrie wird selektiert und umgekehrt.

Invertieren = Invert

➤ AUSWAHLTYP – Der VOLUMENAUSWAHL-Gizmo kann als Fenster- oder Kreuzselektion wirken. Diese Unterscheidung ist nur in der Stapelauswahlebene FLÄCHE relevant.

Auswahltyp = Selection Type

Die Volumenauswahl kann auf Basis eines Gizmos in einer bestimmten Form oder aufgrund von Oberflächeneigenschaften erfolgen. Dies wird im Bereich AUSWÄHLEN NACH im PARAMETER-Rollout festgelegt.

Auswählen nach = Select By

➤ VOLUMEN – Form des Gizmos. Dessen Größe und Lage kann auf Unterobjekt-Level eingestellt werden.

Volumen = Volume

➤ NETZOBJEKT – Auswahl eines Netzobjekts in der Szene, das als Gizmo verwendet werden soll.

Netzobjekt = Mesh Object

➤ MATERIAL-ID – Die Geometrie wird nach einer bestimmten Material-ID ausgewählt, nicht über ein Volumen.

➤ GLÄTTUNGSGRUPPE – Die Geometrie wird nach einer bestimmten Glättungsgruppe ausgewählt, nicht über ein Volumen.

Glättungsgruppe = Sm Group

➤ TEXTUR-MAP – Alle Geometrie, die eine bestimmte Map verwendet, wird ausgewählt. Die Auswahl erfolgt nicht über ein Volumen. Mit den Schaltern im Bereich MAPPING-KANAL kann hier auf einen gewünschten Mapping-Kanal für die Map zurückgegriffen werden.

Textur-Map = Texture Map

Die Schalter im Bereich AUSRICHTUNG richten den VOLUMEN-AUSWAHL-Gizmo am selektierten Objekt oder der aktiven Unterobjektauswahl aus.

Ausrichtung = Alignment

High-Polygon-Modellierung

Unter High-Polygon-Modellierung versteht man Verfahren, bei denen es nicht auf die Einsparung von Polygonen ankommt. Solche Methoden werden vor allem beim Rendern von Standbildern für organisch geformte Objekte angewendet. Auch beim Import von Objekten aus anderen 3D-Programmen hat man es oft mit Objekten zu tun, die aus sehr vielen Flächen bestehen.

Grundsätzlich können Sie zur High-Polygon-Modellierung alle Verfahren und Modifikatoren anwenden, die auch bei Low-Polygon-Modellen benutzt werden.

9.11　Der Modifikator Netz bearbeiten

Netz bearbeiten
= Edit Mesh

Der Modifikator NETZ BEARBEITEN kombiniert die Vorteile der parametrischen Bearbeitung von Objekten mit den erweiterten Funktionen der Netzbearbeitung.

NETZ BEARBEITEN fügt in den Modifikatorstapel eines parametrischen Objekts die Editiermethoden und Rollouts eines bearbeitbaren Netzobjekts ein.

Auf diese Weise können Sie parametrische Objekte wie Netzobjekte bearbeiten, ohne die Parametrik zu verlieren. Allerdings erhöht dieser Modifikator die Komplexität der Szene und den notwendigen Rechenaufwand deutlich.

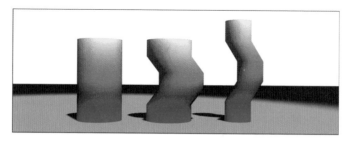

Abbildung 9.60: Links: parametrischer Zylinder, Mitte: mit Netz bearbeiten verschobene Flächen, rechts: nachträglich parametrisch veränderter Radius und Höhe [MOD09.MAX]

!!
STOP

Parametrische Veränderungen der Topologie des ursprünglichen Objekts können unerwünschte Einflüsse auf das bearbeitete Netz haben. Deshalb erscheint vorher eine Warnung, bei der Sie den aktuellen Bearbeitungsstand zwischenspeichern können.

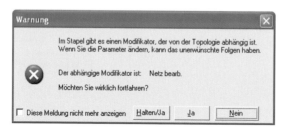

Abbildung 9.61: Warnung beim Verändern von Objektparametern

9.12　Der Polygonzähler

Der POLYGONZÄHLER auf der DIENSTPROGRAMME-Palette gibt immer einen Überblick über die Polygonanzahl in der aktuellen Szene. Wenn Sie beim Modellieren bestimmte Maximalgrenzen nicht überschreiten wollen oder wegen bestimmter Vorgaben auch nicht dürfen, können Sie diese Grenzen in den beiden Zahlenfeldern einstellen. Übersteigt die Flächenzahl diese Werte, erscheint eine andersfarbige Markierung. Der Polygonzähler kann in einem eigenen Fenster ständig mitlaufen.

Abbildung 9.62: Der Polygonzähler und die Liste weiterer Dienstprogramme

Wenn dieses Modul auf der DIENSTPROGRAMME-Palette nicht zu sehen ist, blenden Sie mit dem Button WEITERE eine Liste aller installierten Dienstprogramme ein, die nicht als Buttons dargestellt werden. Dort können Sie dann den Polygonzähler starten.

Weitere = More

Benutzen Sie den Polygonzähler öfter, können Sie mit diesem Button die Programmliste, die auf der DIENSTPROGRAMME-Palette standardmäßig angezeigt wird, um zusätzliche Programme erweitern.

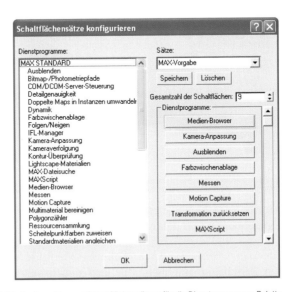

Abbildung 9.63: Konfiguration von Schaltflächensätzen für die Dienstprogramme-Palette

*Mit der Taste ⑦ können Sie oben links im aktiven Ansichtsfenster die Polygon-
anzahl des aktuell selektierten Objekts anzeigen lassen.*

9.13   Weiche Auswahl

Organisch geformte Objekte lassen sich nur schwierig auf Unterobjekt-Level weiter bearbeiten, ohne dass unschöne Kanten auftreten.

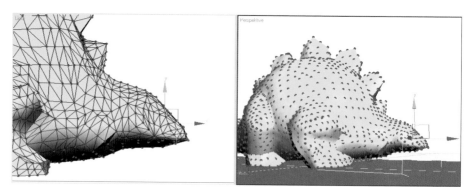

Abbildung 9.64: Auswahl von Scheitelpunkten auf Unterobjekt-Level [SAURUS01.MAX]

Im Beispiel soll der Kopf des Sauriers etwas nach vorn gestreckt werden. Wählen
Sie dazu auf Scheitelpunkt-Level mit einem Fenster den vorderen Teil des Kopfes
und schieben Sie diese Punkte nach vorn.

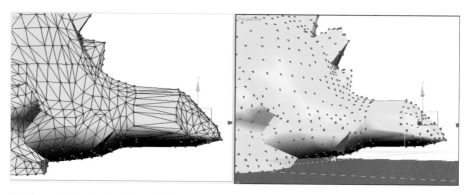

Abbildung 9.65: Das Ergebnis der Verschiebung

Bei der Verschiebung ergibt sich ein unnatürlich gerader Hals, da zwischen den
verschobenen und den nicht verschobenen Punkten gerade Flächen entstehen.

*Weiche Auswahl
= Soft Selection*

3ds max 6 bietet für solche Fälle die Methode WEICHE AUSWAHL an. Dabei werden Punkte mit unterschiedlicher Gewichtung gewählt, die dann auch verschieden stark von einer Bewegung beeinflusst werden.

Schalten Sie im Rollout WEICHE AUSWAHL den Schalter WEICHE
AUSWAHL VERWENDEN ein.

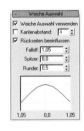

➤ WEICHE AUSWAHL VERWENDEN – aktiviert den Modus WEI-
CHE AUSWAHL.

➤ KANTENABSTAND – begrenzt den Auswahlbereich der weichen Auswahl nicht räumlich, sondern über die Anzahl der
Kanten bis zum gewählten Punkt.

Weiche Auswahl
verwenden
= Use Soft Selection
Kantenabstand
= Edge Distance

➤ RÜCKSEITEN BEEINFLUSSEN – gibt an, ob Flächen, die im aktuellen Auswahl-
fenster nur von ihrer Rückseite zu sehen sind, von der Auswahl betroffen
werden sollen.

Rückseiten
beeinflussen
= Affect Backfacing

➤ FALLOFF – gibt an, wie viele Einheiten entfernt Punkte außerhalb des selektierten Bereichs noch betroffen sind. Der Bereich erstreckt sich bei ausgeschalteter Option KANTENABSTAND kugelförmig um den Mittelpunkt der
Auswahl. Der Abstand bezieht sich auf die direkte Zahl der Kanten von der
ursprünglichen Auswahl bis zum Rand des weichen Auswahlbereiches, und
gibt keine explizite Entfernung in Einheiten an.

➤ SPITZER/RUNDER – beeinflusst die Form der Auswahlkurve.

Spitzer/Runder
= Pinch/Bubble

Wenn Sie jetzt die gleichen Punkte wie im letzten Beispiel selektieren, werden
zusätzlich weiter entfernte Punkte selektiert, die aber nicht in Rot, sondern in
verschiedenen Orange- und Gelbtönen dargestellt werden.

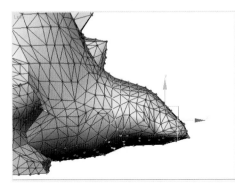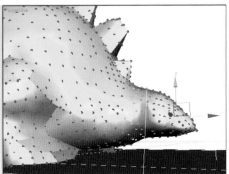

Abbildung 9.66: Mit weiche Auswahl selektierte Punkte

Verschieben Sie jetzt diese Punkte, werden nur die rot dargestellten Punkte im
eigentlichen Auswahlbereich um das volle Maß verschoben. Die anderen Punkte
werden nicht so weit verschoben, so dass das Ergebnis wesentlich natürlicher
aussieht.

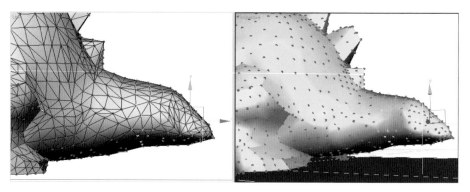

Abbildung 9.67: Verschobene weiche Auswahl

In 3ds max 6 kann die weiche Auswahl auch auf Kanten- oder Flächen-Level verwendet werden. Dazu muss im Kontextmenü des Ansichtsfenstertitels die Option FLÄCHEN MIT KANTEN eingeschaltet sein.

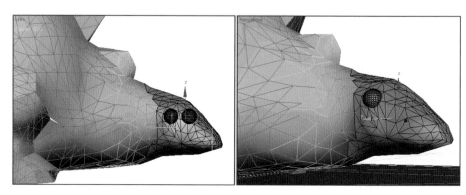

Abbildung 9.68: Weiche Auswahl auf Fläche-Level

9.14   Der Modifikator Symmetrie

Symmetrie
= Symmetry

Mit dem Modifikator SYMMETRIE lassen sich sehr leicht organisch geformte Objekte mit einer Vielzahl von Polygonen symmetrisch erzeugen. Bei den meisten Charakteren oder Tieren kommen symmetrische Formen vor, die sich manuell nur mühsam wirklich symmetrisch bearbeiten lassen.

In solchen Fällen arbeitet es sich am besten an einem halben Objekt. Die andere Hälfte lässt man vom SYMMETRIE-Modifikator automatisch erstellen (siehe Abbildung 9.69).

Weil Sie in den seltensten Fällen in Objektbibliotheken exakt ausgerichtete Modelle finden, zeigen wir den SYMMETRIE-Modifikator hier auch an einem leicht schräg abgeschnittenen Objekt.

Weisen Sie dem Objekt den SYMMETRIE-Modifikator zu, erscheint die zweite Hälfte leicht versetzt symmetrisch neben dem Objekt (siehe Abbildung 9.70).

(KOMPENDIUM) 3ds max 6

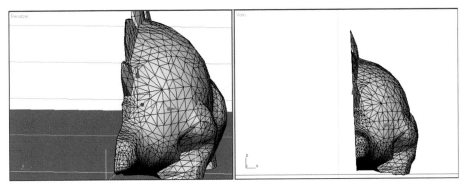

Abbildung 9.69: Halber Saurier [SAURUS03.MAX]

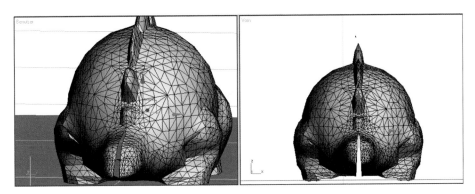

Abbildung 9.70: Die symmetrische zweite Objekthälfte

In diesem Fall stimmt die Spiegelachse. Bei anderen Objekten müssen Sie sie eventuell im Rollout PARAMETER des SYMMET-RIE-Modifikators einstellen.

➥ SPIEGELACHSE – legt die Achse fest, in der gespiegelt wird. Hier wird, wie auch bei der normalen SPIEGELN-Funktion, eine Normalenrichtung zur Spiegelebene angegeben, nicht eine wirkliche geometrische Achse.

Spiegelachse = Mirror Axis

➥ UMKEHREN – spiegelt entlang derselben Achse in die umgekehrte Richtung.

Umkehren = Flip

➥ AM SPIEGEL SCHNEIDEN – schneidet Objekte, die über die Spiegelebene reichen, automatisch ab, so dass sich keine Überschneidungen ergeben.

Am Spiegel schneiden = Slice Along Mirror

➥ NAHT VERSCHWEIßEN – verschweißt automatisch die Punkte direkt auf der Spiegelfläche. Dadurch wird das Objekt sauber geschlossen. Im Feld GRENZ-WERT gibt man an, wie weit Punkte an der Spiegelfläche voneinander entfernt sein dürfen, um noch verschweißt zu werden.

Naht verschweißen = Weld Seam

Bei schräg abgeschnittenen Objekten können Sie, wie im Beispiel, die Spiegelebene noch manuell justieren. Auf Unterobjektebene des SYMMETRIE-Modifikators finden Sie ein Objekt SPIEGELN. Dieser Gizmo ist eine Ebene, die im Raum gedreht und verschoben werden kann.

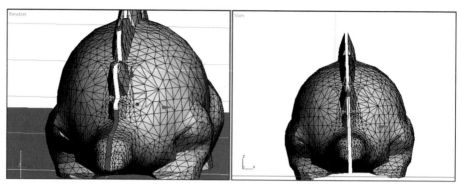

Abbildung 9.71: Gedrehter Symmetrie-Gizmo

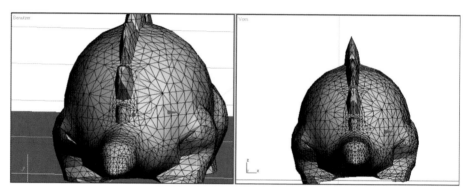

Abbildung 9.72: Verschobener Symmetrie-Gizmo

Schalten Sie jetzt zum Bearbeiten des Objekts auf Scheitelpunkt-Level. Falls dabei die zweite Objekthälfte zu verschwinden scheint, liegt das daran, dass der Modifikatorstapel nicht das Endergebnis zeigt.

Schalten Sie in diesem Fall den Modifikatorstapel auf ENDERGEBNIS ZEIGEN.

Der Kopf des Dinosauriers soll etwas breiter werden. Selektieren Sie dazu im Modus WEICHE AUSWAHL einige Punkte an der Außenseite des Kopfes.

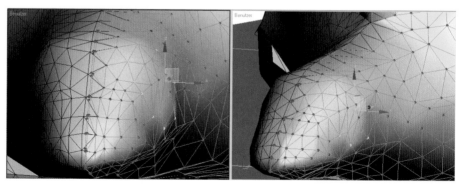

Abbildung 9.73: Selektierte Scheitelpunkte

(KOMPENDIUM) **3ds max 6**

Wenn Sie diese Scheitelpunkte jetzt etwas nach rechts schieben, werden sie durch den SYMMETRIE-Modifikator auf der anderen Objekthälfte automatisch nach links verschoben.

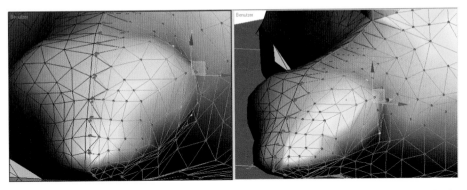

Abbildung 9.74: Verschobene Scheitelpunkte

9.15   Patch-Objekte

Zur freien elastischen Verformung bietet 3ds max 6 zusätzlich zu den Netzobjekten, die durch Verschiebung von Scheitelpunkten, Kanten oder Flächen verformt werden, auch Patch-Objekte an. Diese lassen sich auf Basis von Bézier-Kurven über ein Stützraster verformen.

→→→
INFO

Jedes Objekt kann mit dem Kontextmenüpunkt KONVERTIEREN IN/IN BEARBEITBARES PATCH UMWANDELN in ein Patch-Objekt konvertiert werden. Bei der Umwandlung geht die Parametrik eines Objekts verloren. Es kann danach nicht mehr über seine Objektparameter oder über vorher zugewiesene Modifikatoren bearbeitet werden.

Konvertieren in/In bearbeitbares Patch umwandeln = Convert To/Convert To Editable Patch

Ein großer Vorteil von Patch-Objekten liegt in der Möglichkeit einer sehr weichen Verformung. Dazu sollte das Objekt nur wenige Stützpunkte haben. Verwenden Sie also zur Konvertierung nur sehr einfache geometrische Grundkörper.

:-)
TIPP

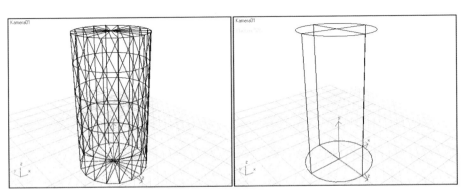

Abbildung 9.75: Links: parametrischer Zylinder, rechts: in bearbeitbares Patch umgewandelt

Beim Umwandeln in Patch-Objekte bleiben die Mapping-Koordinaten erhalten.

Bei Patch-Objekten können Sie ähnlich wie bei Netzobjekten auf Unterobjekt-Level Scheitelpunkte, Kanten oder Patch-Flächen selektieren. Diese können dann bewegt werden. Die Wirkung einer solchen Bewegung ist aber ganz anders als bei Netzobjekten.

Das Verschieben eines Stützpunkts verformt die zwischen diesem und dem nächsten Stützpunkt liegenden Flächen gleichmäßig.

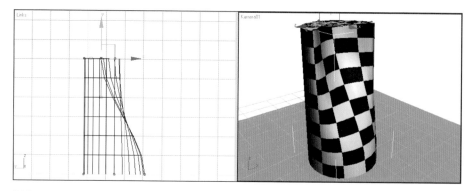

Abbildung 9.76: Einen Stützpunkt verschieben

An den eigentlichen Stützpunkten hängen entlang der Achsenrichtungen des Patch-Objekts grüne Griffe. Diese lassen sich einzeln verschieben, so dass die Spannung und Biegung des Patch-Rasters in der entsprechenden Richtung beeinflusst werden kann.

3ds max 6 bietet ein neues Unterobjekt-Level HALTEPUNKT, *auf dem sich die Griffe unabhängig von den Stützpunkten des Patch-Objektes bearbeiten lassen.*

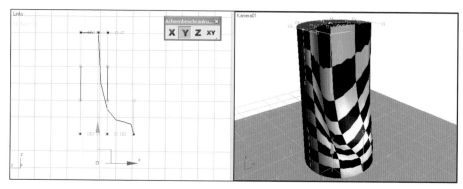

Abbildung 9.77: Verschobener Griff an einem Stützpunkt

Die Griffe lassen sich theoretisch in alle Richtungen verschieben. Sie unterliegen aber den Achsenbeschränkungen des Transformations-Gizmos. Dadurch kann es vorkommen, dass sich ein Griff nicht in eine andere Richtung als seine Achse schieben lässt.

Mit einem Rechtsklick auf einen leeren Bereich der Hauptsymbolleiste wird ein Kontextmenü eingeblendet. Wählen Sie hier die Option ACHSENBESCHRÄNKUNGEN. Es wird eine kleine Symbolleiste eingeblendet, mit der Sie die Achsenbeschränkungen selbst festlegen können. Diese gelten dann unabhängig vom Transformations-Gizmo.

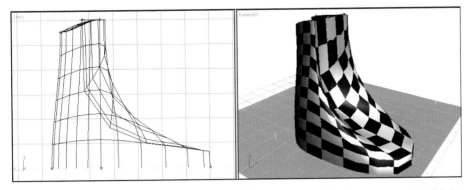

Abbildung 9.78: Dieses Objekt entstand durch Patch-Verformung aus einem Zylinder.

9.16 FFD-Modifikatoren

Zur elastischen Verformung komplexer Objekte können die Vorteile der Patch-Verformung ebenfalls genutzt werden. Der FFD-Modifikator legt ein Patch-Raster um ein Objekt. Dieses Raster kann verformt werden, wobei das darin befindliche Objekt automatisch mit verformt wird.

Die FFD-Modifikatoren setzen verschiedenartige Gerüste um das Objekt: FFD2x2x2, FFD3x3x3 und FFD4x4x4. Die Zahlen geben dabei an, wie viele Knotenpunkte das Stützgitter hat.

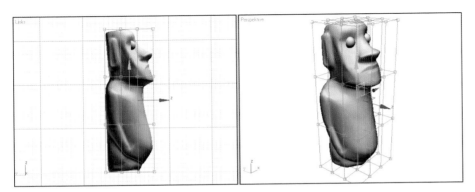

Abbildung 9.79: Objekt mit FFD4x4x4-Modifikator

Steuerpunkte
= Control Points

Auf dem Unterobjekt-Level STEUERPUNKTE dieses Modifikators können Sie die einzelnen Punkte des Stützgitters verschieben, drehen und skalieren. Dabei wird das Objekt entsprechend verformt.

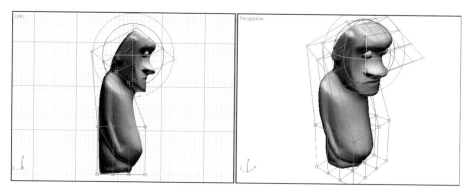

Abbildung 9.80: Verformtes Objekt

Auf diese Weise lassen sich wesentlich weichere Verformungen erreichen als mit bearbeitbaren Netzen.

Gitter = Lattice

Auf dem Unterobjekt-Level GITTER können Sie das Stützgitter im Ganzen unabhängig vom Objekt bewegen. Normalerweise werden nur die Punkte des Objekts beeinflusst, die innerhalb des Stützgerüstes liegen. Dieses wird vorgabemäßig um das ganze Objekt gelegt, kann aber auch verschoben werden.

Alle Scheitelpunkte/
Nur im Volumen =
All Vertices/Only In
Volume

Im Rollout FFD-PARAMETER wird festgelegt, ob bei einer Verformung ALLE SCHEITELPUNKTE oder NUR IM VOLUMEN des Stützgitters beeinflusst werden sollen.

Volumen einstellen
= Set Volume

Auf dem Unterobjekt-Level VOLUMEN EINSTELLEN können Sie das Stützgitter verändern, ohne das Objekt zu beeinflussen. Damit lassen sich Stützgitter erzeugen, die besser der ursprünglichen Objektform entsprechen und so die Verformung erleichtern.

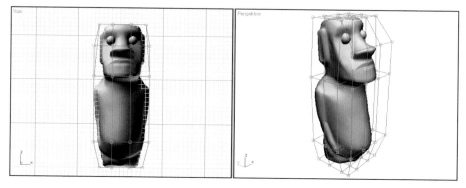

Abbildung 9.81: Verändertes Stützgitter

Im Rollout FFD-PARAMETER können Sie das Gitter auch automatisch an die Objektform anpassen lassen.

➡ ZURÜCKSETZEN – setzt das Gitter auf seine ursprüngliche Form zurück.

Zurücksetzen
= Reset

➡ ALLE ANIMIEREN – definiert für jeden Steuerpunkt einen *Point3*-Controller zur Animation. Normalerweise werden die Controller für die einzelnen Steuerpunkte erst dann definiert, wenn die jeweiligen Punkte animiert werden. Mit ALLE ANIMIEREN können Sie sofort in der Spuransicht Animationsparameter festlegen.

Alle animieren
= Animate All

➡ MIT KONTUR ABSTIMMEN – passt das Gitter weitestgehend an die Objektform an. Dabei wird jeder einzelne Punkt auf einer Linie zwischen ursprünglicher Position und Objektmittelpunkt verschoben, bis der Punkt auf die Objektoberfläche fällt.

Mit Kontur
abstimmen
= Conform to Shape

➡ INNENPUNKTE – Steuerpunkte, die innerhalb des Objekts liegen, werden bei MIT KONTUR ABSTIMMEN verschoben.

Innenpunkte
= Inside Points

➡ AUßENPUNKTE – Steuerpunkte, die außerhalb des Objekts liegen, werden bei MIT KONTUR ABSTIMMEN verschoben.

Außenpunkte
= Outside Points

➡ ABSTAND – gibt an, wie weit die Punkte nach der Verschiebung von der Objektoberfläche entfernt bleiben.

Abstand = Offset

 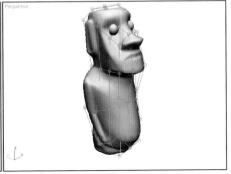

Abbildung 9.82: An die Objektform angepasstes Gitter

FFD(Quad)

*FFD(Quad)
= FFD(box)*

FFD(QUAD) ist eine Erweiterung des FFD-Modifikators. Hier können die Knotenzahlen in den drei Dimensionen des Stützgitters mit dem Button PUNKTANZAHL EINSTELLEN im Rollout FFD-PARAMETER unterschiedlich eingestellt werden.

Abbildung 9.83: Einstellungen für das Stützgitter des FFD(Quad)-Modifikators

Außerdem bietet dieser Modifikator noch einige Erweiterungen der Benutzeroberfläche gegenüber den standardmäßigen FFD-Modifikatoren.

➤ FALLOFF – gibt eine Abschwächung der Verformung für weit entfernte Punkte an, wenn der Modus ALLE SCHEITELPUNKTE aktiv ist, also auch die Punkte von der Verformung betroffen werden, die außerhalb des Stützgitters liegen.

Mit den Werten SPANNUNG und KONTINUITÄT können Sie die Kurvenform der Verbiegungen einstellen.

Spannung = Tension

➤ SPANNUNG – gibt die Rundung bzw. Eckigkeit an einer Gitterlinie des Stützgitters an.

*Kontinuität
= Continuity*

➤ KONTINUITÄT – bezeichnet die ankommenden und abgehenden Winkel an einer solchen Kurve.

Auswahl = Selection

Die Buttons im Feld AUSWAHL bieten eine einfache Möglichkeit, von den aktuell selektierten Punkten aus gesehen alle Punkte in einer Gitterrichtung zu selektieren. Um eine komplette Gitterebene zu selektieren, klicken Sie auf beide Buttons, die die gewünschte Ebene bestimmen, und wählen einen Steuerpunkt. Dann wird von diesem Punkt aus die ganze Ebene selektiert.

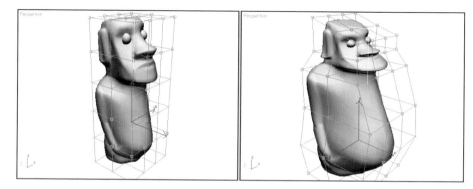

Abbildung 9.84: Zahlenmäßig angepasstes Gitter und verformtes Objekt

[KOMPENDIUM] 3ds max 6

FFD(Zyl)

Diese Sonderform des FFD-Modifikators verwendet ein zylinderförmiges Stützgitter, wobei die Anzahl der Punkte in der Höhe und radial sowie die Seitenzahl
des Zylinders eingestellt werden können.

FFD(Zyl) = FFD(cyl)

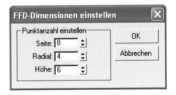

Abbildung 9.85: Einstellungen für das Stützgitter des FFD(Zyl)-Modifikators

Die Optionen zur Steuerung der Verformung im Rollout FFD-PARAMETER entsprechen dem FFD(QUAD)-Modifikator.

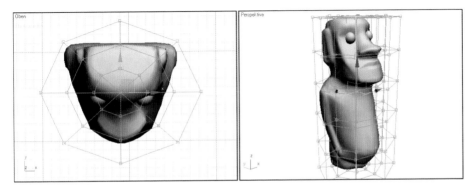

Abbildung 9.86: Zylinderförmiges Stützgitter

Zylinderförmige Stützgitter eignen sich besonders für Objekte mit annähernd
zylindrischer Form sowie für weiche Drehungen von Objekten.

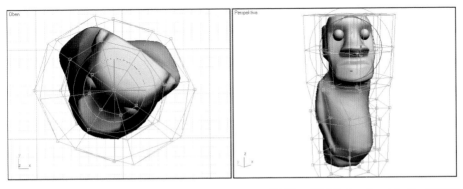

Abbildung 9.87: Drehung innerhalb eines Objektes

10   Splines und Extrusionen

Splines sind Linienzüge, die aus geraden oder gekrümmten Teilstücken bestehen. Zwischen den Teilstücken befinden sich so genannte Stützpunkte. Durch Verschieben dieser Stützpunkte und der Tangentenvektoren in den Stützpunkten lassen sich beliebige Formen erzeugen.

Solche Splines können als Grundformen für dreidimensionale Objekte verwendet werden, aber auch mit einer Dicke versehen werden, so dass sie im gerenderten Bild sichtbar sind.

Splines werden auf der ERSTELLEN-Palette mit diesem Button gezeichnet. Dabei gibt es verschiedene vorgefertigte Grundformen, die anschließend parametrisch editiert werden können.

Der Schalter rechts neben NEUE KONTUR BEGINNEN legt fest, ob jedes neu gezeichnete Spline eine neue Kontur beginnt.

- Eine *Kontur* ist ein Objekt, das aus mehreren Splines bestehen kann. Diese können geometrisch miteinander verbunden sein oder nicht.

- Ein *Spline* ist ein fortlaufender Linienzug aus geraden oder gebogenen Segmenten.

Konturen wurden in älteren 3ds max-Versionen als Shapes bezeichnet.

Ist der Schalter rechts neben NEUE KONTUR BEGINNEN deaktiviert, kann man mit dem Button NEUE KONTUR BEGINNEN jederzeit eine neue Kontur beginnen. Andernfalls werden fortlaufende Linienzüge immer als eine gemeinsame Kontur behandelt.

Der einfachste und auch vielseitigste Spline-Typ ist die einfache Linie. Solche Linien werden wie alle Splines standardmäßig immer in der aktuellen Rasterebene gezeichnet.

Linie = Line

Sinnvollerweise verwendet man beim Zeichnen von Splines Objektfänge.

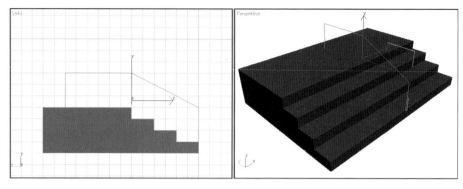

Abbildung 10.1: Treppenhandlauf aus einem Spline

Sie finden die vorgefertigte Szene ohne den Treppenhandlauf als Datei TREPPE01.MAX *auf der DVD.*

Solange der Button LINIE eingeschaltet (Gelb) ist, können Sie einzelne Liniensegmente direkt aufeinander folgend zeichnen. Ein Rechtsklick oder die Taste [Esc] beendet den Linienzug.

Fertig gezeichnete Splines lassen sich wie jedes andere Objekt im Raum schieben, drehen und skalieren.

Im Rollout RENDERN können Sie festlegen, ob ein Spline mit einer Dicke als 3D-Objekt dargestellt werden soll oder nicht.

Im Rollout RENDERN können Sie festlegen, ob ein Spline mit einer Dicke als 3D-Objekt dargestellt werden soll oder nicht.

Dicke = Thickness

➟ DICKE – Dicke des Stabs, der von einem Spline dargestellt wird.

Seiten = Sides

➟ SEITEN – Anzahl der Seitenflächen auf einem Stab (stellen Sie diese möglichst niedrig ein, um die Komplexität der Szene nicht zu stark zu erhöhen).

Winkel = Angle

➟ WINKEL – Drehwinkel der Querschnittsfläche, um bei wenigen Seiten keine störenden Kanten zu sehen.

Renderfähig = Renderable

➟ RENDERFÄHIG – Nur wenn dieser Schalter aktiviert ist, werden Splines gerendert.

Mapping-Koordinaten generieren = Generate Mapping Coords

➟ MAPPING-KOORDINATEN GENERIEREN – generiert automatisch Mapping-Koordinaten entlang eines renderfähigen Splines.

Rendernetz anzeigen = Display render Mesh

➟ RENDERNETZ ANZEIGEN – zeigt den Spline auch in den Ansichtsfenstern als 3D-Objekt an.

➡️ EINSTELLUNGEN FÜR ANSICHTSFENSTER VERWENDEN – bietet die Möglichkeit, zwei getrennte Parametersätze für Ansichtsfenster und das gerenderte Bild zu verwenden. Zwischen diesen beiden Parametersätzen schaltet man mit den Schaltern ANSICHTSFENSTER und RENDERER im oberen Bereich des Rollouts um.

Einstellungen für Ansichtsfenster verwenden = Use Viewport Settings

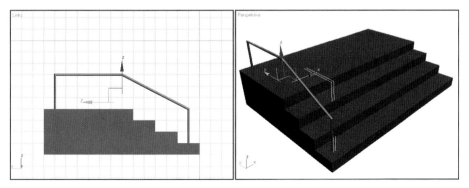

Abbildung 10.2: Renderfähiger Spline als Treppenhandlauf

10.1 Bearbeiten auf Unterobjektebene

Konturen können ähnlich wie bearbeitbare Netze auf Unterobjektebene weiterbearbeitet werden. Dabei gibt es hier drei Unterobjekt-Level:

Scheitelpunkte – die Punkte zwischen den einzelnen Segmenten sowie am Anfang und Ende eines Splines

Segmente – die Linienstücke zwischen zwei Scheitelpunkten

Splines – fortlaufende Linienzüge aus mehreren Segmenten. Eine Kontur kann aus mehreren Splines bestehen.

Mit der Taste ⑦ kann man sich die Anzahl selektierter Scheitelpunkte oder Flächen jederzeit links oben im aktuellen Ansichtsfenster einblenden. Die Anzeige bleibt solange bestehen, bis man sie mit der gleichen Taste wieder ausschaltet.

:-)
TIPP

Mit diesen Bearbeitungsmethoden auf Unterobjekt-Level werden wir den Handlauf im Modell weiterbearbeiten.

Abrunden

Auf Scheitelpunkt-Level können Splines aus geraden Linienstücken abgerundet werden. Dazu selektiert man die gewünschten Scheitelpunkte. An diesen Stellen wird dann ein zweiter Scheitelpunkt und ein Bogensegment eingefügt.

Schalten Sie im Rollout GEOMETRIE den Button ABRUNDEN ein und stellen Sie dann interaktiv den Rundungsradius mit dem Zahlenwert daneben ein. Umgekehrt kann man auch einen Zahlenwert festlegen und dann auf ABRUNDEN klicken.

Abrunden = Fillet

:-)
TIPP

Sollen mehrere Ecken mit dem gleichen Radius abgerundet werden, selektieren Sie alle betreffenden Punkte vor dem Abrunden.

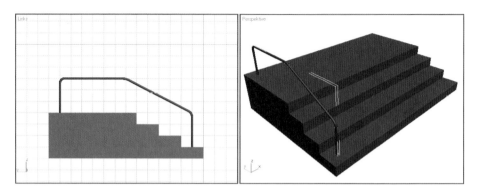

Abbildung 10.3: Abgerundeter Handlauf

Abkanten = Chamfer   Auf die gleiche Weise kann man mit dem Button ABKANTEN Fasen anstelle der Bogensegmente einfügen.

Splines kopieren

Möchten Sie mehrere Splines wie ein Objekt bearbeiten können, fassen Sie diese Splines zu einer Kontur zusammen.

Beim Kopieren wird ein Spline normalerweise wie jedes andere Objekt als Kopie, Instanz oder Referenz kopiert. Auf Unterobjekt-Level kann die Kopie ein zweites Spline innerhalb des gleichen *Kontur*-Objekts werden.

Selektieren Sie dazu das zu kopierende Spline auf Spline-Level und kopieren Sie es dann mit der üblichen VERSCHIEBEN-Funktion und gedrückter ⬆-Taste. Die Abfrage nach Kopie, Instanz oder Referenz entfällt bei dieser Methode.

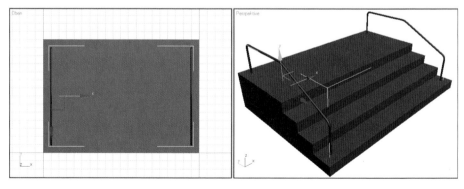

Abbildung 10.4: Zwei Treppenhandläufe in einem Objekt

Achten Sie in diesem Beispiel beim Kopieren darauf, dass das Spline nur in X-Richtung bewegt wird, da die genaue Position der Handläufe noch gebraucht wird.

Mit dem Button ANHÄNGEN im GEOMETRIE-Rollout können Sie ein anderes Kontur-Objekt an das aktuell selektierte anhängen. Dabei bleibt die Lage der Splines erhalten. Mit *Anhängen* ist hier nur der logische Zusammenhang der Objekte gemeint.

Anhängen = Attach

Der Button MEHRERE ANHÄNGEN blendet eine Liste aller Kontur-Objekte in der Szene ein. Hier können Sie Objekte selektieren, die an die aktuelle Kontur angehängt werden sollen.

Mehrere anhängen = Attach Mult.

Segmente verändern

Auf dem Unterobjekt-Level SEGMENT können Sie Kontur-Objekte aus einzelnen Liniensegmenten zusammensetzen.

In den folgenden Schritten werden wir aus den beiden Handläufen einen durchgehenden Handlauf um das Treppenpodest erstellen.

Selektieren Sie das Kontur-Objekt und schalten Sie auf Segment-Level. Jetzt können Sie einzelne Segmente von Splines selektieren und mit der Taste [Entf] oder dem Button LÖSCHEN im GEOMETRIE-Rollout entfernen.

Löschen Sie auf diese Weise die beiden senkrechten Stützen am oberen Ende der Handläufe.

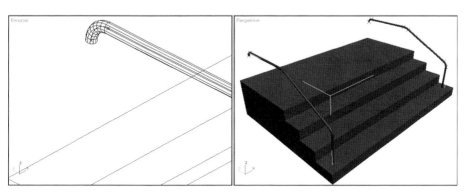

Abbildung 10.5: Entfernte Segmente

Einzelne Segmente können mit dem Button LOSLÖSEN auch aus dem Spline gelöst werden, um sie einzeln zu bewegen. Auf diese Weise können die Bogenstücke an den jetzt offenen Enden der Handläufe in die Horizontale gedreht werden.

Loslösen = Detach

Damit die losgelösten Segmente Splines im gleichen Kontur-Objekt bleiben, muss der Schalter GLEICHE KONTUR eingeschaltet sein. Andernfalls werden beim Loslösen neue Kontur-Objekte aus den losgelösten Segmenten generiert.

Gleiche Kontur = Same Shape

Selektieren Sie die zu lösenden Segmente und klicken Sie auf LOSLÖSEN im GEO-METRIE-Rollout. Auf den ersten Blick ändert sich an der Geometrie nichts. Die losgelösten Segmente bleiben an der gleichen Stelle.

 Aktivieren Sie den Winkelfang, damit Sie die Bogenstücke leicht um genau 90° drehen können.

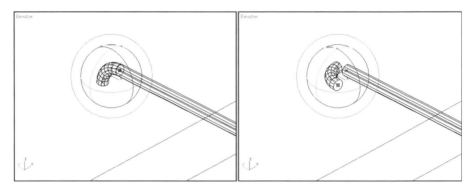

Abbildung 10.6: Bogensegment vor und nach der Drehung

 Beim Drehen lösen sich die Bogen von den geraden Segmenten. Ein nachträgliches Verschieben in die richtige Position macht aber weniger Mühe, als zuerst einen Hilfspunkt für den Drehpunkt zu definieren.

Wären die Bogensegmente nicht losgelöst worden, würde sich beim Drehen eines Segments das angrenzende gerade Segment verformen.

Automatisch verschweißen = Automatic Welding Schalten Sie jetzt den Schalter AUTOMATISCH VERSCHWEIßEN ein, damit das losgelöste Segment bei der folgenden Verschiebung gleich wieder logisch mit dem Spline, an das es geschoben wird, verbunden wird.

 Setzen Sie mit einem Rechtsklick auf den 3D-OBJEKTFANG-Button den Objekt-fang auf SCHEITELPUNKTE und aktivieren Sie ihn dann.

Schieben Sie jetzt die gedrehten Bogenstücke wieder an die Enden der geraden Segmente.

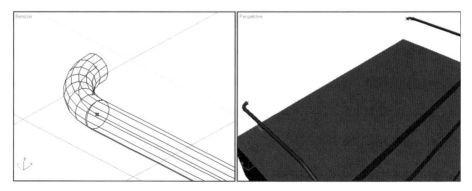

Abbildung 10.7: Verschobene Bogensegmente

Durch das automatische Verschweißen sind die beiden Handlaufteile jetzt auch wieder nur zwei Splines und nicht mehr vier wie nach dem Loslösen der Bogen.

Schalten Sie jetzt auf Scheitelpunkt-Level und aktivieren Sie den Button VERBIN-DEN. Klicken Sie auf das eine offene Ende des Handlaufs und ziehen Sie mit gedrückter Maustaste eine Linie auf das andere. Dazwischen wird ein gerades Liniensegment gezeichnet.

Verbinden = Connect

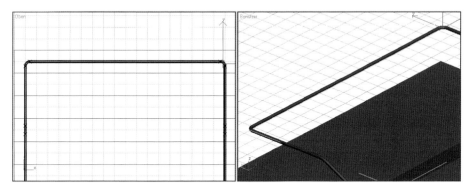

Abbildung 10.8: Neues Handlauf-Segment

Das neue Segment wird automatisch an beiden Enden mit den dort endenden Splines verbunden. Das Objekt besteht jetzt also nur noch aus einem einzigen Spline.

Die wichtigsten Spline-Bearbeitungsfunktionen und die Umschaltung zwischen den verschiedenen Unterobjekt-Leveln sind auch im Quad-Menü über die rechte Maustaste erreichbar.

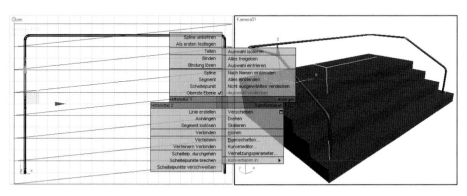

Abbildung 10.9: Quad-Menü mit Spline-Bearbeitungsfunktionen

Zur deutlichen Unterscheidung der Splines können Sie jederzeit im Rollout REN-DERN das Rendernetz ausschalten. Die Splines werden dann als einfache Linien angezeigt, wobei selektierte Splines oder Segmente rot sind und die anderen schwarz.

:-)
TIPP

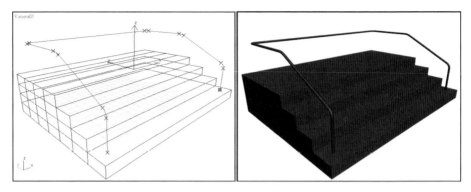

Abbildung 10.10: Das fertige Spline – links: ohne Rendernetz mit einzelnen Scheitelpunkten, rechts: gerendert

Weitere Bearbeitungsmöglichkeiten auf Unterobjekt-Level

Das GEOMETRIE-Rollout eines Kontur-Objekts enthält noch zahlreiche weitere Möglichkeiten zur Objektbearbeitung, die größtenteils nur auf bestimmten Unterobjekt-Levels funktionieren. Auf den anderen Levels werden die Buttons entsprechend deaktiviert (siehe Abbildung 10.11).

Die Tabelle beschreibt die einzelnen Funktionen und ihre Verfügbarkeit auf den verschiedenen Unterobjekt-Levels (*Sc* = Scheitelpunkt, *Se* = Segment, *Sp* = Spline):

Tabelle 10.1:
Bearbeitungsoptionen
für Splines

Funktion	englisch	Beschreibung	Sc	Se	Sp
Neuer Scheitel-punkttyp	New Vertex Type	Standardtyp für neu erstellte Scheitelpunkte	x	x	x
Linie erstellen	Create Line	Erstellt ein neues Lienseg-ment als eigenes Spline	x	x	x
Brechen	Break	Bricht ein Spline an einem Scheitelpunkt in zwei Splines auseinander	x	x	
Anhängen	Attach	Hängt ein Spline an das selek-tierte Spline an	x	x	x
Neu ausrichten	Reorient	Richtet beim Anhängen das lokale Koordinatensystem des angehängten Splines neu aus	x	x	x
Mehrere anhängen	Attach Mult.	Hängt Kontur-Objekte an die aktuelle Kontur an	x	x	x
Querschnitt	Cross Section	Generiert automatisch Splines zwischen Punkten paralleler Splines innerhalb eines Kontur-Objektes	x	x	x

Funktion	englisch	Beschreibung	Sc	Se	Sp
Verfeinern	Refine	Fügt Scheitelpunkte auf einem Spline ein, ohne die Form zu verändern	x	x	
Verbinden	Connect	Erstellt ein neues Spline-Unterobjekt durch Verbinden der beim Verfeinern erstellten Punkte	x	x	
Linear	Linear	Gerade Segmente im neuen Spline	x	x	
Erstes binden	Bind first	Der erste durch Verfeinern erzeugte Scheitelpunkt wird an die Mitte des gewählten Segments gebunden.	x	x	
Geschlossen	Closed	Der erste und der letzte der neuen Scheitelpunkte werden zu einem geschlossenen Spline verbunden.	x	x	
Letztes binden	Bind last	Der letzte durch Verfeinern erzeugte Scheitelpunkt wird an die Mitte des gewählten Segments gebunden.	x	x	
Kopieren und verbinden	Connect Copy	Verbindet kopierte Segmente automatisch an den jeweils entsprechenden Punkten durch neue Segmente.		x	x
Grenzwert-Entfernung	Threshold Dist.	Legt den Abstand fest, innerhalb dessen Punkte noch automatisch verbunden werden		x	x
Automatisch verschweißen	Automatic Welding	Endpunkte, die in der Nähe eines anderen Endpunkts im gleichen Spline erstellt oder verschoben werden, werden automatisch miteinander verschweißt.	x	x	x
Grenzwert-Entfernung	Threshold Dist.	Legt den Abstand fest, innerhalb dessen Punkte noch automatisch verschweißt werden	x	x	x
Verschweißen	Weld	Verschweißt zwei Scheitelpunkte zu einem	x		
Verbinden	Connect	Verbindet zwei Endpunkte mit einem geraden Liniensegment	x		
Einfügen	Insert	Fügt Scheitelpunkte ein, so dass neue Segmente entstehen	x	x	x

Tabelle 10.1:
Bearbeitungsoptionen
für Splines
(Forts.)

Funktion	englisch	Beschreibung	Sc	Se	Sp
Als Ersten festlegen	Make First	Definiert einen Scheitelpunkt als ersten Punkt des Splines. Bei offenen Splines muss dies einer der Endpunkte sein.	x		
Verschmelzen	Fuse	Verschiebt alle ausgewählten Scheitelpunkte zum Durchschnittsmittelpunkt. Es bleiben weiterhin mehrere Punkte, die nur an der gleichen Stelle liegen.	x		
Umkehren	Reverse	Ändert die Verlaufsrichtung des Splines			x
Zyklus	Cycle	Blättert zur Selektion durch Scheitelpunkte, die geometrisch zusammenfallen	x		
Schnittpunkt einfügen	CrossInsert	Fügt an den Schnittpunkten zweier Splines, die zum selben Spline-Objekt gehören, Scheitelpunkte ein. Der Zahlenwert gibt an, wie weit die Splines maximal voneinander entfernt sein dürfen.	x		
Abrunden	Fillet	Rundet einen Eckpunkt durch Einfügen eines Bogensegments ab. Der Rundungsradius kann eingestellt werden.	x		
Abkanten	Chamfer	Kantet einen Eckpunkt durch Einfügen eines Liniensegments ab. Der Abstand kann eingestellt werden.	x		
Umriss	Outline	Erstellt eine Kopie des Splines mit einem festgelegten Abstand auf allen Seiten			x
Zentrieren	Center	Wenn eingeschaltet, wird das ursprüngliche Spline bei der Erstellung eines Umrisses um den halben Abstand in die andere Richtung verschoben.			x
Boolesch	Boolean	Kombiniert zwei geschlossene Splines mit einer booleschen Operation			x
Spiegeln	Mirror	Spiegelt Splines horizontal, vertikal oder in beiden Achsen			x

Funktion	englisch	Beschreibung	Sc	Se	Sp
Kopieren	Copy	Wenn eingeschaltet, wird das ursprüngliche Spline beim Spiegeln kopiert.			x
Um Drehpunkt	About Pivot	Die Spiegelung erfolgt um den Drehpunkt und nicht um den geometrischen Mittelpunkt des Splines.			x
Stutzen	Trim	Abschneiden eines Splines entlang eines anderen			x
Verlängern	Extend	Verbindet offene Segmente durch Verlängerung in ihrer Richtung			x
Begrenzung unendlich	Infinite Bounds	Bei der Berechnung von Schnittpunkten für STUTZEN und VERLÄNGERN werden offene Kanten als ins Unendliche verlängert angesehen.			x
Tangente kopieren	Tangent Copy	Kopiert den Tangentenvektor von einem Scheitelpunkt auf einen anderen	x		
Einfügen	Paste	Fügt einen kopierten Tangentenvektor auf dem aktuellen Scheitelpunkt ein	x		
Länge einfügen	Paste Length	Kopiert auch die Länge des Tangentenvektors	x		
Verdecken	Hide	Blendet ausgewählte Segmente oder Splines aus. Bei einer Auswahl von Scheitelpunkten werden alle verbundenen Segmente ausgeblendet.	x	x	x
Alles einblenden	Unhide All	Blendet alle verdeckten Unterobjekte wieder ein	x	x	x
Binden	Bind	Verbindet einen Endpunkt mit der Mitte eines Spline-Segments	x		
Bindung lösen	Unbind	Löst gebundene Scheitelpunkte von den Segmenten, mit denen sie verbunden sind	x		

Tabelle 10.1:
Bearbeitungsoptionen
für Splines
(Forts.)

Tabelle 10.1:
Bearbeitungsoptionen
für Splines
(Forts.)

Funktion	englisch	Beschreibung	Sc	Se	Sp
Löschen	Delete	Löscht die aktuelle Auswahl, bei Scheitelpunkten einschließlich eines angehängten Segments pro gelöschtem Scheitelpunkt	x	x	x
Schließen	Close	Verbindet die Endpunkte eines offenen Splines zu einem geschlossenen Spline			x
Teilen	Divide	Teilt ein ausgewähltes Segment durch Hinzufügen einer bestimmten Anzahl von Scheitelpunkten in gleichmäßigem Abstand		x	
Loslösen	Detach	Löst Splines oder Segmente aus der Kontur		x	x
Gleiche Kontur	Same Shape	Erstellt aus losgelösten Segmenten ein neues Spline in der gleichen Kontur.		x	
Neu ausrichten	Reorient	Das neu losgelöste Objekt wird so verschoben und gedreht, dass sein lokales Koordinatensystem am Ursprung des aktuellen aktiven Rasters positioniert und ausgerichtet wird.		x	x
Kopieren	Copy	Erstellt beim Loslösen eine Kopie		x	x
Explodieren	Explode	Bricht alle Segmente eines Splines zu einzelnen Splines auseinander. Dabei lässt sich einstellen, ob Splines oder getrennte Kontur-Objekte erstellt werden sollen.			x
Ausgewählte Segmente zeigen	Show selected segs	Ausgewählte Segmente werden auch auf Unterobjekt-Level SCHEITELPUNKT rot angezeigt.	x	x	

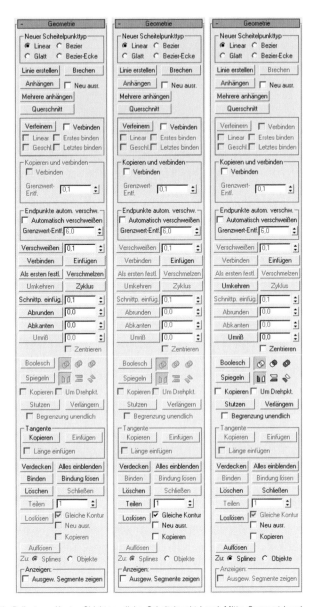

Abbildung 10.11: Das Geometrie-Rollout von Kontur-Objekten – links: Scheitelpunkt-Level, Mitte: Segment-Level, rechts: Spline-Level

10.2   Bézier-Verformung

Splines müssen nicht immer aus geraden Liniensegmenten oder Kreisbogen bestehen. Auch beliebige Freiformkurven sind möglich. Auf Scheitelpunkt-Level können Sie im Kontextmenü für ausgewählte Scheitelpunkte vier verschiedene Typen auswählen.

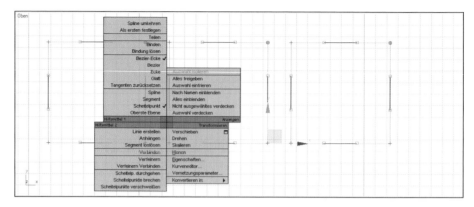

Abbildung 10.12: Scheitelpunkt-Typen im Kontextmenü

Ecke

Ecke = Corner

Punkte vom Typ ECKE stellen immer einen »Knick« auf einer Linie dar. Bei einer Verschiebung ändert sich der Winkel zu den angrenzenden Segmenten.

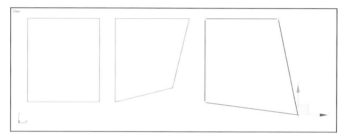

Abbildung 10.13: Verschobener Scheitelpunkt vom Typ Ecke

Glatt

Glatt = Smooth

Das Gegenteil von ECKE ist GLATT. Dieser Typ wird standardmäßig für Scheitelpunkte an gebogenen Segmenten verwendet. Der Spline läuft immer geradlinig durch den Punkt. Bei einer Verschiebung des Punkts werden die angrenzenden Segmente verbogen.

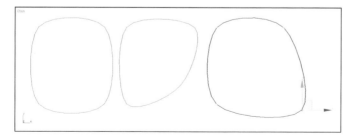

Abbildung 10.14: Verschobener Scheitelpunkt vom Typ Glatt

Bezier

BEZIER-Punkte werden über Tangentenvektoren gesteuert. An jedem Punkt hängen zwei Tangentenvektoren in gegenüberliegender Richtung. Die Endpunkte dieser Tangentenvektoren, als grüne Griffe dargestellt, können beliebig verschoben werden.

Die Richtung der Tangentenvektoren gibt die Richtung der ausgehenden Segmente an, die Länge ist ein Maß dafür, wie weich die ausgehende Kurve verläuft.

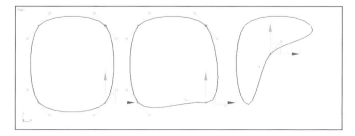

Abbildung 10.15: Bezier-Punkte

Bezier-Ecke

Der Typ BEZIER-ECKE ist eine Kombination aus einer gewöhnlichen Ecke und einem Bezier-Punkt. Auch hier gibt es Tangentenvektoren, die allerdings nicht gegenüberliegen, sondern einen Winkel zueinander bilden, der die Ecke definiert.

Bezier-Ecke
= Bezier Corner

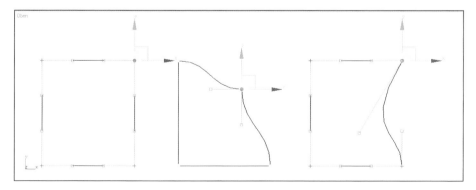

Abbildung 10.16: Punkte vom Typ Bezier-Ecke

Beim Erstellen einer neuen Linie kann im Rollout ERSTELLUNGSMETHODE der Typ der Scheitelpunkte, ECKE oder GLATT, eingestellt werden.

Anfangstyp
= Initial Type

Der ANFANGSTYP gibt an, wie Scheitelpunkte aussehen, die mit normalen Mausklicks erstellt werden.

Ziehtyp = Drag Type

Der ZIEHTYP legt den Typ von Scheitelpunkten fest, die durch Ziehen mit gedrückter Maustaste entstehen.

10.3   Geometrische Grundformen

Neben den freien Kontur-Objekten bietet 3ds max 6 eine Reihe vorgefertigter parametrischer Spline-Objekte. Diese können ähnlich wie 3D-Grundkörper nachträglich parametrisch bearbeitet werden.

Konvertieren in/In
bearbeitbaren Spline
umwandeln
= Convert To/Convert
To Editable Spline

Jede parametrische Kontur kann später in einen bearbeitbaren Spline umgewandelt werden. Selektieren Sie es dazu und wählen Sie im Kontextmenü die Option KONVERTIEREN IN/IN BEARBEITBAREN SPLINE UMWANDELN. Dabei geht die Parametrik verloren. Das neue Objekt kann dann nur noch wie ein klassisches Kontur-Objekt über seine Scheitelpunkte, Segmente oder Splines bearbeitet werden.

Abbildung 10.17: Verschiedene parametrische Spline-Objekte

TIPP

Auch die parametrischen Splines verfügen wie einfache Kontur-Objekte über ein Rollout RENDERN, in dem sie als renderfähige Stäbe dargestellt werden können.

Interpolation

Jedes 3ds max 6-Objekt besteht intern aus geraden Flächen. Daher müssen auch Splines in gerade Liniensegmente zerlegt werden, um daraus später 3D-Objekte erstellen zu können. Diese Zerlegung geschieht automatisch. 3ds max 6 setzt selbstständig Zwischenschritte auf den Kurvenzug und zieht dazwischen gerade Linienstücke.

Für diese Interpolation gibt es verschiedene Methoden, die sich im Rollout INTERPOLATION für die verschiedenen Arten von parametrischen Splines finden:

➤ SCHRITTE – Hier kann man angeben, wie viele Zwischenschritte auf einem Liniensegment eingefügt werden sollen. Dabei sollte man für enge Kurven mehr Schritte verwenden als für Kurven mit großen Radien, um sie glatt darzustellen. Diese Möglichkeit sollte man benutzen, wenn man zum Beispiel für MORPHING eine genaue Kontrolle der entstehenden Flächen haben muss.

Schritte = Steps

➤ OPTIMIEREN – Ist dieser Schalter aktiviert, wird der SCHRITTE-Wert nur für gekrümmte Linienstücke verwendet. Gerade Liniensegmente erhalten keine weitere Aufteilung. Sie wäre hier auch nur dann nötig, wenn das Spline oder das daraus entstehende Objekt später verformt werden soll.

Optimieren = Optimize

➤ ADAPTIV – Hier werden die Schalter SCHRITTE und OPTIMIEREN deaktiviert. Die nötige Anzahl von Schritten wird je nach Kurvenform automatisch optimiert. Gerade Liniensegmente erhalten keine weitere Aufteilung.

Adaptiv = Adaptive

Bei animierten Objekten, die aus Splines generiert werden, sollte der Schalter ADAPTIV *besser ausgeschaltet werden, da sich mit der Optimierung der Netzverlauf und das Mapping ändern können.*

:-)
TIPP

Rechteck

Rechtecke werden je nach Einstellung im Rollout ERSTELLUNGSMETHODE entweder durch Zeigen zweier gegenüberliegender Eckpunkte oder mit Mittelpunkt und einem Eckpunkt gezeichnet.

Rechteck = Rectangle

Um Rechtecke in einer genau definierten Größe zu erstellen, können Sie das Rollout TASTATUREINGABE verwenden. Geben Sie hier die Koordinaten des Mittelpunkts sowie Länge, Breite und Eckradius ein. Jeder Klick auf den Button ERSTELLEN erstellt ein Rechteck mit den gerade eingetragenen Werten.

Rechtecke lassen sich auch nachträglich noch parametrisch bearbeiten. Um einzelne Scheitelpunkte zu bearbeiten, muss das Rechteck über das Quad-Menü in ein bearbeitbares Spline konvertiert werden.

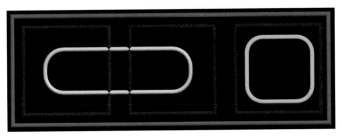

Abbildung 10.18: Rechtecke aus renderfähigen Splines

Bei Rechtecken können Sie automatisch alle Ecken abrunden. Stellen Sie dazu im PARAMETER-Rollout bei ECKRADIUS den Radius der Bogen an den Ecken ein. Diesen Wert können Sie genauso wie LÄNGE und BREITE nachträglich ändern, solange das Rechteck nicht in ein bearbeitbares Spline aufgelöst wurde.

Eckradius = Corner Radius

Kreis

Kreis = Circle

Ein Kreis ist ein geschlossener Bogen mit einem 360°-Radius. Er kann je nach Einstellung im Rollout ERSTELLUNGSMETHODE aus Mittelpunkt und Radius oder aus zwei gegenüberliegenden Punkten definiert werden.

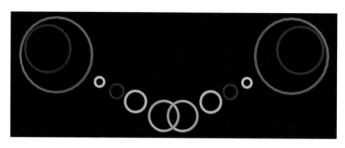

Abbildung 10.19: Verschiedene Kreise

Intern besteht ein Kreis aus vier Viertelbogen. Beim Umwandeln in ein bearbeitbares Spline entstehen vier Scheitelpunkte und vier Bogensegmente.

Ellipse

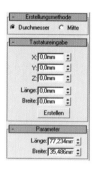

Jede Ellipse wird durch zwei aufeinander senkrecht stehende Achsen bestimmt. Ellipsen werden wie Kreise als Polygone mit vier Punkten gezeichnet. Diese Scheitelpunkte sitzen an den Enden der Achsen. Die Größe und Form einer Ellipse lässt sich durch ein umschreibendes Rechteck genau festlegen. Ein Kreis ist eine Sonderform der Ellipse, hier sind beide Achsen gleich lang, das umschreibende Rechteck ist ein Quadrat.

Abbildung 10.20: Verschiedene Ellipsen

Im Rollout ERSTELLUNGSMETHODE gibt es zwei Möglichkeiten, eine Ellipse zu zeichnen.

Durchmesser = Edge

➤ DURCHMESSER – Klicken Sie den ersten Eckpunkt des umschreibenden Rechtecks an. Ziehen Sie dann das Rechteck am diagonal gegenüberliegenden Punkt auf.

Mitte = Center

➤ MITTE – Klicken Sie den Mittelpunkt an und ziehen Sie von dort ein Rechteck auf, das die Ellipse beschreibt.

Halten Sie während des Aufziehens die Taste ‾Strg‾ gedrückt, entsteht statt einer Ellipse ein Kreis. Die beiden Achsen sind gleich lang, können aber nachträglich getrennt verändert werden.

Bogen

Kreisbogen sind in der Geometrie über Mittelpunkt, Radius, Anfangs- und Endwinkel definiert. Alle diese Parameter können auch bei einem parametrischen Bogen in 3ds max 6 eingestellt werden. Außerdem lässt sich ein Bogen auch durch drei Punkte eindeutig festlegen.

Bogen = Arc

Abbildung 10.21: Verschiedene Bogen aus renderfähigen Splines

Im Rollout ERSTELLUNGSMETHODE werden zwei Methoden angeboten, einen Bogen zu zeichnen:

➤ ENDE-ENDE-MITTE – Ziehen Sie mit gedrückter Maustaste von einem Endpunkt zum anderen eine Linie und klicken Sie dann einmal, um einen dritten Punkt auf der Bogenlinie zu zeigen.

Ende-Ende-Mitte = End-End-Middle

➤ MITTE-ENDE-ENDE – Ziehen Sie mit gedrückter Maustaste vom Mittelpunkt zum Anfangspunkt des Bogens eine Linie und klicken Sie dann einmal, um den Endpunkt zu zeigen.

Mitte-Ende-Ende = Center-End-End

Im PARAMETER-Rollout können Sie nachträglich den Radius sowie den Anfangs- und Endwinkel einstellen.

➤ KREISSEGMENT – Dieser Schalter zeichnet geschlossene Kreissegmente. Außer der Bogenlinie werden noch zwei gerade Segmente von den Endpunkten zum Mittelpunkt des Bogens gezeichnet.

Kreissegment = Pie sSlice

➤ UMKEHREN – Kehrt die logische Richtung des Bogens um. Die Geometrie ändert sich dabei nicht.

Umkehren = Reverse

Ring

Ring = Donut

Ein Ring besteht aus zwei konzentrischen Kreisen. Er kann durch seinen Mittelpunkt und zwei Radien oder durch zwei gegenüberliegende Punkte des einen Kreises und den Radius des zweiten eindeutig bestimmt werden.

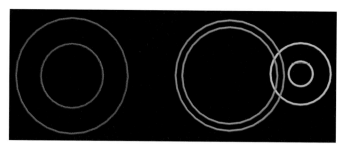

Abbildung 10.22: Verschiedene Ringe aus renderfähigen Splines

Im Rollout ERSTELLUNGSMETHODE gibt es wieder zwei Möglichkeiten, einen Ring zu zeichnen.

Durchmesser = Edge

➤ DURCHMESSER – Klicken Sie einen Punkt an, der später auf der Kreislinie des einen Kreises liegen soll. Ziehen Sie dann den Kreis am genau gegenüberliegenden Punkt auf. Lassen Sie die Maustaste los und zeigen Sie den Radius des zweiten Kreises.

Mitte = Center

➤ MITTE – Klicken Sie den Mittelpunkt an und ziehen Sie den ersten Kreis über den Radius auf. Lassen Sie die Maustaste los und zeigen Sie den Radius des zweiten Kreises.

Im PARAMETER-Rollout können die beiden Radien eines Rings nachträglich verändert werden.

Vieleck

Vieleck = NGon

Gleichmäßige Vielecke, so genannte N-Gone, lassen sich ähnlich wie Kreise zeichnen. Ein solches Vieleck wird durch seinen Mittelpunkt, die Eckenzahl und den Radius des Umkreises oder Innenkreises eindeutig bestimmt.

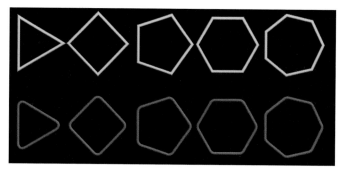

Abbildung 10.23: Gleichmäßige Vielecke, unten mit abgerundeten Ecken

Ein Eckpunkt liegt beim Erstellen des Vielecks immer auf der lokalen positiven X-Achse, die anderen sind von dort aus gleichmäßig verteilt.

Die Erstellungsmethoden entsprechen denen von Kreisen und Ringen. Im PARAMETER-Rollout gibt es aber mehr Einstellmöglichkeiten.

➡ INNERHALB – Das Feld RADIUS gibt den Radius des Umkreises an.

Innerhalb = Inscribed

➡ AUßERHALB – Das Feld RADIUS gibt den Radius des Innenkreises an.

Außerhalb = Circumscribed

➡ SEITEN – Seitenzahl des Vielecks

Seiten = Sides

➡ ECKRADIUS – Radius, mit dem die Ecken des Vielecks automatisch abgerundet werden

Eckradius = Corner Radius

➡ RUND – Hier wird ein Kreis mit der entsprechenden Anzahl von Scheitelpunkten gezeichnet.

Rund = Circular

Stern

Sterne sind gleichmäßige Polygone mit abwechselnd konvexen und konkaven Ecken.

Stern = Star

Ein Stern wird durch seinen Mittelpunkt, die Eckenzahl und zwei Radien eindeutig bestimmt. Der eine Radius bestimmt den Umkreis um die Spitzen des Sterns, der andere den Kreis durch die inneren Punkte.

Abbildung 10.24: Verschiedene Sterne: Ausgangsform, Radius 2 verändert, Spitzen verändert, Verzerrung, Abrundungsradius 1, Abrundungsradius 2

Im PARAMETER-Rollout können außer den beiden Radien noch vier weitere Parameter eingestellt werden.

➡ RADIUS 1/RADIUS 2 – die beiden Radien der Kreise, auf denen die inneren und die äußeren Punkte des Sterns liegen

➡ SPITZEN – Anzahl der Spitzen des Sterns

Spitzen = Points

➡ VERZERRUNG – Verdrehung der inneren Punkte gegenüber den äußeren. Eine solche Verdrehung wird zum Beispiel für Kreissägeblätter oder Wurfsterne verwendet.

Verzerrung = Distortion

➡ ABRUNDUNGSRADIUS 1 – Abrundung der Spitzen

Abrundungsradius 1 = Fillet Radius 1

➡ ABRUNDUNGSRADIUS 2 – Abrundung der Innenecken

Abrundungsradius 2 = Fillet Radius 2

Text

Texte können als parametrische Splines in der Szene erstellt werden. So lassen sie sich jederzeit editieren. Für besondere Effekte können Sie sie dann wie jedes andere parametrische Spline in ein bearbeitbares Spline umwandeln. Dabei geht natürlich die Editiermöglichkeit verloren. Nach der Umwandlung sind die Texte nur noch Umrisslinien.

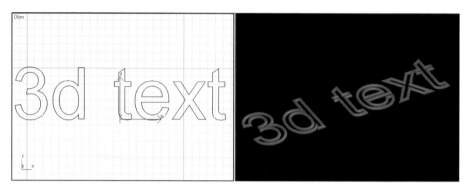

Abbildung 10.25: Parametrischer Text

Zeigen Sie in der Szene die Stelle, an der der Mittelpunkt der ersten Textzeile stehen soll. Jetzt können Sie im Feld TEXT im PARAMETER-Rollout den Text eingeben.

Hier können Sie alle in Windows installierten Schriftarten verwenden. Texte können kursiv gesetzt oder unterstrichen werden. Fettschrift gibt es nicht als Button. Man kann aber in der Fontliste den Eintrag einer Fettschrift wählen.

Größe = Size

➤ GRÖSSE – gibt die Zeilenhöhe in Koordinateneinheiten an.

Unterschneidung = Kerning

➤ UNTERSCHNEIDUNG – Abstand zwischen aufeinander folgenden Buchstaben

Durchschuß = Leading

➤ DURCHSCHUSS – Abstand zwischen Textzeilen

Helix

Der Objekttyp HELIX steht für spiralförmige Splines aller Art. Diese können in der Ebene liegen oder aber auch im dreidimensionalen Raum wie Spiralfedern.

Das Erstellen einer Helix ist vergleichbar mit dem Verfahren beim Kegel. Zuerst zeigt man den Mittelpunkt und den Radius auf der Grundebene, danach die Höhe und den Radius am anderen Ende.

Sind beide Radien gleich, entsteht eine zylindrische Spirale, bei Höhe 0 eine flache Spirale in der Ebene.

〔 KOMPENDIUM 〕 3ds max 6

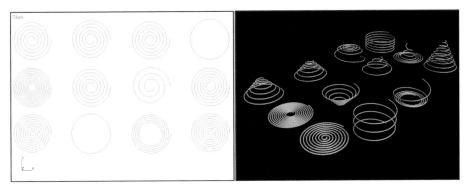

Abbildung 10.26: Verschiedene Helix-Objekte

Alle Parameter können nachträglich im PARAMETER-Rollout geändert werden.

➤ RADIUS 1 – Radius in der Grundebene

➤ RADIUS 2 – Radius am Ende der Spirale

➤ HÖHE – Höhe des gesamten Objekts in Z-Richtung

Höhe = Height

➤ WINDUNGEN – Anzahl der Windungen. Dabei sind auch Bruchteile von Windungen möglich.

Windungen = Turns

➤ NEIGUNG – Asymmetrie in der Höhe. Die Windungen sind an einem Ende dichter als am anderen.

Neigung = Bias

➤ UZS/GEGEN UZS – Drehrichtung im oder gegen den Uhrzeigersinn

UZS/gegen UZS = CW/CCW

Querschnitt

Der Spline-Typ QUERSCHNITT erzeugt Schnittlinien durch beliebige Körper entlang beliebiger Ebenen, also nicht nur Querschnitte.

Querschnitt = Section

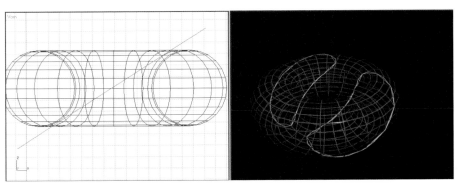

Abbildung 10.27: Schräger Schnitt durch einen Torus

Ziehen Sie mit dem Button QUERSCHNITT ein Rechteck auf, das die Schnittebene darstellt. Diese können Sie danach beliebig verschieben oder drehen.

Kontur erstellen = Create Shape

Die Schnittlinie wird interaktiv angezeigt. Klickt man auf den Button KONTUR ERSTELLEN, wird aus der Schnittlinie ein Kontur-Objekt generiert. Dieser Schnittvorgang ist nicht animierbar, da hier nur eine statische Kontur entsteht.

Unendlich = Infinite

➡ UNENDLICH – Die Schnittebene wird als unendlich groß angenommen.

Querschnittgrenzen = Section Boundary

➡ QUERSCHNITTGRENZEN – Der Schnitt wird nur innerhalb des durch das Schnittwerkzeug begrenzten Rechtecks generiert.

Aus = Off

➡ AUS – Die Schnittlinie wird nicht dargestellt.

Mit dem Farbfeld stellen Sie die Farbe ein, in der die Schnittlinie dargestellt wird. Generiert man daraus ein Spline, kann dessen Farbe und Material wie bei jedem anderen Objekt eingestellt werden.

Im Rollout QUERSCHNITTGRÖSSE stellen Sie die Größe des Schnittwerkzeugs ein, was im Modus QUERSCHNITTGRENZEN wichtig ist.

10.4   Extrusionen

Splines können durch Extrudieren in räumliche Objekte umgewandelt werden. Dazu bietet 3ds max 6 verschiedene Modifikatoren speziell für Konturen an.

Extrudieren

Extrudieren = Extrude

Der Modifikator EXTRUDIEREN gibt einem Spline eine Dicke.

Mehrere ineinander liegende Splines, die zur gleichen Kontur gehören, erzeugen beim EXTRUDIEREN Platten mit Löchern darin.

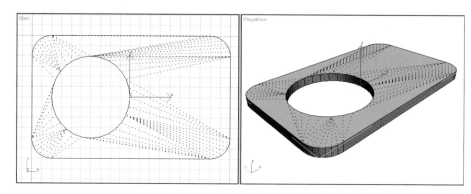

Abbildung 10.28: Extrusion einer Kontur [EXTRUD01.MAX]

Beim Extrudieren können wahlweise an den Enden Deckelflächen generiert werden. Die Extrusionshöhe ist frei einstellbar. Soll das extrudierte Objekt später mit einem anderen Modifikator verbogen werden, können entlang der Extrusionshöhe Segmente eingefügt werden.

➤ BETRAG – Höhe der Extrusion

Betrag = Amount

➤ SEGMENTE – Anzahl der Segmente entlang der Extrusionshöhe

Segmente = Segments

➤ VERSCHLÜSSE – legt am Beginn und/oder am Ende der Extrusion Deckelflächen an.

Verschlüsse = Capping

➤ MORPHEN – Deckelflächen werden aus einem sich wiederholenden Polygonmuster gebildet, welches sich besser für Morphtargets eignet.

Morphen = Morph

➤ RASTER – Das Netz der Deckelflächen besteht größtenteils aus einem gleichmäßigen Gitternetz. An den Rändern wird dieses Gitternetz mit Dreiecksflächen mit dem Rand des Objekts verbunden. Diese Art von Netz lässt sich auch wesentlich gleichmäßiger rendern und deformieren. Allerdings bestehen solche Netze aus deutlich mehr Flächen.

Raster = Grid

➤ AUSGABE – gibt an, ob aus dem Spline bei der Extrusion ein *Patch*, ein *Netzobjekt* oder eine *NURBS*-Fläche erzeugt wird.

Ausgabe = Output

➤ MAPPING-KOORDINATEN GENERIEREN – erstellt bei der Extrusion automatisch Mapping-Koordinaten auf dem Objekt.

Mapping-Koordinaten generieren = Generate Mapping Coords

➤ MATERIAL-IDS GENERIEREN – legt für die Verschlussflächen die Material-ID 1 und 2 und für die Seitenflächen die Material-ID 3 an.

Material-IDs generieren = Generate Material IDs

➤ KONTUR-IDS VERWENDEN – verwendet die den Spline-Segmenten zugewiesenen Material-IDs.

Kontur-IDs verwenden = Use Shape IDs

➤ GLATT – glättet das extrudierte Objekt.

Glatt = Smooth

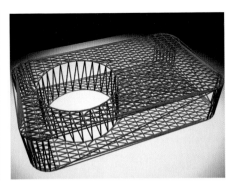

Abbildung 10.29: Links: Morphen, rechts: Raster [EXTRUD02.MAX]

Zur Verdeutlichung wurde nach dem EXTRUDIEREN noch ein GITTER-Modifikator angewendet, der die einzelnen Kanten sichtbar macht.

Abschrägung

Abschrägung = Bevel

Der Modifikator ABSCHRÄGUNG ist ein weiteres Verfahren zur Extrusion von Splines. Hierbei können aber auch schräge Kanten und Fasen generiert werden.

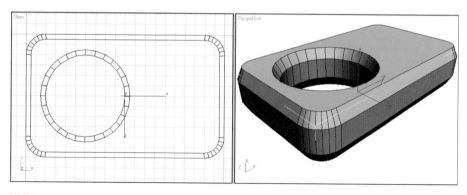

Abbildung 10.30: Mit Abschrägung über drei Ebenen extrudierte Kontur

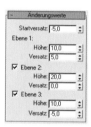

Im Rollout ÄNDERUNGSWERTE können Sie jetzt zusätzlich zum Anfang und Ende der Extrusion noch bis zu zwei Zwischenstufen festlegen. Für jede Ebene wird die Höhe und der Versatz gegenüber der Original-Kontur eingestellt.

Bei ineinander liegenden Splines wird jedes zweite in die andere Richtung abgeschrägt.

Sollen weniger Ebenen verwendet werden, schalten Sie die übrigen aus.

Weitere Parameter finden Sie im PARAMETER-Rollout.

Verschlüsse = Capping

➡ VERSCHLÜSSE – erstellt Deckelflächen am Anfang und/ oder am Ende der Extrusion.

Morphen = Morph

➡ MORPHEN – Deckelflächen werden aus einem sich wiederholenden Polygonmuster gebildet, welches sich besser für Morphtargets eignet.

Raster = Grid

➡ RASTER – Das Netz der Deckelflächen besteht größtenteils aus einem gleichmäßigen Gitternetz. An den Rändern wird dieses Gitternetz mit Dreiecksflächen mit dem Rand des Objekts verbunden. Diese Art von Netz lässt sich auch wesentlich gleichmäßiger rendern und deformieren. Allerdings bestehen solche Netze aus deutlich mehr Flächen.

Gerade Seiten = Linear Sides

➡ GERADE SEITEN – Die Seitenflächen sind zwischen den Ebenen gerade.

Gekrümmte Seiten = Curved Sides

➡ GEKRÜMMTE SEITEN – Die Seitenflächen werden zwischen den Ebenen gekrümmt.

Segmente = Segments

➡ SEGMENTE – Anzahl der Segmente entlang der Extrusionshöhe zwischen je zwei Ebenen.

➡ EBENENÜBERGREIFEND GLÄTTEN – glättet das extrudierte Objekt auch über die definierten Ebenen hinweg. Ist dieser Schalter deaktiviert, sind an den Ebenen Kanten zu sehen.

Ebenenübergreifend glätten = Smooth across Levels

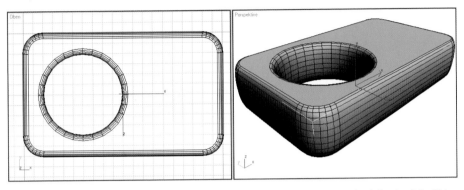

Abbildung 10.31: Das gleiche Objekt mit gekrümmten Seitenflächen

➡ MAPPING-KOORDINATEN GENERIEREN – erstellt bei der Extrusion automatisch Mapping-Koordinaten auf dem Objekt.

Mapping-Koordi-naten generieren = Generate Mapping Coords

➡ LINIEN NICHT KREUZEN – verhindert Überschneidungen bei sehr spitzen Winkeln.

Linien nicht kreuzen = Keep Lines From Crossing

➡ TRENNUNG – gibt den Mindestabstand an, den zwei gegenüberliegende Kanten haben müssen.

Trennung = Separation

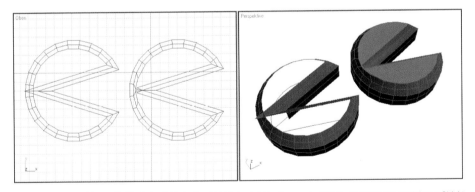

Abbildung 10.32: Links: fehlerhaftes Objekt durch Linienkreuzung, rechts: mit Trennung korrigiertes Objekt

Abschrägungsprofil

ABSCHRÄGUNGSPROFIL ist ein weiterer Modifikator zur Extrusion von Konturen. Hier benötigen Sie außer der Kontur, die extrudiert werden soll, eine weitere Kontur, die die verschiedenen Breitenveränderungen definiert. Dadurch sind beliebige geradlinige oder organische Extrusionsformen möglich.

Abschrägungsprofil = Bevel Profile

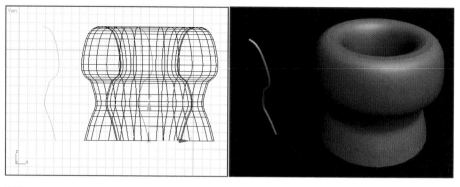

Abbildung 10.33: An einem Spline extrudierter Ring [EXTRUD03.MAX]

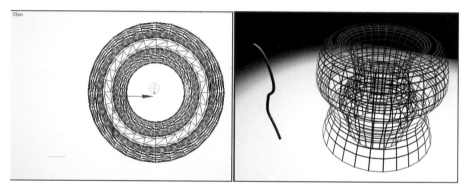

Abbildung 10.34: Das Drahtmodell zeigt die Objektstruktur klarer.

Im Rollout PARAMETER dieses Modifikators finden Sie ähnliche Einstellungen wie bei ABSCHRÄGUNG oder EXTRUDIEREN.

Im Gegensatz zu Extrusionsobjekten ist ABSCHRÄGUNGSPROFIL ein reiner Modifikator. Es wird also kein neues Objekt erstellt. Innerhalb eines Modifikatorstapels kann der Modifikator ABSCHRÄGUNGSPROFIL nur je einmal verwendet werden. Der Modifikator ABSCHRÄGUNGSPROFIL erzeugt deutlich genauere Geometrie als Extrusionsobjekte.

Profil wählen
= Pick Profile

Mit dem Button PROFIL WÄHLEN wählen Sie die Kontur, die als Abschrägungsprofil dienen soll.

Bewegt man das Profil mit den normalen Transformationen im Raum, beein-flusst dies den Modifikator nicht, bewegt man allerdings die Splines innerhalb des Profils auf Unterobjekt-Level und ändert damit das lokale Objektkoordinaten-system, hat dies auch Einfluss auf den Modifikator.

:-)
TIPP

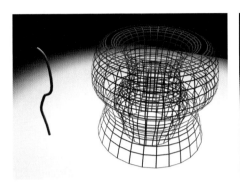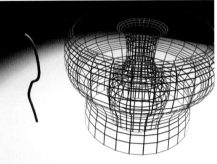

Abbildung 10.35: Um 10° gedrehte Profile

In beiden Abbildungen wurde das Spline des Profils um 10° gedreht, links auf Objekt-Level, rechts auf Unterobjekt-Level.

10.5   Rotationskörper

Rotationssymmetrische Objekte lassen sich durch Rotation eines Splines um eine Achse erstellen. Dazu bietet 3ds max 6 einen weiteren Modifikator, der nur auf Kontur-Objekte angewendet werden kann: DREHVERFAHREN.

Drehverfahren = Lathe

Entscheidend für das Aussehen des Objekts ist die Lage und Ausrichtung der Drehachse relativ zum Objekt.

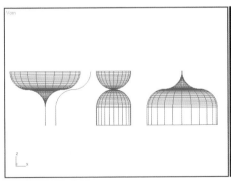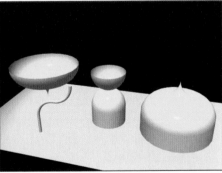

Abbildung 10.36: Rotation eines Splines um verschobene Achsen (Min, Zentrieren, Max) [EXTRUD04.MAX]

Im PARAMETER-Rollout können Sie verschiedene Einstellungen für das Erstellen eines Rotationskörpers treffen.

Grad = Degrees
➤ GRAD – Drehwinkel (kann auch weniger als ein Vollkreis sein).

Kern verschweißen = Weld Core
➤ KERN VERSCHWEISSEN – Die Scheitelpunkte der Dreiecksflächen, die auf der Drehachse durch die Segmentierung entstehen, werden zu einem Scheitelpunkt verschweißt.

Normalen wenden = Flip Normals
➤ NORMALEN WENDEN – kehrt die Richtung der Flächennormalen um, wenn zum Beispiel nur die Innenseite des Rotationskörpers zu sehen ist.

Segmente = Segments
➤ SEGMENTE – Anzahl der Segmente entlang des Umfangs der Rotation.

Verschlüsse = Capping
➤ VERSCHLÜSSE – erstellt Deckelflächen am Anfang und/oder Ende der Rotation. Diese sind nur bei Rotationen relevant, die weniger als 360° umfassen und deren Konturen geschlossen sind.

Morphen = Morph
➤ MORPHEN – Deckelflächen werden aus einem sich wiederholenden Polygonmuster gebildet, welches sich besser für Morphtargets eignet.

Raster = Grid
➤ RASTER – Das Netz der Deckelflächen besteht größtenteils aus einem gleichmäßigen Gitternetz. An den Rändern wird dieses Gitternetz mit Dreiecksflächen mit dem Rand des Objekts verbunden. Diese Art von Netz lässt sich auch wesentlich gleichmäßiger rendern und deformieren. Allerdings bestehen solche Netze aus deutlich mehr Flächen.

Richtung = Direction
➤ RICHTUNG – Richtung der Rotationsachse.

Ausrichten = Align
➤ AUSRICHTEN – Ausrichtung der Rotationsachse bezogen auf das Spline.

Ausgabe = Output
➤ AUSGABE – gibt an, ob aus dem Spline bei der Rotation ein PATCH, ein NETZ-OBJEKT oder eine NURBS-Fläche erzeugt wird.

Mapping-Koordinaten generieren = Generate Mapping Coords
➤ MAPPING-KOORDINATEN GENERIEREN – erstellt bei der Rotation automatisch Mapping-Koordinaten auf dem Objekt.

Material-IDs generieren = Generate Material IDs
➤ MATERIAL-IDS GENERIEREN – legt für die Verschlussflächen die Material-ID 1 und 2 (bei weniger als 360° Drehwinkel) und für die Mantelflächen die Material-ID 3 an.

Kontur-IDs verwenden = Use Shape IDs
➤ KONTUR-IDS VERWENDEN – verwendet die den Spline-Segmenten zugewiesenen Material-IDs.

Glatt = Smooth
➤ GLATT – glättet das rotierte Objekt.

Loft-Extrusion = Loft

10.6 Loft-Extrusionen

Loft-Extrusionen bieten die Möglichkeit, ein Spline entlang eines anderen Splines zu extrudieren und dabei noch vielfältig zu verändern. Der Begriff *Loft* stammt aus dem Schiffbau. Beim Bau früherer Holzschiffe wurden gerade Bretter über eine Reihe von Spanten gelegt und dabei gebogen, so dass die »Freiformoberfläche« des Schiffsrumpfes entstand.

3ds max 6 verwendet dazu einen eigenen Objekttyp LOFT-EXTRUSION auf der ERSTELLEN-Palette unter ZUSAMMENGESETZTE OBJEKTE.

Zusammengesetzte Objekte = Compound Objects

Jedes LOFT-EXTRUSION-Objekt besteht aus zwei Komponenten, der Kontur, die extrudiert wird, und einem Pfad, an dem die Kontur entlang gezogen wird. Dabei sind auch Zwischenstufen möglich, auf denen die Kontur ihre Form an bestimmten Stellen des Pfads ändert.

Das Kontur-Objekt, das den Pfad darstellt, muss aus einem einzigen Spline bestehen. Die extrudierte Kontur kann auch aus mehreren Splines bestehen.

!!
STOP

Beim Erstellen eines neuen LOFT-EXTRUSION-Objekts gibt es zwei Methoden.

Kontur als Basisobjekt

Selektieren Sie die Kontur, die extrudiert werden soll, aktivieren Sie den Button LOFT-EXTRUSION und klicken Sie dann auf PFAD HOLEN.

Pfad als Basisobjekt

Selektieren Sie den Pfad, aktivieren Sie den Button LOFT-EXTRUSION und klicken Sie dann auf KONTUR HOLEN.

Diese Methode verwenden wir nun für das nächste Beispiel.

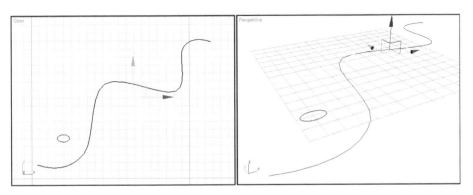

Abbildung 10.37: Aus diesen beiden Splines wird eine Schlange extrudiert. [LOFT01.MAX]

Kontur holen
= Get Shape

1. Selektieren Sie das lange Spline, aktivieren Sie den Button LOFT-EXTRUSION und klicken Sie dann auf KONTUR HOLEN. Der Cursor verändert sich.

Instanz = Instance

2. Aktivieren Sie im Rollout ERSTELLUNGSMETHODE die Option INSTANZ.

3. Klicken Sie jetzt auf die kleine Ellipse. Diese wird entlang des Pfads extrudiert.

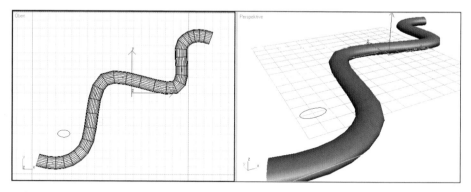

Abbildung 10.38: Extrudierte Schlange

Das zuerst selektierte Objekt, hier der Pfad, wird in das neue Objekt umgewandelt. Für das zweite Objekt, hier die Kontur, gibt es drei Möglichkeiten:

Verschieben = Move

➤ VERSCHIEBEN – Die ursprüngliche Kontur wird gelöscht. Sie ist nur noch als Unterobjekt der Loft-Extrusion vorhanden.

Kopie = Copy

➤ KOPIE – Die Kontur bleibt erhalten, ist aber logisch unabhängig von der Loft-Extrusion.

Instanz = Instance

➤ INSTANZ – Das Kontur-Unterobjekt innerhalb der Loft-Extrusion ist eine Instanz des Originals. Bei dieser Methode kann man das Original-Objekt verändern, die Loft-Extrusion verändert sich mit.

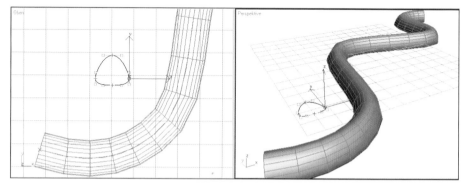

Abbildung 10.39: Die Verformung der Kontur führt zu einer Verformung der Loft-Extrusion.

Im Rollout OBERFLÄCHENPARAMETER lassen sich verschiedene Einstellungen vornehmen, wie die Oberfläche des extrudierten Objekts aussehen soll.

➤ LÄNGE GLÄTTEN – glättet das extrudierte Objekt in Pfad-Richtung.

Länge glätten = Smooth Length

➤ BREITE GLÄTTEN – glättet das extrudierte Objekt in Kontur-Richtung.

Breite glätten = Smooth Width

➤ MAPPING ANWENDEN – erstellt bei der Extrusion automatisch Mapping-Koordinaten auf dem Objekt. Dabei kann eingestellt werden, wie oft sich das Mapping in Pfad-Richtung und in Kontur-Richtung wiederholen soll.

Mapping anwenden = Apply Mapping

➤ NORMALISIEREN – Ist dieser Schalter aktiviert, werden die Scheitelpunkte für die Berechnung der Mapping-Koordinaten ignoriert. Das Mapping wird gleichmäßig auf die gesamte Länge verteilt. Bei ausgeschaltetem NORMALISIEREN hat der Abstand der Scheitelpunkte Einfluss auf das Mapping in Pfadrichtung.

Normalisieren = Normalize

➤ MATERIAL-IDS GENERIEREN – legt automatisch Material-IDs an.

Material-IDs generieren = Generate Material IDs

➤ KONTUR-IDS VERWENDEN – verwendet die den Konturen zugewiesenen Material-IDs für das extrudierte Objekt.

Kontur IDs verwenden = Use Shape IDs

➤ AUSGABE – gibt an, ob aus dem Spline bei der Extrusion ein PATCH oder ein NETZOBJEKT erzeugt werden soll.

Ausgabe = Output

Im Rollout HAUTEXTRUSIONS-PARAMETER stellt man die Oberfläche des extrudierten Objekts noch detaillierter ein.

➤ VERSCHLÜSSE – erstellt Deckelflächen am Anfang und/oder Ende der Extrusion.

Verschlüsse = Capping

➤ MORPHEN – Deckelflächen werden aus einem sich wiederholenden Polygonmuster gebildet, welches sich besser für Morphtargets eignet.

Morphen = Morph

➤ RASTER – Das Netz der Deckelflächen besteht größtenteils aus einem gleichmäßigen Gitternetz. An den Rändern wird dieses Gitternetz mit Dreiecksflächen mit dem Rand des Objekts verbunden. Diese Art von Netz lässt sich auch wesentlich gleichmäßiger rendern und deformieren. Allerdings bestehen solche Netze aus deutlich mehr Flächen.

Raster = Grid

➤ KONTUR-SCHRITTE – Die Anzahl der Schritte zwischen den Scheitelpunkten der Konturen, wichtig bei gekrümmten Splines. Diese Zahl beeinflusst die Genauigkeit, aber auch die Komplexität des Objekts.

Kontur-Schritte = Shape Steps

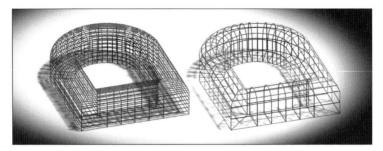

Abbildung 10.40: Links: fünf Kontur-Schritte, rechts: ein Kontur-Schritt [LOFT02.MAX]

Pfadschritte
= Path Steps

➤ PFADSCHRITTE – die Anzahl der Schritte zwischen den Scheitelpunkten auf dem Pfad, wichtig bei gekrümmten Pfaden. Auch diese Zahl beeinflusst die Genauigkeit, aber auch die Komplexität des Objekts.

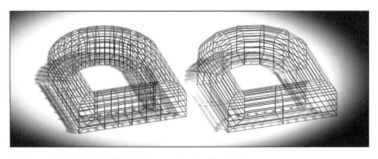

Abbildung 10.41: Links: fünf Pfadschritte, rechts: ein Pfadschritt

Konturen optimieren
= Optimize Shapes

➤ KONTUREN OPTIMIEREN – Zur Optimierung der Flächenzahl werden die KONTUR-SCHRITTE bei geraden Segmenten nicht berücksichtigt, da sie hier keinen direkten Einfluss auf die Form des Objekts haben. Auf geraden Segmenten werden keine zusätzlichen Objektkanten eingefügt.

Abbildung 10.42: Rechts: Konturen optimieren eingeschaltet

Pfad optimieren
= Optimize Path

➤ PFAD OPTIMIEREN – Ähnlich wie bei KONTUREN OPTIMIEREN werden hier entlang gerader Pfadsegmente keine Zwischenschritte eingefügt. Diese Option ist nur verfügbar, wenn im Rollout PFADPARAMETER der Modus PFADSCHRITTE eingeschaltet ist.

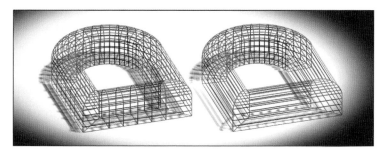

Abbildung 10.43: Rechts: Pfad optimieren eingeschaltet

➤ ADAPTIVE PFADSCHRITTE – stellt die Pfadschritte bei verformten Extrusionen automatisch ein. Näheres dazu unter der Überschrift *Verformungen* weiter hinten in diesem Kapitel.

Adaptive Pfad-schritte = Adaptive Path Steps

➤ KONTURLINIE – Ist dieser Schalter aktiviert, stehen die Konturen immer senkrecht zum Pfad. Andernfalls werden sie bei Krümmungen des Pfads nicht gedreht, was nur in seltenen Fällen zu ansprechenden Lösungen führt.

Konturlinie = Contour

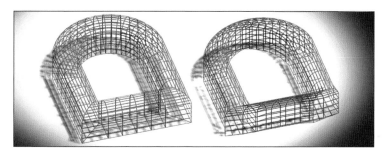

Abbildung 10.44: Rechts: Konturlinie ausgeschaltet

➤ NEIGUNG – Bei eingeschalteter Neigung werden die Konturen auf dem Pfad verdreht, wenn sich die Z-Höhe des Pfads ändert. Bei zweidimensionalen Pfaden hat dieser Schalter keine Wirkung.

Neigung = Banking

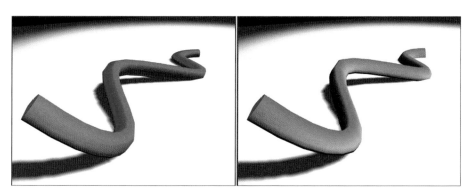

Abbildung 10.45: Links: Neigung aktiviert, rechts: Neigung deaktiviert (Die farbige Map verdeutlicht die Wirkung.)

➤ KONSTANTER QUERSCHNITT – Dieser Schalter sorgt in Ecken für eine geradlinige Extrusion. Ohne KONSTANTER QUERSCHNITT wird in Pfadecken das
Spline in unveränderter Größe diagonal eingesetzt, was zu einer Einschnü-
rung des Querschnitts führt.

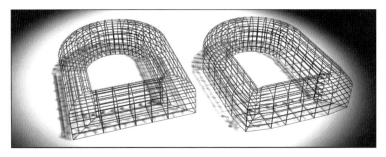

Abbildung 10.46: Links: Konstanter Querschnitt aktiviert, rechts: Konstanter Querschnitt deaktiviert

➤ LINEARE INTERPOLATION – Ist dieser Schalter aktiviert, werden Extrusions-
linien zwischen unterschiedlich großen Konturen auf dem Pfad linear mit
geradlinigen Segmenten interpoliert, andernfalls mit Kurvensegmenten.

➤ NORMALEN WENDEN – kehrt die Richtung der Flächennormalen auf der
Extrusionsfläche um.

➤ QUAD-SEITEN – Flächen zwischen Kontur- und Pfadschritten werden als
Vierecke mit unsichtbarer Trennlinie dargestellt. Ist dieser Schalter deaktiviert, werden Dreiecksflächen angezeigt.

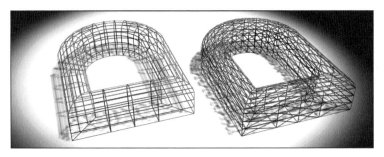

Abbildung 10.47: Links: Quad-Seiten aktiviert, rechts: Quad-Seiten deaktiviert

➤ REDUKTION BEIM TRANSFORMIEREN – Ist dieser Schalter aktiviert, wird die
Extrusionsfläche ausgeblendet, wenn das LOFT-EXTRUSION-Objekt auf
Unterobjekt-Level bearbeitet wird.

Im Feld ANZEIGEN können Sie festlegen, wie die Extrusionsflächen in den
Ansichtsfenstern dargestellt werden sollen. Auf die Darstellung im gerenderten
Bild haben diese Schalter keinen Einfluss.

➤ HAUTEXTRUSION – Dieser Schalter zeigt die Extrusionsfläche in allen
Ansichtsfenstern. Der Schalter HAUTEXTRUSION SCHATTIERT wird ignoriert.

➤ HAUTEXTRUSION SCHATTIERT – zeigt die Extrusionsfläche in schattierten
Ansichtsfenstern unabhängig von der Einstellung des Schalters HAUTEXTRU-
SION.

(KOMPENDIUM) 3ds max 6

Verschiedene Konturen auf dem Extrusionspfad

Entlang eines Extrusionspfads können verschiedene Konturen eingefügt werden. Die Form des Extrusionsobjekts geht dann fließend von einer auf die nächste Kontur über.

Als Beispiel soll ein Objekt aus dem Bootsbau dienen, aus dem der Begriff *Loft* stammt. Im Modell sind mehrere Spanten vorgegeben, über die ein Bootskörper erstellt werden soll.

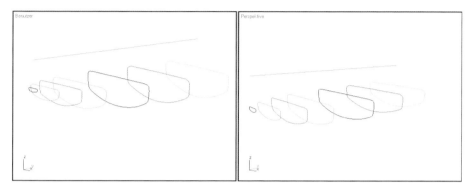

Abbildung 10.48: Die ursprüngliche Szene [BOOT01.MAX]

1. Selektieren Sie als Erstes den Pfad und generieren Sie daraus ein LOFT-EXTRUSION-Objekt.

2. Wählen Sie mit KONTUR HOLEN das Spline ganz am Ende. Der Übersicht halber sollten Sie unter ANZEIGEN im Rollout HAUTEXTRUSIONS-PARAMETER nur den Schalter HAUTEXTRUSION SCHATTIERT aktivieren. In Drahtmodell-Ansichtsfenstern bleiben dann die einzelnen Konturen auf dem Pfad klar zu erkennen.

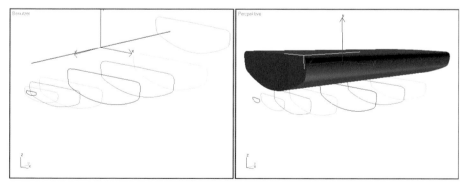

Abbildung 10.49: Die erste Kontur auf dem Pfad, rechts: schattiertes Ansichtsfenster

Abstand = Distance

3. Schalten Sie im Rollout PFADPARAMETER die Option ABSTAND ein und tragen Sie im Feld PFAD den Wert 10000 ein. PROZENTWERT, ABSTAND und PFAD-SCHRITTE geben die Einheit an, in der die Position der Konturen auf dem Pfad gemessen wird. Der Zahlenwert im Feld PFAD ist der Abstand einer Kontur vom Anfang des Pfads in der angegebenen Einheit gemessen. Die zweite Kontur soll in einem Abstand von 10000 Einheiten vom ersten liegen.

4. An der aktuellen Position auf dem Pfad erscheint ein kleines, gelbes Kreuz. Klicken Sie jetzt auf KONTUR HOLEN und wählen Sie die zweite Kontur. Da diese ein wenig größer ist, wird das Objekt ab dieser Position auf dem Pfad breiter.

Objektfang = Snap

5. Schalten Sie den Schalter EIN im Rollout PFADPARAMETER ein und aktivieren Sie damit einen Fang. Setzen Sie den Wert OBJEKTFANG auf 1000, können Sie die folgenden Pfadstufen leichter einstellen.

6. Fügen Sie jetzt die weiteren Konturen auf den Stufen 20000, 30000, 35000, 39000 und 42000 ein.

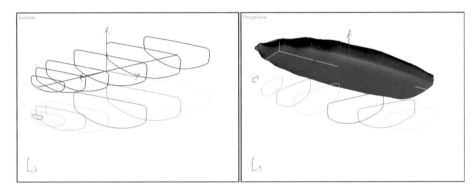

Abbildung 10.50: Alle Konturen auf dem Pfad eingefügt

:-)
TIPP

Wenn sich auf dem Extrusionskörper, wie in der Abbildung, im vorderen Bereich eine unschöne Wellenform ergibt, schalten Sie den Schalter LINEARE INTERPOLA-TION *im Rollout* HAUTEXTRUSIONS-PARAMETER *ein.*

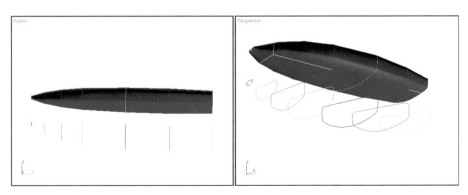

Abbildung 10.51: Lineare Interpolation

(KOMPENDIUM) 3ds max 6

Die Lage der einzelnen Konturen auf dem Pfad kann nachträglich geändert werden. Mit diesem Button im Rollout PFADPARAMETER können Sie einzelne Konturen selektieren und dann auf dem Pfad einen neuen Wert einstellen. Dieser Button ist nur auf der ÄNDERN-Palette aktiv.

Die obere Fläche des Bootskörpers erscheint gebogen, sollte aber eigentlich gerade sein. Das liegt daran, dass Konturen normalerweise an ihrem Schwerpunkt auf dem Pfad eingefügt werden. Dies kann aber nachträglich geändert werden.

Auf der ÄNDERN-Palette gibt es für LOFT-EXTRUSION-Objekte noch weitere Parameter. Schalten Sie hier im Modifikatorstapel auf das Unterobjekt-Level KONTUR.

Es erscheint ein Rollout KONTUR-BEFEHLE. Hier gibt es verschiedene Möglichkeiten, die Konturen auf dem Pfad einzeln zu verändern.

Klicken Sie dazu auf den Button VERGLEICHEN. Es erscheint ein spezielles Fenster, in dem man Konturen auf dem Pfad miteinander vergleichen und ihre Position relativ zum Pfad einstellen kann.

Abbildung 10.52: Vergleichen-Fenster mit Konturen

Dieses Fenster ist am Anfang leer und zeigt noch keine Konturen.

Aktivieren Sie den Button KONTUR AUSWÄHLEN und klicken Sie in einem Ansichtsfenster nacheinander auf alle Konturen auf den verschiedenen Pfadstufen. Diese Konturen erscheinen im VERGLEICHEN-Fenster. Hier sind die einzelnen Konturen in ihrer Lage auf dem Pfad zu sehen. Dies ist besonders dann wichtig, wenn der Pfad gebogen ist. Dann gibt es nämlich kein geometrisches Ansichtsfenster, in dem man mehrere Konturen bezogen auf den Pfad lagerichtig sehen kann. Der Pfad wird in der Mitte als schwarzes Kreuz dargestellt.

Ein weiterer Klick auf eine Kontur im Ansichtsfenster nimmt sie wieder aus dem VERGLEICHEN-Fenster heraus. Zur Orientierung zeigt der Cursor entsprechend entweder ein Plus- (+) oder ein Minuszeichen (-).

Mit den Buttons unten rechts können Sie innerhalb dieses Fensters zoomen.

Wenn alle Konturen selektiert sind, schalten Sie den Button KONTUR AUSWÄHLEN wieder aus.

Kontur Befehle/Unten
= Shape Commands/
Bottom

Selektieren Sie jetzt nacheinander in einem Ansichtsfenster alle Konturen und klicken Sie im Rollout KONTUR-BEFEHLE auf den Button UNTEN. Die Konturen werden unten am Pfad ausgerichtet. Entsprechend können Sie sie auch an anderen Seiten ausrichten oder mit den bekannten Funktionen beliebig schieben oder drehen.

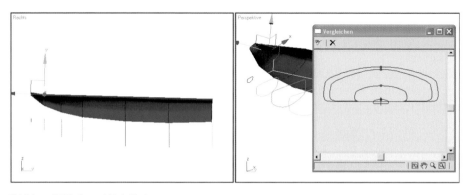

Abbildung 10.53: Ausgerichtete Konturen

In dieser Abbildung wurde die Kontur am Bug des Boots in ihrer Position belassen, wodurch die Spitze etwas hoch gezogen wird.

10.7   Verformungen

Verformungen
= Deformations

Die Extrusion entlang eines Splines muss nicht immer gleichmäßig verlaufen. Entlang des Pfads können verschiedene Verformungen auf das Objekt angewendet werden.

Die Verformungen werden nachträglich im Rollout VERFORMUNGEN auf ein Objekt angewendet.

Jede Verformung kann mit dem Glühbirnen-Symbol einzeln ein- oder ausgeschaltet werden. Der jeweilige Button öffnet ein Fenster, in dem eine Verformungskurve festgelegt werden kann.

Für besondere Effekte können mehrere Verformungen miteinander kombiniert werden.

In den folgenden Beispielen verwenden wir ein LOFT-EXTRUSION-Objekt, das an einem Pfad aus zwei geraden und drei Bogensegmenten extrudiert wurde.

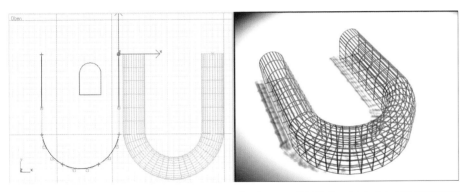

Abbildung 10.54: Das Ausgangsobjekt für das nächste Beispiel [LOFT05.MAX]

Skalierung

Bei der Verformung SKALIERUNG wird die Größe der Kontur entlang des Pfads geändert.

Skalierung = Scale

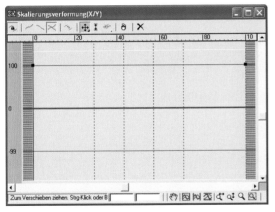

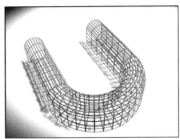

Abbildung 10.55: Skalierungsverformung im Originalzustand

Alle Verformungsraster arbeiten nach dem gleichen Prinzip. Ein Klick auf den Button mit dem Namen der Verformung öffnet ein Fenster, in dem die Verformungskurve eingestellt wird.

→→
INFO

Eine oder zwei Kurven legen das Maß der Verformung fest. Dabei entspricht die waagerechte Achse dem Pfad, die senkrechte Achse dem Maß der Verformung an der entsprechenden Position.

Entlang der Verformungskurve können Punkte eingefügt werden. Diese lassen sich verschieben oder in Form von Bézier-Kurven bearbeiten.

Scheitelpunkte auf dem Pfad oder Pfadstufen werden durch senkrechte Linien im Verformungsraster angedeutet.

Die Buttons in der oberen Symbolleiste dienen zur Steuerung der Kurve.

Ist dieser Button gelb, verändert sich die Verformungskurve immer symmetrisch in beiden Achsen. Ist der Schalter deaktiviert, lassen sich die Verformungslinien für beide Achsen unabhängig voneinander bewegen.

Zeigt die rote Verformungslinie für die X-Achse des Objekts.

Zeigt die grüne Verformungslinie für die Y-Achse des Objekts.

Zeigt beide Verformungslinien an.

Bei ausgeschalteter Symmetrie kann man mit diesem Button die beiden Verformungslinien und damit die Verformung in den beiden Richtungen vertauschen.

Verschiebt einen oder mehrere selektierte Punkte auf der Kurve oder den Griff eines Bézier-Punkts. Über ein Flyout kann die Verschiebung auf die Horizontale oder Vertikale begrenzt werden.

Verschiebt selektierte Kurvenpunkte in horizontaler Richtung. Statt den Punkt interaktiv zu verschieben, kann die Position auch als Prozentwert im linken Zahlenfeld am unteren Fensterrand eingegeben werden.

Verschiebt selektierte Kurvenpunkte in vertikaler Richtung. Statt den Punkt interaktiv zu verschieben, kann die Position auch als Prozentwert im rechten Zahlenfeld am unteren Fensterrand eingegeben werden.

Skaliert eine Auswahl von Punkten in der Vertikalen.

Fügt einen Punkt auf der Kurve ein.

Fügt einen Bézier-Punkt auf der Kurve ein. Dieser Button ist ein Flyout des Buttons zum Einfügen eines normalen Punkts.

Bézier-Punkte bieten im Gegensatz zu einfachen Punkten die Möglichkeit, über Tangentenvektoren den Kurvenverlauf im jeweiligen Punkt einzustellen.

Löscht einen Punkt auf der Kurve.

Setzt die Kurve auf die Standardform, eine gerade Linie, zurück.

Die Buttons am unteren Fensterrand dienen zum Zoomen und Pannen im Verformungsraster.

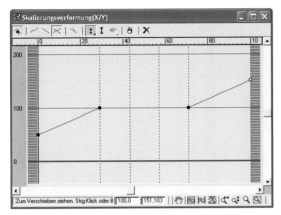
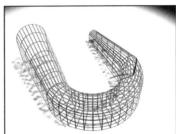

Abbildung 10.56: Gleichmäßige Skalierung in Teilbereichen

Über Bézier-Kurven lassen sich sehr einfach gekrümmte Oberflächen herstellen, meistens besser als mit verschiedenen Konturen auf einem Pfad.

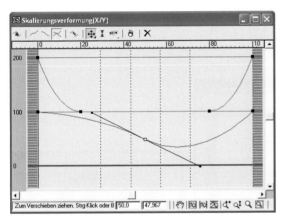
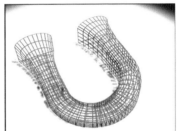

Abbildung 10.57: Ungleichmäßige Skalierung in beiden Achsen

Verdrehung

Bei der VERDREHUNG gibt das Verformungsraster die Drehung der Schnittkurve an jeder Stelle auf dem Pfad an. Hier gibt es nur eine Kurvenlinie. Die senkrechte Achse bezeichnet den Drehwinkel in Grad.

Verdrehung = Twist

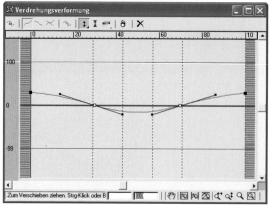

Abbildung 10.58: Verdrehung

Schaukel

Schaukel = Teeter   Bei der VERDREHUNG-Verformung drehen sich die Konturen um den Pfad, also die Z-Achse. Im Gegensatz dazu drehen sie sich bei der SCHAUKEL-Verformung um die X- oder Y-Achse. Das Ausmaß der Drehung wird auch hier über ein Verformungsraster festgelegt.

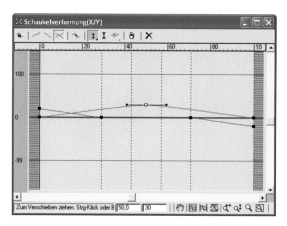
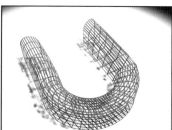

Abbildung 10.59: Schaukel-Verformung

Besonders bei unsymmetrischer Verformung in beiden Achsen wird die Bedeutung des englischen Begriffs *Teeter* deutlich, der hier besser mit *Taumeln* als mit *Schaukel* hätte übersetzt werden sollen.

Abschrägung

Abschrägung = Bevel   ABSCHRÄGUNG bildet Fasen oder schräge Kanten an Extrusionsobjekten. Hier gibt die senkrechte Achse aber keine Prozente für Skalierung an, sondern absolute Koordinateneinheiten. Nullachse ist dabei die eigentliche Form der Kontur. Am Anfang ohne Verformung läuft die Linie waagerecht bei 0 über die ganze Länge des Pfads.

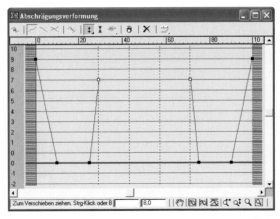

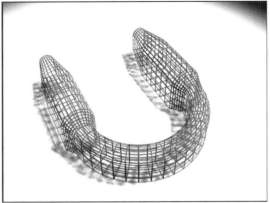

Abbildung 10.60: Abschrägungs-Verformung

Bei der Abschrägung gibt es auch nur eine Verformungskurve, die für beide Richtungen gilt.

Im Verformungsraster der Abschrägung-Verformung finden Sie einen zusätzlichen Button mit drei Flyouts.

Die unteren beiden Flyouts aktivieren die ADAPTIVE ABSCHRÄGUNG. Hier werden die Querschnitte so verändert, dass nicht mehr alle Kanten parallel zum ursprünglichen Querschnitt sind.

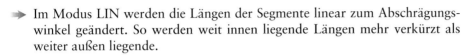 Im Modus LIN werden die Längen der Segmente linear zum Abschrägungswinkel geändert. So werden weit innen liegende Längen mehr verkürzt als weiter außen liegende.

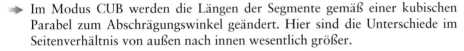 Im Modus CUB werden die Längen der Segmente gemäß einer kubischen Parabel zum Abschrägungswinkel geändert. Hier sind die Unterschiede im Seitenverhältnis von außen nach innen wesentlich größer.

Einpassen

Einpassen = Fit

Die Verformungsart EINPASSEN arbeitet anders als die anderen Verformungen. Hier wird ein einfaches gerades Extrusionsobjekt in allen drei Ebenen in eine bestimmte Form gepresst.

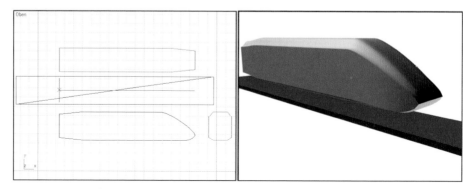

Abbildung 10.61: Modell einer Hochgeschwindigkeitslokomotive, mit Einpasskurven erstellt [ICE02.MAX]

Das Modell besteht neben der Grundplatte aus einem Extrusionspfad und drei geschlossenen Konturen.

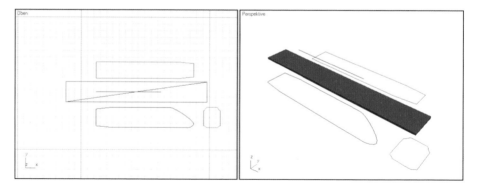

Abbildung 10.62: Die Ausgangsobjekte vor der Verformung [ICE01.MAX]

Für eine derartige Verformung braucht man ein Extrusionsobjekt und zwei geschlossene Splines, die die Ansichten aus den beiden Richtungen senkrecht zur Extrusionsrichtung darstellen. Das Polygon unten rechts stellt den Querschnitt des Modells dar und dient als Kontur. Die beiden lang gestreckten Polygone stellen die Draufsicht und Seitenansicht dar. Dazwischen liegt die Bodenplatte und ein geradliniger, noch zu kurzer Pfad, aus dem zunächst das Objekt erzeugt wird.

Selektieren Sie also diesen Pfad und generieren daraus ein LOFT-EXTRUSION-Objekt. Verwenden Sie dabei die Funktion KONTUR HOLEN um den Querschnitt zu übernehmen.

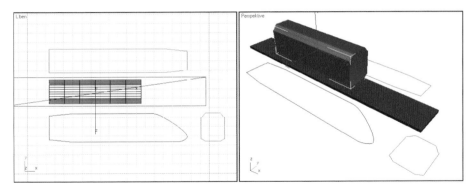

Abbildung 10.63: Extrusion ohne Einpassen mit dem ursprünglichen Pfad

Klicken Sie jetzt im VERFORMUNGEN-Rollout in der ÄNDERN-Palette auf EINPAS-SEN. Es erscheint ein neues Verformungsraster, in dem einige Funktionen aus anderen Verformungen bekannt sind, einige aber auch völlig neu.

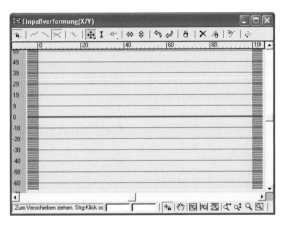

Abbildung 10.64: Verformungsraster ohne Einpasskurven

Da in x- und y-Richtung verschiedene Polygone verwendet werden, muss zunächst mit diesem Button die standardmäßig eingeschaltete Symmetrie abgeschaltet werden.

Wählen Sie dann für die beiden Achsen X und Y mit diesem Button jeweils die entsprechenden Konturen, die die beiden Einpasskurven darstellen.

Schalten Sie dazu nacheinander die Darstellung des Verformungsraster auf X-ACHSE und Y-ACHSE.

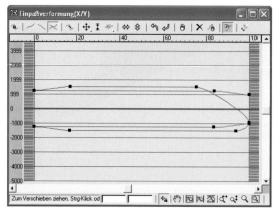
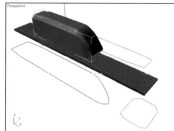

Abbildung 10.65: Verformung mit zwei Einpasskurven

Die Achsen beziehen sich hier auf das lokale Koordinatensystem der ursprünglichen Kontur. Die Einpassen(X)-Kontur beeinflusst das Objekt also in der x-Richtung, hier in der Breite. Die Einpassen(Y)-Kontur in der entgegengesetzten Richtung y, hier in der Höhe.

 Die rote Einpasskurve liegt genau in umgekehrter Richtung. Um sie zu spiegeln, lassen Sie sich zuerst nur diese Kurve anzeigen und spiegeln sie dann mit dem Button HORIZONTAL SPIEGELN.

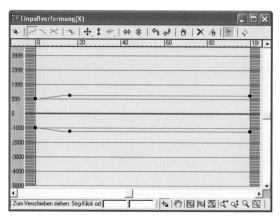
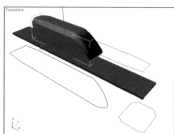

Abbildung 10.66: Gespiegelte Einpassen(X)-Kontur

 Der Button PFAD GENERIEREN passt den Pfad und damit das LOFT-EXTRUSION-Objekt an die Länge der Einpasskurven an.

(KOMPENDIUM) 3ds max 6

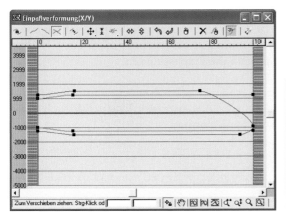

Abbildung 10.67: Pfad auf die Länge der Einpasskurven angepasst

Solche Objekte, die mit der Einpassen-Funktion erzeugt wurden, enthalten oftmals unnötig viele Scheitelpunkte und Flächen. Bei Einpassen-Polygonen aus geraden Linien sind die Pfad-Level zwischen den Eckpunkten der Einpasskurven überflüssig, wenn der Pfad mit ADAPTIVE PFADSCHRITTE im Rollout HAUTEXTRUSIONS-PARAMETER angepasst wurde. Dann wird an jedem Eckpunkt einer Einpasskurve ein neues Pfad-Level eingefügt. Zwischen zwei Pfad-Levels werden so viele weitere Schritte eingefügt, wie unter PFADSCHRITTE eingetragen ist.

*Adaptive Pfad-
schritte = Adaptive
Path Steps*

Auch in diesem Beispiel mit der leicht gekrümmten Stirnseite der Lokomotive, reichen zwei bis drei Pfadschritte für ein gutes Ergebnis. Außerdem sollten Sie, da die Kontur der Extrusion aus geraden Kanten besteht, noch KONTUREN OPTIMIEREN einschalten.

*Konturen optimieren
= Optimize Shapes*

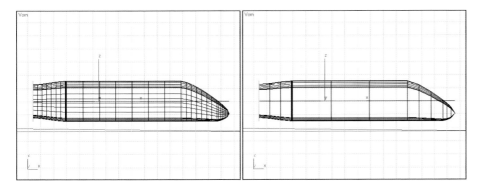

Abbildung 10.68: Links: sechs Pfadschritte, Konturen optimieren aus, rechts: zwei Pfadschritte, Konturen optimieren ein

Einpasskurven können wie normale Verformungslinien im Verformungsraster editiert werden. Selektieren Sie dazu einen oder mehrere Scheitelpunkte und verwenden Sie die aus den anderen Verformungen bekannten Funktionen. Die Buttons mit den Pfeilen drehen oder spiegeln die Einpasskurven.

 Dieser neue Button sperrt das Seitenverhältnis beim Zoomen, damit dies immer mit der Original-Kontur der Einpasskurve übereinstimmt. Dieser Button hat keinen Einfluss auf das Objekt, nur auf das Verformungsraster.

Kriterien für Einpasskurven

Die Einpasskurven müssen bestimmte Kriterien erfüllen, damit die EINPASSEN-Funktion einen Körper erzeugen kann.

➡ EINZELN – Die Kontur, die verwendet wird, darf nur ein einziges Spline beinhalten.

➡ GESCHLOSSEN – Einpasskurven müssen geschlossen sein. Andernfalls wäre an offenen Stellen der Körper nicht eindeutig definiert.

➡ DEFINIERTE ENDEN – Die x-Richtung der Konturen im lokalen Koordinatensystem entspricht später der Richtung des Pfades. In dieser Richtung müssen die Enden durch einen Eckpunkt oder zwei, die mit einer geraden Linie verbunden sind, begrenzt sein. Nicht zulässig sind Bogenlinien, die über den letzten Eckpunkt hinausreichen.

➡ KEINE UNTERSCHNEIDUNGEN – An diesen Stellen würden bei einem Schnitt senkrecht zum Pfad zwei Schnittflächen entstehen. Das ist nicht möglich, da immer nur eine Kontur auf jedem Level liegen kann.

Teil 3
Animation

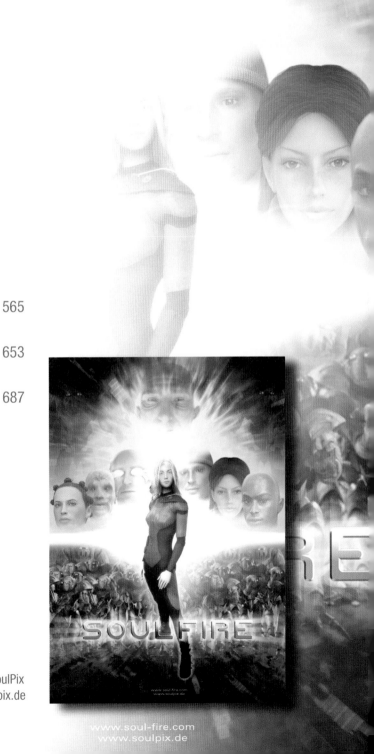

Entwurf: SoulPix
www.soulpix.de

11 Objekt-Animation

Bis jetzt haben wir 3ds max 6 außer kurz im ersten Kapitel nur zum Rendern von Standbildern und zum Modellieren von Objekten verwendet. Dieses Kapitel widmet sich einem weiteren großen und wichtigen Funktionskomplex im Programm, der Animation.

Abbildung 11.1: Animierte Filmszene (Bild: www.soulpix.de)

In 3ds max 6 können Objekte zeitabhängig bewegt und verformt werden. Das gilt auch für Kameras, Lichtquellen sowie die meisten Objekt- und Materialparameter.

Eine Animation besteht wie ein Film aus einer Vielzahl einzelner Bilder, die in schneller Folge hintereinander gezeigt werden, so dass sie für das Auge zu flüssigen Bewegungen verschwimmen. Ab etwa zwölf Bildern pro Sekunde kann das menschliche Auge diese nicht mehr einzeln unterscheiden und fügt sie intuitiv zu einer Bewegung zusammen. Bei einer derart geringen Bildfrequenz flimmert das Bild aber noch sehr. Zum Vergleich: die alten Super-8-Filme liefen mit 18 Bildern pro Sekunde.

Zur Darstellung auf europäischen Fernsehern verwendet man üblicherweise 25 Bilder pro Sekunde. Dies entspricht der PAL-Fernsehnorm. Bei einer Netzfrequenz von 50 Hertz kommt es so zu keinen Interferenzen im Bild.

In den USA wird die NTSC-Fernsehnorm mit einer Bildfrequenz von 30 Bildern pro Sekunde verwendet. Dort hat das Stromnetz 60 Hertz.

Dieser Button am unteren Bildschirmrand blendet die Dialogbox ZEITKONFIGURATION ein, in der unter anderem die Frame-Rate (Bilder pro Sekunde) und die Länge der Animation festgelegt werden.

Die gleiche Dialogbox wird auch bei einem Rechtsklick auf einen der Buttons zum Abspielen der Animation angezeigt.

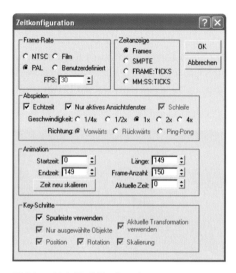

Abbildung 11.2: Die Zeitkonfiguration

Im Feld FRAME-RATE wird die Anzahl der Bilder pro Sekunde eingestellt:

➡ NTSC – 30 Bilder pro Sekunde

➡ FILM – 24 Bilder pro Sekunde

➡ PAL – 25 Bilder pro Sekunde

*Benutzerdefiniert
= Custom*

➡ BENUTZERDEFINIERT – im Feld FPS frei einstellbar

*Zeitanzeige
= Time Display*

Im Feld ZEITANZEIGE wird eingestellt, in welchem Format die Zeit in der Zeitleiste angezeigt wird:

➡ FRAMES – zeigt die Frame-Nummern.

➡ SMPTE – zeigt Minuten, Sekunden und Frames.

➡ FRAME:TICKS – gibt Frames und noch eine kleinere Aufteilung, die *Ticks*, an. Ein Tick entspricht einer 1/4800 sec. Das ist die kleinste Zeiteinheit, die in 3ds max 6 genutzt werden kann. Sie ist wichtig, wenn man exakte Zeiten in Sekunden angibt, die sich bedingt durch die Abspielgeschwindigkeit der Animation nicht ganzzahlig einem Frame zuordnen lassen. Diese Ticks werden in jeder Sekunde neu von 0 bis 4799 hoch gezählt.

➡ MM:SS:TICKS – zeigt Minuten, Sekunden und Ticks an.

Im Feld ABSPIELEN wird eingestellt, wie die Animation in den Ansichtsfenstern zu sehen ist.

Abspielen = Playback

➡ ECHTZEIT – legt fest, ob die Animation immer in Echtzeit gezeigt oder ob absolut jedes Frame dargestellt werden soll und dafür die Animation eventuell langsamer oder schneller laufen darf.

Echtzeit = Real Time

➡ NUR AKTIVES ANSICHTSFENSTER – zeigt die Animation immer nur im aktiven Ansichtsfenster. Ist dieser Schalter deaktiviert, läuft die Animation langsamer ab.

Nur aktives Ansichtsfenster = Active Viewport Only

➡ SCHLEIFE – wiederholt am Ende die Animation automatisch. Die Art der Wiederholung wird mit dem Schalter RICHTUNG festgelegt. SCHLEIFE kann nur aktiviert werden, wenn ECHTZEIT ausgeschaltet ist.

Schleife = Loop

➡ GESCHWINDIGKEIT – legt für die Option ECHTZEIT einen Faktor für die Abspielgeschwindigkeit in den Ansichtsfenstern fest. Dieser hat keinen Einfluss auf die Geschwindigkeit einer gerenderten Animation.

Geschwindigkeit = Speed

Im Feld ANIMATION kann man die Länge des aktiven Zeitsegments der Animation festlegen. Die ganze Animation kann durchaus länger sein, aber nur das aktive Segment wird abgespielt.

➡ STARTZEIT – gibt den Anfang des aktiven Segments an.

Startzeit = Start Time

➡ ENDZEIT – gibt das Ende des aktiven Segments an.

Endzeit = End Time

➡ LÄNGE – gibt die Länge des aktiven Segments an.

Länge = Length

➡ FRAME-ANZAHL – gibt die Anzahl der zu rendernden Frames (Einzelbilder) an, entspricht immer der LÄNGE + 1, da bei null angefangen wird zu zählen.

Frame-Anzahl = Frame Count

➡ AKTUELLE ZEIT – gibt die Nummer des aktuellen Frames an. Hiermit kann man auch in ein beliebiges Frame springen.

Aktuelle Zeit = Current Time

➡ ZEIT NEU SKALIEREN – skaliert das aktive Segment auf eine neue Länge. Alle Keys werden dann gleichmäßig angepasst.

Zeit neu skalieren = Re-scale Time

Die Schalter im Feld KEY-SCHRITTE steuern das Verhalten im *Key-Modus*.

Key-Schritte = Key Steps

Dieser Button in der Animationssteuerung schaltet den Key-Modus ein oder aus. Im Key-Modus springen die Buttons zum Vor- und Zurückscrollen in der Animation nicht mehr auf das nächste Frame, sondern nur noch auf Frames mit gesetzten Keys.

11.1 Animationskeys

In heutigen Animationsprogrammen braucht nicht mehr jedes Bild einzeln gezeichnet zu werden wie in früheren Zeichentrickfilmen. Bestimmte Objektpositionen werden durch so genannte Keys festgehalten. Die Bilder zwischen den Keyframes (Schlüsselbilder) werden automatisch interpoliert und berechnet.

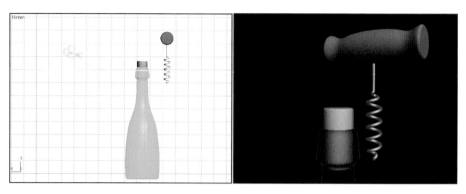

Abbildung 11.3: Ausgangsszene [KORKEN01.MAX]

In einer ersten Animation soll ein Korkenzieher in einen Flaschenkorken hinein-
gedreht werden und diesen dann herausziehen.

Vor jeder Animation sollten Sie sich in Form eines einfachen Storyboards über
den genauen Ablauf klar sein. In unserem Beispiel soll die Animation folgendermaßen laufen:

1. Der Korkenzieher wird von einer Position oberhalb der Flasche senkrecht
    auf den Korken gesetzt. (ca. 1 sec.)

2. Während vier Umdrehungen wird er nach unten in den Korken hineinbe-
    wegt. (ca. 4 sec.)

3. Ohne sich weiter zu drehen, werden Korkenzieher und Korken nach oben
    bewegt, wobei die Bewegung am Anfang langsam vor sich geht und dann
    immer mehr beschleunigt. (ca. 3 sec.)

Als ersten Schritt stellen Sie die Länge der Animation in der Dialogbox ZEITKON-
FIGURATION auf acht Sekunden, was bei 25 Bildern pro Sekunde 200 Frames entspricht. Die Zeitleiste unterhalb der Anzeigefenster zeigt auch 200 Frames an.

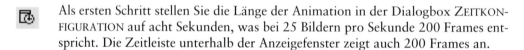

Abbildung 11.4: Zeitleiste mit 200 Frames

Gruppieren/
Gruppieren
= Group/Group

Die Metallspirale des Korkenziehers und der Griff sind zwei eigenständige
Objekte. Da diese immer nur zusammen bewegt werden, empfiehlt es sich, sie zu
einer Gruppe zu verbinden. Selektieren Sie dazu die beiden Objekte und wählen
Sie im Menü GRUPPIEREN/GRUPPIEREN. Geben Sie der Gruppe einen aussagekräftigen Namen, zum Beispiel *Korkenzieher*.

Schieben Sie die Gruppe mittig über den Korken der Flasche.

(KOMPENDIUM) 3ds max 6

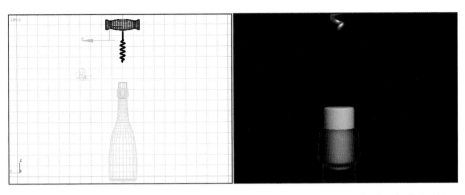

Abbildung 11.5: Neue Position des Korkenziehers

*Die Szene wirkt wesentlich dramatischer, wenn die Flasche schräg gehalten und
der Korken entsprechend auch schräg herausgezogen wird. Um hier nicht alle
Objekte in zwei Achsen bewegen zu müssen, empfiehlt es sich, einfach die
Kamera zu drehen. In den anderen Ansichtsfenstern kann man dann weiterhin
orthogonal arbeiten.*

:-)
TIPP

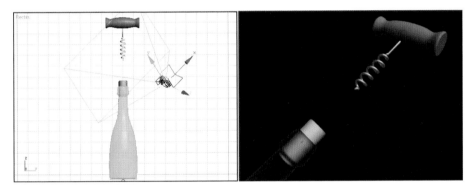

Abbildung 11.6: Szene mit gedrehter Kamera [KORKEN02.MAX]

In dieser Position kann der erste Animationsschritt beginnen: Nach einer
Sekunde, in Frame 25, soll der Korkenzieher auf dem Korken aufsitzen.

Achten Sie darauf, dass Sie sich wirklich am Anfang der Animation in Frame 0
befinden. Die aktuelle Frame-Nummer wird auf dem Zeitschieber und im Zahlenfeld unterhalb der Buttons zum Abspielen der Animation angezeigt. Durch
Verschieben des Zeitschiebers oder Eingabe einer Zahl im Zahlenfeld der Animationssteuerung kann man jederzeit in ein anderes Frame wechseln.

Für diese Animation verwenden wir den Modus AUTO-KEY. In diesem Modus
werden bei jeder Bewegung automatisch Keys erstellt.

Auto-Key

Um deutlich zu zeigen, dass der Modus AUTO-KEY eingeschaltet ist, erscheint der
AUTO-KEY-Button, der Rahmen um das aktive Ansichtsfenster und auch der Balken des Zeitschiebers in kräftigem Rot.

Ziehen Sie jetzt den Zeitschieber in Frame 25. Schieben Sie dort den Korkenzieher in der Z-Achse auf die Flasche zu, bis er den Korken berührt.

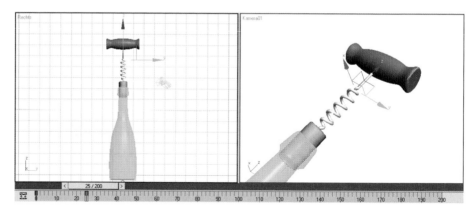

Abbildung 11.7: Korkenzieher in Frame 25

In Frame 0 und Frame 25 werden automatisch Keys angelegt, die in der Zeitleiste zu sehen sind.

Innerhalb der folgenden vier Sekunden, bis Frame 125, wird der Korkenzieher weiter in Z-Achse verschoben und dabei um vier volle Umdrehungen, also um 1440° gedreht.

Schieben Sie den Zeitschieber in Frame 125. Der AUTO-KEY-Button muss weiterhin eingeschaltet bleiben.

Schieben Sie den Korkenzieher so weit in Richtung der Z-Achse, wie es vier Umdrehungen der Spirale entspricht. Drehen Sie ihn dann um -1440°. Drehung im Uhrzeigersinn ist mathematisch negativ.

 Um den Drehwinkel leichter einstellen zu können, schalten Sie den Winkelfang ein. Der Drehwinkel wird neben dem Drehgizmo und im Zahlenfeld Z unterhalb der Zeitleiste angezeigt.

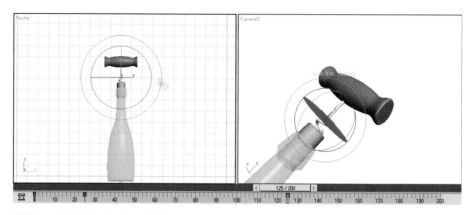

Abbildung 11.8: Korkenzieher in den Korken gedreht

Um Winkel oder Entfernungen exakt einzugeben, können Sie mit der Taste F12
ein Fenster einblenden, in dem sich Transformationswerte numerisch als relative
oder absolute Koordinaten eintippen lassen.

:-)
TIPP

Alle Koordinaten bei Bewegungen beziehen sich immer auf den so genannten
Drehpunkt eines Objektes. An dieser Stelle erscheint auch das Achsensymbol des
lokalen Koordinatensystems.

→→
INFO

Im letzten Schritt der Animation soll der Korkenzieher mitsamt dem Korken aus
der Flasche herausgezogen werden.

Schieben Sie also den Zeitschieber in das letzte Frame. Der AUTO-KEY-Button
muss weiterhin eingeschaltet bleiben.

Selektieren Sie jetzt Korkenzieher und Korken und schieben Sie beide in Z-Richtung von der Flasche weg.

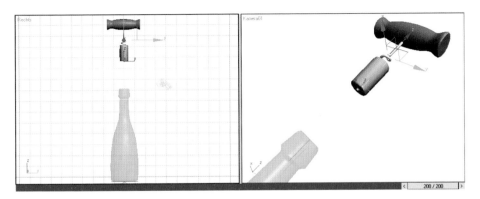

Abbildung 11.9: Objekte in Endposition

Schalten Sie jetzt den AUTO-KEY-Button wieder aus.

Lassen Sie die Animation im Kamerafenster ablaufen. Dabei werden Sie merken,
dass die Anfangs- und Endposition zwar stimmen, im Bewegungsablauf aber
einige Fehler sind:

→ Der Korken bewegt sich die ganze Zeit gleichmäßig, nicht erst ab Frame
125, wenn der Korkenzieher herausgezogen wird.

→ Der Korkenzieher dreht sich von Anfang an, nicht erst ab dem Aufsetzen auf
den Korken in Frame 25.

→ Der Korkenzieher sollte sich ab der Stelle, wo der Korken die Flasche verlässt, bedingt durch den geringeren Widerstand bei gleich bleibender Kraft,
deutlich schneller bewegen.

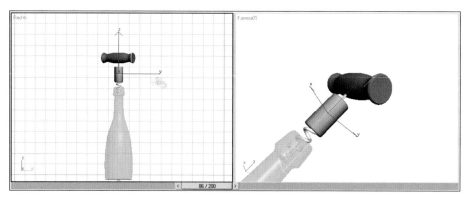

Abbildung 11.10: Ungültige Position des Korkens

11.2   Zeitleiste und Animationssteuerung

Als Erstes werden wir die Bewegung des Korkens korrigieren. Selektieren Sie nur den Korken. In der Zeitleiste sehen Sie zwei Markierungen in den Frames 0 und 200. Das aktuelle Frame, in der nächsten Abbildung Frame 125, wird mit einem hellblauen Rechteck markiert.

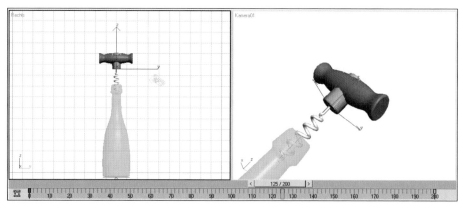

Abbildung 11.11: Korken und Keys in Frame 125

Selektieren Sie mit der Maus den Key in Frame 0 und schieben Sie ihn auf der Zeitleiste in das Frame 125.

Da der Key die Position des Korkens bezeichnet, bleibt der Korken jetzt bis zum Frame 125 in der Flasche und bewegt sich erst im letzten Abschnitt der Animation mit dem Korkenzieher nach außen.

Mit der Drehung des Korkenziehers verhält es sich ähnlich. Diese darf auch nicht in Frame 0 beginnen, sondern erst in Frame 25. Allerdings können Sie hier nicht einfach in der Zeitleiste Keys verschieben, da die Bewegung von Frame 0 bis Frame 25 erhalten bleiben muss.

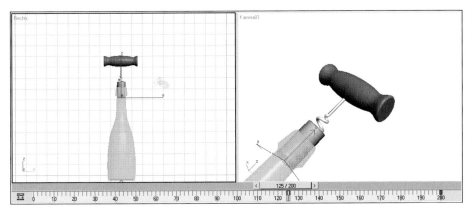

Abbildung 11.12: Neue Position des Keys für den Korken

Mit diesem Button in der Hauptsymbolleiste öffnen Sie die Spuransicht, das zentrale Steuerungsfenster für die Animation und eines der wichtigsten Programm-Module in 3ds max.

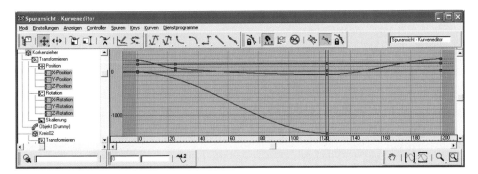

Abbildung 11.13: Der Kurveneditor der Spuransicht

Selektieren Sie jetzt im Ansichtsfenster den Korkenzieher. Die Spuransicht zeigt in einer Baumhierarchie den Korkenzieher mit drei möglichen Transformationen POSITION, DREHUNG und SKALIERUNG an. Die Transformationen, in denen Keys vorhanden sind, erscheinen mit eigenen gelb markierten Zeilen für alle drei Koordinatenachsen.

Im Kurveneditor sehen Sie die Bewegungskurven aller gelb selektierten Transformationen. Keys erscheinen auf den Kurven als kleine Quadrate. Das aktuelle Frame ist mit einer doppelten senkrechten Linie markiert.

Die Drehung des Korkenziehers um die Z-Achse wird durch die untere blaue Kurve symbolisiert, die von 0 bis -1440 verläuft.

Durch Deselektieren der gelben Markierungen für die drei Positionsachsen wird diese Kurve allein im Kurveneditor sichtbar. Allerdings sind die anderen Kurven zur zeitlichen Übersicht der Animation hilfreich. Umgekehrt können Sie durch Selektieren der grauen Würfelsymbole im linken Fenster der Spuransicht das entsprechende Objekt in der Szene selektieren.

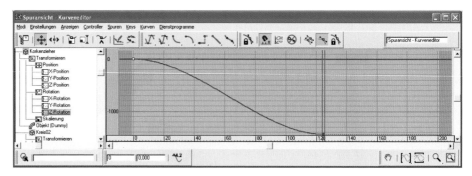

Abbildung 11.14: Nur die Drehungskurve wird angezeigt.

Mit diesem Flyout können Keys im Kurveneditor verschoben werden. Schalten Sie das Flyout auf die Option KEYS HORIZONTAL VERSCHIEBEN, damit die selektierten Keys nur auf der Zeitachse verschoben werden, ihren Wert aber nicht ändern.

Selektieren Sie jetzt den Key in Frame 0 auf der Drehungskurve und verschieben Sie ihn in Frame 25. Die Drehung des Korkenziehers beginnt nun erst im Frame 25.

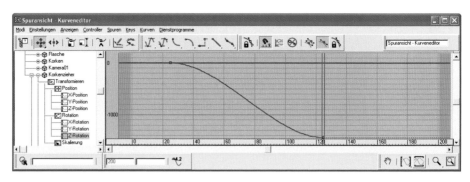

Abbildung 11.15: Der verschobene Key

Beim Schieben erleichtert eine gelbe Hilfslinie auf dem selektierten Key die Orientierung. Die Zahlenfelder im unteren Fensterrand des Kurveneditors geben das Frame und den Key-Wert an, bei dem sich der Cursor gerade befindet. Sie können den neuen Wert auch einfach im linken Zahlenfeld eintippen.

Für einfache Arbeiten mit dem Kurveneditor brauchen Sie bei begrenztem Platz auf dem Bildschirm nicht unbedingt das Spuransichts-Fenster zu öffnen.

Hier reicht ein Klick auf diesen Button links von der Zeitleiste. Damit wird die Zeitleiste zu einem kleinen Spuransichts-Fenster erweitert.

In diesem Fenster können Sie genauso wie in einem echten Kurveneditor Keys verschieben und bearbeiten. Mit gedrückter mittlerer Maustaste oder Druck auf das Mausrädchen können Sie innerhalb des schmalen Fensters pannen. Ein Klick auf den SCHLIEßEN-Button links schließt dieses Fenster wieder.

(KOMPENDIUM) **3ds max 6**

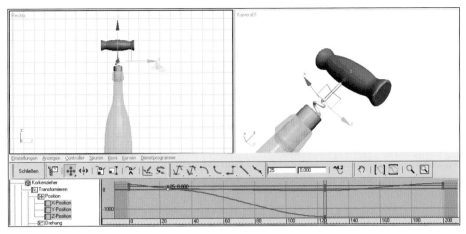

Abbildung 11.16: Zur Spuransicht erweiterte Zeitleiste

3ds max 6 bietet auch noch eine Methode, Keys einzelner Transformationsarten in der Zeitleiste zu bearbeiten.

Klicken Sie dazu mit der rechten Maustaste auf einen freien Bereich der Zeitleiste, erscheint ein Kontextmenü. Wählen Sie hier die Option FILTER/AKTUELLE TRANSFORMATION.

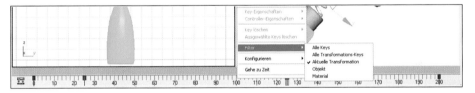

Abbildung 11.17: Kontextmenü in der Zeitleiste

Jetzt werden in der Zeitleiste nur noch die Keys der Transformationsart angezeigt, die in der Hauptsymbolleiste aktiv ist.

Mit diesen drei Buttons oder den Tasten $\boxed{W}$*,* $\boxed{E}$ *und* $\boxed{R}$ *schalten Sie die Transformationsart und gleichzeitig die Key-Darstellung in der Zeitleiste um. Auf diese Weise können Sie in unserem Beispiel auch sehr einfach den Key der Drehung aus Frame 0 verschieben, ohne dass die Keys für die Position ebenfalls verschoben werden.*

Beschleunigen und Bremsen

Die Geschwindigkeit einer Bewegung wird dadurch definiert, wie viele Frames ein Objekt für eine bestimmte Wegstrecke braucht. Innerhalb dieser Strecke muss die Bewegung aber nicht linear verlaufen, sondern kann auch beschleunigen oder abbremsen.

Die Kurve im Kurveneditor zeigt den genauen Verlauf einer Bewegung. Je steiler die Kurve, desto schneller die Bewegung.

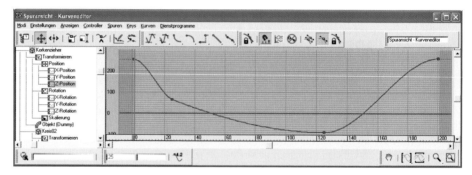

Abbildung 11.18: Bewegung des Korkenziehers in Z-Richtung

Selektieren Sie mit der Taste Strg im Kurveneditor die Kurven für die Z-Position in den Objekten *Korkenzieher* und *Korken*. Selektieren Sie dann die beiden Keys dieser Bewegungen in Frame 200.

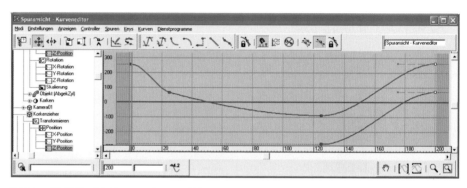

Abbildung 11.19: Parallele Bewegungskurven mit Tangentenvektoren

Der Button TANGENTEN AUF SCHNELL SETZEN setzt den Kurvenverlauf in den selektierten Keys so, dass die Bewegung hier schneller verläuft, als sie bei einem linearen Kurvenverlauf verlaufen würde.

Für Umsteiger älterer Versionen: Die Grafiken dieser Buttons wurden in der deutschen Version gegenüber der Vorgängerversion genau vertauscht.

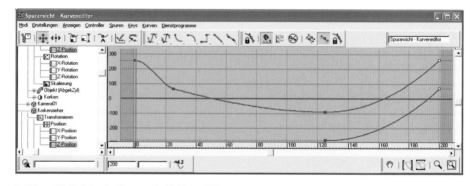

Abbildung 11.20: Schneller Kurvenverlauf in Frame 200

{ KOMPENDIUM } 3ds max 6

Schieben Sie den Zeitschieber an die Stelle, an der der Korken die Flasche verlässt. Bei der aktuellen Einstellung ist dies ungefähr in Frame 162. Um die Bewegung in der Flasche und die außerhalb der Flasche, die sehr unterschiedlich schnell laufen, unabhängig zu kontrollieren, fügen Sie hier weitere Keys ein.

Dieser Button fügt auf einer Kurve einen Key ein, ohne dass dabei der Kurvenverlauf geändert wird. Fügen Sie auf den beiden Kurven für die Z-Position des Korkens und des Korkenziehers im gleichen Frame Keys ein. Das Frame wird im Zahlenfeld am unteren Fensterrand des Kurveneditors angezeigt.

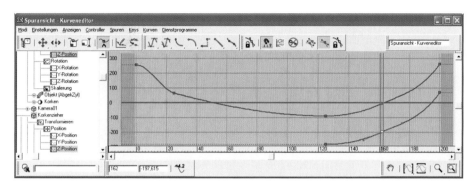

Abbildung 11.21: Neue Keys in Frame 162

Wenn Sie diese Keys auf der Zeitachse nach hinten schieben, dauert der Abschnitt der Bewegung in der Flasche länger als der Abschnitt außerhalb der Flasche.

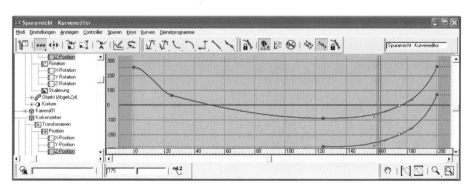

Abbildung 11.22: In Frame 175 verschobene Keys

Eine wirkliche Bewegung beim Herausziehen eines Flaschenkorkens verläuft, kurz bevor der Korken die Flasche verlässt, langsamer wegen des abnehmenden Luftdrucks in der Flasche und beschleunigt schlagartig in dem Moment, in dem der Korken die Flasche verlässt.

Die Buttons zum Einstellen der Kurventangenten auf schnell oder langsam verfügen über Flyouts, mit denen man nur eingehende oder nur ausgehende Kurven beeinflussen kann.

Setzen Sie in den beiden Keys die eingehenden Tangenten auf *langsam* ...

... und die ausgehenden Tangenten auf *schnell*. Damit entsteht ein Knick in der Kurve und eine ruckartige Bewegung, wenn der Korken die Flasche verlässt.

 Setzen Sie zum Schluss noch in den beiden Keys am Ende der Animation in Frame 200 die eingehenden Tangenten auf *langsam*, da man die ruckartige Beschleunigung des Korkenziehers ganz automatisch mit der Hand abbremst.

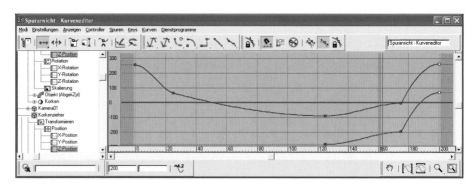

Abbildung 11.23: Der neue Kurvenverlauf [KORKEN04.MAX]

Lassen Sie die Animation einmal abspielen, um den neuen Bewegungsablauf zu sehen und eventuell noch nachzujustieren.

Funktionen in der Spuransicht

Der folgende Abschnitt zeigt eine Übersicht der wichtigsten Funktionen in der Spuransicht.

 Dieser Button blendet eine Dialogbox ein, in der Sie einstellen können, welche Objekte, Objekttypen, Controller und Funktionskurven in der Spuransicht angezeigt werden sollen (siehe Abbildung 11.24).

 Sollten beim Öffnen eines Spuransichts-Fensters keine Spuren für die Objekte der Szene zu sehen sein, schalten Sie in diesem Dialog den Schalter OBJEKTE ein.

Der Button zum Verschieben von Keys hat drei Flyouts:

 Verschiebt ausgewählte Keys frei im Kurveneditor.

 Verschiebt ausgewählte Keys nur in der Zeitachse. Der Wert des Keys bleibt gleich.

 Verschiebt ausgewählte Keys nur in der Werteachse. Der Zeitpunkt des Keys bleibt gleich.

 Verschiebt eine Gruppe von Keys so auf der Zeitachse, dass die gesamte Animation in der Verschiebungsrichtung länger wird.

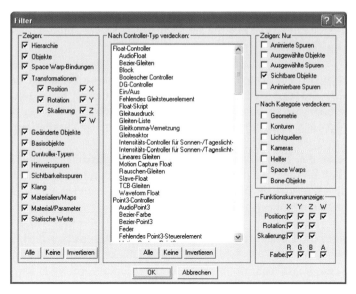

Abbildung 11.24: Einstellbare Anzeigefilter für die Spuransicht

Skaliert eine Auswahl von Keys auf der Zeitachse. Damit verkürzt oder verlängert sich der zeitliche Abstand zwischen den Keyframes.

Skaliert Keys in der Werteachse, ohne die Zeiten zu verändern.

Fügt einen Key auf der Kurve ein, ohne die Kurve zu verändern.

Mit diesem Button können Sie direkt freihand eine Bewegungskurve im Kurveneditor zeichnen.

Diese Freihand-Zeichenfunktion legt sehr viele Keys an. Da bei vielen Keys die Bewegungen sehr leicht unregelmäßig werden, sollten Sie später unwichtige Keys löschen oder die Keys auf der Kurve reduzieren.

Reduziert die Anzahl der Keys auf einer Kurve. Dazu geben Sie einen Grenzwert an, wie weit die Werte auf der Kurve durch die Reduktion der Keys maximal verschoben werden dürfen.

Buttons zum Verändern der Kurvenform

Alle diese Buttons enthalten drei Flyouts. Die Standardeinstellung ohne Zusatzsymbol beeinflusst gleichermaßen die eingehende wie die ausgehende Kurve.

Das schwarze Pfeilsymbol auf der linken Seite des Buttons bedeutet, dass die Veränderung der Kurve nur für die eingehende Kurve gilt, also die Bewegung vor dem aktuellen Key.

Das weiße Pfeilsymbol auf der rechten Seite des Buttons bedeutet, dass die Veränderung der Kurve nur für die ausgehende Kurve gilt, also die Bewegung nach dem aktuellen Key.

Setzt die Tangentenvektoren der ausgewählten Keys auf AUTOMATISCH. In diesem Zustand werden standardmäßig auch neue Keys angelegt. Diese Vorgabe können Sie in der Dialogbox ANPASSEN/EINSTELLUNGEN auf der Registerkarte ANIMATION mit dem Button VORGABEN EINSTELLEN ändern.

Setzt die Tangentenvektoren der ausgewählten Keys auf BENUTZERDEFINIERT. Hier können Sie die Tangentenvektoren manuell verschieben. Halten Sie dabei die ⇧-Taste gedrückt, lassen sich die eingehenden und ausgehenden Tangenten unabhängig bewegen.

Setzt die Kurven im Bereich der ausgewählten Keys auf SCHNELL. In unmittelbarer Nähe des Keys bewegt sich das Objekt schneller als im übrigen Bereich des Bewegungsabschnitts bis zum nächsten oder vorherigen Key auf der Kurve.

Setzt die Kurven im Bereich der ausgewählten Keys auf LANGSAM. In unmittelbarer Nähe des Keys bewegt sich das Objekt langsamer als im übrigen Bereich des Bewegungsabschnitts bis zum nächsten oder vorherigen Key auf der Kurve.

Sprünge statt fließender Bewegung. Das Objekt bleibt bis zum nächsten Key stehen und ändert sich dann schlagartig.

Die Bewegungskurven laufen geradlinig und knicken in den Keys ab.

Stellt die Tangenten auf GLATT, vergleichbar mit dem Scheitelpunkttyp GLATT auf einem Spline. Damit lassen sich lineare Einstellungen rückgängig machen.

Weitere Funktionen

Diese Buttons erscheinen in Gelb, solange die jeweilige Funktion eingeschaltet ist.

Sperrt die aktuelle Key-Auswahl. Dies verhindert, dass man versehentlich eine mühsam zusammengestellte Auswahl durch einen Klick zunichte macht.

Setzt einen Objektfang auf ganze Frames. Ohne diese Einstellung kann es – besonders wenn die Zeitanzeige in Sekunden und Ticks und nicht in Frames dargestellt ist – dazu kommen, dass ein Key nicht eindeutig in einem Frame sitzt, sondern dazwischen.

Definiert Außerbereichstypen für Parameterkurven. Eine wiederkehrende Bewegung kann innerhalb einer Animation in einem kurzen Zeitbereich definiert und dann automatisch außerhalb des aktiven Bereichs wiederholt werden. Dieser Button blendet eine Dialogbox ein, in der man für die Zeiten vor und hinter dem aktiven Bereich der Animation verschiedene Kurvenverhalten festlegen kann.

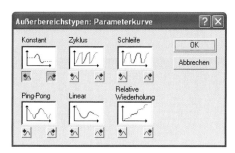

Abbildung 11.25: Festlegen der Außerbereichstypen für Parameterkurven

Ein Beispiel für Außerbereichstypen für Parameterkurven finden Sie weiter hinten in diesem Kapitel unter der Überschrift »Endlosschleifen«.

Zeigt bei key-fähigen Spuren in der Spuransicht ein Schlüssel-Symbol an. Dies ist wichtig für die weiter hinten beschriebene Animationsmethode KEY EINSTELLEN. Mit dem Schlüssel-Symbol können Sie die Spuren sperren, für die keine Keys erstellt werden sollen.

Zeigt alle Tangentenvektoren an allen Keys oder blendet sie wieder aus.

Zeigt die Tangentenvektoren für selektierte Keys mit benutzerdefinierten Tangenten.

Sperrt die Auswahl mehrerer Keys mit Tangentenvektoren. Damit können Sie alle Tangentenvektoren der ausgewählten Keys synchron bewegen.

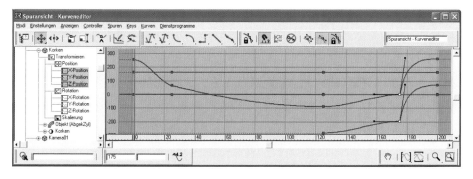

Abbildung 11.26: Veränderte Tangentenvektoren für ruckartiges Beschleunigen

Halten Sie die ⟨⇧⟩-Taste gedrückt, können Sie auch hier die eingehenden und ausgehenden Tangentenvektoren unabhängig voneinander einstellen, wenn diese als benutzerdefiniert eingestellt sind.

Ist dieser Button eingeschaltet, werden bei allen selektierten Keys Zahlenwerte angezeigt.

➡ Der erste Wert gibt die Frame-Nummer an.

➡ Der zweite Wert gibt den Wert des Keys in den jeweils verwendeten Einheiten an.

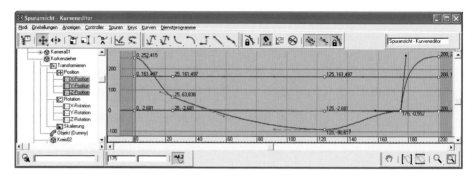

Abbildung 11.27: Anzeige der Werte zu den Keys

Dope Sheet

Die Spuransicht kann neben dem Kurveneditor auch noch auf eine zweite Art der Darstellung umgeschaltet werden, das *Dope Sheet*. Im Dope Sheet können Keys und zeitliche Bereiche bearbeitet werden.

Modi = Modes　Die Umschaltung vom Kurveneditor auf das Dope Sheet erfolgt über das Menü MODI.

Das Dope Sheet arbeitet in zwei Betriebsarten, KEYS BEARBEITEN und BEREICHE BEARBEITEN.

Keys bearbeiten

Im Modus KEYS BEARBEITEN werden Keyframes als farbige Rechtecke in einem Zeitraster angezeigt. Das linke Fenster mit der Hierarchie der Szene entspricht der Anzeige im Kurveneditor.

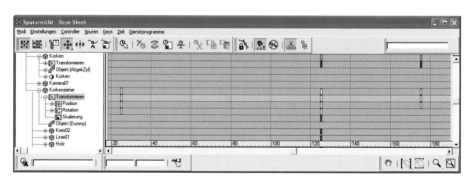

Abbildung 11.28: Dope Sheet im Modus Keys bearbeiten

Die Farbe der Keys gibt die Art der Bewegung an:

➡ ROTE KEYS – Position

➡ GRÜNE KEYS – Drehung

➡ BLAUE KEYS – Skalierung

➡ GRAUE KEYS – Keyframes auf übergeordneten Spuren

Das Verschieben und Löschen von Keys sowie Einfügen neuer Keys funktioniert wie im Kurveneditor.

Der Kurvenverlauf einer Bewegung ist im Dope Sheet nicht zu sehen. Für einzelne Keys können Sie den Kurvenverlauf trotzdem editieren. Klicken Sie dazu mit der rechten Maustaste auf einen Key. Es erscheint eine Dialogbox mit erweiterten Key-Informationen.

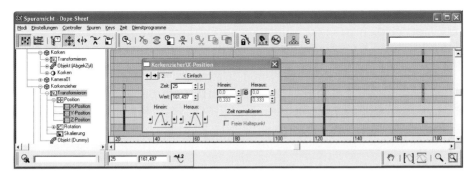

Abbildung 11.29: Key-Informationen zu einem Positions-Key

Hier können Sie über zwei Buttons die Kurvenverläufe der eingehenden und ausgehenden Kurven einstellen. Anstelle von Tangentenvektoren gibt es hier numerische Felder, mit denen Beschleunigung und Abbremsen definiert werden können.

Zeiten bearbeiten

Bei komplexen Szenen mit sehr vielen Objekten müssen oft viele Spuren gleichzeitig bearbeitet werden, wenn zum Beispiel bestimmte Bereiche einer Animation verlängert oder verkürzt werden sollen. Hierfür bietet das Dope Sheet spezielle Funktionen, die ganze Zeitbereiche bearbeiten.

Der Button ZEIT AUSWÄHLEN ermöglicht es, einen zeitlichen Bereich auszuwählen. Selektieren Sie hier zuerst einen Bereich von Spuren und ziehen Sie dann einen zeitlichen Bereich auf. Alle Keys der ausgewählten Spuren in diesem Zeitbereich werden selektiert. Der Zeitbereich wird im Dope Sheet in hellgelber Farbe markiert.

Löscht alle Keys im ausgewählten Zeitbereich.

Kehrt einen ausgewählten Zeitbereich um. Alle Keys werden so verschoben, dass die Animation in diesem Bereich rückwärts läuft.

Skaliert die Keys innerhalb eines Zeitbereichs. Die Animation läuft danach in diesem Bereich schneller oder langsamer.

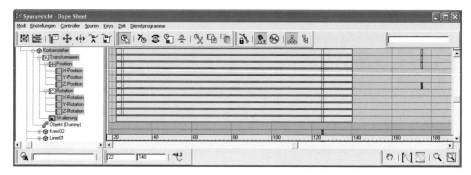

Abbildung 11.30: Selektierter Zeitbereich

Fügt einen Zeitbereich in die Animation oder ausgewählte Spuren ein. Die weiter hinten liegenden Keys werden verschoben. So lässt sich eine Animation an einer bestimmten Stelle gezielt verlängern.

Mit den nächsten drei Buttons können Sie ganze Zeitbereiche über die Zwischenablage verschieben oder kopieren.

Schneidet einen Zeitbereich aus und legt ihn in der Zwischenablage ab.

Kopiert einen Zeitbereich in die Zwischenablage.

Fügt den Zeitbereich aus der Zwischenablage in die Animation ein.

Bereiche bearbeiten

Das Dope Sheet kann auf einen zweiten Anzeigemodus umgeschaltet werden. BEREICHE BEARBEITEN dient dazu, komplette Bewegungen von Objekten zeitlich zu verschieben, zu verlängern oder zu verkürzen.

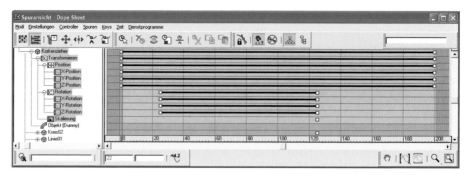

Abbildung 11.31: Dope Sheet im Modus Bereiche bearbeiten

Die Animation einer Spur erscheint als schwarzer Balken.

➡ Greifen Sie diesen Balken in der Mitte, um die Animation im Ganzen im Zeitrahmen zu verschieben.

➡ Greifen Sie eines der weißen Quadrate an den Enden, um die Animation zu verkürzen oder zu verlängern.

Ein Zugriff auf einzelne Keys ist in diesem Modus nicht möglich.

11.3 Animation rendern

Das Rendern einer Animation funktioniert prinzipiell genauso wie das Rendern eines Standbilds. Automatisch werden alle einzelnen Frames hintereinander gerendert und zu einer Animationsdatei zusammengefügt.

Das Rendern einer Animation dauert naturgemäß deutlich länger als das Rendern eines Einzelbilds. Hier können schnell mehrere Stunden bis Tage Rechenzeit vergehen. Deshalb ist es besonders wichtig, zunächst Testrenderings durchzuführen, bei denen auf alle Effekte verzichtet wird, die zusätzliche Rechenzeit kosten. Schalten Sie für die ersten Proberenderings einer Animation alles Folgende aus:

!!
STOP

➡ *Schatten*

➡ *unwichtige Lichtquellen*

➡ *sämtliche Raytracing-Effekte bei Lichtquellen und Materialien*

➡ *atmosphärische Effekte*

➡ *Maps auf Materialien*

➡ *Spiegelungen und Lichtbrechungen*

➡ *Transparenz*

➡ *doppelseitige Materialien*

➡ *erweiterte Beleuchtung*

➡ *Anti-Aliasing*

Verwenden Sie für Testrenderings eine möglichst geringe Auflösung, so dass Sie die wichtigen Objekte noch erkennen können. Unbedeutende Objekte sollten bei den ersten Versuchen ausgeblendet werden, um Zeit zu sparen.

Schalten Sie außerdem alle anderen Programme aus, die noch auf dem Rechner laufen, wie zum Beispiel Bildschirmschoner, Virenscanner, Internetzugang. Jedes Programm belegt kostbare Prozessorzeit und Arbeitsspeicher, die dem Renderprozess verloren gehen.

Vorschau rendern

Alternativ zu echten Testrenderings können Sie mit dem Menüpunkt ANIMA-TION/VORSCHAU ERSTELLEN eine schnelle Vorschau rendern. Diese wird in kleinerer Bildgröße und ohne Atmosphären, Spiegelungen und andere rechenaufwändige Effekte gerendert und als Datei _scene.avi gespeichert, entspricht also eher der Darstellung in einem schattierten Ansichtsfenster, als einer gerenderten

Animation/Vorschau erstellen = Animation/Make Preview

Animation. Dabei können Sie auch noch den Zeitbereich auswählen und welche Art von Objekten angezeigt werden soll. Nach dem Rendern wird die Vorschau automatisch abgespielt.

Abbildung 11.32: Einstellungen zum Rendern einer Animationsvorschau

Möchten Sie sich diese Vorschaudateien später noch ansehen, sollten Sie sie mit dem Menüpunkt ANIMATION/VORSCHAU UMBENENNEN umbenennen, da eine Vorschau sonst beim Erstellen der nächsten Vorschau überschrieben wird.

Animation/Vorschau umbenennen = Animation/Rename Preview

Animation rendern

Wählen Sie das Ansichtsfenster, das die zu rendernde Ansicht darstellt, und starten Sie den Renderprozess mit dem Button SZENE RENDERN oder der Taste [F10].

Zeitausgabe = Time Output

Im Feld ZEITAUSGABE stellen Sie ein, welche Frames berechnet werden sollen, üblicherweise das gesamte aktive Zeitsegment. Für Tests können Sie auch nur bestimmte Frame-Bereiche rendern.

Jedes Nte Frame = Every Nth Frame

Für einen ersten Überblick reicht es, um Zeit zu sparen, nicht jedes, sondern zum Beispiel nur jedes zehnte Frame oder noch weniger zu rechnen. Stellen Sie dazu im Feld JEDES NTE FRAME die jeweilige Frame-Zahl ein. In diesem Fall sollten Sie kein Animationsformat, sondern ein Bilddateiformat angeben. Die Bilder werden dann automatisch mit Frame-Nummern versehen.

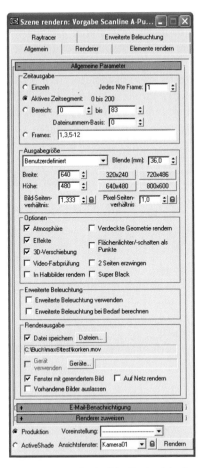

Abbildung 11.33: Renderdialog für eine Animation

Beim Rendern von Animationen ist es wichtig, dass Sie den Schalter DATEI SPEI-
CHERN einschalten und mit dem Button DATEIEN *einen Dateinamen angeben.
Sonst würden die Bilder während des Rendervorgangs zwar angezeigt, die Ani-
mation aber nicht als Ganzes zum späteren flüssigen Betrachten gespeichert.*

*Ein nachträgliches Speichern einer gerenderten Animation aus dem Fenster mit
dem gerenderten Bild ist nicht möglich, da dieses immer nur ein Bild enthält.*

!!
STOP

*Datei Speichern
= SaveFile*

Dateiformate

3ds max 6 kann Animationen entweder in automatisch nummerierte Einzelbild-
serien in beliebigen Bilddateiformaten oder direkt in gängige Animationsformate
rendern. Die wichtigsten Animationsformate sind AVI und QuickTime MOV.

AVI

Das AVI-Format war ursprünglich ein von Microsoft entwickelter Standard mit
sehr schlechter Kompressionsrate. Im Laufe der Zeit wurden zahlreiche Codecs

(**Co**mpressor/**Dec**ompressor) entwickelt, um Videosequenzen so zu komprimieren, dass die Dateien kleiner werden, sie aber trotzdem in Echtzeit abgespielt werden können. Die bekanntesten Codecs sind *Cinepak* und *MPEG*.

Durch die Verwendung von Codecs gibt es heute kein einheitliches AVI-Format mehr, sondern Dateien verschiedenster Formate verwenden die gleiche Endung AVI. Jedes Programm, das eine AVI-Datei erstellt, sollte in den erweiterten Dateieigenschaften den passenden Codec eintragen. Leider ist dies nicht immer der Fall.

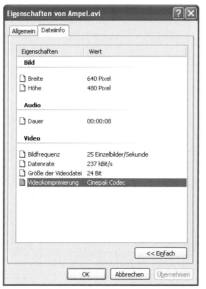
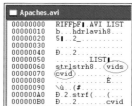

Abbildung 11.34: Codec in den Dateieigenschaften einer AVI-Datei und 4-Character-Code am Anfang

Das Abspielprogramm sucht sich automatisch anhand eines in der Videodatei gespeicherten Four-Character-Codes den passenden Codec heraus. Dieser muss auf dem jeweiligen Rechner installiert sein. Verwenden Sie deshalb keine exotischen Codecs für Animationsdateien, die Sie weitergeben wollen. Diesen Four-Character-Code finden Sie, wenn Sie eine AVI-Datei mit einem Hex-Editor öffnen und nach der Zeichenfolge »vids« am Anfang der Datei suchen. Direkt dahinter steht ein Code aus vier Zeichen, der den Codec repräsentiert.

Microsoft verwaltet als Erfinder des AVI-Formats auch die Four-Character-Codes für Codecs. Auf der Webseite www.microsoft.com/whdc/hwdev/archive/devdes/ fourcc.mspx *finden Sie eine Übersicht aller registrierten Codes.*

Wenn Sie eine AVI-Datei als Renderausgabe wählen, erscheint automatisch eine Dialogbox, in der Sie den gewünschten Codec wählen müssen. Alle installierten Codecs erscheinen in einer Liste.

(KOMPENDIUM) 3ds max 6

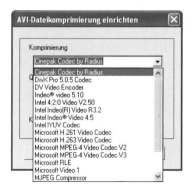

Abbildung 11.35: Auswahl eines Video-Codecs beim Rendern von AVI-Dateien

AVI-Dateien können, sofern der passende Codec installiert ist, mit jeder Video-Player-Software abgespielt werden. Es muss nicht der Windows Media Player verwendet werden.

QuickTime

Der zweite wichtige Videostandard ist das QuickTime-Format von Apple. Auch hierfür sind Player für alle gängigen Betriebssysteme verfügbar, nicht nur für Macintosh.

Wegen der höheren Kompatibilität und recht guten Standard-Codecs wird QuickTime von Profis gegenüber dem AVI-Format bevorzugt.

QuickTime verwendet ein eigenes Dateiformat MOV. Vor dem Rendern einer MOV-Datei wird eine Dialogbox eingeblendet, in der Sie die gewünschte Farbtiefe und Qualität einstellen können. Setzen Sie hier den Wert FRAMES PER SECOND auf 25, um diesen mit der 3ds max-Einstellung zu synchronisieren.

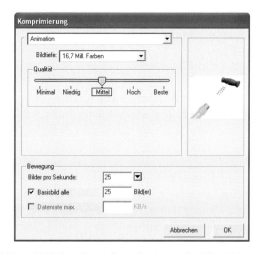

Abbildung 11.36: Einstellungen für das Rendern von QuickTime-Videos

3ds max 6 installiert bei der Programminstallation im Gegensatz zu früheren Versionen den QuickTime-Player nicht mehr automatisch. Sie finden das Programm aber weiterhin auf der ersten der drei 3ds max 6-Original-CDs zur optionalen Installation oder Sie können es auch kostenlos bei www.apple.com/quicktime herunterladen und installieren.

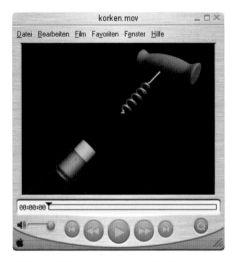

Abbildung 11.37: Animation im QuickTime Player

Sie finden die abgebildete Beispielanimation als KORKEN.MOV im QuickTime-Format auf der DVD im Verzeichnis \DVDROM\BUCH\ANIMATION.

Der RAM-Player

Zum Abspielen gerenderter Animationen liefert 3ds max 6 einen eigenen Player mit, der im Gegensatz zum Standard Windows Media Player den Vorteil hat, dass die Animation im Ganzen in den Speicher geladen wird und so wesentlich flüssiger läuft.

Rendern/RAM-Player) = Rendering/RAM-Player)

Der RAM-Player wird über den Menüpunkt RENDERN/RAM-PLAYER gestartet.

Das Programm bietet zwei Kanäle, die gleichzeitig abgespielt werden können. Dabei lässt sich das Bildfenster horizontal oder vertikal teilen, so dass man die beiden Kanäle direkt miteinander vergleichen kann.

Der RAM-Player verarbeitet alle von 3ds max 6 unterstützten Video-Dateiformate. Vor dem Öffnen einer Datei muss man eine bestimmte Arbeitsspeichermenge reservieren. Danach wird die Datei in den Speicher geladen, was einige Zeit dauern kann. Das Abspielen der Animation läuft dann in der absolut genauen Geschwindigkeit ab.

Damit für den RAM-Player möglichst viel Arbeitsspeicher zur Verfügung steht, sollten alle anderen Programme außer 3ds max 6 geschlossen werden.

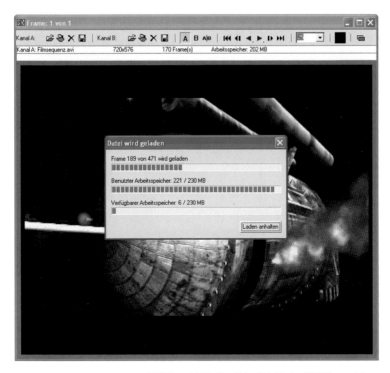

Abbildung 11.38: Eine Video-Datei in den RAM-Player einlesen

11.4   Bewegungsbahnen

Bewegungen entlang einer Linie, wie zum Beispiel Fahrstrecken, lassen sich mit
einzelnen Keys nur mühsam darstellen. Hier bietet 3ds max 6 eine Möglichkeit,
die Bewegungsbahn des Objektes wie ein Spline zu bearbeiten.

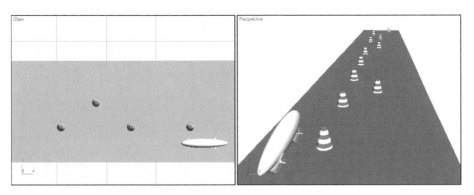

Abbildung 11.39: Das Fahrzeug soll sich durch einen Slalomkurs bewegen. [RENNEN01.MAX]

In dieser Szene soll sich ein Fahrzeug durch einen Slalomkurs bewegen. Natürlich
ist es möglich, mit entsprechend vielen Keys, durch Veränderung von Position
und Drehung das Fahrzeug über den Kurs zu navigieren. Die direkte Bearbeitung
der Bewegungsbahn führt aber zu einer wesentlich gleichmäßigeren Bewegung.

Bewegen Sie als Erstes das Fahrzeug im AUTO-KEY-Modus mit einigen Positions-Keys durch den Slalomkurs.

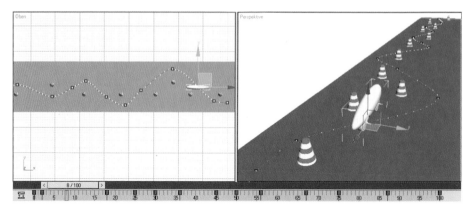

Abbildung 11.40: Bewegung des Objekts

3ds max kann die Bewegungsbahn eines Objekts sichtbar machen.

Bewegungsbahn = Trajectory

Selektieren Sie dazu das Objekt und schalten Sie auf der ANZEIGE-Palette im Rollout ANZEIGE-EIGENSCHAFTEN den Schalter BEWEGUNGSBAHN ein. Die Keys werden auf der Bewegungsbahn als schwarze Quadrate angezeigt, die einzelnen Frames als weiße Punkte.

:-)
TIPP

Beweg.-Bahnen = Trajectories

Bei mehreren bewegten Objekten in einer Szene kann die Anzeige der Bewegungsbahnen schnell unübersichtlich werden.

Schalten Sie in der BEWEGUNG-Palette den Button BEWEG.-BAHNEN ein, wird immer nur die Bewegungsbahn eines selektierten Objekts angezeigt.

Das Objekt bewegt sich immer noch etwas unnatürlich, da es immer in der gleichen Richtung ausgerichtet ist. In Wirklichkeit würde es sich bei Kurvenfahrten immer so drehen, dass es in Fahrtrichtung zeigt.

Sie können auch für die Drehung Keys angeben, indem Sie bei eingeschaltetem AUTO-KEY-Button das Objekt in den entsprechenden Frames in die richtige Richtung drehen.

Für eine gleichmäßige Bewegung empfiehlt es sich, für die Drehung die gleichen Keyframes zu verwenden wie für die Bewegung.

Schalten Sie dazu den KEY-Modus an, springen Sie von einem Keyframe zum nächsten und stellen Sie dabei die Drehung richtig ein.

(KOMPENDIUM) 3ds max 6

Um alle Keys des selektierten Objektes zu sehen, klicken Sie auf einen leeren Bereich der Zeitleiste und wählen im Kontextmenü FILTER/ALLE KEYS.

Filter/Alle Keys
= Filter/All Keys

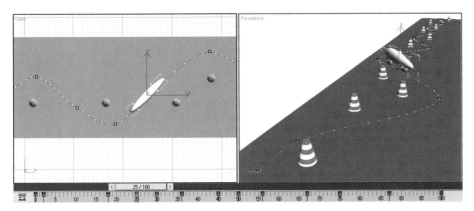

Abbildung 11.41: Objekt mit Drehung während der Bewegung

Schalten Sie in der BEWEGUNG-Palette den Button UNTEROBJEKT ein. Damit können Sie die einzelnen Keys auf der Bewegungsbahn verschieben und so die Form der Bewegungsbahn oder den zeitlichen Ablauf ändern.

Anstatt auf den Button zu klicken, können Sie den Unterobjekt-Modus auch jederzeit mit der Tastenkombination [Strg]+[B] ein- und ausschalten. Rechts neben dem Button wird zwar eine Auswahlliste angezeigt, Bewegungsbahnen haben aber nur einen Typ von Unterobjekten, die Keys.

Schalten Sie den Button KEY HINZUFÜGEN ein. In diesem Modus kann man auf der Bewegungsbahn Keys einfügen. Diese verändern die Bewegung zunächst nicht, da sie in Zeit und Lage genau einem Frame der vorhandenen Animation entsprechen.

Key Hinzufügen
= Add Key

Umgekehrt können Sie mit KEY LÖSCHEN einzelne Keys auf der Bewegungsbahn löschen. Dabei wird die Bewegungsbahn und damit die Bewegung genauso verändert, als würde man einen Key im Spuransicht-Fenster löschen.

Key Löschen
= Delete Key

Splines als Bewegungsbahnen

Geometrisch gesehen ist eine Bewegungsbahn ein Spline. 3ds max 6 kann Bewegungsbahnen in echte Splines konvertieren und auch umgekehrt. Damit lassen sich Bewegungen sehr genau festlegen.

Schalten Sie in der BEWEGUNG-Palette den Button BEWEG.-BAHNEN ein. Im Rollout BEWEG-BAHNEN geben Sie im Feld SAMPLE-BEREICH den zeitlichen Bereich an, der in ein Spline konvertiert werden soll.

Bewegungsbahn
= Trajectory

Entscheidend ist der Wert SAMPLES. Dieser legt fest, wie viele Scheitelpunkte auf dem Spline eingefügt werden, wie genau die vorhandene Bewegungsbahn also übernommen wird. Geben Sie hier einen möglichst kleinen Wert an, damit die Kurve gut editierbar bleibt. In unserem Beispiel ist der exakte Kurvenverlauf nicht wichtig. Durch nachträgliches Verschieben von Stützpunkten kann die Kurve optimiert werden, sollte aber weich geformt bleiben.

Je größer der Samples-Wert, desto mehr Punkte werden auf dem Spline angelegt. Verschiebt man später einzelne Punkte, kann es zu unschönen Ecken und damit unregelmäßigem Bewegungsablauf kommen.

Konvertieren in = Convert To — Klicken Sie jetzt auf den Button KONVERTIEREN IN, wird aus der Bewegungsbahn ein Spline erstellt.

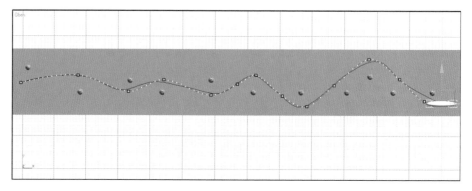

Abbildung 11.42: Bewegungsbahn und konvertiertes Spline

Selektieren Sie als Nächstes das neue Spline, um die Bewegung zu bearbeiten.

 Schalten Sie dort auf Scheitelpunkt-Level. Jetzt können Sie durch Verschieben der Scheitelpunkte die Bewegung optimieren.

TIPP

Um flüssige Bewegungen einzustellen, empfiehlt es sich, alle Scheitelpunkte zu selektieren und diese im Kontextmenü auf den Typ Bezier zu setzen. Jetzt können Sie die einzelnen Tangentenvektoren einstellen und damit eventuelle Knicke in der Kurve glätten.

Nachdem Sie die Kurve fertig gestellt haben, muss daraus wieder eine Bewegung definiert werden. Natürlich können Sie auch Bewegungen aus beliebigen freien Splines definieren, die nicht aus einer Bewegungsbahn konvertiert wurden.

 Selektieren Sie das zu bewegende Objekt. Im Rollout BEWEG-BAHNEN in der BEWEGUNG-Palette geben Sie im Feld SAMPLE-BEREICH wieder den zeitlichen Bereich an, der in ein Spline konvertiert werden soll. Stellen Sie auch jetzt einen SAMPLE-Wert ein. Da die Bewegung über den Spline sehr genau definiert wurde, kann dieser hier höher sein als bei der umgekehrten Konvertierung.

Klicken Sie auf KONVERTIEREN AUS und selektieren Sie den Spline. Die Bewegung
für das Objekt wird anhand des Splines neu definiert. Die Keys werden gemäß
des SAMPLE-Werts in gleichmäßigen Abständen festgelegt. Die Scheitelpunkte des
Splines haben darauf keinen Einfluss.

*Konvertieren aus
= Convert From*

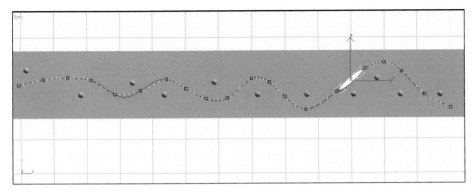

Abbildung 11.43: Aus einem Spline übernommene neue Bewegung

Pfad-Controller

Die Übernahme einer Bewegung aus einem Spline hat zwar viele Vorteile, ist aber
noch nicht immer die Optimallösung. Soll die Bewegung nachträglich verändert
werden, muss dies über normale Keys geschehen, oder es ist eine erneute Konvertierung nötig.

Der Pfad-Controller bietet die Möglichkeit, eine Bewegung direkt aus einem
Spline zu übernehmen. Wird dieses Spline später verändert, ändert sich die Bewegung entsprechend mit.

Selektieren Sie das zu bewegende Objekt und schalten Sie auf die BEWEGUNG-
Palette. Klicken Sie dort auf PARAMETER und selektieren Sie im Rollout CONT-
ROLLER ZUWEISEN die Zeile POSITION.

Klicken Sie hier auf diesen Button. Es öffnet sich eine Dialogbox mit einer Liste
von Bewegungs-Controllern.

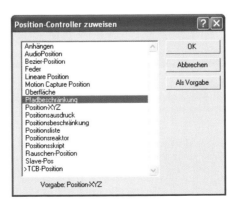

Abbildung 11.44: Liste mit Bewegungs-Controllern

Wählen Sie hier den Controller PFADBESCHRÄNKUNG.

Löschen Sie danach als Erstes alle Keys des Objekts.

Um alle Keys eines Objekts zu löschen, selektieren Sie dieses und ziehen Sie mit gedrückter Maustaste über die Zeitleiste vom Anfang zum Ende. Damit werden alle angezeigten Keys dieses Objekts selektiert. Mit der Taste [Entf] können Sie diese jetzt einfach löschen.

Pfad hinzufügen
= Add Path

Auf der BEWEGUNG-Palette erscheint für den Controller PFAD-BESCHRÄNKUNG ein neues Rollout PFADPARAMETER.

Klicken Sie auf PFAD HINZUFÜGEN und wählen Sie das Spline aus. Hier könnten auch mehrere Pfade mit unterschiedlichen Gewichtungen eingetragen werden, was in diesem Beispiel aber nicht nötig ist.

% entlang Pfad
= % Along Path

Springen Sie in Frame 0 und schalten Sie den AUTO-KEY-Modus ein. Springen Sie dann in das letzte Frame und setzen Sie dort den Wert % ENTLANG PFAD im Rollout PFADPARAME-TER auf 100. Dieser Wert gibt an, wie viel Prozent des Pfads das Objekt im jeweiligen Frame zurückgelegt hat.

→→→→
→→
INFO

Die Pfeile zur Einstellung des Werts werden rot umrandet, wenn im aktuellen Frame ein Key gesetzt ist. Auf diese Weise lassen sich fast alle Parameter in 3ds max 6 animieren.

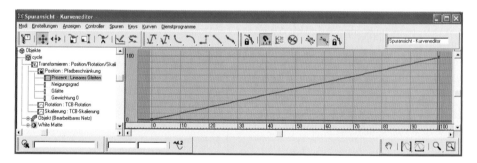

Abbildung 11.45: Spuransicht mit Pfadbeschränkung-Controller

(KOMPENDIUM) **3ds max 6**

Die Spuransicht zeigt bei Verwendung des Controllers PFADBESCHRÄNKUNG keine X-, Y- und Z-Koordinaten, sondern eine Kurve für den Prozentwert. Mit dieser Kurve lässt sich die Bewegungsgeschwindigkeit anpassen, zugleich lassen sich auch Bewegungen in umgekehrter Richtung definieren.

Standardmäßig wird in der Zeile Prozent der Controller LINEARES GLEITEN verwendet, der immer geradlinige Kurven erzeugt. Im Rollout CONTROLLER ZUWEISEN auf der BEWEGUNG-Palette können Sie in dieser Zeile aber auch den Controller BEZIER-GLEITEN zuweisen. Danach lassen sich die Keys über Tangentenvektoren einstellen.

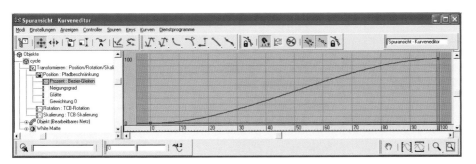

Abbildung 11.46: Bezier-Gleiten im Pfad eschränkung-Controller

Durch die Kurve in der PROZENT-Zeile des PFADBESCHRÄNKUNG-Controllers startet das Fahrzeug langsam, beschleunigt und bremst vor dem Ende der Strecke wieder ab, anstatt ruckartig anzufahren und zu stoppen.

Ausrichtung

Das Objekt ist während der ganzen Animation gleich ausgerichtet, muss also wieder der Bewegung folgend gedreht werden. Bei Verwendung des Controllers *Pfadbeschränkung* braucht man hier keine Drehungen in einzelnen Frames zu definieren, sondern kann die Ausrichtung des Objekts automatisch dem Bewegungspfad folgen lassen.

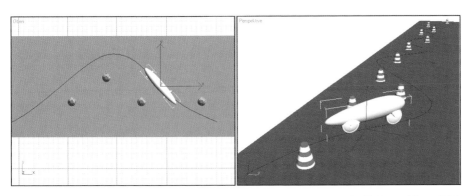

Abbildung 11.47: Am Pfad ausgerichtetes Objekt

Folgen = Follow

Schalten Sie den Schalter FOLGEN im Rollout PFADPARAMETER ein. Das Objekt muss jetzt am Anfang einmal in die richtige Richtung ausgerichtet werden.

Springen Sie dazu ins erste Frame und achten Sie darauf, dass der Button AUTO-KEY ausgeschaltet ist, da keine Keys angelegt werden dürfen. Drehen Sie dann das Objekt in die richtige Startposition. Während der Fahrt wird es dann automatisch in Fahrtrichtung ausgerichtet.

Neigen

Neigen = Bank

Viele Fahrzeuge, Fahrräder oder Flugzeuge neigen sich in engen Kurven. Dieses Verhalten lässt sich mit dem Controller *Pfadbeschränkung* simulieren, indem man den Schalter NEIGEN aktiviert. NEIGEN kann nur aktiviert werden, wenn auch FOLGEN eingeschaltet ist.

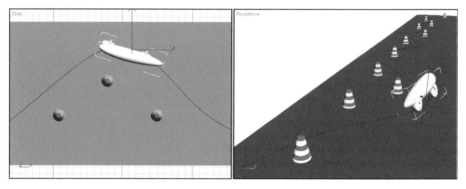

Abbildung 11.48: Fahrzeug neigt sich in der Kurve

Neigungsgrad = Bank Amount

➤ NEIGUNGSGRAD – gibt den maximalen Neigungswinkel an, der in engen Kurven erreicht wird.

Glätte = Smoothness

➤ GLÄTTE – legt fest, wie schnell sich die Neigung bei Kurven ändern kann. Je größer der Wert, desto glatter die Bewegung. Bei kleinen Werten bewirken auch kleine Richtungsänderungen bereits eine Neigung des Objekts.

Umkehrung ermöglichen = Allow Upside Down

➤ UMKEHRUNG ERMÖGLICHEN – verhindert zufällige Drehungen des Objekts bei vertikalen Pfaden.

Konstante Geschwindigkeit = Constant Velocity

➤ KONSTANTE GESCHWINDIGKEIT – Die Geschwindigkeit verläuft entlang des Pfads gleichmäßig. Ist dieser Schalter ausgeschaltet, hängt die Geschwindigkeit vom Abstand der Scheitelpunkte ab.

Schleife = Loop

➤ SCHLEIFE – Mit dieser Option beginnt die Bewegung wieder am Anfang des Pfads, wenn der Prozentwert von 100 überschritten wird.

Relativ = Relative

➤ RELATIV – Ist dieser Schalter eingeschaltet, wird das Objekt am Anfang der Bewegung nicht an den Anfang des Pfads verschoben, sondern behält seine Position bei und wird relativ zum Pfad bewegt.

Achse = Axis

➤ ACHSE – bestimmt die Achse des Objekts, die am Pfad ausgerichtet wird.

Wenden = Flip

➤ WENDEN – kehrt die Richtung der Achse um.

Objektdrehpunkt

Jedes Objekt verfügt über einen so genannten Drehpunkt. Dieser Punkt wird unter anderem dazu verwendet, das Objekt mit dem Pfad zu verknüpfen und ist das Zentrum von Rotation oder Skalierung. Die Pfadposition muss an genau einem Punkt des Objekts fixiert sein.

Drehpunkt = Pivot

In früheren deutschen 3ds max-Versionen wurde dieser Punkt als Schwerpunkt bezeichnet. In 3ds max 6 wurde er in Drehpunkt umbenannt. Diese Bezeichnung kommt der Bedeutung dieses Punkts näher, der mit dem geometrisch-physikalischen Schwerpunkt eines Objekts nichts zu tun hat.

Dieser Punkt kann innerhalb des Objekts verschoben werden, ohne das Objekt selbst zu verändern.

Schalten Sie auf der HIERARCHIE-Palette den Modus DREHPKT ein.

Aktivieren Sie dann im Rollout DREHPUNKT ANPASSEN den Button NUR DREHP. BEEINFLUSSEN.

Solange dieser Button blau ist, wird der Drehpunkt als farbiges Achsenkreuz angezeigt. Jede Verschiebung oder Drehung wirkt sich nur auf den Drehpunkt aus. Das Objekt selbst bleibt unverändert.

Ein weiterer Klick auf diesen Button deaktiviert ihn wieder und schaltet in den normalen Bearbeitungsmodus zurück.

Nur Drehp.
beeinflussen
= Affect Pivot Only

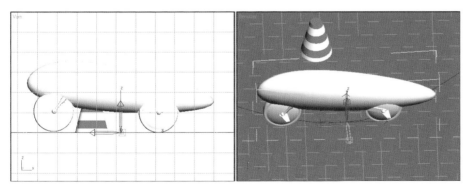

Abbildung 11.49: Drehpunkt im Objekt

Ist das Objekt, wie in unserem Beispiel, über seinen Drehpunkt an einen Pfad gebunden, ändert sich die Ausrichtung des Objekts. Im nächsten Bild wurde der Drehpunkt von der Objektmitte zum vorderen Rad verschoben (siehe Abbildung 11.50).

Umgekehrt kann man mit dem Button NUR OBJEKT BEEINFLUSSEN das Objekt verschieben, wobei der Drehpunkt bestehen bleibt (siehe Abbildung 11.51).

Nur Objekt
beeinflussen
= Affect Object Only

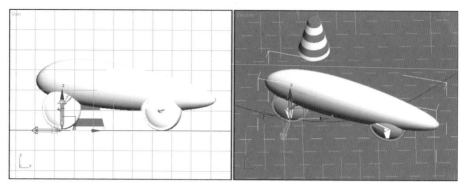

Abbildung 11.50: Objekt mit verschobenem Drehpunkt

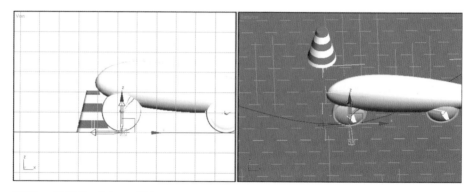

Abbildung 11.51: Verschobenes Objekt

TIPP

Der Drehpunkt eines Objekts ist gleichzeitig auch die vorgegebene Position von Modifikator-Mittelpunkten, sowie der Mittelpunkt beim Drehen und Skalieren, wenn die Option DREHPUNKTMITTE VERWENDEN eingestellt ist.

Drehpunkt
zurücksetzen
= Reset Pivot

Der Button DREHPUNKT ZURÜCKSETZEN setzt den Drehpunkt eines Objekts auf die Position zurück, an der er beim Erstellen des Objekts lag.

11.5   Kamerafahrt

Kamerafahrten aus fahrenden oder fliegenden Objekten verleihen einer 3D-Animation einen besonderen Reiz. Eine Kamera kann in 3ds max 6, wie jedes andere Objekt, beliebig bewegt werden. Im folgenden Beispiel setzen wir eine Kamera auf das Fahrzeug und fahren damit die vorgegebene Strecke.

Erstellen Sie als Erstes auf der ERSTELLEN-Palette eine freie Kamera. Zielkameras eignen sich hier nicht, da immer zwei Objekte, die Kamera und der Zielpunkt, bewegt werden müssen.

Die Blickrichtung einer freien Kamera wird durch Drehen der Kamera und nicht durch Verschieben eines Zielpunkts definiert. Eine auf einem Fahrzeug fest montierte Kamera dreht sich bei Kurvenfahrten automatisch in die Fahrtrichtung des Fahrzeugs.

Damit diese Kamera in Fahrtrichtung des Objekts blickt, richten Sie sie am einfachsten mit dem Flyout KAMERA AUSRICHTEN des AUSRICHTEN-Buttons in der Hauptsymbolleiste aus.

Zeigen Sie eine der Stirnflächen des Fahrzeugs. Die Kamera blickt dann genau auf diese Fläche.

Jetzt brauchen Sie sie nur noch mit eingeschaltetem Winkelfang um 180° zu drehen und kurz vor das Fahrzeug zu schieben.

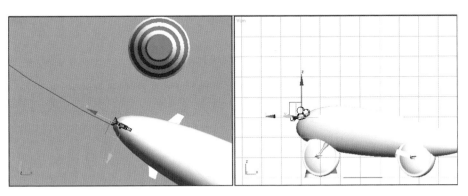

Abbildung 11.52: Die Position der Kamera

Die Kamera muss im letzten Schritt noch synchron mit dem Objekt bewegt werden.

Aktivieren Sie dazu den Button AUSWÄHLEN UND VERKNÜPFEN in der Symbolleiste, selektieren Sie die Kamera und ziehen Sie mit gedrückter Maustaste eine Verknüpfung auf das Fahrzeug.

Dadurch bewegt sich die Kamera genauso wie das Fahrzeug. Die relative Position der beiden Objekte zueinander bleibt immer gleich.

Nähere Informationen zur Verknüpfung von Objekten finden Sie im Kapitel 14.

In einem Kamera-Fenster können Sie jetzt die Fahrt mit verfolgen.

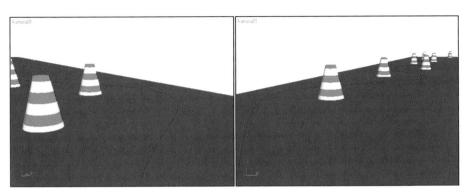

Abbildung 11.53: Zwei Aufnahmen aus der Kamerafahrt

Wenn Sie die Animation aus der Sicht des Fahrers abspielen, werden Sie sehen, dass sie deutlich zu schnell läuft.

Je dichter man mit der Kamera an der Szene steht, desto langsamer muss die Animation ablaufen, um einen angenehmen optischen Eindruck zu machen.

Zeit neu skalieren = Re-scale Time

In der Dialogbox ZEITKONFIGURATION können Sie mit dem Button ZEIT NEU SKALIEREN eine vorhandene Animation einschließlich aller Bewegungen neu skalieren.

Abbildung 11.54: Dialogbox: Zeit neu skalieren

Eine Animationslänge von 600 Frames entspricht bei 25 Frames pro Sekunde einer Zeit von zwölf Sekunden. Besonders bei eingeschaltetem NEIGEN ergibt sich hier noch eine sehr rasante Fahrt.

Wenn Sie bei Kamerafahrten ein Hintergrundbild verwenden, nehmen Sie dafür die Projektionsarten Kugelförmig oder Zylindrisch, damit sich die Blickrichtung auf das Bild entsprechend der Kamerabewegung ändern kann. Die Projektionsart Bildschirm wirkt unecht, da sich bei der Kamerabewegung scheinbar die Szene vor einem starren Hintergrund bewegt.

Kamera verfolgt Objekt

Ähnlich spannend wie das Mitfahren in einem schnellen Fahrzeug ist das automatische Verfolgen dieses Fahrzeugs mit einer Kamera oder einem Scheinwerfer.

3ds max 6 bietet zur automatischen Verfolgung eines bewegten Objekts einen speziellen Controller – *Ansehen*. Dieser Controller bewegt ein Objekt so, dass seine negative Z-Achse ständig auf das verfolgte Objekt gerichtet ist.

Erstellen Sie in der Szene eine neue Kamera vom Typ *Zielkamera*. Positionieren Sie dabei den Zielpunkt der Kamera genau auf dem Fahrzeug. Die Kamera selbst sollte in einigem Abstand schräg über der Szene hängen.

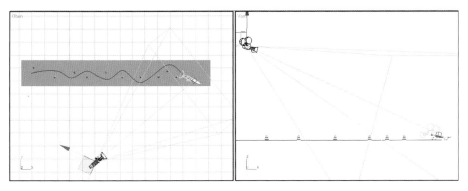

Abbildung 11.55: Die neue Kamera

Das lokale Koordinatensystem einer Zielkamera ist immer so ausgerichtet, dass die negative Z-Achse der Kamera auf den Zielpunkt zeigt. Für diese Art von Kameras ist der *Ansehen*-Controller bereits standardmäßig definiert, da eine Zielkamera bei Verschiebung des Zielpunkts diesen automatisch verfolgt.

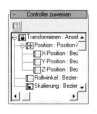

Der *Ansehen*-Controller muss aber nicht zwangsläufig den Zielpunkt verfolgen, sondern kann auch auf ein beliebiges anderes Objekt ausgerichtet sein.

Diese Kamera soll jetzt nicht mehr den Zielpunkt, sondern das Fahrzeug verfolgen. Klicken Sie dazu im Rollout PARAMETER FÜR ANSEHEN auf den Button ZIEL AUSWÄHLEN und wählen Sie das Fahrzeug.

Ziel auswählen = Pick Target

In einem Kamera-Fenster können Sie die Bewegung verfolgen.

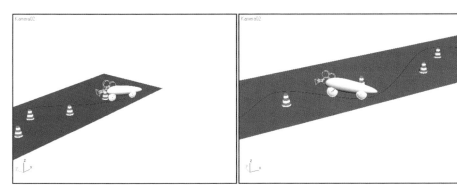

Abbildung 11.56: Szenen aus der Animation

Auf die gleiche Weise können Sie auch einen Verfolgerscheinwerfer steuern. Dazu verwendet man am besten ein Zielspotlicht, das nicht genau auf der gleichen Position wie die Kamera, sondern leicht verschoben steht. Dadurch bewegt sich der Schatten während der Animation, was einen realistischeren Effekt ergibt, als wenn er immer in Blickrichtung genau hinter dem Objekt läge.

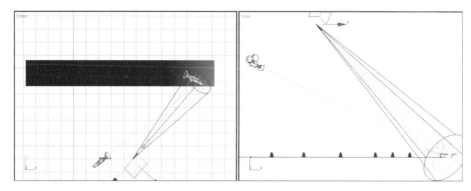

Abbildung 11.57: Neue Lichtquelle in der Szene

Auch Zielspotlichter verwenden standardmäßig einen *Ansehen*-Controller. Ändern Sie hier den Zielpunkt auf das Fahrzeug, damit die Lichtquelle ebenfalls das Fahrzeug verfolgt.

In der Abbildung 11.57 ist das Koordinatensystem auf LOKAL geschaltet, so dass man den Verlauf der Z-Achse genau sieht.

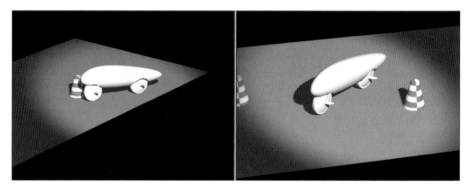

Abbildung 11.58: Szenen aus der Animation

Sie finden diese Szene als RENNEN05.MAX *auf der DVD. Im Verzeichnis* \buch\animation *gibt es auch eine fertig gerenderte Animation* RENNEN05.MOV.

11.6   Objekte animiert verformen

Die Objekterzeugungsparameter von Objekten lassen sich mit Keys animieren. Auf diese Weise können Objekte animiert verformt werden.

Schalten Sie dazu den Modus AUTO-KEY ein und ändern Sie in den gewünschten Frames auf der ÄNDERN-Palette die entsprechenden Parameter. Die Zahlenwerte erscheinen auch hier in den Keyframes mit einem roten Rand.

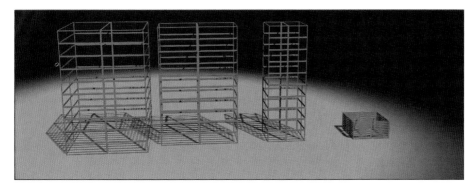

Abbildung 11.59: Verschiedene Stadien eines parametrisch animierten Quaders

Die Beispieldatei MOD14.MAX enthält vier solche Quader, die auf die gleiche Weise, aber zeitversetzt animiert sind.

Im Kurveneditor erscheint unterhalb der Spuren für die Transformation ein Symbol für das eigentliche Objekt. Expandiert man hier den Hierarchiebaum, sind alle animierbaren Parameter des Objekts zu sehen.

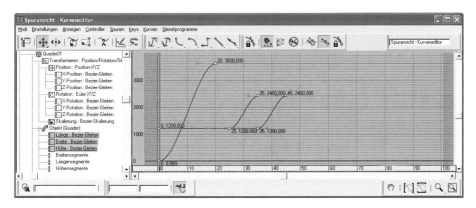

Abbildung 11.60: Bewegungskurven der Objektparameter im Kurveneditor

In unserem Beispiel werden nacheinander die Höhe, Breite und Länge des Quaders verändert. Die Segmentierung bleibt gleich.

Besonders interessante Effekte ergeben sich beim Animieren von Parametern in *Hedra* und *Torusknoten*. Hier ergeben sich durch Parameterveränderung völlig unterschiedliche Objektformen.

Die Beispieldatei HEDRA.MAX *enthält sechs verschiedene Hedra-Objekte, deren Parameter unterschiedlich animiert sind. Die Animation liegt auch als Datei* HEDRA.MOV *in gerenderter Form vor.*

Abbildung 11.61: Torusknoten mit animierten Parametern

Modifikatoren animieren

Die Parameter von Modifikatoren lassen sich wie andere Objektparameter animieren. Auf diese Weise können Objekte animiert verformt werden. Wenden Sie dazu alle gewünschten Modifikatoren auf das Objekt an und setzen Sie die Parameter mit dem AUTO-KEY-Modus erst in den Frames, in denen die Wirkung der Modifikatoren sichtbar werden soll.

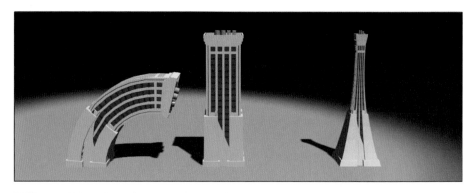

Abbildung 11.62: Verschiedene Stadien eines Objekts [MOD15.MAX]

DVD

Diese Szene finden Sie auch als gerenderte Animation MOD15.MOV *auf der DVD.*

Das abgebildete Objekt verwendet einen VERJÜNGEN- und einen BIEGEN-Modifikator, die beide gleichzeitig im Modifikatorstapel liegen, deren Keys für die Parameter aber zeitlich hintereinander liegen.

Geändertes Objekt = Modified Object

In der Spuransicht erscheint unterhalb des Objektnamens ein weiterer Hierarchiebaum GEÄNDERTES OBJEKT, wenn auf das Objekt Modifikatoren angewendet wurden. In der Abbildung sehen Sie, dass die Animation mit dem VERJÜNGEN-Modifikator abgeschlossen ist, bevor die Animation mit dem BIEGEN-Modifikator beginnt.

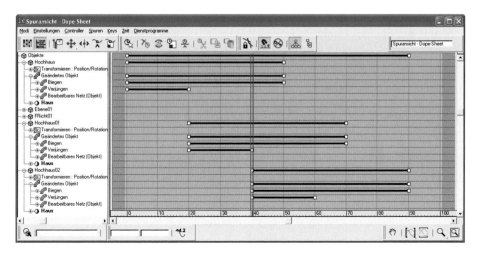

Abbildung 11.63: Zeiten der Modifikatoren im Dope Sheet

Möchten Sie mehrere gleiche Objekte auf die gleiche Weise nur zeitversetzt bewegen, definieren Sie zuerst die Bewegung eines Objekts. Kopieren Sie anschließend dieses Objekt, wobei die Modifikatoren mitkopiert werden. Jetzt können Sie im Dope Sheet im Modus BEREICHE BEARBEITEN den Zeitraum der Animation verschieben.

:-)
TIPP

Für jeden animierbaren Parameter eines Modifikators gibt es in der Spuransicht eine eigene Zeile. Hier können Sie wie bei Transformationen Keys definieren und Kurven einstellen.

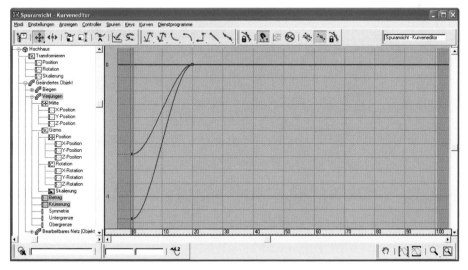

Abbildung 11.64: Parameter von Modifikatoren in der Spuransicht

Durch Kombination eines BIEGEN-Modifikators mit einer Drehbewegung lässt sich zum Beispiel das Umblättern von Buchseiten darstellen.

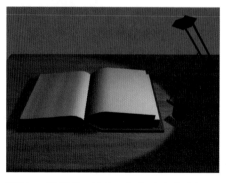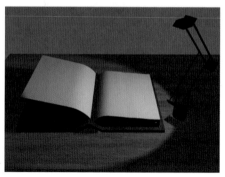

Abbildung 11.65: Verschiedene Stadien beim Umblättern

Die Animation hat nur drei Keys für verschiedene Zustände des BIEGEN-Modifikators sowie für die Rotation der Buchseite, deren Drehpunkt nach ganz unten gelegt wurde.

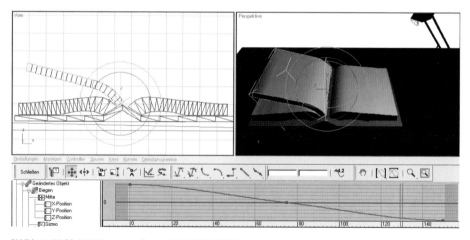

Abbildung 11.66: Umblättern einer Buchseite [BUCH01.MAX]

Auf der DVD finden Sie eine gerenderte Animation der Szene: BUCH.AVI.

Schmelzen

Schmelzen = Melt Der Modifikator SCHMELZEN, der bereits in Kapitel 8 beschrieben wurde, bietet einen speziellen Parameter zur Animation eines Schmelzvorgangs an.

(KOMPENDIUM) 3ds max 6

Abbildung 11.67: Verschiedene Schmelzzustände einer Figur [SCHMELZ.MAX]

Erhöhen Sie während des Schmelzvorgangs den Parameter BETRAG gleichmäßig. Damit schmilzt das Objekt.

Für diesen Parameter gibt es eine eigene Spur unterhalb des Modifikators SCHMELZEN in der Spuransicht. Über den zeitlichen Abstand zwischen Anfang und Ende beeinflussen Sie die Schmelzgeschwindigkeit. Der Maximalwert dieses Parameters gibt an, wie weit sich ein Objekt der Horizontale annähert.

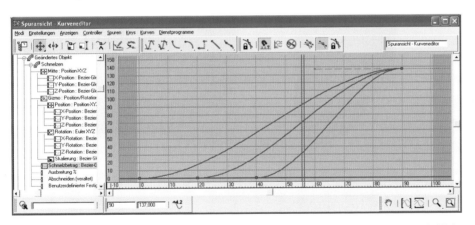

Abbildung 11.68: Drei unterschiedlich schnell schmelzende Objekte

Animation auf Unterobjekt-Level

Objekte lassen sich in 3ds max 6 auch auf Unterobjekt-Level animieren. So können zum Beispiel Scheitelpunkte eines bearbeitbaren Netzes bewegt werden, wodurch sich ein Körper in sich verformt.

1. Wählen Sie die gewünschten Scheitelpunkte auf Unterobjekt-Level SCHEITELPUNKT aus, wobei Sie für organische Verformungen am besten den Modus WEICHE AUSWAHL verwenden.

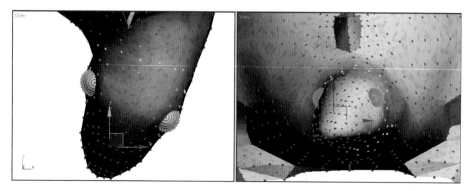

Abbildung 11.69: Weiche Auswahl von Scheitelpunkten [SAURUS05.MAX]

2. Schalten Sie den Modus AUTO-KEY ein und springen Sie in das Frame, in das ein Key gesetzt werden soll.

3. Verschieben oder drehen Sie dort die Scheitelpunktauswahl. Es wird automatisch ein Key gesetzt.

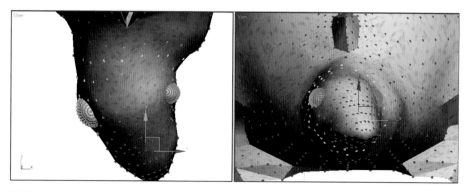

Abbildung 11.70: Nach der Bewegung

Master-Punkt-Controller = Master-Point-Controller

Für solche Bewegungen auf Scheitelpunktebene definiert 3ds max 6 automatisch einen *Master-Punkt-Controller*.

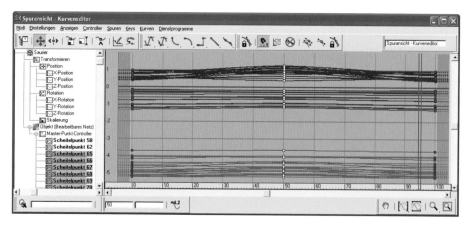

Abbildung 11.71: Der Master-Punkt-Controller im Kurveneditor

Dieser Controller hat untergeordnete Spuren für alle selektierten Scheitelpunkte. Für jeden Scheitelpunkt werden dabei automatisch Kurven für die Position in X-, Y- und Z-Richtung angelegt.

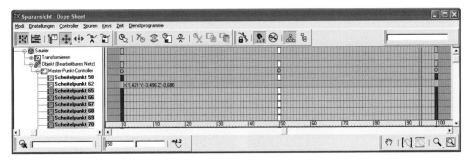

Abbildung 11.72: Der Master-Punkt-Controller im Dope Sheet

Um eine solche Bewegung leicht zu verändern, brauchen Sie nur die grünen Keys des Master-Punkt-Controllers im Dope Sheet zu verschieben. Die Keys auf den untergeordneten Spuren bewegen sich mit.

Möchten Sie die Keys eines einzelnen Punkts innerhalb des Master-Punkt-Controllers bearbeiten, klicken Sie mit der rechten Maustaste auf einen grünen Key. In der KEY-INFO-Dialogbox können Sie die Daten jedes Scheitelpunkts editieren.

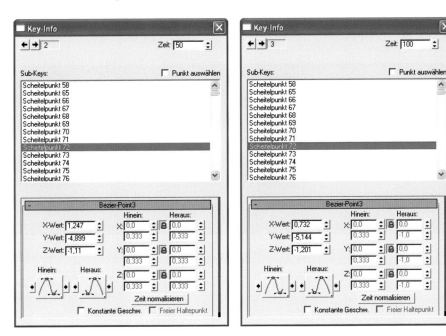

Abbildung 11.73: Key-Info-Dialog zweier aufeinander folgender Keys des gleichen Punktes im Master-Punkt-Controller

*Netz auswählen
= Mesh Select*
Diese Art der Bearbeitung einzelner Scheitelpunkte ist relativ unübersichtlich und wenig komfortabel. Deutlich benutzerfreundlicher lassen sich mit dem Modifikator NETZ AUSWÄHLEN interaktiv Teile eines Objektes selektieren.

Auf der DVD finden Sie eine gerenderte Animation SAURUS05.MOV *mit dieser Szene.*

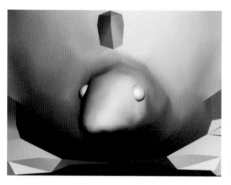

Abbildung 11.74: Bilder aus der Animation

Parametrische Unterobjekte

Parametrische Objekte sind auf Unterobjekt-Level anders strukturiert als bearbeitbare Netze. Hier sind die Unterobjekte zum Beispiel Splines, die zur Erzeugung eines Rotationskörpers oder einer Loft-Extrusion verwendet werden.

Das nächste Beispiel zeigt die Animation eines einfachen booleschen Objekts.

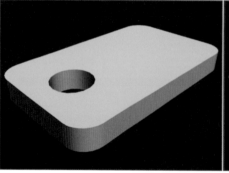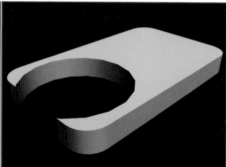

Abbildung 11.75: Zwei Stadien eines booleschen Objekts

Das Objekt entstand durch boolesche Subtraktion eines Zylinders von einer Platte. Im Modifikatorstapel gibt es zu jedem booleschen Objekt ein Unterobjekt OPERANDEN. Hier kann man im PARAMETER-Rollout einen Operanden selektieren, der dann im Modifikatorstapel angezeigt wird.

Wenn Sie hier bei eingeschaltetem AUTO-KEY-Modus Parameter verändern, werden automatisch Keys gesetzt. So wurde im Beispiel der Radius des Kreises animiert, der die Bohrung in der Platte definiert.

In der Spuransicht gibt es unterhalb des booleschen Objekts vier Unterobjekte, zwei für die Operanden und zwei weitere für deren Transformation.

In den Ansichtsfenstern lassen sich die einzelnen Operanden boolescher Objekte nur verschieben, wenn sie zuvor als Instanzen extrahiert wurden. Durch das Einfügen von Keys in den Hierarchiebäumen OPERAND A TRANSFORMIEREN und OPERAND B TRANSFORMIEREN lassen sich die einzelnen Operanden verschieben und animieren.

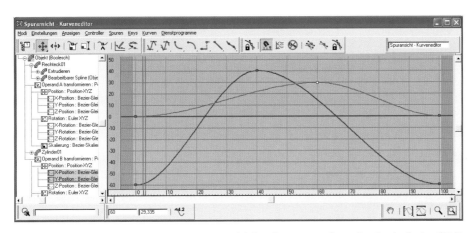

Abbildung 11.76: Animierte Bewegung von Operanden eines booleschen Objekts

Durch die Verschiebung eines Operanden kann zum Beispiel eine Bohrung in einem Objekt wandern.

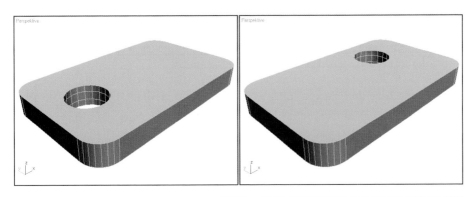

Abbildung 11.77: Animiert verschobene Bohrung [BOOLE01.MAX]

Morphen

Unter *Morphen* versteht man den animierten Übergang von einem Objekt zu einem anderen. Dazu braucht man mehrere Objekte, die die verschiedenen Verformungsstadien darstellen.

Aus diesen Objekten wird ein einziges Objekt generiert, das während der Animation verschiedene Formen annehmen kann.

!! STOP

Damit das Morphing funktioniert, müssen alle beteiligten Morph-Ziele die gleiche Anzahl Scheitelpunkte haben. Für ein gutes Ergebnis sollte außerdem die Anzahl der Flächen und die Flächen-Ecken-Zuordnung gleich sein. In den meisten Fällen werden die verschiedenen Morph-Ziele durch Bearbeitung von Kopien ein und desselben Objekts erstellt.

Abbildung 11.78: Verschiedene Morph-Ziele für ein Objekt [SAURUS06.MAX]

Selektieren Sie für das Morphing eines der Objekte. Wir nehmen für das folgende Beispiel das Kleinste.

Wählen Sie jetzt auf der ERSTELLEN-Palette unter ZUSAMMENGESETZTE OBJEKTE den Objekttyp MORPHEN.

Das Objekt wird aus dem bearbeitbaren Netz in einen neuen Objekttyp umgewandelt. Die Form ändert sich zunächst nicht. Es erscheinen zwei neue Rollouts ZIELE AUSWÄHLEN und AKTUELLE ZIELE.

Diese Version des Morphing erstellt einen eigenen Objekttyp und ist kein Modifikator, der auf ein vorhandenes Objekt angewendet wird.

Ziel auswählen = Pick Target

Schalten Sie hier den Button ZIEL AUSWÄHLEN ein. Jedes Objekt, das Sie jetzt anklicken, wird als Morph-Ziel eingetragen.

Wählen Sie die Option INSTANZ, dann können Sie später die Objekte verändern. Sie verändern sich dann ebenfalls innerhalb des *Morphen*-Objekts.

Klicken Sie nacheinander die beiden größeren Objekte an. Im Rollout AKTUELLE ZIELE erscheinen die Namen. Das *Morphen*-Objekt nimmt die Form des zuletzt selektierten Morph-Ziels an.

*Aktuelle Ziele
= Current Targets*

Im nächsten Schritt legen Sie die Animation fest. *Morphen*-Objekte verwenden einen eigenen Controller. Hier ist kein AUTO-KEY-Modus erforderlich.

Springen Sie in das Frame 0, wählen Sie in der Liste im Rollout AKTUELLE ZIELE das erste Morph-Ziel und klicken Sie auf MORPH-KEY ERSTELLEN. Dabei nimmt das Objekt die Form dieses Morph-Ziels an.

Springen Sie in ein Frame in der Mitte der Animation, zu dem Zeitpunkt, wo das Objekt den Zustand des zweiten Morph-Ziels erreichen soll, wählen Sie dieses Morph-Ziel in der Liste und klicken Sie wieder auf MORPH-KEY ERSTELLEN.

*Morph-Key erstellen
= Create Morph Key*

Legen Sie auf die gleiche Weise den dritten Morph-Key am Ende der Animation an. Ein Morph-Ziel kann auch für mehrere Keys verwendet werden.

Selektieren Sie jetzt die beiden Objekte, die als Morph-Ziele gedient haben, klicken Sie mit der rechten Maustaste darauf und wählen Sie aus dem Quad-Menü AUSWAHL VERDECKEN. Damit werden diese Objekte ausgeblendet, aber nicht gelöscht.

*Auswahl verdecken
= Hide Selection*

Sie können auf der ANZEIGE-Palette jederzeit wieder eingeblendet werden.

Lassen Sie jetzt die Animation ablaufen, sehen Sie, wie sich das Objekt verformt.

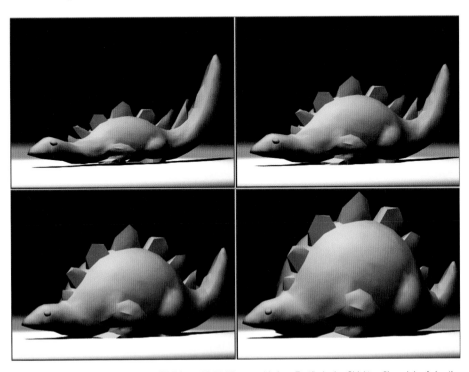

Abbildung 11.79: Vier verschiedene Zustände des Objekts während der Animation

Auf der DVD finden Sie eine gerenderte Animation SAURUS07.MOV *mit dieser Szene.*

Im Kurveneditor werden die einzelnen Morph-Ziele in der Hierarchie mit jeweils zugehörigen Master-Punkt-Controllern und den veränderten Scheitelpunkten angezeigt, aber keine Morph-Keys.

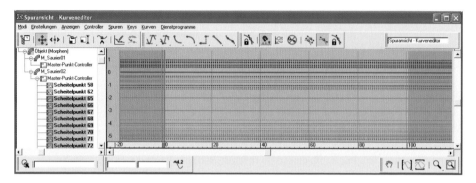

Abbildung 11.80: Morphen im Kurveneditor

Morphen = Morph

Schalten Sie die Spuransicht in den Modus DOPE SHEET, erscheinen in der Zeile MORPHEN unterhalb der Morph-Ziele die angelegten Morph-Keys.

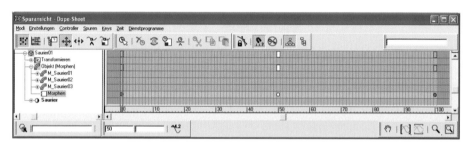

Abbildung 11.81: Morph-Keys im Dope Sheet

Klicken Sie mit der rechten Maustaste auf einen solchen Morph-Key im Dope Sheet, wird eine KEY-INFO-Dialogbox eingeblendet. Hier können Sie für jeden Key einstellen, zu wie viel Prozent das Objekt den einzelnen Morph-Zielen zu diesem Zeitpunkt entspricht.

Der KEY-INFO-Dialog kann auch direkt aus der Zeitleiste aufgerufen werden, ohne dass das Dope Sheet geöffnet sein muss. Klicken Sie mit der rechten Maustaste auf einen Morph-Key in der Zeitleiste und wählen den obersten Menüpunkt des Kontextmenüs.

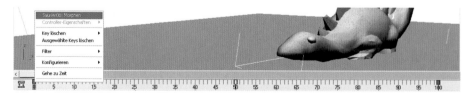

Abbildung 11.82: Kontextmenüs eines Morph-Keys

(KOMPENDIUM) 3ds max 6

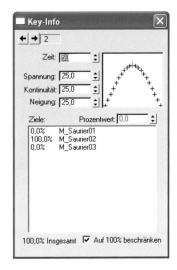

Abbildung 11.83: Key-Info-Dialog für einen Morph-Key

➡ Die Pfeilsymbole oben links springen von einem Key zum nächsten.

➡ Im Feld ZEIT können Sie diesen Key auf der Zeitachse verschieben.

Zeit = Time

➡ Die Werte SPANNUNG, KONTINUITÄT und NEIGUNG beeinflussen die Kurve, die den Übergang zwischen den Morph-Zielen bestimmt.

Spannung/Kontinuität/Neigung = Tension/Continuity/Bias

Bedingt durch die Geometrie der Morph-Ziele und der lokalen Objektkoordinatensysteme kann es dazu kommen, dass sich das Objekt beim Morphen scheinbar bewegt, zum Beispiel in der Ebene, auf der es steht, versinkt. In solchen Fällen müssen Sie an den Positionen der Morph-Keys auch noch Positions-Keys setzen, das Objekt also entsprechend drehen oder verschieben.

:-)
TIPP

Modifikator: Morpher

Zusätzlich zu diesem Objekttyp bietet 3ds max 6 auch noch einen Modifikator MORPHER. Damit können Sie ebenfalls Objekte ineinander übergehen lassen. Dieser ist noch flexibler als die MORPHEN-Objekte. Hier kann man Zwischenstadien zwischen mehreren Morph-Zielen erzeugen, deren Form in bestimmten Prozentsätzen den einzelnen Morph-Zielen entspricht (siehe Abbildung 11.84).

Auch beim Morphen mit dem Modifikator müssen zunächst verschiedene Objekte in der Szene angelegt werden, die die einzelnen Morph-Ziele darstellen. Diese Objekte können später in der Szene verdeckt werden.

Weisen Sie dann dem Hauptobjekt, das verformt werden soll, den Modifikator MORPHER zu.

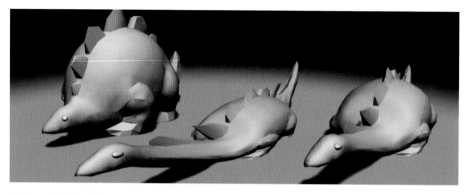

Abbildung 11.84: Das Objekt rechts entspricht zu einem bestimmten Prozentsatz den beiden anderen Objekten.

Im Rollout KANALLISTE wird für jedes verwendete Morph-Ziel ein animierbarer Kanal angelegt. Mit dem Button MEHRERE ZIELE LADEN können Sie alle in der Szene vorhandenen Objekte, die als Morph-Ziel dienen sollen, automatisch in getrennte Kanäle laden.

Jetzt können Sie mit eingeschaltetem AUTO-KEY in verschiedenen Frames Keys setzen und in jedem Key festlegen, zu wie viel Prozent das Objekt den Morph-Zielen in den einzelnen Kanälen entspricht. Die Prozentsätze geben Sie in den Zahlenfeldern neben den Namen der Morph-Ziele im Rollout KANALLISTE an.

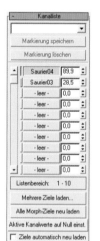

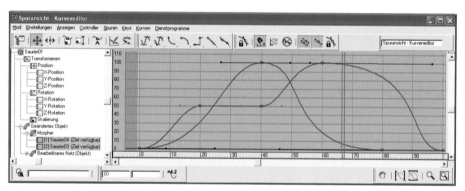

Abbildung 11.85: Morpher-Modifikator im Kurveneditor

Im Kurveneditor erscheint für jeden Kanal eine Prozentkurve mit den Keys. Hier können Sie auch neue Keys anlegen und die Kurven über Tangentenvektoren einstellen.

11.7   Haltungsspezifische Animation

Bei komplizierten Bewegungen, die aus mehreren Komponenten zusammengesetzt sind, kommt es auf die exakte Position eines Objekts manchmal nur in einzelnen Frames an. Allerdings kann es dann auch leicht passieren, dass eine Bewegung durch Änderung einer der Komponenten so durcheinander kommt, dass genau dieses Frame nicht mehr stimmt.

(KOMPENDIUM) 3ds max 6

Bei sehr komplexen Figuren in der Characteranimation ist es auch nicht immer leicht, wirklich alle zusammengehörigen Objekte mit Keys zu versehen.

Für solche Fälle bietet 3ds max 6 neben AUTO-KEY einen weiteren Animationsmodus KEY EINSTELLEN. Auf diese Weise lassen sich deutlich sauberere Animationskurven erstellen. Es entstehen keine unerwünschten Keys, die die Animation später »ruckelig« und schwer bearbeitbar machen.

Key einstellen
= Set Key

Abbildung 11.86: Ein Ball fliegt durch einen Ring. [BALL01.MAX]

Die Bewegungsbahn dieses Balls ist nur durch zwei Keys am Anfang und Ende sowie deren Tangentenvektoren im Kurveneditor festgelegt.

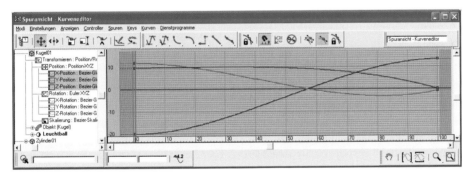

Abbildung 11.87: Bewegung des Balls im Kurveneditor

Der Ball kommt von links oben und fliegt entlang einer Kurve genau durch den Ring. Dabei darf er den Ring nicht berühren, sondern muss exakt mittig durchfliegen.

Selektieren Sie die zu animierenden Objekte, in unserem Beispiel nur den Ball, und klappen Sie im Dope-Sheet den ganzen Baum dieses Objekts auf.

Aktivieren Sie den Modus KEY-FÄHIGE SYMBOLE ZEIGEN. Vor allen Spuren, die Keys enthalten können, erscheint ein roter Schlüssel.

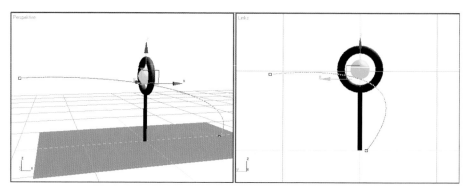

Abbildung 11.88: Darstellung der Bewegungsbahn in den Ansichtsfenstern

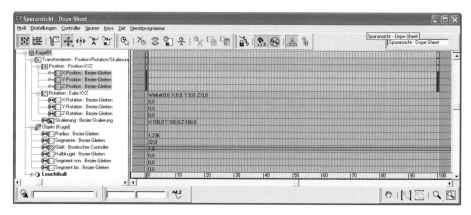

Abbildung 11.89: Schlüssel-Symbole in der Spuransicht

Schalten Sie dieses Symbol bei allen Spuren, bei denen keine Keys benötigt werden, durch Anklicken aus. Dies sind in unserem Beispiel die Drehung und Skalierung sowie die Objektparameter der Kugel.

 Wenn Sie diese Einstellungen für alle animierbaren Objekte einer Szene vorgenommen haben, aktivieren Sie den Modus KEY EINSTELLEN.

 Im Modus KEY EINSTELLEN werden bei Bewegungen von Objekten in den Ansichtsfenstern keine automatischen Keys angelegt. Zur deutlichen Unterscheidung erscheinen der KEY EINST.-Button, der Hintergrund des Zeitschiebers und der Rahmen des aktiven Fensters hier in einem helleren Rotton.

Springen Sie jetzt in das Frame, wo eine Momentaufnahme der Bewegung gemacht werden soll, hier in Frame 57, und klicken Sie dort auf den großen Button mit dem Schlüssel.

3ds max 6 legt in diesem Frame auf allen Spuren mit eingeschaltetem Schlüssel-Symbol Keys an. Dabei wird die Bewegung nicht verändert, die Keys werden auf den Bewegungskurven eingepasst.

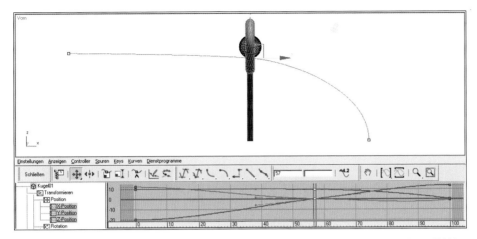

Abbildung 11.90: Neu eingefügte Keys in der erweiterten Zeitleiste

Über den Button KEY-FILTER können Sie noch einstellen, welche Arten von Keys generell im Modus KEY EINSTELLEN beeinflusst werden sollen.

Hier können Sie in den meisten Fällen die Keys für Materialeigenschaften abschalten. Sie brauchen dann nicht in der Spuransicht bei jedem Objekt in allen Materialeigenschaften die Schlüssel-Symbole auszuschalten.

Im Listenfeld oberhalb des KEY-FILTER-Buttons können Sie auswählen, ob die Keys für die aktuelle Auswahl oder für einen benannten Auswahlsatz von Objekten angelegt werden.

Im Modus KEY EINSTELLEN können Sie jetzt die Animation über die Bewegungskurven im Kurveneditor beliebig verändern. Die Position des Objekts bleibt in dem Frame, in dem die Keys erstellt wurden, immer gleich. Eine Bewegung des Objekts legt nicht automatisch Keys an.

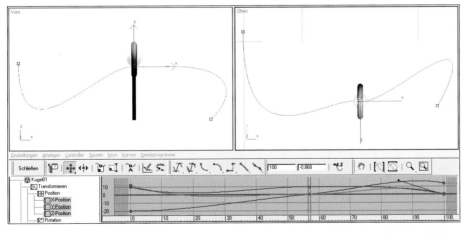

Abbildung 11.91: Veränderte Bewegungsbahn mit unverändertem Keyframe

11.8　　Animierte Materialien

Die Parameter von Lichtquellen und Materialien können wie Objektparameter über Keys animiert werden. Auch hier erscheinen Parameter in den Keyframes mit einem roten Rand.

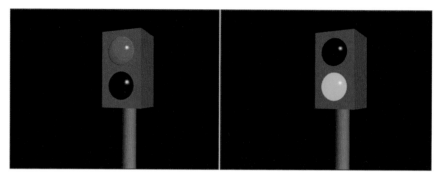

Abbildung 11.92: Ampel mit animierten Materialien [AMPEL01.MAX]

Über animierte Materialien lassen sich zum Beispiel Farbveränderungen während einer Animation bewirken. Im Beispiel wird die rote Lampe der Ampel langsam dunkel. Danach wird die grüne Lampe immer heller. Alle zahlenmäßig definierten Parameter im Material-Editor können zu diesem Zweck animiert werden.

!!
STOP

Im Filter der Spuransicht muss der Schalter MATERIAL/PARAMETER *eingeschaltet sein, damit die Materialeigenschaften als eigene Spuren zu sehen sind.*

Materialien erscheinen im Hierarchiebaum der Spuransicht mehrfach:

Scene Materials = Szenenmaterialien

➤ SZENENMATERIALIEN – die Materialien, die in der Szene vorkommen. Hier können Sie am einfachsten Änderungen vornehmen.

Medit-Materialien = Medit Materials

➤ MEDIT-MATERIALIEN – die Materialien der Beispielkugeln im Material-Editor. Hier sind auch Materialien dabei, die in der Szene nicht verwendet werden. Materialien, deren Beispielkugeln mit weißen Ecken markiert sind, die also in der Szene verwendet werden, sind Referenzen der jeweiligen SZENEN-MATERIALIEN. Sie verhalten sich bei einer Animation also immer gleich.

➤ OBJEKTMATERIALIEN – Unterhalb jedes Objekts erscheint dessen Material noch einmal. Auch hierbei handelt es sich um Referenzen der SZENENMATE-RIALIEN.

Jedes Material hat zahlreiche animierbare Parameter, die der Übersicht halber in der Spuransicht in Gruppen zusammengefasst sind (siehe Abbildung 11.93).

Farben werden im Kurveneditor mit drei Kurven für die R-, G- und B-Anteile dargestellt.

Das Glas eines Ampelscheinwerfers hat auch bei ausgeschaltetem Licht keine wirklich schwarze Farbe. Deshalb wird in der Animation der Rotanteil nicht ganz

(KOMPENDIUM) 3ds max 6

auf 0 zurückgefahren. Im Beispiel leuchtet das Material auch selbst. Auch dieser Effekt kann über eine eigene Kurve animiert werden.

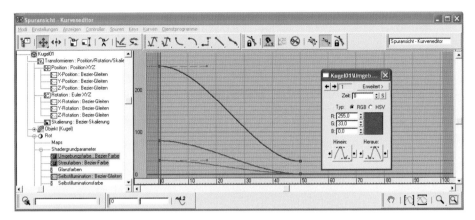

Abbildung 11.93: Animierte Farbeinstellungen im Kurveneditor

Die gleichen animierten Farbeinstellungen können auch für Lichtquellen verwendet werden.

INFO

Klickt man mit der rechten Maustaste auf einen Key auf einer der Farbkurven, erscheint eine kleine KEY-Info-Dialogbox, in der die Farbe an diesem Key eingestellt werden kann. Ein Key enthält immer die komplette Farbinformation für Rot, Grün und Blau.

In dieser Dialogbox können Sie die Darstellung auch auf das HSV-System umschalten. Die Kurven ändern sich dementsprechend:

- Rote Kurve – H – Farbton
- Grüne Kurve – S – Sättigung
- Blaue Kurve – V – Wert

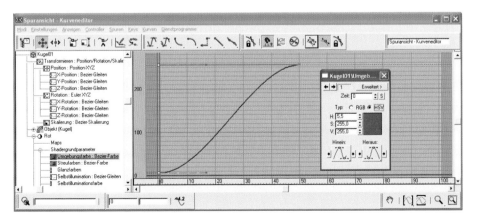

Abbildung 11.94: Kurven in HSV-Darstellung

Kombinierte Materialien

Verschmelzen = Blend

Um das Material eines Objektes während der Animation scheinbar wechseln zu lassen, verwendet man am einfachsten ein *Verschmelzen*-Material und ändert dabei den Wert MISCHBETRAG während der Animation.

Ein beliebter Effekt bei Architekturpräsentationen ist ein Übergang von einem einfachen weißen Modell auf ein natürlich aussehendes Modell. Dies lässt sich in 3ds max 6 mit Multi-/Unterobjekt-Materialien in Kombination mit einem *Verschmelzen*-Material einfach realisieren.

Abbildung 11.95: Das Modell mit wirklichkeitsnahen Materialien [MUSEUM05.MAX]

Alle massiven Teile des Beispielmodells außer den großen Glasflächen sind ein einziges Objekt, das ein Multi-/Unterobjekt-Material verwendet. Dieses besteht aus sieben verschiedenen Einzelmaterialien (siehe Abbildung 11.96).

Erstellen Sie jetzt noch ein zweites einfaches, weißes Material. Wenn Sie dieses dem Modell zuweisen, erscheinen alle Flächen in Weiß, unabhängig von ihrer Material-ID. Die Material-IDs gehen aber nicht verloren, so dass Sie jederzeit wieder das *Multi-/Unterobjekt*-Material zuweisen können (siehe Abbildung 11.97).

1. Erstellen Sie jetzt im Material-Editor ein neues Material vom Typ VERSCHMELZEN.

2. Ziehen Sie hier das weiße Material auf den Button MATERIAL 1 und das Multi-/Unterobjekt-Material auf den Button MATERIAL 2.

3. Schalten Sie den Schalter rechts neben MASKE aus, da keine Maske verwendet wird (siehe Abbildung 11.98).

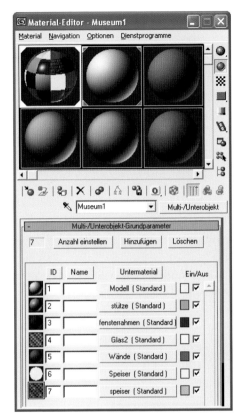
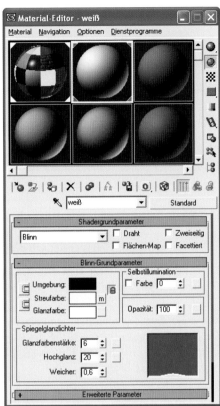

Abbildung 11.96: Links: das Material des Gebäudes, rechts: weißes Standard-Material

Abbildung 11.97: Das Gebäude mit dem weißen Material

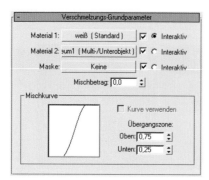

Abbildung 11.98: Parameter des Verschmelzen-Materials

Mischbetrag
= Mix Amount

4. Wenn Sie dieses Material dem Modell zuweisen, erscheint es immer noch in Weiß. Der Parameter MISCHBETRAG gibt an, zu welchem Prozentsatz das zweite Material verwendet wird.

5. Aktivieren Sie jetzt den Modus AUTO-KEY und springen Sie in das letzte Frame. Setzen Sie dort den MISCHBETRAG auf 100.

:-)
TIPP

Wenn Sie den Zeitschieber bewegen, können Sie die Änderung des Materials auf der Beispielkugel im Material-Editor mit verfolgen. In den schattierten Ansichtsfenstern wird immer das Untermaterial angezeigt, dessen Schalter INTERAKTIV eingeschaltet ist.

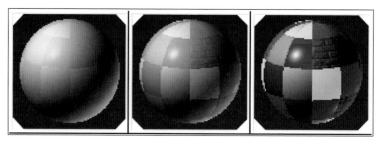

Abbildung 11.99: Verschiedene Stadien der Vermischung

Im Kurveneditor wird eine Kurve für den Mischbetrag angezeigt.

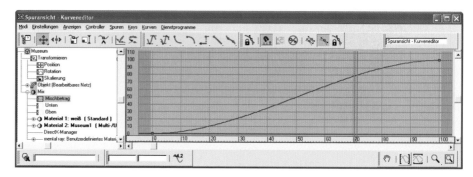

Abbildung 11.100: Kurve für Mischbetrag

[KOMPENDIUM] 3ds max 6

Bei derartigen Materialien sieht es besser aus, wenn die undefinierbare Zwischenstufe nur möglichst kurz zu sehen ist, die endgültigen Materialien am Anfang und Ende dafür länger.

Setzen Sie die Tangenten auf BENUTZERDEFINIERT. Dann können Sie diese weiter in die Horizontale ziehen und so eine steilere Übergangskurve einstellen.

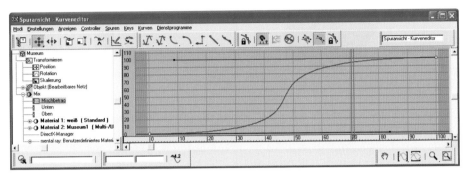

Abbildung 11.101: Steilere Kurve

Die Animation MUSE_MAT.AVI *auf der DVD zeigt den Übergang zwischen den beiden Materialien.*

11.9 Animierte Lichtquellen

Ähnlich wie Materialfarben lassen sich auch die Farben von Lichtquellen und deren Helligkeit animieren.

Die Ampel aus einem früheren Beispiel wirkt wesentlich realistischer, wenn zusätzlich zum selbstleuchtenden Material auch noch wirkliche Lichtquellen verwendet werden, die die direkte Umgebung mitbeleuchten.

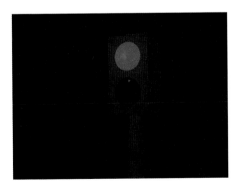 

Abbildung 11.102: Ampel mit animierten Lichtquellen [AMPEL02.MAX]

In dieser Szene gibt es zwei zusätzliche Omni-Lichtquellen, die direkt vor den farbigen Scheiben der Ampellichter liegen und diese so mitbeleuchten.

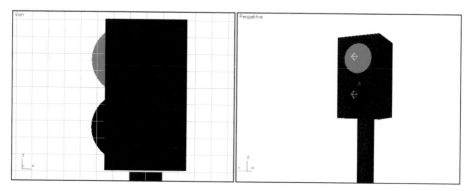

Abbildung 11.103: Lichtquellen in der Szene

Die obere Lampe verwendet eine rote Lichtfarbe, die untere eine grüne. Der Parameter MULTIPLIKATOR wird animiert. Die rote Lampe verändert ihren Multiplikator zwischen Frame 0 und 50 von 1,0 auf 0,0. Danach erhöht sich der Multiplikator der grünen Lampe zwischen Frame 50 und 100 von 0,0 auf 1,0.

Zur Animation verändert man den MULTIPLIKATOR-Wert während der Schalter AUTO-KEY eingeschaltet ist. Die roten Klammern um die Pfeile neben dem Multiplikator Feld zeigen an, dass dieser Wert Animationskeys besitzt.

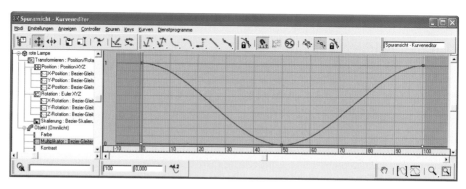

Abbildung 11.104: Kurven der Multiplikatoren für beide Lampen

11.10 Animierte Rendereffekte

Die Wirkung eines Lichts kann durch nachträglich über das Bild geblendete Glow-Effekte noch verstärkt werden. Diese Effekte können auch in Animationen verwendet werden und auch ihre Parameter sind animierbar (siehe Abbildung 11.105).

Rendern/Effekte = Rendering/Effects

In der Dialogbox RENDERN/EFFEKTE können Sie für einzelne Lichtquellen GLOW-Effekte hinzufügen. In diesem Beispiel benötigen Sie zwei unabhängige Effekte, da diese getrennt voneinander animiert werden sollen. Hier ist es sinnvoll, den Effekten Namen zu geben, um sie später in der Spuransicht identifizieren zu können (siehe Abbildung 11.106).

Abbildung 11.105: Ampel mit Glow-Effekt [AMPEL03.MAX]

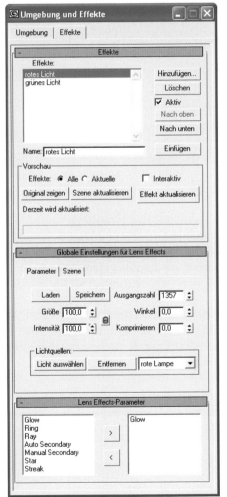 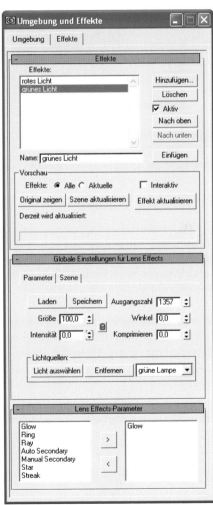

Abbildung 11.106: Die beiden Effekte unterscheiden sich nur durch die verwendete Lichtquelle und den Parameter Intensität.

Intensität = Intensity

Der Parameter INTENSITÄT wird bei beiden Effekten unterschiedlich animiert. Parallel zur Zu- und Abnahme der Helligkeit der Lampe soll sich auch die Intensität des GLOW-Effektes ändern. Ein Effekt mit INTENSITÄT 0 ist im gerenderten Bild nicht zu erkennen.

Auch hier braucht nur bei aktiviertem AUTO-KEY-Modus der Parameter in den entsprechenden Frames verändert zu werden.

Die Rendereffekte erscheinen in der Spuransicht im oberen Bereich, über den Materialien und Objekten. Jeder Effekt hat für alle animierbaren Parameter eigene Spuren.

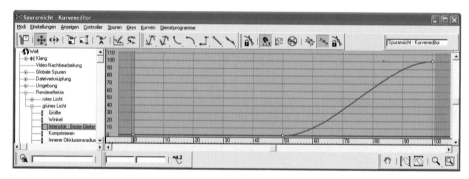

Abbildung 11.107: Glow-Effekt in der Spuransicht

11.11   Endlosschleifen

Ampelphasen und ähnliche zyklisch verlaufende Prozesse sollten, um Sprünge in der Animation zu vermeiden, sich im letzten Frame wieder im gleichen Zustand befinden, wie im ersten, so dass die Animation als Endlosschleife abgespielt werden kann.

In unserem Beispiel müsste nach Frame 100 die grüne Lampe einschließlich ihres Glow-Effekts und des selbstleuchtenden Materials langsam dunkler werden und die rote Lampe wieder heller, so dass nach 200 Frames die ursprüngliche Situation aus dem ersten Frame wieder hergestellt ist.

Die Animation AMPEL.AVI *auf der DVD zeigt eine solche Endlosschleife, die beliebig oft nahtlos wiederholt werden kann. Beim Abspielen im Windows Media Player können Sie mit der Tastenkombination* Strg+T *die endlose Wiederholung der Animation aktivieren.*

 Endzeit = End Time

Für die Rückwärtsbewegung aller Parameter sind noch einmal genauso viele Frames erforderlich. Erhöhen Sie also in der Dialogbox ZEITKONFIGURATION den Wert ENDZEIT auf 200.

(KOMPENDIUM) 3ds max 6

Klappen Sie jetzt im Kurveneditor alle Hierarchiezweige auf, die animierte Parameter enthalten:

➡ beide Rendereffekte

➡ beide Materialien der Kugeln, die die Ampellichter darstellen

➡ beide Omni-Lichtquellen

Die animierten Parameter werden automatisch markiert und die Kurven angezeigt.

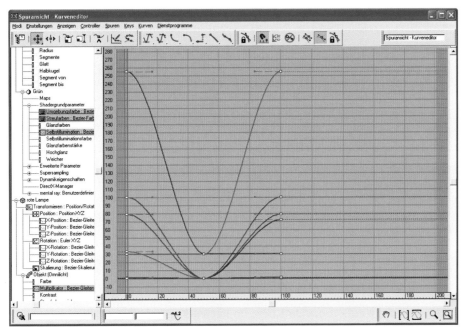

Abbildung 11.108: Darstellung aller animierten Parameter im Kurveneditor

Mit dem Button AUßERBEREICHSTYPEN FÜR PARAMETERKURVE können Sie das Verhalten einer Kurve vor dem ersten und nach dem letzten Key zu beeinflussen (siehe Abbildung 11.109).

Sechs verschiedene Kurventypen stehen zur Verfügung, die mit den darunter liegenden Buttons vor und nach dem durch Keys definierten Bereich eingesetzt werden können, um die Parameterkurve fortzusetzen.

KONSTANT behält den Wert des letzten Keys bei. Die Funktionskurve bleibt waagerecht.

ZYKLUS wiederholt die Animation am Ende des Bereichs immer weiter, springt dabei jedes Mal wieder an den Ausgangspunkt zurück, um neu anzufangen.

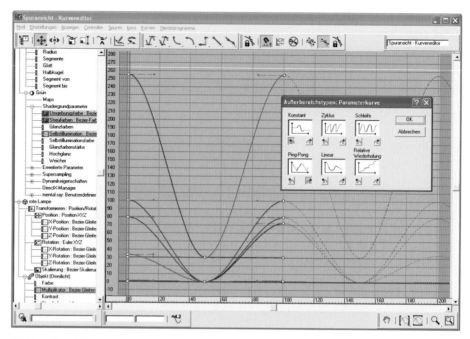

Abbildung 11.109: Ping-Pong Wiederholung der Animation [AMPEL04.MAX]

 SCHLEIFE wiederholt die Animation am Ende des Bereiches, wie Zyklus immer weiter, versucht dabei aber durch Angleichen des ersten und letzten Keys eine gleichmäßige Bewegung auszuführen.

 PING-PONG wiederholt die Animation am Ende in entgegengesetzter Richtung.

 LINEAR führt die ankommende Kurve im letzten Key geradlinig fort.

 RELATIVE WIEDERHOLUNG wiederholt die Animation am Ende des Bereichs immer weiter, fängt aber im Gegensatz zu Zyklus im Endpunkt den nächsten Zyklus an, ohne an den Ausgangspunkt zurückzuspringen.

In unserem Beispiel verwenden wir am Ende der Animation nach dem Frame 100 den Kurventyp PING-PONG, damit die Animation in den nächsten 100 Frames genau rückwärts läuft.

 Wenn Sie jetzt das aktuelle Zeitsegment rendern, werden 200 Frames berechnet, wobei das erste genau gleich dem letzten ist.

11.12 Animierte Maps

Maps in Materialien und Projektionen lassen sich auf verschiedene Weisen animieren:

Animierte Bitmaps

Überall, wo eine Bilddatei als Map ausgewählt werden kann, kann auch eine AVI- oder MOV-Datei verwendet werden. Im Material-Editor erscheint ein zusätzliches Rollout ZEIT, in dem Sie die Startzeit und Geschwindigkeit des Abspielvorgangs einstellen.

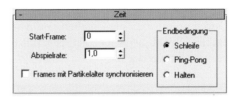

Abbildung 11.110: Rollout Zeit im Material-Editor bei einer animierten Bitmap

➤ START-FRAME – Das Frame, in dem die Wiedergabe des Films beginnt.

➤ ABSPIELRATE – Geschwindigkeit des Abspielens im Verhältnis zur Originalfilmdatei. 1,0 entspricht der Originalgeschwindigkeit, 2,0 der doppelten Geschwindigkeit gegenüber dem Original.

Abspielrate = Playback Rate

➤ ENDBEDINGUNG – legt fest, was am Ende der Filmdatei passiert, wenn die Animation länger ist: SCHLEIFE wiederholt das Abspielen, PING-PONG spielt die Filmdatei wieder rückwärts ab, wodurch eine flüssige Bewegung ohne harten Sprung am Ende des Films entsteht, HALTEN lässt den Film auf seinem letzten Bild stehen.

Endbedingung = End Condition

Abbildung 11.111: Kinoszene mit Film

Verwendet man eine animierte Bitmap bei der Projektion mit einer Lichtquelle, lässt sich damit der Effekt eines Kinoprojektors erzeugen.

Der in dieser Szene verwendete Film hat nur eine Auflösung von 160x120 Pixel, was für solche Effekte völlig ausreicht. Der Film wurde mit der eingebauten Kamera eines Sony Clié PDAs und der Software *Vivid* (www.pdassi.de/7053) aufgenommen.

Die Kinoszene finden Sie als Datei KINO07.MAX *auf der DVD, die verwendete Filmdatei unter dem Namen* VIVID.AVI. KINO.MOV *zeigt die fertige gerenderte Animation.*

Animierte Mapping-Koordinaten

Durch animiertes Verschieben von Mapping-Koordinaten lässt sich eine Map auf einem Objekt bewegen. Dabei kann eine Bitmap oder eine parametrische Map verwendet werden.

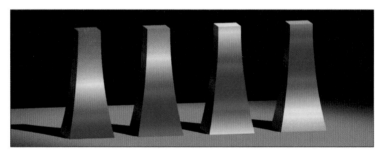

Abbildung 11.112: Verschiedene Positionen von Mapping-Koordinaten [MOD16.MAX]

Zur Animation von Mapping-Koordinaten verwenden Sie den UVW-MAP-Modifikator. Bewegen Sie hier im AUTO-KEY-Modus auf Unterobjekt-Level den Gizmo. Die Bewegung des Gizmo ist gleichbedeutend mit einer Bewegung der Map über das Objekt.

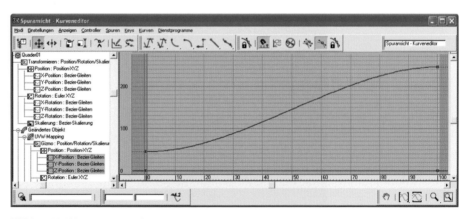

Abbildung 11.113: UVW-Mapping-Gizmo im Kurveneditor

〔 KOMPENDIUM 〕 3ds max 6

Dieser Modifikator taucht in der Spuransicht in der Unterstruktur GEÄNDERTES OBJEKT auf. Hier finden Sie Spuren für alle Parameter sowie eine weitere Unterstruktur für den Gizmo mit Spuren für Position, Drehung und Skalierung, die alle animiert werden können.

Geändertes Objekt = Modified Object

Animierte Parameter

Die Parameter parametrischer Maps können ebenfalls animiert werden. Damit lassen sich verschiedenartige Bewegungen innerhalb eines Materials erzeugen. So kann zum Beispiel die Größe bei *Marmor-*, *Flecken-* oder *Kerbe-*Maps oder die Position der zweiten Farbe in *Verlauf-*Maps verändert werden.

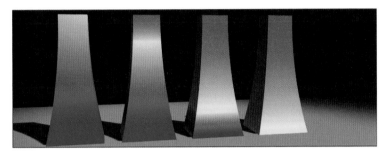

Abbildung 11.114: Animierter Wert Position Farbe 2 in einer Verlauf-Map [MOD17.MAX]

Auf der DVD finden Sie eine gerenderte Animation dieser Szene: MOD17.MOV.

Eine Veränderung des Parameters POSITION FARBE 2 in einer *Verlauf-*Map verschiebt nur die Position der mittleren Farbe innerhalb der Map, ohne dass die Map im Ganzen verschoben wird.

Für solche Parameteränderungen innerhalb von Materialien benötigen Sie mehrere Materialien, wenn mehrere Objekte sich unterschiedlich verhalten sollen. Hier werden keine Objektparameter animiert, sondern nur Materialparameter.

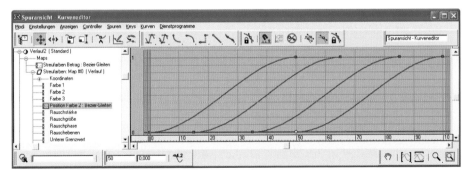

Abbildung 11.115: Animation von Map-Parametern

Jedes Material hat in der Spuransicht eine Unterstruktur MAPS. Hier gibt es für jede Map Spuren für alle Parameter und eine eigene Unterstruktur für die Koordinaten, die im Material-Editor-Rollout KOORDINATEN definiert sind.

!!
STOP

Die Animation von Map-Parametern wird nur bei Bitmap- und Verlauf–Maps in den schattierten Ansichtsfenstern dargestellt, und auch nur bei OpenGL-Anzeige. Der Software-Renderer und DirectX stellen keine animierten Maps dar.

Phase

Einige Maps verwenden einen speziellen Parameter PHASE, der eigens dazu da ist, das Animationsverhalten zu steuern. Die Größe und die übrigen Parameter bleiben gleich, PHASE stellt nur verschiedene Zustände einer Map dar, die durch Animation dieses Parameters ineinander übergehen können.

Rauschen = Noise

Im Material-Editor gibt es auf Map-Level ein Rollout RAUSCHEN, mit dem die jeweilige Map verrauscht, also innerhalb der Mapping-Koordinaten unregelmäßig verzerrt werden kann.

Abbildung 11.116: Rollout Rauschen im Material-Editor

Schaltet man hier den Schalter ANIMIEREN ein, kann das Rauschen über den Parameter PHASE animiert werden.

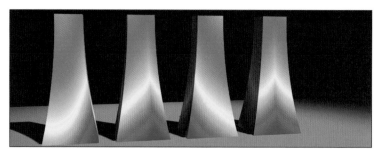

Abbildung 11.117: Animiertes Rauschen [MOD18.MAX]

DVD

Auf der DVD finden Sie eine gerenderte Animation dieser Szene: MOD18.MOV.

11.13   Animierter Hintergrund

Hintergründe werden in 3ds max 6 ähnlich wie Materialien behandelt. Sie können auch auf ähnliche Weise animiert werden. Verwenden Sie als Hintergrundbild eine Animationsdatei und weisen Sie diese wie jedes andere Hintergrundbild als Umgebungs-Map zu. So kann man eine MAX-Animation vor einem bewegten Hintergrund ablaufen lassen oder aber einen Film dazu nutzen, Bewegungen von Objekten zu synchronisieren. Diese Methode bezeichnet man als Rotoscoping.

Man erreicht damit leichter einen natürlichen Bewegungsablauf, als wenn man sich alle Animationskeys frei ausdenken müsste. Für Rotoscoping kann man sich auch den Hintergrundfilm in einem Ansichtsfenster anzeigen lassen, ohne ihn in der fertig gerenderten Animation zu sehen.

Im Material-Editor können Sie im Rollout ZEIT das Zeitverhalten dieses Hintergrunds steuern. Die Einstellungen sind die gleichen wie bei animierten Texturen.

Man kann sich den animierten Hintergrund mit der Tastenkombination Alt + B auch in Ansichtsfenstern anzeigen lassen. Dies beeinträchtigt allerdings die Abspielrate erheblich, deshalb wird das Hintergrundbild normalerweise nur dann neu aufgebaut, wenn man mit dem Zeitschieber in ein bestimmtes Frame springt, und nicht, wenn man die Animation im Ansichtsfenster automatisch abspielen lässt.

Wenn Sie auf der Registerkarte ANSICHTSFENSTER der Dialogbox EINSTELLUNGEN den Schalter HINTERGRUNDBILD BEIM ABSPIELEN AKTUALISIEREN einschalten, wird das Hintergrundbild auch beim Abspielen in Ansichtsfenstern ständig aktualisiert.

Hintergrundbild beim Abspielen aktualisieren = Update Background While Playing

Schalten Sie in der Dialogbox ANSICHTEN/ANSICHTSFENSTER-HINTERGRUND die Schalter HINTERGRUND ANZEIGEN und HINTERGRUND ANIMIEREN ein, um eine Hintergrundanimation anzuzeigen. Die Einstellungen dieser Dialogbox beeinflussen nur die Darstellung in schattierten Ansichtsfenstern, nicht im gerenderten Bild.

Ansichten/Ansichts-fenster-Hintergrund = Views/Viewport Background

Der Schalter HINTERGRUND ANIMIEREN ist nur aktiv, wenn als Hintergrund eine Animation verwendet wird.

Hintergrund animieren = Animate Background

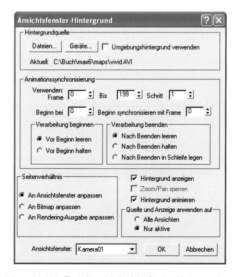

Abbildung 11.118: Einstellen des Ansichtsfenster-Hintergrundes

Animationssynchro-
nisierung = Anima-
tion Synchronization

Im Feld ANIMATIONSSYNCHRONISIERUNG finden Sie noch mehr Kontrollmöglich-keiten für die Darstellung der Hintergrundanimation.

Verwenden Frame
= Use Frame

➡ VERWENDEN: FRAME und BIS – gibt an, welche Frames der eingeblendeten Animation überhaupt verwendet werden sollen. Als Vorgabe ist die ganze Länge dieser Animation eingestellt.

Schritt = Step

➡ SCHRITT – gibt an, welches wievielte Frame der Animation für den Hinter-grund verwendet werden soll. Durch Verwendung größerer Schritte läuft die Berechnung schneller.

Beginn bei = Start at

➡ BEGINN BEI – gibt an, in welchem Frame der 3ds max 6-Animation die Hin-tergrundanimation abzulaufen anfangen soll. Mit den Schaltern unter VER-ARBEITUNG BEGINNEN stellt man ein, ob davor das Hintergrundbild fehlen (VOR BEGINN LEEREN) oder das erste Frame der Hintergrundanimation zu sehen sein soll (VOR BEGINN HALTEN).

Beginn synchroni-
sieren mit Frame =
Sync Start to Frame

➡ BEGINN SYNCHRONISIEREN MIT FRAME – legt fest, welches Frame der Hinter-grundanimation im BEGINN BEI-Frame zu sehen sein soll. Von dort beginnt die Animation dann gleichmäßig zu laufen.

Verarbeitung
beenden
= End Processing

➡ VERARBEITUNG BEENDEN – legt fest, was im Ansichtsfenster passieren soll, wenn die Hintergrundanimation zu Ende ist.

Nach Beenden leeren
= Blank After End

➡ NACH BEENDEN LEEREN – blendet das Hintergrundbild wieder aus.

Nach Beenden halten
= Hold After End

➡ NACH BEENDEN HALTEN – Nach dem Ende der Hintergrundanimation bleibt diese auf dem letzten Bild stehen.

Nach Beenden in
Schleife legen
= Loop After End

➡ NACH BEENDEN IN SCHLEIFE LEGEN – wiederholt die Animation wieder von Anfang an.

Hintergrundbilder verschieben

Durch Verschieben des Hintergrundbilds lässt sich der Effekt einer Bewegung erzeugen, ohne dass wirklich Objekte oder die Kamera bewegt werden müssen.

Abbildung 11.119: Bewegen des Hintergrundbilds [SBAHN22.MAX]

Auf der DVD finden Sie eine gerenderte Animation dieser Szene: SBAHN22.MOV.

Damit dieser Effekt funktioniert, muss das Hintergrundbild relativ groß und so gekachelt sein, dass immer nur ein Teil davon zu sehen ist.

Diese Werte werden im Rollout KOORDINATEN der Map eingestellt. Bei einer horizontalen Bewegung muss also der Wert KACHELN in U-Richtung deutlich kleiner als 1 sein. In vielen Fällen, bei uniformen Hintergründen oder Hintergrundbildern mit Bewegungsunschärfe, stört es kaum, wenn das Hintergrundbild dadurch in die Breite gezogen wird. Bei Bedarf müssen Sie den Wert KACHELN in V-Richtung entsprechend auch verändern.

Kacheln = Tiling

Abbildung 11.120: Koordinaten-Rollout eines Hintergrundbildes im Material-Editor

Aktivieren Sie jetzt den Modus AUTO-KEY und springen Sie in das letzte Frame. Verändern Sie dort den Parameter ABSTAND in U-Richtung.

Abstand = Offset

In der Spuransicht finden Sie die Parameter für das Hintergrundbild als Unterstruktur UMGEBUNGSTEXTUR-MAP unter UMGEBUNG noch oberhalb der Objektstrukturen.

Umgebung/Umgebungstextur-Map = Environment/Environment Texture Map

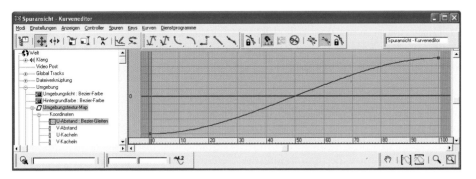

Abbildung 11.121: Hintergrundbild in der Spuransicht

11.14   Video-Nachbearbeitung und Effekte

In 3ds max 6 ist ein einfaches Video-Mischpult integriert. Hier gibt es viele der
Möglichkeiten, die professionelle Video-Studios bieten. Animationen und Einzelbilder lassen sich überblenden oder mit Bildern überlagern beziehungsweise
unterlegen. Bilder können maskiert und gemischt werden. Durch das Zusammen-
wirken mit der zeitlichen Komponente kann so ein komplizierter Film entstehen.
Allerdings kosten diese Video-Post-Prozesse sehr viel Rechenzeit, da sie für die zu
ladenden Bilddateien viel Speicherplatz benötigen und für jedes Frame mehrere
Rechenprozesse durchlaufen müssen.

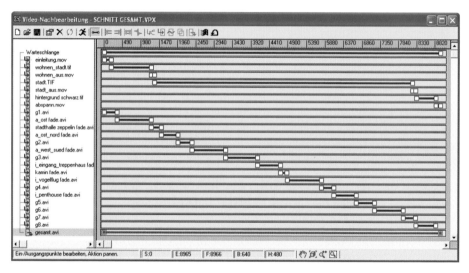

Abbildung 11.122: Video-Nachbearbeitung einer komplexen Präsentation

Rendern/Video-
Nachbearbeitung
= Rendering/Video
Post

Alle Funktionen werden über die VIDEO-NACHBEARBEITUNG-Dialogbox gesteuert. Diese ruft man mit dem Befehl RENDERN/VIDEO-NACHBEARBEITUNG aus dem
Menü auf. Der Video-Mischer arbeitet mit Bildern und Filmen oder dem aktuellen 3ds max-Kamerafenster.

Man legt verschiedene so genannte Aktionen übereinander. So eine Aktion kann
auch eine gerenderte Bildfolge der aktuellen Szene aus der Sicht einer bestimmten
Kamera sein.

Im linken Fenster werden untereinander die einzelnen Aktionen aufgelistet. Diese
bilden eine Hierarchie, ähnlich der Objektstruktur im *Spuransicht*-Fenster. Das
Raster im rechten Bereich gibt auch hier die einzelnen Frames der Animation an.
Sie sind oberhalb der Rasterfelder nummeriert. Mit dem Balken unter dem Ras-
terfeld kann man sich durch längere Animationen bewegen.

Mit den Symbolen am oberen Rand kann man neue Aktionen hinzufügen, Aktionen anordnen oder vorhandene Aktionen verändern. Die Balken zeigen, wie lange eine Aktion innerhalb der Animation läuft. Jede Aktion kann auch nachträglich durch Doppelklick auf die entsprechende Zeile im linken Teilfenster bearbeitet werden.

Szenenaktion

Eine Szenenaktion ist die Ansicht der aktuellen Szene aus einem bestimmten Ansichtsfenster oder einer Kamera. Man kann auch mehrere verschiedene Ansichten der Szene mit mehreren Aktionen überlagern.

Abbildung 11.123: Eine Szenenaktion hinzufügen

Im Feld Szenenbereich legt man das Zeitverhalten der Szene fest. Ist AN VIDEO-NACHBEARBEITUNGSBEREICH FESTMACHEN eingeschaltet, entsprechen den Frames in der Video-Nachbearbeitung immer genau die gleichen Frame-Nummern in der Szene. Der Bereichsbalken legt nur fest, welcher Teilbereich der Szene zu sehen sein soll.

An Video-Nachbear-beitungsbereich festmachen = Lock to Video Post Range

Ist AN VIDEO-NACHBEARBEITUNGSBEREICH FESTMACHEN ausgeschaltet, aber BEREICHSBALKEN AN SZENENBEREICH FESTMACHEN eingeschaltet, kann man im Feld SZENENBEGINN einstellen, mit welchem Frame die Animation am Anfang des Bereichbalkens anfangen soll. Von dort aus läuft sie gleichmäßig ab, so dass in jedem Frame der Video-Nachbearbeitung ein Frame der gerenderten Animation gezeigt wird.

Bereichsbalken an Szenenbereich fest-machen = Lock Range Bar to Scene Range

Ist BEREICHSBALKEN AN SZENENBEREICH FESTMACHEN auch ausgeschaltet, kann man in den Feldern SZENENBEGINN und SZENENENDE den Bereich der Animation einstellen, der innerhalb des Bereichsbalkens abgespielt werden soll. Aus der Länge des Bereichsbalkens ergibt sich dann die Abspielgeschwindigkeit.

Bildeingabeaktion

Eine Bildeingabeaktion kann ein Bild (zum Beispiel ein Firmenlogo), eine Bilderserie oder eine Animation sein. Mit dem Button OPTIONEN haben Sie weitere Einstellmöglichkeiten für die Bildgröße und den verwendeten Zeitbereich.

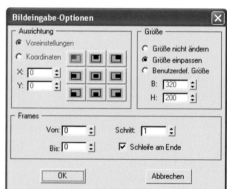

Abbildung 11.124: Eine Bildeingabeaktion hinzufügen

Im Feld AUSRICHTUNG gibt es zwei Möglichkeiten, das Bild zu positionieren:

Voreinstellungen = Presets

➡ VOREINSTELLUNGEN positioniert die Bilddatei ohne Größenveränderung in eine Ecke oder in die Seitenmitte des Bildschirms, ohne die Größe zu verändern. Mit den neun Schaltflächen daneben bestimmen Sie die gewünschte Position.

Koordinaten = Coordinates

➡ KOORDINATEN schiebt das Bild ohne Größenveränderung an eine bestimmte Position auf dem Bildschirm. Die Felder X: und Y: geben die Position der oberen linken Bildecke an. Positive Werte bedeuten eine Verschiebung nach rechts (X:) und unten (Y:), negative Werte verschieben nach links und oben.

Im Feld GRÖSSE bestimmen Sie die Größe, in der die Bilddatei übernommen werden soll:

Größe nicht ändern = Do Not Resize

➡ GRÖSSE NICHT ÄNDERN – übernimmt die Bilddatei in ihrer Originalgröße.

➡ GRÖSSE EINPASSEN – passt die Größe der Bilddatei an die eingestellte Größe der Ausgabe an. Hierbei wird allerdings auch das Seitenverhältnis angepasst und somit verfälscht.

Größe einpassen = Resize to Fit

➡ BENUTZERDEFINIERTE GRÖSSE – bietet die Möglichkeit, eine neue Größe für die Bilddatei angeben. Geben Sie in den Feldern W: und H: die neue Breite und Höhe an. Das Bild wird dann zuerst in der Größe verändert und anschließend an die entsprechende Stelle verschoben.

Benutzerdefinierte Größe = Custom Size

Verwendet man für die Bildeingabeaktion eine Animationsdatei, kann man im Feld FRAMES einstellen, welche Frames dieser Animation übernommen werden sollen. VON und BIS geben dabei das erste und letzte übernommene Frame an. Im Feld SCHRITT stellen Sie die Abspielrate dieser Animation im Verhältnis zu der, von der Video-Nachbearbeitung berechneten ein. Ist SCHLEIFE AM ENDE eingeschaltet, wird die Animation am Ende automatisch wiederholt, wenn sie kürzer ist als der für diesen Aktion verwendete Bereichsbalken.

Schleife am Ende = Loop at the end

Bildfilter

Bildfilter sind besondere bildbearbeitende Prozesse, die für Ein- und Ausblendungen und Alpha-Effekte verwendet werden können. Bildfilter werden üblicherweise direkt auf eine Aktion angewendet. Selektieren Sie dazu die Aktion, die vom Bildfilter betroffen werden soll. Die Bildfilter-Aktion wird diesem dann hierarchisch übergeordnet. Bildfilter können auch verwendet werden, ohne dass eine Aktion selektiert ist. Sie wirken dann auf das Ergebnis aller vorherigen Aktionen.

Bei jedem Bildfilter kann über eine Maske und eine Zeitdauer die Wirkung des Filters begrenzt werden.

Contrast

CONTRAST verändert den Kontrast und die Helligkeit des darunter liegenden Bildes. In der EINRICHTEN-Dialogbox stellen Sie die gewünschten Werte absolut oder relativ zum verwendeten Bild ein.

Abbildung 11.125: Einstellungen für Contrast Bildfilter

Fade

FADE blendet ein Bild nach Schwarz aus oder von Schwarz ein. Das Ein- oder Ausblenden erstreckt sich zeitlich über den ganzen Bereichsbalken. Der Bereichsbalken der vom Filter betroffenen Aktionen sollte mindestens genauso lang wie der Filter sein und an einem Ende gleich abschließen, beim Einblenden am Anfang, beim Ausblenden am Ende.

Abbildung 11.126: Fade Bildsteuerung

Image Alpha

IMAGE ALPHA ersetzt den Alpha-Kanal des Bilds durch den der Maskendatei. Damit lassen sich spezielle Transparenzbereiche für folgende Aktionen schaffen.

Lens Effects Flare

Lens-Effekte machen Lichtquellen noch auffälliger und effektvoller. Sie beziehen sich direkt auf die Geometrie der Szene, werden aber in der Video-Nachbearbeitung nachträglich über die Szene gelegt. Diese Effekte haben zwar eine ähnliche Wirkung, wie die unter RENDERN/EFFEKTE, werden aber ganz anders konfiguriert und bieten auch noch wesentlich mehr Möglichkeiten.

Abbildung 11.127: Lens-Effekte an Raumschifftriebwerken aus dem Film »De neie Apparatspott« (www.apparatspott.de)

:-)
TIPP

Die meisten Lens-Effekte sind animierbar. Sie finden Sie in der Spuransicht unter VIDEO-NACHBEARBEITUNG. Hier können Sie auch die Keys für die Animation und die zu verwendeten Controller-Typen einstellen. Um die Spuransicht übersichtlicher zu halten, können Sie in den Einstellungsdialogen der Lens-Effekte die einzelnen Parameter mit kleinen grünen Buttons in der Spuransicht ausblenden.

FLARE-Effekte sind alle Arten von Lichtreflexen, die durch Lichtquellen im Gegenlicht auf Kameralinsen entstehen. Dazu gehören auch die Sterne und Strahlen, die sich durch Lichtbrechung auf der Linse ergeben.

In der Dialogbox LENS EFFECTS FLARE stellen Sie ein, von welcher Lichtquelle in der Szene der Effekt kommen soll. Dann finden Sie im rechten Bereich acht verschiedene Effekte, die beliebig miteinander kombiniert werden können. Zu jedem dieser Effekte gibt es eine Registerkarte mit Einstellungen (siehe Abbildung 11.128).

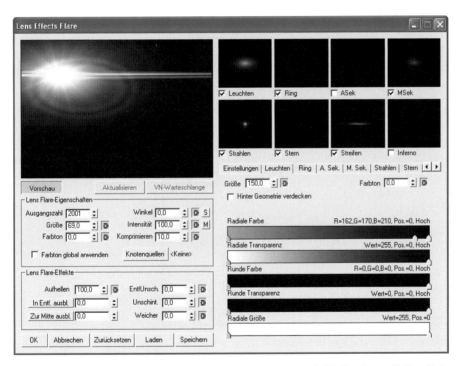

Abbildung 11.128: Einstellungen für Flare-Effekte

Lens Effects Focus

FOCUS-Effekte bieten verschiedene Möglichkeiten, nachträglich Unschärfe über die Szene zu legen. Die Unschärfe kann entweder gleichmäßig über der ganzen Szene liegen oder radial vom Mittelpunkt oder einem beliebigen Objekt ausgehen. Damit lassen sich Teilbereiche scharf hervorheben, wogegen die Ränder in der Unschärfe verschwimmen.

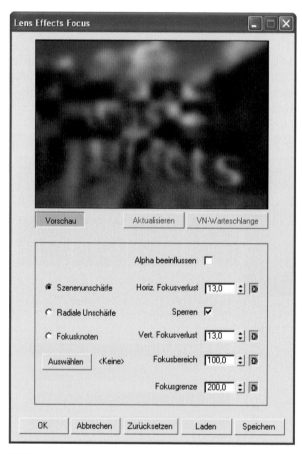

Abbildung 11.129: Einstellungen für Focus-Effekte

Lens Effects Glow

GLOW bewirkt ein atmosphärisches Glühen beleuchteter Objekte. Dieses ist als Video-Nachbearbeitung-Effekt wesentlich schneller zu berechnen, als wenn man die gleiche Wirkung mit einem Volumenlicht erreichen wollte. Dabei lässt sich einstellen, ob der Effekt auf die ganze Szene wirken soll, oder nur auf bestimmte Object-IDs oder Material-IDs (siehe Abbildung 11.130).

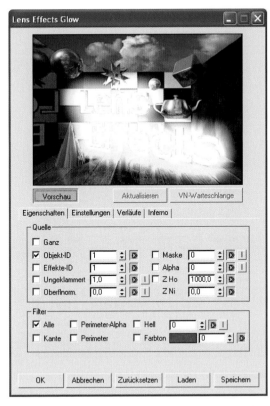

Abbildung 11.130: Einstellungen für Glow-Effekte

Lens Effects Highlight

HIGHLIGHT-Effekte erzeugen helle, funkelnde Lichtstrahlen, die von glänzenden Oberflächen ausgehen, die direkt vom Licht beschienen werden. Dabei lassen sich die Intensität, Farbe und Winkel beliebig einstellen und animieren. Die Effekte können von bestimmten Objekten ausgehen oder über Effekte-IDs zugewiesen werden (siehe Abbildung 11.131).

Negative

Der NEGATIVE-Effekt invertiert die Farben eines Bildes.

Pseudo Alpha

Der PSEUDO ALPHA-Effekt erzeugt einen Alpha-Kanal aus der Farbe des linken oberen Pixels. Dabei werden im Alpha-Kanal keine Graustufen verwendet. Nur eine einzige Farbe wird transparent.

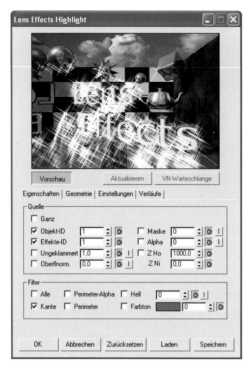

Abbildung 11.131: Einstellungen für Highlight-Effekte

Simple Wipe

SIMPLE WIPE schiebt ein Bild von links oder rechts in den sichtbaren Bereich hinein (PUSH) oder heraus (POP).

Abbildung 11.132: Einstellungen für Simple Wipe-Effekte

Starfield

STARFIELD generiert einen Sternenhimmel als Hintergrund. Dabei kann man wählen, ob die Sterne zufällig verteilt werden sollen, oder aus einer vorher festgelegten Datei eingelesen werden. Dafür liefert 3ds max 6 die Datei EARTH.STB mit, in der der Sternenhimmel aus der Sicht der Erde definiert ist.

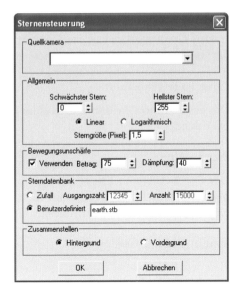

Abbildung 11.133: Einstellungen für Sternenhimmel

Bildlayer

BILDLAYER-Aktionen überlagern oder mischen zwei Aktionen. Um eine BILD-LAYER-Aktion in die Warteschlange eintragen zu können, müssen zwei Aktionen selektiert sein. Die Reihenfolge der beiden Aktionen ist entscheidend. Das obere Bild in der Warteschlange wird als Hintergrund verwendet, das untere Bild anschließend darüber geblendet.

Mit dem Button AKTIONEN AUSTAUSCHEN können Sie zwei selektierte Aktionen vertauschen.

Adobe Premiere Transition Filter

Im Fernsehen werden vielfältige Überblendeffekte zwischen zwei Szenen verwendet. Zum Beispiel das Einblenden über bewegte, sich scheinbar im Raum bewegende Flächen oder über stern- oder schachbrettförmige Masken. Die meisten dieser Effekte sind als Plug-Ins für Adobe Premiere und dazu kompatible Programme verfügbar. 3ds max 6 verfügt über eine Schnittstelle für solche Plug-Ins, so dass hiermit auf ein breites Spektrum von Überblendeffekten zugegriffen werden kann.

Alpha Compositor

ALPHA COMPOSITOR legt zwei Aktionen anhand ihres Alpha-Kanals übereinander. In den transparenten Bereichen des zweiten Bilds sieht man das erste durch.

Cross Fade Transition

Die erste Aktion in der Warteschlange wird langsam durch die zweite Aktion überblendet.

Pseudo Alpha

Der PSEUDO ALPHA-Effekt erzeugt einen Alpha-Kanal aus der Farbe des linken oberen Pixels. Dabei werden im Alpha-Kanal keine Graustufen verwendet. Nur eine einzige Farbe wird transparent.

Simple Additive Compositor

Hier wird das zweite Bild entsprechend seiner Intensität überlagert. Damit kann man bei Bildern mit großen Intensitätsunterschieden ganz andere Effekte als mit normalen Alpha-Kanälen erzeugen. Außerdem lässt sich diese Layer-Aktion für Bildformate verwenden, die keinen Alpha-Kanal unterstützen, wie zum Beispiel bmp oder pcx.

Simple Wipe

Die SIMPLE WIPE-Bildlayer-Aktion schiebt ähnlich, wie die gleichnamige Bildfilter-Aktion, ein Bild von links oder rechts in den sichtbaren Bereich hinein (PUSH) oder aus ihm heraus (POP). Im Unterschied zur SIMPLE WIPE-Bildfilter-Aktion wird das Bild nicht ins Leere geschoben, sondern das andere Bild bleibt darunter stehen.

Berechnung der Video-Nachbearbeitung

Am Ende der Liste aller Aktionen müssen Sie noch eine Bildausgabe-Aktion einfügen, die dafür sorgt, dass das Ergebnis in eine Bild- oder Video-Datei geschrieben wird.

Ganz zum Schluss kann die eigentliche zeitaufwändige Berechnung gestartet werden. Dabei erscheint ein spezielles Fenster, das den Fortschritt ähnlich, wie beim Rendern anzeigt. Vorher müssen Sie noch den zeitlichen Bereich und die Auflösung einstellen.

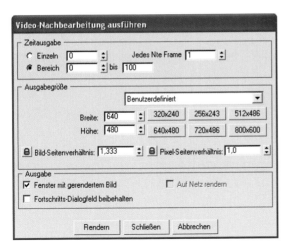

Abbildung 11.134: Einstellungen zur Ausgabe der Video-Nachbearbeitung

Die Einstellungen der Video-Nachbearbeitung werden automatisch in der max-Datei mit gespeichert, können aber zusätzlich auch als eigene vpx-Dateien gespeichert werden, um sie später auch in anderen Szenen wieder zu verwenden.

12   Partikelsysteme

Für besondere Effekte, wie zum Beispiel Wasser, Schnee, Feuer, Seifenblasen oder Konfetti, braucht man viele ähnliche Objekte, die sich bewegen, wobei es auf die genaue Bewegung und das Aussehen jedes einzelnen Objekts nicht ankommt.

Abbildung 12.1: Partikelsystem zur Darstellung von Rauch und Feuer (Bild: www.apparatspott.de)

Die abgebildete Szene stammt aus dem Science-Fiction-Film »De neie Appa-ratspott«. Auf der DVD im Verzeichnis \DVDROM\highlights\apparatspott *finden Sie den Filmtrailer und zahlreiche Bilder. Weitere Informationen zum Film auf den gelben Seiten im Anhang dieses Buches.*

DVD

Für solche Fälle bietet 3ds max verschiedene Partikelsysteme, die als Ganzes parametrisch animiert werden, ohne dass man jedes einzelne Partikel bewegen muss. Diese Partikelsysteme finden Sie auf der ERSTELLEN-Palette unter GEOMET-RIE in der Liste.

Die Bewegung von Partikeln im Raum kann über Space Warps gesteuert werden. Dies sind eine Art Kraftfelder, die Objekte in der Nähe beeinflussen.

Zusätzlich zu den aus früheren Versionen bekannten einfachen Partikelsystemen bietet 3ds max 6 noch ein völlig neuartiges Partikelsystem PARTIKELFLUSS.

!!
STOP

Beachten Sie, dass Partikelsysteme die Rechenzeit deutlich erhöhen können, insbesondere in Bezug auf Transparenzen.

Partikelsysteme können in Ansichtsfenstern vereinfacht dargestellt werden. Erst im gerenderten Bild werden die wirklichen Partikel berechnet.

12.1   Einfache Partikelsysteme

Die einfachen Partikelsysteme, die schon aus früheren 3ds max-Versionen bekannt sind, funktionieren prinzipiell alle sehr ähnlich: Aus einem Emitter strömen eine bestimmte Zeit lang Partikel in eine definierte Richtung. Diese Partikel können in Aussehen, Anzahl und Lebensdauer beeinflusst werden.

Abbildung 12.2: Partikelsystem vom Typ PAnordnung

Die Emitter können rechteckig sein und die Partikel in eine Richtung abstrahlen, bei manchen Partikelsystemen sind auch kugelförmige Emitter oder beliebige Objekte als Emitter möglich.

Sie können den Partikelsystemen als Ganzes ein Material zuweisen. Dabei sind über ein Multi-/Unterobjekt-Material auch bunt gemischte Partikel möglich. Den Partikeln werden automatisch 64 verschiedene Material-IDs zugewiesen.

Anhand des einfachsten Partikelsystems GISCHT werden hier die wichtigsten Parameter von Partikelsystemen beschrieben:

➡ ANZAHL IN ANSICHT – gibt an, wie viele Partikel maximal in den Ansichtsfenstern sichtbar sein sollen. Die Lage dieser Partikel muss nicht unbedingt mit der Lage im gerenderten Bild übereinstimmen. Große Partikelzahlen verlangsamen den Bildaufbau.

Anzahl in Ansicht = Viewport Count

➡ ANZAHL BEIM RENDERN – gibt an, wie viele Partikel maximal im gerenderten Bild sichtbar sein sollen. Hier kann man für endgültige Berechnungen auch größere Zahlen angeben als bei Anzahl in Ansicht.

Anzahl beim Rendern = Render Count

➡ TROPFENGRÖSSE – gibt die Größe der einzelnen Partikel in Koordinateneinheiten an. Je nach Einstellung im Feld RENDER werden die Partikel als lang gezogene Tetraeder zur Darstellung von Tropfen oder als Quadrate gerendert. Bei Tropfen bezeichnet Tropfengröße die Länge, bei Quadraten die Seitenlänge.

Tropfengröße = Drop Size

➡ GESCHWINDIGKEIT – bestimmt die Geschwindigkeit der Partikel bei der Bewegung in Richtung vom Emitter weg. Diese Geschwindigkeit wird in Koordinateneinheiten pro Frame angegeben und kann später durch Space Warps wie Schwerkraft oder Wind noch beeinflusst werden. Die Geschwindigkeit beeinflusst zusammen mit der LEBENSDAUER auch die Reichweite, wie weit ein Partikel vom Emitter weg fliegen kann.

Geschwindigkeit = Speed

➡ VARIATION – verändert bei GISCHT zufällig die Richtung und Geschwindigkeit der Partikel. Bei den anderen Partikelsystemen wird nur die Geschwindigkeit variiert. Je größer dieser Wert ist, desto breiter die Streuung.

Die Partikel können in den Ansichtsfenstern auf drei verschiedene Methoden dargestellt werden. Die Darstellung im gerenderten Bild ist davon unabhängig.

➡ TROPFEN – Längsstriche, die Tropfen andeuten. Diese entsprechen in der Länge dem TROPFENGRÖSSE-Wert.

Tropfen = Drops

➡ PUNKTE – Einzelne Punkte, unter Umständen schwer erkennbar.

Punkte = Dots

➡ KREUZCHEN – Kleine Kreuze.

Kreuzchen = Ticks

Im Feld ZEITABLAUF stellt man das Zeitverhalten des Partikelsystems ein. Für eine Bewegung der Partikel sind keine Animations-Keys erforderlich:

➡ BEGINN – gibt das Frame an, in dem die ersten Partikel erscheinen.

Beginn = Start

➡ LEBENSDAUER – bezeichnet die Lebensdauer eines Partikels in Frames, die Zeit, wie lange ein Partikel zu sehen ist, bevor es von selbst verschwindet.

Lebensdauer = Life

➡ ERZEUGUNGSRATE – gibt an, wie viele Partikel pro Frame neu entstehen. Dabei kann aber die maximale Anzahl in Anzahl beim Rendern nicht überschritten werden.

Erzeugungsrate = Birth Rate

Konstant = Constant

➜ KONSTANT – berechnet die Erzeugungsrate automatisch aus der HÖCHST-MÖGLICHE RATE. Diese gibt an, wie viele Partikel in einem Frame maximal entstehen dürfen, damit noch alle angezeigt werden können. Dieser Wert errechnet sich aus ANZAHL BEIM RENDERN/LEBENSDAUER.

Gischt

Gischt = Spray

GISCHT ist das einfachste Partikelsystem. Es wird zur Simulation von Wassertropfen, zum Beispiel bei Regen, verwendet.

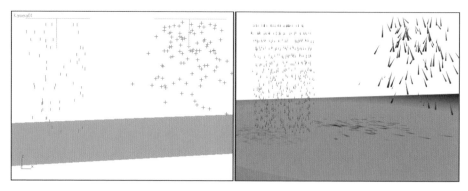

Abbildung 12.3: Zwei verschiedene Gischt-Partikelsysteme links im Ansichtsfenster, rechts gerendert [PART01.MAX]

Für dieses Partikelsystem zeichnet man einen rechteckigen Emitter. Von diesem aus fallen die Partikel automatisch animiert nach unten. Es brauchen keine Keys gesetzt zu werden.

Schnee

Schnee = Snow

Das Partikelsystem SCHNEE ähnelt weit gehend dem Partikelsystem GISCHT, mit dem Unterschied, dass ebenflächige Partikel erstellt werden, die sich bei der Bewegung zufällig um mehrere Achsen drehen können.

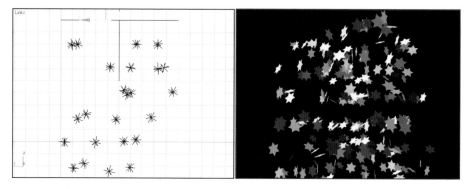

Abbildung 12.4: Schnee-Partikelsystem [SCHNEE.MAX]

Der englische Begriff *tumble* wurde in der deutschen Version mit FALLEN und FALLRATE, in zwei Parametern falsch übersetzt. Diese beiden Parameter sagen nichts über die Fallgeschwindigkeit aus, sondern geben an, wie weit und wie schnell sich die Partikel beim Fallen um ihre Achse drehen. Bei FALLEN kann man Werte zwischen 0.0 und 1.0 verwenden, wobei 1.0 maximales Taumeln bedeutet. Bei 0.0 drehen sich die Partikel nicht und fallen nur gleichmäßig herunter.

Fallen/Fallrate = Tumble/Tumble Rate

Schneesturm

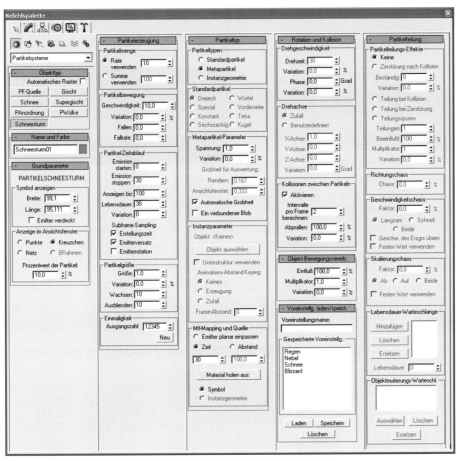

Abbildung 12.5: Die Parameter eines Schneesturm-Partikelsystems als erweiterte Befehlspalette auf einem zweiten Monitor

SCHNEESTURM ist eine Erweiterung des SCHNEE-Partikelsystems. Hier sind verschiedenartige Partikeltypen und Größen möglich. Zahlreiche Parameter sind detailliert einstellbar und können als Parametersatz gespeichert werden, um leicht wieder ein ähnliches Partikelsystem zu erzeugen.

Schneesturm = Blizzard

Supergischt

SUPERGISCHT ist eine Erweiterung des Partikelsystems GISCHT. Auch hier sind verschiedene Partikeltypen und Metapartikel möglich, die sich miteinander verbinden, um zum Beispiel Flüssigkeiten darzustellen.

Die Partikel werden von einem punktförmigen Emitter in eine frei einstellbare Richtung ausgesendet. Dieser Strahl kann zu einem Kegel ausgeweitet werden.

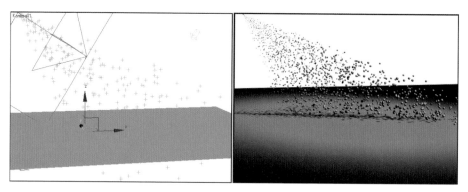

Abbildung 12.6: Supergischt links im Ansichtsfenster, rechts gerendert

Wie beim SCHNEESTURM sind zwischen den Partikeln zahlreiche Variationen in Größe und Bewegung möglich. Bei Kollision können die Partikel automatisch zerfallen. Parametersätze lassen sich speichern, um sie später für andere Partikelsysteme wieder zu verwenden.

Für ein gleichmäßiges Aussenden von Partikeln werden keine Animationskeys benötigt. Trotzdem können Partikelsysteme auch über Keys zusätzlich animiert werden.

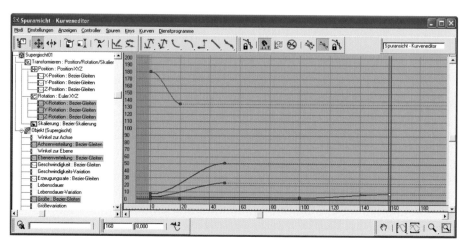

Abbildung 12.7: Animation eines Partikelsystems [PART02.MAX]

Im Beispiel wird am Anfang der Partikelemitter gedreht und danach die beiden Verteilungswinkel erhöht, so dass die Partikel kegelförmig ausgestrahlt werden. Im späteren Verlauf wird noch die Größe der Partikel erhöht.

Die Datei SGISCHT.MOV *auf der DVD zeigt dieses animierte Partikelsystem.*

DVD

Abbildung 12.8: Verschiedene Stadien der Animation

Partikelwolke

Die PARTIKELWOLKE ähnelt dem Partikelsystem SUPERGISCHT. Die Partikel werden aber von einem punktförmigen Emitter in alle Richtungen ausgestrahlt. Die Wolke im Ganzen kann die Form eines Quaders, einer Kugel, eines Zylinders oder eines beliebigen Objekts annehmen.

PWolke = PCloud

Abbildung 12.9: Kugelförmige Partikelwolke

Partikelanordnung

PAnordnung = PArray

Bei der PARTIKELANORDNUNG werden die Partikel von der Oberfläche eines Objekts nach außen abgestrahlt. Dabei können die Partikel auch die Form von Objektfragmenten annehmen, womit zum Beispiel Explosionen und zerbrechende Gegenstände dargestellt werden können, wie weiter hinten in diesem Kapitel beschrieben.

Abbildung 12.10: Partikelanordnung mit Objektfragmenten

12.2   Space Warps

Space Warps sind Kraftfelder, die auf Objekte wirken und sie dabei verformen. Space Warps eignen sich besonders zur Verformung von Partikelsystemen, einige davon können aber auch verwendet werden, um andere Objekte zu verformen.

Diese Space Warps werden ähnlich wie Objekte auf der ERSTELLEN-Palette erzeugt und befinden sich an einer bestimmten Stelle im Raum. Dort kann man sie wie normale Objekte bewegen und auch animieren. Sie erscheinen in allen, auch in schattierten Ansichtsfenstern als gelbe Drahtmodelle. Beim Rendern sind sie aber nicht zu sehen, nur ihre Wirkung auf andere Objekte.

Damit ein Space Warp ein normales Objekt verformen kann, muss es an dieses gebunden werden. Dabei kann ein Space Warp an mehrere Objekte gebunden werden, und umgekehrt können mehrere Space Warps auf ein Objekt wirken.

Um ein Objekt an ein Space Warp zu binden, aktivieren Sie den Button AN SPACE WARP BINDEN und ziehen dann mit gedrückter Maustaste vom Objekt oder Partikelsystem auf das Space Warp.

Die Bindungen der Space Warps an Objekte erscheinen am oberen Ende des Modifikatorstapels des betroffenen Objekts. Wirken auf ein Objekt mehrere Space Warps, erscheinen sie im Modifikatorstapel in der Reihenfolge, in der sie zugewiesen wurden.

Die Wirkung von Space Warps hängt immer von ihrer Lage im Raum und dabei im Weltkoordinatensystem ab. Sie hängen nicht, wie ein Modifikator, am lokalen Koordinatensystem des betroffenen Objekts. Das ist schon deshalb nicht möglich, da ein Space Warp mehrere Objekte beeinflussen kann, auch wenn diese sich gegeneinander bewegen. So kann ein Objekt sozusagen durch ein Kraftfeld fliegen, wird dort verformt, und wenn es das Kraftfeld wieder verlässt, ist dessen Einfluss auch wieder weg. Das Objekt hat wieder seine ursprüngliche Form.

Dieser Button löscht die Bindung des Space Warps an das Objekt. Objekt und Space Warp bleiben beide erhalten, so dass das Space Warp weiterhin auf andere Objekte wirken kann.

Die Space Warps sind auf der ERSTELLEN-Palette in mehreren Gruppen angeordnet, zwischen denen Sie im Listenfeld auswählen können. Bei jedem Space Warp wird im Rollout UNTERSTÜTZT OBJEKTE VOM TYP angezeigt, welche Objekttypen dieses Space Warp verformen kann.

Wind

WIND ist ein spezielles Space Warp, das nur auf Partikelsysteme angewendet werden kann. Es bewirkt eine zusätzliche seitliche Bewegung der Partikel, wodurch sich Wind simulieren lässt.

Dieses Space Warp ist auf der ERSTELLEN-Palette unter KRÄFTE zu finden.

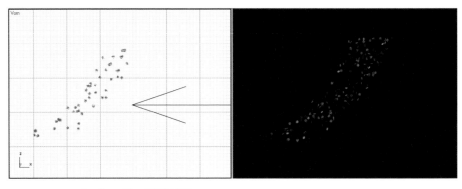

Abbildung 12.11: Wind-Space Warp [WIND.MAX]

Der Wind bläst von der Ebene einer quadratischen Fläche aus in Pfeilrichtung durch das Partikelsystem. Die Größe und Lage des Space Warp-Symbols spielt dabei keine Rolle. Wichtig ist nur die Richtung des Pfeils.

Stärke = Strength

➤ STÄRKE – gibt die Windstärke an. Hier reichen meistens schon sehr kleine Werte. Bei 0,0 hat das Space Warp keinen Effekt, negative Werte bewirken einen Windsog.

Abfall = Decay

➤ ABFALL – lässt die Wirkung des Windes mit zunehmender Entfernung vom Space Warp-Symbol abflauen. Bei 0,0 wirkt der Wind überall gleich.

Turbulenz = Turbulence

➤ TURBULENZ – bewirkt eine zufällige Verwirbelung der vom Wind betroffenen Partikel.

➤ FREQUENZ – verändert die Turbulenz mit einer bestimmten Frequenz.

➤ SKALIERUNG – vergrößert die Unregelmäßigkeit der Turbulenz. Bei sehr großen Werten ist die eigentliche Windrichtung kaum noch erkennbar.

Der Wind kann auch von einem Punkt im Raum aus in alle Richtungen blasen. In diesem Fall ist die Position des Space Warps im Raum entscheidend. Zwischen diesen Arten von Wind schaltet man mit den Schaltern PLANAR und KUGELFÖRMIG um.

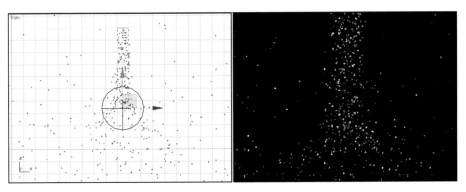

Abbildung 12.12: Wirkung eines kugelförmigen Wind-Space Warps

Schwerkraft

Schwerkraft
= Gravity

SCHWERKRAFT erzeugt eine Schwerkraft, die Partikel aus Partikelsystemen in eine bestimmte Richtung zieht. Das ist besonders dann wichtig, wenn die Richtung des Partikelstromes nicht nach unten zeigt. Im Zusammenhang mit Wind lassen sich interessante Effekte erzielen.

Dieses Space Warp ist auf der ERSTELLEN-Palette unter KRÄFTE zu finden.

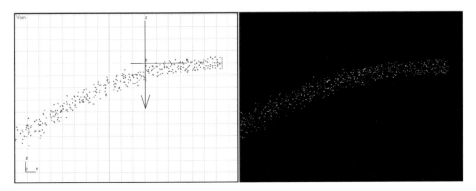

Abbildung 12.13: Wirkung des Schwerkraft-Space Warps

Die Parameter zur Einstellung des Schwerkraft-Space Warps sind im Wesentlichen die gleichen wie bei Wind. Schwerkraft lässt sich mit der Option KUGELFÖRMIG auch auf einen Punkt im Raum beziehen. Allerdings gibt es bei der Anziehungskraft keine Turbulenzen.

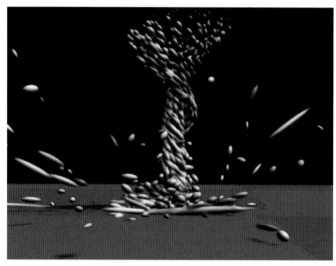

Wirbel

Ein WIRBEL verwirbelt Partikelsysteme wie ein natürlicher Wirbelsturm.

Dieses Space Warp ist auf der ERSTELLEN-Palette unter KRÄFTE zu finden.

Bei einem Wirbel lassen sich die Verjüngung, Drehung und der Einflussbereich sowie das Zeitverhalten einstellen. Spezielle Animationskeys sind in den meisten Fällen nicht erforderlich.

Abbildung 12.14: Wirkung eines Wirbel-Space Warps

PBombe

PBOMBE ist ein Space Warp, das ein Partikelsystem explodieren lässt. Dieses Space Warp ist auf der ERSTELLEN-Palette unter KRÄFTE zu finden.

Die Partikel bekommen eine zusätzliche Bewegung von einem Zentrum in allen Richtungen nach außen. Am besten wirkt dieses Space Warp auf eine Partikelanordnung aus Objektfragmenten. Die Animation wird durch die Parameter des Space Warps festgelegt, es sind keine Animationskeys erforderlich.

 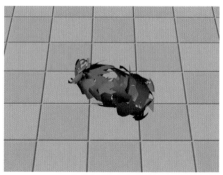

Abbildung 12.15: Stadien einer Explosion mit PBombe

Die Animation FLASCHE.MOV *auf der DVD zeigt eine zerspringende Flasche, wobei die Space Warps* PBOMBE, SCHWERKRAFT *und ein* DEFLEKTOR *zusammen wirken.*

Pfad folgen

PFAD FOLGEN bewegt den Partikelstrom entlang eines vorher definierten Splines durch den Raum. Dieses Space Warp ist auf der ERSTELLEN-Palette unter KRÄFTE zu finden.

*Pfad folgen
= Path Follow*

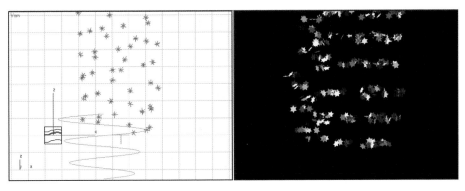

Abbildung 12.16: Wirkung eines Pfad folgen-Space Warps [PFAD.MAX]

Zu jedem PFAD FOLGEN-Space Warp muss ein Kontur-Objekt in der Szene vorhanden sein. Das Space Warp-Icon können Sie als Würfel irgendwo im Raum erstellen und mit dem Button KONTUROBJEKT AUSWÄHLEN im PARAMETER-Rollout das zugehörige Spline auswählen.

*Konturobjekt
auswählen = Pick
Shape Object*

In den meisten Fällen wird das Spline nicht genau an der selben Stelle anfangen, wo der Partikelstrom beginnt. Mit dem Schalter PARTIKELBEWEGUNG können Sie zwischen zwei Methoden auswählen, wie das Spline den Partikelstrom beeinflussen soll:

*Partikelbewegung
= Particle Motion*

➤ ENTLANG ABSTAND-SPLINES – Die Partikel folgen dem Spline. Der Abstand vom Emitter zum Anfang des Splines gibt einen Abstand vor, in dem die Partikel dem Spline folgen.

*Entlang Abstand-
Splines = Along
Offset Splines*

➤ ENTLANG PARALLELER SPLINES – verschiebt das Spline so, dass es durch den Emitter des Partikelsystems läuft.

*Entlang paralleler
Splines = Along
Parallel Splines*

Deflektor

Deflektor = Deflector

DEFLEKTOREN sind Flächen, von denen Partikel eines Partikelsystems abprallen. Durch normale Objekte laufen sie einfach durch. Dieses und die nächsten beschriebenen Space Warps finden Sie auf der ERSTELLEN-Palette bei den Space Warps unter DEFLEKTOREN.

Ohne Deflektoren fliegen Partikel einfach durch Objekte hindurch.

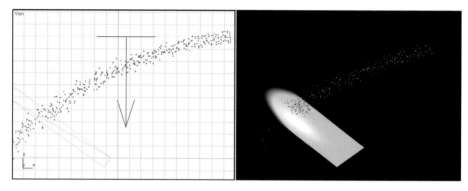

Abbildung 12.17: Partikelstrom ohne Deflektor [DEFLEKTOR.MAX]

 Das DEFLEKTOR-Space Warp ist eine rechteckige Fläche. Richten Sie diese genau an der Oberfläche des Objektes aus, an dem die Partikel zurückgeworfen werden sollen.

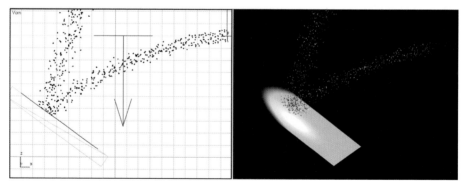

Abbildung 12.18: Wirkung des Deflektors

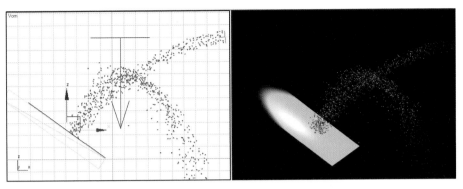

Abbildung 12.19: Schwerkraft nach dem Deflektor

Verringert man den ABPRALLEN-Wert, fliegen die Partikel nicht mehr so stark vom Deflektor weg, so dass der Einfluss der Schwerkraft stärker wird, was in den meisten Fällen realistischer aussieht.

Abprallen = Bounce

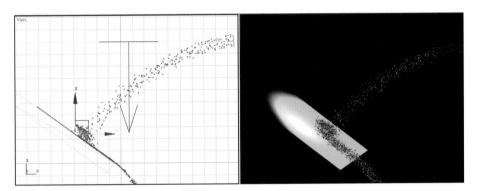

Abbildung 12.20: Geringerer Abprallen-Wert

Neben ABPRALLEN gibt es noch weitere Einstellmöglichkeiten:

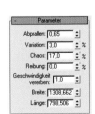

➡ VARIATION – gibt an, wie weit die Bewegung einzelner Partikel vom festgelegten ABPRALLEN-Wert abweichen kann.

➡ CHAOS – gibt die Streuung der Partikel von der optimalen Flugbahn an. 100% entspricht einer Maximalabweichung von 90°.

➡ REIBUNG – gibt an, wie weit die Partikel auf der Oberfläche des Deflektors ausgebremst werden können. Hiermit werden rauhe Oberflächen simuliert.

Reibung = Friction

➡ GESCHWINDIGKEIT VERERBEN – gibt an, wie weit eine Bewegung des Deflektors sich auf die Bewegung der abprallenden Partikel auswirkt.

Geschwindigkeit vererben = Inherit Vel

UDeflektor

UDeflektor
= UDeflector

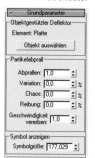

Ein UDEFLEKTOR ist ein Space Warp, das wie ein DEFLEKTOR die Partikel abprallen lässt, aber kein eigenes Objekt ist, sondern die Oberfläche eines in der Szene vorhandenen Objektes nutzt.

Das UDEFLEKTOR-Space Warp ist ein rechteckiges Symbol irgendwo im Raum, das nur dafür verwendet wird, um später die Bindung darauf zu ziehen. Mit dem Button OBJEKT AUSWÄHLEN zeigen Sie das Objekt, von dem die Partikel abprallen sollen.

SDeflektor

SDeflektor
= Sdeflector

Ein SDEFLEKTOR wirkt ähnlich wie ein DEFLEKTOR, nur kugelförmig. Hier wird kein Objekt benötigt. Die Größe des Space Warps definiert die Größe der imaginären Kugel, von der die Partikel abprallen.

Abbildung 12.21: Sdeflektor-Space Warp um eine etwas kleinere Kugel herum gelegt

Die Animation SDEFLECT.AVI *auf der DVD zeigt diese Szene in Bewegung.*

POmniFlect

POMNIFLECT ist eine Erweiterung des Space Warps DEFLEKTOR mit deutlich mehr Einstellungsmöglichkeiten:

➡ Partikel können nicht nur reflektiert werden, sondern zu einem bestimmten Prozentsatz auch durch das Space Warp fliegen und dabei abgelenkt werden. Diesen Effekt bezeichnet man in Anlehnung an die Lichtbrechung an Glasflächen als REFRAKTION.

➡ Beim Passieren des Space Warps können die Partikel auch langsamer werden, was mit dem Parameter PASSIERGESCHWINDIGKEIT eingestellt wird.

➡ Bei KOLLISION von Partikeln können diese sich teilen.

➡ Der ganze Effekt des Space Warps lässt sich zeitlich begrenzen. Dazu können Sie in den Feldern ZEIT EIN und ZEIT AUS die Frames angeben, in denen das Space Warp ein- und ausgeschaltet wird.

UOmniFlect

UOMNIFLECT erweitert das Space Warp UDEFLEKTOR (Objekt) mit den gleichen Parametern, die auch POMNIFLECT verwendet. Außerdem verhält sich dieser Deflektor flächengenau an seinem zugehörigen Geometrie-Objekt, so dass diese Geometrie animiert und verändert werden kann. Die Wirkung des Space Warps folgt dabei immer der Geometrie.

SOmniFlect

SOMNIFLECT erweitert das Space Warp SDEFLEKTOR (Kugel) mit den gleichen Parametern, die auch SOMNIFLECT verwendet.

PDynaFlect, UDynaFlect, SDynaFlect

Diese drei Space Warps entsprechen den jeweiligen Deflektoren mit dem Unterschied, dass sie zur Simulation physikalisch korrekter Dynamik verwendet werden können.

Hier lässt sich zusätzlich eine Masse eingeben. Die Wirkung stimmt nur, wenn auch die Maßeinheiten in der Szene richtig dimensioniert sind.

12.3   Feuer und Explosionen

Zur Darstellung von Feuer und Explosionen liefert 3ds max 6 einen speziellen atmosphärischen Effekt, der mit dem Partikelsystem PARTIKELANORDNUNG kombiniert realistische Explosionsszenen ermöglicht, wie sie aus Action- und Science-Fiction-Filmen bekannt sind.

Partikelanordnung
= PArray

Als Vorgabe verwenden wir die Szene vw03.max *von der DVD.*

In dieser Szene fährt ein Auto gegen eine Wand. Beim Aufprall soll es in einem Feuerball explodieren.

Damit die einzelnen Fragmente des Autos später auseinander fliegen können, muss zuerst ein Partikelsystem definiert werden.

Zeichnen Sie an der Stelle, wo das Auto in Frame 25 auf die Wand aufprallt, ein Partikelsystem PARTIKELANORDNUNG.

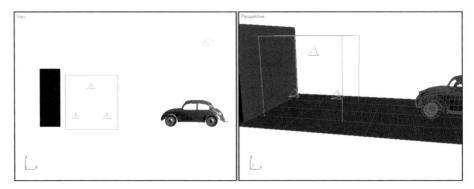

Abbildung 12.22: Position des Partikelsystems

Sichtbarkeit

Spuren/Sichtbar-keitsspur/Hinzu-fügen = Tracks/Visi-bility Track/Add

Da dieses Partikelsystem an dieser Stelle das Auto ersetzt, muss das Auto ab Frame 25 ausgeblendet werden. Dazu fügen Sie in der Spuransicht eine Sichtbar-keitsspur hinzu. Selektieren Sie dort das Auto und wählen Sie aus dem Menü des Kurveneditors den Punkt SPUREN/SICHTBARKEITSSPUR/HINZUFÜGEN.

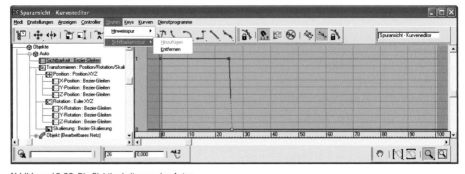

Abbildung 12.23: Die Sichtbarkeitsspur des Autos

Fügen Sie auf dieser Sichtbarkeitsspur einen Key in Frame 25 mit dem Wert 1 und einen Key in Frame 26 mit dem Wert 0 ein. In Frames mit Sichtbarkeit 1 ist das Objekt zu sehen, in Frames mit Sichtbarkeit 0 nicht. Über Zwischenwerte können Objekte langsam ausgeblendet werden.

（ KOMPENDIUM) 3ds max 6

Um die Überblendung ganz zu verhindern und das Objekt schlagartig verschwinden zu lassen, können Sie die Kurvenparameter auf SCHRITT setzen.

Selektieren Sie im Ansichtsfenster das Partikelsystem und aktivieren Sie im Rollout GRUNDPARAMETER den Button OBJEKT AUSWÄHLEN. Wählen Sie das Auto als Emitter der Partikel.

Objekt auswählen = Pick Object

Schalten Sie in diesem Rollout noch den Schalter ANZEIGE IM ANSICHTSFENSTER auf NETZ. In diesem Modus werden die Partikel in ihrer wirklichen Form im Ansichtsfenster dargestellt.

Mit zunehmender Anzahl von Partikeln dauert diese Netzdarstellung immer länger, was besonders bei der Berechnung von ActiveShade-Fenstern auffällt.

Anzeige im Ansichtsfenster/Netz = Viewport Display/Mesh

Partikelerzeugung

Setzen Sie jetzt im Rollout PARTIKELERZEUGUNG den Parameter EMISSION STARTEN auf 26. Erst in diesem Frame darf das Partikelsystem anfangen zu explodieren.

Partikelerzeugung/ Emission starten = Particle Generation/ Emit Start

Setzen Sie den Parameter ANZEIGEN BIS auf 100 Frames, LEBENSDAUER auf 75 Frames und GESCHWINDIGKEIT auf 3,0. Die Lebensdauer eines Partikels gibt an, wie viele Frames nach seiner Erzeugung vorhanden sind. Tropfen aus einem Wasserhahn haben theoretisch eine unendliche Lebensdauer, wogegen Rauchpartikel sich mit der Zeit von selbst auflösen. Am Ende ihrer Lebensdauer werden Partikel nicht nur unsichtbar, sondern sind tatsächlich nicht mehr vorhanden, haben somit auch keinen Einfluss auf andere Partikel mehr.

Anzeigen bis/ Lebensdauer/ Geschwindigkeit = Display Until/Life/ Speed

Stellen Sie im Rollout PARTIKELTYP den Typ OBJEKTFRAGMENTE ein. Im Modus OBJEKTFRAGMENTE entspricht jeder Partikel einem bestimmten Teil des Objekts. Im Unterschied dazu erzeugt der Modus INSTANZGEOMETRIE lauter gleiche Instanzen ein und desselben Objekts. Metapartikel sind Partikel, die durch Annäherung miteinander verschmelzen können und sich so zur Simulation von Flüssigkeiten eignen.

Objektfragmente = Object Fragments

Bei einer Explosion fliegen die Fragmente nicht geradlinig aus ihrer ursprünglichen Form weg, sondern drehen sich um zufällige Achsen. Geben Sie im Rollout ROTATION UND KOLLISION im Parameter DREHZEIT eine Zeit in Frames an, wie lange ein Partikel für eine Drehung um die eigene Achse braucht. Bei schnellen Explosionen ist ein Wert von 10 realistisch.

Drehzeit = Spin Time

Lassen Sie die Drehachse in diesem Rollout im Modus ZUFALL stehen, damit sich jedes Partikel um eine beliebige Achse drehen kann.

Zufall = Random

Objekt-Bewegungs-
vererbung/Einfluss =
Object Motion Inheri-
tance/Influence

Stellen Sie als Letztes im Rollout OBJEKT-BEWEGUNGSVERERBUNG den Parameter EINFLUSS auf 0,0%. Ist dieser Einfluss höher, würden sich die Partikel in Fahrtrichtung des Autos weiterbewegen, also durch die Wand hindurch. Einige Partikel fliegen auch so durch die Wand, was aber nicht weiter stört, da sie aus der Kamerasicht nicht zu sehen sind. Die Partikel könnten mit einem *Deflektor* von der Wand zurückgeworfen werden, was aber zusätzliche Rechenzeit kosten würde.

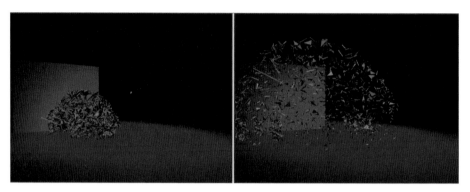

Abbildung 12.24: Partikelsystem links in Frame 30 und rechts in Frame 60

Feuer

Zur Bewegung der Partikel ist zusätzlich für eine realistische Explosion ein animierter Feuereffekt nötig.

Erstellen Sie dazu auf der ERSTELLEN-Palette unter HELFER einen ATMOSPHÄREN-APPARAT. Das sind Hilfsobjekte, die dazu dienen, atmosphärische Effekte an einer bestimmten räumlichen Position zu definieren.

Erstellen Sie ein Objekt vom Typ KUGELGIZMO, das deutlich größer als das Auto ist. Ein Durchmesser von etwa 120 ergibt eine gute Explosion.

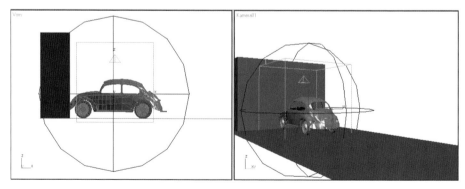

Abbildung 12.25: KugelGizmo für atmosphärischen Effekt

Fügen Sie über den Button HINZUFÜGEN im Rollout ATMOSPHÄREN & EFFEKTE dieses Objekts einen FEUEREFFEKT hinzu.

Atmosphären & Effekte/Hinzufügen/ Feuereffekt = Atmospheres & Effects/Add/Fire Effect

Abbildung 12.26: Atmosphärischen Effekt hinzufügen

Wählen Sie diesen Effekt in der Liste. Mit dem Button EINRICHTEN kommen Sie in die Dialogbox UMGEBUNG UND EFFEKTE. Hier können Sie im Rollout PARAMETER FÜR FEUEREFFEKT die Explosion genau einstellen.

Einrichten = Setup

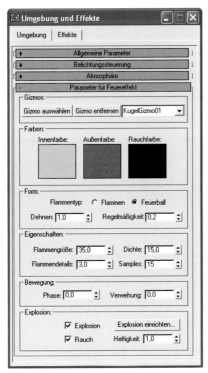

Abbildung 12.27: Parameter für Feuereffekte

Schalten Sie hier den Schalter EXPLOSION ein. Dann können Sie mit dem Button EXPLOSION EINRICHTEN den Zeitverlauf der Explosion festlegen.

Explosion einrichten = Setup Explosion

Stellen Sie für den Explosionsverlauf eine STARTZEIT von 25 und eine ENDZEIT von 200 ein. Die Explosion beginnt in Frame 25 mit den ersten Flammen und der letzte Rauch löst sich erst in Frame 200 auf. Die Animation dauert zwar nicht so lange, aber anhand dieser Werte wird automatisch die Explosionskurve festgelegt. Da im letzten Frame der Animation noch Partikel durch die Luft fliegen, würde es sehr unrealistisch aussehen, wenn die Explosion hier schon völlig abgeklungen wäre.

Die Einstellung einer Explosion definiert automatisch eine Kurve für den Parameter PHASE und legt eine bestimmte Form und Veränderungsweise des Feuers fest, so dass Sie die anderen Parameter nicht mehr zu animieren brauchen.

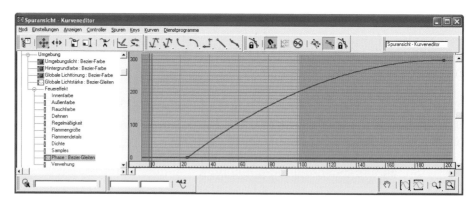

Abbildung 12.28: Explosion in der Spuransicht

Umgebung = Environment

In der Spuransicht ist die Explosionskurve in der Unterstruktur UMGEBUNG ganz oben im Baum zu sehen. Durch Zoomen des Fensters kann man den Kurvenverlauf auch außerhalb des aktiven Zeitsegments sehen.

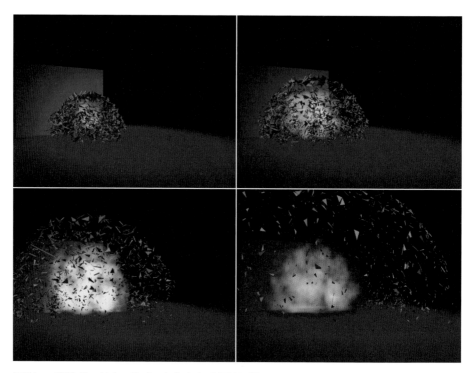

Abbildung 12.29: Verschiedene Stadien der Explosion [VW04.MAX]

Sie finden die fertig gerenderte Animation als VW04.MOV *auf der DVD.*

12.4   Partikelfluss

PARTIKELFLUSS *ist ein komplexes, völlig neuartiges Partikelsystem in 3ds max 6. Im Gegensatz zu den bekannten Partikelsystemen kann man hier den Partikelfluss durch verschiedene Ereignisse steuern und so jede denkbare Partikelanimation zusammenbauen.*

Ein Partikelfluss besteht aus mehreren Komponenten:

➡ *System* – Das ganze System kann hier aus mehreren Emittern mit verschiedenen Partikeln und Aktionen bestehen.

➡ *Fluss* – Ein Fluss ist ein System von Regeln für die Partikel eines Emitters.

➡ *Ereignis* – Regelsatz, der das Verhalten und Aussehen der Partikel in einem bestimmten Stadium beschreibt.

➡ *Aktion* – die kleinste Einheit innerhalb des Partikelfluss. Aktionen beeinflussen das Verhalten und Aussehen der Partikel und können auch verschiedene Tests, wie zum Beispiel Kollisionsprüfung, vornehmen.

An einem sehr einfachen Beispiel erklären wir Schritt für Schritt das Prinzip eines Partikelflusses.

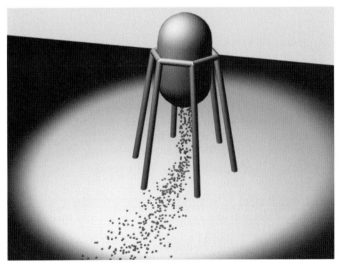

Abbildung 12.30: Partikel strömen aus einem Behälter

Aus einem Behälter fallen Partikel auf eine schräge Ebene und rutschen dort weiter nach unten.

Sie finden die Ausgangsszene ohne den Partikelfluss als RUTSCHE01.MAX *auf der Buch-DVD.*

Als Erstes erstellen Sie eine Partikelfluss-Quelle, den Emitter des Partikelsystems. Bis hier funktioniert noch alles genauso, wie bei den klassischen Partikelsystemen. Sie finden diese Partikelfluss-Quelle auf der ERSTELLEN-Palette unter PARTIKELSYSTEME.

Setzen Sie den rechteckigen Emitter direkt unter den Behälter mit Pfeil nach unten, so dass die Partikel scheinbar nach unten herausfallen.

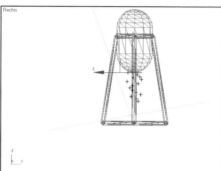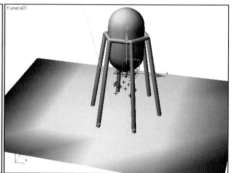

Abbildung 12.31: Der Emitter des Partikelfluss-Systems

Um die Partikel zu sehen, ziehen Sie den Zeitschieber ein paar Frames nach vorn, und der Emitter beginnt mit seiner Aktivität.

Die genaue Bewegung der Partikel wird in der Partikelansicht über verschiedene Ereignisse eingestellt. Achten Sie darauf, dass im Rollout EINRICHTEN der Schalter PARTIKELEMISSION AKTIVIEREN eingeschaltet ist und klicken Sie dann auf den Button PARTIKELANSICHT.

Dieser Button öffnet ein neues Fenster, die Partikelansicht, zentrale Steuerung für Partikelfluss-Systeme (siehe Abbildung 12.32).

Das Fenster gliedert sich in vier Teilbereiche:

➡ *Hauptfenster* – links oben. Hier erscheinen alle Ereignisse des Partikelsystems. Hier werden sie auch bearbeitet und miteinander verknüpft.

➡ *Parameter* – rechts oben. Markiert man im Hauptfenster eine Aktion, erscheinen hier Rollouts, in denen die zugehörigen Parameter eingestellt werden können.

➡ *Depot* – links unten. Eine Liste aller verfügbaren Aktionen. Einzelne Aktionen können von hier aus direkt in das Hauptfenster gezogen werden.

➡ *Beschreibung* – rechts unten. Klickt man im Depot auf eine Aktion, wird hier eine Kurzbeschreibung angezeigt.

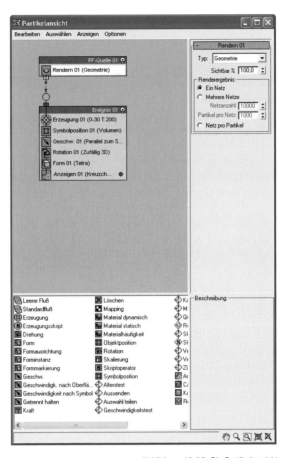

Abbildung 12.32: Die Partikelansicht

*Wenn die Partikelansicht geschlossen wurde, kann sie jederzeit mit der Taste-*⑥
auf der Buchstabentastatur, nicht im Nummernblock, wieder geöffnet werden.

:-)
TIPP

Beim Erstellen der Partikelfluss-Quelle wird auch gleich das erste Ereignis im
Hauptfenster angelegt und automatisch mit dieser Quelle verknüpft. Das Ereignis
enthält eine Aktion zur Erzeugung der Partikel und fünf weitere, die deren Eigenschaften festlegen.

An diesen Aktionen gilt es jetzt, diverse Einstellungen vorzunehmen. Klicken Sie
als Erstes auf die Aktion Erzeugung. Diese legt fest, wie die Partikel entstehen.

Erzeugung = Birth

Setzen Sie den Parameter EMISSION STOPPEN auf 80. Die Partikel werden dann
über einen Zeitraum von 80 Frames erzeugt. Die Partikelerzeugung hört also
nicht schon im Frame 30 auf, wie standardmäßig eingestellt.

Setzen Sie außerdem den Parameter BETRAG auf 2000. 200 Partikel würden nur
einen sehr spärlichen Partikelstrom ergeben. Diese Zahl gibt die Gesamtmenge an
Partikeln an, die im angegebenen Zeitraum erzeugt werden.

*Emission stoppen
= Emit Stop*

Die Parameter werden in Kurzform auch auf der Aktion selbst angezeigt.

*Symbolposition
= Position Icon*

Die Aktion SYMBOLPOSITION legt die Ausgangsposition für die Partikel in diesem Ereignis fest. Hier können Sie die voreingestellten Parameter stehen lassen. Die Standardeinstellung VOLUMEN erzeugt die Partikel verteilt über das ganze Volumen des Emitters.

Die Aktion GESCHWINDIGKEIT regelt nicht nur die Geschwindigkeit, sondern auch die Richtung des Partikelstroms. Die Geschwindigkeit können Sie vorerst auf dem Standardwert stehen lassen. Prüfen Sie aber in jedem Fall, dass im Feld RICHTUNG die Option PARALLEL ZUM SYMBOLPFEIL ausgewählt ist. So stellen Sie sicher, dass die Partikel in Pfeilrichtung nach unten aus dem Emitter strömen.

Um den Partikelstrom in eine andere Richtung zu drehen, drehen Sie am einfachsten den Emitter. Die anderen Optionen unter Richtung bewirken Streuungen der Partikel im Raum und keinen gleichmäßigen Partikelstrom.

*Geschwindigkeit
= Speed*

Die Aktion ROTATION beeinflusst die Ausrichtung der Partikel. Da wir Kugeln als Partikel verwenden, braucht hier nichts eingestellt zu werden.

Setzen Sie in der FORM-Aktion die Form der Partikel auf KUGEL und reduzieren die GRÖSSE auf 1,0. Die neue Form wird wieder direkt auf der Aktion angezeigt.

Anzeigen = Display

Die Aktion ANZEIGEN beeinflusst die Darstellung in den Ansichtsfenstern. Hier können Sie die Standardwerte behalten. Der farbige Punkt rechts gibt die Objektfarbe der Partikel an.

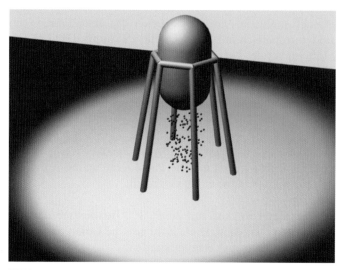

Abbildung 12.33: Fallende Partikel

In diesem Zustand können Sie einmal das erste Probebild rendern.

Die Partikel fallen gleichmäßig aus dem Behälter, dann aber durch den Boden hindurch weiter nach unten.

An dieser Stelle muss wie bei klassischen Partikelsystemen ein Deflektor einge-baut werden. Erstellen Sie auf der ERSTELLEN-Palette unter SPACE WARPS einen DEFLEKTOR.

Richten Sie diesen genau in der Ebene der Bodenfläche aus. Im Gegensatz zu ein-fachen Partikelsystemen verwenden Partikelfluss-Systeme keine Space Warp-Bin-dungen, sondern Aktionen, die eine Kollision mit einem Deflektor erkennen und entscheiden, was dabei mit den Partikeln passieren soll.

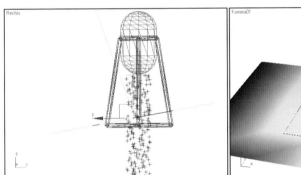
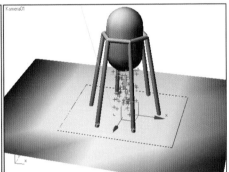

Abbildung 12.34: Der Deflektor in der Ebene der Bodenfläche

Fügen Sie jetzt eine KOLLISION-Aktion in der Partikelansicht hinzu. Ziehen sie dazu die Aktion aus dem Depot in das Hauptfenster direkt unter die letzte Aktion im EREIGNIS 01. Sie dockt direkt an und wird somit Bestandteil des Ereignisses (siehe Abbildung 12.35).

Bei den Parametern der Aktion klicken Sie auf den Button HINZUFÜGEN und wählen dann in einem Ansichtsfenster den neu erstellten Deflektor.

Die Partikel prallen jetzt vom Deflektor ab und fliegen schräg nach oben, was sehr unrealistisch aussieht (siehe Abbildung 12.36).

Die KOLLISION-Aktion sieht aus wie ein Schalter. Hier können an zwei Stellen neue Aktionen angehängt werden. Aktionen, die unten angehängt werden, gehö-ren zum gleichen Ereignis. Sie werden nur für Partikel ausgeführt, für die die Kol-lision nicht zutraf. In unserem Beispiel gibt es keine solchen Partikel, da der ganze Partikelstrom auf den Deflektor trifft.

Kollision = Collision

An der Seite der KOLLISION-Aktion kann ein weiteres Ereignis angehängt werden, das für alle Partikel ausgeführt wird, für die die Kollision zutrifft.

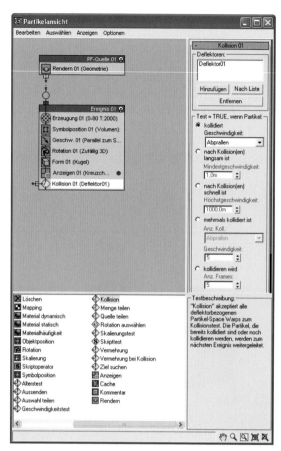

Abbildung 12.35: Die neue Kollision-Aktion

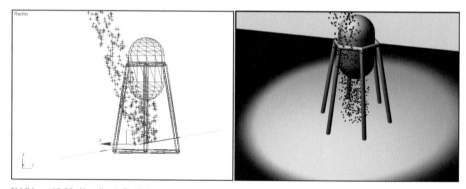

Abbildung 12.36: Abprallende Partikel

Geschwindigkeit nach Oberfläche = Speed By Surface

Ziehen Sie eine GESCHWINDIGKEIT NACH OBERFLÄCHE-Aktion in den freien grauen Bereich des Hauptfensters. Automatisch wird ein neues Ereignis erstellt, das aus dieser Aktion und einer ANZEIGEN-Aktion besteht.

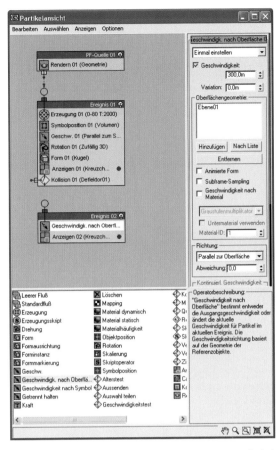

Abbildung 12.37: Das neue Ereignis

Klicken Sie hier in den Parametern auf HINZUFÜGEN und wählen in der Szene die Bodenplatte aus. Die Partikelbewegung soll sich nach diesem Objekt richten. Wählen Sie außerdem im Listenfeld RICHTUNG die Option PARALLEL ZUR OBER-FLÄCHE.

Parallel zur Ober-fläche = Parallel To Surface

Noch passiert überhaupt nichts, da das neue Ereignis noch völlig eigenständig dasteht und keine Wirkung auf die Partikel hat.

Fahren Sie mit der Maus auf den blauen Anschlusspunkt links von der KOLLI-SION-Aktion. Der Cursor verändert sich zu einem Pfeilkreuz. Drücken Sie die Maustaste und ziehen so eine Linie bis zu dem Kreis links oberhalb des neuen Ereignisses. Damit erstellen Sie eine Verbindung, die immer dann befolgt wird, wenn die Kollision wahr ist. Alle Partikel, die auf den Deflektor treffen, rutschen von dort aus also entlang der Bodenfläche weiter.

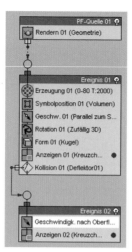

Abbildung 12.38: Erstellen einer Ereignis-Verbindung

Material statisch
= Material Static

Die Partikel haben bis jetzt noch eine zufällige Farbe, die Sie aber von Ereignis zu Ereignis ändern können. Die Aktion MATERIAL STATISCH weist einem Partikelsystem ein Material zu. Dieses Material gilt solange, wie sich die Partikel im aktuellen Ereignis befinden.

Damit die Partikel in unserem Beispiel während der gesamten Zeit ihr Material behalten, ziehen Sie die MATERIAL STATISCH-Aktion ganz oben in die Partikelfluss-Quelle.

Material zuweisen
= Assign Material

Schalten Sie in den Parametern den Schalter MATERIAL ZUWEISEN ein und ziehen Sie dann aus dem Material-Editor das gewünschte Material direkt auf den Button darunter. Wenn Sie jetzt die Szene rendern, haben die Partikel das neue Material (siehe Abbildung 12.39).

Die Bewegung der Partikel wirkt noch etwas unnatürlich. In Wirklichkeit würden Partikel auf einer geraden Fläche nicht so gleichmäßig rutschen, wie zum Beispiel in einer Rinne.

Am Einfachsten lassen sich die Partikel streuen, wenn sie direkt am Emitter nicht alle völlig senkrecht herausfallen. Auch in Wirklichkeit würden größere Partikel durch Kollisionen miteinander teilweise schräg fallen, was nach dem Aufschlag auf den Boden zu einer Streuung führt (siehe Abbildung 12.41).

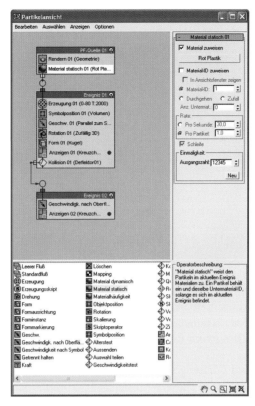

Abbildung 12.39: Material statisch Aktion in der PF-Quelle

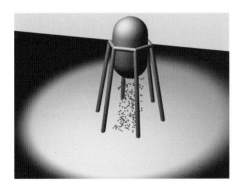 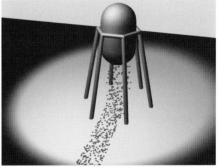

Abbildung 12.40: Zwei Frames aus der Animation

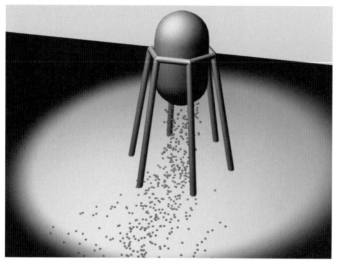

Abbildung 12.41: Partikelausstoß mit Abweichung [RUTSCHE02.MAX]

Markieren Sie im ersten Ereignis die Aktion GESCHWINDIGKEIT und erhöhen dort den Parameter ABWEICHUNG auf 5,0. Damit wird ein Teil der Partikel leicht schräg vom Emitter ausgestoßen.

Die Wirkung ist in der Animation zu sehen. Der Streuwinkel beim Rutschen über die Bodenplatte wird deutlich größer.

Die Animation RUTSCHE.MOV *auf der DVD zeigt den gesamten Partikelfluss.*

Flüssigkeiten

In Kombination eines Partikelflusses mit dem neuen Blob-Netz-Objekttyp lassen sich Flüssigkeiten simulieren.

Beachten Sie, dass Blob-Netze aus Partikelsystemen sehr lange rendern!

Erstellen Sie dazu irgendwo im Raum ein BLOB-NETZ-Objekt und weisen diesem auf der ÄNDERN-Palette mit dem Button AUSWÄHLEN das Partikelfluss System zu.

In der Partikelansicht sollten Sie dann noch in der FORM-Aktion am Anfang die Größe der Partikel erhöhen, damit diese sich so nahe kommen, dass sie durch das Blob-Netz zu einem gemeinsamen Volumen verschmelzen.

(KOMPENDIUM) 3ds max 6

Weisen Sie dem neuen Blob-Netz-Objekt dann noch das gewünschte Material zu. Das Material aus dem Partikelfluss gilt nur für Partikel, die einzeln bleiben. Damit eventuelle einzelne Partikel nicht anders aussehen, sollte im Partikelfluss das gleiche Material, wie für das Blob-Netz verwendet werden.

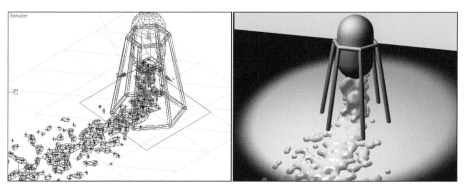

Abbildung 12.42: Blob-Netz zur Darstellung einer Flüssigkeit [RUTSCHE03.MAX]

Bevor Sie mit einer solchen Szene eine Animation rendern, speichern Sie sie auf jeden Fall und beenden alle anderen Programme. Der Rendervorgang kostet sehr viel Performance und kann Stunden dauern.

!!
STOP

Dia Animation blobnetz.mov *auf der DVD zeigt das Partikelsystem in Bewegung.*

DVD

13 Kinematik

Objekte wie Maschinen oder Charaktere bestehen aus mehreren Einzelobjekten, die sich aber nicht völlig unabhängig voneinander bewegen können. Die möglichen Bewegungen sind durch Gelenke in bestimmten Achsen vorgegeben. Einzelne Objekte bewegen sich automatisch mit, wenn andere Objekte bewegt werden.

Abbildung 13.1: Animierte Charaktere (Bild: www.soulpix.de)

Ein gutes Beispiel für solche kinematischen Bewegungen sind Industrieroboter, an denen sich die Bewegungsachsen viel leichter ablesen lassen als an organisch geformten Figuren.

Abbildung 13.2: Vereinfachtes Modell eines Industrieroboters [ROBOT01.MAX]

Das Modell ist in mehreren Einzelschritten auf der DVD: ROBOT01.MAX ... ROBOTOn.MAX. *Anhand dieser Einzelmodelle können Sie den Ablauf mitverfolgen.*

Am Anfang sind alle Einzelobjekte voneinander unabhängig, so dass alle Bewegungen möglich sind. Dies kann zu einem absoluten Chaos führen, was bei einem echten Roboter nie möglich wäre.

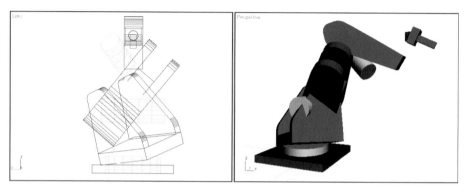

Abbildung 13.3: Mögliche Bewegung ohne Hierarchie

In einem wirklichen Roboter sind die Objekte über Gelenke zu einer logischen Hierarchie verbunden. Die Bewegungen sind nur in bestimmten, durch die Gelenke definierten Achsen möglich.

Bewegt sich zum Beispiel der zweite Arm des Roboters, bewegen sich der dritte Arm und das Werkzeug am Ende mit. Um Objekte abhängig von anderen zu bewegen, müssen sie logisch miteinander verknüpft werden.

Logische Verknüpfungen werden mit dem Button AUSWÄHLEN UND VERKNÜPFEN angelegt. Selektieren Sie das untergeordnete Objekt einer Verknüpfung und ziehen Sie mit gedrückter Maustaste eine Linie auf das nächstübergeordnete Objekt.

Durch die Verknüpfungen entsteht eine baumartige Hierarchiestruktur. Jedes Objekt kann mehrere untergeordnete Objekte haben, jedoch immer nur ein übergeordnetes.

Das Setzen und Entfernen solcher Verknüpfungen gilt für die ganze Animation. Eine animierte Bewegung bezieht sich immer auf die Verknüpfungen, wie sie in der Szene gesetzt sind. Verändert man also nachträglich Verknüpfungen animierter Objekte, kann dabei die ganze Animation durcheinander geraten.

Verknüpfen Sie bei dem Roboter mit dem Werkzeug beginnend jedes Objekt mit dem nächsthöherrangigen bis zum Fuß. Dabei können die Gelenkzylinder, die sich nicht selbstständig bewegen, einfach mit dem nächsthöheren Arm verknüpft werden.

Dieser Button löst Verknüpfungen später bei Bedarf wieder auf.

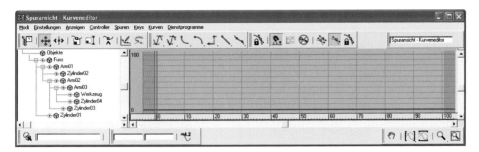

Abbildung 13.4: Objekthierarchie in der Spuransicht

Diese Objekthierarchie wird in der Spuransicht im Hierarchiebaum abgebildet.

Im Spuransicht-Fenster und in den Ansichtsfenstern kann man mit einem Doppelklick auf ein Objekt dieses und alle untergeordneten Objekte auf einmal selektieren.

:-)
TIPP

Die Taste Bild ↑ *selektiert immer das einem Objekt übergeordnete Objekt. Die Taste* Bild ↓ *selektiert alle einem Objekt untergeordneten Objekte.*

Schematische Ansicht

Eine weitere Methode zur Darstellung komplexer Hierarchiestrukturen ist die *Schematische Ansicht*. Hier haben Sie auch die Möglichkeit, direkt Verknüpfungen zu erstellen und wieder zu lösen. Verwenden Sie dazu die Buttons in der Symbolleiste am oberen Fensterrand.

Der Button ganz links blendet einen Dialog ein, in dem Sie einstellen, welche Typen von Objekten in der Schematischen Ansicht angezeigt werden sollen.

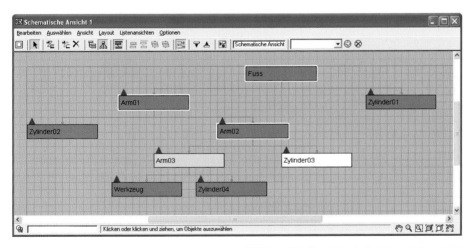

Abbildung 13.5: Der Roboter in der Schematischen Ansicht

Ein Doppelklick auf ein Objekt in der Schematischen Ansicht selektiert dieses Objekt in den Ansichtsfenstern.

Die Schematische Ansicht lässt sich über das Kontextmenü im Ansichtsfenstertitel auch in einem Ansichtsfenster anzeigen.

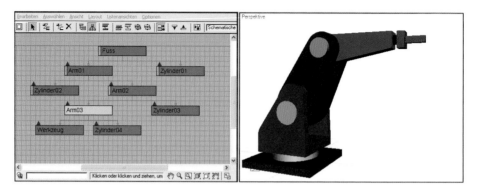

Abbildung 13.6: Schematische Ansicht in einem Ansichtsfenster

Die Schematische Ansicht wurde in 3ds max 6 deutlich erweitert. So kann man jetzt sehr differenziert einstellen, welche Arten von Objekten und welche Objekteigenschaften zu sehen sein sollen.

Abbildung 13.7: Einstellungen der Schematischen Ansicht

Diagramm-Editoren/ Gespeicherte Schematische Ansichten = Graph Editors/ Saved Schematic Views

In einer Szene lassen sich verschiedene Schematische Ansichten unter Namen abspeichern, so dass man bei Arbeiten in einer komplexen Szene immer die Details sieht, die für eine bestimmte Aufgabe nötig sind. Gibt man in einer Schematischen Ansicht im Namensfeld einen Namen an, erscheint dieser später im Menü unter DIAGRAMM-EDITOREN/GESPEICHERTE SCHEMATISCHE ANSICHTEN.

Eine weitere Neuerung ist die Möglichkeit, Hintergrundbilder einzubinden. Diese dienen nicht der Optik, sondern sollen helfen, komplexe Szenen verständlich zu machen. Sinnvollerweise verwendet man eine einfache gerenderte Darstellung der Szene und schiebt dann die einzelnen Objekte in der Schematischen Ansicht an die passenden Stellen der Abbildung.

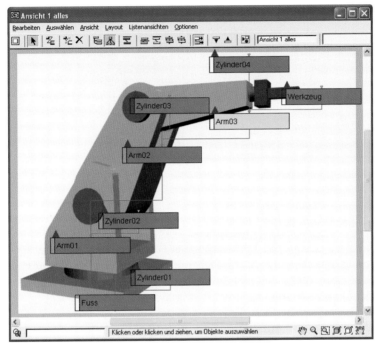

Abbildung 13.8: Schematische Ansicht mit Hintergrundbild [ROBOT02.MAX]

Objekte auswählen

In der Dialogbox OBJEKTE AUSWÄHLEN, die Sie bei allen Anfragen zur Objektauswahl mit der Taste ⎄ anzeigen können, gibt es zwei Schalter zur Arbeit mit Hierarchiestrukturen:

➥ UNTERSTRUKTUR ANZEIGEN – zeigt Hierarchiestrukturen durch Einrückung untereinander an.

Unterstruktur anzeigen = Display Subtree

➥ UNTERSTRUKTUR AUSWÄHLEN – selektiert alle einem Objekt untergeordneten Objekte immer automatisch mit.

Unterstruktur auswählen = Select Subtree

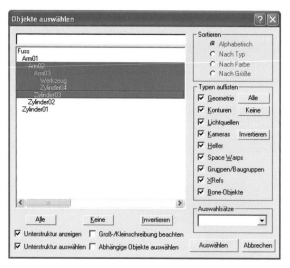

Abbildung 13.9: Dialogbox Objekte auswählen mit Unterstruktur

13.1   Bewegungsbeschränkungen

Diese hierarchischen Verknüpfungen bewirken, dass sich untergeordnete Objekte immer mit den übergeordneten mitbewegen. Die Bewegungsachsen sind damit aber noch nicht eingeschränkt, so dass der Zusammenhalt der Objekte noch nicht gewährleistet ist.

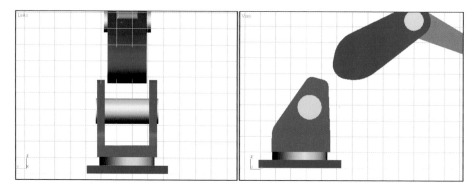

Abbildung 13.10: Bewegung mit Hierarchie, aber ohne Beschränkungen

Drehpunkte einstellen

Um die möglichen Bewegungsachsen festzulegen, müssen zunächst die Drehpunkte der Objekte eingestellt werden. Alle Achsenbeschränkungen beziehen sich auf den jeweiligen Objektdrehpunkt.

(KOMPENDIUM) 3ds max 6

Schalten Sie auf der HIERARCHIE-Palette in den Modus DREHPKT. Aktivieren Sie hier den Button NUR DREHPUNKT BEEINFLUSSEN und schieben Sie die Drehpunkte der drei Arme in die Achsen der Gelenke zum nächsten übergeordneten Objekt.

Nur Drehpunkt beeinflussen
= Affect Pivot Only

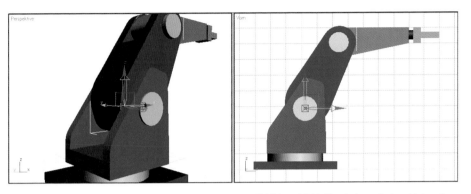

Abbildung 13.11: Verschobener Drehpunkt eines Arms

Der Button DREHPUNKT ZURÜCKSETZEN setzt den Drehpunkt wieder in die Position, wo er beim Erstellen des Objekts lag.

Auf der HIERARCHIE-Palette können Sie mit dem Button UNTERGEORDNETE OBJEKTE NICHT BEEINFLUSSEN im Rollout TRANSFORMATION ANPASSEN einzelne Objekte nachträglich bewegen, aber nicht animieren, ohne dass die untergeordneten Objekte mitbewegt werden.

Untergeordnete Objekte nicht beeinflussen
= Don't Affect Children

Nachdem die Drehpunkte richtig eingestellt sind, können Sie sich mit dem Schalter VERKNÜPFUNGEN ANZEIGEN im Rollout VERKNÜPFUNGSANZEIGE auf der ANZEIGE-Palette die Verknüpfungen grafisch darstellen lassen. Selektieren Sie dazu alle Objekte und schalten Sie in den Drahtmodellmodus.

Verknüpfungen anzeigen
= Display Links

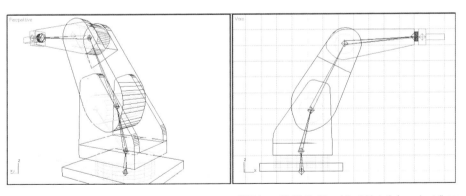

Abbildung 13.12: Drahtmodell mit Verknüpfungsdarstellung

Der Schalter VERKNÜPFUNG ERSETZT OBJEKT blendet selektierte Objekte aus und stellt dafür nur die Verknüpfungslinien dar.

Verknüpfung ersetzt Objekt = Link Replaces Object

Bewegungsachsen sperren

Jetzt können Sie für jedes Objekt die Bewegungsachsen sperren, so dass nur die Bewegungen möglich sind, die ein wirkliches Objekt auch durchführen könnte.

Vkn.-Info = Link Info

Schalten Sie auf der HIERARCHIE-Palette in den Modus VKN.-INFO und in der Hauptsymbolleiste das Koordinatensystem auf LOKAL.

Sperren = Locks

Selektieren Sie jetzt ein Objekt und sperren Sie im Rollout SPERREN alle Bewegungen, die nicht erlaubt sind. So darf sich zum Beispiel das *Werkzeug* nur um seine lokale X-Achse drehen. Verschiebungen und Skalierungen sind für keines der Objekte erlaubt.

Alle angekreuzten Bewegungen in diesem Rollout sind gesperrt, nur die nicht angekreuzten Bewegungen sind möglich.

Die Zylinder und die Bodenplatte können komplett für alle Bewegungen gesperrt werden, da diese sich nicht eigenständig bewegen müssen. Abhängige Bewegungen, die durch Bewegung eines anderen Objekts entstehen, sind trotz der Sperren immer möglich.

Die Tabelle zeigt für jedes Objekt in der Reihenfolge der Hierarchiestruktur die freigegebenen lokalen Drehachsen. Sperren Sie alle anderen Achsen für die Objekte.

Tabelle 13.1:
Freigegebene
Bewegungsachsen
des Roboters

Objekt	Freigegebene Drehachsen
Fuß	
Zylinder01	
Arm01	Y
Zylinder02	
Arm02	Z
Zylinder03	
Arm03	Z
Zylinder04	
Werkzeug	X

Sie finden dieses Objekt mit den eingestellten Sperren als ROBOT03.MAX *auf der Buch-DVD.*

Die Bewegung funktioniert jetzt sehr einfach, da interaktive Drehungen automatisch nur in der freigegebenen Achse verlaufen und man sich um die Auswahl der Drehachse nicht mehr zu kümmern braucht.

Diese Bewegungen sind innerhalb der freigegebenen Achsen über Keys beliebig animierbar.

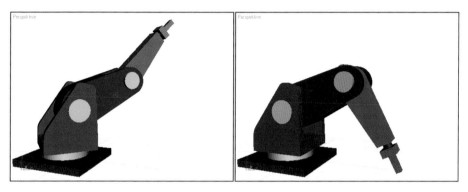

Abbildung 13.13: Mögliche Bewegungen des Roboters

13.2   Bewegungen vererben

Normalerweise beeinflusst eine Drehung nur genau ein Gelenk, alle untergeordneten Objekte bleiben starr verbunden.

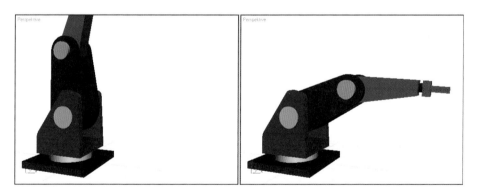

Abbildung 13.14: Standardeinstellung mit Bewegungsvererbung

Diese Vererbung der Bewegung von einem übergeordneten Objekt kann für einzelne Achsen ausgeschaltet werden. Selektieren Sie dazu das Objekt, das von seinem übergeordneten Objekt die Bewegung nicht mehr übernehmen soll. In unserem Beispiel ist das der *Arm03*, der bei einer Bewegung von *Arm02* nicht mehr steil nach oben gedreht werden, sondern waagerecht bleiben soll.

Vererben = Inherit

Schalten Sie hier im Rollout VERERBEN die Bewegungen aus, die nicht mehr über-nommen werden sollen.

Das Objekt behält jetzt bei einer Bewegung des übergeordneten Objekts seine Lage in den ausgeschalteten Achsen.

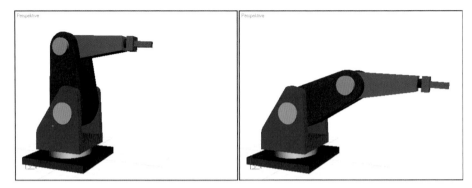

Abbildung 13.15: Bewegungsvererbung ausgeschaltet [ROBOT04.MAX]

13.3   Inverse Kinematik

Inverse Kinematik ist, wie der Name andeutet, eine Umkehrung der klassischen hierarchischen Kinematik. Sie wird häufig zur Animation von Figuren und orga-nischen Objekten verwendet.

Möchten Sie einen Gegenstand vom Boden aufheben, überlegen Sie auch nicht, wie Sie von der Wirbelsäule bis zu den Fingern jedes Gelenk bewegen, sondern denken nur daran, die Hand in eine Position zu bringen, damit Sie den Gegen-stand greifen können. Welche Gelenke dazu bewegt werden müssen, ist nicht weiter wichtig.

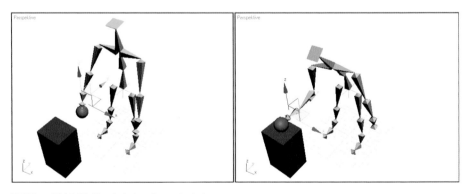

Abbildung 13.16: Die Figur legt einen Gegenstand ab.

Inverse Kinematik bietet vielfältige Möglichkeiten, komplizierte Bewegungsabläufe sehr einfach zu definieren. Dies gilt besonders für organische Bewegungen
von Lebewesen. Durch die detailliert einstellbaren Beschränkungen kann man
Figuren mit einem bestimmten Verhalten modellieren, die später im Produktions-
ablauf von jemand anderem animiert werden und sich dort genau so verhalten,
wie es vom Modellierer vorgesehen ist. Dieses Kapitel zeigt nur die wichtigsten
Grundlagen inverser Kinematik, da man mit diesem Thema ein ganzes Buch füllen könnte.

Die inverse Kinematik kehrt die Richtung, in der eine Bewegung geplant wird,
genau um. Man plant die Bewegung nicht mehr von einem fest stehenden Objekt
ausgehend bis zum Ende der Hierarchiestruktur, sondern von diesem Ende aus
rückwärts. Dazu ist eine genaue Planung der Hierarchiestruktur eines Objekts
von entscheidender Bedeutung.

Die inverse Kinematik wird über kinematische Ketten definiert, die der Hierarchiestruktur der Objekte folgen. Die einzelnen Objekte müssen vor der Anwendung inverser Kinematik wie bei normaler Kinematik an ihren Drehpunkten
verknüpft werden. Eine kinematische Kette muss immer ohne Unterbrechungen
und Verzweigungen von dem Objekt, das bewegt wird, zurück bis zu einem fest
stehenden Objekt laufen, das diesem über beliebig viele Zwischenstufen hierarchisch übergeordnet ist.

*Bei Verwendung inverser Kinematik werden alle Objekte, die einem bewegten
Objekt übergeordnet sind, nach den Regeln der inversen Kinematik bewegt,
solange sie in der kinematischen Kette liegen. Untergeordnete Objekte werden
nach den Regeln der klassischen Kinematik bewegt.*

Bones-System

Die einfachste Methode, kinematische Ketten aus mehreren gelenkig verbundenen Objekten zu erstellen, ist das BONES-System.

Das BONES-System finden Sie auf der ERSTELLEN-Palette unter SYSTEME. Zeichnen Sie hier einfach die Kette. Die entstehenden Bones werden automatisch miteinander hierarchisch verknüpft und die Drehpunkte auf die Gelenke gesetzt.

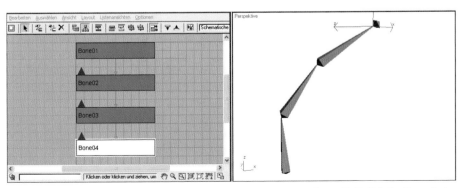

Abbildung 13.17: Einfaches Bones-System

Einfache Character

Aus solchen BONES-Systemen können auch ohne zusätzliche Programme wie *Character Studio* einfache Character erstellt werden.

Jede zweibeinige Figur, wie etwa Menschen, Affen und auch häufig verwendete Formen von Aliens, hat einen Schwerpunkt in der Beckengegend. Die Beine unterhalb dieses Punkts sind zwei kinematische Ketten, die sich über die Gelenke, Hüften, Knie, Knöchel bis in die Zehen fortsetzen. Oberhalb des Schwerpunkts kann der Oberkörper gebeugt und seitlich geneigt werden. Daran hängen die Schultern und Arme mit weiteren Gelenken sowie Hals und Kopf.

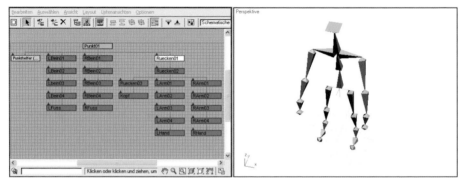

Abbildung 13.18: Einfacher Character aus Bones-Systemen

Die Objekte eines BONES-Systems sind bereits automatisch verknüpft, so dass Sie die inverse Kinematik direkt nutzen können.

Schalten Sie auf der HIERARCHIE-Palette in den Modus IK und aktivieren Sie im Rollout INVERSE KINEMATIK den Button INTERAKTIVE IK.

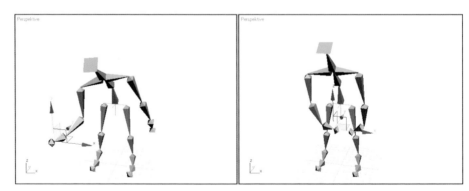

Abbildung 13.19: Über inverse Kinematik bewegte Hände

(KOMPENDIUM) 3ds max 6

Um aus den Bones einen besseren Eindruck von der wirklichen Figur zu gewinnen, können diese mit seitlichen Markierungen versehen werden, die aus den linearen Elementen wirklich räumliche »Knochen« machen.

Im Rollout BONE-PARAMETER können Sie für jeden Bone solche Markierungen festlegen. Dabei lässt sich die Größe und Verjüngung der Markierungen sowie auch die Maße der Bones einstellen. Diese Markierungen haben keinen Einfluss auf die Beweglichkeit der Bones und die Hierarchie der Kette.

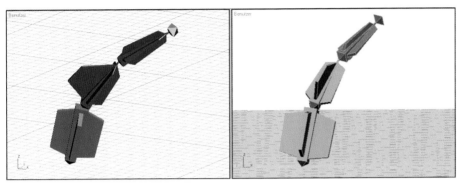

Abbildung 13.20: Bones mit Markierungen

Bewegungsbeschränkungen

Wenn Sie in diesem Modus versuchen, die Hände der Figur zu bewegen, werden Sie sehr schnell feststellen, dass es zu unkontrollierbaren Bewegungen kommt, die kaum wieder gerade zu richten sind und die auch in keinster Weise den natürlichen Bewegungen eines Menschen entsprechen.

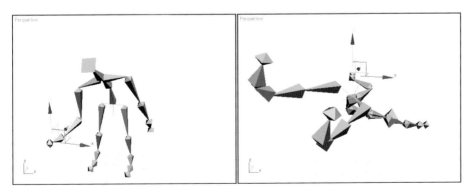

Abbildung 13.21: Unkontrollierbare Bewegungen

Um solche Fehlbewegungen zu verhindern, legen Sie bei kinematischen Ketten einen *Abschlussknotenpunkt* fest. Bewegungen haben dann keinen Einfluss mehr auf Objekte, die oberhalb dieses Abschlussknotenpunkts in der Kette liegen.

Eine Armbewegung ist normalerweise an der Schulter beendet, zumindest dann, wenn sich die Figur nicht immer gleich auch noch bücken soll. Selektieren Sie dazu nacheinander die Schulterknochen *LArm01* und *RArm01* und schalten Sie bei beiden im Rollout OBJEKTPARAMETER auf der HIERARCHIE-Palette den Schalter ABSCHLUSSKNOTENPUNKT ein.

*Abschlussknoten-
punkt = Terminator*

Abbildung 13.22: Der Oberkörper der Figur bewegt sich bei Armbewegungen nicht mehr.

Trotzdem sind noch unnatürliche Bewegungen möglich, da sich ein menschlicher Arm nicht in jede beliebige Richtung drehen lässt. Manche Gelenke, wie zum Beispiel der Ellenbogen, haben auch nur einen eingeschränkten Bewegungsbereich, hier etwa zwischen 5° und 180°.

Deshalb kann man für jedes Gelenk zwischen zwei Objekten einstellen, wie weit und in welche Richtung hier eine Bewegung stattfinden kann. Diese Bewegungsmöglichkeiten werden durch die Drehpunkte der einzelnen Objekte definiert.

Beginnen Sie mit der Definition der Bewegungsmöglichkeiten am Anfang der Kette, also bei den Händen. Schalten Sie in der Hauptsymbolleiste das Koordinatensystem auf LOKAL, da sich in der inversen Kinematik alle Bewegungen zwischen Objekten auf das lokale Koordinatensystem beziehen.

Im Rollout DREHGELENKE können Sie jetzt die zulässigen Drehachsen und Winkel für das selektierte Gelenk einstellen.

Drehgelenke = Rotational Joints

Hier können Sie für alle drei Achsen die Bewegung eines Gelenks einschränken:

➡ AKTIV – Ist dieser Schalter eingeschaltet, ist eine Drehung um die jeweilige Achse möglich.

Aktiv = Active

➡ BESCHRÄNKT – beschränkt den Drehbereich auf einen bestimmten Winkelbereich. Hier können Sie in den Zahlenfeldern VON und BIS interaktiv einen Bereich einstellen. Das Objekt bewegt sich dabei als visuelle Hilfe bei der Einstellung mit.

Beschränkt = Limited

➡ NACHLASSEN – Organische Gelenke bewegen sich im mittleren Drehbereich leichter als an den Enden des Bereichs. Der Schalter NACHLASSEN simuliert dieses Verhalten.

Nachlassen = Ease

➡ ZURÜCKSPRINGEN – Organische Gelenke versuchen immer in eine Ruheposition zurückzukehren. Diese Position geben Sie hier angeben. Je weiter ein Gelenk bewegt wurde, desto stärker ist die Kraft, es wieder zurückzubewegen.

Zurückspringen = Spring Back

➡ FEDERSPANNUNG – stellt die Federstärke ein, mit der Gelenke in ihre Ruheposition zurückgezogen werden.

Federspannung = Spring Tension

➡ DÄMPFUNG – Maß für die Schwergängigkeit eines Gelenks. Laufen Gelenke innerhalb einer kinematischen Kette unterschiedlich schwer, werden bevorzugt leichtgängige Gelenke für eine Bewegung herangezogen.

Dämpfung = Damping

In der inversen Kinematik sind außer Drehgelenken auch Gleitgelenke möglich. Hier verschiebt sich ein untergeordnetes Objekt gegenüber dem nächstübergeordneten in bestimmten Achsen. Da derartige Bewegungen in der Praxis eher selten vorkommen, sind sie standardmäßig deaktiviert.

Sie können aber im Rollout GLEITGELENKE zu jedem Gelenk auch das Gleiten in bestimmten Achsen freigeben. Auch dabei besteht die Möglichkeit, die Bewegung auf bestimmte Bereiche zu beschränken.

Animation

Wenn Sie jetzt eine animierte Bewegung machen wollen, aktivieren Sie den AUTO-KEY-Modus. Verschieben Sie die Objekte, die am Anfang der kinematischen Ketten stehen, die Hände. Diese Verschiebung wird automatisch in Drehbewegungen der übergeordneten Objekte mit entsprechenden Keys umgesetzt, die in der Spuransicht zu sehen sind. Dabei muss das eigentlich bewegte Objekt nicht unbedingt auch Keys zugewiesen bekommen.

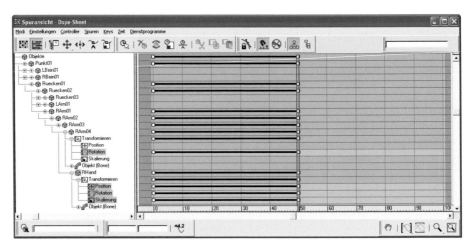

Abbildung 13.23: Keys einer Bewegung des Objekts RHand

Prioritäten

In vielen kinematischen Ketten gibt es mehrere Möglichkeiten, die Objekte der Kette zu bewegen, damit das Anfangsobjekt eine bestimmte Position erreicht.

Dabei sind die Prioritäten, welche Gelenke bevorzugt bewegt werden, unterschiedlich. Probieren Sie es aus, indem Sie ein Objekt vom Tisch nehmen und an eine andere Stelle legen. Dabei bewegen Sie bevorzugt den Ellenbogen und weniger das Handgelenk.

In 3ds max 6 können Sie den einzelnen Objekten in der kinematischen Kette ebenfalls unterschiedliche Prioritäten zur Bewegung geben.

Priorität
= Precedence

Alle Objekte haben vorgabemäßig den Priorität-Wert 0. Die Priorität kann für jedes Objekt im Rollout Objektparameter eingestellt werden. Dabei spielen die absoluten Werte keine Rolle, es kommt nur auf die Reihenfolge der Werte an. Objekte mit höherer Priorität werden zuerst bewegt.

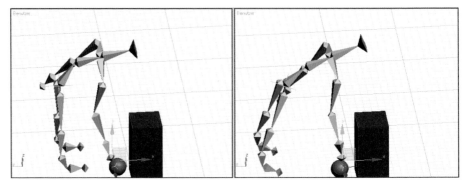

Abbildung 13.24: Die gleiche Bewegung mit verschiedenen Prioritätseinstellungen

Im linken Bild hat die Wirbelsäule der Figur eine höhere Priorität als im rechten Bild. Daher bückt sich die Figur rechts an den Füßen mit durchgestrecktem Rücken.

Mit zwei Buttons kann die Priorität mehrerer selektierter Objekte auf einmal eingestellt werden:

➤ UNTERG.->ÜBERG. – gibt übergeordneten Objekten höhere Prioritäten. Allen selektierten Objekten werden PRIORITÄT-Werte zugeordnet, die dem Zehnfachen der Stellung in der kinematischen Kette entsprechen. Ein Objekt auf fünfter Hierarchieebene bekommt also einen PRIORITÄT-Wert von 50, ein Objekt auf erster Hierarchieebene eine PRIORITÄT 10.

Unterg.->Überg. = Child->Parent

➤ ÜBERG..->UNTERG. – gibt übergeordneten Objekten niedrigere Prioritäten. Allen selektierten Objekten werden PRIORITÄT-Werte zugeordnet, die dem negativen Zehnfachen der Stellung in der kinematischen Kette entsprechen. Ein Objekt auf fünfter Hierarchieebene bekommt also einen PRIORITÄT-Wert von –50, ein Objekt auf erster Hierarchieebene eine PRIORITÄT –10.

Überg..->Unterg. = Parent->Child

Ein gut durchdachtes komplexes Bones-System mit Gelenken und Bewegungsbeschränkungen kann das Verhalten einer Figur, eines sonstigen Lebewesens oder einer Maschine simulieren. Je mehr man hier in die Vorarbeit bei der Erstellung der Systeme für die Charaktere investiert, umso einfacher lassen sich diese später animieren. Man braucht sich dann nicht mehr um jeden einzelnen Schritt Gedanken zu machen – die Figur bewegt sich nach einem natürlich wirkenden Muster.

Anhang

In den gelben Seiten finden Sie nützliche Informationen, Internetadressen und Angaben zum Inhalt der DVD im Buch. Ein Teil des Anhangs befasst sich mit der Benutzeroberfläche von 3ds max. Hier finden auch Profis noch einige Tricks, die auf den ersten Blick verborgen bleiben. Ein weiterer Teil ist speziell den Neuheiten in der aktuellen Version gewidmet. Die meisten davon wurden im Buch bereits erwähnt. An dieser Stelle finden Sie noch einmal die komplette Liste im Überblick.

Am Ende des Buches liefern wir erstmalig, für alle Anwender der englischen Demoversion, eine Übersetzungstabelle der wichtigsten 3ds max 6-Funktionen.

A   3ds max 6-Demoversion

Im Verzeichnis \DVDROM\MAX6DEMO befindet sich auf der DVD eine vollständige Demoversion von 3ds max 6. 30 Tage lang können Sie hier den vollen Funktionsumfang des Programms testen. Dabei gibt es keine Einschränkungen – die Demoversion kann wie die Vollversion Daten lesen und speichern, importieren und exportieren. Mit der Demoversion erzeugte Dateien können später mit der Vollversion weiterbearbeitet werden.

Die Demoversion ist nur in englischer Sprache verfügbar. Alle Bezeichnungen im Buch beziehen sich auf die deutsche Vollversion. Die jeweiligen englischen Begriffe werden am Seitenrand angegeben. Am Ende der gelben Seiten finden Sie zusätzlich eine Übersetzungstabelle mit den wichtigsten Begriffen und Menüpunkten.

```
:-)
TIPP
```

Auf der DVD finden Sie im Verzeichnis \DVDROM\buch\tabelle *eine vollständige Übersetzungstabelle aller Begriffe in 3ds max 6 von Deutsch nach Englisch und umgekehrt.*

A.1.1   Systemvoraussetzungen

Folgende Mindestvoraussetzungen müssen zur Installation der Demoversion erfüllt sein:

➡ Intel®- oder AMD®-Prozessor mit mindestens 300 MHz (empfohlen Dual Intel Pentium® 4 oder Dual AMD Athlon™ System)

➡ Microsoft® Windows® XP Professional oder Windows 2000

➡ 256 MB RAM und 300 MB Auslagerungsdatei

➡ Grafikkarte mit 1024x768x16 Bit, Dualbildschirm-Konfiguration empfohlen (OpenGL- und DirectX-Hardware-Beschleunigung wird unterstützt.)

➡ Windows-kompatibles Zeigegerät (Maus), Optimierung für Microsoft® Intellimouse™

➡ 200 MB freier Festplattenplatz für das Programm, bei Installation der Beispiele und Tutorials etwa 1 GB

➡ DVD-Laufwerk zur Installation

A.1.2   Installation der Demoversion

Zur Installation starten Sie das Programm 3dsmax6.exe aus dem Verzeichnis \DVDROM\MAX6DEMO. Ein Klick auf den Button SETUP startet zunächst das Entpacken der komprimierten Installationsdateien. Danach müssen Sie den Lizenzvertrag der Demoversion bestätigen.

Geben Sie im nächsten Schritt Ihren Namen ein und wählen Sie ein Verzeichnis zur Installation aus. Bei den Beschreibungen im Buch gehen wir immer von einer Standardinstallation im Verzeichnis C:\3dsmax6\ aus. Sie können aber auch ein anderes Verzeichnis angeben.

Abbildung A.1: Start der Installation

Wenn Sie die Version von der DVD im Buch installieren, geben Sie als Seriennummer 000-00000000 an und lassen den Lizenztyp auf STAND ALONE stehen. Bestätigen Sie die nächsten Schritte mit WEITER.

Das Installationsprogramm legt automatisch eine neue Menügruppe im Startmenü an, von wo Sie die 3ds max 6-Demoversion starten können. Beim Programmstart erscheint eine Aufforderung zur Autorisierung. Wählen Sie hier die Option RUN THE PRODUCT und bestätigen mit dem NEXT-Button, um 3ds max 6 30 Tage lang verwenden zu können (siehe Abbildung A.2).

Im nächsten Schritt müssen Sie noch einen Grafiktreiber auswählen. Dies ist nur beim ersten Start erforderlich. Wenn Ihre Grafikkarte OpenGL oder Direct3D hardware-mäßig unterstützt, sind diese Optionen in jedem Fall schneller und bieten auch mehr interaktive Darstellungseffekte, als der Software-Treiber. Bei älteren Grafikkarten oder auf Notebooks, die OpenGL und Direct3D oft softwaremäßig emulieren, ist der Software-Treiber meist besser geeignet.

Abbildung A.2: Start von 3ds max 6

Nachdem das Programm gestartet ist, sollten Sie als Erstes, da es sich um eine englische Version handelt, zumindestens die britischen Maßeinheiten auf metrische umschalten. Wählen Sie dazu im Menü der Demoversion CUSTOMIZE/UNITS SETUP und klicken auf den Button SYSTEM UNIT SETUP. Schalten Sie im nächsten Dialog die Systemeinheiten auf METER und bestätigen beide Dialoge mit OK.

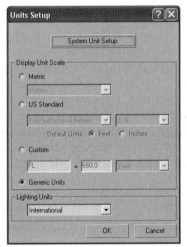

Abbildung A.3: Einstellung der Systemeinheiten

Das Verzeichnis \DVDROM\MAX6DEMO enthält noch weitere Dateien, die Sie optional installieren können.

Hilfe-Dateien

Bei der Standardinstallation der Demoversion wird nur das Tutorial, nicht aber die komplette Hilfedatei installiert. Die Menüpunkte HELP/USER REFERENCE und HELP/NEW FEATURES GUIDE funktionieren also nicht.

Sollte 3ds max 6 gerade laufen, beenden Sie das Programm und starten dann zur Installation der Hilfe-Dateien das Programm 3dsmax6_Reference.exe von der DVD.

Der Installer legt automatisch unterhalb des 3ds max 6-Verzeichnisses ein Verzeichnis help an, in dem die etwa 100 MB großen Hilfe-Dateien abgelegt werden. Beim nächsten Start von 3ds max 6 steht die Hilfe zur Verfügung. Die Hilfe-Dateien können auch direkt aus der 3ds max 6-Menügruppe im Startmenü aufgerufen werden.

Beispieldateien

Mit dem Programm 3dsmax6_sample.exe von der DVD können die Original-Beispieldateien aus der 3ds max 6-Vollversion installiert werden. Dabei handelt es sich nicht um die im Buch verwendeten Beispiele, sondern um zusätzliche Maps und Materialbibliotheken. Die Beispiele aus dem Buch finden Sie im Verzeichnis \DVDROM\buch\max auf der DVD.

Architektur-Materialien

Mit dem Programm 3dsmax6_archmat.exe von der DVD können zusätzliche Maps und Materialbibliotheken zur Verwendung der neuen Architektur-Materialien in 3ds max 6 installiert werden.

Die Bilddateien werden in das Verzeichnis \3dsmax6\maps\ArchMat kopiert. Von den meisten Maps gibt es neben der farbigen Textur noch eine schwarz-weiße Variante zur Verwendung als Relief-Map.

Tutorials

Die selbstextrahierenden Archive character_animation_professional_tutorials.exe, design_visualization_professional_tutorials.exe, film_and_video_professional_ tutorials.exe, games_professional_tutorials.exe, introductory_tutorials.exe, mental_ray_ tutorials.exe, reactor_tutorials.exe und shockwave3d_tutorials.exe installieren die MAX-Dateien aus den Original-Tutorials von **discreet**. Diese Dateien dienen nur als Beispiele und sind zum Betrieb von 3ds max 6 nicht erforderlich. Nachdem Sie die Tutorials durchgearbeitet haben, können Sie die Dateien aus dem Verzeichnis \3dsmax6\tutorials wieder löschen und damit 440 MB Speicherplatz auf der Festplatte gewinnen.

Character Studio

Character Studio ist ein Programm zur Characteranimation, das innerhalb von 3ds max 6 läuft. Die Dateien characterstudio42.exe und characterstudio42tutorial.exe installieren eine Demoversion von Character Studio, die um sie nach dem Testzeitraum weiter zu verwenden, unabhängig von 3ds max 6 autorisiert werden muss.

A.1.3   Software-Schutz bei discreet-Produkten

Viele Anwender von 3ds max und Combustion fragen sich, warum es überhaupt einen Software-Schutz geben muss. Der Software-Schutz ist für den Anwender, aber auch für den Hersteller immer ein zusätzlicher Aufwand, der Ressourcen bindet und zusätzlich Geld kostet.

Der Grund ist traurig, aber leider Realität. Untersuchungen zeigen, dass ohne Software-Schutz die Bereitschaft zur illegalen Nutzung sehr deutlich steigt. Dies liegt wohl auch daran, dass sich viele Verantwortliche gar nicht so recht im Klaren sind, welche Folgen die illegale Nutzung eigentlich haben kann. Mit oder ohne Schutz sind die juristischen Folgen gleich und so ist die Überraschung vor Gericht oft groß. Doch dazu später mehr.

Schade ist dabei, dass für den Software-Schutz Geld und Ressourcen verschwendet werden müssen und allein schon deshalb alle Anwender unter der illegalen Nutzung zu leiden haben.

Und dabei ist doch eigentlich jeder, der Digital Content erzeugt, vom gleichen Problem betroffen. Zumindest sobald man beginnt, mit der eigenen Kreativität sein Leben ganz oder teilweise zu bestreiten, ist die Gefahr des Ideenklaus und des Copyrights ein wichtiges Thema. Die Tatsache, dass es die GEMA gibt, ist auch für den nicht ganz so Erfolgreichen ein Stückchen Sicherheit. So ist es ganz unabhängig von der rechtlichen Situation schon von der moralischen Logik her fragwürdig, wenn jemand mit illegaler Software produziert.

Softlock c-dilla

Der für 3ds max bis Version 3 verwendete Hardware-Lock hatte verschiedene Nachteile. Er verlangte eine Registrierung, bei Nutzung mehrerer Produkte wurde die Kette der Dongles lang und er verlangte im Extremfall nach speziellen Haltern oder manche Funktionen des Parallelports wurden beeinflusst. Ein Nachteil aber überragte alle anderen. War der Dongle defekt, so konnte die Software nur wieder betrieben werden, wenn per Post Ersatz eintraf. Nur ein anderes System konnte hier die Produktionssicherheit verbessern. Und die Produktionssicherheit ist eigentlich immer, aber ganz besonders in der Filmproduktion, besonders wichtig.

➡ Mit dem Softlock c-dilla ist der Versand der Lizenz nun per Internet, E-Mail oder Fax möglich. Außerdem sind damit zeitlich begrenzte Lizenzen möglich, so dass es mit 3ds max 4 erstmals möglich war, eine vollwertige, zeitlich begrenzte Demoversion wie in diesem Buch anzubieten.

➡ Auch mit dem Softlock ist 3ds max weiterhin transportabel. Der Zeitaufwand, den Code per Diskette von einem System auf ein anderes zu transportieren, ist dabei nicht höher, da die Workstations nicht mehr wie beim Dongle-Umstecken gebootet werden müssen.

➡ Außerdem ist bei c-dilla die virtuelle Dongle-Nummer wieder herstellbar. Das bedeutet für Plug-Ins, die das Sicherhcitssystem nutzen, dass diese bei einem Defekt nicht mehr wie beim Dongle aufwändig neu lizenziert werden müssen.

Die rechtliche Situation

Bei der Überführung von Software-Piraten hat sich in den letzten Jahren einiges verändert. Oft herrscht bei den Tätern noch der Glaube, dass es nur selten oder nie wirkliche Strafen gibt, da angeblich die meisten Prozesse wegen Geringfügigkeit eingestellt werden.

Umso größer ist die Überraschung in der Praxis. In fast jeder größeren europäischen Stadt gibt es mittlerweile eigene Abteilungen der Polizei, die sich nur mit Software-Piraterie befassen. Somit ist die Strafverfolgung mittlerweile fast immer unabhängig vom Hersteller. Bei einer illegalen Software, die nicht wie im Office-Bereich einen Wert von unter tausend Euro aufweist, ist das polizeiliche Interesse an weiteren Ermittlungen schon deshalb groß, weil hier die Staatsanwaltschaft meist nicht wegen Geringfügigkeit einstellt.

Viel schlimmer als die eigentliche Strafe ist aber oft die Ermittlung selbst. In vielen Fällen wird die gesamte Hardware mit allen Daten als Beweismittel sichergestellt, und zwar bis zum Prozessentscheid. Das kann schnell mal ein halbes Jahr dauern. Nicht nur der Wertverlust der Hardware, sondern auch dann eventuell fällige Konventionalstrafen sind oft schlimmer als die eigentliche Strafe.

Noch schlimmer kommt es, wenn der mit der illegalen Software erzeugte Content eingezogen wird. So kann es zum Beispiel bei einem mit illegaler Software hergestellten Spiel passieren, dass das Spiel aus den Verkaufsregalen genommen werden muss. Das ist für den Spielehersteller, der ja meist für einen großen Publisher arbeitet, nicht nur peinlich, sondern extrem teuer. Dabei ist, wie bei jeder illegalen Nutzung, immer der Geschäftsführer voll verantwortlich, auch wenn er davon nichts gewusst hat. Das heißt, der Produzent muss prüfen, ob seine externen Mitarbeiter oder sein Subcontractor in Osteuropa auch legale Lizenzen besitzt.

So betrachtet, steht die Einsparung durch die Nutzung illegaler Software in keinem Verhältnis zum Risiko. Und darüber hinaus wird jeder Verantwortliche durch seine Mitarbeiter oder andere erpressbar.

Die Zeiten, in denen man bei der Entdeckung noch schnell eine Lizenz kaufen konnte, sind darüber hinaus auch vorbei. In vielen Ländern sind alle Personen, aber insbesondere Hersteller wie Händler, beim Bekanntwerden eines solchen Falls zur sofortigen Anzeige rechtlich verpflichtet. Sonst drohen ihnen selbst Strafen. Aber die meisten Fälle werden derzeit schon ganz direkt von den speziellen Abteilungen der Polizei und der BSA (Business Software Alliance www.bsa.de) aufgedeckt.

A.1.4   Windows Optimierung für 3ds max 6

Die Standardeinstellungen von Windows XP tragen nicht gerade zu einem flüssigen Arbeiten bei. Performance-Schwächen bei 3ds max 6 liegen meistens nicht in unzureichender Hardware, sondern in mangelhaften Windows-Einstellungen begründet.

Beachten Sie folgende Tipps, um Ihr Windows zu optimieren:

Schalten Sie das Hintergrundbild aus, den größten Speicherfresser, seit es Windows gibt. Schalten Sie außerdem den Active Desktop ab, falls Sie diesen nicht schon generell deaktiviert haben. Klicken Sie dazu in der SYSTEMSTEUERUNG/ANZEIGE auf der Registerkarte DESKTOP auf DESKTOP ANPASSEN. Schalten Sie im nächsten Dialog auf der Registerkarte WEB alle Schalter aus.

Wenn Sie XP verwenden, schalten Sie das Programm auf die klassische Windows-Oberfläche um, auch wenn im Buch überall die bunte XP-Oberfläche dargestellt wird. Klicken Sie dazu mit der rechten Maustaste auf den Desktop, wählen im Kontextmenü EIGENSCHAFTEN und dann auf der Registerkarte DESIGNS im Listenfeld die Option WINDOWS KLASSISCH.

Abbildung A.4: Umschaltung auf klassische Windows-Oberfläche und geringere Farbtiefe

Schalten Sie außerdem die grafischen Effekte in der SYSTEMSTEUERUNG/ANZEIGE unter DARSTELLUNG/EFFEKTE aus.

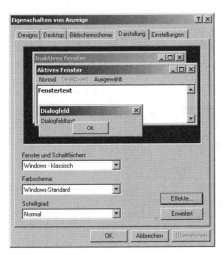 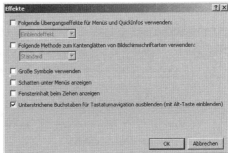

Abbildung A.5: Deaktivieren grafischer Effekte in der Systemsteuerung/Anzeige

Das Ein- und Ausblenden von Menüs, Schatteneffekte und kleine Animationen kosten erheblich Performance, ohne dass sie irgendwelche Vorteile für die Produktivität bringen. Schalten Sie also für effizientes Arbeiten die visuellen Effekte in der SYSTEMSTEUERUNG/SYSTEM/ERWEITERT/SYSTEMLEISTUNG auf OPTIMALE LEISTUNG.

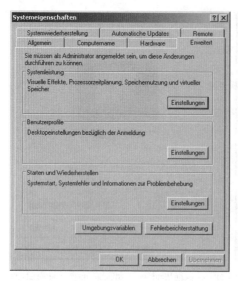 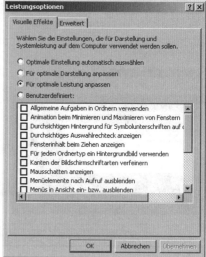

Abbildung A.6: Ausschalten überflüssiger Effekte

Deaktivieren Sie alle Programme im Hintergrund: Bildschirmschoner, Virenscanner (solange Sie nicht im Internet sind) und vor allem den Windows-Messenger.

Wenn Sie 3ds max mit dem Kommandozeilenparameter -h aufrufen, können Sie jederzeit ausprobieren, ob auf Ihrem System Direct3D oder OpenGL besser läuft. Die Performance beider Systeme hängt von der Unterstützung durch die entsprechenden Grafiktreiber ab.

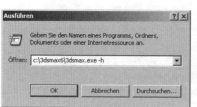 

Abbildung A.7: Auswahl eines Grafiktreibers

A.1.5   Unterstützung der Spacemouse

3ds max 6 unterstützt über einen speziellen Treiber die Spacemouse von 3Dconnexion aus der gemeinsamen Entwicklung des Deutschen Zentrums für Luft- und Raumfahrt und des Hardware-Herstellers Logitech.

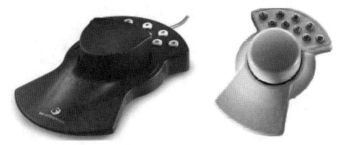

Abbildung A.8: Verschiedene Versionen der Spacemouse

Die Spacemouse ersetzt keineswegs eine normale Maus. Sie dient nur zur Navigation im Raum. Das Gerät liegt fest auf dem Tisch, nur der große Knopf ist in allen Achsen dreh- und verschiebbar, so dass sich beliebige Bewegungen von Objekten und Kamerabewegungen im Raum darstellen lassen. Die Programmbedienung läuft weiterhin mit der normalen Maus. Die notwendige Software für 3ds max 6 können Sie sich bei www.3dconnexion.com kostenlos herunterladen.

Nach der Software-Installation finden Sie auf der DIENSTPROGRAMME-Palette ein neues Programm 3DxSTUDIO.

Hier können Sie auswählen, ob die Spacemouse die Szene oder die Kamera bewegen soll. Dabei kann die Empfindlichkeit für Translation und Rotation getrennt eingestellt werden.

Mit dem Button BUTTON MAPPING können Sie den Tasten auf der Spacemouse verschiedene Funktionen zuweisen, wie zum Beispiel Einstellen der Empfindlichkeit oder Zurücksetzen der verstellten Perspektive.

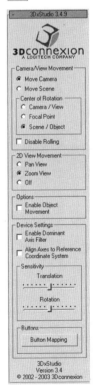

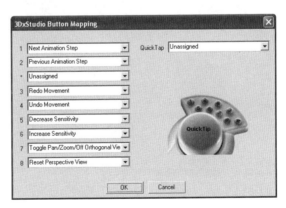

Abbildung A.9: Konfiguration der Tasten auf der Spacemouse

B   Die Benutzeroberfläche von 3ds max 6

Beim Start von 3ds max 6 erscheint nach einer eventuellen Meldung über die zeitliche Begrenzung der Demoversion, dieser Bildschirm.

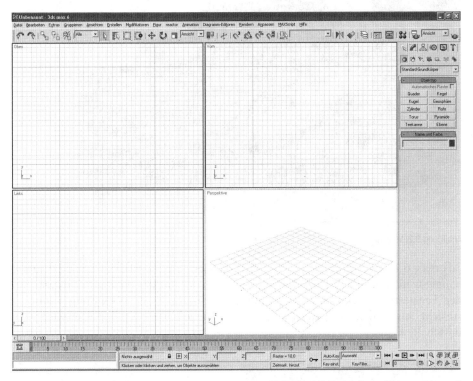

Abbildung B.1: Die Arbeitsoberfläche von 3ds max 6

Starten Sie 3ds max 6 nach der Installation zum ersten Mal, erscheinen die Ansichtsfenster mit grauem Hintergrund und nicht wie hier im Bild mit weißem Hintergrund. Zur besseren Darstellung im Druck haben wir die Hintergrundfarbe verändert. Über den Menüpunkt ANPASSEN/BENUTZEROBERFLÄCHE ANPASSEN *können Sie die Farben nach Belieben einstellen.*

TIPP

Anpassen/Benutzeroberfläche anpassen = Customize/Customize User Interface

Der größte Teil des Bildschirms wird von vier Ansichtsfenstern belegt, die die Szene aus verschiedenen Blickrichtungen zeigen. Vorgabemäßig sind vier Fenster eingestellt, und zwar OBEN, VORN, LINKS und PERSPEKTIVE. Ein Fenster hat immer einen gelben Rand, dieses ist das aktive Fenster. Mit einem Klick auf die mittlere oder rechte Maustaste in ein anderes Fenster wird dieses aktiviert.

Sie können die Größe der einzelnen Fenster verändern, indem Sie die horizontale und vertikale Trennlinie verschieben.

Abbildung B.2: Veränderte Aufteilung der Ansichtfenster

Ansichten = Views

3ds max 6 bietet verschiedene Ansichtsoptionen, die Sie für jedes Fenster unabhängig wählen können. Dazu können Sie entweder mit der rechten Maustaste auf den Fenstertitel klicken und im Kontextmenü unter ANSICHTEN die gewünschte Ansicht auswählen oder die Ansicht im aktuellen Fenster über Kurzwegtasten umschalten.

Tabelle B.1:
Verschiedene Ansichten und zugehörige Kurzwegtasten

Ansicht	Taste	Beschreibung
Kamera	C	Blick durch eine selektierte Kamera. Ist keine Kamera selektiert, erscheint ein Auswahlfenster, um eine beliebige Kamera zu wählen. Im Kontextmenü erscheint für jede Kamera ein eigener Menüpunkt.
Spotlicht	$	Sicht aus der Richtung eines selektierten Spotlichts. Ist kein Spotlicht selektiert, erscheint ein Auswahlfenster, um ein beliebiges Spotlicht zu wählen. Im Kontextmenü erscheint für jedes Spotlicht ein eigener Menüpunkt.
Perspektive	P	Perspektivische Ansicht aus der Richtung der zuvor eingestellten Ansicht. Dabei wird keine Kamera verwendet.

Tabelle B.1:
Verschiedene Ansichten und zugehörige Kurzwegtasten (Forts.)

Ansicht	Taste	Beschreibung
Benutzer	U	Axonometrische Ansicht aus der Richtung der zuvor eingestellten Ansicht ohne perspektivische Verzerrungen
Vorn	F	Ansicht von vorn aus Richtung der negativen Y-Achse
Hinten		Ansicht von hinten aus Richtung der positiven Y-Achse
Oben	T	Ansicht von oben aus Richtung der positiven Z-Achse
Unten	B	Ansicht von unten aus Richtung der negativen Z-Achse
Links	L	Ansicht von links aus Richtung der negativen X-Achse
Rechts	R	Ansicht von rechts aus Richtung der positiven X-Achse
Raster		Ansicht senkrecht auf das aktive Raster. Ist kein Raster aktiviert, kann im Kontextmenü eines der Grundraster gewählt werden.
Figur		Richtet die Ansicht auf die lokale XY-Ebene einer selektierten Figur (Spline oder Kontur) aus.

Außerdem lassen sich über das Kontextmenü besondere Darstellungen, wie ACTIVESHADE, SCHEMATISCHE ANSICHT, MEDIEN-BROWSER und MAXSCRIPT-AUFZEICHNUNG in den Ansichtsfenstern anzeigen.

Mit dem Menüpunkt ANPASSEN/ANSICHTSFENSTER KONFIGURIEREN lässt sich ein Dialogfeld zur Ansichtsfenstersteuerung einblenden. Hier können Sie auf der Registerkarte LAYOUT die Standardbildschirmaufteilung mit den vier Fenstern verändern.

Anpassen/Ansichtsfenster Konfigurieren = Customize/ Viewport configuration

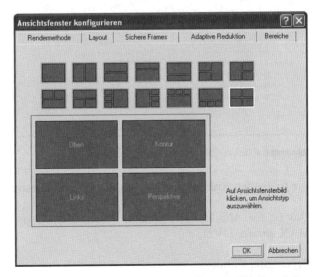

Abbildung B.3: Verändern der Bildschirmaufteilung

Ansichten/Aktive
Ansicht speichern
= Views/Save Active
View
Ansichten/Aktive
Ansicht wiederher-
stellen = Views/
Restore Active View

In jedem Anzeigefenster kann eine Ansicht gespeichert werden; so kann man zum Beispiel eine gute Perspektive behalten, während man im selben Anzeigefenster eine andere Ansicht ausprobiert. Hauptmenü: ANSICHTEN/AKTIVE ANSICHT SPEICHERN speichert eine Ansicht, ANSICHTEN/AKTIVE ANSICHT WIEDERHERSTELLEN holt eine gespeicherte Ansicht zurück.

B.1.1   Darstellung in den Ansichtsfenstern

In den einzelnen Anzeigefenstern können die Objekte auf verschiedene Weisen dargestellt werden. Die Darstellungsweisen reichen von einer simplen Box bis zum gerenderten Bild. Dabei bedeutet eine bessere Bildqualität auch immer eine langsamere Darstellung. In den meisten Fällen reicht es aus, die perspektivische Ansicht schattiert darzustellen. Dies ist auch die Standardeinstellung.

Konfigurieren
= Configure

Klicken Sie mit der rechten Maustaste auf den Titel eines Ansichtsfensters, anschließend können Sie im oberen Teil des Kontextmenüs zwischen den verschiedenen Darstellungsarten wählen. Die Einstellmöglichkeiten finden sich auf dem Panel RENDERMETHODE in der Dialogbox ANSICHTSFENSTER KONFIGURIEREN, die Sie über den Menüpunkt KONFIGURIEREN im Kontextmenü eines Ansichtsfenstertitels erreichen.

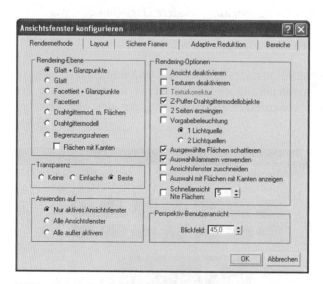

Abbildung B.4: Die Dialogbox Ansichtsfenster konfigurieren

Die folgenden Abbildungen zeigen die verschiedenen Darstellungsmodi.

Das in den Abbildungen gezeigte Raumschiff-Modell finden Sie als SOYUZ-T. MAX auf der DVD.

Begrenzungsrahmen

Begrenzungsrahmen
= Bounding Box

Alle Objekte werden nur als Quader dargestellt. Dafür wird jeweils der kleinstmögliche Quader verwendet, der um das Objekt gelegt werden kann. Jeder Quader wird in der Farbe des Objekts, nicht in der Materialfarbe, dargestellt.

Drahtgittermodell

Drahtgittermodell aller Kanten der Objekte. Jedes Objekt erscheint in der Objektfarbe, nicht in der Materialfarbe. Die Beleuchtung hat keinen Einfluss auf die Darstellung.

Drahtgittermodell
= Wireframe

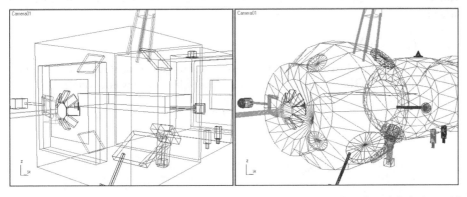

Abbildung B.5: Links: Darstellung als Begrenzungsrahmen, rechts: Darstellung als Drahtgittermodell

Drahtgittermodell mit Flächen

Drahtgittermodell aller Kanten der Objekte. Jedes Objekt erscheint in der Materialfarbe. Die Beleuchtung beeinflusst die Helligkeit der Linien. Die deutsche Übersetzung wurde hier etwas unglücklich gewählt. Der englische Begriff *Lit Wireframes* (= beleuchtetes Drahtmodell) entspricht eher dieser Darstellung.

Drahtgittermodell
mit Flächen
= Lit Wireframes

Facettiert

Flächig schattiert in der Materialfarbe ohne Glanzpunkte.

Facettiert = Facets

Facettiert + Glanzpunkte

Flächig schattiert in der Materialfarbe mit sichtbaren hellen Flecken. Diese so genannten Hotspots entstehen bei glänzenden Materialien durch Reflexion von Lichtquellen.

Facettiert + Glanz-
punkte = Facets +
Highlights

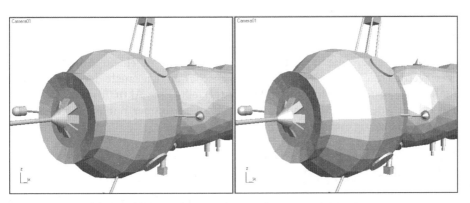

Abbildung B.6: Links: einfache facettierte Darstellung, rechts: facettierte Darstellung mit Glanzpunkten

Glatt

Glatt = Smooth

Bei der GLATT-Schattierung werden die Kanten zwischen benachbarten Flächen wie beim endgültigen Rendern glatt gerechnet, so dass der Eindruck eines gerundeten Körpers entsteht. Dieser Effekt ist vom Winkel zwischen zwei Flächen und von den Glättungsgruppen abhängig, die sich für jedes Objekt gezielt einstellen lassen.

Glatt + Glanzpunkte

Glatt + Glanzpunkte = Smooth + Highlights

Diese Darstellung ähnelt der Glattschattierung, nur dass zusätzlich Glanzpunkte auf gekrümmten Oberflächen glänzender Materialien dargestellt werden.

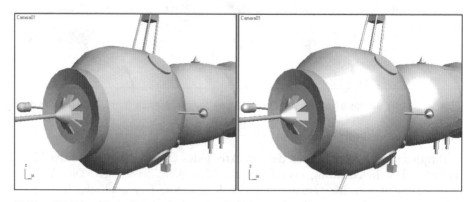

Abbildung B.7: Links: einfache Glattschattierung, rechts: Glattschattierung mit Glanzpunkten

Flächen mit Kanten = Edged Faces

Ist der Schalter FLÄCHEN MIT KANTEN eingeschaltet, werden über der glatt schattierten Darstellung noch die Drahtmodellkanten in den Objektfarben dargestellt.

:-)
TIPP

Mit den Funktionstasten [F3] *und* [F4] *können Sie die Darstellung im aktuellen Ansichtsfenster sehr schnell umschalten.*

[F3] *schaltet zwischen schattierter und Drahtgittermodelldarstellung um.*

[F4] *blendet in der schattierten Darstellung die Drahtgittermodell-Kanten ein und aus.*

ActiveShade

ActiveShade liefert die höchstmögliche Bildqualität in einem Ansichtsfenster. Hier werden die Material- und Lichteigenschaften wie auch der Hintergrund ähnlich wie beim endgültigen Rendern dargestellt. Eine Aktualisierung des Bilds dauert hier allerdings auch am längsten. Es kann immer nur ein ActiveShade-Fenster gleichzeitig angezeigt werden.

Ansichten/Active-Shade = Views/ ActiveShade

ActiveShade-Fenster finden Sie weiter unten im Kontextmenü unter ANSICHTEN/ ACTIVESHADE.

Mit der Leertaste können Sie im ActiveShade-Modus eine Symbolleiste ein- und ausblenden, mit der sich Bildkanäle einzeln schalten lassen. Von hier aus kann das Bild auch direkt als Bilddatei gespeichert werden.

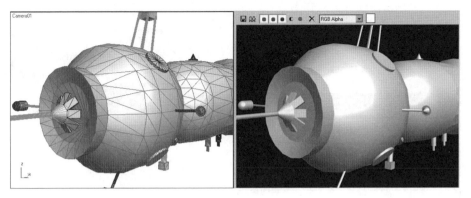

Abbildung B.8: Links: glatt schattierte Darstellung mit Kanten, rechts: ActiveShade [01014.TIF]

B.1.2   Navigation in den Ansichtsfenstern

Innerhalb der Ansichtsfenster kann der Bildausschnitt gepannt und gezoomt werden. Außerdem lässt sich der Blickwinkel auf die Szene beliebig ändern.

3ds max 6 unterscheidet zwischen vier grundsätzlich verschiedenen geometrischen Ansichten:

➤ *Orthogonale Ansichten – ermöglichen den senkrechten Blick auf eine der Koordinatenebenen ohne perspektivische Verzerrung. Dazu gehören die Ansichten:* VORN, HINTEN, OBEN, UNTEN, LINKS *und* RECHTS.

➤ *Axonometrien – sind Ansichten aus einem schrägen Blickwinkel senkrecht auf eine schräge Ebene ohne perspektivische Verzerrung. Orthogonale Ansichten stellen also eine Sonderform der Axonometrien dar. Zu Axonometrien zählen die* BENUTZER- *und* RASTER-*Ansicht.*

➤ *Perspektiven – sind in 3ds max 6 vereinfachte Zentralperspektiven, die dem menschlichen Auge mehr entsprechen als eine Axonometrie. In der perspektivischen Ansicht sind Parallelen, die nach hinten laufen, nicht mehr parallel, sondern laufen zusammen. Weiter entfernt liegende Objekte erscheinen kleiner als solche weiter vorn. In der Axonometrie dagegen erscheinen Parallelen immer parallel und gleich lange Strecken immer gleich lang, unabhängig von ihrer Lage im Raum.*

➤ *Kameraansichten – entsprechen der Sicht von einem definierten Punkt im Raum in eine bestimmte Richtung mit einem bestimmten Blickwinkel. Diese Ansicht stellt den Blick durch eine wirkliche Kamera dar und ist damit von allen Ansichtsarten die realistischste. Sie wird für Kamera- und Spotlicht-Fenster verwendet. Ein Spotlicht strahlt ebenfalls von einem definierten Punkt im Raum in eine bestimmte Richtung mit einem bestimmten Öffnungswinkel.*

Zur Steuerung des sichtbaren Bereichs in einem Ansichtsfenster verwendet man die Buttons in der unteren rechten Bildschirmecke oder entsprechende Tasten.

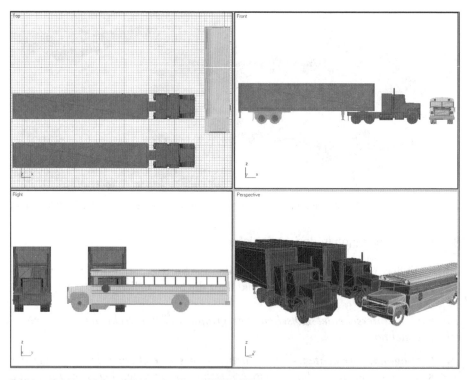

Abbildung B.9: Verschiedene Ansichten einer Szene [AUTOS.MAX]

Einige dieser Buttons haben rechts unten eine schwarze Ecke. Das bedeutet, dass sich hier so genannte Flyouts, also mehrere Optionen zu einem Befehl, verbergen. Hält man die linke Maustaste auf diesem Button länger gedrückt, erscheint das Flyout, und man kann die gewünschte Option auswählen. Diese bleibt aktiv, bis man eine andere wählt. Die verschiedenen Optionen der Flyouts werden im Folgenden einzeln beschrieben.

Alle Befehle, die die Ansicht verändern, lassen sich mit der Tastenkombination ⌂+Z zurücknehmen. Die Tastenkombination ⌂+Y nimmt einen solchen Rückgängig-Schritt zurück. So kann man zwischen bisherigen Ansichtsfenstereinstellungen hin- und herblättern.

Zoom

Mit der Lupe kann im aktuellen Ansichtsfenster gezoomt werden. Die gleiche Wirkung hat ein Drehen des Mausrads. Allerdings erfolgt hier das Zoomen in größeren Schritten.

Klicken Sie während des Zoomens auf die rechte Maustaste, wird der Zoom abgebrochen; der ursprüngliche Bildausschnitt bleibt bestehen.

Der Basispunkt, von dem aus gezoomt wird, lässt sich mit den Schaltern UM MAUSPUNKT ZOOMEN (ORTHOGONAL) und UM MAUSPUNKT ZOOMEN (PERSPEK-TIVISCH) auf der Registerkarte ANSICHTSFENSTER der Dialogbox EINSTELLUNGEN für orthogonale und perspektivische Fenster getrennt einstellen.

Um Mauspunkt zoomen = Zoom About Mouse Point

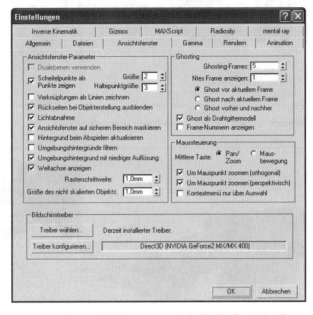

Abbildung B.10: Maussteuerung in den Ansichtsfenstereinstellungen

Diese Dialogbox erreicht man mit dem Befehl ANPASSEN/EINSTELLUNGEN. Entweder wird der aktuelle Mauspunkt oder der Mittelpunkt des Anzeigefensters als Zentrum des Zooms verwendet.

Anpassen/Einstellungen = Customize/ Preferences

Zoom Alle

Die Lupe mit dem 4-Fenster-Symbol vergrößert oder verkleinert alle Anzeigefenster, die keine Kamera- oder Spotlicht-Fenster sind, gleichzeitig. Hält man dabei die ⌜Strg⌝-Taste gedrückt, werden die Perspektive-Fenster nicht beeinflusst.

Zoom Fenster

Diese Lupe oder die Tastenkombination ⌜Strg⌝+⌜W⌝ zoomt einen beliebigen rechteckigen Ausschnitt auf die volle Fenstergröße.

In PERSPEKTIVE-Fenstern kann sich bei ZOOM FENSTER der Blickwinkel ändern. Außerdem entspricht hier der angezeigte Ausschnitt nicht genau dem gewählten Fenster.

In PERSPEKTIVE-Fenstern besteht dieser Button aus zwei Flyouts, ZOOM FENSTER und BLICKFELD.

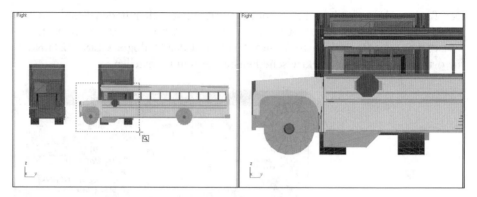

Abbildung B.11: Vor und nach Zoom Fenster in einer orthogonalen Ansicht

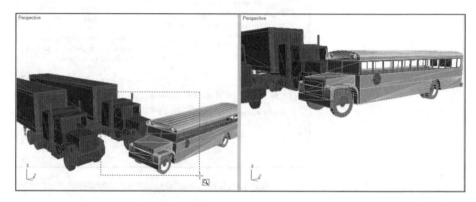

Abbildung B.12: Vor und nach Zoom Fenster in einer perspektivischen Ansicht

Blickfeld

Der Button BLICKFELD wirkt sich aus wie eine Veränderung der Brennweite eines Kameraobjektivs. Kleine Brennweiten bewirken ein großes Blickfeld, aber starke perspektivische Verzerrung. Umgekehrt ergibt sich bei einer langen Brennweite eine geringe Verzerrung und ein kleineres Blickfeld.

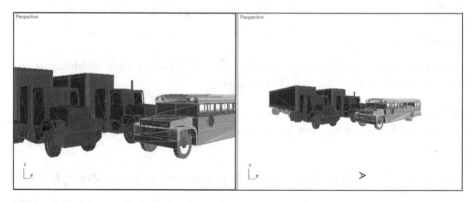

Abbildung B.13: Veränderung des Blickfelds und daraus folgende perspektivische Verzerrung

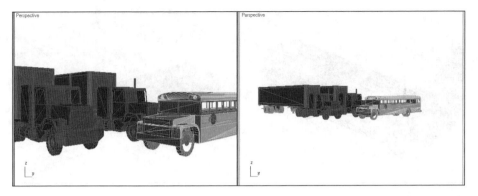

Abbildung B.14: Im Gegensatz dazu verzerrt die Zoom-Funktion das Bild weniger.

Pan

Mit diesem Button verschieben Sie den sichtbaren Bildausschnitt, ohne den Zoomfaktor zu verändern. In PERSPEKTIVE-Fenstern verändert sich dabei der Blickwinkel.

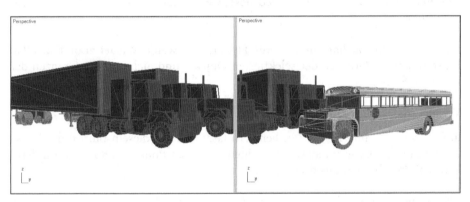

Abbildung B.15: Veränderung des Blickfelds beim Pan in einem Perspektive-Fenster

Die gleiche Pan-Funktion erreichen Sie auch durch Ziehen der Maus bei gedrückter mittlerer Maustaste oder bei gedrücktem Mausrad.

Zoom Grenzen

Dieser Button oder die Tastenkombination [Alt]+[Strg]+[Z] zoomt im aktuellen Fenster auf die Zeichnungsgrenzen, so dass alle Objekte dargestellt werden. Die Zeichnungsgrenzen beziehen sich auf alle Objekte, Kameras und Lichtquellen, nicht aber auf das Raster in der Zeichnungsebene.

In PERSPEKTIVE-Fenstern werden diese Grenzen sehr großzügig berechnet, so dass die Objekte deutlich kleiner erscheinen.

Der ZOOM GRENZEN-Button besteht aus zwei Flyouts. Der weiße Würfel zoomt auf die Grenzen der selektierten Objekte und nicht auf die Grenzen der gesamten Szene. Damit lässt sich ein einzelnes Objekt leicht finden und bearbeiten.

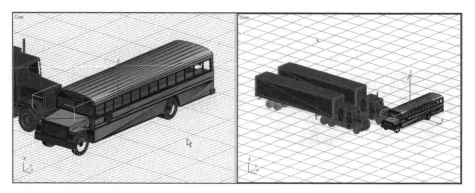

Abbildung B.16: Links: Zoom Grenzen auf ein selektiertes Objekt, rechts: Zoom Grenzen auf die gesamte Szene

Zoom Grenzen Alle

 Dieser Button oder die Tastenkombination ⇧+Strg+Z zoomt in allen Ansichtsfenstern auf die Zeichnungsgrenzen, so dass alle Objekte dargestellt werden.

Hält man dabei die Strg-Taste gedrückt, werden die PERSPEKTIVE-Fenster nicht beeinflusst.

 Auch dieser Button hat ein weiteres Flyout. Der weiße Würfel zoomt in allen Fenstern auf die Grenzen der selektierten Objekte und nicht auf die Grenzen der gesamten Szene.

Verändern des Blickwinkels

 In PERSPEKTIVE- und BENUTZER-Fenstern lässt sich mit diesem Button der Blickwinkel auf die Szene interaktiv um einen zentralen Punkt im Raum verändern. Dieser Button besteht aus drei Flyouts:

➡ Graues Symbol dreht den Blickwinkel um den Mittelpunkt des aktuellen Anzeigefensters.

➡ Weißes Symbol dreht den Blickwinkel um den Mittelpunkt des selektierten Objekts.

➡ Gelbes Symbol dreht den Blickwinkel um den Mittelpunkt eines selektierten Unterobjekts.

Wird dieser Button in einem orthogonalen Ansichtsfenster angewendet, wird dieses automatisch zu einem BENUTZER-Fenster.

Im aktuellen Anzeigefenster erscheint ein gelber Kreis mit vier Quadraten. Je nachdem, an welcher Stelle man diesen Kreis anklickt, gibt es unterschiedliche Möglichkeiten zur Veränderung des Blickpunkts:

Beim Anklicken innerhalb des Kreises lässt sich die Blickrichtung gleichzeitig horizontal und vertikal verändern.

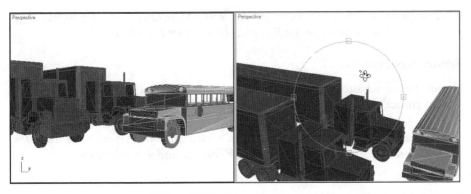

Abbildung B.17: Veränderung der Blickrichtung beim Anklicken innerhalb des Kreises

Beim Klicken auf eines der Quadrate rechts und links am Kreis wird der Blickwinkel nur horizontal verändert, so, als würde man auf einer ebenen Fläche um die Szene herumgehen.

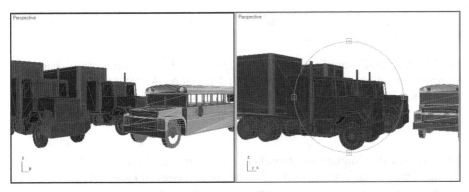

Abbildung B.18: Horizontale Veränderung der Blickrichtung

Entsprechend verändert ein Anklicken der Quadrate oben und unten am Kreis die Blickrichtung nur in vertikaler Richtung.

Ein Klick außerhalb des Kreises dreht die aktuelle Ansicht um den ausgewählten Mittelpunkt.

Abbildung B.19: Drehen der Ansicht

Klicken Sie während des Drehens auf die rechte Maustaste, wird der Befehl abgebrochen, und der ursprüngliche Bildausschnitt bleibt bestehen.

Fenster maximieren

Dieser Button schaltet das aktuelle Anzeigefenster auf volle Bildschirmgröße und wieder zurück auf das ursprüngliche Bildschirmlayout.

In Kamera- und Spotlicht-Fenstern gibt es noch andere Bewegungsmöglichkeiten. Diese Arten von Anzeigefenstern sind in Kapitel 3 und 4 beschrieben.

B.1.3   Die Standard-Buttonleiste

Am oberen Bildschirmrand unterhalb der Menüleiste befindet sich die Standard-Buttonleiste mit den wichtigsten 3ds max 6-Funktionen.

Abbildung B.20: Die Standard-Buttonleiste

Anpassen/Einstellungen = Customize/Preferences

Bei Bildschirmauflösungen geringer als 1280x1024 Pixel ist die Buttonleiste nicht komplett zu sehen. Man kann aber in der Dialogbox ANPASSEN/EINSTELLUNGEN auf der Registerkarte ALLGEMEIN den Schalter GROßE SCHALTFLÄCHEN IN SYMBOLLEISTEN ausschalten. Die kleineren Schaltflächen sind für Bildschirme mit geringerer Auflösung optimiert.

Große Schaltflächen in Symbolleisten = Use Large Toolbar Buttons

Befindet sich der Mauszeiger zwischen zwei Icons, erscheint eine Hand, mit der die Buttonleiste nach rechts und links verschoben werden kann. Manche Buttons entsprechen Befehlen aus der Menüzeile, andere erscheinen nur hier. Einige haben Flyouts für unterschiedliche Optionen.

Buttons, die einen bestimmten Modus aus- oder einschalten, erscheinen im eingeschalteten Zustand in Gelb. Auf dem ganzen Bildschirm kann immer nur ein Button gelb sein. Aktiviert man einen anderen, wird der erste wieder ausgeschaltet.

Im Folgenden sind alle Buttons der Standard-Buttonleiste von rechts nach links kurz beschrieben.

Rückgängig

Bearbeiten/Rückgängig = Edit/Undo

Nimmt die letzte Aktion zurück. Dies gilt nur für Veränderungen der Szene, nicht für Veränderungen des Blickwinkels. Dieser Button entspricht der Tastenkombination `Strg`+`Z` oder dem Menübefehl BEARBEITEN/RÜCKGÄNGIG. Veränderungen des Blickwinkels lassen sich mit `⇧`+`Z` zurücknehmen.

Wiederherstellen

Nimmt die letzte RÜCKGÄNGIG-Aktion zurück. Auch dies gilt nur für Veränderungen der Szene, nicht für Veränderungen des Blickwinkels. Dieser Button entspricht der Tastenkombination Strg+Y oder dem Menübefehl BEARBEITEN/WIEDERHERSTELLEN. Veränderungen des Blickwinkels lassen sich mit ⇧+Y zurücknehmen.

Bearbeiten/Wiederherstellen = Edit/Redo

Auswählen und Verknüpfen

Erzeugt eine hierarchische Verknüpfung zwischen zwei Objekten.

Eine ausführliche Beschreibung von hierarchischen Verknüpfungen und ihren Auswirkungen auf das Objektverhalten in Animationen finden Sie in Kapitel 13.

Verknüpfung aufheben

Löst eine hierarchische Verknüpfung zwischen zwei Objekten.

An Space Warp binden

Bindet ein Objekt an einen Space Warp. Space Warps wirken als Kraftfelder auf Objekte und verformen diese.

Auswahlfilter

Über diese Filterliste legen Sie fest, welche Typen von Objekten von der Selektion betroffen sein sollen. Standardmäßig kann jedes Objekt selektiert werden.

In komplexen Szenen kann man durch Auswahlfilter die mögliche Selektion auf bestimmte Objekttypen begrenzen. Wenn man zum Beispiel an der Beleuchtung arbeitet, kann man somit verhindern, daß Objekte der Szene beim Verschieben von Lichtquellen versehentlich mit verschoben werden.

Objekt auswählen

Schaltet den Modus zum Selektieren von Objekten durch grafisches Auswählen ein. Solange dieser Modus aktiv ist, erscheint der Button in Gelb und Objekte können durch Anklicken nicht versehentlich verschoben werden.

Objekte nach Namen auswählen

Blendet den Dialog zur Objektselektion über Objektnamen ein. Dieser Dialog lässt sich auch mit der Taste H anzeigen.

Auswahlbereich

Über verschiedene Flyouts wird hier eingestellt, wie sich die Objektwahl beim Anklicken eines leeren Bereichs im Ansichtsfenster verhält.

Standardmäßig wird ein Rechteck aufgezogen, mit dem die Objekte selektiert werden können.

Die kreisförmige Auswahl bietet sich zur Selektion zirkularer Teilbereiche von Geometrien an.

Bei der Zaunselektion definiert man mit der Maus einen geschlossenen Polygonzug, innerhalb dessen die Objekte selektiert werden.

Die Freihandselektion ist neu in 3ds max 6. Hier umfahren Sie die zu selektierenden Objekte mit einer Freihandlinie.

Fenster/Kreuzselektion

Dieser Button schaltet zwischen Fenster- und Kreuzselektion um, ob ein Objekt zur Selektion ganz innerhalb des gewählten Bereichs liegen muss oder ob auch nur teilweise markierte Objekte selektiert werden.

TIPP

Die Selektionsmethode kann in 3ds max 6 auch, wie aus AutoCAD bekannt, automatisch gewählt werden. Wird das Selektionsfenster von links nach rechts aufgezogen, werden nur die Objekte selektiert, die vollständig im Fenster liegen. Wird das Selektionsfenster von rechts nach links aufgezogen, werden auch die Objekte selektiert, durch die die Fenstergrenzen laufen.

Autom. Fenster/ Kreuzen nach Richtung = Auto Windows/Crossing by direction

Diese Automatik muss in der Dialogbox ANPASSEN/EINSTELLUNGEN *auf der Registerkarte* ALLGEMEIN *mit dem Schalter* AUTOM. FENSTER/KREUZEN NACH RICHTUNG *aktiviert werden.*

Schieben

Selektiert Objekte und verschiebt sie. Eine Verschiebung ist immer in einer Ebene oder entlang einer Koordinatenachse möglich. Dazu erscheint in den Ansichtsfenstern ein räumliches Koordinatensymbol. Fahren Sie mit der Maus über dieses Symbol, erscheinen abwechselnd die drei Ebenen oder einzelne Achsen in Gelb hervorgehoben. Entlang der jeweils markierten Achse oder Ebene können die selektierten Objekte verschoben werden.

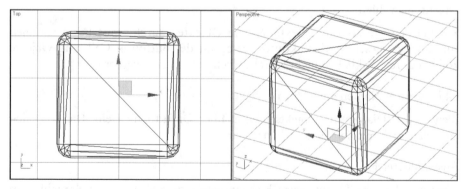

Abbildung B.21: Markierung der Ebene, in der Objekte verschoben werden können

Halten Sie beim Verschieben die ⬆-Taste gedrückt, werden die gewählten Objekte kopiert.

Drehen

Dieser Button selektiert Objekte und dreht sie um verschiedene Achsen.

Beim Drehen erscheint ein kugelförmiges Symbol, auf dem verschiedenfarbige Kreislinien abgebildet sind, die als Griffe für die Drehung verwendet werden. Beim Darüberfahren mit der Maus werden diese Kreise gelb; zugleich wird die entsprechende Drehachse markiert.

➡ roter Kreis: Drehung um die X-Achse

➡ grüner Kreis: Drehung um die Y-Achse

➡ blauer Kreis: Drehung um die Z-Achse

Beim Drehen um eine dieser Achsen zeigt ein Winkelsektor in der entsprechenden Farbe den Drehwinkel an. An der Tangente des Drehkreises wird der Winkel als Zahlenwert angegeben.

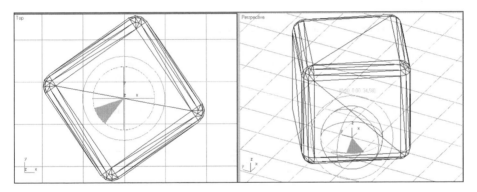

Abbildung B.22: Drehung um die Z-Achse in Ansicht von oben und Perspektive

Klickt man innerhalb der Kugel und nicht auf einen der Kreise, lässt sich das Objekt interaktiv im Raum drehen. Hierbei werden keine Winkel angezeigt.

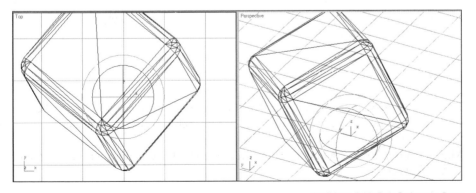

Abbildung B.23: Freie Drehung im Raum

Ein Anklicken des äußeren grauen Kreises dreht das Objekt in der Ebene des aktuellen Ansichtsfensters.

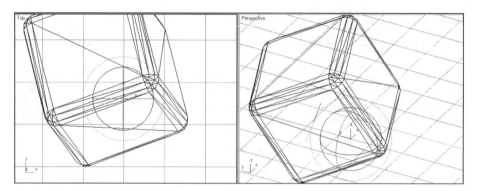

Abbildung B.24: Drehen in der Bildebene des Perspektive-Fensters

Halten Sie beim Drehen die [⇧]*-Taste gedrückt, werden die gewählten Objekte gleichzeitig kopiert.*

Skalieren

Vergrößert, verkleinert oder staucht Objekte.

Hier erscheint ein Koordinatensymbol mit drei farbigen Achsen. Beim Darüberfahren mit der Maus werden verschiedene Dreiecksflächen aktiviert.

Ein Dreieck zwischen allen drei Achsen ermöglicht eine gleichmäßige Skalierung des Objekts.

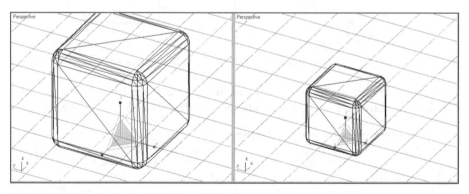

Abbildung B.25: Vor und nach einer gleichmäßigen Skalierung

Ist eine der orthogonalen Ebenen hervorgehoben, kann das Objekt in beiden Achsen dieser Ebene skaliert werden. Die dritte Achse bleibt unverändert.

Markiert man mit der Maus nur eine Achse, wird das Objekt auch nur in dieser Achse skaliert.

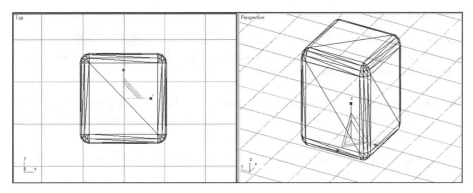

Abbildung B.26: Skalierung in der XY-Ebene

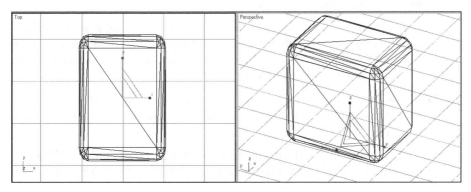

Abbildung B.27: Skalierung in Richtung der X-Achse

Das zweite Flyout des SKALIEREN-Buttons beeinflusst die unregelmäßige Skalierung.

Halten Sie beim Skalieren die ⬆ *-Taste gedrückt, werden die gewählten Objekte bei der Skalierung kopiert.*

Das dritte Flyout staucht ein Objekt zusammen. Es wird dabei in einer Achse verkleinert und geht dafür in den beiden anderen Achsen in die Breite.

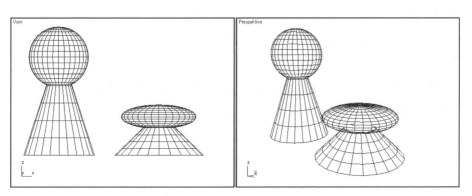

Abbildung B.28: Gestauchtes Objekt

Referenz-Koordinatensystem

Für die Verschiebung, Drehung und Skalierung von Objekten können unterschiedliche Koordinatensysteme verwendet werden. In diesem Listenfeld wählen Sie eines der folgenden Koordinatensysteme aus:

➡ ANSICHT – In orthogonalen Ansichtsfenstern liegt die XY-Ebene immer in der Ebene des Ansichtsfensters, in PERSPEKTIVE- und BENUTZER-Fenstern wird das Weltkoordinatensystem verwendet.

➡ BILDSCHIRM – In allen Ansichtsfenstern liegt die XY-Ebene immer in der Ebene des Ansichtsfensters.

➡ WELT – Das Koordinatensystem ist in allen Fenstern unverändert. Die Grundrissebene entspricht immer der XY-Ebene.

➡ ÜBERGEORDNET – Als Koordinatensystem wird immer das Koordinatensystem des übergeordneten Objekts einer hierarchischen Verknüpfung verwendet. Ist ein Objekt nicht verknüpft, gilt als übergeordnetes Koordinatensystem immer das Weltkoordinatensystem.

➡ LOKAL – Das lokale Koordinatensystem eines Objekts wird durch seinen Schwerpunkt festgelegt. Es verschiebt sich automatisch bei jeder Bewegung des Objekts.

➡ GIMBAL – Dieser Typ von Koordinatensystem wird für die Euler-XYZ-Rotation verwendet. Das Koordinatensystem entspricht weit gehend dem lokalen Koordinatensystem, mit dem Unterschied, dass die Achsen nicht senkrecht aufeinander stehen müssen.

➡ RASTER – Das Koordinatensystem des aktiven Rasters.

➡ AUSWÄHLEN – Das lokale Koordinatensystem eines ausgewählten Objekts.

Mittelpunkt für Drehung und Skalierung

Bei einer Drehung oder Skalierung ist die Lage des Basispunkts entscheidend für die spätere Lage der bewegten Objekte.

Für Drehung und Skalierung werden die Drehpunkte der gewählten Objekte als Basispunkte verwendet.

In diesem Modus wird der Mittelpunkt der aktuellen Auswahl als Basispunkt der Transformation verwendet.

Die dritte Möglichkeit ist, den Ursprung des aktuellen Koordinatensystems als Basispunkt zu benutzen.

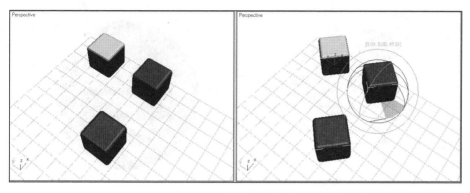

Abbildung B.29: Drehung im Modus Drehpunktmitte verwenden

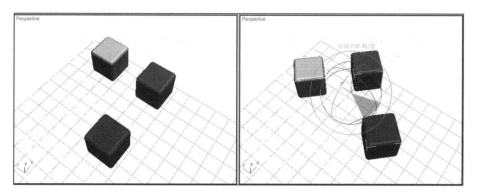

Abbildung B.30: Drehung im Modus Auswahlmittelpunkt verwenden

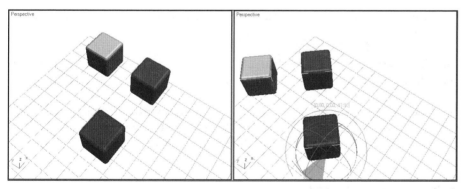

Abbildung B.31: Drehung im Modus Mittelpunkt der Transformationskoordinaten

Auswählen und bearbeiten

Wählt Objekte zur interaktiven Veränderung durch Manipulatoren und andere interaktive Elemente aus. Diese Manipulatoren können selbst definiert werden. Einige parametrische Objekte haben auch Standardmanipulatoren.

Bei Kugeln und Geosphären erscheint zum Beispiel bei Berührung der Äquatorlinie ein Manipulator, der den Radius anzeigt und interaktiv verändern lässt.

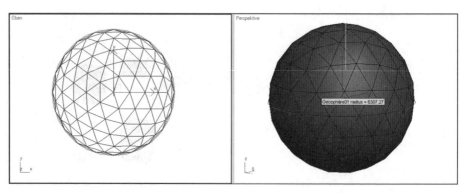

Abbildung B.32: Radius-Manipulator an einer Geosphäre

Objektfang

Um Objekte genau aneinander zu setzen, ist es wichtig, deren Ecken, Kanten oder die Gitterlinien des Rasters genau zu treffen. 3ds max 6 bietet wie die meisten CAD-Programme verschiedene Objektfangeinstellungen an.

Im 2D-Modus fängt der Cursor nur Punkte auf der aktuellen Konstruktionsebene sowie Geometriepunkte in dieser Ebene. Punkte mit einer anderen Z-Höhe werden ignoriert.

Im 2.5D-Modus fängt der Cursor auch Geometriepunkte im Raum, projiziert diese aber auf die aktuelle Rasterebene, so dass die tatsächlichen Fangpunkte sich immer auf einer Z-Höhe von 0 befinden.

Der echte 3D-Objektfang fängt die Geometriepunkte räumlich an ihrer genauen Position.

Um einen aktiven Objektfang deutlich hervorzuheben, erscheint beim Bewegen von Objekten ein cyanfarbener Fangcursor.

Mit einem Rechtsklick auf den OBJEKTFANG-Button wird eine Dialogbox geöffnet, in der Sie einstellen können, welche Punkte der Geometrie gefangen werden sollen. Der Cursor springt automatisch auf diese Punkte, wenn man in die Nähe kommt.

Abbildung B.33: Objektfangeinstellungen

Auf der Registerkarte OPTIONEN können Sie die Größe und Farbe des Symbols *Optionen = Options*
auswählen, das an einem Fangpunkt angezeigt werden soll:

Abbildung B.34: Einstellungen für das Objektfangsymbol

➡ MARKIERUNG – legt Größe und Farbe des Objektfang-Cursors fest.   *Markierung*
    = Marker

➡ OBJEKTFANGSTÄRKE – gibt an, wie groß der Bereich um einen Punkt herum   *Objektfangstärke*
   ist, in dem der Objektfang noch wirkt, wie weit der Cursor also maximal *= Snap Strength*
   entfernt sein darf.

➡ Die Schalter WINKEL (GRAD) und PROZENT stellen die Werte für Winkelfang   *Winkel (Grad)/*
   und Prozentfang ein.   *Prozent = Angle*
   (deg)/Percent

➡ OBJEKTFANG AN EINGEFRORENEN OBJEKTEN – legt fest, ob auch Punkte an   *Objektfang an einge-*
   gefrorenen Objekten gefangen werden sollen.   *frorenen Objekten*
   = Snap to frozen
   objects

➡ Ist der Schalter ACHSENBESCHRÄNKUNGEN VERWENDEN eingeschaltet, wer-   *Achsenbeschrän-*
   den Achsenbeschränkungen auch dann berücksichtigt, wenn ein Objektfang *kungen verwenden =*
   aktiv ist. Ist dieser Schalter ausgeschaltet, werden die Objekte beliebig im *Use Axis Constraints*
   Raum exakt nach den Fangpunkten bewegt.

Winkelfang

Schaltet einen Winkelfang für alle drehenden Aktionen ein. Dieser gilt auch für
Aktionen von Kameras und Lichtquellen sowie für Blickfeld, Hotspot und
Falloff. Der Vorgabewert dafür ist 5°. Dieser Wert kann in der Dialogbox RAS-
TER UND OBJEKTFANG mit einem Rechtsklick auf diesen Button geändert werden.

Der Winkelfang kann auch mit der Taste A *ein- und ausgeschaltet werden.*

Prozentschritte

Schaltet schrittweise Vergrößerung und Verkleinerung ein. Sämtliche Befehle, die
prozentuale Größen verwenden, wie Skalieren, Stauchen oder Ähnliches, springen dann in bestimmten prozentualen Schritten. Der Vorgabewert dafür ist 10%.
Dieser Wert kann in der Dialogbox RASTER UND OBJEKTFANG mit einem
Rechtsklick auf diesen Button geändert werden.

Schritte in Zahlenauswahlfeldern

Zahlenauswahlfel-
der/Objektfang
= Spinners/Snap

Lässt alle Zahlenauswahlfelder ihre Werte in bestimmten Sprüngen verändern. Normalerweise verändern diese Felder bei jedem Klick ihren Wert um 1 nach oben oder unten. Für größere Veränderungen kann man die Maus bei gedrückter Taste ziehen. Bei eingeschaltetem Button SCHRITTE IN ZAHLENAUSWAHLFELDERN springen die Zahlenwerte bei einem einfachen Klick um den Wert, der im ALLGEMEIN-Panel der Dialogbox EINSTELLUNGEN bei ZAHLENAUSWAHLFELDER/OBJEKTFANG angegeben ist. Diese Dialogbox erreicht man mit einem Rechtsklick auf diesen Button.

Die meisten Zahlenauswahlfelder haben voreingestellte Minimal- und Maximalwerte, um nicht so leicht aus Versehen völlig unbrauchbare Werte einzugeben. Die Genauigkeit der Zahlenauswahlfelder lässt sich ebenfalls in der Dialogbox EINSTELLUNGEN einstellen.

Benannte Auswahlsätze

Bei Szenen mit sehr vielen Objekten müssen oftmals immer die gleichen zusammen ausgewählt werden. Für solche Fälle empfiehlt es sich, eine Auswahl mehrerer Objekte unter einem Namen zu speichern, um sie später leicht erneut auswählen zu können.

Mit diesem Button erstellen Sie solche Auswahlsätze. Alle benannten Auswahlsätze erscheinen im Listenfeld rechts neben diesem Button und können dort leicht ausgewählt werden.

Spiegeln

Spiegelt ausgewählte Objekte entlang einer oder zwei Achsen.

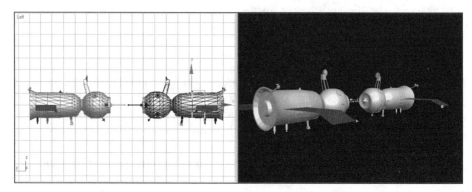

Abbildung B.35: Gespiegelte Objekte

Beim Spiegeln wird eine Dialogbox verwendet, in der Sie festlegen können, entlang welcher Achsen gespiegelt werden soll. Die angegebenen Achsen sind keine wirklichen Spiegelachsen, an denen gespiegelt wird, sondern sie geben die Richtung an, in der das gespiegelte Objekt um einen bestimmten Wert verschoben wird. Damit brauchen nur Richtungen gewählt zu werden und keine genauen räumlichen Positionen von Achsen.

Abbildung B.36: Einstellungen für die Spiegelung

Im unteren Bereich der Dialogbox geben Sie an, ob beim Spiegeln eine Kopie, Instanz oder Referenz angelegt werden soll.

Die Unterschiede zwischen Kopien, Instanzen und Referenzen sind in Kapitel 6 ausführlich beschrieben.

Ausrichten

Der Button zum geometrischen Ausrichten von Objekten hat fünf Flyouts für verschiedene Arten der Ausrichtung.

Ausrichten ausgewählter Objekte an den Achsen anderer Objekte. Diese Methode lässt sich auch mit der Tastenkombination [Alt]+[A] oder dem Menübefehl EXTRAS/AUSRICHTEN aufrufen.

Extras/Ausrichten = Tools/Align

Ausrichten der Normalen zweier Objekte. Diese Methode lässt sich auch mit der Tastenkombination [Alt]+[N] oder dem Menübefehl EXTRAS/NORMALEN AUSRICHTEN aufrufen.

Extras/Normalen Ausrichten = Tools/Normal Align

Gezieltes Platzieren eines Glanzpunkts oder Spiegeleffekts auf einer gekrümmten Oberfläche durch Ausrichten einer Lichtquelle oder eines gespiegelten Objekts. Diese Methode lässt sich auch mit der Tastenkombination [Strg]+[H] oder dem Menübefehl EXTRAS/GLANZPUNKT PLAZIEREN aufrufen.

Extras/Glanzpunkt plazieren = Tools/ Place Highlight

Richtet eine Kamera am aktuellen Ansichtsfenster aus. Diese Methode lässt sich auch mit dem Menübefehl EXTRAS/KAMERA AUSRICHTEN aufrufen.

Extras/Kamera Ausrichten = Tools/Align Camera

Richtet Objekte an der Ebene des aktuellen Ansichtsfensters aus. Diese Methode lässt sich auch mit dem Menübefehl EXTRAS/AN ANSICHT AUSRICHTEN aufrufen.

Extras/An Ansicht Ausrichten = Tools/ Align to View

Layer-Manager

Der neue Layer-Manager ermöglicht layerweise die Steuerung der Sichtbarkeit von Objekten, was besonders bei importierten DWG-Dateien oder komplexen Szenen interessant ist.

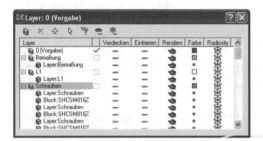

Abbildung B.37: Der Layer-Manager in 3ds max 6

Kurveneditor

Öffnet ein neues Spuransichts-Fenster zur Animationssteuerung. Hier können Bewegungskurven gezielt eingestellt werden.

Kapitel 11 beschreibt wird die Arbeit mit dem Spuransichts-Fenster ausführlich.

Schematische Ansicht

Blendet ein Fenster mit einer Schematischen Ansicht der Szene ein. Dieses zeigt übersichtlich die hierarchische Struktur und ermöglicht es, Objektverknüpfungen zu erstellen und zu verändern.

Material-Editor

Öffnet den Material-Editor. Die Taste M hat die gleiche Funktion.

Rendern

Rendert die Szene. Dazu wird ein Dialogfeld eingeblendet, in dem Sie alle Rendereinstellungen vornehmen können. Dieser Vorgang lässt sich auch mit der Tastenkombination ⇧+R aufrufen.

Das Listenfeld daneben legt fest, ob nur Teilbereiche der Szene gerendert werden sollen. Standardmäßig wird die Szene so gerendert, wie sie im aktuellen Ansichtsfenster zu sehen ist.

Schnell rendern

Während der alltäglichen Arbeit werden Sie oft Proberenderings anfertigen, wobei nicht jedes Mal die Einstellungen der RENDER-Dialogbox geändert werden müssen. Hier können Sie den letzten Button in der Buttonleiste verwenden, um die Szene ohne den Renderdialog zu rendern. Dieser Button enthält zwei Flyouts:

Rendert die Szene mit den aktuellen Einstellungen aus der RENDER-Dialogbox, ohne dass diese Dialogbox angezeigt wird.

Rendert die aktuelle Szene in einem frei beweglichen ActiveShade-Fenster.

Die Tastenkombination ⌂+Q *rendert die aktuelle Szene im Modus des Flyouts, das zu diesem Zeitpunkt angezeigt wird.*

:-)
TIPP

B.1.4   Die Befehlspaletten

Das wichtigste Werkzeug auf der 3ds max 6-Benutzeroberfläche sind die Befehlspaletten am rechten Bildschirmrand. Die sechs einzelnen Paletten aktivieren Sie durch Klick auf das jeweilige Titelsymbol. Es ist immer nur eine Palette sichtbar.

Diese Paletten sind in mehrere Rollouts gegliedert. Diese Rollouts können über ihren Titel ausgerollt oder verdeckt werden. Ist das Rollout sichtbar, enthält der Titel ein Minuszeichen –, ist das Rollout verdeckt, ein Pluszeichen +. Wird die Palette durch viele ausgerollte Rollouts so lang, dass sie nicht mehr komplett auf den Bildschirm passt, erscheint am rechten Rand ein Balken, der anzeigt, welcher Teil gerade zu sehen ist. In den freien Bereichen zwischen den einzelnen Schaltelementen erscheint der Cursor als Hand, mit der man den sichtbaren Bereich des Rollouts verschieben kann. Außerdem bringt ein Rechtsklick in einen freien Bereich einer Palette ein Kontextmenü, mit dem man zu jedem Rollout dieser Palette springen kann.

Andocken = dock

Bei einer Zweischirmlösung können Sie die Paletten auch auf den zweiten Bildschirm ziehen. Klicken Sie dazu mit der Maus im oberen Bereich einer Palette auf den äußersten rechten Rand und ziehen Sie die Paletten aus dem 3ds max 6-Fenster hinaus. Um sie später wieder in ihre ursprüngliche Position am Fensterrand zu bringen, klicken Sie mit der rechten Maustaste in den Titelbalken des Palettenfensters und wählen im Kontextmenü ANDOCKEN.

Sehr lange Befehlspaletten lassen sich in mehreren Spalten darstellen. Fahren Sie dazu mit der Maus auf die Begrenzungslinie zwischen den Ansichtsfenstern und den Befehlspaletten oder auf den Rand eines frei beweglichen Palettenfensters. Hier können Sie die Palette in die Breite ziehen.

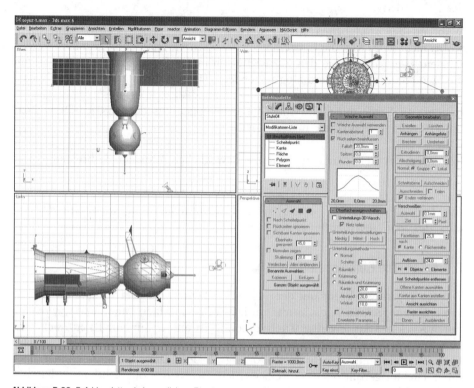

Abbildung B.38: Befehlspaletten in beweglichem Fenster

Erstellen

Befehle zum Erstellen von geometrischen Objekten, Lichtquellen, Kameras, Space Warps und Systemen.

Ändern

Befehle zum Verändern von Objekten. Hier finden Sie die Modifikatoren, die die vielfältigen Modelliermöglichkeiten von 3ds max 6 ausmachen. Diese Modifikatoren ermöglichen auch eine animierte Objektverformung.

Hierarchie

Hierarchische Verknüpfung von Objekten, lineare und inverse Kinematik zur Steuerung komplexer Bewegungsabläufe.

Bewegung

Steuerung von Bewegungen über Controller und Bewegungsbahnen.

Anzeige

Optionen zur Darstellung von Objekten in den Ansichtsfenstern.

Dienstprogramme

Besondere Werkzeuge für Zusatzfunktionen. Hier können auch Plug-Ins von Fremdherstellern auftauchen. Der Anwender kann selbst festlegen, welche Buttons aus einer langen Liste von Funktionen hier erscheinen sollen.

B.1.5   Das Menü

Wie fast jedes Windows-Programm hat auch 3ds max 6 am oberen Fensterrand eine Menüzeile. Diese Menüs enthielten früher im Wesentlichen Befehle zur Dateiverwaltung, Konfiguration und selten gebrauchte Funktionen. In der aktuellen Version sind auch zahlreiche Objekttypen, Modifikatoren und Animationscontroller im Menü enthalten.

Datei

Befehle zum Öffnen und Speichern von MAX-Dateien, Im- und Export anderer Dateiformate sowie zum Einbinden einzelner Objekte aus anderen Szenen in die aktuelle.

Datei = File

Bearbeiten

Auswahl von Objekten nach verschiedenen Kriterien.

Bearbeiten = Edit

Extras

Verschiedene Funktionen zum geometrischen Ausrichten von Objekten, die auch in der Buttonleiste verfügbar sind. Zusätzliche Übersichtsdialoge, die auf einem zweiten Bildschirm angezeigt werden können, sowie ein Eingabefeld zur Eingabe von Transformationskoordinaten.

Extras = Tools

Gruppieren

Funktionen zum Gruppieren von Objekten.

Gruppieren = Group

Ansichten

Funktionen zur Ansichtsfenstersteuerung.

Ansichten = Views

Erstellen

Befehle zum Erstellen von Objekten. Da die genauen Parameter ohnehin auf der Befehlspalette eingegeben werden müssen, ist ein Aufruf des jeweiligen ERSTEL-LEN-Befehls auf der Befehlspalette einfacher als im Menü.

Erstellen = Create

Modifikatoren

*Modifikatoren
= Modifiers*

Häufig verwendete Modifikatoren. Hier gilt das Gleiche wie für das ERSTELLEN-Menü. Der Aufruf über die Befehlspalette ist einfacher, da hier auch die Parameter eingestellt werden.

Figur

Figur = Character

Grundfunktionen zum Erstellen von Figuren für die Charakteranimation.

reactor

*Objekte, Modifikatoren und Dienstprogramme für die physikalisch korrekte Bewegungssimulation mit dem Zusatzprogramm **reactor**, das in 3ds max 6 in Version 2 integriert ist.*

Animation

Bewegungscontroller für die Animationssteuerung. Auch diese lassen sich einfacher in den Befehlspaletten und in der Spuransicht einstellen.

Diagramm-Editoren

*Diagramm-Editoren
= Graph Editors*

Aufruf von SPURANSICHT und SCHEMATISCHER ANSICHT, vergleichbar mit den Buttons aus der Buttonleiste.

Rendern

Rendern = Rendering

Renderfunktionen sowie spezielle Einstelldialoge für Effekte, Beleuchtung und Hintergrund.

Anpassen

*Anpassen
= Customize*

Anpassen der 3ds max 6-Benutzeroberfläche.

MAXScript

Aufruf von Scriptdateien der integrierten Scriptsprache MAXScript.

Hilfe

Hilfe = Help

Zugriff auf Online-Hilfe, Tutorials und Support-Seiten im Internet.

Die Tastaturbefehlsbelegung zeigt alle wichtigen Kurzwegtasten in 3ds max 6 interaktiv an.

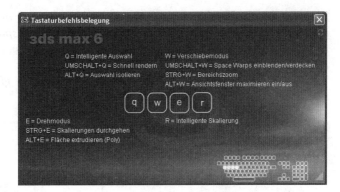

Abbildung B.39: Interaktive Tastaturbefehlsbelegung

B.1.6   Die Quad-Menüs

Quad-Menüs sind eine Erweiterung der klassischen Kontextmenüs in den Ansichtsfenstern. Quad-Menüs erscheinen, wenn Sie in einem Ansichtsfenster mit der rechten Maustaste auf ein Objekt klicken. Alle wichtigen Befehle, die auf dieses Objekt angewendet werden können, werden in bis zu vier Gruppen von Menüpunkten angezeigt. Einige Menüpunkte besitzen weitere Untermenüs.

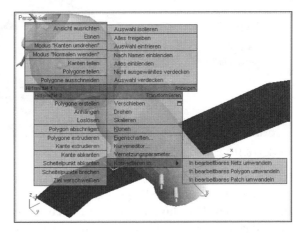

Abbildung B.40: Halbtransparente Quad-Menüs

Der zuletzt angewählte Menüpunkt in jedem Quad erscheint in Blau. Um diesen Menüpunkt ein weiteres Mal aufzurufen, brauchen Sie nur die dunkel hinterlegte Überschrift des Quads anzuklicken. Zusätzlich zum Standard-Quad-Menü, das mit einem Rechtsklick eingeblendet wird, gibt es noch weitere, die über spezielle Tastenkombinationen aufgerufen werden:

➡ ⟨⇧⟩+Rechtsklick: Objektfangeinstellungen

➡ ⟨Strg⟩+Rechtsklick: Verschiedene Modellierfunktionen

➡ ⟨Alt⟩+Rechtsklick: Animationstools

➡ ⟨Strg⟩+⟨Alt⟩+Rechtsklick: Beleuchtung und Rendern

Mit der Tastenkombination [Strg]+[X] *können Sie in den Expertenmodus umschalten. Hier werden alle Buttonleisten und Befehlspaletten sowie die Fenstertitelzeile ausgeblendet, um auf dem Bildschirm mehr Platz für die Ansichtsfenster zu haben. In diesem Modus können Sie 3ds max 6 nur noch über Tastenkombinationen und Quad-Menüs bedienen. Die gleiche Tastenkombination schaltet wieder zurück in den Normalmodus.*

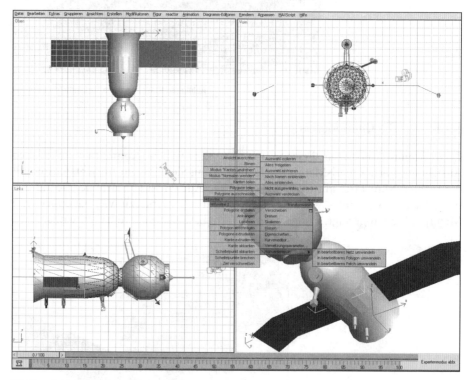

Abbildung B.41: Darstellung im Expertenmodus

Anpassen/Benutzeroberfläche anpassen = Customize/Customize User Interface

Der Menüpunkt ANPASSEN/BENUTZEROBERFLÄCHE ANPASSEN blendet eine Dialogbox ein, in der Sie auf der Registerkarte QUADS alle Quad-Menüs beliebig modifizieren können. Dort können Sie selbst noch weitere Quad-Menüs definieren, die dann über weitere Tastenkombinationen zusammen mit einem Rechtsklick aufgerufen werden. Wir gehen in den Erklärungen in diesem Buch immer von der Standardkonfiguration aus.

Erweiterte Optionen = Advanced Options Opazitätsbetrag = Opacity Amount

Quad-Menüs können sehr groß werden und so entscheidende Teile der Geometrie verdecken. Um trotzdem die Übersicht zu behalten, können sie transparent über die Ansichtsfenster gelegt werden. Klicken Sie dazu auf den Button ERWEITERTE OPTIONEN in der Dialogbox BENUTZEROBERFLÄCHE ANPASSEN. Setzen Sie hier bei OPAZITÄTSBETRAG den Wert auf 80% herunter. Damit scheint die Geometrie im Hintergrund noch ausreichend durch das Quad-Menü hindurch. Speichern Sie diese Einstellung mit dem Button UNTER START SPEICHERN.

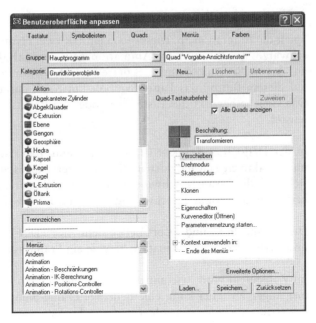

Abbildung B.42: Konfiguration der Quad-Menüs

B.1.7   Die Zeitsteuerung

Im unteren Bereich des Bildschirms finden sich die Buttons zur Zeitsteuerung bei Animationen.

Abbildung B.43: Steuerelemente zur Zeitsteuerung

Mit dem Schieber in der Zeitleiste können Sie schnell in jedes Frame der Animation springen.

Dieser Button links unten erweitert die Zeitleiste zu einer Spuransicht, in der die Animationsdaten einzelner Objekte angezeigt und bearbeitet werden können.

Abbildung B.44: Zeitleiste als Mini-Kurven-Editor

Animation abspielen

Spielt die Animation ab. Dieses Icon enthält zwei Flyouts: Bei einem Klick auf das schwarze Symbol wird die Animation ganz normal abgespielt, bei einem Klick auf das weiße Symbol nur selektierte Objekte. Während des Abspielens erscheint auf diesem Button das Pause-Symbol. Ein Klick darauf hält die Animation an. Das Gleiche bewirkt die Taste [Esc] oder ein Rechtsklick in das aktive Anzeigefenster.

In der Dialogbox ZEITKONFIGURATION kann man einstellen, ob die Animation nur im aktiven Fenster oder in allen Fenstern abgespielt werden soll. Dort lässt sich auch die Abspielgeschwindigkeit steuern. Entspricht die Abspielgeschwindigkeit nicht der Originalgeschwindigkeit, wird das Abspiel-Symbol gelb.

Die Buttons links und rechts neben dem ABSPIELEN-Button springen in das erste und letzte Frame der Animation bzw. je ein Frame zurück oder vor.

Im Zahlenfeld wird, wie auf dem Zeitschieber, immer die aktuelle Frame-Nummer angezeigt. Hier kann eine beliebige Frame-Nummer angegeben werden, die Animation springt dann sofort in dieses Frame.

Key-Modus

Mit diesem Button schaltet man die Animationssteuerung in den Key-Modus um. Dann springt man mit den Buttons VOR und ZURÜCK nicht mehr ein Frame in jede Richtung, sondern jeweils in das nächste oder vorige Keyframe. Dabei verändert sich das Aussehen der Buttons.

Zeitkonfiguration

Dieser Button zeigt, wie auch ein Rechtsklick auf einen der Abspiel-Buttons, die Dialogbox ZEITKONFIGURATION. Hier können verschiedene Parameter zum Abspielen von Animationen sowie die Frame-Rate und Gesamtlänge eingestellt werden.

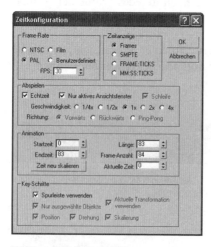

Abbildung B.45: Zeitkonfiguration

C   Neue Funktionen in 3ds max 6

In diesem Abschnitt finden Sie eine Übersicht der wichtigsten Neuerungen in 3ds max 6 gegenüber früheren Programmversionen.

Alle neuen Funktionen und Änderungen sind im Buch mit diesem Symbol gekennzeichnet.

C.1.1   Änderungen der Benutzeroberfläche

Neue Schematische Ansicht

Die Schematische Ansicht wurde grundsätzlich überarbeitet und bietet jetzt auch Zugang zu Objekteigenschaften, Materialien, Controllern, Modifikatoren, Hierarchien und unsichtbaren Beziehungen von Objekten in der Szene wie zum Beispiel Instanzen oder Bezugsparameter. Ebenso ermöglicht die Schematische Ansicht das Anzeigen von Hintergrundbildern, das Laden und Sichern von Setups und die automatische Anordnung der Knoten in Abhängigkeit der physikalischen Szenerie.

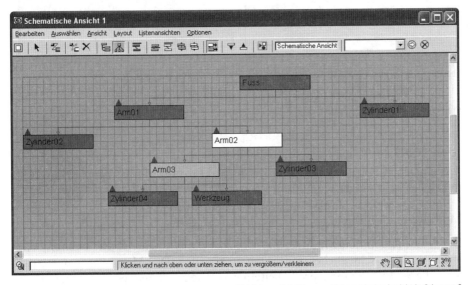

Abbildung C.1: Die neue Schematische Ansicht in 3ds max 6

Entfernung messen

*Extras/Entfernung
messen = Tools/
Measure Distance*

Mit dem neuen Menüpunkt EXTRAS/ENTFERNUNG MESSEN lässt sich sehr einfach
die Entfernung zwischen zwei Punkten in der Szene messen. Das Maß wird links
unten auf dem Bildschirm angezeigt.

Objekteigenschaften

*Eigenschaften
= Properties*

Die Dialogbox OBJEKTEIGENSCHAFTEN, die über den Quad-Menüpunkt EIGEN-
SCHAFTEN eines selektierten Objektes aufgerufen wird, enthält einige neue Parameter.

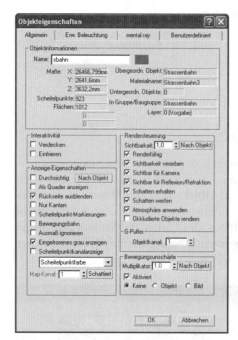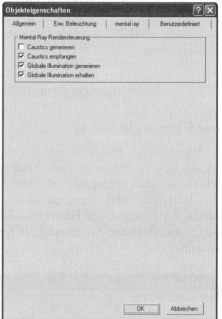

Abbildung C.2: Die neue Objekteigenschaften-Dialogbox mit neuer mental ray-Registerkarte

C.1.2   Modellieren

Hülle Modifikator

Hülle = Shell

Aus einfachen Polygonhüllen können durch Hinzufügen räumlicher Dicke echte
Objekte erstellt werden.

Multi Resolution Mesh

Der Multi Resolution-Modifikator ermöglicht, aus einem Objekt mehrere Varianten mit unterschiedlicher Auflösung zu erstellen. Der Modifikator unterstützt
jetzt alle 99 Texturkanäle pro Scheitelpunkt. Die existierenden Texturkanäle und
Koordinaten bleiben während der Erzeugung verschiedener Levels of Detail
geschützt.

Symmetrie im Haut-Modifikator

Die Abhängigkeit der Knochen zur Geometrie über den HAUT-Modifikator kann jetzt für symmetrische Charaktere gespiegelt werden, so dass man nur noch eine Körperhälfte einstellen muss.

Scheitelpunkt-Normalen-Bearbeitung

Die Funktionen zur Bearbeitung von selektierten Normalen wurden verbessert.

Netzglättung

Netzglättung und bearbeitbare Polygone beinhalten jetzt die Darstellung von Isolinien, was die Bearbeitung erleichtert. Es wird die glatte Geometrie gezeigt, aber nur das gröbere Netz des Grundobjektes dargestellt.

Spline/Patch Modellierung

Neue Funktionen zur Freiformmodellierung mit Splines und Patches. Das Endergebnis dieser Zusätze ermöglicht einen solides Patch-modelliertes Objekt mit nur zwei Modifikatoren (Linien- und PATCH-Modifikator), wofür man bislang fünf Modifikatoren benötigte, um zum selben Resultat zu gelangen.

Architekturobjekte

Zum einfachen Aufbau von Architekturszenen enthält 3ds max 6 eine Bibliothek parametrischer Architekturobjekte, Wände, Fenster, Türen, Treppen, Geländer und Bäume. Die Objekte enthalten bereits vordefinierte Material-IDs, so dass man sehr einfach Materialien zuweisen kann.

C.1.3   Materialien und Mapping

Scheitelpunkt übertragen

Ein neues, leicht bedienbares Tool zur Scheitelpunkt-Farbbearbeitung von Objekten mithilfe von bis zu 99 Informationskanälen, das besonders für Spieleentwickler wichtig ist. Die Bearbeitung funktioniert jetzt über mehrere Ebenen und beinhaltet viele der typischen Misch-Funktionen, wie man sie zum Beispiel aus Photoshop kennt. Viele der Funktionen sind auch animierbar.

Scheitelpunkt übertragen = Vertex Paint

Verschiedene Pinseltypen und Malfunktionen ermöglichen direktes Malen einer Textur auf ein Objekt, allerdings nur in der Auflösung der Netzgeometrie.

Relax UV Koordinaten

Ein neues Werkzeug im UNWRAP UVW-Modifikator, mit dem sich sehr kompliziert geformte Oberflächen leichter entfalten lassen, um Mapping-Koordinaten darauf anzubringen.

Materialien auf Instanzen übertragen

Diese neue Option im Material-Editor ermöglicht die automatische Übertragung eines Materials von einem Objekt auf alle Instanzen dieses Objekts.

Materialien auf Instanzen übertragen = Propagate Materials to Instances

Architektur-Material

Ein neuer Materialtyp, speziell für Architekten, mit dem sich sehr einfach realistisch wirkende Materialien erstellen lassen.

XML Export

Materialeigenschaften können als XML-Datei exportiert werden und in anderen MAX-Szenen durch Drag&Drop auf ein Objekt wieder übernommen werden.

Kanalinfo

Extras/Kanalinfo = Tools/Channel Info

Der neue KANALINFO-Dialog informiert ausführlich über die verschiedenen Kanäle eines Objektes, Alpha, Beleuchtung, Scheitelpunktfarbe und andere. Ebenfalls wichtig für Spieleentwickler.

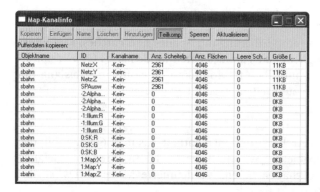

Abbildung C.3: Der neue Kanalinfo-Dialog

Map Skalierung

Map Skalierung = MapScaler

Der Modifikator MAP SKALIERUNG kann jetzt auch als Objekt-Modifikator eingesetzt werden, so dass eine Map beim Vergrößern des betreffenden Objektes mit vergrößert wird.

Multi-/Unterobjekt-Materialien

Multimaterial bereinigen = Clean MultiMaterial

In Multi-/Unterobjekt-Materialien können die einzelnen Untermaterialien jetzt nicht nur über Zahlen, sondern auch über Namen ausgewählt werden. Das neue Dienstprogramm MULTIMATERIAL BEREINIGEN entfernt ungenutzte Untermaterialien, um so die Komplexität der Szene zu verringern.

Doppeltes Map in Instanz umwandeln

Doppeltes Map in Instanz umwandeln = Instance Duplicate Maps

Dieses neue Dienstprogramm sucht mehrfach vorhandene Maps in allen Materialien der Szene und wandelt diese in Instanzen um. Auf diese Weise braucht bei einer Veränderung nur eine Map bearbeitet zu werden. Alle Instanzen ändern sich automatisch mit.

mental ray-Material

Ein neuer Materialtyp unterstützt speziell die zusätzlichen Rendermöglichkeiten, die durch den integrierten Renderer mental ray in 3ds max seit Version 6 zur Verfügung stehen.

C.1.4 Animation und Dynamik

reactor 2

reactor 2 ist eine der wichtigsten Neuerungen in 3ds max 6. Das Programm ermöglicht eine physikalisch korrekte Simulation animierter Objekte, auf die die Schwerkraft wirkt und deren Bewegungen sich untereinander beeinflussen.

Partikelfluss

Ein völlig neuartiges Partikelsystem ermöglicht verbesserte Erstellung von komplexen Effekten wie Flüssigkeiten und Feuer.

Blob-Netz-Metapartikel

Geometrien und Partikel können Blobs generieren, welche eine zusammenhängende Oberfläche erzeugen, falls die Blobs miteinander in Kontakt kommen. Im Zusammenspiel mit einem Partikelsystem lassen sich damit auch Flüssigkeiten simulieren.

Ragdoll Dynamics

Eine neue Technologie zur Simulation physikalisch korrekter Stunts mit Charaktern.

Fahrzeugdynamik

Sobald Sie Räder mit einachsiger oder zweiachsiger Aufhängung erstellt haben, haben Sie ein Fahrzeug welches sogar eigenständig funktionieren kann. Die Fahrzeugdynamik nutzt reale physikalische Parameter um Animationen zu erstellen.

C.1.5 Beleuchtung und Kameras

Baugruppen

Lichtquellen und Objekte, die die Beleuchtungskörper darstellen, können gruppiert werden und so leichter zur Steuerung von Beleuchtung in Architekturszenen eingesetzt werden.

Radiosity-Einstellungen

Im Dialogfeld EINSTELLUNGEN gibt es eine neue Registerkarte mit Radiosity-Einstellungen.

Kamerakorrektur

Zur Darstellung von Architekturperspektiven kann die Kamera jetzt 2-Punkt-Perspektiven darstellen.

Kamera aus Ansicht erstellen

Kameras können direkt aus einer Perspektive-Ansicht erstellt werden. Man braucht nicht mehr wie früher, eine Kamera manuell zu erstellen und diese dann an die Perspektive anzupassen.

C.1.6   Rendern

mental ray 3.2

Einer der besten High-End-Renderer ist jetzt vollständig in 3ds max 6 integriert. Wichtigste Features von mental ray sind Globale Illumination, Lichtbrechung, Tiefenschärfe und Caustics (Lichtreflexe auf anderen Objekten).

Panorama-Exportmodul

Ein neues Renderverfahren, bei dem sechs Bilder mit Blickrichtung in alle vier Himmelsrichtungen und nach oben und unten gerendert werden. Daraus wird ein Panorama zusammengesetzt, durch das der Betrachter interaktiv navigieren kann.

Neuer Renderdialog

Alle Rendereinstellungen befinden sich nun zusammengefasst auf verschiedenen Registerkarten in einem Fenster. Dies ermöglicht das schnelle Editieren der allgemeinen Berechnungseinstellungen als auch der Renderelemente, der fortgeschrittenen Beleuchtungsparameter (Radiosity und Light Tracer), Umgebung, Effekte, Raytracing und berechnungsspezifische Parameter wie mental ray und Renderer von Drittanbietern wie Brazil, Final Render und Vray.

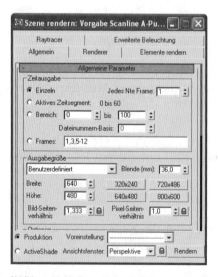

Abbildung 13.25: Der neue Renderdialog mit Registerkarten

Sichern/Laden von Rendereinstellungen

Rendereinstellungen können gespeichert und für andere Szenen weiter verwendet werden. Damit fallen die früheren Einstellungen *Produktion* und *Entwurf* weg.

Befehlszeilenrendering

Systemadministratoren und Renderexperten können nun die Bildberechnung über das DOS-Eingabefenster erstellen und/oder verwenden Batch-Dateien dafür. Sie haben Kontrolle über die Bildauflösung, den Animationsbereich, die meisten Berechnungsparameter, die Ausgabetypen (jpg, png, ...) und Ausgabeort sowie das Erstellen von Netzwerkberechnungen. Umgebungseigenschaften, Raytracing-Parameter und Effekte können durch Berechnungsvoreinstellungen spezifiziert werden.

Teilbild-Netzwerkrendering

Sehr große Einzelbilder können jetzt auch im Netzwerk auf mehreren Computern verteilt gerendert werden.

In Textur rendern

Das Verfahren wurde erweitert, so dass es jetzt auch im Netzwerk möglich ist, die visuellen Objekteigenschaften (Relief, Diffuse, ...) in Texturen zu rendern. Zusätzlich werden neue detaillierte Einstellungen zur Verfügung gestellt.

Druckgrößen-Assistent

Der Druckgrößen-Assistent im RENDERN-Menü berechnet anhand von Papiergröße und Druckauflösung die Dimensionen einer zu rendernden Bilddatei, die später ausgedruckt werden soll. Direkt aus dem Assistenten heraus kann eine TIF-Datei gerendert werden, die die entsprechenden Informationen zur Druckgröße enthält.

Rendern/Druck-größen-Assistent = Render/Print Size Wizard

Abbildung C.4: Der neue Druckgrößen-Assistent

C.1.7   Externe Dateiformate und Plug-Ins

DWG/DXF

Der Datenaustausch über das DWG- und DXF-Format wurde weiter verbessert. Neue Funktionen aus AutoCAD 2004 und VIZ Render werden unterstützt. In diesem Zusammenhang wurde in 3ds max 6 ein neuer Layer-Manager eingeführt. Damit lassen sich Objekte layerweise ein- und ausschalten, sowie für die Radiosity-Berechnung berücksichtigen. Die bisherige Layer-Toolbar wurde vereinfacht und enthält jetzt nur noch die wichtigsten Funktionen.

ADT 2004

Architectural Desktop und andere Produkte, die den VIZ Renderer enthalten, können ihre Daten jetzt direkt mit 3ds max 6 austauschen. Allerdings werden parametrische Objekte aus ADT beim Einlesen in 3ds max 6 in einfache Geometrie umgewandelt.

VIZ 4

Die Architekturobjekte und speziellen Funktionen aus VIZ 4 werden jetzt in 3ds max 6 unterstützt.

HDRI

3ds max 6 unterstützt das High Dynamic Range Radiance Imaging Dateiformat, das besonders für realistische Lichtsimulationen in Filmstudios eingesetzt wird.

Bildschirmfoto

Extras/Ansichts-fenster erfassen = Tools/Grab Viewport

Mit dem Menüpunkt EXTRAS/ANSICHTSFENSTER ERFASSEN lassen sich einzelne Fenster fotografieren und dann als Bilddatei speichern, was besonders für die Erstellung von Dokumentationen interessant ist.

Shockwave 3D-Export

Die aktuelle Szene kann im Shockwave 3D-Format exportiert werden. Dabei sind diverse Einstellungen und eine Vorschau möglich.

D Inhalt der DVD

Die DVD im Buch enthält eine Demoversion von 3ds max 6, mit der Sie alle Beispiele aus dem Buch nachvollziehen können. Zusätzlich finden Sie die Arbeitsdateien und Bilder, wie in den jeweiligen Kapiteln angegeben, und diverse Projekte verschiedener Architektur- und Designbüros sowie interessante zusätzliche Software.

Sämtliches Material auf der DVD ist urheberrechtlich geschützt und darf ohne Zustimmung von Verlag und Autor nicht weitergegeben werden.

D.1.1 Highlights

Im Sommer 2003 schrieb Markt+Technik einen 3D-Wettbewerb für Präsentationen deutscher 3D-Künstler in drei Kategorien aus:

➡ *Standbilder* – Material, Beleuchtung, photorealistische Präsentation

➡ *Objekte* – 3D-Modellierung

➡ *Animation* – Character-Animation, Video

Die drei Gewinner stellen ihre Arbeiten auf den Titelseiten der drei Buchteile und auf der DVD im Verzeichnis \DVDROM\Highlights vor.

studio architec

studio architec spezialisiert sich auf die Herstellung hochwertiger Architekturvisualisierung. Anhand vorhandener Entwurfsskizzen, Tuschezeichnungen oder CAD-Daten werden komplette Projektpräsentationen erstellt. Unter den Auftraggebern finden sich große Namen der Architektur und Baubranche, wie: Mario Botta, Boes Gützlag Kleine Architekten, Schumann + Reichert, Beyer + Partner, Volkswagen, DaimlerChrysler und andere.

Die ansprechende Webseite zeigt zahlreiche Beispiele für gebaute oder geplante Projekte.

www.studioarchitec.de

Auf der DVD finden Sie im Verzeichnis \DVDROM\highlights\studioarchitec Bilder verschiedener Projekte.

Abbildung D.1: Geschäftshaus Hannover (Entwurf: Architekturbüro Sewenig + Lichte, Bild: studio architec)

Abbildung D.2: Landessportbund Niedersachsen (Entwurf: Architekturbüro Schumann + Reichert, Bild: studio architec)

De neie Apparatspott – Gerangel in Ruum und Tied

Die ultimative Fortsetzung der Enterprise, nicht aus Hollywood, sondern im platten Norddeutschland und in plattdeutscher Sprache produziert. Natürlich verwendet auch der Apparatspott, ganz wie das große Vorbild, zahlreiche gerenderte 3D-Szenen. Echte Raumflüge und Explosionen wären nicht nur für Paramount, sondern auch für die Filmemoker GbR deutlich zu teuer.

Worum geht es? Der blaue Planet ist ernsthaft bedroht. Die komplette Bier-Versorgung auf der Erde ist in der Hand extraterrestrischer Plengonen. Der Bierpreis steigt ins unermessliche und das Schützenfest in Sulingen steht unmittelbar bevor. Doch ein Schützenfest ohne Bier – so etwas darf es nicht geben. Also bittet die dörfliche Bevölkerung ihre Bauern Kork, Spick, Pulle, Schrotty sowie Chefkoch erneut den Raumkreuzer »Apparatspott« – ähnelt einem Güllefass mit zwei Zusatz-Boostern – flott zu machen, ins All zu fliegen und den edlen Gerstensaft wieder zu beschaffen.

Abbildung D.3: Das Raumschiff Apparatspott

Wie sich herausstellt, eine verdammt kitzlige Angelegenheit für die Crew um Käpt'n Kork. Der Chef landet allein auf dem Planeten »Rollrich II«, auf »Alpha Beton« gibt es keine Kneipe mehr, der Pott hat so seine technischen Schwierigkeiten und währenddessen bauen die Plengonen auch noch munter ihr Bier-Imperium aus. Findet Kork zu seiner Mannschaft zurück und wird Pulle den Weltraumtrip ohne Alkoholvergiftung durchhalten? Und kann am Ende die Erde überhaupt noch gerettet werden?

Abbildung D.4: Gerenderte Szenen aus dem Film

Apparatspott ist übrigens plattdeutsch und bedeutet im Hochdeutschen »Elektrischer Einmachkochtopf«.

Abbildung D.5: Gerenderte Szenen aus dem Film

Im Verzeichnis `\DVDROM\highlights\apparatspott` auf der DVD zeigen wir erstmals auf einer Buch-CD den offiziellen Filmtrailer, einige Filmszenen und über 100 Fotos aus dem Film. Weitere Informationen zum Film, und wo er wann zu sehen ist, finden Sie unter `www.apparatspott.de`.

Abbildung D.6: Gerenderte Szenen aus dem Film

SoulPix

Soul Fire, ein komplett computergenerierter 3D-Animationsfilm, bietet durch seinen außergewöhnlich realistischen Look und die komplexe Story visuell und inhaltlich ansprechende Kino-Unterhaltung. Wir sehen Seventown, eine Stadt, die sich auf der Innenwand eines riesigen, zylindrischen Raumschiffes erstreckt, durch die Augen eines jungen Mädchens, Fay. Sie begibt sich auf eine abenteuerliche Reise auf der Suche nach der Wahrheit ihrer Welt. **Soul Fire** handelt vom archaischen Kampf zwischen Gut und Böse. Doch am Ende ist das Ziel nicht die Bekämpfung des Bösen, sondern die schwere Entscheidung des Hauptcharakters zwischen Vernichtung und Vergebung. An diesem Punkt hat Fay das Ende ihrer Entwicklung vom Jugendlichen zur Erwachsenen erreicht und wird Träger unserer Botschaft: »Du bist für deine Handlungen verantwortlich«. Fay muss die richtigen Entscheidungen treffen: Für ihr Leben, ihre Freunde und ihre Welt.

Abbildung D.7: Szene aus dem Film »Soul Fire« (Bild: SoulPix.)

Die Videospur der DVD zeigt den Trailer zum **Soul Fire**-Film. Diese Videospur ist auch mit jedem normalen DVD-Player abspielbar.

Abbildung D.8: Lisa aus dem Musikvideo »Tube Tech – The End« (Bild: SoulPix.)

SoulPix produziert hochwertige, komplett computergenerierte 3D-Animationen mit dem Schwerpunkt Character-Design und Animation für Kurzfilme, Musikvideos, Werbung und TV-Serien. Auf der DVD finden Sie im Verzeichnis \DVDROM\highlights\soulpix Bilder von Charakteren aus diversen Filmen.

Weitere Informationen und noch viel mehr Bild- und Filmmaterial gibt es unter www.soulpix.de.

Abbildung D.9: Computeranimierte Schönheit Kaya (Bild: SoulPix.)

D.1.2   Objekte und Bilder aus dem Buch

Das Verzeichnis \DVDROM\buch\animation enthält gerenderte Animationen zu den Beispielen aus dem Buch.

Das Verzeichnis \DVDROM\buch\max enthält die Beispielszenen aus dem Buch sowie die dafür verwendete Materialbibliothek BUCH.MAT.

Das Verzeichnis \DVDROM\buch\maps enthält die Bitmaps für die in den Beispielen verwendeten Materialien.

Das Verzeichnis \DVDROM\buch\tabelle enthält eine vollständige Übersetzungstabelle aller Begriffe in 3ds max 6 von Deutsch nach Englisch und umgekehrt, eigens für die Anwender der 3ds max 6 Demoversion.

D.1.3   Plug-Ins

Im Verzeichnis \DVDROM\software finden Sie verschiedene Tools und Plug-Ins, die die Funktionalität von 3ds max 6 noch einmal erweitern.

Afterburn

Afterburn ist eines der offiziell von **discreet** zertifizierten Plug-Ins. Damit lassen sich animierte volumetrische Partikelwolken zur Darstellung von Feuer, Explosionen oder Staubwolken generieren. Eigene Glow-Filter ermöglichen Eigenleuchten und Plasma-Effekte in Abhängigkeit vom Partikelalter.

Abbildung D.10: Feuereffekte mit Afterburn-Plug-In (Bild: www.turbosquid.com)

Das Verzeichnis `\DVDROM\software\turbosquid\afterburn` auf der DVD enthält eine Demo-Version des Plug-Ins sowie zahlreiche Bilder von Effekten, die damit generiert wurden.

clothfx

clothfx ermöglicht die Darstellung realistischer Kleidung an Charakteren. Materialeigenschaften von Stoff und Faltenwurf werden sehr realitätsnah dargestellt. Dabei hilft eine eigene Routine zur Kollisionserkennung, den Stoff auch in einer Animation korrekt um den Körper zu legen. Auch dieses Plug-In wurde von **discreet** offiziell zertifiziert.

Abbildung D.11: Kleidung mit clothfx-Plug-In (Bild: www.turbosquid.com)

Das Verzeichnis `\DVDROM\software\turbosquid\clothfx` auf der DVD enthält verschiedene Bilder von Effekten, die mit **clothfx** generiert wurden. Eine Demo-Version des Plug-Ins ist leider nicht verfügbar.

Dreamscape

Dreamscape ist eine Sammlung verschiedener Plug-Ins, mit denen sich realistische Landschaften darstellen lassen. Dazu gehören neben Terra-Objekten auch Atmosphäreneffekte für realistischen Nebel, Wolken und Regen, eine verbesserte Tageslichtsimulation sowie verschiedene Werkzeuge zum Generieren von Wasserflächen mit Wellen, Lichtbrechung und Nebelschwaden über dem Wasser.

Abbildung D.12: Landschaft und Himmel mit Dreamscape-Plug-In (Bild: www.turbosquid.com)

Auch dieses Plug-In wurde von **discreet** offiziell zertifiziert. Das Verzeichnis `\DVDROM\software\turbosquid\dreamscape` auf der DVD enthält eine Demo-Version des Plug-Ins sowie zahlreiche Bilder von Effekten, die damit generiert wurden.

finalRender

finalRender ist ein von **discreet** zertifizierter sehr hochwertiger Zusatzrenderer für 3ds max 6. Hiermit lassen sich extrem realistische Szenen rendern, mit indirekter Beleuchtung, Flächenschatten und Caustics. Eigene Kameratypen ermöglichen Panoramaaufnahmen, Fischaugen- oder Insektenperspektive.

Das Verzeichnis `\DVDROM\software\turbosquid\finalrender` auf der DVD enthält eine Demo-Version des Plug-Ins sowie zahlreiche Bilder von Effekten, die damit generiert wurden.

Abbildung D.13: Mit finalRender gerenderte Szene (Bild: www.turbosquid.com)

finalToon

finalToon ist noch ein weiterer von **discreet** zertifizierter Zusatzrenderer für 3ds max 6. Hier liegt der Schwerpunkt nicht auf Fotorealismus, im Gegenteil ermöglicht finalToon das Rendern von Strichzeichnungen und flächenhaften Comic-Darstellungen, die für Trickfilme aber auch für technische Dokumentationen gerne verwendet werden. finalToon leistet deutlich mehr, als das Standard-Cartoon-Material aus 3ds max 6 und kann mit jedem beliebigen Materialtyp benutzt werden.

Abbildung D.14: Mit finalToon gerenderte Szene (Bild: www.turbosquid.com)

HumanIK

HumanIK vereinfacht die Animation menschlicher Figuren in ihren natürlichen Bewegungsabläufen. Menschliche Strukturen lassen sich über Scripts sehr einfach erstellen und vielfältig bewegen.

Auch dieses Plug-In wurde von **discreet** offiziell zertifiziert. Das Verzeichnis `\DVDROM\software\turbosquid\humanik` auf der DVD enthält eine Demo-Version des Plug-Ins sowie zahlreiche Bilder von Effekten, die damit generiert wurden.

Abbildung D.15: Animierte Figur aus HumanIK Plug-In (Bild: www.turbosquid.com)

Kaldera

Kaldera rechnet Detailinformationen eines Objektes mit hoher Netzauflösung in spezielle Texturen und Relief-Maps um, die anschließend auf ein deutlich weniger komplexes Objekt übertragen werden können. Auf diese Weise können Objekte oder Figuren, die sehr detailliert aussehen, in schnellen Spielerenderern verwendet werden, die üblicherweise nur Objekte geringer Komplexität verarbeiten können.

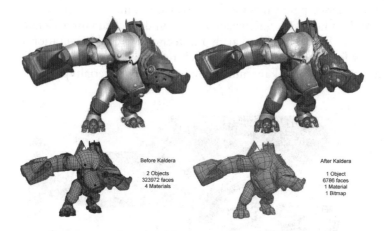

Abbildung D.16: Wirkung der Reduktion durch Kaldera bei fast gleichem Aussehen des gerenderten Objektes (Bild: www.turbosquid.com)

Auch dieses Plug-In wurde von **discreet** offiziell zertifiziert. Das Verzeichnis \DVDROM\software\turbosquid\kaldera auf der DVD enthält eine Demo-Version des Plug-Ins sowie zahlreiche Bilder von Effekten, die damit generiert wurden.

Xfrog

Xfrog von der Firma **greenworks organic-software** (www.xfrog.com) ist ein Plug-In zur Darstellung von Pflanzen und anderen feinteiligen, organischen Objekten. Diese Pflanzen werden im Programm Xfrog parametrisch generiert und müssen nicht aus einzelnen Polygonen zusammengesetzt werden.

Zur Installation des Plug-Ins für 3ds max 6 brauchen Sie nur die Datei xfrog.dli aus dem Verzeichnis \DVDROM\software\xfrog in das plugins-Verzeichnis Ihrer 3ds max 6-Installation zu kopieren. Als Beispiel können Sie jetzt über DATEI/IMPOR-

Abbildung D.17: Pflanzen aus Xfrog (Bild: greenworks)

TIEREN die XFR-Datei aus dem Unterverzeichnis \DVDROM\software\xfrog\examples in Ihre 3ds max 6-Szene importieren.

Auf der DVD ist die aktuelle Version von Xfrog 3. In Kürze wird Xfrog 4 für 3ds max 6 erscheinen. Aktuelle Versionen des Plug-Ins finden Sie dann bei www.xfrog.com.

Das Verzeichnis \DVDROM\software\xfrog\bilder enthält zahlreiche Bilder von Pflanzen, die mit Xfrog generiert wurden.

DarkTree

DarkTree von **Darkling Simulations** (www.darksim.com) ist ein Programm, mit dem man selbst neue prozedurale Map-Typen erstellen kann. Über 100 vorgegebene Verfahren lassen sich zu eigenen Maps kombinieren, die dreidimensional im Raum berechnet werden. Nachdem die Materialien mit dem externen Programm erstellt wurden, können sie über Plug-In-Map- und Material-Typen in 3ds max 6 verwendet werden.

Das Verzeichnis \DVDROM\software\darktree enthält eine Demo-Version des DarkTree-Programms sowie das kostenlose Plug-In für 3ds max 6.

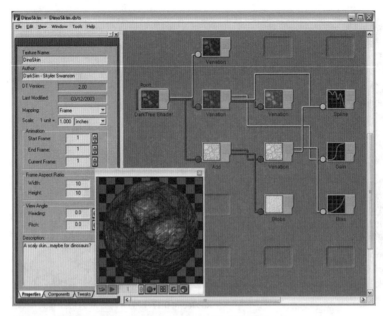

Abbildung D.18: Das Programm zum Erstellen von DarkTree-Materialien

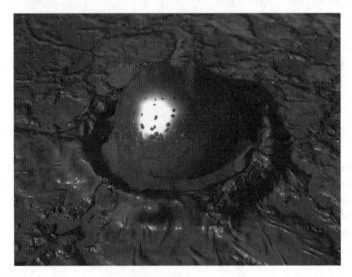

Abbildung D.19: Szene mit DarkTree-Materialien

PowerBooleans

PowerBooleans von **nPower Software** (www.npowersoftware.com) ist ein Plug-In, das boolesche Verknüpfungen zwischen Objekten in deutlich höherer Qualität erstellt als das Originalwerkzeug von 3ds max 6.

Abbildung D.20: Gerendertes Modell mit PowerBooleans (Bild Copyright: www.npowersoftware.com)

Zur Installation starten Sie das Programm `Install_PBMax6_R261_Demo.exe` aus dem Verzeichnis `\DVDROM\software\npowersoftware\booleans`. Während der Installation wird ein Passwort verlangt. Dieses Passwort bekommen Sie kostenlos, wenn Sie eine E-Mail an support@npowersoftware.com schicken.

Das Plug-In finden Sie später in 3ds max 6 auf der ERSTELLEN-Palette unter GEO-METRIE/COMPOUND OBJECTS.

Im Verzeichnis `\DVDROM\software\npowersoftware\booleans\help` finden Sie eine Hilfe-Datei `PowerBooleanHelp.htm`, die Sie sich mit Ihrem Browser anzeigen lassen können.

Im Verzeichnis `\DVDROM\software\npowersoftware\animations` finden Sie einige gerenderte Animationen, die Objekte zeigen, die mit **PowerBooleans** und **PowerSolids** erstellt wurden. Im Verzeichnis `\DVDROM\software\npowersoftware\gallery` sind einige Beispielbilder, die mit diesen Plug-Ins gerendert wurden.

PowerSolids

PowerSolids stammt vom gleichen Hersteller **nPower Software**. Dieses Plug-In ermöglicht echte Volumenmodellierung innerhalb von 3ds max 6. **PowerSolids** verwendet dabei das Verfahren der Boundary Representations (BREPs), wie es auch von bekannten CAD-Programmen wie Autodesk Inventor, Solid Works, Rhino oder ProEngineer eingesetzt wird.

Zur Installation starten Sie das Programm `Install_PSTMax6_R200_Demo.exe` aus dem Verzeichnis `\DVDROM\software\npowersoftware\solids`. Während der Installation wird ein Passwort verlangt. Dieses Passwort bekommen Sie kostenlos, wenn Sie eine E-Mail an `support@npowersoftware.com` schicken.

Abbildung D.21: Gerendertes Modell mit PowerSolids (Bild Copyright: www.npowersoftware.com)

Das Plug-In finden Sie später in 3ds max 6 auf der ERSTELLEN-Palette unter GEO-METRIE/POWER SOLIDS.

Im Verzeichnis \DVDROM\software\npowersoftware\solids\help finden Sie eine Hilfe-Datei PowerSolidsHelp.htm, die Sie sich mit Ihrem Browser anzeigen lassen können.

Snap2Terrain

Snap2Terrain von Bytegeist Software (www.bytegeistsoftware.com) ordnet eine große Anzahl von Objekten auf einer unebenen Geländeoberfläche an. Dabei werden die Drehpunkte der Objekte als Basis genutzt, Richtungen und Achsen sind einstellbar. Die Orientierung kann der Geländeform folgen oder immer gleich gerichtet sein.

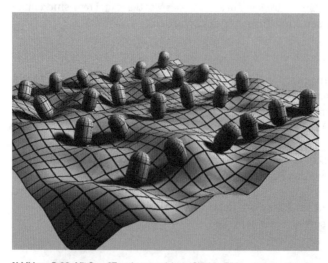

Abbildung D.22: Mit Snap2Terrain ausgerichtete Objekte (Bild: www.bytegeistsoftware.com)

Im Verzeichnis \DVDROM\software\snap2terrain auf der DVD finden Sie das Plug-In als Installationsprogramm Snap2TerrainSetup.exe.

Ghost Trails

Ghost Trails generiert Schlieren hinter bewegten Objekten. Dies kann zur Simulation von Fahnen oder Tüchern verwendet werden, oder um wie in Konsolenspielen oder Science-Fiction-Filmen die schnelle Bewegung von Schwertern oder anderen Waffen effektvoll darzustellen.

Abbildung D.23: Wirkung von Ghost Trails (Bild: www.bytegeistsoftware.com)

Im Verzeichnis \DVDROM\software\ghosttrails auf der DVD finden Sie das Plug-In als Installationsprogramm GhostTrailsSetup.exe.

TrueGrit

TrueGrit simuliert Schmutz auf Oberflächen und lässt diese dadurch weniger künstlich wirken. Im Verzeichnis \DVDROM\software\truegrit auf der DVD finden Sie das Plug-In und eine Readme-Datei. Zur Installation brauchen Sie nur die dlu-Datei in das plugins-Verzeichnis von 3ds max 6 zu kopieren.

EdgeMap

EdgeMap ist eine prozedurale Map, die entlang aller Kanten einzelner Flächen eines Objektes Linien zeichnet.

Abbildung D.24: Wirkung von EdgeMap (Bild: www.bytegeistsoftware.com)

Im Verzeichnis \DVDROM\software\edgemap auf der DVD finden Sie das Plug-In und eine Readme-Datei. Zur Installation brauchen Sie nur die Datei edgemap6.dlt in das plugins-Verzeichnis von 3ds max 6 zu kopieren.

ZDeSat

ZDeSat ist ein Rendereffekt-Plug-In, das die Farben der gerenderten Objekte mit zunehmender Entfernung abschwächt.

Abbildung D.25: Wirkung von ZDeSat (Bild: www.bytegeistsoftware.com)

Im Verzeichnis \DVDROM\software\zdesat auf der DVD finden Sie das Plug-In und eine Readme-Datei. Zur Installation brauchen Sie nur die Datei zdesatmax6.dlv in das plugins-Verzeichnis von 3ds max 6 zu kopieren.

ZTint

ZTint ist ein Rendereffekt-Plug-In, das die gerenderten Objekte mit zunehmender Entfernung in einer bestimmten Farbe, zum Beispiel der des Hintergrundes, tönt.

Abbildung D.26: Wirkung von ZTint (Bild: www.bytegeistsoftware.com)

Im Verzeichnis \DVDROM\software\ztint auf der DVD finden Sie das Plug-In und eine Readme-Datei. Zur Installation brauchen Sie nur die Datei ztintmax6.dlv in das plugins-Verzeichnis von 3ds max 6 zu kopieren.

Scene Manager

Der **Scene Manager** ist ein kostenloses Plug-In, das die Verwaltung von Objekten in komplexen Szenen vereinfacht. In einem Teilfenster oder noch besser auf einem zweiten Bildschirm werden alle Objekte der Szene als Symbole in einer hierarchischen Baumstruktur angezeigt. Hier können Sie Objekte verknüpfen und nach verschiedenen Kriterien wie Name, Polygonzahl, Größe, Farbe suchen.

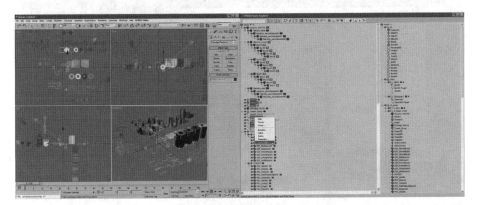

Abbildung D.27: Das Scene Manager Plug-In in 3ds max

Im Verzeichnis \DVDROM\software\scenemanager auf der DVD finden Sie das Plug-In und eine Readme-Datei mit der Installationsanleitung.

D.1.4   Multimedia-Betrachter

Gerenderte Bilder und Animationen möchte man nicht nur auf dem Computer ansehen, wo 3ds max 6 installiert ist, sondern auch an Andere weitergeben. Wir liefern auf der DVD einige Programme zum Betrachten von Bildern und Animationen auf dem PC wie auch auf mobilen Geräten.

Teilweise handelt es sich bei den Programmen auf der DVD um Shareware-Versionen. Beachten Sie hierzu die Readme-Dateien in den entsprechenden Verzeichnissen.

IrfanView

IrfanView ist einer der besten Bildbetrachter für Windows und dazu für nicht kommerzielle Nutzer kostenlos. Das Programm unterstützt mehr als 50 Bild- und Animationsformate, deutlich mehr als der in Windows integrierte Bildbetrachter.

Zusätzlich zum reinen Betrachten mit Thumbnails, Slideshow und Zoom gibt es zahlreiche Sonderfunktionen wie Farbkorrektur und Bildeffekte. Große Mengen von Bilddateien können im Batchmodus automatisch in andere Formate konvertiert oder nach bestimmten Schemata umbenannt werden. Eine Screenshot-Funktion und TWAIN-Unterstützung ermöglichen auch das schnelle Erstellen eigener Bilddateien.

Abbildung D.28: Der Bildbetrachter IrfanView

Aus einem Bildkatalog kann automatisch eine HTML-Katalogseite oder ein Katalogbild generiert werden.

Zur Installation starten Sie die Datei `iview385.exe` aus dem Verzeichnis `\DVDROM\software\irfanview`. Über zusätzliche Plug-Ins kann die Funktionalität des Programms noch erweitert werden. Das offizielle Plug-In-Paket installieren Sie mit der Datei `all_plugins.exe` aus dem gleichen Verzeichnis auf der DVD. Aktuelle Updates finden Sie bei `www.irfanview.com`.

Resco Viewer

Wer gerenderte Bilder Kunden oder Projektpartnern zeigen will, kann diese entweder ausdrucken oder muss davon ausgehen, dass der Andere einen PC zur Verfügung hat, um etwa eine CD-ROM zu betrachten. Dies ist aber besonders auf Baustellen und an Film-Sets nur selten der Fall. Viel praktischer ist es, die Bilder auf eine Speicherkarte zu kopieren und unterwegs mit dem PDA zu zeigen. Auf diese Weise lassen sich unterwegs auch Videos präsentieren, die man nicht ausdrucken kann.

Der Resco Viewer bietet neben dem reinen Betrachten auch noch einfache Bearbeitungsfunktionen auf dem PDA wie Drehen oder Justieren von Farben. Unterwegs kann man Anmerkungen zu den Bildern machen, was besonders bei Proberenderings in Projektgesprächen nützlich ist.

Abbildung D.29: Resco Viewer für Palm OS und PocketPC

Das Programm ist für Palm OS, PocketPC und Microsoft Smartphone erhältlich und unterstützt alle gängigen Geräte und Bildschirmauflösungen. Die PocketPC-Version ist auch in der Lage, Videos im MPEG-1- und MPEG-2-Format abzuspielen.

Die Programme sind auf der DVD im Verzeichnis \DVDROM\software\PDA\resco. Bitte beachten Sie die Readme-Dateien in diesem Verzeichnis.

Die deutschsprachige Vollversion und aktuelle Updates finden Sie für Palm OS bei www.pdassi.de/12131 und für PocketPC bei www.pocketland.de/12582. Die Smartphone-Version ist bis jetzt nur in Englisch erhältlich www.pocketland.de/11354.

Kinoma

Der kostenlose Kinoma-Player ermöglicht das Abspielen von Videos auf Palm OS PDAs. Dabei wird die hohe Auflösung aktueller Geräte wie Tungsten T3, Sony Clié und Tapwave Zodiac unterstützt.

Die Filme müssen zuvor auf dem PC mit dem Kinoma-Producer in der Auflösung reduziert und in ein spezielles Format komprimiert werden.

Sie finden den Kinoma Player und eine Shareware-Version des Kinoma-Producers auf der DVD im Verzeichnis \DVDROM\software\PDA\kinoma.

Die deutschsprachige Vollversion und aktuelle Updates des Kinoma-Producers gibt es bei www.pdassi.de/8970 und den Player bei www.pdassi.de/4765.

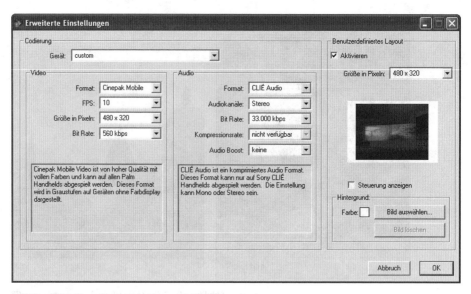

Abbildung D.30: Konvertierung eines Videos mit dem Kinoma-Producer

FireViewer

Der FireViewer, früher ImageViewer ist einer der Klassiker unter den Multimedia-Betrachtern für Palm OS. Bilder, Videos und ganze Webseiten können mit einem speziellen Konverter auf dem PC in das FireViewer-Format konvertiert werden, wobei sich durch Verringerung der Auflösung und der Farbtiefe bei Bedarf Speicherplatz sparen lässt.

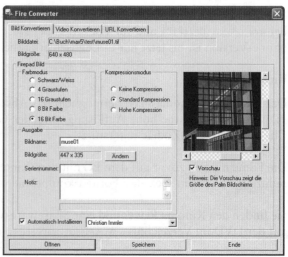

Abbildung D.31: FireViewer auf dem PDA und der Konverter unter Windows

Sie finden eine Shareware-Version des FireViewer auf der DVD im Verzeichnis \DVDROM\software\PDA\FireViewer. Die deutschsprachige Vollversion und aktuelle Updates gibt es bei www.pdassi.de/13440.

TealMovie

Der Multimediaplayer TealMovie ermöglicht das Abspielen der Dateien von externen MMC/SD-Karten auf Palm OS PDAs. Ein mitgeliefertes Programm kann AVI- und QuickTime-Videodateien in das TealMovie-Format konvertieren.

TealMovie unterstützt den Querformat-Modus aktueller Geräte wie Tungsten T3, Sony Clié und Tapwave Zodiac.

 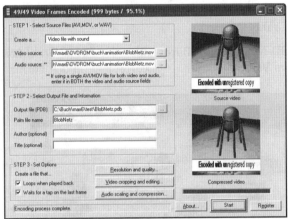

Abbildung D.32: TealMovie auf dem PDA und der Konverter unter Windows

Sie finden eine Shareware-Version von TealMovie auf der DVD im Verzeichnis \DVDROM\software\PDA\TealMovie. Die deutschsprachige Vollversion und aktuelle Updates gibt es bei www.pdassi.de/9294.

PictPocket Cinema

PictPocket Cinema spielt Videodateien direkt von Speicherkarten auf dem PocketPC ab. Dabei werden die Formate Windows Media Video (WMV), Streaming-ASF, MPEG-1, MPEG-2, MPEG-4, AVI und QuickTime ohne Konvertierung unterstützt. Die Videodateien können also auf dem PC direkt per Kartenleser auf die Speicherkarte kopiert werden. Zur Konvertierung nicht unterstützter Codecs wird ein spezielles Windows-Programm mitgeliefert.

Abbildung D.33: Video in PictPocket Cinema auf dem PocketPC

Bei Videos im Querformat kann der Bildschirm automatisch gedreht werden.

Sie finden eine Shareware-Version von PictPocket Cinema auf der DVD im Verzeichnis \DVDROM\software\PDA\PictPocket. Die Vollversion und aktuelle Updates gibt es bei www.pocketland.de/10778. Das Programm ist nur in englischer Sprache erhältlich.

D.1.5   Modelle

In den Unterverzeichnissen von \DVDROM\modelle finden Sie 3D-Objekte, die Sie in eigenen Szenen verwenden können.

Grahl

3D-Modelle von Bürostühlen der Firma Grahl (www.grahl.de). Die Dateien liegen im Verzeichnis \DVDROM\modelle\grahl in den Formaten DWG und MAX vor.

Abbildung D.34: Grahl-Besucherstühle

The3dStudio

Die Website www.The3dStudio.com bietet Hunderte kostenfreier 3D-Modelle in verschiedenen Kategorien zum Download an. Eine Auswahl davon können wir Ihnen auf dieser DVD präsentieren.

Abbildung D.35: Modelle von The3dStudio

Für jedes Modell gibt es unter \DVDROM\modelle\the3dstudio ein Unterverzeichnis mit der MAX-Datei und allen notwendigen Texturen.

RPC

Rich Photorealistic Content (RPC) von www.archvision.com sind Pflanzen und Figuren, die 3D-Szenen lebendiger und wirklichkeitsgetreuer gestalten.

Abbildung D.36: Atrium mit und ohne RPCs (Bild Copyright: www.archvision.com)

RPC-Figuren basieren auf Fotos, die automatisch richtig in den Raum gedreht und beleuchtet werden und Schatten werfen können. Es sind keine wirklichen 3D-Modelle. Dadurch werden Renderzeit und Komplexität der Szene beim Einsatz von RPCs nicht erhöht, sind aber weniger für Animationen als für Standbilder geeignet.

Abbildung D.37: Szene im Außenbereich mit und ohne RPCs (Bild Copyright: www.archvision.com)

Zusätzlich liefert Archvision auch Autos und andere echte 3D-Objekte, die über Algorithmen automatisch nach bestimmten Schemata in der Szene verteilt werden können, ohne dass man sich um jedes Objekt einzeln zu kümmern braucht.

Zur Installation der Demoversion von **RPC** starten Sie die Datei RPC3310demo.exe aus dem Verzeichnis \DVDROM\modelle\rpc.

Abbildung D.38: 3D-Modelle von Autos automatisch auf einem Parkplatz verteilt (Bild Copyright: www.archvision.com)

Raumschiffe

33 verschiedene Modelle realer Raumschiffe, Satelliten und Mondfahrzeuge. Auf der DVD als max-Dateien im Verzeichnis \DVDROM\modelle\raumschiffe.

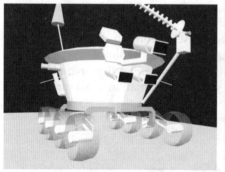 

Abbildung D.39: 3D-Modelle von Weltraumfahrzeugen

Strandkorb

Ein Modell eines Strandkorbes, wie man sie im Sommer an der Nord- und Ostseeküste sieht. Auf der DVD als max- und dwg-Datei im Verzeichnis \DVDROM\modelle\strandkorb.

Abbildung D.40: Strandkorb (Modell: Arne Andresen)

D.1.6 Projekte

Einige Projekte professioneller 3ds max 6-Anwender geben einen Eindruck von dem, was man mit diesem Programm machen kann.

Lightmare

Eine kleine, sehr persönliche Geschichte über die Einsamkeit und die Suche nach Leben in einem Wohnblock voller Menschen, die zu alt, zu betrunken oder zu desillusioniert sind ... also muss man ebenso verzweifelt versuchen, positiv zu sein ...

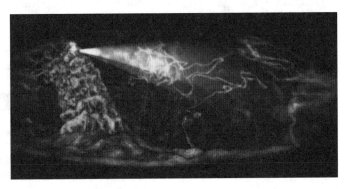

Abbildung D.41: Szene aus Lightmare (Bild Copyright: www.2minds.de)

Making of:

Robert Seidel – www.2minds.de

Modelling + Animation: discreet 3d-studio max, Cebas Bunch of Volumes

Texturen: Corel Painter, Corel PhotoPAINT

Compositing: Adobe AfterEffects

Michael Engelhardt – www.4memusic.de

Ton: Steinberg Cubase + Nuendo

Der Mikrokosmos aus Bild und Ton ergänzt sich bei konzentrierter Wahrneh-
mung zu einer kleinen »Überlebensgeschichte«, wobei bekannte akustische, visuelle und temporale Muster verzerrt auftreten. Die bedrückende 3D-Grafik,
speziell entwickelte Typografie und kleinen optischen Skurrilitäten wachsen
organisch mit dem Ton zusammen, der aufwändig in Dolby Digital 5.1 und
parallel zu den Bildern produziert wurde.

Festival:

Lightmare lief erfolgreich auf:

➡ Prix Ars Eectronica (Honorary Mention Computer Animation/Visual Effects)

➡ backup filmfestival

➡ cellu l'art

➡ Japan Mediaarts Festival

➡ Seoul Net Festival

Das Video finden Sie im Verzeichnis \DVDROM\projekte\lightmare auf der DVD.

the art of deco

Visualisierung eines Messestandes für eine Modemesse in Florenz im Januar
2004. Das 3D-Modell wird an einigen Stellen im Buch als Beispiel verwendet. Im
Verzeichnis \DVDROM\projekte\pitti finden Sie verschiedene Bilder und eine Animation der Szene.

Abbildung D.42: pitti Messestand (Entwurf und Bild: hoffmann.architektur)

Aigner Shop Frankfurt

Vor der Neugestaltung des Aigner-Shops in Frankfurt wurde ein Modell der Fassade in der original Umgebung visualisiert. Dabei waren einige Nacharbeiten am Bild erforderlich. Ein Baum und die Autos im Vordergrund wurden nachträglich aus dem Foto wieder eingefügt, störende Schilder dafür entfernt. Für einen realistischen Schattenverlauf wurden Teile des bestehenden Gebäudes sowie das Vordach des Nachbargeschäftes im 3D-Modell nachgebildet.

Abbildung D.43: links: Originalfoto, rechts: Visualisierung (Entwurf und Bild: hoffmann.architektur)

Die Bilder im Verzeichnis \DVDROM\projekte\Aigner_F zeigen verschiedene Perspektiven des Gebäudes und des geplanten Umbaus.

Wohnhaus in Meerbusch

Moderne Architekturbüros präsentieren große Projekte heute nicht nur als Pläne, sondern zusätzlich multimedial. Im Verzeichnis \DVDROM\projekte\meerbusch zeigt das Architekturbüro hoffmann.architektur (www.hoffmannarchitektur.de) Teile der Original Entwurfspräsentation, die für den Bauherrn erstellt wurde, mit verschiedenen Bildern und einem Film, der die unterschiedlichen Bereiche im Gebäude vorstellt.

Abbildung D.44: Haus Szulecki, Meerbusch (Entwurf und Bilder: hoffmann.architektur)

Glasmuseum

Entwurf eines Museums für Glasindustrie in Nienburg/Weser, das Sie im Verzeichnis \DVDROM\projekte\museum finden. (Entwurf: Claudia Immler)

Abbildung D.45: Museum für Glasindustrie (Bild Copyright: Claudia Immler)

Freizeitbad

Präsentation eines Entwurfs für ein großes Freizeitbad in Wolfsburg. Dieser Entwurf wurde Anfang des Jahres 2000 im Rahmen einer Diplomarbeit veröffentlicht.

Abbildung D.46: Glasfassade der Schwimmhalle (Bild Copyright: Claudia Immler)

Alle Bilder und Animationen aus der Präsentation können Sie über die Seite index.htm im Verzeichnis \DVDROM\projekte\freizeitbad in Ihrem Browser betrachten. (Entwurf: Claudia Immler)

Fertigteilhalle

Konstruktion einer Fertigteilhalle mit angrenzendem Bürotrakt, auf der DVD im Verzeichnis \DVDROM\projekte\halle als max-Modell mit Tageslichtsystem (Entwurf: Arne Andresen/Claudia Immler)

Abbildung D.47: Fertigteilhalle mit Tageslichtsystem gerendert

Wilhelm-Busch-Museum

3ds max 6 wird von Architekten bereits in der Entwurfsphase verwendet, um Raumkonzepte oder Lichtwirkung zu visualisieren. Die Bilder im Verzeichnis \DVDROM\projekte\WilhelmBusch zeigen keine endgültigen Visualisierungen, sondern nur dreidimensionale Skizzen aus einfachen 3D-Modellen, die in der frühen Entwurfsphase anstelle von Bleistiftskizzen entstanden. Bei dem Entwurf handelt es sich um einen Erweiterungsbau für das Wilhelm-Busch-Museum für kritische Grafik und Karikatur in Hannover-Herrenhausen. (Entwurf: Claudia Immler)

Bushaltestellen

Entwurf eines Baukastensystems für Bushaltestellen zur Expo 2000 in Hannover, auf der DVD im Verzeichnis \DVDROM\projekte\bushalt (Entwurf: Claudia Immler)

Windmühle Oldsum/Föhr

Detailgetreue Rekonstruktion der Windmühle in Oldsum auf Föhr. Im Verzeichnis \DVDROM\projekte\muehle finden Sie ein maßstäbliches 3D-Modell der Windmühle, die im Jahr 1901 auf der Nordseeinsel errichtet wurde. (Rekonstruktion: Arne Andresen)

Das Modell verwendet eine ausgeklügelte Layerstruktur, an der die neuen Layerfunktionen in 3ds max 6 gut zu sehen sind.

Abbildung D.48: Details der Mühle (Bild und Rekonstruktion: www.bitsathome.de)

Tresen

Präsentation eines modernen Tresens für eine kleine Küche. Das Modell verwendet erweiterte Beleuchtung für eine möglichst realistische Lichtwirkung. Im Verzeichnis \DVDROM\projekte\tresen finden Sie neben dem Bild auch das Original 3ds max-Modell.

Abbildung D.49: Entwurf und Visualisierung: Christian Stötzer

E   Tabelle der Tastaturkürzel

Diese Tabellen zeigen die Standardeinstellungen der Tastaturkürzel. In der Dialogbox ANPASSEN/BENUTZEROBERFLÄCHE ANPASSEN können Sie diese Einstellungen verändern.

Hauptprogramm	
Abstand-Hilfsmittel	`⇧`+`I`
Abstand-Objektfang	`Alt`+`Strg`+`⸺`
Adaptive Reduktion ein/aus	`O`
Alle Ansichten neu zeichnen	`` ` ``
Alles auswählen	`Strg`+`A`
Animation abspielen	`/`
Ansicht von links	`L`
Ansicht von oben	`T`
Ansicht von unten	`B`
Ansicht von vorn	`F`
Ansichtsfenster deaktivieren	`D`
Ansichtsfenster maximieren ein/aus	`Alt`+`W`
Ansichtsfenster vergrößern	`[`
Ansichtsfenster verkleinern	`]`
Ansichtsfenster-Hintergrund	`Alt`+`B`
Ansichtsfensteroperation rückgängig machen	`⇧`+`Z`
Ansichtsfensteroperation wiederherstellen	`⇧`+`Y`
Auf X beschränken	`F5`
Auf Y beschränken	`F6`
Auf Z beschränken	`F7`
Ausgewählte Flächen schattieren ein/aus	`F2`
Ausrichten	`Alt`+`A`
Auswahl invertieren	`Strg`+`I`
Auswahl sperren ein/aus	`⸺`
Auswahlklammer anzeigen ein/aus	`J`
Auswahlmethoden durchgehen	`Strg`+`F`
Automatischer Key-Modus ein/aus	`N`

Hauptprogramm	
Benutzeroberfläche sperren ein/aus	`Alt`+`0`
Bereichszoom	`Strg`+`W`
Beschränkungsebenen durchgehen	`F8`
Datei öffnen	`Strg`+`O`
Datei speichern	`Strg`+`S`
Dialogfeld NACH NAMEN AUSWÄHLEN	`H`
Dialogfeld TRANSFORMATION EINGEBEN	`F12`
Dialogfeld UMGEBUNG	`8`
Drahtgittermodell/Glatt + Glanzpunkte ein/aus	`F3`
Drehmodus	`E`
Durchsichtanzeige aktivieren/deaktivieren	`Alt`+`X`
Expertenmodus ein/aus	`Strg`+`X`
Flächen mit Kanten anzeigen ein/aus	`F4`
Gehe zu Anfangs-Frame	`Pos1`
Gehe zu End-Frame	`Ende`
Geometrie einblenden/verdecken	`⇧`+`G`
Glanzpunkt platzieren	`Strg`+`H`
Größe des Transformations-Gizmos erhöhen	`=`
Größe des Transformations-Gizmos verringern	`-`
Hauptsymbolleiste einblenden/verdecken	`Alt`+`6`
Helfer einblenden/verdecken	`⇧`+`H`
Hintergrund sperren ein/aus	`Alt`+`Strg`+`B`
Hintergrundbild aktualisieren	`Alt`+`⇧`+`Strg`+`B`
Isometrische Benutzeransicht	`U`
Kamera an Ansicht anpassen	`Strg`+`C`
Kameraansicht	`C`
Kameras einblenden/verdecken	`⇧`+`C`
Keys einstellen	`K`
Klang ein/aus	`\`
Klonen	`Strg`+`V`
Letzte rendern	`F9`
Lichter einblenden/verdecken	`⇧`+`L`
Material-Editor	`M`
MAXScript-Aufzeichnung	`F11`
Mehrere Hierarchie-Ebenen: übergeordnetes Objekt auswählen	`Bild ↑`
Neue Szene	`Strg`+`N`
Nichts auswählen	`Strg`+`D`

Hauptprogramm	
Normalen ausrichten	`Alt`+`N`
Objektfang durchgehen	`Alt`+`S`
Objektfang ein/aus	`S`
Objektfang Prozent ein/aus	`⇧`+`Strg`+`P`
Pan: Ansicht	`Strg`+`P`
Pan: Ansichtsfenster	`I`
Partikelsysteme einblenden/verdecken	`⇧`+`P`
Perspektiv-Benutzeransicht	`P`
Raster einblenden/verdecken	`G`
Schnell rendern	`⇧`+`Q`
Shapes einblenden/verdecken	`⇧`+`S`
Sichere Frames anzeigen ein/aus	`⇧`+`F`
Skalierungen durchgehen	`Strg`+`E`
Space Warps einblenden/verdecken	`⇧`+`W`
Spotlicht-/Richtungslicht-Ansicht	`⇧`+`4`
Szene rendern	`F10`
Szenenoperation rückgängig machen	`Strg`+`Z`
Szenenoperation wiederherstellen	`Strg`+`Y`
Transformations-Gizmo ein/aus	`X`
Untergeordnetes Objekt auswählen	`Bild ↓`
Unterobjektauswahl ein/aus	`Strg`+`B`
Unterobjektebenen durchgehen	`Einfg`
Verschiebemodus	`W`
Virtuelles Ansichtsfenster ein/aus	Ziffernblock `/`
Virtuelles Ansichtsfenster nach links verschieben	Ziffernblock `4`
Virtuelles Ansichtsfenster nach oben verschieben	Ziffernblock `8`
Virtuelles Ansichtsfenster nach rechts verschieben	Ziffernblock `6`
Virtuelles Ansichtsfenster nach unten verschieben	Ziffernblock `2`
Virtuelles Ansichtsfenster vergrößern	Ziffernblock `+`
Virtuelles Ansichtsfenster verkleinern	Ziffernblock `-`
Vorgabebeleuchtung ein/aus	`Strg`+`L`
Winkelfang ein/aus	`A`
Zeit, um eine Einheit vorzuspulen	`.`
Zeit, um eine Einheit zurückzuspulen	`,`
Zoom Grenzen	`Alt`+`Strg`+`Z`
Zoom Grenzen: Alle ausgewählten	`Z`
Zoom Grenzen: Alle	`⇧`+`Strg`+`Z`

Hauptprogramm	
Zoommodus	Alt + Z
Zwischenspeichern	Alt + Strg + H
Zwischenversion wiederherstellen	Alt + Strg + F

Spuransicht	
Auswahl sperren	☐
Bildlauf nach oben	Strg + ↑
Bildlauf nach unten	Strg + ↓
Controller eindeutig zuweisen	U
Controller einfügen	Strg + V
Controller kopieren	Strg + C
Controller zuweisen	C
Filter	Q
Funktionskurvenmodus	F5
Glanzlicht nach oben	↑
Glanzlicht nach unten	↓
Key-Bearbeitungsmodus	E
Keys hinzufügen	A
Keys schrittweise nach links	←
Keys schrittweise nach rechts	→
Keys verschieben	M
Multiplikatorkurve anwenden	Strg + M
Nachlasskurve anwenden	Strg + E
Objekte expandieren	O
Objektfang für Frames	S
Pan	P
Spur expandieren	Enter
Tangenten sperren	L
Zoom Horizontal Grenzen: Keys	Alt + X
Zoom	Z

Material-Editor	
Gehe zu übergeordnetem Objekt	↑
Hintergrund	B
Hintergrundlicht	L

Material-Editor	
Material holen	G
Optionen	O
Vorschau erstellen	P
Weiter zu Objekt auf gleicher Ebene	→
Zurück zu Objekt auf gleicher Ebene	←
Zwischen 3X2-, 5X3- und 6X4-Musterfeldern umschalten	X

Schematische Ansicht	
Zoom Grenzen: Auswahl	Z
Bereich zeichnen	D
Objekt auswählen	S
Rendern	R
Schließen	Q
Symbolleiste ein/aus (verankert)	⬚

Video-Nachbearbeitung	
Aktuelle Aktion bearbeiten	Strg + E
Bildausgabeaktion hinzufügen	Strg + O
Bildeingabeaktion hinzufügen	Strg + I
Bildfilteraktion hinzufügen	Strg + F
Bildlayeraktion hinzufügen	Strg + L
Neue Aktion hinzufügen	Strg + A
Neue Sequenz	Strg + N
Sequenz ausführen	Strg + R
Szenenaktion hinzufügen	Strg + S

Bearbeiten/Bearbeitbares Netz	
Abschrägungsmodus	Strg + V , Strg + B
Ausschneidemodus	Alt + C
Auswahl verschweißen	Strg + W
Elementebene	5
Extrusionsmodus	Strg + E
Flächenebene	3

Bearbeiten/Bearbeitbares Netz	
Kante drehen	`Strg`+`T`
Kante unsichtbar	`Strg`+`I`
Kantenebene	`2`
Loslösen	`Strg`+`D`
Modus ABKANTEN	`Strg`+`C`
Modus ZIEL VERSCHWEIßEN	`Alt`+`W`
Polygonebene	`4`
Scheitelpunktebene	`1`

Bearbeitbares Poly	
Abschrägungsmodus	`⇧`+`Strg`+`B`
Alles einblenden	`Alt`+`U`
Auf Kanten beschränken	`⇧`+`X`
Ausschneiden	`Alt`+`C`
Auswahl einschränken	`Strg`+`Bild ↓`
Auswahl erweitern	`Strg`+`Bild ↑`
Elementebene	`5`
Extrusionsmodus	`⇧`+`E`
Flächenebene	`4`
Kantenebene	`2`
Kantenring auswählen	`Alt`+`R`
Kantenschleife auswählen	`Alt`+`L`
Letzte Operation wiederholen	`;`
Modus Abkanten	`⇧`+`Strg`+`C`
Modus Schnellschnitt	`⇧`+`Strg`+`Q`
Modus VERSCHWEIßEN	`⇧`+`Strg`+`W`
Nicht Ausgewähltes verdecken	`Alt`+`I`
Objektebene	`6`
Randstärke	`3`
Scheitelpunktebene	`1`
Verbinden	`⇧`+`Strg`+`E`
Verdecken	`Alt`+`H`

NURBS	
2D-Auswahl sperren	[ ]
Abhängige Objekte anzeigen	[Strg]+[D]
Auf CVs beschränkte Normalenbewegung	[Alt]+[N]
Auf CVs beschränkte U-Bewegung	[Alt]+[U]
Auf CVs beschränkte V-Bewegung	[Alt]+[V]
Flächen anzeigen	[⇧]+[Strg]+[S]
Gitter anzeigen	[Strg]+[L]
Kurven anzeigen	[⇧]+[Strg]+[C]
Nächstes in U auswählen	[Strg]+[→]
Nächstes in V auswählen	[Strg]+[↑]
Palette anzeigen	[Strg]+[T]
Reduktion beim Transformieren	[Strg]+[X]
Schattiertes Gitter anzeigen	[Alt]+[L]
Stutzung anzeigen	[⇧]+[Strg]+[T]
Tesselations-Voreinstellung 1 festlegen	[Alt]+[1]
Tesselations-Voreinstellung 2 festlegen	[Alt]+[2]
Tesselations-Voreinstellung 3 festlegen	[Alt]+[3]
Unterobjekt lokal nach Namen auswählen	[Strg]+[H]
Unterobjekt nach Namen auswählen	[H]
Vorheriges in U auswählen	[Strg]+[←]
Vorheriges in V auswählen	[Strg]+[↓]
Weiche Auswahl	[Strg]+[S]
Zur Flächen-CV-Ebene wechseln	[Alt]+[⇧]+[V]
Zur Flächenebene wechseln	[Alt]+[⇧]+[S]
Zur Importebene wechseln	[Alt]+[⇧]+[I]
Zur Kurven-CV-Ebene wechseln	[Alt]+[⇧]+[Z]
Zur Kurvenebene wechseln	[Alt]+[⇧]+[C]
Zur obersten Ebene wechseln	[Alt]+[⇧]+[T]
Zur Punktebene wechseln	[Alt]+[⇧]+[P]

FFD	
Zur Gitterebene wechseln	[Alt]+[⇧]+[L]
Zur obersten Ebene wechseln	[Alt]+[⇧]+[T]
Zur Steuerpunktebene wechseln	[Alt]+[⇧]+[C]
Zur Volumeneinstellungsebene wechseln	[Alt]+[⇧]+[S]

Normalen bearbeiten	
Eindeutig machen	E
Flächenebene	Strg + 4
Kantenebene	Strg + 3
Normale einfügen	Strg + V
Normale kopieren	Strg + C
Normalen angeben	S
Normalen brechen	B
Normalen gleichrichten	U
Normalen zurücksetzen	R
Normalenstärke	Strg + 1
Objektebene	Strg + 0
Scheitelpunktebene	Strg + 2

UVW zuweisen	
Auf Gizmo zoomen	⇧ + ▢
Ausgewählte Fläche filtern	Alt + F
Ausgewählte Scheitelpunkte brechen	Strg + B
Ausgewählte Scheitelpunkte sperren	▢
Auswahl aus Flächen abrufen	Alt + ⇧ + Strg + P
Auswahl einfrieren	Strg + F
Auswahl verdecken	Strg + H
Flächenauswahl aus Stapel abrufen	Alt + ⇧ + Strg + F
Horizontal spiegeln	Alt + ⇧ + Strg + N
Horizontal verschieben	Alt + ⇧ + Strg + J
Kantenscheitelpunkte loslösen	D , Strg + D
Map aktualisieren	Strg + U
Modus TEXTURSCHEITELPUNKT DREHEN	Strg + R
Modus TEXTURSCHEITELPUNKT VERSCHIEBEN	Q
Objektfang	Strg + S
Optionen für Zuweisungsansicht	Strg + 0
Pan	Strg + P
Planar-Map Flächen/Patches	Enter
Texturscheitelpunkt – Auswahl expandieren	Ziffernblock +
Texturscheitelpunkt – Auswahl kontrahieren	Ziffernblock −
Texturscheitelpunkt – Auswahl verschweißen	Strg + W
Texturscheitelpunkt – Ziel verschweißen	Strg + T

UVW zuweisen	
UVW laden	`Alt`+`⇧`+`Strg`+`L`
UVWs bearbeiten	`Strg`+`E`
Vertikal spiegeln	`Alt`+`⇧`+`Strg`+`M`
Vertikal verschieben	`Alt`+`⇧`+`Strg`+`K`
Zoom Bereich	`Strg`+`X`
Zoom Grenzen	`X`
Zoom Grenzen: Ausgewählte	`Alt`+`Strg`+`Z`
Zoom	`Z`

Crowd	
Lösen	`S`
Schrittweise lösen	`T`

Biped	
Ausgewählte Keys sperren (ein/aus)	`Alt`+`Strg`+`L`
Beinstatus ändern	`Alt`+`Strg`+`S`
Bereich festlegen	`Alt`+`R`
Biped abspielen	`V`
Diagramme reparieren	`Alt`+`Strg`+`F`
Haltung einfügen	`Alt`+`V`
Haltung gegenüber einfügen	`Alt`+`B`
Haltung kopieren	`Alt`+`C`
Key festlegen	`0`
SA: Gesamten Schritt auswählen	`Alt`+`S`
SA: Schrittbeginn auswählen	`Alt`+`A`
SA: Schrittende auswählen	`Alt`+`D`
Skalierung in Transformation (ein/aus)	`Alt`+`Strg`+`E`

Reaktor	
Bearbeitungszustand ein/aus	`Alt`+`Strg`+`S`, `E`
Maximaleinfluss einstellen	`Strg`+`I`
Minimaleinfluss einstellen	`Alt`+`I`
Reaktion erstellen	`Alt`+`Strg`+`C`, `C`

Reaktor	
Reaktion löschen	`Alt`+`Strg`+`D`, `D`
Reaktionswert festlegen	`Alt`+`Strg`+`V`, `S`

ActiveShade (Scanline)	
Aktualisieren	`U`
Initialisieren	`P`

ToneOperatorAndRadiosityActionTable	
Palette ERWEITERTE BELEUCHTUNG	`9`

Makroscripts	
Ausblenden (Poly)	`Alt`+`Strg`+`C`
Ausschneiden (Poly)	`Alt`+`C`
Auswahl isolieren	`Alt`+`Q`
Fläche extrudieren (Poly)	`Alt`+`E`
In Textur rendern ...	`0`
Intelligente Auswahl	`Q`
Intelligente Skalierung	`R`
MeshSmooth (Poly)	`Strg`+`M`
Polygonzähler	`7`
Unterobjektebene 1	`1`
Unterobjektebene 2	`2`
Unterobjektebene 3	`3`
Unterobjektebene 4	`4`
Unterobjektebene 5	`5`
Verschließen (Poly)	`Alt`+`P`

F Übersetzungstabelle für die englische Demoversion

Die 3ds max 6-Demoversion auf der DVD im Buch ist nur in englischer Sprache verfügbar. Im Buch verwenden wir die Begriffe aus der deutschen Vollversion. Alle wichtigen Menüpunkte sind in den folgenden Tabellen übersetzt.

Auf der DVD finden Sie im Verzeichnis \DVDROM\buch\tabelle *eine vollständige Übersetzungstabelle aller Begriffe in 3ds max 6 von Deutsch nach Englisch und umgekehrt.*

F.1.1 Menüs im 3ds max 6 Hauptfenster

Datei	File
Neu	New
Zurücksetzen	Reset
Öffnen	Open
Zuletzt bearbeitete Dateien öffnen	Open Recent
Speichern	Save
Speichern unter	Save As
Kopie speichern unter	Save Copy As
Auswahl speichern	Save Selected
XRef-Objekte	XRef Objects
Xref-Szene	Xref Scene
Einfügen	Merge
Animation einfügen	Merge Animation
Ersetzen	Replace
Importieren	Import
Exportieren	Export
Auswahl exportieren	Export Selected
Archiv	Archive
- Resource Collector	- Ressourcensammlung
- Map-/Fotometrie-Pfadeditor	- Map/Photometric Path Editor
Übersicht	Summary Info
Datei-Eigenschaften	File Properties
Bilddatei ansehen	View Image File
Beenden	Exit

Bearbeiten	Edit
Rückgängig	Undo
Wiederherstellen	Redo
Zwischenspeichern	Hold
Zwischenversion wiederherstellen	Fetch
Löschen	Delete
Klonen	Clone
Alles auswählen	Select All
Nichts auswählen	Select None
Auswahl invertieren	Select Invert
Auswählen nach	Select By
- Farbe	- Color
- Name	- Name
- Rechteckiger Bereich	- Rectangular Region
- Runder Bereich	- Circular Region
- Freihandbereich	- Fence Region
- Lassobereich	- Lasso Region
Bereich	Region
- Fenster	- Window
- Kreuzen	- Crossing
Benannte Auswahlsätze bearbeiten	Edit Named Selection Sets
Objekteigenschaften	Object Properties

Extras	Tools
Transformation eingeben	Transform Type-In
Auswahl-Übersicht	Selection Floater
Anzeigeeinstellungen	Display Floater
Layer-Manager	Layer Manager
Lichtliste	Light Lister
Spiegeln	Mirror
Anordnung	Array
Ausrichten	Align
Momentaufnahme	Snapshot
Abstand-Hilfsmittel	Spacing Tool
Normalen ausrichten	Normal Align
Kamera ausrichten	Align Camera
An Ansicht ausrichten	Align to View

Extras	Tools
Glanzpunkt platzieren	Place Highlight
Auswahl isolieren	Isolate Selection
Objekte umbenennen	Rename Objects
Scheitelpunktfarben zuweisen	Assign Vertex Colors
Farbzwischenablage	Color Clipboard
Kamera-Anpassung	Camera Match
Ansichtsfenster erfassen	Grab Viewport
Entfernung messen	Measure Distance
Kanalinfo	Channel Info

Gruppieren	Group
Gruppieren	Group
Gruppierung aufheben	Ungroup
Öffnen	Open
Schließen	Close
Anhängen	Attach
Loslösen	Detach
Auflösen	Explode
Baugruppe	Assembly
- Baugruppe erstellen	- Assemble
- Baugruppe auflösen	- Disassemble
- Öffnen	- Open
- Schließen	- Close
- Anhängen	- Attach
- Loslösen	- Detach
- Auflösen	- Explode

Ansichten	Views
Ansichtswechsel rückgängig	Undo View Change
Ansichtswechsel wiederherstellen	Redo View Change
Aktive Ansicht speichern	Save Active View
Aktive Ansicht wiederherstellen	Restore Active View
Raster	Grids
- Grundraster zeigen	- Show Home Grid

Ansichten	Views
- Grundraster aktivieren	- Activate Home Grid
- Rasterobjekt aktivieren	- Activate Grid Object
- Raster an Ansicht ausrichten	- Align Grid to View
Ansichtsfenster-Hintergrund	Viewport Background
Hintergrundbild aktualisieren	Update Background Image
Hintergrundtransformation zurücksetzen	Reset Background Transform
Transformations-Gizmo zeigen	Show Transform Gizmo
Ghost-Bilder zeigen	Show Ghosting
Key-Zeiten zeigen	Show Key Times
Auswahl schattieren	Shade Selected
Abhängigkeiten zeigen	Show Dependencies
Kamera aus Ansicht erstellen	Create Camera From View
Der Szene Vorgabelichter hinzufügen	Add Default Lights to Scene
Alle Ansichten neu zeichnen	Redraw All Views
Alle Maps aktivieren	Activate All Maps
Alle Maps deaktivieren	Deactivate All Maps
Beim Ziehen des Zahlenauswahlfelds aktualisieren	Update During Spinner Drag
Adaptive Reduktion ein/aus	Adaptive Degradation Toggle
Expertenmodus	Expert Mode

Erstellen	Create
Standard-Grundkörper	Standard Primitives
- Ebene	- Plane
- Quader	- Box
- Kegel	- Cone
- Kugel	- Sphere
- Geosphäre	- GeoSphere
- Zylinder	- Cylinder
- Rohr	- Tube
- Torus	- Torus
- Pyramide	- Pyramid
- Teekanne	- Teapot
Erweiterte Grundkörper	Extended Primitives
- Hedra	- Hedra
- Torusknoten	- Torus Knot

Erstellen	Create
- Abgekanteter Quader	- Chamfer Box
- Abgekanteter Zylinder	- Chamfer Cylinder
- Öltank	- Oil Tank
- Kapsel	- Capsule
- Spindel	- Spindle
- L-Extrusion	- L-Extrusion
- C-Extrusion	- C-Extrusion
- Ringwelle	- RingWave
- Schlauch	- Hose
- Prisma	- Prism
AEC-Objekte	AEC Objects
- Pflanzen	- Foilage
- Zaun	- Railing
- Mauer	- Wall
- Gelände	- Terrain
- Drehflügeltür	- Pivot Door
- Schiebetür	- Sliding Door
- Falttür	- BiFold Door
- Gerade Treppe	- Straight Stair
- L-Treppe	- L-Type Stair
- U-Treppe	- U-Type Stair
- Wendeltreppe	- Spiral Stair
- Kippfenster	- Awning Window
- Rahmenfenster	- Casement Window
- Festverglast	- Fixed Window
- Schwenkfenster	- Pivoted Window
- Schiebefenster	- Sliding Window
- Dreiteilig	- Projected Window
Zusammengesetzte Objekte	Compound
- Morphen	- Morph
- Streuen	- Scatter
- Angleichen	- Conform
- Verbinden	- Connect
- Blob-Netz	- BlobMesh
- KonturEinfügen	- ShapeMerge
- Boolesch	- Boolean
- Gelände	- Terrain

Erstellen	Create
- Loft-Extrusion	- Loft
- Netzumwandler	- Mesher
Partikel	Particles
- Partikelflussquelle	- Particle Flow Source
- Gischt	- Spray
- Schnee	- Snow
- Schneesturm	- Blizzard
- PAnordnung	- PArray
- PWolke	- Pcloud
- Supergischt	- Super Spray
Patchraster	Patch Grids
- Quad-Patch	- Quad Patch
- Tri-Patch	- Tri Patch
NURBS	NURBS
- CV-Oberfläche	- CV Surface
- Punktoberfläche	- Point Surface
- CV-Kurve	- CV Curve
- Punktkurve	- Point Curve
Dynamik	Dynamics
- Dämpfer	- Damper
- Feder	- Spring
Konturen	Shapes
- Linie	- Line
- Rechteck	- Rectangle
- Querschnitt	- Section
- Bogen	- Arc
- Kreis	- Circle
- Ring	- Donut
- Ellipse	- Ellipse
- Helix	- Helix
- Vieleck	- Ngon
- Stern	- Star
- Text	- Text
Lichtquellen	Lights
- Standardlichtquellen	- Standard Lights
-- Ziel-Spotlicht	-- Target Spotlight
-- Freies Spotlicht	-- Free Spotlight

Erstellen	Create
-- Zielrichtungslicht	-- Target Directional
-- Gerichtet	-- Directional
-- Omnilicht	-- Omni
-- Himmelslicht	-- Skylight
-- mr-Flächenspot	-- mr Area Spot
-- mr-Flächenomni	-- mr Area Omni
- Photometrische Lichtquellen	- Photometric Lights
-- Ziel Punkt	-- Target Point
-- Frei Punkt	-- Free Point
-- Ziel Linear	-- Target Linear
-- Frei Linear	-- Free Linear
-- Frei Fläche	-- Free Area
-- Ziel Fläche	-- Target Area
-- Voreinstellungen	-- Presets
--- 60W-Glühlampe	-- 60W Bulb
--- 75W-Glühlampe	--- 75W Bulb
--- 100W-Glühlampe	--- 100W Bulb
--- Halogen-Spotlicht	--- Halogen Spotlight
--- 75W-Einbaulampe (Netz)	--- Recessed 75W Lamp (web)
--- 75W-Einbauankerplatte (Netz)	--- Recessed 75W Wallwash (web)
--- 250W-Einbauankerplatte (Netz)	--- Recessed 250W Wallwash (web)
--- 4-Fuß-Leuchtstoff-Hängelampe (Netz)	--- 4ft Pendant Fluorescent (web)
--- 4-Fuß-Leuchtstoff-Deckenkehlungs-lampe (Netz)	--- 4ft Cove Fluorescent (web)
--- 400W-Straßenlampe (Netz)	--- Street 400W Lamp (web)
--- 1000W-Stadionlampe (Netz)	--- Stadium 1000W Lamp (web)
- Tageslichtsystem	- Daylight System
Kameras	Cameras
- Freie Kamera	- Free Camera
- Zielkamera	- Target Camera
- Kamera aus Ansicht erstellen	- Create Camera From View
Helfer	Helpers
- Dummy	- Dummy
- Punkt	- Point
- Raster	- Grid
- Band	- Tape Measure
- Winkelmesser	- Protractor
- Kompass	- Compass

Erstellen	Create
- Kamerapunkt	- Camera Point
- Atmosphäre	- Atmospherics
-- Quader-Gizmo	-- Box Gizmo
-- Zylinder Gizmo	-- Cylinder Gizmo
-- Kugel-Gizmo	-- Sphere Gizmo
- Manipulatoren	- Manipulators
-- Schieberegler	-- Slider
-- Ebenenwinkel	-- Plane Angle
-- Kegelwinkel	-- Cone Angle
- Partikelfluss	- Particle Flow
-- Geschwindigkeit nach Symbol	-- Speed by Icon
-- Ziel suchen	-- Find Target
- VRML 97	- VRML 97
-- Anchor	-- Anchor
-- Audio Clip	-- Audio Clip
-- Background	-- Background
-- Billboard	-- Billboard
-- Fog	-- Fog
-- Inline	-- Inline
-- LOD	-- LOD
-- NavInfo	-- NavInfo
-- ProxSensor	-- ProxSensor
-- Sound	-- Sound
-- TimeSensor	-- TimeSensor
-- TouchSensor	-- TouchSensor
SpaceWarps	SpaceWarps
- Kräfte	- Forces
-- Motor	-- Motor
-- Drücken	-- Push
-- Widerstand	-- Drag
-- Wirbel	-- Vortex
-- Pfad folgen	-- Path Follow
-- PBombe	-- Pbomb
-- 3D-Versch.	-- Displace
-- Schwerkraft	-- Gravity
-- Wind	-- Wind
- Deflektoren	- Deflectors

Erstellen	Create
-- PDynaFlect	-- PDynaFlect
-- POmniFlect	-- POmniFlect
-- SDynaFlect	-- SDynaFlect
-- SOmniFlect	-- SOmniFlect
-- SDeflektor	-- SDeflector
-- UDynaFlect	-- UDynaFlect
-- UOmniFlect	-- UOmniFlect
-- UDeflektor	-- UDeflector
-- Deflektor	-- Deflector
- Geometrisch/Verformbar	- Geometric/Deformable
-- FFD(Quad)	-- FFD(Box)
-- FFD(Zyl)	-- FFD(Cyl)
-- Welle	-- Wave
-- Zentr. Welle	-- Ripple
-- 3D-Versch.	-- Displace
-- Angleichen	-- Conform
-- Bombe	-- Bomb
- Auf Modifikator basierend	- Modifier-Based
-- Biegen	-- Bend
-- Rauschen	-- Noise
-- Schrägstellen	-- Skew
-- Verjüngen	-- Taper
-- Verdrehung	-- Twist
-- Dehnen	-- Stretch
Systeme	Systems
- Bones-IK-Kette	- Bones IK Chain
- Tageslichtsystem	- Daylight System

Modifikatoren	Modifiers
Auswahl-Modifikatoren	Selection Modifiers
- Netz auswählen	- Mesh Select
- Poly-Auswahl	- Poly Select
- Patch-Auswahl	- Patch Select
- Spline auswählen	- Spline Select
- Volumenauswahl	- Volume Select
- FFD auswählen	- FFD Select

Modifikatoren	Modifiers
- Nach Kanal auswählen	- Select By Channel
Patch/Spline bearbeiten	Patch/Spline Editing
- Patch bearbeiten	- Edit Patch
- Spline bearbeiten	- Edit Spline
- Querschnitt	- Cross Section
- Oberfläche	- Surface
- Patch löschen	- Delete Patch
- Spline löschen	- Delete Spline
- Drehverfahren	- Lathe
- Spline normalisieren	- Normalize Spline
- Abrunden/Abkanten	- Fillet/Chamfer
- Stutzen/Verlängern	- Trim/Extend
Netz bearbeiten	Mesh Editing
- Löcher verschließen	- Cap Holes
- Netz löschen	- Delete Mesh
- Netz bearbeiten	- Edit Mesh
- Normalen bearbeiten	- Edit Normals
- Extrudieren	- Extrude
- Fläche extrudieren	- Face Extrude
- MultiRes	- MultiRes
- Modifikator »Normale«	- Normal Modifier
- Optimieren	- Optimize
- Glatt	- Smooth
- STL-Überprüfung	- STL Check
- Symmetrie	- Symmetry
- Facettieren	- Tesselate
- Scheitelpunkt übertragen	- Vertex Paint
- Scheitelpunkt verschweißen	- Vertex Weld
Konvertierung	Conversion
- In Netz umw.	- Turn To Mesh
- In Patch umw.	- Turn To Patch
- In Poly umw.	- Turn To Poly
Animations-Modifikatoren	Animation Modifiers
- Haut	- Skin
- Morpher	- Morpher
- Beugen	- Flex
- Schmelzen	- Melt

Modifikatoren	Modifiers
- Verknüpftes XForm	- Linked Xform
- Patch-Verformung	- Patch Deform
- Patch-Verformung (WKM)	- Patch Deform (WSM)
- Pfadverformung	- Path Deform
- Pfadverformung (WKM)	- Path Deform (WSM)
- Oberflächenverformung	- Surf Deform
- Oberflächenverformung (WKM)	- Surf Deform (WSM)
- Spline-IK-Steuerung	- SplineIk Control
UV-Koordinaten	UV Coordinates
- UVW-Map	- UVW Map
- UVW-Mapping hinzufügen	- UVW Mapping Add
- UVW-Mapping löschen	- UVW Mapping Clear
- UVW transform.	- UVW XForm
- Map-Skalierung (WKM)	- MapScaler (WSM)
- UVW zuweisen	- Unwrap UVW
- Kamera-Map (WKM)	- Camera Map (WSM)
- Kamera-Map	- Camera Map
Cache-Hilfsmittel	Cache Tools
- Punkt Cache	- Point Cache
- Punkt Cache (WKM)	- Point Cache (WSM)
Unterteilungsoberflächen	Subdivision Surfaces
- MeshSmooth	- MeshSmooth
- Modifikator HSDS	- HSDS Modifier
Freiform-Verformungen	Free Form Deformers
- FFD 2x2x2	- FFD 2x2x2
- FFD 3x3x3	- FFD 3x3x3
- FFD 4x4x4	- FFD 4x4x4
- FFD Quader	- FFD Box
- FFD Zylinder	- FFD Cylinder
Parameterverformung	Parametric Deformers
- Biegen	- Bend
- Verjüngen	- Taper
- Verdrehung	- Twist
- Rauschen	- Noise
- Dehnen	- Stretch
- Komprimieren	- Squeeze
- Drücken	- Push

Modifikatoren	Modifiers
- Entspannen	- Relax
- Zentrische Welle	- Ripple
- Welle	- Wave
- Schrägstellen	- Skew
- Schnitt	- Slice
- Hülle	- Shell
- Kugelform	- Spherify
- Bereich beeinflussen	- Affect Region
- Gitter	- Lattice
- Spiegeln	- Mirror
- 3D-Verschiebung	- Displace
- XForm	- XForm
- Beibehalten	- Preserve
Oberfläche	Surface
- Material	- Material
- Material nach Element	- Material By Element
- 3D-Verschiebungsannäherung	- Disp Approx
- Netz-3D-Verschiebung (WKM)	- Displace Mesh (WSM)
NURBS bearbeiten	NURBS Editing
- Oberfläche auswählen	- Surface Select
- Oberflächenverformung	- Surf Deform
- 3D-Verschiebungsannäherung	- Disp Approx
Radiosity-Modifikatoren	Radiosity Modifiers
- Unterteilen (WKM)	- Subdivide (WSM)
- Unterteilen	- Subdivide
Kameras	Cameras
- Kamerakorrektur	- Camera Correction

Figur	Character
Figur erstellen	Create Character
Figur auflösen	Destroy Character
Sperren	Lock
Freigeben	Unlock
Figur einfügen	Insert Character
Figur speichern	Save Character
Bone-Hilfsmittel	Bone Tools

Figur	Character
Ausgangspose festlegen	Set Skin Pose
Ausgangspose annehmen	Assume Skin Pose
Ausgangsposenmodus	Skin Pose Mode

reactor	reactor
Objekt erstellen	Create Object
- Sammlung steifer Körper	- Rigid Body Collection
- Gewebesammlung	- Cloth Collection
- Weichkörpersammlung	- Soft Body Collection
- Seilsammlung	- Rope Collection
- Deformationsnetzsammlung	- Deforming Mesh Collection
- Feder	- Spring
- Ebene	- Plane
- Linearer Dämpfer	- Linear Dashpot
- Winkeldämpfer	- Angular Dashpot
- Motor	- Motor
- Wind	- Wind
- Spielzeugauto	- Toy Car
- Bruch	- Fracture
- Water	- Water
- Beschränkungsberechnung	- Constraint Solver
- Marionettenbeschränkung	- Rag Doll Constraint
- Gelenkbeschränkung	- Hinge Constraint
- Punkt-zu-Punkt-Beschränkung	- Point-Point Constraint
- Prismatische Beschränkung	- Prismatic Constraint
- Radbeschränkung	- Car-Wheel Constraint
- Punkt-zu-Pfad-Beschränkung	- Point-Path Constraint
Modifikator anwenden	Apply Modifier
- Gewebemodifikator	- Cloth Modifier
- Weichkörpermodifikator anwenden	- Soft Body Modifier
- Seilmodifikator	- Rope Modifier
Eigenschafteneditor öffnen	Open Property Editor
Dienstprogramme	Utilities
- Welt analysieren	- Analyse World
- Konvexitätstest	- Convexity Test
- Gespeicherte Kollisionen anzeigen	- View Stored Collisions

reactor	reactor
- Keys reduzieren (Auswahl)	- Reduce Keys (Selection)
- Keys reduzieren (Alle)	- Reduce Keys (All)
- Keys löschen (Auswahl)	- Delete Keys (Selection)
- Keys löschen (Alle)	- Delete Keys (All)
Animationsvorschau	Preview Animation
Animation erstellen	Create Animation
About reactor	About reactor

Animation	Animation
IK-Berechnung	IK Solvers
- VU-Berechnung	- HI Solver
- VA-Berechnung	- HD Solver
- IK-Gliedberechnung	- IK Limb Solver
- Spline IK-Berechnung	- SplineIK Solver
Beschränkungen	Constraints
- Anhängebeschränkung	- Attachment Constraint
- Oberflächenbeschränkung	- Surface Constraint
- Pfadbeschränkung	- Path Constraint
- Positionsbeschränkung	- Position Constraint
- Verknüpfungsbeschränkung	- Link Constraint
- Ansehen-Beschränkung	- LookAt Constraint
- Ausrichtungsbeschränkung	- Orientation Constraint
Transformations-Controller	Transform Controllers
- Verknüpfungsbeschränkung	- Link Constraint
- Position/Rotation/Skalierung	- Position/Rotation/Scale
- Skript	- Script
Positions-Controller	Position Controller
- Audio	- Audio
- Bezier	- Bezier
- Ausdruck	- Expression
- Linear	- Linear
- Motion Capture	- Motion Capture
- Rauschen	- Noise
- Quaternion (TCB)	- Quaternion (TCB)

Animation	Animation
- Reaktor	- Reactor
- Feder	- Spring
- Skript	- Script
- X Y Z	- X Y Z
- Anhängebeschränkung	- Attachment Constraint
- Pfadbeschränkung	- Path Constraint
- Positionsbeschränkung	- Position Constraint
- Oberflächenbeschränkung	- Surface Constraint
Rotations-Controller	Rotation Controllers
- Audio	- Audio
- Euler X Y Z	- Euler X Y Z
- Linear	- Linear
- Motion Capture	- Motion Capture
- Rauschen	- Noise
- Quaternion (TCB)	- Quaternion (TCB)
- Reaktor	- Reactor
- Skript	- Script
- Glatt	- Smooth
- Ansehen-Beschränkung	- LookAt Constraint
- Ausrichtungsbeschränkung	- Orientation Constraint
Skalierungs-Controller	Scale Controllers
- Audio	- Audio
- Bezier	- Bezier
- Ausdruck	- Expression
- Linear	- Linear
- Motion Capture	- Motion Capture
- Rauschen	- Noise
- Quaternion (TCB)	- Quaternion (TCB)
- Reaktor	- Reactor
- Skript	- Script
- X Y Z	- X Y Z
Benutzerdefiniertes Attribut hinzufügen	Add Custom Attribute
Vernetzungsparameter	Wire Parameters
- Vernetzungsparameter	- Wire Parameters
- Dialogfeld »Parametervernetzung«	- Parameter Wire Dialog
Vorschau erstellen	Make Preview
Vorschau ansehen	View Preview
Vorschau umbenennen	Rename Preview

Diagramm-Editoren	Graph Editors
Spuransicht – Kurveneditor	Track View – Curve Editor
Spuransicht – Dope Sheet	Track View – Dope Sheet
Neue Spuransicht	New Track View
Spuransicht löschen	Delete Track View
Gespeicherte Spuransichten	Saved Track Views
Neue Schematische Ansicht	New Schematic View
Schematische Ansicht löschen	Delete Schematic View
Gespeicherte Schematische Ansichten	Saved Schematic Views
Partikelansicht	Particle View

Rendern	Rendering
Rendern	Render
Umgebung	Environment
Effekte	Effects
Erweiterte Beleuchtung	Advanced Lighting
- Licht-Tracer	- Light Tracer
- Radiosity	- Radiosity
- Belichtungssteuerung	- Exposure Control
- Beleuchtungsanalyse	- Lighting Analysis
In Textur rendern	Render to Texture
Raytracer-Einstellungen	Raytracer Settings
Raytrace: Global einschließen/ ausschließen	Raytrace Global Include/Exclude
mental ray-Meldungsfenster	mental ray Message Window
ActiveShade-Übersicht	ActiveShade Floater
ActiveShade-Ansichtsfenster	ActiveShade Viewport
Material-Editor	Material Editor
Material-/Map-Übersicht	Material/Map Browser
Video-Nachbearbeitung	Video Post
Letzte Renderaufnahme zeigen	Show Last Rendering
Panorama-Exportmodul	Panorama Exporter
Druckgrößen-Assistent	Print Size Wizard
RAM-Player	RAM Player

Anpassen	Customize
Benutzeroberfläche anpassen	Customize User Interface
Benutzerdefiniertes UI-Schema laden	Load Custom UI Scheme
Benutzerdefiniertes UI-Schema speichern	Save Custom UI Scheme
Start-UI-Layout wiederherstellen	Revert to Startup Layout
Umschalter zwischen Benutzer- und Standard-UI	Custom UI and Defaults Switcher
UI anzeigen	Show UI
- Befehlspalette anzeigen	- Show Command Panel
- Verschiebbare Symbolleisten anzeigen	- Show Floating Toolbars
- Hauptsymbolleiste anzeigen	- Show Main Toolbar
- Spurleiste anzeigen	- Show Track Bar
UI-Layout sperren	Lock UI Layout
Pfade konfigurieren	Configure Paths
Einheiten einrichten	Units Setup
Raster und Objektfang einrichten	Grid and Snap Settings
Ansichtsfenster konfigurieren	Viewport Configuration
Plug-In-Manager	Plug-in Manager
Einstellungen	Preferences

MAXScript	MAXScript
Neues Skript	New Script
Skript öffnen	Open Script
Skript ausführen	Run Script
MAXScript-Aufzeichnung	MAXScript Listener
Makroaufzeichnung	Macro Recorder
Visual MAXScript-Editor	Visual MAXScript Editor

Hilfe	Help
Neue Funktionen	New Features Guide
Benutzerreferenz	User Reference
MAXScript-Referenz	MAXScript Reference
Lehrgänge	Tutorials
Tastaturbelegung	HotKey Map
Weitere Hilfe	Additional Help
3ds max im Internet	3ds max on the Web

Hilfe	Help
- Online-Support	- Online Support
- Updates	- Updates
- Ressourcen	- Resources
- Partner	- Partners
3ds max autorisieren	Authorize 3ds max
Info über 3ds max	About 3ds max

F.1.2   Modifikatoren

Auswahl-Modifikatoren	Selection Modifiers
Netz auswählen	Mesh Select
Poly-Auswahl	Poly Select
Patch-Auswahl	Patch Select
Spline auswählen	Spline Select
Volumenauswahl	Volume Select

Weltmodifikatoren	World-Space Modifiers
Kamera-Map (WKM)	Camera Map (WSM)
Map-Skalierung (WKM)	MapScaler (WSM)
Netz-3D-Verschiebung (WKM)	Displace Mesh (WSM)
Oberflächenverformung (WKM)	Surf Deform (WSM)
Oberflächen-Mapper (WKM)	Surface Mapper (WSM)
Patch-Verformung (WKM)	Patch Deform (WSM)
Pfadverformung (WKM)	Path Deform (WSM)
Punkt Cache (WKM)	Point Cache (WSM)
Unterteilen (WKM)	Subdivide (WSM)

Objektraummodifikatoren	Object-Space Modifiers
3D-Verschiebung	Displace
3D-Verschiebungsannäherung	Disp Approx
Beibehalten	Preserve
Bereich beeinflussen	Affect Region

Objektraummodifikatoren	Object-Space Modifiers
Beugen	Flex
Biegen	Bend
Dehnen	Stretch
Drehverfahren	Lathe
Drücken	Push
Entspannen	Relax
Extrudieren	Extrude
Facettieren	Tesselate
FFD 2x2x2	FFD 2x2x2
FFD 3x3x3	FFD 3x3x3
FFD 4x4x4	FFD 4x4x4
FFD Quader	FFD Box
FFD Zylinder	FFD Cylinder
Fläche extrudieren	Face Extrude
Gitter	Lattice
Glatt	Smooth
Haut	Skin
HSDS	HSDS
Hülle	Shell
In Netz umw.	Turn To Mesh
In Patch umw.	Turn To Patch
In Poly umw.	Turn To Poly
Kamera-Map	Camera Map
Komprimieren	Squeeze
Kugelform	Spherify
Löcher verschließen	Cap Holes
Map-Skalierung	MapScaler
Material	Material
Material nach Element	Material By Element
MeshSmooth	MeshSmooth
Morpher	Morpher
MultiRes	MultiRes
Nach Kanal auswählen	Select by Channel
Netz auswählen	Mesh Select
Netz bearbeiten	Edit Mesh
Netz löschen	Delete Mesh
Normale	Normal
Normalen bearbeiten	Edit Normals

Objektraummodifikatoren	Object-Space Modifiers
NURBS bearbeiten	NURBS Editing
Oberfläche auswählen	Surface Select
Oberflächenverformung	Surf Deform
Optimieren	Optimize
Parameterverformung	Parametric Deformers
Patch bearbeiten	Edit Patch
Patch löschen	Delete Patch
Patch-Auswahl	Patch Select
Patch-Verformung	Patch Deform
Pfadverformung	Path Deform
Physique	Physique
Poly-Auswahl	Poly Select
Punkt Cache	Point Cache
Rauschen	Noise
reactor Cloth	reactor Cloth
reactor SoftBody	reactor SoftBody
Scheitelpunkt übertragen	Vertex Paint
Scheitelpunkt verschweißen	Vertex Weld
Schmelzen	Melt
Schnitt	Slice
Schrägstellen	Skew
Spiegeln	Mirror
Spline bearbeiten	Edit Spline
Spline löschen	Delete Spline
Spline normalisieren	Normalize Spline
Spline-IK-Steuerung	SplineIk Control
STL-Überprüfung	STL Check
Stutzen/Verlängern	Trim/Extend
Symmetrie	Symmetry
Unterteilen	Subdivide
UVW transform.	UVW XForm
UVW zuweisen	Unwrap UVW
UVW-Map	UVW Map
UVW-Mapping hinzufügen	UVW Mapping Add
UVW-Mapping löschen	UVW Mapping Clear
Verdrehung	Twist
Verjüngen	Taper

Objektraummodifikatoren	Object-Space Modifiers
Verkn. XForm	Linked XForm
Volumenauswahl	Vol. Select
Welle	Wave
XForm	XForm
Zentrische Welle	Ripple

F.1.3 Dienstprogramme

Standard	Standard
Medien-Browser	Asset Browser
Kamera-Anpassung	Camera Match
Ausblenden	Collapse
Farbzwischenablage	Color Clipboard
Messen	Measure
Motion Capture	Motion Capture
Transformation zurücksetzen	Reset XForm
MAXScript	MAXScript
reactor	reactor

Weitere	More
Beleuchtungsdatenexport	Lighting Data Export
Bitmap-/Fotometriepfade	Bitmap/Photometric Paths
COM/DCOM-Server-Steuerung	COM/DCOM Server Control
Detailgenauigkeit	Level of Detail
Doppelte Maps in Instanzen umwandeln	Instance Duplicate Maps
Dynamik	Dynamics
Folgen/Neigen	Follow/Bank
Hauthilfsprogramme	SkinUtilities
IFL-Manager	IFL Manager
Kameraverfolgung	Camera Tracker
Kanalinfo	Channel Info
Kontur-Überprüfung	Shape Check
Lightscape-Materialien	Lightscape Materials
Mausbewegungen	Strokes
MAX-Dateisuche	MAX File Finder

Weitere	More
Multimaterial bereinigen	Clean MultiMaterial
Oberflächenannäherung	Surface Approximation
Panorama-Exportmodul	Panorama Exporter
Polygonzähler	Polygon Counter
Ressourcensammlung	Resource Collector
Scheitelpunktfarben zuweisen	Assign Vertex Colors
Standardmaterialien angleichen	Fix Ambient
UVW entfernen	UVW Remove
Verknpfgsvererbung (Auswahl)	Link Inheritance (Selected)
Visual MAXScript	Visual MAXScript
Welteinheiten neu skalieren	Rescale World Units
XML-Material-Exportprogramm	Material XML Exporter

F.1.4   Materialien und Maps

Material-Typen	
Architektur	Architectural
Cartoon	Ink 'n Paint
Doppelseitig	Double Sided
Erweiterte Beleuchtung übergehen	Advanced Lighting Override
Hüllenmaterial	Shell Material
Lightscape Mtl	Lightscape Mtl
Mattheit/Schatten	Matte/Shadow
Morpher	Morpher
Multi-/Unterobjekt	Multi/Sub-Object
Oben/Unten	Top/Bottom
Raytrace	Raytrace
Shellac	Shellac
Standard	Standard
Verschmelzen	Blend
Zusammensetzen	Composite

Map-Typen	
Ausgabe	Output
Bitmap	Bitmap
Combustion	Combustion
Falloff	Falloff
Flat Mirror	Flat Mirror
Flecken	Speckle
Holz	Wood
Kacheln	Tiles
Kerbe	Dent
Marmor	Marble
Maske	Mask
Mischen	Mix
Partikel-Bewegungsunschärfe	Particle MBlur
Partikelalter	Particle Age
Perlinmarmor	Perlin Marble
Planet	Planet
Rauch	Smoke
Rauschen	Noise
Raytrace	Raytrace
Reflexion/Refraktion	Reflect/Refract
Refraktion für dünne Wand	Thin Wall Refraction
RGB multiplizieren	RGB Multiply
RGB-Tönung	RGB Tint
Schachbrett	Checker
Scheitelpunktfarbe	Vertex Color
Splat	Splat
Strudel	Swirl
Stuck	Stucco
Verlauf	Gradient
Verlaufsart	Gradient Ramp
Wellen	Waves
Zellförmig	Cellular
Zusammensetzen	Composite

F.1.5   Rollouts im Material-Editor

Shadergrundparameter	Shader Basic Parameters
Draht	Wire
Zweiseitig	2-Sided
Flächen-Map	Face Map
Facettiert	Faceted

Grundparameter	Basic Parameters
Umgebung	Ambient
Streufarbe	Diffuse
Glanzfarbe	Specular
Selbstillumination	Self-Illumination
Farbe	Color
Opazität	Opacity
Spiegelglanzlichter	Specular Highlights
Glanzfarbenstärke	Specular Level
Hochglanz	Glossiness
Weicher	Soften
Streufarbenstärke	Diffuse Level
Anisotropie	Anisotropy
Ausrichtung	Orientation
Ebene	Level
Rauheit	Roughness
Metallartigkeit	Metalness
Glanzfarbe auf Rückseite	Backside specular
Transluzenzfarbe	Translucent Clr.
Filterfarbe	Filter Color

Erweiterte Parameter	Extended Parameters
Erweiterte Transparenz	Advanced Transparency
Falloff	Falloff
Hinein	In
Heraus	Out
Betrag	Amt.
Typ	Type

Erweiterte Parameter	Extended Parameters
Filter	Filter
Subtraktiv	Subtractive
Additiv	Additive
Refraktionsindex	Index of Refraction
Draht	Wire
Größe	Size
Pixel	Pixels
Einheiten	Units
Reflexionsdämpfung	Reflection Dimming
Anwendung	Apply
Dämpfungsstärke	Dim Level
Reflexionsstärke	Refl. Level

Supersampling	SuperSampling
Globale Einstellungen verwenden	Use Global Settings
Lokales Supersampling aktivieren	Enable Local Supersampler
Map-Supersampling	Supersample Maps

Maps	Maps
Betrag	Amount
Umgebungsfarbe	Ambient Color
Streufarben	Diffuse Color
Glanzfarben	Specular Color
Glanzfarbenstärke	Specular Level
Hochglanz	Glossiness
Selbstillumination	Self-Illumination
Opazität	Opacity
Filter-Farbe	Filter Color
Relief	Bump
Reflexion	Reflection
Refraktion	Refraction
3D-Verschiebung	Displacement

Dynamikeigenschaften	Dynamics Properties
Abprallkoeffizient	Bounce Coefficient
Haftreibung	Static Friction
Gleitreibung	Sliding Friction

mental ray-Verbindung	mental ray Connection
Vorgabe	default
Keine	None
Einfache Shader	Basic Shaders
Oberfläche	Surface
Schatten	Shadow
Caustics und GI	Caustics and GI
Photonen	Photon
Photonenvolumen	Photon Volume
Komplexe Shader	Extended Shaders
3D-Verschiebung	Displacement
Volumen	Volume
Umgebung	Environment
Erweiterte Shader	Advanced Shaders
Kontur	Contour
Licht-Map	Light Map
Optimierung	Optimization
Material als opak kennzeichnen	Flag Material as Opaque

Koordinaten	Coordinates
Textur	Texture
Umgebung	Environ
Map auf Rückseite zeigen	Show Map on Back
Map-Kanal	Map Channel
Abstand	Offset
Kacheln	Tiling
Spiegel	Mirror
Kachel	Tile
Winkel	Angle

Koordinaten	Coordinates
Unschärfe	Blur
Unschärfeabstand	Blur offset
Drehen	Rotate

Rauschen	Noise
Ein	On
Betrag	Amount
Ebenen	Levels
Größe	Size
Animieren	Animate
Phase	Phase

Bitmap-Parameter	Bitmap Parameters
Neu laden	Reload
Filterung	Filtering
Pyramidal	Pyramidal
Summierter Bereich	Summed Area
Keine	None
Mono-Kanalausgabe	Mono Channel Output
RGB-Intensität	RGB Intensity
RGB-Kanalausgabe	RGB Channel Output
Zuschnitt/Platzierung	Cropping/Placement
Anwenden	Apply
Bild anzeigen	View Image
Zuschneiden	Crop
Platzieren	Place
Zufallsplatzierung	Jitter Placement
Alpha-Quelle	Alpha Source
Bildalpha	Image Alpha
Vormultipliziertes Alpha	Premultiplied Alpha

Zeit	Time
Abspielrate	Playback Rate
Frames mit Partikelalter synchronisieren	Sync Frames to Particle Age
Endbedingung	End Condition
Schleife	Loop
Ping-Pong	Ping Pong
Halten	Hold

Ausgabe	Output
Invertieren	Invert
Klammern	Clamp
Alpha aus RGB-Intensität	Alpha from RGB Intensity
Farb-Map aktivieren	Enable Color Map
Ausgabebetrag	Output Amount
RGB-Abstand	RGB Offset
RGB-Ebene	RGB Level
Reliefbetrag	Bump Amount
Farb-Map	Color Map
Kurvenpunkte kopieren	Copy CurvePoints

F.1.6 Menüs in der Spuransicht

Modi	Modes
Kurveneditor	Curve Editor
Dope Sheet	Dope Sheet

Einstellungen	Settings
Interaktive Aktualisierung	Interactive Update
Cursor-Zeit synchronisieren	Sync Cursor Time
Manuelle Navigation	Manual Navigation
Autom. expandieren	Auto Expand
- Nur ausgewählte Objekte	- Selected Objects Only
- Transformationen	- Transforms
- XYZ-Komponenten	- XYZ Components

Einstellungen	Settings
- Basisobjekte	- Base Objects
- Modifikatoren	- Modifiers
- Materialien	- Materials
- Untergeordnete Objekte	- Children
Autom. auswählen	Auto Select
- Animation	- Animated
- Position	- Position
- Rotation	- Rotation
- Skalierung	- Scale
Autom. Bildlauf	Auto Scroll
- Auswahl	- Selected
- Objekte	- Objects

Anzeigen	Display
Statistik für ausgewählte Keys	Selected Key Stats
Alle Tangenten	All Tangents
Benutzerdefinierte Symbole	Custom Icons
Symbole für animierbare Spuren	Keyable Icons
Nicht ausgewählte Kurven verdecken	Hide Non-Selected Curves
Nicht ausgewählte Kurven zeigen	Show Non-Selected Curves
Nicht ausgewählte Kurven einfrieren	Freeze Non-Selected Curves
Filter	Filters

Controller	Controller
Zuweisen	Assign
Controller löschen	Delete Controller
Animierbar	Keyable
Kopieren	Copy
Einfügen	Paste
Controller ausblenden	Collapse Controller
Eindeutig zuweisen	Make Unique
Außerbereichstypen	Out-of-Range Types
Eigenschaften	Properties

Spuren	Tracks
Hinweisspur	Note Track
- Hinzufügen	- Add
- Entfernen	- Remove
Sichtbarkeitsspur	Visibility Track
- Hinzufügen	- Add
- Entfernen	- Remove

Keys	Keys
Keys hinzufügen	Add Keys
Keys reduzieren	Reduce Keys
Verschieben	Move
Schieben	Slide
Werte skalieren	Scale Values
Keys skalieren – Zeit	Scale Keys – Time
Weiche Auswahl verwenden	Use Soft Select
Weiche Auswahl Einstellungen	Soft Select Settings
An Cursor ausrichten	Align to Cursor
Objektfang für Frames	Snap Frames

Kurven	Curves
Anwenden – Nachlasskurve	Apply – Ease Curve
Anwenden – Multiplikatorkurve	Apply – Multiplier Curve
Entfernen	Remove
Ein/Aus	On\Off
Nachlasskurve: Außerbereichstypen	Ease Curve: Out-of-Range Types
Multiplikatorkurve: Außerbereichstypen	Multiplier Curve: Out-of-Range Types

Zeit	Time
Auswählen	Select
Einsetzen	Insert
Ausschneiden	Cut
Kopieren	Copy
Einfügen	Paste
Umkehren	Reverse

Dienstprogramme	Utilities
Spuransicht-Dienstprogramme	Track View Utilities
- Keys variieren	- Randomize Keys
- Außerbereichs-Keys erstellen	- Create Out of Range Keys
- Keys nach Zeit auswählen	- Select Keys by Time
- Weiche Auswahl – Einstellungsmanager	- Soft Selection Settings Manager
- Editor für aktuelle Werte	- Current Value Editor

G Interessante Webseiten zu 3ds max

Im letzten Abschnitt stellen wir Ihnen noch einige interessante Webseiten rund um 3ds max 6 vor.

www.discreet.de

Die Seite des Herstellers. Hier finden Sie aktuelle News und Events sowie viel Bild- und Filmmaterial, Produktinformationen und Links.

support.discreet.com

Die offiziellen Supportseiten von **discreet** mit Diskussionsforen und Updates zum Download.

www.gmaxsupport.com

Die offizielle Supportseite zu **gmax**, der kostenlosen Spezialversion von 3ds max. Gedacht für Spieler, die 3D-Modelle in ihr Spiel mit gmax-Unterstützung einbinden wollen.

G.1.1 Allgemeines

www.3dmax.de

Umfangreiches Forum zu 3ds max mit guten Tutorials, 3D-Galerie, FAQ und vielen Links auf interessante Internetseiten zu 3ds max.

www.3dmaxer.de

News aus der Szene, Tutorials, Scripts und Plug-Ins zu 3ds max.

www.3dmaxforum.de

Aktuelle News aus der 3D-Szene, Software, Modelle und Forum.

maxunderground.com

Aktuelle News aus der 3D-Szene, fast täglich etwas Neues.

max3d.3dluvr.com

Aktuelle News, Plug-Ins und Animationen.

www.upfrontezine.com

Aktuelles wöchentliches Online-Magazin mit News aus der CAD- und 3D-Szene.

www.computerarts.co.uk

Hervorragende englische Zeitschrift über Computergrafik. Die Webseite bietet aktuelle News und verschiedene Tutorials.

www.3d-ring.com

Aktuelle News, viele Bilder, Software-Tests und Links auf Webseiten von 3D-Künstlern.

G.1.2   3D-Modelle

avalon.viewpoint.com

Umfangreiche Bibliothek kostenloser 3D-Modelle zum Download. Die Modelle liegen in verschiedenen Formaten vor, die nicht alle in 3ds max 6 importiert werden können.

www.3dcafe.com

Riesiges Angebot an kostenlosen 3D-Modellen zu verschiedensten Themen, Tutorials, Tools, Soundeffekte und Software.

www.maxnet.ru/aks/models_R.html

Bibliothek mit zahlreichen Automodellen im MAX- und DXF-Format.

www.accustudio.com

Große Objektbibliothek für AccuRender. Die Objekte sind im DWG-Format und können auch in 3ds max 6 eingelesen werden.

vsm.host.ru

Das Virtual Space Museum liefert 3D-Modelle von russischen Raumschiffen, Raketen und Mondfahrzeugen im VRML-Format. Dieses Format kann in 3ds max 6 importiert werden.

scifi3d.theforce.net

3D-Modelle zu Science-Fiction-Themen, Star Wars, Blade Runner und andere.

www.3dmaniac.de

3D-Galerie, 3D-Modelle, Texturen und ein paar Plug-Ins.

G.1.3   Plug-Ins und Scripts

www.discreet.com/dcp

discreet certified 3ds max Plug-Ins. Diese Plug-Ins werden von discreet offizielle empfohlen und unterstützt. Sie entsprechen den strengen Kompatibilitätsanforderungen und werden garantiert von den Herstellern auf kommende 3ds max-Versionen aktualisiert.

maxplugins.de

Umfangreiche Datenbank mit Links auf Freeware-Plug-Ins zu 3ds max 6 und älteren Versionen.

www.scriptspot.com

Große Sammlung von MaxScripts, Tutorials und aktuelle News.

www.digimation.com

Sehr umfangreiche Sammlung von Max-Plug-Ins verschiedener Hersteller.

www.cadalog.com

Shareware-Archiv speziell für CAD- und 3D-Anwender mit Plug-Ins, Tools und Convertern.

G.1.4   Sehenswertes

raph.com/3dartists

Große Bildersammlung verschiedener 3D-Künstler aus der ganzen Welt.

www.imagina.mc

Internationales Computergrafik-Festival in Monaco mit vielen Bildern und Infos zur nächsten Veranstaltung.

www.3dgrafix.net

3D-Gallerie italienischer Künstler mit vielen sehenswerten Bildern.

www.artfuture.com

Linksammlung zu 3D-Galerien, nach Themen geordnet.

www.galleryof3d.com

Galerie zahlreicher 3D-Renderings zu verschiedenen Themen von Künstlern aus aller Welt.

www.animago.de

Der Animago Award ist ein internationaler Wettbewerb für 3D-Künstler. Auf der Webseite können Sie die aktuellen Einsendungen ansehen.

H   Glossar

3D-Fachbegriffe und geometrische Grundlagen

2D

> 2D bedeutet zweidimensional oder flach, das heißt, man zeichnet nur in zwei Richtungen des kartesischen Koordinatensystems, und zwar in der so genannten x-Achse sowie der y-Achse. Hier kann man zum Beispiel niemals einen Würfel, sondern immer nur ein Quadrat darstellen.

2,5D

> Pseudo-dreidimensionale Darstellung in einfachen CAD-Programmen. Hier wird für jede Linie der 2D-Zeichnung zusätzlich eine Objekthöhe und eine Erhebung gespeichert. Auf diese Weise wird aus einer einfachen Linie eine Wand. Die Objekthöhe gibt hier die Raumhöhe an, die Erhebung die z-Höhe der unteren Wandkante.

3D

> 3D bedeutet dreidimensional. Im Gegensatz zur zweidimensionalen Darstellung steht hier die z-Achse zur Verfügung. Damit bekommt das Quadrat eine Höhe und so entsteht ein Würfel als dreidimensionales, räumliches Objekt.

3D-Studio

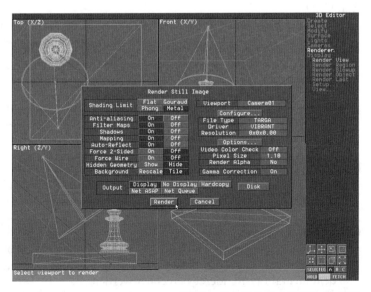

Abbildung H.1: 3D-Studio 4 (DOS-Version 1994)

Rendering- und Animationsprogramm von Autodesk unter DOS. Die ersten Versionen von 3ds max wurden auch noch als 3D-Studio MAX bezeichnet, um dieses Programm als Nachfolger des klassischen 3D-Studio in den Markt einzuführen. Das damals verwendete Dateiformat 3DS ist heute noch eines der am weitesten verbreiteten Datenaustauschformate, das fast jedes Programm importieren und exportieren kann.

ACI

AutoCAD Color Index, die Farbpalette von AutoCAD, besteht aus 256 fest definierten Farben.

ActiveShade

Schnellrenderer in 3ds max, der eine Szene in einem eigenen Fenster berechnet. Nach einem Rechendurchgang werden Veränderungen je nach Komplexität dann fast in Echtzeit dargestellt, so dass diese schnell überprüft werden können.

ADT

Abkürzung für Architectural Desktop, die neueste Generation der CAD-Software von Autodesk, speziell für den Architektur- und Baubereich. 3ds max 6 liest ADT-Dateien im DWG-Format ein. Dabei werden parametrische Objekte aber in einfache Geometrie umgewandelt.

Alpha-Kanal

Zusätzliche Bildinformationen, die zu jedem Pixel eines Bildes die Transparenz angeben. Bilder mit Alpha-Kanal können übereinander gelegt werden, wobei das untere Bild durch die transparenten Stellen des oberen hindurchscheint. Der Alphakanal lässt sich mit dem Bildbetrachter von 3ds max als Graustufenbild sichtbar machen.

AutoCAD

Eines der bekanntesten CAD-Programme auf PCs von der Firma Autodesk. 3ds max 6 liest und schreibt die DWG-Formate aller neueren AutoCAD-Versionen.

Axonometrie

Schräge Projektion eines dreidimensionalen Objekts. Im Gegensatz zur Perspektive bleiben parallele Linien parallel. Durch räumliche Tiefe können nach hinten gerichtete Linien verkürzt werden.

Boole'sche Operationen

Verknüpfung von Objekten, Mengen oder Zahlen mit den logischen Operatoren UND und ODER, benannt nach dem Mathematiker George Boole.

Caustics

Lichtspiegelungen an Flächen, die durch Reflexion oder Refraktion von Flüssigkeiten oder Glas entstehen. Solche Caustics können in 3ds max mit dem mental ray-Renderer berechnet werden.

Character Studio

Plug-In für 3ds max zur Animation von Charactern – menschlichen oder anderen zweibeinigen Figuren. Eine Demoversion von Character Studio ist in 3ds max 6 enthalten. Diese muss nach dem Demo-Zeitraum eigens autorisiert werden.

Direct3D

Von Microsoft entwickeltes Darstellungsverfahren für 3D-Objekte, als Konkurrenzprodukt zum Industriestandard OpenGL.

Dongle

Hardware-Stecker, der bis zur Version 3 von 3ds max als Kopierschutz verwendet wurde. Neuere Versionen benutzen einen Software-Schutz, so dass kein Dongle mehr notwendig ist.

Drehpunkt

Der Punkt eines Objekts, um den sich das Objekt bei hierarchischen Verknüpfungen bewegt. Frühere Versionen von 3ds max bezeichneten diesen Punkt als Schwerpunkt.

DWG

AutoCAD-Dateiformat, entspricht weit gehend dem OpenDWG-Standard, den viele CAD-Programme verwenden. 3ds max 6 kann auch das erweiterte DWG-Format aus Architectural Desktop lesen, wobei parametrische ADT-Objekte allerdings in einfache Geometrie umgewandelt werden.

DXF

Data-eXchange-Format, ASCII-Datenaustauschformat für 2D- oder 3D-CAD-Dateien, ursprünglich für AutoCAD entwickelt, heute von fast jedem CAD-Programm unterstützt.

Ebene

Ebene Fläche unendlicher Ausdehnung. Jede Ebene wird im Raum durch drei Punkte eindeutig beschrieben.

Extrusion

Ziehen einer Linie oder Fläche entlang einer anderen Linie im Raum. Aus Linien entstehen dabei Flächen, aus Flächen Körper. Extrudiert man einen geschlossenen Linienzug, kann durch zusätzliche Deckelflächen automatisch ein Körper erstellt werden.

Farbpalette

Dateiformate mit einer eingeschränkten Anzahl von Farben verwenden eine Farbpalette, die die möglichen Farben angibt.

FLC/FLI

Alte Dateiformate für Animationen aus Autodesk Animator und den DOS-Versionen von 3D-Studio. Wird aus Kompatibilitätsgründen in 3ds max noch unterstützt.

Fluchtpunkt

Hilfskonstruktion zur Darstellung von Perspektiven aus der Zeit Leonardo da Vincis, als man Perspektiven noch nicht aus Blickwinkel und Brennweite berechnen konnte. Dieses Verfahren wird von Architekten manchmal heute noch verwendet.

Frame

Einzelbild in einer Animationssequenz.

Gerade

Gerade Linie, die kürzeste Verbindung zweier Punkte im Raum, in beide Richtungen unendlich verlängert. Jede Gerade wird im Raum durch zwei Punkte eindeutig beschrieben.

Himmelslicht

Lichtquelle zur Simulation von diffusem Tageslicht. Die Position des Himmelslichtes in der Szene spielt keine Rolle. Das Licht breitet sich gleichmäßig aus.

Isometrie

Sonderform der Axonometrie. Hier bleiben alle Linien in der Länge unverkürzt.

Layer

Architekten zeichneten früher einzelne Geschosse oder auch verschiedene Gewerke wie zum Beispiel Elektropläne, Sanitär und Heizung auf verschiedene Transparentbögen. Ein Layer oder auch Ebene ist im Prinzip ein solches virtuelles Transparentpapier. Man kann in Zeichenprogrammen wie AutoCAD oder 3ds max viele solcher Layer übereinander legen, um so eine übersichtliche Zeichnungsstruktur aufzubauen. Layer lassen sich einzeln ein- oder ausschalten.

mental ray

Ein neuer hochwertiger Renderer von mental images aus Berlin, der seit Version 6 in 3ds max integriert ist. Hiermit lassen sich indirekte Beleuchtung und Caustics-Effekte sehr gut darstellen.

Normale

Vektor, der senkrecht auf einer Fläche steht und von der Vorderseite dieser Fläche nach außen in den Raum zeigt. Durch die Richtung der Normalenvektoren wird die Vorder- und Rückseite jeder Fläche bestimmt.

NURBS

Abkürzung für Non Uniform Rational B-Spline. Dreidimensionale Freiflächenobjekte zum Modellieren von Objekten, die sich durch einfache geometrische Formen nicht darstellen lassen.

Omnilicht

Lichtquellen, die von einem Punkt im Raum aus in alle Richtungen gleichmäßig leuchten, vergleichbar mit einer einfachen Glühbirne.

OpenGL

Von SGI entwickeltes Verfahren zur Darstellung dreidimensionaler Objekte. Grafikkarten, die OpenGL unterstützen, nehmen dem Prozessor einiges an Arbeit ab, so dass besonders die interaktive Darstellung von 3D-Szenen beschleunigt wird.

PDA

Personal Digital Assistant, mobiler Kleinstcomputer. Moderne Geräte verfügen über hoch auflösende Farbdisplays, so dass sie sich gut zur mobilen Präsentation von gerenderten Bildern und Animationen eignen.

Perspektive

Dreidimensionale Darstellungsmethode, die dem Blick durch eine Kamera bzw. dem menschlichen Auge entspricht. In der Perspektive erscheinen weiter entfernte Objekte kleiner.

Photometrische Lichtquellen

Lichtquellen in 3D-Programmen, deren Beleuchtungscharakteristik realen Leuchten entspricht. Viele Leuchtmittelhersteller liefern photometrische Daten ihrer Leuchten, die direkt in 3ds max eingelesen werden können. Voraussetzung für eine exakte Beleuchtungswirkung ist die Verwendung der richtigen Maßeinheiten in der Szene.

Plotter

Großformatiges Ausgabegerät für Zeichnungen auf Papier. Früher wurde diese Bezeichnung für Stiftplotter verwendet, die die Zeichnungen mit Tusche- oder Bleistiften zeichneten. Heute werden Großformatdrucker, die auf DIN A1/A0-Bogen oder Rollenpapier drucken, allgemein als Plotter bezeichnet.

QuickTime

Von Apple entwickeltes Dateiformat für Filme. Hier kann die Kompression variabel eingestellt werden, je nachdem, ob ein Film möglichst klein oder lieber in höherer Bildqualität gespeichert werden soll. Für alle gängigen Betriebssysteme gibt es bei www.apple.com/quicktime kostenlose Viewer zum Download, auch als Browser-Plug-In.

QuickTimeVR

Format zur Darstellung interaktiver Panoramabilder, bei denen der Betrachter selbst durch eine vorher gerenderte Szene navigieren kann. Aus sechs aufeinander senkrecht stehenden Bildern, von einem Blickpunkt aus gesehen, wird ein kugelförmig oder zylindrisch projiziertes Panorama-Bild berechnet. Dieses kann mit dem QuickTime-Viewer oder Browser-Plug-In interaktiv betrachtet werden.

Abbildung H.2: Interaktives Panorama in QuickTimeVR

Radiosity

Renderverfahren, bei dem auch die Wirkung der indirekten Beleuchtung berücksichtigt wird. Ein physikalisches Beleuchtungsmodell bildet die Lichtwirkung in einem wirklichen Raum photometrisch exakt ab.

Raytracing

Berechnung von Spiegelungen und Refraktionen durch Lichtstrahlverfolgung in der Szene.

Rendern

Allgemeiner Begriff für Verfahren zur Erstellung dreidimensionaler Abbildungen. 3ds max 6 bietet die Möglichkeit, verschiedene Renderer zu integrieren, die unterschiedliche Effekte ermöglichen.

Richtungslicht

Licht, das aus einer bestimmten Richtung auf die Szene fällt. Anstelle eines Lichtkegels erscheint ein zylindrischer Lichtstrahl. Derartige Lichtquellen werden unter anderem zur Darstellung von Sonnenlicht verwendet, wo die Entfernung zur Lichtquelle um ein Vielfaches größer ist, als die Ausmaße der Szene.

Schnittmenge

Durchdringen sich zwei Körper oder Flächen, ist die Schnittmenge der Teil, der gleichzeitig zu beiden gehört.

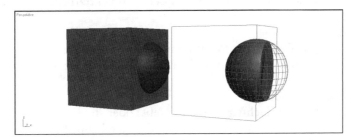

Abbildung H.3: Schnittmenge bei der Durchdringung zweier Objekte

Schwerpunkt

Der physikalische Schwerpunkt eines Objekts ist der Punkt, auf dem man das Objekt aufhängen kann, so dass es genau im Gleichgewicht bleibt. Ältere 3ds max-Versionen verwendeten diesen Begriff etwas anders. Hier stellte der Schwerpunkt den Punkt dar, um den sich Objekte bei hierarchischen Verknüpfungen bewegen. 3ds max 6 bezeichnet diesen Punkt jetzt als Drehpunkt.

Shockwave3D

Modernes Dateiformat zur Darstellung dreidimensionaler Objekte im Internet, hat das klassische VRML weit gehend verdrängt. Seit Version 6 verfügt 3ds max über eine Exportfunktion für Shockwave3D.

Spline

Kurvenlinie, die durch Stützpunkte und Tangentenvektoren definiert wird. Besonders geeignet zur Freiformmodellierung. Splines können zweidimensional in der Ebene oder dreidimensional im Raum liegen.

Spot

Lichtquelle, die von einem bestimmten Punkt im Raum einen gerichteten Lichtkegel wirft, zum Beispiel Scheinwerfer.

Stereolithografie

Technisches Verfahren zur Herstellung dreidimensionaler Modelle aus einem flüssigen Kunststoff, der durch Laserstrahlen aushärtet. Das hier verwendete Dateiformat STL kann von 3ds max verarbeitet werden.

STL

Dateiformat für Stereolithografie. Eine STL-Datei kann immer nur ein einziges Objekt enthalten.

TrueColor

Mit 24 Bit pro Pixel lassen sich 16.777.215 Farben darstellen. Da das menschliche Auge nur etwa 2 Millionen Farben direkt unterscheiden kann, spricht man bei dieser Farbtiefe von Echtfarben.

VIZ

Das Renderingprogramm in Architectural Desktop, basiert auf der 3ds max-Engine. 3ds max liest die Daten aus der aktuellen Version VIZ 4 ein.

Volumenlicht

Fällt ein Lichtstrahl durch Nebel oder staubige Luft, ist der Lichtkegel selbst als Volumen zu erkennen. 3ds max kann diesen Effekt simulieren. Ohne Volumenlicht ist das Licht selbst nicht zu sehen, nur seine Wirkung auf beleuchtete Flächen.

VRML

Offiziell standardisiertes, aber relativ veraltetes Format für interaktive 3D-Szenen im Internet. Zum Betrachten von VRML-Szenen im Browser sind spezielle Plug-Ins erforderlich. Dieses Format besteht aus ASCII-Definitionen geometrischer Grundkörper und kann von 3ds max 6 gelesen und geschrieben werden.

Weltkoordinaten

Im Gegensatz zu den lokalen Objektkoordinatensystemen einzelner Objekte ist das Weltkoordinatensystem ein für die ganze Szene einheitliches Koordinatensystem.

WRL

Dateiformat zur Darstellung von VRML-Szenen.

Stichwortverzeichnis

(KOMPENDIUM) **3ds max 6**

M

Manipulatoren 104
Manual Secondary 244
Map

animieren 633
Ausschnitt 183
Darstellung in Material/Map-Übersicht 51
Eigenschaften berechnen 91
in Ansichtsfenster zeigen 87
interaktiv zeichnen 170
parametrisch 635
rendern 91
Spezialeffekte 130
zusammengesetzte 111

Map Skalierung 754
Map# n 86
Mapping 81

2D-Maps 136
3D-Maps 136
Abflachungs-Mapping 120
Arten 82
Ausgabe-Map 164
Ausrichtung 100
Betrag 82
Bump-Maps 132
Composers 136
doppelseitiges Material 171
dreidimensionale Maps 143
Falloff-Maps 149
Farbmodifikatoren 136, 163
Flecken-Maps 155
Glanzfarben-Maps 131
Glanzfarbenstärke-Maps 131
Glanz-Maps 130
Gravuren 132
Größe 101
Hochglanz-Maps 131
Holz-Maps 147
Kacheln 141
Kerbe 146
kombinierte Materialien 170
kugelförmig 106
Landschaftsstrukturen 132
Marmor 143
Maske-Maps 159
Material-IDs 176
Material-IDs zuweisen 177
Mischen-Maps 160
Multi-/Unterobjekt-Materialien 176
Normalen-Mapping 122
Oben/Unten-Material 174
Opazitäts-Maps 133

parametrische Maps 136
Perlinmarmor 146
Perlin-Turbulenz-Algorithmus 146
planares 100
Planet-Maps 153
prozedurale Maps 137
Quader-Mapping 122
Rauch-Maps 154
Rauschen-Maps 148
Rauten-Mapping 123
Referenz 132
Reflexions-und Refraktions-Maps 136
Relief-Maps 132
RGB multiplizieren 162
RGB-Tönung 163
Schachbrettparameter 136
Scheitelpunktfarbe-Map 164
Schrumpfwicklung 109
Selbstillumination-Maps 135
sphärisches 107
Splat-Maps 156
Stärke 82
Steinfugen 132
Strudel 140
Strukturen 132
Stuck-Maps 157
Textur 82
transparente Teilmaterialien 174
übernehmen 103
Verlauf-Maps 137
Verlaufsart 138
Wellen-Maps 157
Zellförmig-Maps 149
zusammensetzen 161
zylindrisch 105

Mapping-Koordinaten 87

animieren 634
automatisch generierte 88
manuelle 94

Mapping-Koordinateneinheit 89
Mapping-Symbol

einpassen 103
zentrieren 103
zurücksetzen 103

Mapping-Verschiebung 102
Marmor-Map 143
Maske 149, 159

Maske-Map 159
Mischen-Map 160
Unschärfe 325
Verschmelzen-Material 172

Maßeinheiten 259

(KOMPENDIUM) **3ds max 6**

[KOMPENDIUM] 3ds max 6

(KOMPENDIUM) 3ds max 6

Oscarreif!

Dieses Kompendium führt Sie durch alle Schritte der anspruchsvollen digitalen Videoproduktion. Einsteiger nutzen es als umfassendes Lehrbuch, fortgeschrittene Anwender und Profis schätzen es im Arbeitsalltag als Hilfe und Nachschlagewerk. Ob Sie ein Urlaubsvideo schneiden oder Filme für das Fernsehen produzieren möchten, das Buch zeigt Ihnen, wie Sie Ihr Projekt vom Start bis zum Ziel erfolgreich durchführen. Ein komplettes Arbeitsbuch für jeden, der Videos professionell in Form bringen will, natürlich ganz in Farbe!

Von Holger Wacker
ISBN 3-8272-**6662**-9
750 Seiten, 1 CD, komplett in Farbe, mit Farbstifte-Set
€ 59,95 [D]

Sie suchen ein professionelles Handbuch zu allen wichtigen Programmen oder Sprachen? Das Kompendium ist Einführung, Arbeitsbuch und Nachschlagewerk in einem. Ausführlich und praxisorientiert.

Unter **www.mut.de** finden Sie das Angebot von Markt+Technik.